云会计数智化前沿

RPA 商业数据分析与可视化

——基于UiBot和Tableau

程　平◎著

中国财经出版传媒集团
中国财政经济出版社

图书在版编目（CIP）数据

RPA 商业数据分析与可视化：基于 UiBot 和 Tableau / 程平著. --北京：中国财政经济出版社，2023.4
ISBN 978-7-5223-2070-0

Ⅰ. ①R… Ⅱ. ①程… Ⅲ. ①财务管理-专用机器人 Ⅳ. ①F275②TP242.3

中国国家版本馆 CIP 数据核字（2023）第 049638 号

责任编辑：温彦君　　责任校对：张　凡
封面设计：智点创意　　责任印制：党　辉

RPA 商业数据分析与可视化——基于 UiBot 和 Tableau
RPA SHANGYE SHUJU FENXI YU KESHIHUA
JIYU UiBot HE Tableau

中国财政经济出版社 出版
URL：http：//www.cfeph.cn
E-mail：cfeph@cfeph.cn

社址：北京市海淀区阜成路甲 28 号　邮政编码：100142
营销中心电话：010-88191522
天猫网店：中国财政经济出版社旗舰店
网址：https：//zgczjjcbs.tmall.com
北京时捷印刷有限公司印刷　各地新华书店经销
成品尺寸：185mm×260mm　16 开　23 印张　565 000 字
2023 年 4 月第 1 版　2023 年 4 月北京第 1 次印刷
定价：72.00 元
ISBN 978-7-5223-2070-0
（图书出现印装问题，本社负责调换，电话：010-88190548）
本社质量投诉电话：010-88190744
打击盗版举报热线：010-88191661　QQ：2242791300

前　　言

不确定的未来犹如浩瀚的星空，总是令“野蛮人”心驰神往。

写这本书的时候，已经有了“七剑下天山”，加上这本书可以取名为“天龙八部”。

“七剑”是基于会计、财务和审计主题，而这本书是基于商业主题，为什么会有这个变化呢？那是因为作为计算机专业背景出身，曾经在企业工作多年，并且从技术、管理最终跨越到商业的“野蛮人”，尽管在大学从事教育工作10余年，但仍然有一种“商战”情结，仍然想动情演绎惊涛骇浪商业环境下的英雄主义。

生命里最大的突破之一，就是不再因为别人对自己的看法而担忧。生活的真谛，就是教会我们要在平凡和普通的事物上，去用尽自己所有的深情。只有当我们超越世俗、超越自己，不需要外来的赞许时，才会听从内心，才会自由地去做认为对自己最有价值的事情。专注、专业，向阳而生，做一个温暖的人，这是“野蛮人”此生的追求。

写书，让自己慢下来、沉下去，将自己20多年来的所学、所思、所悟总结提炼出来，让企业界和教育界都能够从中获益，也许这就是时下“野蛮人”拥抱当下、憧憬未来的最有价值的工作和追求。

为什么要写这本书?

数字经济时代，大数据、RPA、人工智能技术的应用与数字化转型升级已成为中国企业的共识，中国企业只有抓住数字化转型这个历史性的发展机遇，才能实现高质量发展，才能真正实现创新驱动和动能转换。然而，在企业数字化转型升级过程中，有数据无洞察，成为推进数字化过程中面临的最严峻的问题。其一，尽管我们有大量的数据沉淀，但是并没有把数据激活，没有依据数据真正去做商业决策，而是为数据而数据。其二，很多企业貌似在依据数据去做商业决策，实际上却缺乏洞见力、洞察力。

随着企业经营管理的数字化，数据成为企业最重要的战略资产之一，对企业的商业决策起着至关重要的作用。当前，数据中台作为数据赋能企业的重要应用路径，炙手可热。数据中台通过多维度、立体化的线上线下数据采集工具和方法，打破数据壁垒，搭建数据资产。同时，帮助企业进行数据处理、数据分析和数据建模，让数据价值达到最大化。然而，高昂的建设和运营成本让大多数企业望而却步，望洋兴叹。如何基于数据中台的思维建立轻量级的商业数据分析模式，如何低成本、高效率地进行商业数据分析的应用，如何基于商业数据分析提高决策的效率，成为大多数中小企业实施数据驱动商业决策亟需解决的关键问题。

使用RPA技术，可以低成本、高效率地自动化实现商业数据的采集、处理、分析、展现和可视化，从而大大提高商业数据分析与可视化的效率和决策的效率，因此，将RPA技术与商业数据分析和可视化相结合，可以说是珠联璧合，完美匹配。然而，当前还没有类似的书籍，作为一个对新鲜事物总是充满好奇心的跨界人，作为一个在数字化教育领域深耕的教育工作者，“野蛮人”必须冲在第一线，因此诞生了写这本书的想法，期望这本书能够成为企业界开展商业数据分析工作的学习用书，成为教育界进行商业数据分析人才培养的课程教材。

RPA 商业数据分析与可视化学习什么？

数据分析在商业中的应用能够帮助企业发现商业机会、创造新的商业模式，以及发现企业业务开展过程中存在的问题和预测企业的未来。商业数据分析以商业理论为基础，从数据分析出发，依靠统计工具，以决策优化为目的，洞察数据背后的规律，为商业创造最大价值。商业数据分析是一个以解决商业问题并生成相关结论为目的的评估数据的过程，在监控异常数据、关键变量分析、预测性分析等方面起着重要作用。

RPA 商业数据分析是将 RPA 技术与商业数据分析结合，通过 RPA 技术实现商业数据的采集与处理自动化、数据分析自动化、数据展现自动化、分析报告自动化。RPA 商业数据分析是自动化地实现整个商业数据分析过程吗？不再需要人的参与吗？答案是否定的。那么，人在这个分析过程中扮演什么角色呢？做什么工作呢？应该学习什么呢？

事实上，RPA 技术的应用让我们的商业数据分析师的工作变成了对自动化程序的开发和运行维护，以及 Tableau 可视化仪表板与故事的制作，因此，RPA 商业数据分析与可视化的学习，不仅要了解 RPA 商业数据分析与可视化的概念、内容、分析流程和工具，还要熟悉 RPA 商业数据分析的方法与思维、可视化图形设计、报告设计以及分析软件的使用，更重要的是基于本书企业基本情况、供应商选择、商品采购、销售收入、销售退货、应收账款、客户信用、期间费用、财务凭证和财务报表典型应用场景，通过对商业理解、数据理解、商业数据采集与处理自动化、商业数据分析与展现自动化、商业数据分析报告自动化等内容的学习，熟练掌握 RPA 商业数据分析与可视化的流程、方法、思维和技术实现，这样才能让分析师很好地胜任商业数据分析的自动化程序开发和运行维护工作。

如何讲授《RPA 商业数据分析与可视化》课程？

根据我们在《RPA 财务机器人》《RPA 审计机器人》相关课程的教学实践，《RPA 商业数据分析与可视化》课程的教学实施建议学时数为 48 个课时，课堂讲解与实验室实践相结合。教具主要包括 UiBot Creator RPA 商业数据分析软件、Tableau 商业数据可视化软件和 RPA 商业数据分析与可视化模拟推演物理沙盘。

基于本书开展教学，采用原理讲解、案例研讨、物理沙盘推演实验、自动化程序开发模拟训练与创新四位一体的教学方式，通过 RPG 角色扮演模拟和重现蛮先进食品机械制造集团有限公司商业数据分析工作中的一些典型商业应用场景，让学生身临其境，以问题为导向进行商业数据分析与可视化系统性的学习，由浅入深，层层递进，逐步引导学生建立起这门课程的思维模式和学习方法，同时培养学生的创新思维、团队协作与交流沟通能力。

课程教学设置了 6 个商业数据分析与可视化机器人物理沙盘实验。实验案例素材均源自本书，与 RPA 商业数据分析与可视化案例的程序开发模拟训练与创新协同，从商业理解、数据理解、商业数据采集与处理自动化、商业数据分析与展现自动化、商业数据分析报告自动化五个方面培养学生商业数据分析的“方法论”和方案设计能力，建立学生独具特色的核心竞争力。

内容组织

本书内容从逻辑上分为四个部分：第一部分是理论基础，第二部分是基本情况数据分析，第三部分是购销存业务数据分析，第四部分是财务数据分析。读者可以根据自己的前期基础、专业特长或兴趣爱好，有选择地进行阅读。

第一部分的内容包括第 1 ~4 章，主要介绍 RPA 商业数据分析与可视化的基本理论和使用软件。其中：

■ 第 1 章主要介绍了 RPA 商业数据分析的概念、内容、流程、价值以及关键要素，其中，RPA 商业数据分析的流程包括商业理解、数据理解、商业数据采集与处理自动化、商业数据分析自动化、商业数据展现自动化和商业数据分析报告自动化，以便建立起读者对 RPA 商业数据分析基本理论的统一认识，为读者学习和实践本书的案例奠定基础。

■ 第 2 章主要介绍了来也 UiBot RPA 商业数据分析技术，包括对 UiBot RPA 软件的组成与特点、下载与安装、基本概念、基本语法和功能，最后通过采购业务自动化分析模拟实训，带领读者完成一个简单的 RPA 商业数据分析自动化程序开发。通过对来也 UiBot RPA 商业数据分析软件的介绍，让读者快速掌握 RPA 的语法和功能，为后续的实战商业数据分析提供技术实现保障。

■ 第 3 章主要介绍了 Tableau 商业数据可视化技术，内容涵盖商业数据可视化的概念、特征、应用价值，以及 Tableau 可视化软件的概况和安装、基本语法、可视化流程、可视化操作、仪表板和故事。让读者快速掌握 Tableau 商业数据可视化技术的基本理论和软件操作，为后续的商业数据可视化提供技术实现保障。

■ 第 4 章主要介绍了商业数据分析报告，其内容包括商业数据分析报告的概念、设计原则、作用、种类和结构。让读者熟悉商业数据分析报告的生成原理和规则，为后续的商业数据分析报告设计与实现提供理论指导。

第二部分的内容包括第 5 ~6 章，主要介绍案例企业蛮先进食品机械制造集团有限公司的概况，从 RPA 商业数据分析的五个方面实现企业基本情况自动化分析，带领读者入门 RPA 商业数据分析与可视化。其中：

■ 第 5 章先介绍了案例企业的企业概况、组织架构、分析师团队情况，然后介绍了商业数据分析准备，包括数据源和数据表。

■ 第 6 章介绍了企业基本情况商业数据自动化分析应用案例。以原创场景剧本、思维导图、框架图、流程图、技术线路、开发步骤等多种形式，详细描述了 RPA 商业数据分析与可视化的应用场景和实现过程。

第三部分的内容包括第 7 ~12 章，以蛮先进食品机械制造集团有限公司为案例对象，从购销存业务方面详细介绍了 6 个典型的商业数据自动化分析案例，是读者从购销存业务着手进行 RPA 商业数据分析与可视化学习和自动化程序开发实战的重点内容。

■ 第 7 ~12 章分别介绍了供应商选择、商品采购、销售收入、销售退货、应收账款和客户信用 6 个商业数据自动化分析应用案例。从商业理解、数据理解、数据采集与处理自动化、数据分析与展现自动化、数据分析报告自动化五个方面，以原创场景剧本、RPG 角色扮演、框架图、流程图、数据模型、数据表、技术线路等多种形式，生动、形象、直观、详细地描述了 RPA 商业数据分析与可视化的应用场景和实现过程。

第四部分的内容包括第 13 ~15 章，以蛮先进食品机械制造集团有限公司为案例对象对财务数据进行分析，详细介绍了 3 个典型的商业数据自动化分析案例，是读者从财务角度进行 RPA 商业数据分析与可视化学习和自动化程序开发实战的必要内容。

■ 第 13 ~ 15 章分别介绍了期间费用、财务凭证和财务报表 3 个商业数据自动化分析应用案例。从商业理解、数据理解、数据采集与处理自动化、数据分析与展现自动化、数据分析报告自动化五个方面，以原创场景剧本、RPG 角色扮演、框架图、流程图、数据模型、数据表、技术线路等多种形式，生动、形象、直观、详细地描述了 RPA 商业数据分析与可视化的应用场景和实现过程。这部分内容是基于财务数据分析场景驱动的业务、财务和技术一体化综合应用。

本书特色

本人拥有 10 多年的 IT 从业经历和 10 余年的大学教育经历，具有丰富的 RPA 财务机器人、RPA 审计机器人、RPA 财务数据分析的开发实践和教学经验，且效果良好，这为本书的撰写及其用于大学课程教学和社会培训提供了较好的参考和借鉴。

本书的最大特点是将 RPA 技术、Tableau 可视化技术与商业数据分析的思维、方法和流程深度融合，创新性强、知识点紧凑、案例丰富、场景生动，在目标定位、内容设计、案例设计、情景设计、模拟实训和沙盘推演等方面具有显著特色。

目标定位：本书的目标是帮助读者建立在企业数字化转型背景下商业数据分析与可视化的自动化方案设计、自动化程序开发与运行维护方面的核心竞争力，成为一名卓越的数智化时代的商业数据分析师。本书的 RPA 商业数据分析与可视化案例均基于“RPA、Excel、Word、Tableau”进行设计，简单易学，适用于商科专业的本专科生和研究生，以及在企业从事商业运营管理的相关从业人员，通过本书的学习，能够掌握 RPA 商业数据分析与可视化的规划、设计、开发和运用，为企业进行商业运营管理和分析决策提供技术支持。

内容设计：本书的内容设计涵盖了 RPA 商业数据分析与可视化的基础理论和应用实现，注重分析的框架、流程、方法和思维的一体化，由浅入深、层层递进，从 RPA 商业数据分析与可视化的基础理论、方法、技术到应用实现，从企业基本情况自动化分析到购销存业务数据的自动化分析再到财务数据的自动化分析，既有理论的讲解和案例的探讨，又有实践的设计和技术的实现。通过良好的内容框架和分析流程设计，只要跟着章节进行学习，就可以在不知不觉中掌握 RPA 商业数据分析与可视化的原理、方法和技术。

案例设计：全书以蛮先进食品机械制造集团有限公司为案例对象，基于其商业数据分析典型需求，结合相关商业数据分析思维、方法和流程，将鼠标键盘、界面操作、软件操作、数据处理、文件处理、系统操作、网络等 RPA 技术与 Tableau 可视化操作无缝嵌入案例的商业数据分析与可视化工作应用场景中，这种一体化的代入感能够形成“商业·数据·技术”一体化协同的思维模式，并让读者深度理解和熟练掌握 RPA 技术在商业数据分析与可视化中的运用。

情景设计：全书的实战案例应用场景描述、流程自动化和数据可视化设计全部基于原创的蛮先进食品机械制造集团有限公司工作场景，寓学于乐，引人入胜，能够激发读者的学习兴趣。结合该公司的商业需求和数据分析的知识点，通过有目的地引入或创设具有一定情感色彩的、以形象为主体的、生动具体的工作中的对话场景，容易引起读者的共鸣，从而帮助读者更好地理解 RPA 商业数据分析与可视化的内在价值，并将学到的知识能够得到很好的能力转化。

模拟实训：全书共设计了10个RPA商业数据分析应用案例，包括企业基本情况数据分析案例，购销存业务数据分析部分的供应商选择、商品采购、销售收入、销售退货、应收账款、客户信用6个案例，以及财务数据分析部分的期间费用、财务凭证和财务报表3个案例。覆盖了企业商业数据分析与可视化的核心应用场景，具有较强的体验性、实战性、综合性和示范性，读者学习之后直接或者稍加改进就可以用于具体的企业商业数据分析工作。

沙盘推演：基于本书应用案例，配套研发了RPA商业数据分析与可视化的6个模拟物理教学沙盘，可指导并帮助学生完成商业理解、数据理解、数据采集与处理自动化、数据分析与展现自动化、数据分析报告自动化等实验任务。物理沙盘以RPA商业数据分析与可视化流程为导向，环环相扣，重点突出，使学生能够更直观、更快速、更系统地把RPA商业数据分析内容形成思维导图，旨在培养学生创新思维和分析问题、解决问题的能力，培养学生商业数据分析与可视化的“方法论”和方案设计能力，建立学生独具特色的核心竞争力。

配套资源

本书可提供：

- RPA商业数据分析与可视化第6章案例的数据资料和源程序资源，大学教师可凭相关证明申请课程开设的教学大纲、教学日历、教学课件等资源。
- 与本书配套的课程教学与资源管理平台，包括第7章至第15章的数据资料和源程序资源、案例讲解视频与运行视频等，以及物理沙盘6个实验的教学方案，可联系产教融合方——重庆迪数享腾科技有限公司（微信公众号：迪数享腾）获取相关资料。
- 【云会计数智化前沿】微信公众号的“课程学习与能力认证平台”的配套账号，通过账号可以参加课程认证和能力认证考试，通过后获取证书。

读者可以通过关注【云会计数智化前沿】微信公众号后私信获取相关配套资源。

适用读者和课程

本书可作为（但不限于）：

- 普通高校商科专业本科生和研究生商业数据分析相关课程的教材。
- 普通高校计算机、软件、人工智能、大数据等专业本科生和研究生进行跨学科技术应用的学习用书。
- 大中型企业运营管理部门、市场部门、财务部门进行数据分析能力提升的学习用书。
- 欲提高自己在数字经济时代的核心竞争力，考取商业数据分析与可视化相关证书人员的学习用书。

勘误和支持

由于水平有限，书中难免会存在一些错误或者不准确的地方，恳请读者批评指正。读者可以通过以下途径反馈建议或意见。

■ 即时通讯：添加微信（chgpg2018）反馈问题。

■ 直接扫描二维码添加个人微信或者关注【云会计数智化前沿】微信公众号。

■ 电子邮件：发送 E－mail 到 4961140@ qq. com。

致 谢

在本书的撰写过程中，得到了多方的指导、帮助和支持。

首先，感谢北京来也网络科技有限公司董事长汪冠春先生、总裁李玮先生、CPO 褚瑞先生、CTO 胡一川先生、合伙人黄慧女士、合伙人范里鸿先生对本书写作的指导与帮助。

其次，感谢重庆迪数享腾科技有限公司参与本书的策划和撰写，并配套研发了 RPA 商业数据分析与可视化的课程教学与资源管理平台软件以及教学模拟物理沙盘，为本书用于大学教学和社会培训提供了整体解决方案设计。

再次，感谢中国财政经济出版社樊清玉、温彦君、贾陆宇老师及其团队为本书的撰写提供的方向和思路指导，感谢其他背后默默支持的出版工作者。

最后，感谢我优秀的 2020 级研究生团队，重庆理工大学会计学院硕士研究生常吉、柳婷、杨双、晏露、张菁、汤远萍、谭智杰、何家钰、罗婷匀、徐丹青、谢佳芯等参与了本书的内容编写、案例讨论以及配套程序的开发和测试工作。2022 级研究生团队成员参与了本书的校对工作。常吉在组织管理和任务分解协同方面做出了重要贡献。

在此，特别感谢我的父母、家人和朋友，尤其是夫人陈艳女士对我工作的大力支持，使我有时间和精力完成本书的撰写工作。感谢即将“小升初”的桐少小朋友，你是我前进的动力，你的微笑让我感受到人生的幸福。

谨以此书献给致力于中国数字经济发展，致力于中国企业数字化转型，致力于中国数字化教育综合改革，致力于未来成为卓越商业数据分析师的朋友们，愿大家身体健康、生活美满、事业有成！

2023 年 3 月

商业数据分析情景设计演员对照表

企业名称：蛮先进食品机械制造集团有限公司

章节	章节名	角色	演员	重庆风物
第 6 章	企业基本情况自动化分析	CEO	程平	重庆美食［胖哥烧烤］：烤苕皮、烤豆干、烤韭菜、烤茄子，不同于其他地方的烧烤，重庆烧烤将食物烤好后剪开，加调料拌匀
		高级商业数据分析师	李天臣	
		中级商业数据分析师	晏露	
		商业数据分析实习生	家桐	
第 7 章	供应商选择自动化分析	CEO	程平	重庆交通［轻轨］：重庆主城主要的交通工具，因其“穿楼”“跨桥”等特点而闻名，为魔幻 8D 城市增添色彩
		RPA 高级工程师	张菁	
		初级商业数据分析师	谭智杰	
		商业数据分析实习生	家桐	
第 8 章	商品采购自动化分析	CEO	程平	重庆方言［雷翻阵仗］：形容听到的很大分贝的响动，就像天上雷公打仗一样乱糟
		RPA 高级工程师	常吉	
		中级商业数据分析师	徐丹青	
		商业数据分析实习生	子轩	
		商业数据分析实习生	家桐	
第 9 章	销售收入自动化分析	RPA 高级工程师	张菁	重庆美食［秦福记江湖菜］：酸菜土鲫鱼、麻麻蛙、豆角焖茄条； 重庆方言［登独］：形容长的帅气的年轻男小伙
		中级商业数据分析师	杨双	
		初级商业数据分析师	罗婷匀	
		商业数据分析实习生	家桐	
第 10 章	销售退货自动化分析	CEO	程平	重庆美食［阿嫂印象］：油泼蹄花、口水鸡； 重庆方言［冲壳子］：指吹牛皮，说大话
		高级商业数据分析师	谢佳芯	
		初级商业数据分析师	何家钰	
		初级商业数据分析师	汤远萍	
		商业数据分析实习生	子轩	
		商业数据分析实习生	家桐	
第 11 章	应收账款自动化分析	高级商业数据分析师	李天臣	重庆美食［重庆吃客江湖菜］：我家白砍鸡、椒舞卤猪蹄、尖椒兔； 重庆方言［雄起］：指坚持、不服输
		中级商业数据分析师	杨双	
		中级商业数据分析师	晏露	
		初级商业数据分析师	罗婷匀	
		商业数据分析实习生	家桐	

续表

章节	章节名	角色	演员	重庆风物
第 12 章	客户信用自动化分析	CEO	程平	重庆美食［醉八仙热酒馆］：双椒蹄花、麻辣鸭肠、小炒鸡、手抓排骨
		中级商业数据分析师	徐丹青	
		初级商业数据分析师	何家钰	
		初级商业数据分析师	汤远萍	
		商业数据分析实习生	子轩	
第 13 章	期间费用自动化分析	RPA 高级工程师	张菁	重庆美食［老甘家江湖菜］：泡椒鱼蛋、麻椒丝瓜蛙、秋秋妹耙鸡脚； 重庆方言［撇 脱］：轻松、简单
		RPA 高级工程师	常吉	
		中级商业数据分析师	晏露	
		中级商业数据分析师	柳婷	
		初级商业数据分析师	汤远萍	
第 14 章	财务凭证自动化分析	RPA 高级工程师	常吉	重庆美食［食味］：草包牛肉、凉拌无刺鲫鱼、芋儿耙鸡脚； 重庆方言［惹 毛］：指发脾气、发火
		中级商业数据分析师	柳婷	
		初级商业数据分析师	汤远萍	
		商业数据分析实习生	子轩	
第 15 章	财务报表自动化分析	RPA 高级工程师	常吉	重庆方言［巴心不得］：指正合我意的意思
		高级商业数据分析师	谢佳芯	
		中级商业数据分析师	柳婷	
		商业数据分析实习生	子轩	
		商业数据分析实习生	家桐	

目录

第一部分　理论基础

第二部分　基本情况数据分析

第三部分　购销存业务数据分析

第四部分　财务数据分析

第一部分

理论基础

第 1 章　RPA 商业数据分析概述

进入 21 世纪以来，社会经济与商业迅速发展，互联网技术日新月异，商业数据分析的重要性日益凸显。数字经济时代，企业产业数字化应用如火如荼，RPA 机器人流程自动化技术叠加人工智能技术的发展与应用突飞猛进，为 RPA 商业数据分析的开展提供了强大的技术支撑。本章主要介绍 RPA 商业数据分析的概念、内容、流程、价值及其关键要素。

1.1　数据分析对商业的重要性

数据驱动决策，利用数据推动业务颠覆性增长，将数据转化为竞争优势，将数据分析转化为战略优势。毫无疑问，数据分析对商业的影响是巨大的。

普华永道会计师事务所（Pricewaterhouse Coopers，以下简称“普华永道”）第 18 届全球年度 CEO 调查结果显示，86% 的 CEO 表示拥有数字技术对企业来说十分重要，并着重表达了将技术作为企业竞争优势的清晰愿景；85% 的 CEO 表示，他们非常重视数据分析。根据同一项调查，许多 CEO 对数据分析给予了很高的评价，其中 80% 的 CEO 将数据分析和数据挖掘列为其第二重要的战略技能。此外，普华永道第 6 次年度数字化 IQ 调查收集了数字化企业领导者对商业分析的看法和意见，该调查收到了超过 1400 名数字化企业领导者的回复，结果显示，商业分析被 CEO 列为优先考虑的投资领域。

麦肯锡（McKinsey）全球研究所最近的一项研究表明，数据分析每年在相关行业可创造超过 3 万亿美元的价值。数据分析在不久的将来将会很大程度地改变企业的运营模式。数据真正的价值来自数据分析。当企业拥有很多数据时，企业就可以通过数据分析发现数据背后隐藏的顾客消费趋势、调查预期之外的异常现象以及预测未来可能出现的情况等等。

数据分析是社会发展的主流，在企业的应用发展尤为迅速，几乎所有的商业决策都依赖于数据分析。商业的首要目标是盈利。企业的利润取决于业务的不同方面，这些方面可以以数据的形式存在，并通过商业数据分析促进业务增长。商业数据分析不仅向管理层提供各种数据，而且它能用更深入的方法来记录、分析和提炼数据，并以易于理解的格式呈现结果。

历史数据背后隐藏的规律和趋势可以帮助企业发现潜在的机遇与风险，并帮助企业为未来制订更好的计划。例如，销售数据就是一个巨大的宝库，很多细节可以通过销售数据得到曝光，比如退款率、转化率等，通过研究数据中隐含的趋势制定营销战略，并发现企业相对于其他企业的竞争优势。除此之外，商业数据分析也影响着企业内部运营的方方面面，具体来说，可以提高企业的生产力和资源使用率等，并推动企业向前发展。

总体而言，数据分析的应用能够帮助企业发现商业机会、创造新的商业模式，以及发现企业业务开展过程中存在的问题和预测企业的未来。

1.2 什么是 RPA 商业数据分析

RPA 全称是 Robotic Process Automation，意为机器人流程自动化。Robotic 是机器人，这里的机器人是一个虚拟的概念，并不是一个实体的机器人，它只是流程的执行体，或者说执行单元。Process 是流程，它对应的是业务逻辑，将业务需求梳理成一个可以被执行的流程，然后通过“机器人”来执行定制的一些流程。Automation 是自动化，前面的“机器人”和“流程”是为了实现自动化的目的，通过机器人来执行定制好的流程，这个流程也可以理解为一项任务，如果任务足够复杂，需要的人力成本很高，那通过机器人来代替人工自动化的完成任务，就可以大大提高工作效率，解放劳动力，减少人力成本。

我们可以直观地认为，RPA 是针对各行各业存在大批量、重复性、机械化人工操作的情况，允许任何人配置计算机软件，以机器人作为虚拟劳动力，模拟、增强、拓展人类与计算机的交互过程并完成预期任务的一种工作流程自动化软件。RPA 本质上是一种能按特定指令完成工作的软件，这种软件安装在个人计算机或大型服务器上，通过模拟键盘、鼠标等人工操作来实现办公操作的自动化。随着 AI（Artificial Intelligence，人工智能）技术的发展，RPA 借助 AI 实现飞跃，具有了认知能力，并能通过大数据不断纠正自己的行为，从而具有智能决策和智能操作能力。整合 OCR（Optical Character Recognition，光学字符识别）、NLP（Natural Language Processing，自然语言处理）、机器学习等 AI 技术的 RPA 机器人能够以弱耦合形式实现跨软件执行且实现“零出错率”。

商业数据分析是以商业理论为基础，从数据分析出发，依靠统计工具，以决策优化为目的，洞察数据背后的规律，为商业创造最大价值。商业数据分析是一个以解决商业问题并生成相关结论为目的的评估数据的过程，主要运用在监控异常的数据、建立模型并预测、关键变量分析并预测、预测性分析等方面。

RPA 商业数据分析是将 RPA 技术与商业数据分析结合，通过 RPA 技术（也称为 RPA 机器人）实现商业数据的采集与处理自动化、数据分析自动化、数据展现自动化、分析报告自动化。通过 RPA，可以扩大商业数据采集范围，减少数据采集时错误发生的概率，极大地提升数据质量，同时，通过访问更多的数据从而得到更准确直观的分析结果。RPA 商业数据分析，可以让企业获得即时的运营分析和业务见解，快速地从数据中检索到洞察力并确定要采取的关键行动，自动生成易于阅读的可视化图表和分析报告，轻松地在组织内的利益相关者之间分发和分享见解，以促进更快的组织决策。

1.3 RPA 商业数据分析的内容

RPA 商业数据分析主要包括以下三个方面的内容：

1.3.1 现状分析

描述企业当前的商业状况，具体体现在两个方面，第一，概括企业现阶段的整体运营情况，通过各个指标的完成情况来衡量企业的运营状态，以说明企业整体运营是好了还是坏了，好的程度如何，坏的程度又到哪里；第二，分析企业各项业务的构成，让管理者了解企业各项业务的发展以及变动情况，对企业运营有更深入的了解。

1.3.2 原因分析

经过现状分析，对企业的运营情况有了基本了解，但不知道运营情况具体好在哪里，差在哪里，是什么原因引起的。这时就需要开展原因分析，以进一步确定业务变动的具体原因。例如，2022 年 12 月营业收入下降 5%，是什么原因导致的呢？是各项业务收入都出现下降，还是个别项目业务收入下降引起的；是各个地区业务收入都出现下降，还是个别地区业务收入下降引起的。这就需要开展原因分析，以进一步确定收入下降的具体原因，对运营策略做出调整与优化。

1.3.3 预测分析

对将来会发生什么进行预判。在了解企业运营现状后，有时还需要对企业未来发展趋势做出预测，为制订企业运营目标及策略提供有效的参考与决策依据，以保证企业的可持续健康发展。预测分析一般通过专题分析来完成，通常在制订企业季度、年度等计划时进行，其开展的频率没有现状分析及原因分析高。

1.4 RPA 商业数据分析的流程

RPA 商业数据分析的流程包括商业理解、数据理解、商业数据采集与处理自动化、商业数据分析自动化、商业数据展现自动化和商业数据分析报告自动化六个步骤，如图 1－1 所示。

1.4.1 商业理解

在商业理解（Business Understanding）阶段，要从商业的角度了解项目的数据准备和具体要解决的问题，并思考如何从数据分析的角度去定义和完成目标。商业角度的项目要求一般这样表述：通过广告推广使 A 产品在本年度的销售额增长 15%，分析师需要了解哪些商业运作方式可能会帮助完成此目标，以及分析挖掘哪些数据可以带来价值。

企业为了成为市场上的赢家，要有效制定战略并向下传递正确的指令，这需要高质量的数据信息作为决策基础。通过商业数据分析挖掘出有价值的信息，从而为企业战略的规划提供数据支撑，以使企业取得竞争优势。在商业理解阶段，可从以下六个方面考虑：

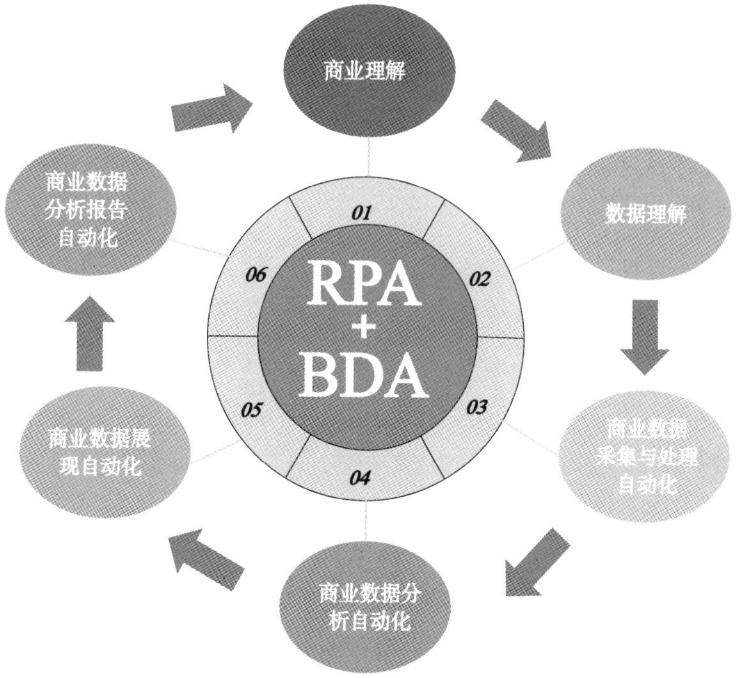

图 1－1　RPA 商业数据分析流程

（1）可持续发展

将社会可持续发展的要求和企业商业发展紧密结合。为了确保既不破坏环境，也不打破企业在资源使用情况下的盈利底线。通过商业数据分析可查明需要的资源分配，以避免破坏环境，重新分配资源或者优化分配方式，达到最佳平衡点。

（2）创新性

通过观察现有市场，供应突破性的产品，引入全新或更好的产品或服务，来扰乱竞争对手的业务意向。商业数据分析可以获取并确认客户对于新产品的建议或者对于现有产品的意见，监测客户对提供的改良的新产品的反馈，监测新产品的市场表现并报告结果。

（3）运营效率

相比于竞争对手，要改进企业的内部业务和活动，减少客户的成本。降低的成本可以为客户创造基于效率的更低价格的优势。商业数据分析可以确定需要更正或修改的业务领域，并提出替代方案，以提高效率。这对选择何种替代方案以确保商业效益最大化也是有益的。

（4）价格领导

从市场角度来看，在行业中为客户提供最低成本的产品或服务，同时使企业获得可接受的利润。通过对商业数据进行分析可以确定主要竞争对手，监测、报告和预测竞争对手相对较为准确的价格，使企业能够保持很低的成本，同时能够保持较高的利润率。

（5）产品差异化

提供其他竞争者不能提供的多种产品、服务或功能。通过对商业数据进行分析找到竞争对手没有提供的产品、提出可以提供的新服务，并预测新产品在利润上的潜力。

（6）服务有效性

可以向客户提供比其他公司更简单和易于接受的业务。这凸显了企业的服务特色，同时降低了客户的时间成本，从而提升了客户价值。通过商业数据分析可以获取客户意见，确定哪些方面需要完善；解释为什么需要修复并提供修复建议；提高服务运营的有效性，对改进进行量化和报告。

1.4.2 数据理解

数据理解（Data Understanding）是 RPA 商业数据分析中最关键的一个环节。数据理解阶段从初始的数据收集开始，分析师应熟悉数据及其内部属性，识别数据的质量问题和局限性，同时对于数据能否解决商业问题，是否需要更多的外部数据，如何估算成本等问题有较清晰的认识。

数据理解阶段的要点是明确商业数据分析需要哪些数据，这些数据之间有什么联系。这一步需要明确商业数据的概念模型，给出 E—R 图（Entity Relationship Diagram，实体—联系图）；然后确定其物理模型，给出表结构以及表数据示例。

（1）数据模型

概念模型通过描述现实世界，以便于信息世界的建模，是现实世界到信息世界的第一层抽象。为了把现实世界中的具体事物抽象、组织为某一数据库管理系统支持的数据模型，人们常常首先将现实世界抽象为信息世界，然后将信息世界转换为机器世界。也就是说，要先把现实世界中的客观对象抽象为某一种信息结构，这种信息结构并不依赖于具体的计算机系统，不是某一个数据库管理系统（DBMS）支持的数据模型，而是概念级的模型，称为概念模型。

简单来说，就是在了解客户的需求、客户的业务领域工作情况以后，经过分析和总结，提炼出来的用以描述客户业务需求的一些概念性的东西。如销售业务中的“客户”和“定单”，还有就是“商品”“业务员”。他们之间的关系就是：“业务员”与“客户”就购买“商品”之事签订“定单”。

概念模型用 E—R 图表示。E—R 图主要是由实体、属性和联系三个要素构成的。在制作 E—R 图时，用矩形框表示实体，在框中记入实体名。用菱形框表示联系，在框中记入联系名。用椭圆形框表示实体或联系的属性，将属性名记入框中。对于主属性名，则在其名称下添加一条下划线。实体与属性之间、实体与联系之间以及联系与属性之间用直线相连，并在直线上标注联系的类型。对于一对一联系，要在两个实体连线方向各写 1；对于一对多联系，要在一的一方写 1，多的一方写 N；对于多对多联系，则要在两个实体连线方向各写 N、M。E—R 图的组成元素如图 1-2 所示。

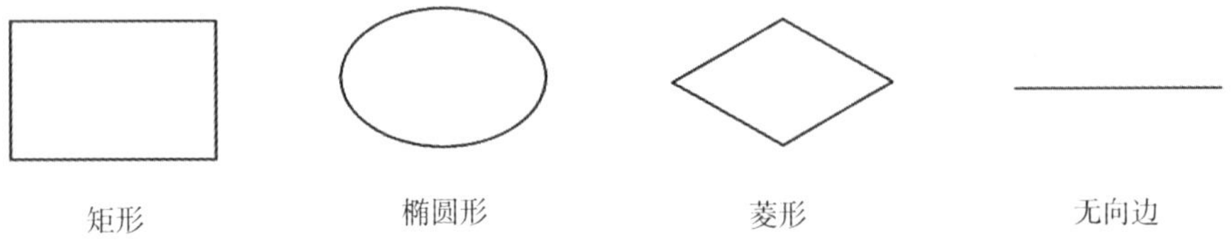

图 1-2　E—R 图的组成元素

E—R 图的制作包括五个步骤，具体如下：

①确定所有的实体集合；

②选择实体集应包含的属性；

③确定实体集之间的联系；

④确定实体集的关键字，用下划线在属性上表明关键字的属性组合；

⑤确定联系的类型，在用线将表示联系的菱形框联系到实体集时，在线旁注明是 1 或 N（多）来表示联系的类型。

（2）数据表

数据表是物理模型的具体表现形式。物理模型考虑各种具体的技术实现因素，进行数据表结构设计，实现数据的存放。物理数据模型的内容包括确定所有的表和列，定义外键用于确定表之间的关系等。数据表由表名、表中的字段和表的记录三个部分组成。字段名也就是常说的表头，也是列名。把表中的每一行叫作一个“记录”，每一个记录包含这一行中的所有信息。设计数据表结构就是定义数据表文件名，确定数据表包含哪些字段，各字段的字段名、字段类型及宽度。其步骤如下：

①确定表名。表名要确保其唯一性，表的名称要与用途相符，简略、直观、见名知意。

②确定字段名称。第一，字段名长度小于 64 个字符。第二，字段名可以包括字母、汉字、数字、空格和其他字符。第三，字段名不可以包括句号（。）、感叹号（!）、方括号（[]）和重音符号（′）。第四，字段名不可以以先导空格开头。

③确定字段类型。常见的数据类型包括数值、日期/时间和字符串（字符）类型三种。

④确定字段属性。如字段大小、格式、默认值、必填字段、有效性规则、有效性文本和索引等。

⑤确定表中唯一能识别记录的主关键字段，即主键。

⑥确定两个表之间的链接字段，即外键。外键是用于建立和加强两个表数据之间的链接的一列或多列。通过将保存表中主键值的一列或多列添加到另一个表中，可创建两个表之间的链接。这个列就成为第二个表的外键。

1.4.3 商业数据采集与处理自动化

商业数据采集与处理自动化，是指 RPA 机器人自动从 Word、Excel、图片或网页等数据源读取商业相关数据，并对数据进行加工整理，得到适合数据分析的样式的过程，这是数据分析前必不可少的阶段。一般来说，RPA 机器人采集到的初始商业数据有着量大、杂乱、格式不一致等特征，而数据处理工作就是要从中抽取出对解决问题有帮助和有价值的数据。

（1）商业数据采集

商业数据包括企业内部商业数据和企业外部商业数据两大类。更多的商业数据内容将在 1.6 节详细介绍。

①企业内部商业数据。企业内部商业数据是指企业内部与其生产经营等相关的数据，如财务数据、运营数据、经营管理人员数据和客户数据等。这些数据保存在企业的各个部门。比如财务部门提供各项成本和管理费用情况、利润情况、资本流动情况、企业统计和会计记录、企业的投资和融资信息等。从数据来源看，企业内部商业数据有邮件、本地文件、网页、数据库、财务系统、OA 系统、ERP 系统及其他等。

②企业外部商业数据。企业外部商业数据主要是指在企业内部无法获取的数据，大多数需从网络上获取，比如电商网站、证券交易所、公开发行的刊物（中国统计年鉴等）、国家相关统计部门公布的数据信息、各种查询平台及专业的第三方机构等平台。

（2）商业数据处理

RPA 机器人数据处理包括数据清洗、数据合并、数据抽取、数据计算、数据转换等方法，处理后的数据才能用于后续的数据分析工作，具体内容如表1-1所示。

表1-1　数据处理方法

数据处理方法	具体说明
数据清洗	数据清洗是将多余重复的数据筛选清除，将缺失的数据补充完整，将错误的数据纠正或删除的过程，目的是使原始数据转化为简明、完整、正确的数据，满足后续的数据分析
数据合并	数据合并是指将综合数据表中某几个字段的信息或记录数据，组合成一个新字段、新记录数据，RPA机器人常见的数据合并包括合并数据表、合并数组、将数组合并为字符串等
数据抽取	数据抽取，也称数据拆分，指保留、抽取原始数据表中某些字段、记录的部分信息，形成一个新字段、新记录，RPA机器人数据抽取的方法包括数据切片、选择数据列、截取数组、过滤数组数据等
数据计算	数据计算，包括对数据进行加、减、乘、除等基础算术运算，也包括更复杂的涉及函数的运算。RPA机器人除了可以通过变量赋值进行公式写入，还包括取绝对值、取整数部分、取平方根等
数据转换	数据转换指对数据进行格式的转化，格式包括整数类型、小数类型以及字符串类型等。RPA机器人的数据转换包括转为逻辑数据、转为小数数据、转为整数数据、转为文字数据以及将数据表转为数组等

1.4.4　商业数据分析自动化

商业数据分析自动化，是指RPA机器人采用适当的统计分析方法对收集来的大量商业数据进行分析，提取有价值的信息，形成有效结论的过程。常见的分析方法包括对比分析、分组分析、结构分析、交叉分析、因素分析、趋势分析等。

（1）对比分析法

在对比分析法下，将两个或两个以上的数据进行比较，分析数据的差异或变动，可以准确、量化地表示出这种变化或差距是多少，并且揭示这些数据所代表的事物发展变化情况和规律性。对比分析法包括横向对比与纵向对比，横向对比是比较不同事物在同一时间条件下的数据差异；纵向对比是比较同一事物在不同时间条件下的数据差异。对比分析法可以从时间、空间、目标等维度进行分析。对比分析法在商业场景中得到广泛应用，如企业的销售目标能否完成，企业的成本费用增减情况，企业与同行业的差距等。下面将以三个简单的例子来说明对比分析法的应用。

①不同的时间周期对比。选择不同时间的指标作为对比标准。与上一年的同期进行对比称为同比，主要考虑季节周期和淡旺季的影响。与前一时期的对比称为环比，可以了解相邻时间周期是进步了还是退步了，以便及时分析原因。

如图1-3所示，2018年第4季度的销售额与2017年第4季度的销售额相比，2018年第4季度的销售额比上年同期增加了120985.9元，称之为同比。2018年第4季度的销售额与2018年第3季度的销售额相比，2018年第4季度的销售额比上一期的销售额增加了155114.477元，称之为环比。

②与不同的空间指标对比。在同一个时间周期内选择不同空间指标数据进行比较。既可以与相似空间比较，如与同级单位、部门、地区对比，找出自身与同级别部门的差距或优势，分析自身的发展方向。又可以与优势空间比较，如与优秀企业、标杆部门、行业领袖进行对比，了解自身的发展在行业内所处的位置，有哪些不足，以便确立发展目标。

年	季度	销售额(元)
2015年	1	503707.715
2015年	2	668913.497
2015年	3	818938.792
2015年	4	948103.331
2016年	1	485707.544
2016年	2	902377.987
2016年	3	926133.859
2016年	4	1129156.945
2017年	1	577631.971
2017年	2	1063430.256
2017年	3	1130734.633
2017年	4	1474245.92
2018年	1	914388.678
2018年	2	1538727.946
2018年	3	1440117.343
2018年	4	1595231.82

图 1－3　2015—2018 年各季度销售额

如图 1－4 所示，对不同片区的总销售额进行对比，可看出华东片区的销售额最高，西北片区的销售额最低，进一步可分析差别如此大的原因，同时西北片区可向华东片区学习借鉴。

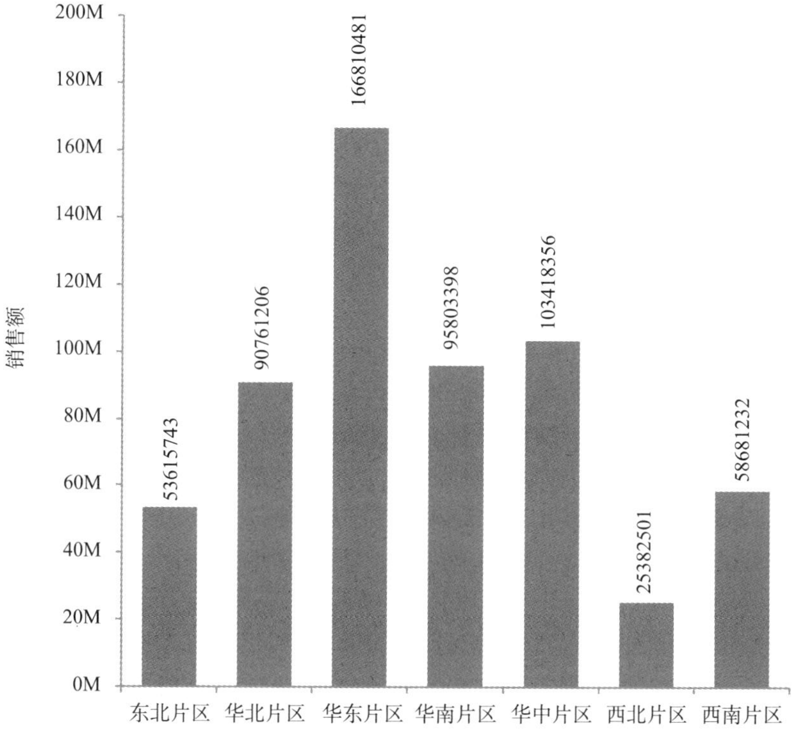

图 1－4　2018 年各区域销售额

③与不同计划标准对比。与计划标准对比即与计划数、定额数、目标数对比。如与全年

计划目标、活动计划目标对比，通过对比了解自身的发展进度和完成率，分析目标完成的预期和策略是否需要调整。

如图 1 -5 所示，折线表示各商品的计划销售量，条形表示各商品的实际销售量。通过计划销售量与实际销售量对比可知，2018 年所有商品都未达成目标，进一步可分析是销售策略问题，还是计划定得过高，从而为下一年制订合适的战略和计划提供意见。

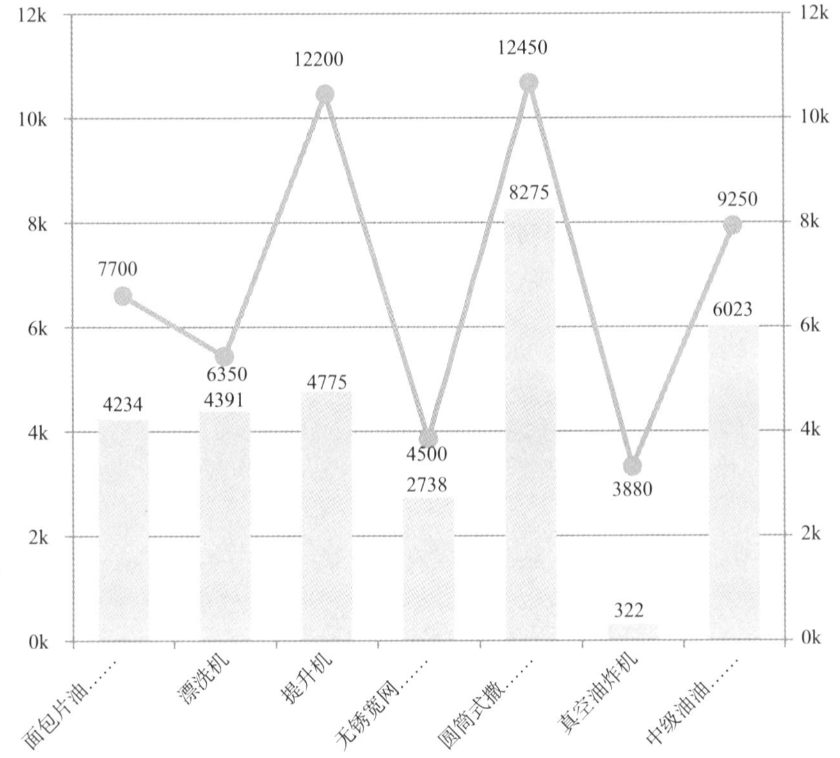

图 1 -5　2018 年各商品实际销量与计划销量

（2）分组分析法

分组分析法是根据数据的性质和属性，以及分析的目的和需求，将研究总体按一定标准划分成若干组进行整理和归类，以揭示其内在的联系和规律性的一种分析方法。

将数据进行分组的目的是便于对比，把总体中具有相同性质的对象合并在一起，不同性质的对象区分开，保持组内对象属性的一致性、组与组之间属性的差异性，以便进一步运用数据分析方法来解构内在的数量关系，因此分组分析法必须与对比分析法结合运用。

分组分析法的关键在于确定组数与组距。在数据分组中，各组之间的取值界限称为组限，一个组的最小值称为下限，最大值称为上限；上限与下限的差值称为组距；上限值与下限值的平均数称为组中值，它是一组变量值的代表值。

采用等距分组需要经过以下几个步骤。

①确定组数。这个可以由数据分析师决定，根据数据本身的特点（数据的大小）来判断确定。由于分组的目的之一是观察数据分布的特征，因此确定的组数应适中。如果组数太少，数据的分布就会过于集中，组数太多，数据的分布就会过于分散，这都不便于观察数据分布的特征和规律。

②确定各组的组距。组距是一个组的最大值与最小值之差，可根据全部数据的最大值和最小值及所分的组数来确定，即：

$$组距 = \frac{最大值 - 最小值}{组数}$$

③根据组距大小，对数据进行分组整理，划归至相应组内。

完成分组后，我们就可以进行相应信息的分组汇总分析，从而对比各个组之间的差异情况以及与总体间的差异情况。

除了上面所介绍的等距分组之外，也可以进行不等距分组。具体的选择取决于所研究分析对象的性质特点。在各单位数据变动比较均匀的情况下比较适合采用等距分组；在各单位数据变动很不均匀的情况下比较适合采用不等距分组，此时不等距分组或许更能体现研究对象的本质特征。

如图 1 －6 所示，通过对某公司的职工年龄进行分组，组距为 10，共 7 组。可看出该公司职工年龄在 20 ~ 39 岁之间的人数较多，由此可知该公司的员工较年轻，充满活力，有利于公司发展。

年龄段	职工人数
20岁以下	22
20~29岁	3580
30~39岁	4306
40~49岁	1622
50~59岁	409
60~69岁	57
70岁及70岁以上	3

图 1 －6　某公司不同年龄段职工人数分布

（3）结构分析法

结构分析法是指被分析总体内的各部分与总体之间进行对比的分析方法，即总体内各部分占总体的比例，属于相对指标。一般某部分的比例越大，说明其重要程度越高，对总体的影响越大。结构相对指标的计算公式一般为：

$$结构相对指标 = \frac{总体内某部分的数值}{总体总量} \times 100\%$$

例如，在数据分析中对某超市销售的家具数量采用结构分析法，该超市销售的家具包括桌子、用具、书架和椅子四种，分析哪一种家具销量较好，管理者可据此在下一个期间对销量好的家具准备更多的库存，如图 1 －7 所示。

（4）交叉分析法

在进行数据分析时，常常需要找到变量（字段）之间的关系，从而发现数据的特征，此时就需要使用交叉分析法厘清关系。

交叉分析法又称立体分析法，是在纵向分析法和横向分析法的基础上，从交叉、立体的角度出发进行数据分析，交叉分析法通常用于分析两个或两个以上变量（字段）之间的关系，将两个或两个以上具有一定联系的变量及其变量值按照一定的顺序交叉排列在一张表格内，使各变量值成为不同变量的交叉结点，形成交叉表，从而分析交叉表中变量之间的关系，

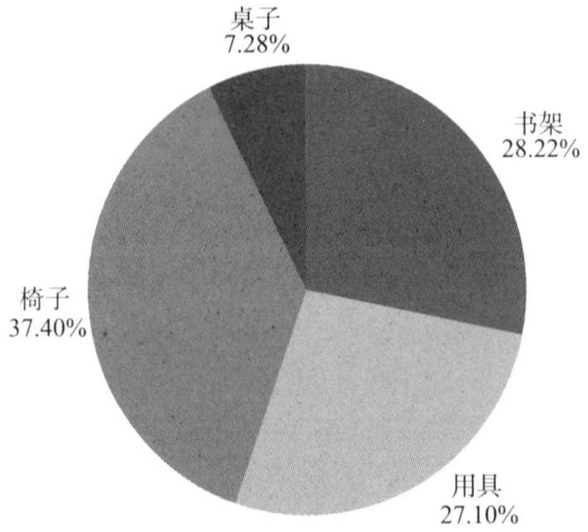

图 1－7　某超市家具种类销量占比

交叉分为两项关系的交叉和多项关系的交叉，维度越多，交叉表的结构就越复杂。一般需要根据数据分析的目的决定交叉表中有几个维度。

如图 1－8 所示，在职工分配情况分析中，对职工按性别和部门进行交叉分析，以获取各部门的职工人数以及职工的性别结构，体现职工特征，便于做出合理的继任规划。

部门＼性别	男	女	合计
财务部	722	699	1421
产品研发部	622	629	1251
规划部	248	261	509
国际部	629	611	1240
技术部	666	659	1325
客服中心	576	591	1167
其他	115	134	249
人事部	371	404	775
销售部	1032	1031	2063
合计	4981	5019	10000

图 1－8　职工部门与性别交叉表

（5）因素分析法

因素分析法是依据分析指标与其影响因素的关系，分析有明确数量关联关系的各因素之间的变动对综合指标变动量的影响程度，从而确定影响指标变化原因的一种分析方法。因素分析法既可以全面分析各因素对某一指标的影响，又可以单独分析某个因素对指标的影响，帮助厘清各因素间的关系，在数据分析中找到问题产生的根本原因。

因素分析法运用一般程序如下：

①确定需要分析的指标，并计算出实际数与目标数的差异；

②确定该指标是由哪几个因素组成的，并按其相互关系进行排序。排序规则是：先实物量，后价值量；绝对先值，后相对值；

③计算确定各个因素影响的程度数额。

例如，在财务指标数据分析中，进行杜邦分析，确定该指标是由哪几个指标计算得来的，并按其连接关系对其进行分层，如图 1－9 所示。

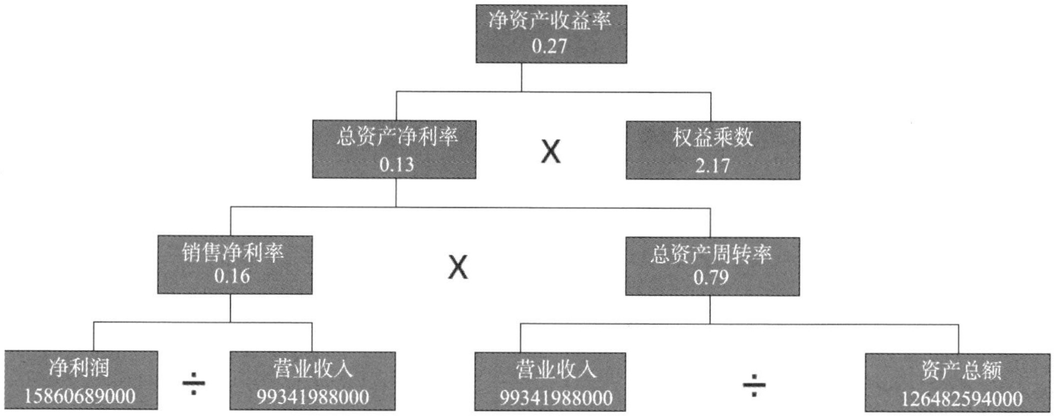

图 1-9　杜邦分析

（6）趋势分析法

趋势分析法，也称趋势预测法，是分析各期与基期变化趋势的一种分析方法，主要是通过对比两期或连续数期的财务或非财务数据，确定其增减变动的方向、数额或幅度，以掌握有关数据的变动趋势或发现异常的变动。用于趋势分析的数据既可以是绝对值，也可以是以比率表示的相对值。

如图 1-10 所示，对 2018 年 1 月至 12 月差旅费的增减情况进行分析，反映差旅费在 2018 年的变动趋势，从而可以分析是否存在季节性差旅费增减。

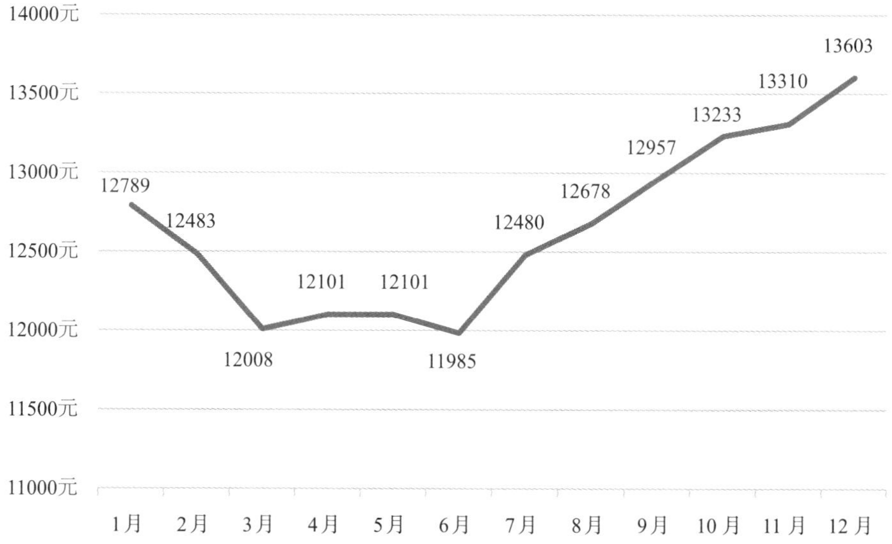

图 1-10　2018 年差旅费变动趋势

1.4.5　商业数据展现自动化

商业数据展现自动化，是指 RPA 机器人通过 Tableau 等可视化软件来呈现商业数据分析的结果，显示数据内部的关系和规律。RPA 机器人实现数据展现自动化的路线主要是通过模拟点击等功能将 Tableau 模板文件中的数据自动刷新，在模板文件中预设相应图表，一旦数据更新，对应图表就能自动刷新，为后续数据分析报告的生成做准备。

数据展现是商业数据分析师采用最简单的、易于理解的形式，把数据分析的结果呈现给决策者，帮助商业管理和决策者理解数据所反映的规律和特性，它也被称为数据可视化。

在 Tableau 中最常见的基本可视化图形包括条形图、线形图、饼图、突显表、散点图、填充气泡图、标靶图、直方图、树状图、词云图、热图、复合图等。下面将详细举例介绍。

（1）条形图

条形图（Bar Chart）是用宽度相同的条形的高度或长短来表示数据多少的图形。条形图可以横置或纵置，纵置时也称为柱形图（Column Chart）。此外，条形图有简单条形图、堆叠条形图、并排条形图等形式。条形图是统计图资料分析中最常用的图形。条形图能够使人们一眼看出各个数据的大小，且易于比较数据之间的差别。

为了分析某公司各类产品的销售额，可以用条形图来展示其数据，如图 1－11 所示。可以发现西南、西北区域家具产品的销售额很不乐观，这就需要进一步分析原因。为了便于查看数据，还可进行排序。

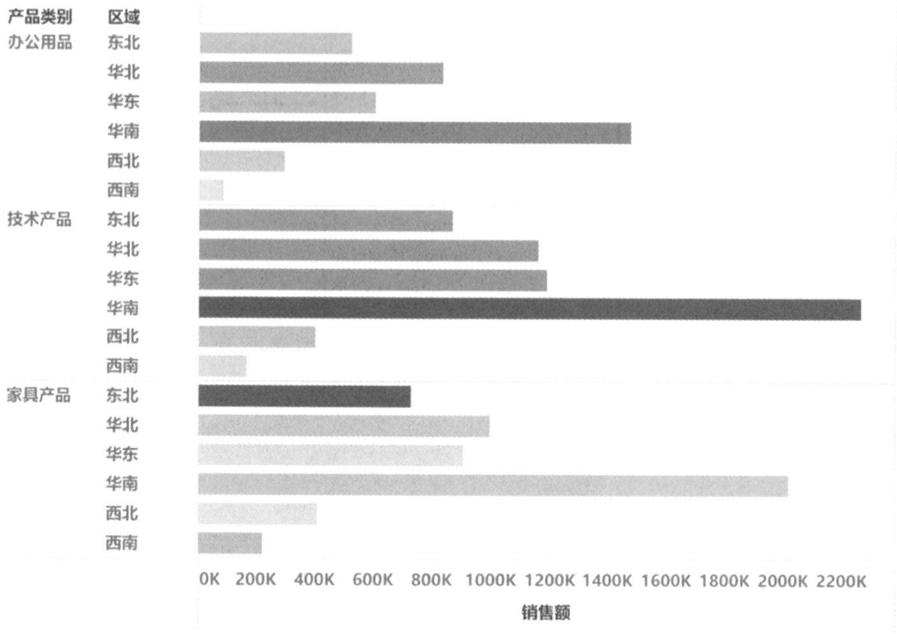

图 1－11　各类产品销售额条形图

（2）线形图

线形图可以将独立的数据点连接起来，通过线形图，可以在大量连续的点之中发现数据变化的趋势。线形图常用来展示数据随时间的变化趋势。

例如，为了分析某公司 2013 年至 2017 年的销售额变化趋势，各个类别产品各年的销售趋势可以用线形图来展示其数据，如图 1－12 所示。其中颜色由浅色到深色表示利润额由负到正。可以发现家具产品的利润不是很好，有好几个月都是负值，而且技术产品的销售额波动是比较大的。

（3）饼图

饼图是将圆饼形作为指标数据总体，通过圆饼中每一个扇形面积的大小来表现数据在总

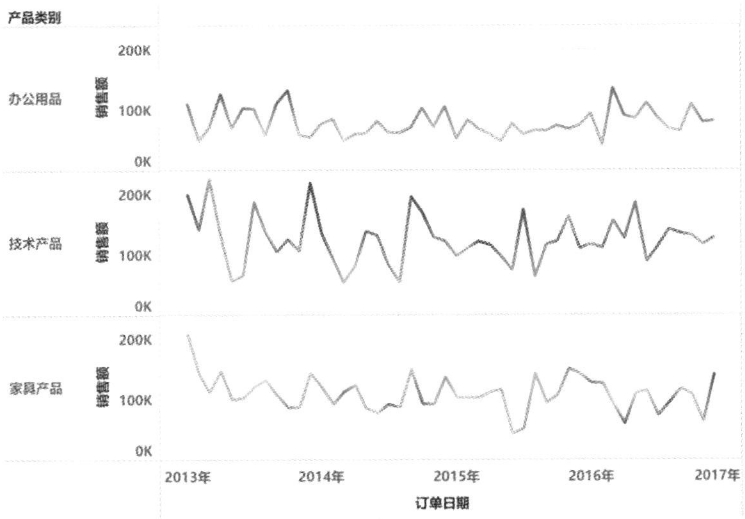

图 1－12　销售额与利润额变化线形图

体中所占的比例。饼图常用于结构分析。

例如，对于某公司的销售数据，如果想大致观察每种类别产品销售额占总体的百分比情况，则可以选择饼图，如图 1－13 所示。可以看出技术产品占整体销售额比例是最大的，办公产品最小。

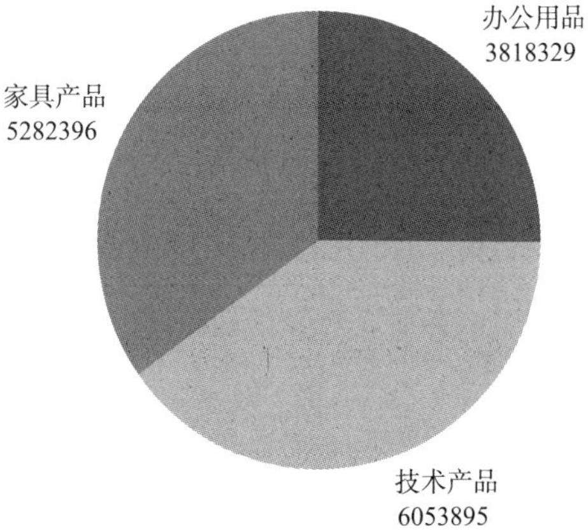

图 1－13　各类产品占整体销售额比例饼图

（4）散点图

散点图是用于表现两组数据之间相关关系的一种图表，其中一组数据作为横坐标，另一组数据作为纵坐标，从而在坐标系上形成两两相对应的数据点，通过数据点的分布分析两组数据的关联。

例如，分析各类产品的销售额与运输费之间是否存在某种关系时，可以选择散点图，如图 1－14 所示。可以看出，销售额和运输费之间有较明显的线性关系。另外，也可以看到有一些比较突出的点，比如右上角和右下角。

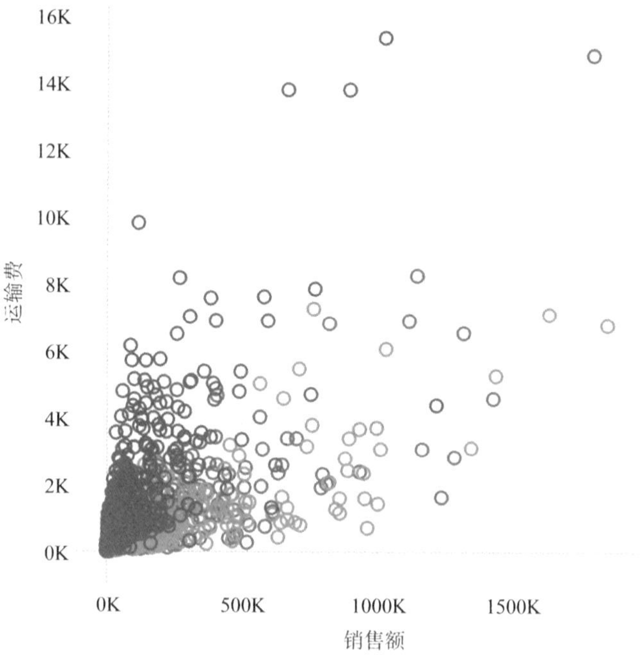

图 1－14　销售额与运输费关系散点图

（5）填充气泡图

填充气泡图用气泡大小表示某个维度数值的大小，每个气泡上都有标签，且这些气泡不是依次地排在一条直线上。

例如，可以通过气泡大小来观察品类销售，如图 1－15 所示。不同颜色表示不同的产别类别，可以看出技术产品类中的办公机器产品的销售额是最高的。

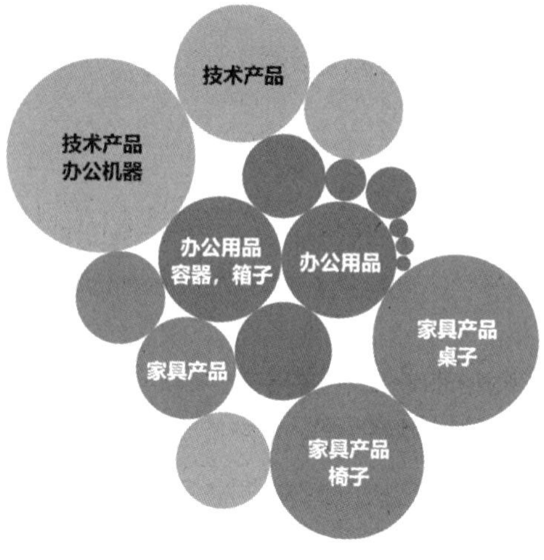

图 1－15　产品子类别销售额填充气泡图

（6）标靶图

标靶图，又称为子弹图。从其本质上来说，它是条形图的一种变形。标靶图主要是用来显示任务的实际执行与预设目标的对比情况。用标靶图，可以弥补用一张表所实现不了的功能，因为用某一张表不能显示足够的信息以达到分析的目的。

例如，分析各类咖啡及其他饮品的实际销售额是否达到了预定目标，即实际销售额和预计销售额之间的差异，可以用标靶图，如图 1－16 所示。在图中，条形图表示实际销售额，竖线条表示预计销售额。由此可看出，一般咖啡的三种产品都未达到预定目标。

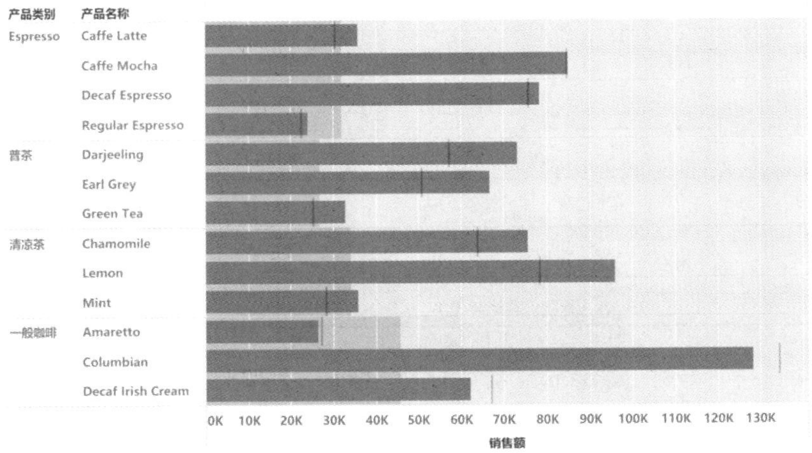

图 1－16　实际销售额与预计销售额标靶图

（7）直方图

直方图，又称质量分布图、柱状图。它是用一系列高度不等的纵向条纹或线段表示数据分布情况的统计图。用直方图，可以直观地看出某个属性（如产品利润）的数据分布状况。

例如，可以用直方图来观察某公司产品利润额的分布情况，如图 1－17 所示。可以看出，订单的利润额主要分布在［－1500，1500］区间，其中利润额在［－300，0］之间的订单数最多，这需要引起注意，及时采取措施，避免企业整体亏损。

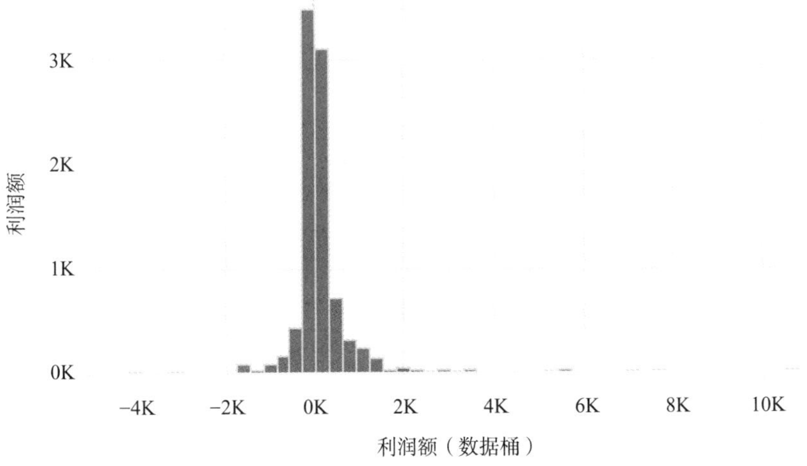

图 1－17　产品利润额分布直方图

（8）树状图

如需从众多的点当中迅速发现某种重要或异常情况，采用树状图会很有效。使用树状图可在嵌套的矩形中显示数据。树状图是一种相对简单的数据可视化形式，可通过具有视觉吸引力的格式提供见解。

例如，在分析某客户购买各商品数量时，可使用商品类别定义树状图的结构，使用某客户购买数量定义各个矩形的大小或颜色。如图 1－18 所示。从图中可明显看出，该客户购买面包片油炸机的数量最多，购买真空油炸机的数量最少。

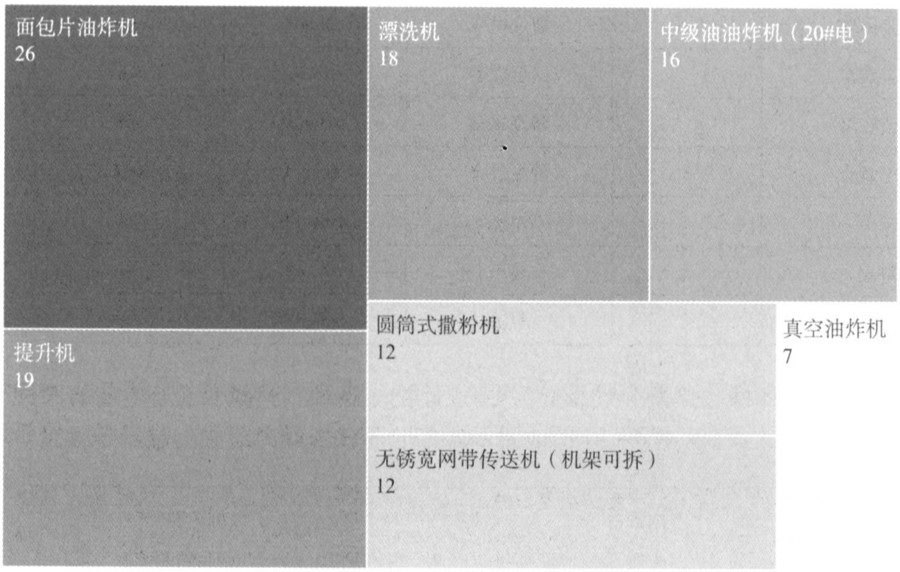

图 1－18　客户购买商品数量树状图

（9）词云图

词云图是一种非常好的图形展现方式，这种图形可以对一个网页或者一篇文章进行语义分析，也就是分析同一篇文章或者同一网页中关键词出现的频率，这对于竞争情报监测（尤其是声望监测）十分有帮助。制作词云图非常简单，只需在填充气泡图的基础上稍做修改即可。

例如，用词云图来分析各类产品的销售情况，如图 1－19 所示。通过该词云图视图，一眼就可看出哪些销售产品是关键产品。

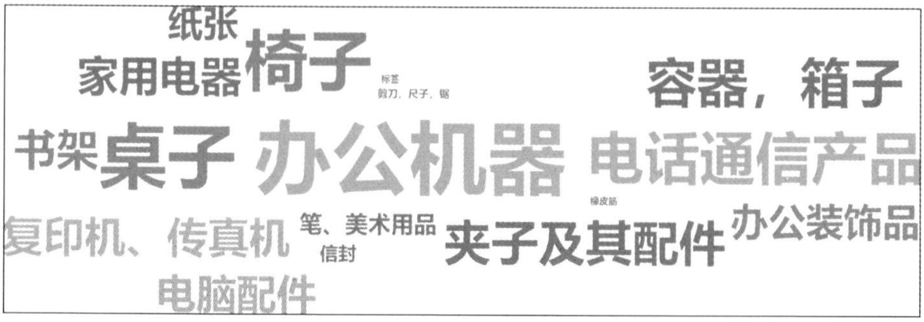

图 1－19　产品子类别销售额词云图

（10）热图

如需要区分和对比两组或多组分类数据，使用热图是非常好的一种方法。热图可以迅速地将纷繁的数据交叉表转变为生动、直观的可视图。通常，靠浏览各行各列的数据来发现表中某些信息（如最大、最小值）会非常吃力，因为这要求浏览者记住所有浏览的数据，并将其作对比。而使用热图，将数据用颜色或者形状的大小来表示，则极大地简化了上述过程。

例如，分析某公司三大产品中哪类产品在全国哪个省份的销售额或利润最大时，可以选择热图，如图 1－20 所示。图中方形大小表示利润额，方形越大利润额越大。方形颜色表示销售额，颜色越深销售额越高，颜色越浅销售额越低。从图中可看出销售额高且利润最高的是销售在广东的技术产品。

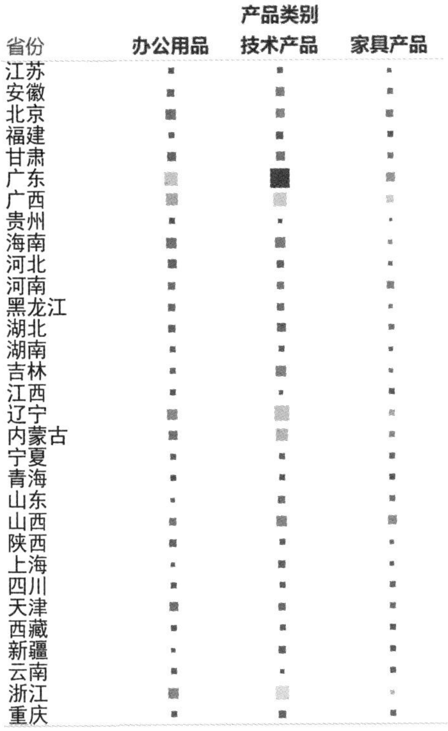

图 1－20　产品类别销售额与利润额热图

（11）突显表

突显表是热图的延伸。突显表除了用颜色来区分数据外，还在每个颜色上添加了数据，以提供更详细的信息。通过突显表，不仅可以迅速发现多组数据在某个维度上的关键点，而且可以立即知道该关键点的值。

例如，分析某公司三种大的产品类别在各个省份的销售额情况时也可以选择突显表，在热图的基础上添加了原始数据，如图 1－21 所示。从图中不仅可以看出销售额最好的是华南片区广东的技术产品，还可以看出其具体的销售额是 1106759 万元。

（12）复合图

复合图是指在一张视图里用几种不同的图形来展示数据。

例如，在分析某公司近几年各个区域的销售情况时，销售额要用线形图表示，而利润额要用条形图来表示，这时就需要用到复合图，如图 1－22 所示。可以发现，西北、西南两个区域的销售额和利润几年来都处于低位，需要进一步分析原因。

在商业数据分析场景中，要根据实际业务的需求，把多种数据视化形式有效融合，遵循简单、直接、易懂的原则，高效地传达数据分析的结果，为决策提供数据支持。

区域	省份	产品类别 办公用品	技术产品	家具产品
东北	黑龙江	141515	162101	185899
	吉林	96033	245917	176326
	辽宁	287520	462686	367954
华北	北京	181312	256406	193882
	河北	117348	99763	106128
	内蒙古	212015	419612	269610
	山西	169650	251304	284810
	天津	154677	132712	144592
华东	江苏	43036	72617	103288
	安徽	114610	240291	156808
	福建	64670	50092	40621
	江西	37439	63024	42788
	山东	38299	150679	127262
	上海	38545	62983	49331
	浙江	266808	550370	386307
华南	广东	593736	1106759	761842
	广西	391379	510676	501376
	海南	205065	241688	277978
	河南	163244	197699	234289
	湖北	69585	137895	173441
	湖南	53423	70145	67485
西北	甘肃	128469	200319	196637
	宁夏	53526	40985	78175
	青海	2059	20008	5177
	陕西	84856	68119	89901
	新疆	24690	72606	37514
西南	贵州	25916	32776	73764
	四川	16261	56774	52850
	西藏	8868	18708	12369
	云南	16088	6421	27667
	重庆	17688	51762	56321

图 1-21 产品类别销售额突显表

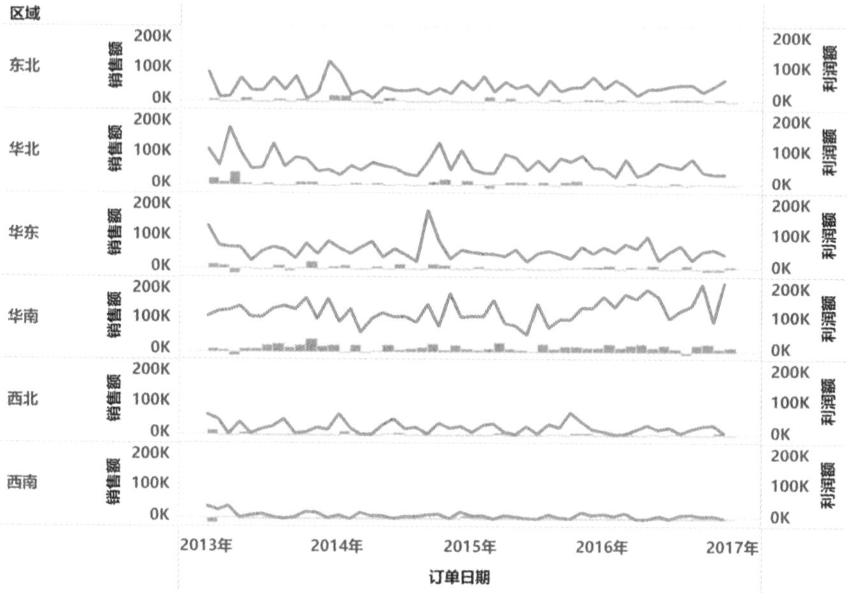

图 1-22 各区域销售情况复合图

1.4.6 商业数据分析报告自动化

商业数据分析报告自动化，是指 RPA 机器人自动生成 Word 或 PDF 等形式的数据分析报告。数据分析报告是数据分析过程和思路的最后呈现，得出分析的结论并给出解决方案。其本质上是在写一篇有理有据、逻辑性强的议论文。针对不同的商业分析目的选择不同的报告形式和内容。分析报告有专题分析报告、综合分析报告和日常数据通报三种类型。数据分析一般都是一次性的，一般都是专题分析报告。

RPA 机器人实现商业数据分析报告自动化的路线主要是利用 Word 预制件，先通过 Word 预制件的粘贴活动将图表复制进分析报告，再用 Word 预制件中的相关活动，将变量中的文本信息放进 Word 模板中的对应位置，文本信息包括分析思路、分析内容和结论建议等。

在进行商业数据分析报告自动化开发前，分析报告模板要怎么设计呢？在形式上，分析报告要包括标题、摘要、目录、正文以及结论与建议这几个部分。内容上，分析报告要完整地呈现数据分析的起因、目的、过程、结果与建议，为决策者提供科学、严谨的决策依据。

一份高质量的商业数据分析报告具备一个好的分析框架和明确的结论与建议。图文并茂、结构清晰、主次分明，能够使阅读者形象、直观地看清楚问题和结论。明确的结论与建议方案赋予报告价值。所以，商业数据分析师不仅需要掌握数据分析方法，而且还要了解和熟悉业务，这样才能根据发现的业务问题，提出具有可行性的建议或解决方案。

1.5 RPA 商业数据分析的价值

基于 RPA 技术，从数据中自动化提取出所需要的信息后，然后在业务流程中使用这些数据，就可以帮助企业洞悉产业发展方向，有助于企业更快做出更优的决策。RPA 商业数据分析可以为企业从客户、商品、人力、绩效以及风险等方面带来价值。

1.5.1 提高客户盈利能力

客户盈利能力是指单位时间内，企业从某个客户身上获取盈利的数额。在市场经济中，客户是企业生存发展的基础。客户盈利能力的计算需要大量的估计和判断，通过客户盈利能力的计算，企业能更清晰地了解盈利机会。

商业数据分析可以提供竞争对手产品的详细信息，包括当前的定价和价格趋势。这些信息可用于确定价格，以使企业通过权衡更低价格来提高销量与利润，或提高价格来增加利润，以保持利润处于最大化水平，怎么做取决于竞争对手的定价。

客户盈利能力是指用于确定为获得和维持与某一客户的关系而花费的资源量是否大于或小于该关系所产生的利益。从最严格的意义上讲，这种关系的盈利能力取决于关系所消耗的时间和物资成本与向该客户销售产品所产生的收入之间的差额。其他公式也考虑到间接利益，如客户提供的口碑，以及该客户的建议在多大程度上导致了额外客户的收购。计算客户盈利能力包括确定与收购和维护客户的收益大于或小于关系产生的收益。确定客户盈利水平的最常见模型包括评估所谓的客户获取成本。简单地说，包括所有针对该客户的销售和客户服务相关的成本，包括直接成本和间接成本，如与客户互动的人员的工资和薪金，发送给客户的宣传材料的平均成本以及任何作为开户奖励的折扣。保持与客户的持续关系是客户盈利能力的一个重要方面。如果与客户建立、维持持续关系所涉及的成本和销售产品给该客户获得的收入完全抵消，这种关系被认为处于盈亏平衡点，这种关系的间接利益可能会在一定程度上增加客户的盈利能力。如果客户已将业务推荐给几位熟人，这些熟人随后成为公司客户并为公司创造收入，这种无形的利益可能足以维持这种关系，即使没有直接的盈利能力。

未能处理客户投诉可能会对客户盈利能力产生负面影响。当产生的收入超过与客户建立和维持关系的成本时，客户的盈利能力就更容易衡量。理想情况下，这种盈利能力包括有形和无形的利益，其中产生的收入流远远高于账户维护的成本，而且客户的忠诚度使客户经常推销企业提供的产品。正如许多企业所理解的那样，保持客户的盈利能力意味着拥有一种强大的客户服务道德，即快速有效地处理客户投诉，并始终倾听客户的声音。未能处理客户投诉就为竞争对手打开了一扇大门，让他们赢得客户，从而帮助他们盈利。

1.5.2 优化商品促销策略

商品促销策略一般包括广告促销、人员促销、营业促销和公共关系促销四种，通过对商业数据进行分析，可以及时调整促销策略，以实现商业价值最大化。

（1）广告促销

通过广告宣传可以提高产品知名度和公众的购买欲望，在树立与加强产品及品牌良好形象方面，广告起着非常重要的作用。

任何一家企业，想要给人们留下印象，靠的不仅是产品本身，其广告创意同样要精彩非凡。以可口可乐公司为例，毋庸置疑，它的广告策略是很成功的，在中国的广告主要集中体现在三个方面：第一，在广告的创意表现中，对代表中国文化的元素进行了充分的挖掘和运用，分别以风车、舞龙等中国文化元素作为广告主题；第二，在广告的创意表现中，充分运用“明星代言”的方式同目标消费群沟通，例如著名运动员或是娱乐界的大咖。第三，大众媒体与网络媒体的精彩互动。通过大众传媒与网络的互动，可口可乐保持了线上、线下广告的连续性与一致性，从而更加突出了媒介整合的有效性，同时也保持了和时事的高度结合性和反应度。例如北京奥运会，可口可乐公司率先推出了新产品。

（2）人员促销

人员促销根据促销对象分为对经销商的促销和对销售人员的促销两类。

①针对经销商的促销。例如采取价格优惠与折扣的促销方式，又如，针对经销商提供短期赊销的支持、免费旅游、季度抽奖等活动，用以激发经销商的经销热情。

②针对销售人员的促销。针对销售人员的促销，是为了激励销售人员对其系列产品做额外的销售努力所采取的奖励措施。对销售人员，通常采取奖励直接与销售业绩挂钩的形式，在规定的基数前提下，超额完成部分奖励现金或提供一定的福利。

（3）营业促销

这种促销方式是制造商直接针对消费者展开的。目的是诱导消费者，促使其直接购买本品牌产品。针对消费者的促销是决胜售点的“临门一脚”。以可口可乐为例，其针对消费者的促销方法主要有：免费品尝、特价销售、增量包装、联合促销、有奖销售、瓶盖兑奖等。

（4）公共关系促销

公共关系促销包括赞助和合作店牌两种。

①赞助。赞助是公共关系的一种形式。例如，可口可乐通过赞助体育、教育以及文化等各类活动来强化品牌形象，提升品牌的美誉度，营造饮用氛围，从而促进其产品的销售。其赞助活动主要体现在以下两个方面：第一，赞助体育活动；第二，赞助社会公益活动。

②合作店牌。合作店牌是由可口可乐公司出资制作，免费赠送给客户，用来挂在售点，或者作为商店自身装饰的一种形式。合作店牌是可口可乐独创的一种营销形式，并由于可口可乐的成功运用，引起了行业内其他一些企业的纷纷效仿。合作店牌的出现，可谓是集万千优点于一身：第一，合作店牌可以有效地提升并巩固客情关系；第二，合作店牌具有分布广、持续时间长等特点；第三，合作店牌对消费者会产生提示购买的作用。

1.5.3 提供人力资源决策

商业数据分析中预测性步骤的人力资源指标可以被计算出来，如劳动生产率、每个全职员工的收入、每个全职员工的成本等指标。反过来，这回答了怎样做才能提高员工素质、什么类型的培训将是最有效的、激励性薪酬如何刺激绩效的问题。

企业在做人力资源决策时，通常需要考虑以下两个方面的因素：

（1）绩效：即员工在现有岗位上是否能做出企业要求的绩效，以岗位绩效标准为考核依据；

（2）胜任力：即员工是否有能力胜任岗位工作，以岗位胜任力模型为考核依据。

根据人力资源决策模型，企业可以将员工分为四种类型进行管理：

（1）A 类：绩效好，胜任力高的员工；

（2）B 类：绩效差，胜任力高的员工；

（3）C 类：绩效好，胜任力低的员工；

（4）D 类：绩效差，胜任力低的员工。

根据人力资源决策模型，对不同类型的员工，采取的人力资源对策不同。

（1）对于 A 类员工，企业应对员工进行晋升，并予以调薪，以激励和保留员工；

（2）对于 B、C 类员工，企业应提供培训，帮助员工改进绩效；

（3）对于 D 类员工，企业应予以调岗，调整员工到更合适的岗位上，以提高岗位胜任力。

综上，企业在做人力资源决策时，需要从员工胜任力和绩效两方面同时考虑。企业调整员工岗位，其最终目的是保证员工能够更好地完成绩效或提高员工胜任力。如果不能正确进行人力资源决策，无论对企业还是对员工本人，都会造成伤害。

同样，我们应用人力资源决策模型，还可以针对新员工。如果企业新引进一名能力较强的员工，应对员工进行适当的培训，加强员工对公司战略、管理、绩效的理解和认识，必然会帮助员工尽快做出绩效。

通过人力资源决策模型，我们还可以对企业招聘新员工、员工晋升与保留提供依据。企业在招聘一名新员工时，应根据岗位胜任力模型对员工进行考核，选择胜任力高的员工进入企业，并通过培训帮助员工尽快做出绩效；而对于胜任力高、绩效好的员工，企业应予以晋升与保留，为员工提供发展机会。

1.5.4 企业绩效跟踪

在商业数据分析的描述性过程中，除了收集常规数据，还可以不断收集、监控和测量特定的企业绩效参数，然后对那些参数不断更新并加以分析，以便提供最新绩效成就指数，可以用于比较绩效。此外，预期绩效的分析可用于指导制定规划以及达成目标。

一般而言，企业对绩效的追踪体系分为两个层面。

第一个层面是组织层面，组织的绩效目标不是年初设定之后就一成不变的，而是需要根据组织对内和对外的密切关注和变化情况进行滚动预测，随时准备予以调整。对内主要是关注自身的经营发展，对外主要是关注所在行业或市场的整体发展态势。例如，某企业年初制定计划当年销售额 90 亿元，但在当年实际的经营过程中，外部市场发展超出预期，竞争对手屡创业绩新高，本来该企业在年初还保持市场第四，但假如按照 90 亿元计算，到年底恐怕连第六都保证不了。因此该企业在12个月内连续几次调高当年销售目标，最终年底实现了超过94亿元、市场排名第五的成绩。

第二个层面是员工层面，绩效目标落实到个人之后，组织绩效管理工作并不能止步于此。目标制订得再漂亮，但是如果缺乏有效的监控和追踪体系，也会让组织的绩效目标变成一纸空文。实施了有效绩效追踪体系的企业，都不会等到一年结束之后才对员工进行绩效考核，他们的绩效考核会在一年之中进行多次。有的是半年一次，有的是每季度一次。增加绩效考核的频率会给管理者和员工带来额外的工作负担，但是这样做的好处是，企业可以随时了解员工的绩效目标完成状况，并根据实际情况对员工施以援手，以帮助员工及时调整或完成绩效目标。从员工管理的法律风险来看，这样做也有一个好处，可以及时发现员工绩效中的问题，对员工做出相应的培训或调整，避免最后因问题积累到不可解决的地步再来调整员工所带来的巨大法律风险。

1.5.5 降低企业商业风险

利用商业数据分析提供的信息，计算销售、预算、人力和技术等方面的数据来确定未来指南，将概率估计作为降低误判风险的指导。量化风险是做出重要业务决策的重要组成部分。大多数企业通过以前的经验和业务敏锐度来评估风险，但这种风险评估方法是不准确的。错误会导致生产成本增加、交货延迟等问题。因此，对于企业来说，使用数据分析进行风险评估至关重要。如果不知道从哪里开始，可以通过商业数据分析进行准确的风险评估。

一旦确定了面临的风险，就可以开始研究管理风险的方法，一般有以下四种方法：

（1）规避风险。在某些情况下，可能希望完全规避风险。这可能意味着不参与商业活动，或跳过高风险活动。当冒风险对组织没有好处或取得预期效果的成本过高时，需要及时规避风险。

（2）分担风险。可以选择与其他人、团队、组织或第三方共同承担风险和潜在收益。例如，与第三方保险公司签订协议。

（3）承担风险。当无法采取任何措施来预防或减轻风险，潜在损失少于针对风险的保险成本或潜在收益值得承担风险时接受风险通常是最佳选择。例如，如果潜在的销售仍能弥补成本，企业可能会接受项目启动晚的风险。在决定接受风险之前，需进行影响因素分析以查看风险的全部后果，并且企业可以制定一个应急预案以应付其后果。

（4）控制风险。如果选择接受风险，则可以通过多种方法来降低其影响。商业实验是降低风险的有效方法。它们涉及以可控的方式小规模开展高风险活动。可以使用实验观察问题发生的位置，并在采取大规模措施之前找到采取预防和侦查措施的方法。

1.6 商业数据分析关键要素

1.6.1 商业数据分析师

商业数据分析师在商业数据分析中扮演着至关重要的角色。除了掌握RPA技术之外，最重要的是需掌握数据分析思维与理论，比如通过微积分、线性代数、概率论、参数估计、假设检验、方差分析等数理统计基础掌握基本的数学、统计学知识，并通过数据运营方法论和机器学习来夯实基础，提升数据敏感性，建立数据思维和数据素养。掌握如何撰写行业分析报告和数据分析项目流程，能够独立完成数据分析项目。掌握常见的数据运营方法如 AARRR 模型、漏斗模型、ABTset、描述性统计分析、相关性分析、指数系统搭建等，培养利用多种数据分析方法解决实际工作问题的能力。商业数据分析师能够帮助企业经营者快速掌握企业的基本面、进行业务决策、平衡企业的投入和收益。

（1）帮助企业经营者快速掌握企业的基本面

商业数据分析师可以将企业的经营行为转化为可评估的量化指标。通过商业数据分析师的统计、转化，可以将企业的人、货、场转化为具体的经营指标和数字，如：销售额、获客数、转化率、复购率、产品库存数、周转率等，企业经营者可以通过不同部门的指标达成情况，来掌握整个企业和各个部门的经营情况。

商业数据分析师能够及时发现问题并追根溯源。在企业经营中，商业数据分析师可以通过各种数据分析方法和思维来发现企业经营中的问题。

商业数据分析师可以优化企业产品健康度和整体员工的素质能力。商业数据分析师通过数字指标量化的评估方式，评估产品或者员工的当前水平，并且可以根据二维四象限法对产品或者销售进行类别划分，优胜劣汰。例如对于销售人员，可以“客户满意度”和员工“销售额”两个指标对销售人员通过二维四象限分类。商业数据分析师同样可以对企业的产品进行划分，对产品进行优胜劣汰评估，以提升整个企业的产品影响力。

（2）帮助企业经营者进行业务决策

商业数据分析师可以通过数据分析和挖掘，为业务发展提供策略和方向。在企业经营中，为了能给经营者提供策略和方向，商业数据分析师通过业务增长理论和方法，包括渠道分析、AARRR 模型、漏斗模型、相关性分析等帮助经营者进行决策。

①渠道分析。正常来讲，一个公司的业务会来源于多个渠道，比如天猫、京东、拼多多、线下门店等，可以通过对不同渠道的数据进行对比分析，来寻找发展的机会。

②AARRR 模型。包含用户获取、用户活跃、用户留存、用户收入、用户传播 5 个用户生命周期，可以针对不同生命周期进行分析来调整业务发展策略。

③漏斗模型。漏斗模型可以看作一种线性的思考方式，可以对任意事件或者用户行为的转化进行问题定位，当然，漏斗模型也可以和 AARRR 模型结合使用，可以从 AARRR 模型每个生命周期的转化进行分析。

④相关性分析。经常使用的分析方法之一，主要是通过对不同特征的数据之间的关系进行分析，发现业务运营中的关键影响因素及驱动因素，并且可以对业务的发展进行预测。例如，广告曝光量和营销花费的相关关系，销售人数和用户增长的关系等。

商业数据分析师通过数据分析和监测，能够支持企业进行精细化运营。大多数行业，最初的阶段大家一般会进行跑马圈地，讲究的是快速扩张；但当行业进入发展和成熟的时期，这个时候还要谋求增长，就要开始对已有用户进行精细化运营，以求挖掘出每个用户最大的商业价值。在支持业务进行精细化运营的过程中，商业数据分析师可以帮助企业逐步搭建用户画像，利用用户分群运营等工具，并通过 A/Btest 等方式，帮助企业进行精细化运营。

①用户画像。就是根据用户的社会属性、消费行为等信息而抽象出来的一个标签化的用户模型；通过模型以便让经营者知道企业的主要客户群是那些人。

②用户分群运营工具。是主要的用户运营工具，可以帮助运营人员根据不同的用户标签筛选出不同的客户群，并进行针对性的营销，提升客户的满意度。

③A/B Test：是一种用来测试如新产品或者新功能的方法，一般会选择两组用户，一组

实验组，一组对照组，通过设置不同的规则来确定新产品或者新功能是否达到预期。

企业要进行精细化运营，无论是针对用户，还是产品的提升，都需要商业数据分析师通过数据整理和分析挖掘，来帮助企业更好地运营。

（3）帮助企业经营者平衡企业的投入和收益

商业数据分析师利用数据分析技术帮助企业实现收益大于投入。企业经营者经营企业的最主要目的其实就是赚钱。而企业要赚钱，那就必须收益大于投入。大数据时代的发展过程中逐渐衍生出来的精准营销、销售预测、千人千面—个性化商品推荐（推荐算法）、商品智能补货或定价等的应用，可以帮助企业实现收益大于投入。

①精准营销。通过针对潜在或者特定的用户进行营销，实现收益的增长，商业数据分析师可以通过营销后的分析，进一步优化营销的精准度，以实现收益/投入的百分比大幅度提升。

②销售预测。商业数据分析师可以通过大数据技术以历史的销售数据为依据，搭建预测模型，对未来的销售趋势进行预测；对于企业经营者，可以根据预测结果安排生产，避免产品积压，有效地管理产品库存；从这方面来讲，可以降低产品投入，实现更多的收益。

③推荐算法。商业数据分析师可以通过用户的历史数据，推测用户可能喜欢的东西，可以是文章内容、歌曲视频、淘宝商品等；目前市面上应用最好的有今日头条、抖音、网易云音乐、淘宝等，通过搭建推荐系统来提升用户的满意度，增加用户的使用黏性，本质上也是提升企业收益的方式，实现收益大于投入的目的。

1.6.2 商业数据分析中的数据

“数据”是记录和确认客观事件的一种物理符号，它记录客观事物的性质、状态、关系。商业数据不仅包括企业在经营或生产过程中积累的大量经营管理数据、财务数据和销售数据等企业内部信息系统产生的数据，还包括从互联网、第三方机构获取的行业数据、市场数据、竞争对手数据等外部数据。

信息技术的发展，使数据呈现出爆发式增长和海量聚集，进入大数据时代，人眼无法直接从海量的数据中发现有价值的信息，因此，通过数据分析方法和技术对商业数据进行分析，从中发现有价值的信息，用数据说话，以改善企业经营状况。商业数据不但能揭示这个产业的历史，还能反映产业的最新发展，更重要的是能预测产业的未来，为该产业价值链上各类企业的战略、研发、营销、管理等提供可靠的咨询和指导。大量产业商业数据的集合，就是商业数据平台。商业数据平台不但能进行产业内的横向和纵向比较，还能进行产业间的比较，更能监控各产业的即时发展情况，功能更加强大。

无论数据来源如何，它必须被放置在商业数据分析师可以使用的结构中。对于数据来说，最重要的两个问题是数据质量和数据隐私。

数据质量可以定义为服务于其收集目的的数据所要求的质量。它意味着各种不同的应用会要求不同的质量，但有一些共同点，通常包括准确地表示现实、测量所要测度的内容、永恒性以及完整性。数据质量较高，将有助于确保竞争力，提高客户服务水平，并提高盈利能力。当数据质量较差时，就会提供矛盾的信息，导致误导性决策。例如，文件有缺失数据，这可能会阻碍某些表单的统计建模，并且信息的不正确编码可以完全使数据库无用。确保数据质量需要数据管理者付出努力，清除有错误信息的数据，并修复或替换缺失数据。

数据隐私是指保护共享数据，同时拥有权限的用户能够正常访问。这是一个安全问题，需要在访问所需的内容与共享太多而导致的风险之间权衡。不受限制的访问存在许多风险。例如，竞争对手可以通过访问地址来窃取公司的客户。产品质量故障的数据泄露可能会损害品牌形象，客户可能会不信任分享信息的公司。为了避免这些问题，企业要遵守关于客户隐私的现行立法，并制订专门用于数据隐私的计划。

收集和检索数据以及计算分析需要使用计算机和信息技术。商业数据分析师所做的大部分工作涉及管理信息系统，以从各种渠道收集、处理、存储和检索数据。数据是商业数据分析的基础。俗话说“巧妇难为无米之炊”，再好的分析工具、建模算法，没有数据也没用。因此，在进行数据分析时，我们不仅要注意数据的收集，还要整理数据，以获得高质量的数据。

1.6.3 商业数据分析技术

商业数据分析技术为商业数据分析与可视化提供了必要的技术支撑，包括 RPA 技术和可视化技术两部分。这两种技术的运用达到了数据分析过程自动化，提高了数据处理效率，提升了数据质量，保证了分析报告的准确性，分析后的数据可以直观、简练地呈现在用户面前。

（1）RPA 技术与来也 UiBot

RPA 机器人通常包含数据搜索、数据迁移、数据录入等功能，具体说明如表 1－2 所示。

表 1－2　RPA 十大基础功能

功能	具体说明
数据搜索	通过预先设定的规则，RPA 机器人可自动访问内外网，灵活获取页面元素，根据关键字段搜索数据，提取并存储相关信息
数据迁移	RPA 具有灵活的扩展性和无侵入性，可集成在多个系统平台上，跨系统自动处理结构化数据，进行数据迁移，检测数据的完整性和准确性，且不会破坏系统原有的结构
数据录入	对于需要录入系统的纸质文件数据，RPA 机器人可借助 OCR 进行识别，将读取到的数据信息自动录入系统并归档
OCR 识别	RPA 机器人可依托 OCR 对扫描所得的图像进行识别处理，进一步优化校正分类结果，将提取的图片关键字段信息输出为能结构化处理的数据
信息审核	基于 OCR 对图像信息的识别，RPA 机器人可根据预设规则，模拟人工执行操作任务，并对识别完成的文字信息进行审核与初加工，完成从图像到信息的转换
上传下载	不同系统平台间常常需要传递数据及文件信息。RPA 机器人可模拟人工操作，自动登录多个异构系统，将指定数据及文件信息上传至特定系统；也可从系统中下载指定数据及文件信息，并按预设路径进行存储，或是进一步根据规则进行平台上传或其他处理
筛选统计	对于原始的结构化数据，RPA 机器人可按照预先设定的规则，自动筛选数据，并根据筛选的数据进行统计、整理等后续处理，从而得出满足个性化管理需求的数据信息
整理校验	RPA 机器人能对提取的结构化数据和非结构化数据进行转化和整理，并按照标准模板输出文件，实现从数据收集到数据整理与输出的自动化。此外，RPA 还能自动校验数据信息，对数据错误进行分析和识别
生成报告	根据标准的报告模板，RPA 可按照规则要求，将从内外部获取的数据信息进行整合，自动生成报告
推送通知	在处理任务的过程中，RPA 可将识别到的关键信息，自动推送给任务节点的相关工作人员，及时通知信息，实现流程跟催

UiBot 是北京来也网络科技有限公司自主研发的 RPA + AI 软件平台，能够提供低代码或无代码的自动化流程开发，IT 技术人员和商业数据分析师都可以在 UiBot 平台创造出复杂程度不同的机器人，满足商业数据分析工作中的自动化需求。

来也 UiBot RPA 软件平台由 Creator（创造者）、Worker（劳动者）、Commander（指挥官）、Mage（魔法师）四部分组成。Creator、Worker、Commander 分别对应 RPA 机器人的开发、运行和管理功能。Mage 是来也专为机器人提供 AI 能力的模块，目前包括文字识别、文本理解、人机对话三类 AI 能力，它通过与来也 RPA 平台 UiBot 的无缝衔接，能够将 AI 能力快速应用到商业数据分析自动化流程中，从而实现更高复杂度、更高价值的流程自动化。

UiBot 的 RPA 机器人主要通过各种封装好的自动化组件，让用户能利用拖拉拽控件简单的操作生成自动化流程，在电脑上实现浏览器、应用程序自动鼠标点击、键盘输入；Excel 操作；数据处理；数据库增删改查；定时执行；自动生成交互界面等。RPA 应用的技术主要包括屏幕抓取、模拟鼠标和键盘操作以及工作流技术等其他自动化技术，下面将详细介绍。

屏幕抓取、模拟鼠标和键盘操作、工作流技术等是商业数据分析机器人应用的基础技术。屏幕抓取技术是通过终端或显示器来直接抓取界面中的数据，使商业数据分析机器人与计算机屏幕上各种按钮、窗口进行交互，不必访问底层数据库和接口，得以让商业数据分析机器人具备非侵入性的特征。由于屏幕抓取技术基于屏幕表面，用户可以直观地看到其操作过程，提升了商业数据分析机器人的易用性。屏幕抓取技术具体可以分为依据对象句柄元素实现抓取、依据网页标签实现抓取、利用图像对比技术实现抓取、借助 OCR 技术实现抓取以及依据界面坐标位置实现抓取。

模拟鼠标和键盘技术，即模拟人工单击、双击、滑动、拖拽等鼠标操作，以及键盘输入、组合键使用等键盘操作。在商业数据分析机器人中，模拟技术分为三个层级：一是应用级模拟，可以模拟键盘针对目标应用程序发送消息；二是系统级模拟，可以模拟全局键盘将信息发送给所有程序的窗口；三是驱动级模拟，即跳过应用层和操作系统，直接读写键盘的硬件端口。

工作流技术是商业数据分析机器人应用必备技术之一。工作流技术包括工作流设计、工作流运行和工作流监控三部分，用以管理和控制文档在各个计算机间自动传递。RPA 产品通常提供专门的工作流设计工具帮助用户用图形化的方式定义工作流，可以通过拖拽空间的方式迅速搭建业务流程，同时能快速对流程进行局部或全局测试。此外，RPA 产品通常能为一些常用软件提供专门的自动化技术，这一功能主要利用可扩展插件和应用软件对外提供的 API 来实现。比如，RPA 通过 API 实现 Office 系列软件的自动化处理，避免大量的点击、元素抓取操作，甚至不需要下载安装 Office 软件；RPA 还可通过 API 实现对 Windows 原生应用的自动化，包括文件夹的创建、重命名、Windows 窗口的最大化、最小化等；RPA 也可以调用收发邮件的 API，如 POP3、SMTP、IMAP 等来实现电子邮件的自动化处理，包括发送邮件、删除邮件等。

屏幕抓取、模拟鼠标和键盘操作能实现数据的获取、录入与流转，工作流技术与其他自动化技术让 RPA 机器人使用起来更加便捷，它们都是实现商业数据分析自动化最基础的技术。

（2）可视化技术与 Tableau

可视化技术是指利用计算机图形学和图像处理技术，将数据转换成图形或图像在屏幕上显示出来，再进行交互处理的理论、方法和技术。涉及计算机图形学、图像处理、计算机视觉、计算机辅助设计、几何学、感知心理学和人机交互等多个领域，它丰富了科学探索的手段，促进了对疑难、深刻问题的理解和领悟，彻底改变了人们的工作方式。

商业数据分析中的数据可视化，是以业务报表、关键绩效指标、图形等易为人们所辨识的方式将原始数据间的复杂关系、潜在信息以及发展趋势，通过可视化展现平台，以易于访问和交互的方式来揭示数据的价值，从而提升决策人员的业务过程洞察力。

目前市面上常见的数据可视化产品有 Excel、Tableau、Power BI、Echarts、HighCharts、阿里 DataV、Python 等，下面我们将详细介绍 Tableau。

Tableau 是一款数据可视化工具，致力于帮助人们查看并理解自己的数据。可以使用 Tableau 的拖放界面可视化任何数据，探索不同的视图，甚至可以轻松地将多个数据库组合在一起，它不需要任何复杂的脚本。Tableau 是桌面系统中最简单的商业智能工具软件，Tableau 没有强迫用户编写自定义代码，新的控制台也可完全自定义配置。在控制台上，不仅能够监测信息，而且还提供完整的分析能力。Tableau 控制台灵活，具有高度的动态性。Tableau 公司将数据运算与美观的图表完美地嫁接在一起。它的程序很容易上手，各公司可以用它将大量数据拖放到数字“画布”上，转眼间就能创建好各种图表。这一软件的理念是：界面上的数据越容易操控，公司对自己在所在业务领域里的行为到底是正确还是错误，就能了解得越透彻。

Tableau 的功能主要包括连接到数据源、构建数据视图、增强视图、创建工作表、创建和组织仪表板、创建故事。

①连接到数据源。Tableau 具有内置的连接器，在提供连接参数后负责建立连接。Tableau 几乎连接到所有数据源，包括文本文件、关系型数据库和云数据库等。

②构建数据视图。连接到数据源后，将获得 Tableau 环境中可用的所有列和数据。可以将它们分为维、度量和创建任何所需的层次结构。Tableau 同时提供了轻松的拖放功能来构建视图。

③增强视图。创建的简单视图可以通过使用筛选器、聚合函数和添加轴标签、颜色和边框等进一步增强视图。

④创建工作表。可以创建不同的工作表，以便对相同的数据或不同的数据创建不同的视图。

⑤创建和组织仪表板。仪表板包含多个链接它的工作表。因此，任何工作表中的操作都可以相应地更改仪表板中的结果。

⑥创建故事。故事是一个工作表，其中包含一系列工作表或仪表板，它们一起工作以传达信息。可以创建故事以讲述数据，提供上下文，演示决策与结果的关系，或者只是创建一个极具吸引力的案例。

第2章　来也 UiBot RPA 商业数据分析技术

2.1　UiBot RPA 软件介绍

UiBot 是北京来也科技旗下的一款机器人流程自动化工具，主要为企业和个人的工作流程自动化提供解决方案，是可以代替人工进行电脑上枯燥、烦琐、重复、批量化操作的软件及平台。本节将介绍 UiBot RPA 软件的组成、功能与特点。

2.1.1　UiBot 的组成

来也 UiBot 主要包括创造者（Creator）、劳动者（Worker）、指挥官（Commander）、魔法师（Mage）四大模块，它们分别为商业数据分析机器人的开发、运行、控制、智能化提供相应的工具和平台，如图 2－1 所示。

图 2－1　来也 UiBot RPA 产品组成

如果只需要少量的电脑运行流程，可以由 UiBot Creator 制作出流程后，直接打包分发给 UiBot Worker 使用，UiBot Commander 不需要参与；如果需要大量的电脑运行流程，比较合适的方式是 UiBot Creator 把流程先上传到 UiBot Commander，再由 UiBot Commander 下发给各个 UiBot Worker，并统一指挥它们运行流程。

（1）Creator

Creator 是机器人开发工具，用于开发流程自动化机器人，同时也可以运行和调试机器人。

（2）Worker

Worker 是机器人运行工具，用于运行搭建好的机器人。它有三种不同的工作方式，体现在 Worker 软件中是三种不同的许可类型：人机交互—绑定机器、人机交互—绑定用户、无人值守。

（3）Commander

Commander 是机器人指挥中心，用于部署和管理多个机器人。与 Creator 和 Worker 不同的是，它不是应用程序而是 Web 应用，它可以部署在互联网上或内网中，这需要用户根据不同的需求来选择。Commander 可以对拥有的资源包括流程资源（流程包、流程等）、数据资源、算力资源（Creator、Worker 等）进行管理。

（4）Mage

Mage 是专门为 UiBot 打造的 AI 能力平台，可提供执行流程自动化所需的各种 AI 能力。企业中 80% 的数据都是非结构化数据，Mage 可以帮助企业把关键信息从非结构化数据中提取出来，形成结构化数据，它提供人工智能（AI）能力，包含三大方面：文字识别、文本理解和机器学习。Mage 具有以下四个特点：

①具有图片理解、文本理解、语言能力等多种适合 RPA 机器人的 AI 能力；

②提供预训练的模型，开发者无需 AI 经验，方便使用；

③提供 AI 功能定制化，开发者可通过对 AI 的训练优化来定制更符合需求的 AI 功能；

④在 Creator 中可以运用 Mage AI 命令使 RPA 具备 AI 能力。

2.1.2 UiBot 的功能

UiBot 能够为商业数据分析提供方便、快捷、完整的流程自动化解决方案，其功能优势主要表现在：

（1）可视化编程

UiBot 提供中文可视化编程，使商业数据分析师能很快上手使用 RPA，实现数据采集、处理、分析、展现的自动化，以及分析报告的自动生成和发送。可视化编程不需要编写大量代码，软件提供了众多详细命令，只需将命令拖入编写区，就能实现简单功能，仅通过直观的操作方式就能完成商业数据分析机器人的编写工作，大大降低了初学者的学习难度。同时，UiBot 也提供源码视图，有编程基础的商业数据分析师可以更高效地实现开发以及更多的功能。

（2）数据抓取

数据是信息化发展中的必然产物。在商业数据分析流程中，对商业数据进行收集、整理、加工、分析等操作，是商业数据分析师经常遇到的任务。UiBot 提供数据抓取功能，能够快速便捷地抓取浏览器、桌面、SAP、Java 四种程序中的商业数据。UiBot 的数据抓取功能可以一次性地把多组相关联的商业数据都读出来，存放在一个数组中，完成商业数据的采集，为数据的加工处理做准备。比如从浏览器抓取市场信息和行业发展数据，以补全企业的商业数据分析所需信息。

（3）Mage AI

对 RPA 机器人来说，如果说 AI 是它的大脑，认知能力是它的眼睛、嘴和耳朵，RPA 就是它的双手。结合 AI 能力，RPA 从只能帮助完成基于规则的、机械性、重复性的任务实现自动化，拓展到更丰富的业务场景，将物理世界与数字世界有效连接，满足实际业务中更灵活、多元的自动化需求，企业中的商业数据分析报告自动化也得以实现。企业采用具备 AI 能力的 RPA 平台，可以快速、经济、灵活地将 AI 技术应用到商业数据分析中。UiBot 相比于传统 RPA 引入了“RPA + AI”，将流程自动化与认知自动化相结合，使 RPA 能够具有更复杂、更智能的功能。UiBot 中的 Mage AI 提供了各种 AI 能力，为开发者对 RPA 智能开发提供了平台，为商业数据的采集、处理和分析提供了实现手段。

（4）扩展命令

UiBot 支持用多种不同的编程语言来编写插件，包括 Python 语言、Java 语言、C#语言和 C/C++语言。利用这些编程语言实现特定的功能，然后在 UiBot 中使用这些功能，方便商业数据分析机器人的功能扩展与维护。同时支持自定义命令和共享命令，已形成多级开发者生态。

（5）时间线

UiBot 通过集成著名的代码版本控制软件 Git，提供了强大的版本控制手段——时间线。所谓时间线，指的是不同时间点的代码版本。源代码的版本控制是软件开发中一个十分重要的工程手段，它可以保存代码的历史版本，可以回溯到任意时间节点的代码进度。版本控制是保证项目正常进展的必要手段。对商业数据分析师而言，在开始进行实践项目的过程中进行源代码版本控制，会对 RPA 商业数据分析工作大有裨益。

2.1.3 UiBot 的特点

UiBot 作为一种 RPA 平台，能以流程图的方式展现自动化流程，支持分布式的控制中心；运行稳定性好，容错性强，能够记录每次运行情况。

UiBot 具有以下六大特点：

（1）安全简单。UiBot 的核心引擎是来也科技自主研发的产品，技术相对自主可控，并且 UiBot 具有中文可视化编程功能，上手难度低，开发简单快速，使用户即使没有编程基础也能学会。

（2）部署快捷。使用 UiBot 设计与开发商业数据分析机器人，部署周期短，部署方式简单。

（3）功能强大。UiBot 内置 300 多种预置组件，能满足绝大部分日常需要，涵盖大部分商业数据分析机器人应用场景。

（4）多端兼容。UiBot 支持浏览器、桌面、SAP 等多种 UI 自动化，支持 Windows、Mac、iOS、Android 等平台和 PC、移动设备多端兼容。

（5）扩展性强。UiBot 提供 Python、C/C++、Lua、.Net、Java 等多种编程语言的扩展接口，方便功能扩展与维护；支持自定义命令和共享命令，已形成多级开发者生态。

（6）高效精准。UiBot 机器人可 7×24 小时无间断，基于规则准确执行，错误率远低于人工操作。通过 OCR 文字识别和 NLP（自然语言处理）、图像识别等 AI 技术，进一步提升处理能力。

2.2 安装 UiBot 软件

在 UiBot 中，商业数据分析机器人的开发离不开 Creator，Creator 在 UiBot 中具有不可或缺的地位，下面为大家介绍 UiBot Creator 的下载和安装。

2.2.1 下载 UiBot Creator

步骤一：访问 UiBot 官方网站 http://www.UiBot.com.cn，进入首页后滚动鼠标，把页面下拉到如图 2－2 所示位置，点击“使用流程创造者（UiBot Creator）”后的“了解详情”。

图 2－2　官网首页

步骤二：进入流程创造者 UiBot Creator 的产品介绍页，点击“免费使用社区版”，如图 2－3 所示。

图 2－3　流程创造者页面

步骤三：进入登录/注册界面，如图 2－4 所示。如果已有账号可直接输入用户名（或手机号、邮箱），点击用户名后的“→”后，输入登录密码，如图 2－5 所示。如果是新用户，需先注册。点击“立即注册”，进入注册界面，依次输入手机号（或邮箱地址）、验证码、登录密码，输入完成后点击“注册”，如图 2－6 所示。

图 2 – 4　登录/注册首页

图 2 – 5　登录页面

图 2 – 6　新用户注册

步骤四：注册并登录后完善信息，点击首页中间的“立即免费使用”，如图 2 -7 所示。

图 2 -7　点击“立即免费使用”

步骤五：选择适合自己电脑的安装程序版本，点击版本后面的“点击下载”，如图 2 -8 所示。

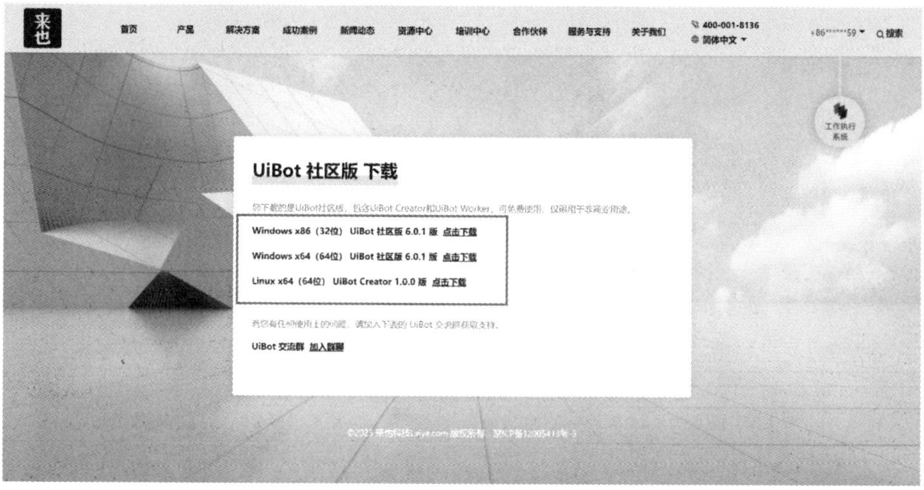

图 2 -8　点击“点击下载”

2. 2. 2　安装 UiBot Creator

步骤六：打开安装程序存储的位置，双击运行下载的安装程序进行安装，如图 2 -9 所示。

步骤七：点击“同意”后，在安装界面点击“立即安装”，也可选择自定义安装，手动选择 Creator 安装的位置，如图 2 -10 所示。

步骤八：安装完成后，打开 UiBot Creator，如图 2 -11 所示，输入之前在 UiBot 官网注册的账号，点击“→”后输入密码，然后点击“登录”，如图 2 -12 所示。登录成功后自动进入“UiBot Creator”的主界面，如图 2 -13 所示。

图 2 -9　安装程序

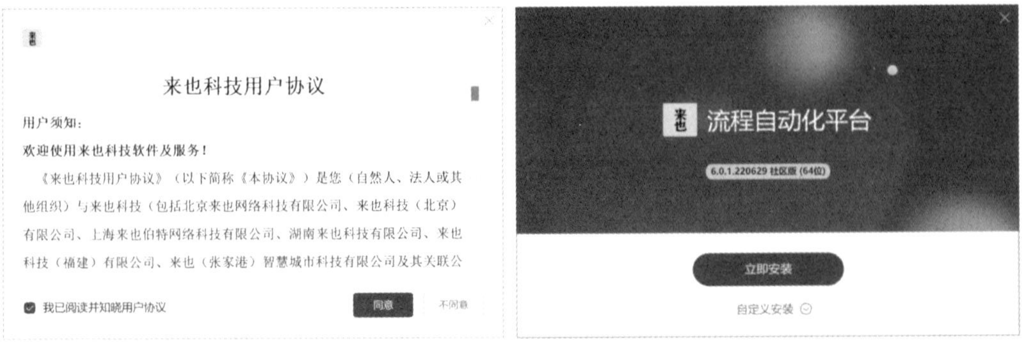

图 2－10　立即安装

图 2－11　UiBot Creator 登录页

图 2－12　浏览器登录页面

图 2-13　打开 UiBot Creator

2.3　UiBot Creator 界面介绍

2.3.1　主界面

启动 UiBot Creator 软件，登录后进入主界面，如图 2-14 所示。在该界面可以新建一个项目或打开已有项目，新建的项目文件将被默认保存在 C 盘中，如图 2-15 所示。

图 2-14　UiBot Creator 主界面

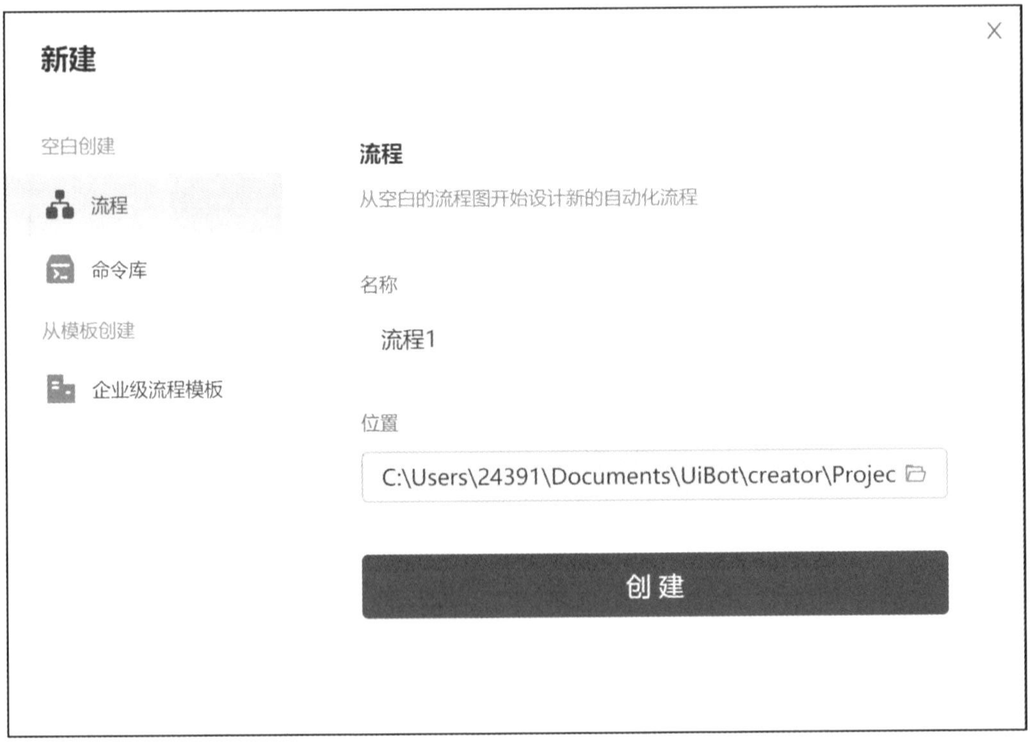

图 2-15　新建流程

在 Creator 主界面中，有新建、打开、工具等一系列功能选项，接下来进行详细介绍，如表 2-1 所示。

表 2-1　主界面选项功能介绍

选项	功能介绍
新建	单击“新建”，可新建一个项目，并选择项目名和保存位置
打开	单击“打开”，可在弹出的对话框中选择需要打开的项目的文件夹
UiBot 新手教程	单击“UiBot 新手教程”，将在浏览器中打开 UiBot 的汇总教程，用户可以在此网页学习相关知识
UiBot 学院	单击“UiBot 学院”，将在浏览器中打开 UiBot RPA 学院的官网，用户可以在此官网中学习相关知识
社区论坛	单击“社区论坛”，将在浏览器中打开 UiBot RPA 技术开发交流社区，用户可以在此社区中与他人交流开发经验，了解相关信息
工具	在工具选项中，可以安装相关应用程序和扩展程序。应用程序包括 UiBot 扩展管理工具、流程记录者和 UI 分析器；扩展程序包括 Chrome、Firefox、360 安全浏览器、New Microsoft Edge、Java、Windows 远程桌面和 Citrix 的扩展
设置	在设置选项中，可以对常规信息、编辑窗口和授权信息进行设置

2.3.2　流程图界面

新建或打开一个流程后，可以看出，每个流程都用一张流程图来表示。在流程图界面中，有菜单栏和工具栏、开发区、配置区，如图 2-16 所示。

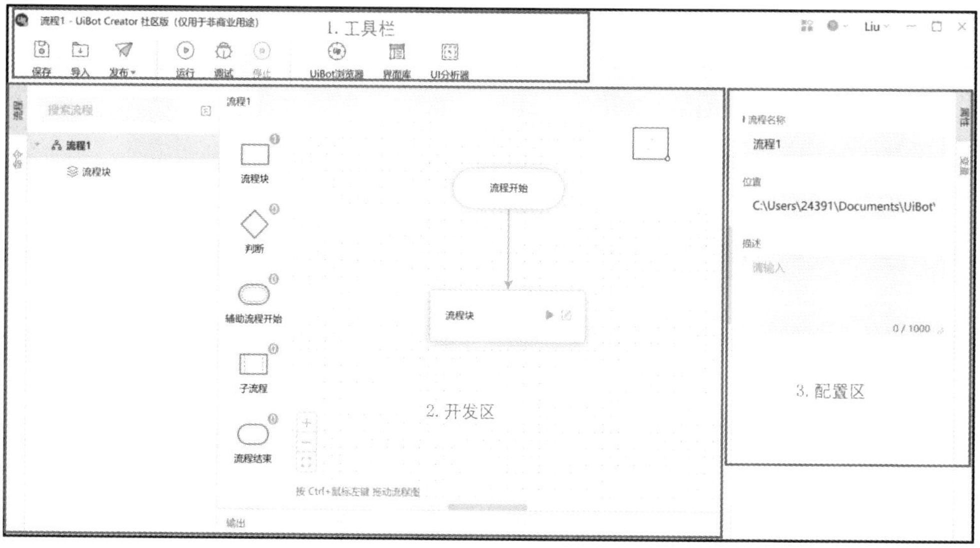

图 2 – 16 流程图界面

（1）工具栏

工具栏中具有保存、导入、运行、调试等功能，同时，UiBot 内置了一个 UiBot 开发的专属浏览器。

（2）开发区

开发区展示了该流程内流程块之间的关系以及流程的运行顺序等信息，开发区左侧具有辅助流程开始、流程块、判断、子流程、流程结束五个组件。

（3）配置区

配置区显示了流程块的名称以及存储位置，流程图中的变量信息。

2.3.3 流程编辑界面

单击流程图中流程块右上角的编辑图标可进入流程编辑界面，如图 2 – 17 所示。

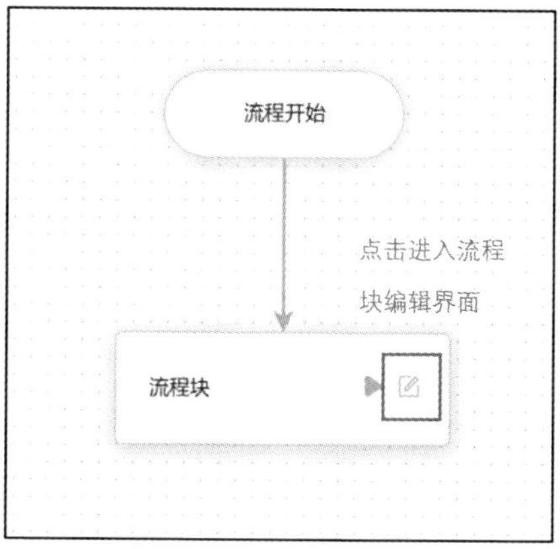

图 2 – 17 流程编辑界面入口

编辑界面可以在可视化和源代码两种视图中切换。

可视化视图中拥有工具栏、命令树、可视化编辑区、命令属性和变量面板四个主要区域，如图 2－18 所示。

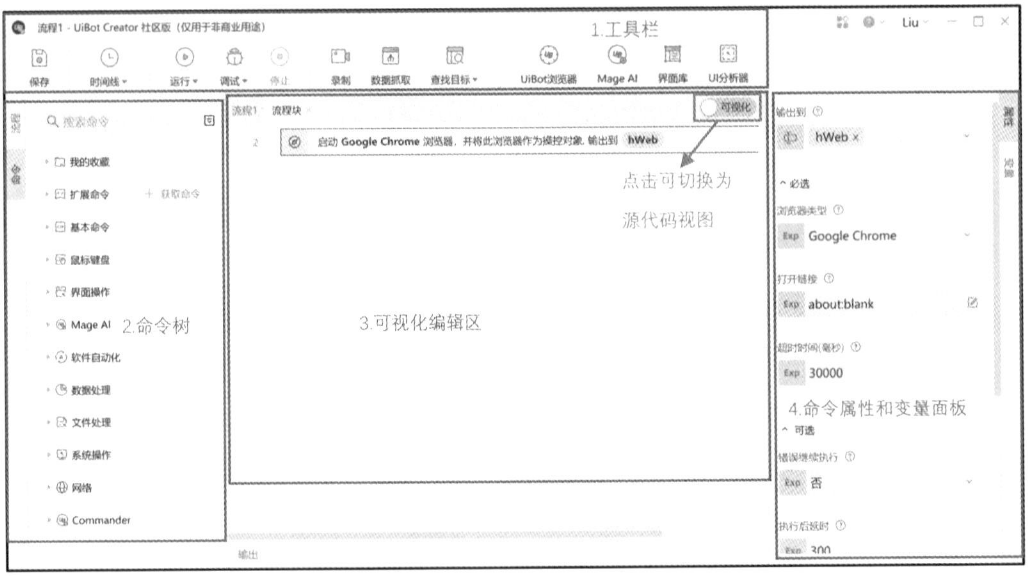

图 2－18　可视化视图

（1）工具栏

工具栏中的功能与流程图界面相比，多了录制、Mage AI、数据抓取、时间线等功能，除此之外，没有流程导入和流程发布功能。

（2）命令树

命令树中列出了 UiBot 的全部命令，包括基本命令、鼠标键盘、Mage AI、软件自动化等多个命令类别，其中，每个命令类别展开可查看类别下的具体命令。命令树上方还提供命令搜索功能。

（3）可视化编辑区

可视化编辑区是命令组合形成流程块的工作区域，用户可以将命令树中的命令拖动或鼠标左键双击来添加命令到可视化编辑区。在可视化编辑区中可以拖动命令来调整命令的先后顺序或包含关系，也可鼠标右键点击命令，对命令进行复制、删除、运行等基本操作。

（4）命令属性和变量面板

点击编辑区中的某条命令，可看到该命令的属性面板，在命令的属性面板中会显示该命令的一些必选属性以及可选属性。点击命令的变量面板，可查看该流程块中的变量信息，并可对变量进行增、删、改、查基本操作。

源代码视图较可视化视图而言除了编辑区不一样，其他均无差别，如图 2－19 所示。

在源代码视图中，可视化的命令全部显示为对应的代码模块，代码顺序与可视化视图中命令的排列顺序一致，命令的属性既可以由代码显示出来，也可在变量面板显示。源代码视图适合有一定编程基础的用户使用，能让用户提高编程速率。

可视化视图和源代码视图描述的都是同一个流程块，它们是流程块的不同展示方式，在两个视图下流程块中的命令是一模一样的，并且命令的顺序位置、包含关系完全对应，用户可以选择自己喜欢的视图来开发机器人。

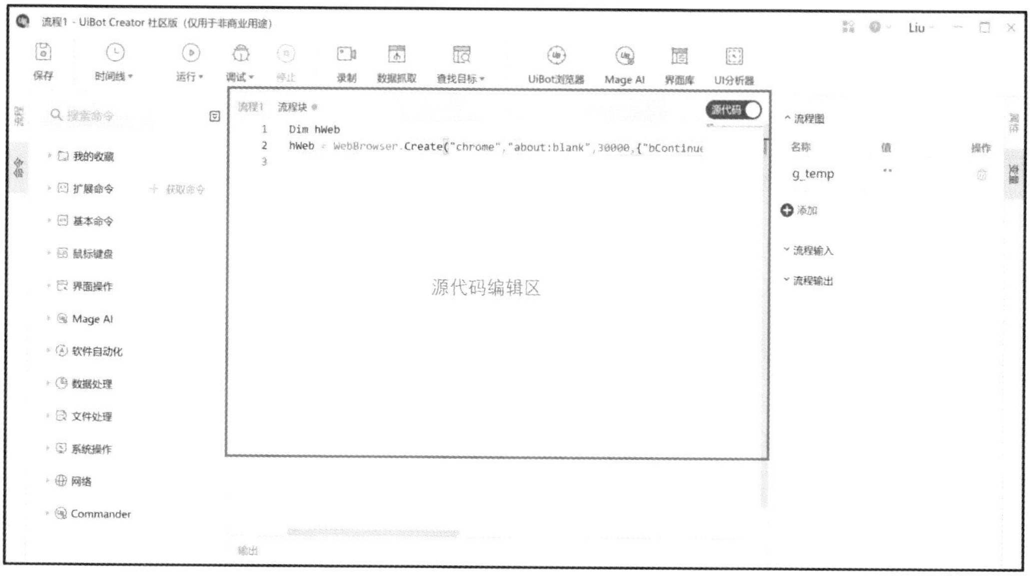

图 2－19　源代码视图

2.4　UiBot 的基本概念

在 UiBot 中，有四个基本概念：流程、流程块、命令、属性。这四个基本概念作为基本术语，始终贯穿商业数据分析机器人开发全程。

2.4.1　流程

流程指的是要用 UiBot 来完成的一项任务，一项任务对应一个流程，流程在 UiBot 中是作为基本单元来使用的。虽然 UiBot 中可以建立多个流程，但同一时刻只能编写和运行一个流程，并且每个流程都包含一个文件夹，该文件夹中具有流程文件、流程块文件、扩展文件夹、日志文件夹、资源文件夹等。导入一个流程通常只需要导入这个流程的文件夹就可以了。

2.4.2　流程块

UiBot 中的流程都是采用流程图的方式来显示的。在流程图中，包含了辅助流程开始、流程块、判断、子流程和流程结束几种组件，它们之间可以通过箭头连接，以此来构成一个流程图。每个流程图中必须存在一个且只能存在一个“开始”组件，它是流程运行的起点。而流程图中必须有一个或多个“流程块”，才能使流程图有意义。

如果将要做的一件事比作流程，那么做这件事的每个步骤就是一个流程块。以发票报销为例，发票报销是一个流程，而要完成发票报销所需要做的报销申请、部门内部审批、财务审批、出纳付款这些步骤都是一个流程块。当然，用户可以将每个步骤用几个流程块来实现，也可以将几个步骤放在一个流程块里，但建议把具有相对独立的流程逻辑放在一个流程块里，并且一个流程中流程块的数量不宜过多。

2.4.3　命令

命令是指在一个流程块中，需要告知 UiBot 具体每一步该做什么动作、如何去做。UiBot

会遵循用户给出的每一条命令并执行它们。以发票报销为例，将报销申请作为一个流程块，那么要让这个流程块实现报销申请的功能，我们所使用的命令可以是取得合法凭证、粘贴原始凭证、填写报销单。也就是说，如果流程是一个目标，流程块是完成这个目标所需要经过的步骤，那么命令就是步骤中所要做的具体的动作。

2.4.4 属性

属性是用来描述命令的，它可以为命令设置一些限制和要求，如果将粘贴原始凭证比作一条命令，那么这个票据的类型就是这条命令的属性。比如【启动新的浏览器】这条命令，它具有“浏览器类型”“打开链接”等属性，设置这些属性，可以选择需要打开的浏览器的类型和要打开的网页链接等。

2.5 UiBot 软件基本语法

UiBot 在提供可视化视图的同时，还提供了源代码视图。在源代码视图中使用一种 UiBot 自创的编程语言 BotScript（以下简称 UB 语言）来描述流程块，其简单、易学、接近自然语言的特性便于专业人员的快速上手。具有基本编程基础的读者，大约在两小时内即可掌握 UB 语言的规则，再经过数个小时的熟悉，即可灵活运用。对于有按键精灵基础的读者，还能进一步缩短学习时间。UB 语言是吸取了其他很多编程语言的优点后专门设计的，UB 语言简单、易学、易用，为足够熟悉业务流程的非技术人员学习和使用降低了难度。可以认为 UB 语言是目前最适合 RPA 领域的编程语言。

2.5.1 基本结构

UiBot 的源代码视图使用的编程语言为 BotScript，是来也科技公司自创的，简称 UB 语言。UB 语言的源代码文件是纯文本格式，扩展名不限，均采用 UTF-8 编码。有时候编程过程中为了更好地方便他人或自己理解代码，会在代码中使用注释，注释中的内容将不会被运行。注释符号为“//”或“/* */”，使用方法如下：

```
//这里是一行注释
/*
这里也是一行注释
*/
```

在 UB 语言中，所有的关键字、变量名、函数名均不区分大小写，比如变量名 test、Test、TEST 都被认为是同一个变量。

2.5.2 变量、常量与数据类型

变量是编程语言中最基础的功能，它在运行过程中可以改变值。而常量在定义指定值后不允许再进行动态修改。

在 UB 语言中，变量的值和类型均可以在运行过程中动态改变。UB 语言中数据类型分为整数型、浮点数型、布尔型、字符串型、函数型、复合型和空值型。

UiBot 常用的数据类型、功能和实例如表 2-2 所示。

表 2 - 2 **UiBot 中常用数据类型**

数据类型	功能	示例
整数型	整数型的值可以用十进制或十六进制表示，十六进制需加前缀 &H 或 &h	1200，2021，&h2021
浮点数型	可以用常规方式或科学计数法表示	2021.05，3.1415，1E - 2
布尔型	布尔型只有 True 或 False 两个值	True，False
字符串型	用一对单引号或双引号引用，用以定义一个字符序列	“智能商业数据分析机器人”“RPA”
数组型	复合型的一种，同一数组中的多个元素的值可以是任意类型	[商业数据分析机器人，小蛮，[OCR，NLP]]
字典型	复合型的一种，用大括号表示，名字和其对应的值为一对，其中名字只能是字符串	{“key1”：2021，“key2”：重庆}

变量的定义方式是：

Dim 变量名

如果要在定义变量名时赋一个初始值：

Dim 变量名 = 初始值

如果同时定义多个变量：

Dim 变量名 1 = 值 1，变量名 2 = 值 2

常量定义方式：

Const 常量名 = 值

2.5.3 运算符与表达式

UiBot 中的运算符可大致分为五类：算术运算符、关系运算符、逻辑运算符、赋值运算符、连接运算符，如表 2 - 3 所示。

表 2 - 3 **UiBot 常用运算符**

类型	运算符	含义	示例
算术运算符	+	加法运算	若 x = 5，则“x + 2”的算术运算结果为 7
	-	减法运算	若 x = 5，则“x - 2”的算术运算结果为 3
	*	乘法运算	若 x = 5，则“x * 2”的算术运算结果为 10
	/	除法运算	若 x = 5，则“x/1”的算术运算结果为 5
	Mod	取余数	若 x = 5，则“x Mod 2”的算术运算结果为 1
	^	求幂运算	若 x = 5，则“x^2”的算术运算结果为 25
关系运算符	>	大于	若 x = 5，则“x > 2”的关系运算结果为 True
	<	小于	若 x = 5，则“x < 2”的关系运算结果为 False
	=	等于	若 x = 5，则“x = 2”的关系运算结果为 False
	< =	小于等于	若 x = 5，则“x < = 2”的关系运算结果为 False
	> =	大于等于	若 x = 5，则“x > = 2”的关系运算结果为 True
	< >	不等于	若 x = 5，则“x < > 2”的关系运算结果为 True

续表

类型	运算符	含义	示例
逻辑运算符	And	逻辑与	若 x = 5，则 "x > 2 And x < 6" 的逻辑运算结果为 True
	Or	逻辑或	若 x = 5，则 "x > 2 Or x < 6" 的逻辑运算结果为 True
	Not	逻辑非	若 x = 5，则 "Not x > 2" 的逻辑运算结果为 False
赋值运算符	=	赋值运算	"x = 5" 表示为变量 x 赋值为 5
连接运算符	&	连接字符串	字符串 "Ui" 与 "Bot" 连接，结果为 "UiBot"

将变量、常量、运算符和"( )"按规则组合起来就形成了表达式，表达式常用于赋值语句，能够给变量赋值。在这几种运算符中，算术运算符的优先级最高，这意味着在一个有算术运算符的表达式中要首先对算术运算符左右的值进行操作，其次是关系运算符、逻辑运算符，最后是赋值运算符。关系运算符返回的是 True 或者 False 这种布尔值。

2.5.4 逻辑语句

逻辑语句中比较常见的有条件分支语句、选择分支语句、条件循环语句、计次循环语句、遍历循环语句、跳出语句等。

(1) 条件分支语句

在商业数据分析机器人开发过程中，难免会遇到需要在业务流程中实施决策的时候，所以需要机器人能够根据不同情况来做出不同的选择，完成相应的业务处理，这时就需要用到条件分支语句。条件分支语句能够使机器人用不同的业务处理方法来应对不同的业务要求。在 UiBot 中，条件分支语句有以下几种形式：

①If... End if

②If... Else... End if

③If... Else if... Else... End if

条件分支中只能执行某一个满足条件的分支中的语句块，其余分支中的语句块将被跳过不执行。另外，使用条件分支语句时要注意选择合适的形式。

(2) 选择分支语句

选择分支语句是根据一定的条件，选择运行多个分支中的一个程序块。适用于由同一个条件所判断的拥有多个不同选择时的流程决策。表达形式如下所示：

```
Select Case 表达式
Case 表达式 1
    语句块 1
Case 表达式 2
    语句块 2
Case Else
    语句块 3
End Select
```

运行选择分支语句时，会执行与 Select Case 后面的表达式的值一致的 Case 里面的语句块，如果没有一致的 Case 分支，则会执行 Case Else 里面的语句块。

(3) 条件循环语句

条件循环语句可以是满足条件才循环执行某一个语句块，也可以是满足条件便不循环某一个语句块。在 UiBot 中条件循环语句用 Do... Loop 来实现，有以下几种不同形式：

①前置条件成立则循环：Do while... Loop；

②前置条件不成立则循环：Do Until... Loop；

③后置条件成立则循环：Do... Loop While；

④后置条件不成立则循环：Do... Loop Until。

使用条件循环语句时一定要注意，设置的条件一定要在某步语句块后可以达到，否则会一直执行该循环，无法跳出循环语句，容易造成流程错误和资源浪费。

（4）计次循环语句

计次循环语句主要用于执行拥有一定次数的循环，表达形式为：

```
For 循环变量 = 起始值 To 结束值 Step 步长
    语句块
Next
```

需要注意的是，起始值、结束值、步长都只允许是整数型或浮点数型，步长省略的话则默认为 1。另外，循环变量可以不用事先定义直接使用，但循环之外就不能使用该变量。

（5）遍历循环语句

遍历循环语句常用于遍历数组和字典中的每一个元素，表达形式如下：

```
For Each 循环变量 In 数组名（字典名）
    语句块
Next
```

在上面这种循环语句中，UiBot 会自动遍历数组、字典中的每一个值，并将其不断地赋值给循环变量，直到遍历完成为止。值得注意的是，每次循环赋值都会将上一次循环赋的值覆盖掉。如果 For Each 后的循环变量有两个，则会自动将数组、字典中的每一个索引和值分别赋值给两个循环变量。与计次循环语句类似，遍历循环语句中的循环变量也可以不定义直接使用。

（6）跳出语句

UiBot 中支持 Break、Continue、Exit 跳出语句。其中 Break 和 Continue 只能用在循环语句中。Break 表示结束当前循环并跳出循环结构；Continue 表示跳过当前循环并开始下一次循环，并不会跳出循环结构；Exit 可以用在流程中的任何地方，只要在流程块中用到 Exit，则程序执行到这句话时会自动结束整个流程，不再继续执行。

2.5.5 函数

在商业数据分析机器人开发过程中，难免会重复使用到某些功能，如果每次使用都重新编写代码的话未免过于烦琐复杂。这时就可以将该特定功能组装成一个函数，在流程块中需要实现该功能时只需调用这个函数就可以了，这样可以避免代码的重复编写，同时也使流程的逻辑更加简洁清晰。

函数不可以定义在其他函数、分支语句、循环语句中，必须定义在流程块的全局空间中，函数的定义和调用没有先后之分，可以先调用再定义，也可以先定义再调用。函数可以分为无参数函数和带参数函数，参数等同于变量，在调用带参数函数时需要由调用者指定这些变量的值。

函数的定义格式如下所示：

（1）无参数函数

Function 函数名（）

　　语句块

End Function

（2）带参数函数

Function 函数名（参数定义）

　　语句块

End Function

带参数函数中的参数被认定为函数内已经定义好的局部变量，可以直接在函数中使用。当需要函数返回数值时可以在函数末尾添加语句：Return 返回值。

调用函数的格式如下：

（1）函数名（表达式）

（2）返回值 = 函数名（表达式）

当函数调用后不需要返回值，可以使用第一种调用方法，如果需要返回值就用第二种调用方法。

关于函数定义和调用的例子如图 2-20 所示：

```
Function add(x, y)//定义了一个加法函数，功能是求x+y的值
    return x + y     //返回x+y的值
End Function

Dim Sum = add(1, 2) //调用加法函数，并给x赋值为1，y赋值为2
```

图 2-20　函数定义及调用例子

2.6　UiBot 软件功能

UiBot 软件具有鼠标键盘、界面操作、软件自动化、数据和文件处理、系统操作、数据抓取、Mage AI 等功能。每一个大的功能下面会有许多命令，通过一系列命令的组成，用户就能得到想要的功能，比如邮件自动发送、抓取网页内容保存到 Excel 文件、智能识别单据等。

2.6.1　鼠标键盘

鼠标键盘功能是商业数据分析机器人开发过程中最常用最基础的功能，像输入框内容的输入、按钮的点击等都需要用到鼠标键盘功能。鼠标键盘功能内置的预制件如图 2-21 所示。

2.6.2　Excel 数据处理

Excel 是商业数据分析中不可或缺的工具，像销售收入分析、产品利润分析、财务报表分析等都需要用到 Excel。Excel 数据处理是软件功能自动化中的一项功能，Excel 数据处理功能的存在，使在机器人开发过程中可以对 Excel 做一些自动化操作的处理，比如自动获取 Excel 中的内容、将获得的数据自动写入 Excel 等，该功能不仅可以获取 Excel 中的全部内容，也可以获取指定区域的内容。Excel 数据处理能够实现将商业数据分析师对 Excel 的一些基础操作任务转移到商业数据分析机器人，这能有效减少人力成本、提高工作效率和正确率。Excel 数

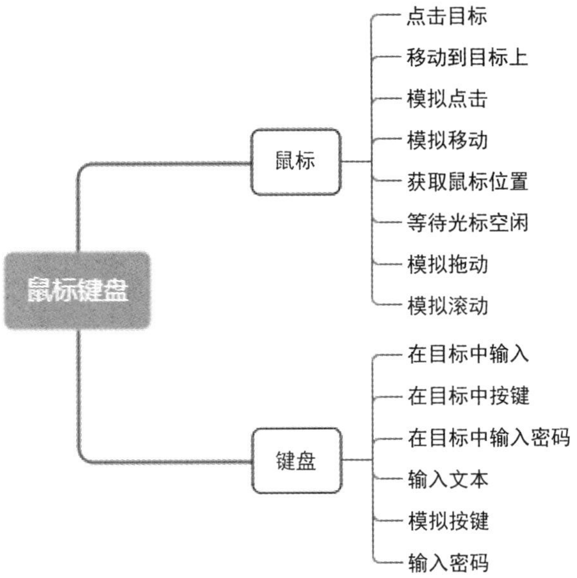

图 2－21　鼠标键盘功能内置的预制件

据处理内置的预制件如图 2－22 所示。

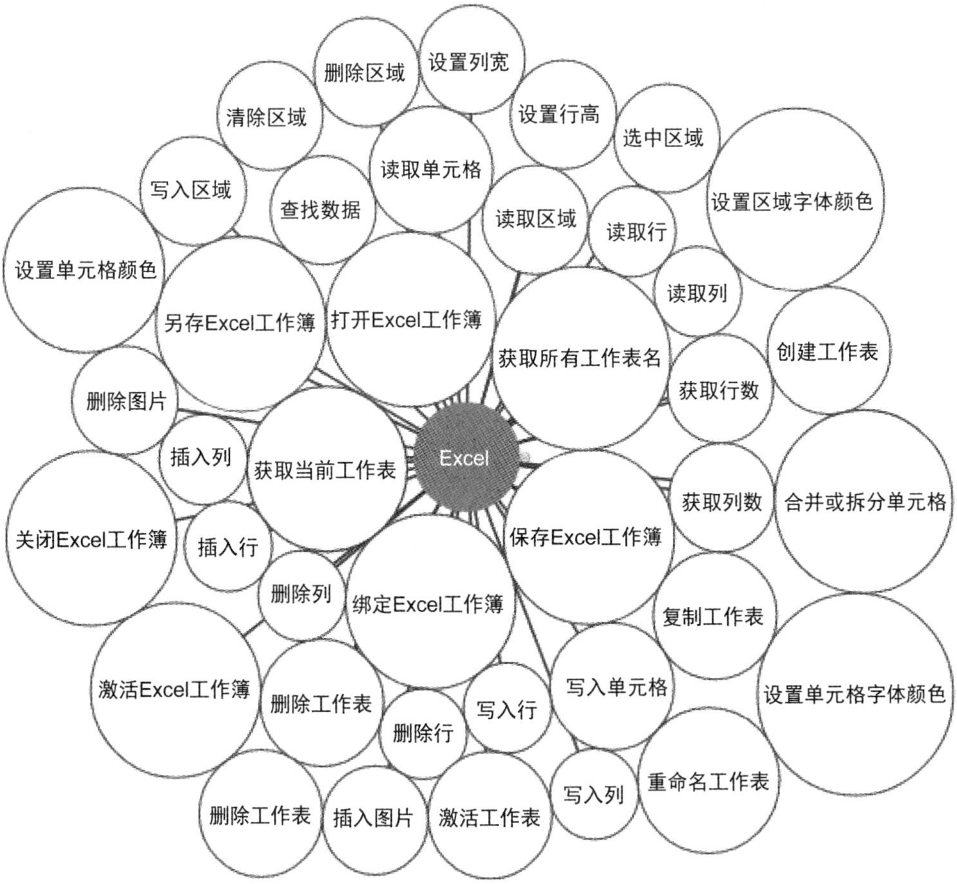

图 2－22　Excel 数据处理功能内置预制件

2.6.3 Word 文档处理

与 Excel 类似，Word 也是 Office 办公软件的重要成员。Word 格式的文档几乎是办公文档的事实标准，对 Word 实现自动化，也是 RPA 流程中经常会遇到的。在 RPA 商业数据分析中，最终呈现的结果是分析报告，其中 Word 是分析报告的载体。可以通过预先定义好的商业分析报告模板，再运用 RPA 技术在相应位置填写内容或替换。Word 文档处理功能内置的预制件如图 2－23 所示。

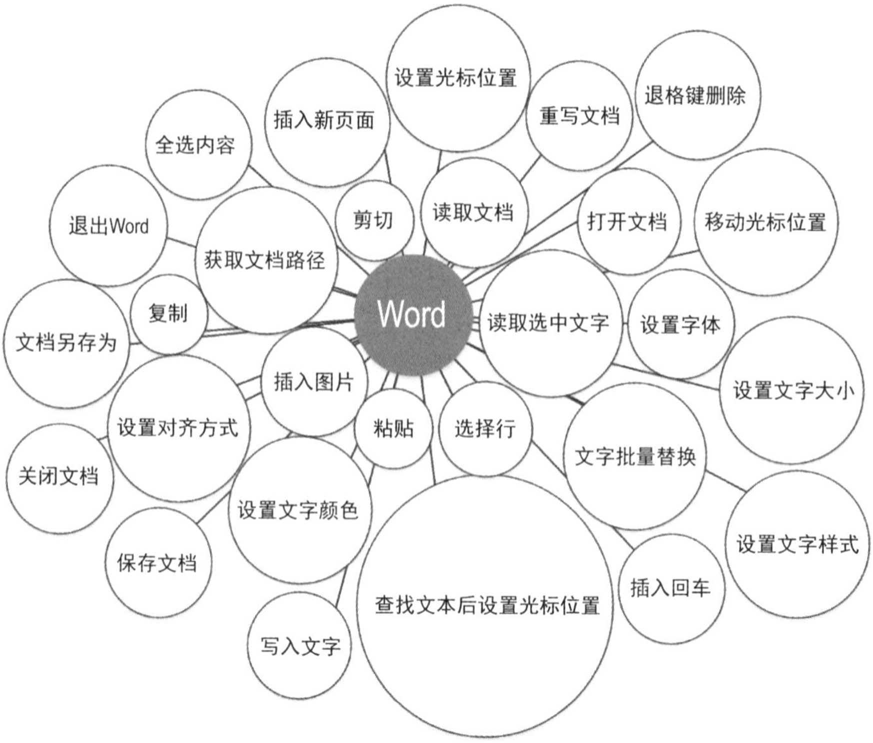

图 2－23　Word 文档功能内置预制件

2.6.4 数据抓取

在 RPA 的流程中，少不了需要从网站或表格中获取数据，通常表现为数组类型，如财务预算审核，需要获取大量的商品价格信息，若通过人工查找获取，未免费时费力。UiBot 提供的数据抓取功能，可以方便、快捷、自动地获取需要的信息，并将这些信息内容读取出来保存到数组中。目前 UiBot 支持桌面程序表格、Java 表格、SAP 表格、网页表格的数据抓取，如图 2－24 所示。

2.6.5 Mage AI

Mage AI 的存在能使 RPA 更加智能化，RPA 与 AI 的结合，能实现商业数据分析中更复杂、更高价值的业务场景自动化。如票据处理流程中的票据识别可以直接使用 Mage AI 中的通用票据识别功能，快速识别票据并获取票据信息。Mage AI 还提供信息抽取、文本分类、通用卡证识别、验证码识别等多种功能，Mage AI 内置的预制件如图 2－25 所示。

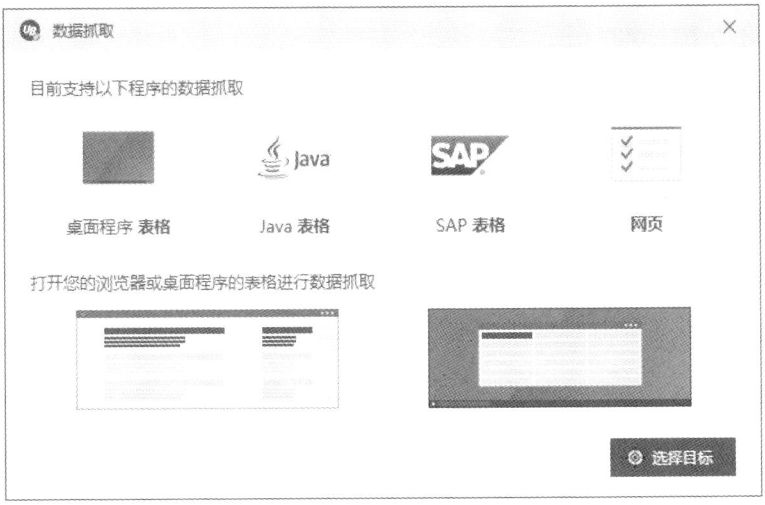

图 2－24　数据抓取支持程序

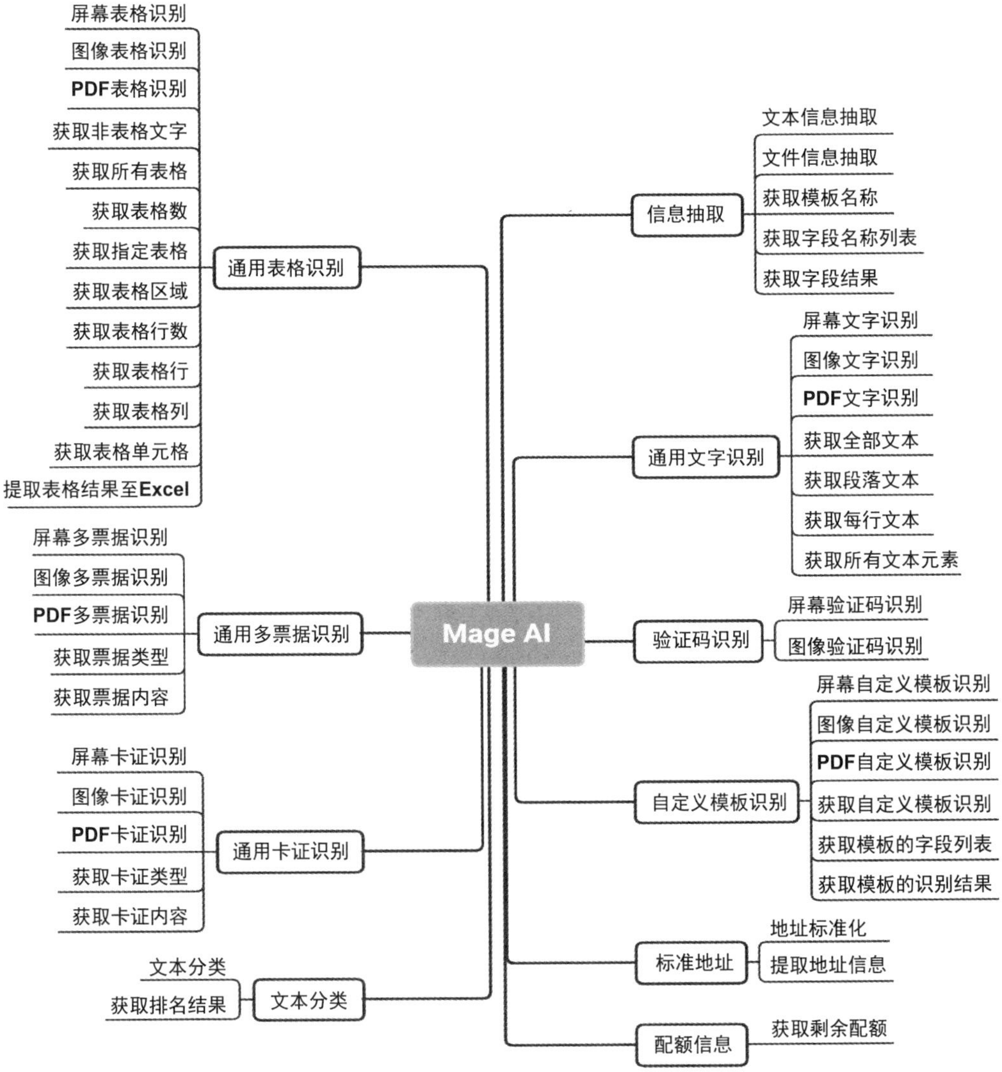

图 2－25　Mage AI 内置的预制件

2.6.6 调用 Python

在 UiBot 中可以用 Python 编写插件，这是最简单的一种编写插件的方式，只需要用任意文本编辑器书写扩展名为 .py 的文件（以下简称 py 文件），并且保存为 UTF-8 格式，放置在 extend/python 目录下，即可直接以插件名.函数名的形式，调用这个 py 文件里面定义的函数。需要注意的是，这里的插件名是指文件名去掉扩展名 .py 以后的部分，例如文件名为 test.py，则插件名为 test。

UiBot 调用 Python 的步骤如下：

（1）编写插件源代码。打开 extend/python 目录，在这个目录下创建 test.py 文件，使用记事本打开 test.py 文件，写入内容如图 2-26 所示。

```
def Add(n1, n2):
    return n1 + n2
```

图 2-26　插件 python 源代码

（2）将 test.py 文件另存为 UTF-8 编码格式，如图 2-27 所示。

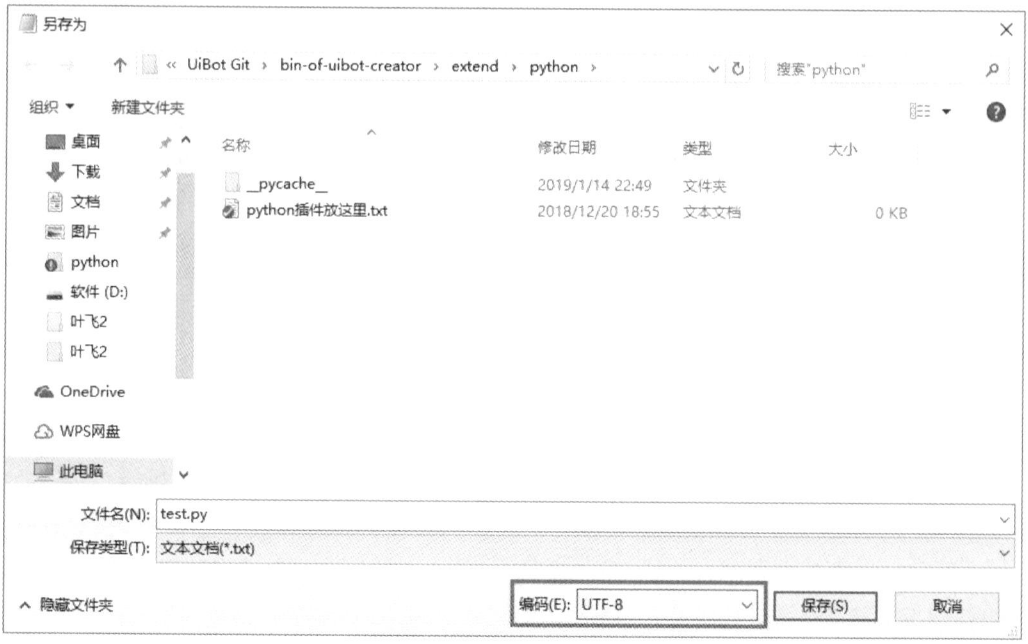

图 2-27　Python 插件编写

（3）调用插件功能。打开 UiBot，新建一个流程，在源代码视图中写入代码，如图 2-28 所示。

（4）验证插件功能是否正确。运行此流程，结果如图 2-29 所示，代表插件调用正常。

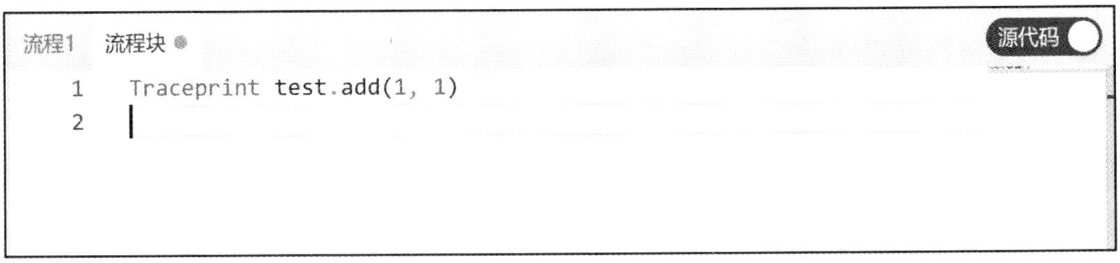

图 2-28　UiBot 调用源代码

图 2-29　Python 插件运行结果

2.7　采购业务自动化分析案例

2.7.1　场景描述

蛮有理公司是蛮先进食品机械制造集团有限公司旗下的一家子公司，主营业务是为客户提供财务相关数据分析和咨询服务，但近年来，业务量的增长和客户需求的变化，使公司的业务出现了一些问题，因此蛮有理公司委任 RPA 高级工程师常吉、中级分析师柳婷、中级分析师徐丹青以及实习生子轩对公司业务的新方向和新思路进行探索。

这天，蛮有理公司会议室中，常吉正在提意见，“婷儿，我们首先对这个采购业务实现自动化分析，你觉得怎么样?”柳婷听了回答道：“采购业务保证了企业生产及经营活动的正常开展，以它作为自动化分析的起点，我认为是非常可以的。”常吉又补充说道：“在采购业务中最为关键的就是采购价格，这直接决定了采购成本，进而影响利润，因此我们可以收集同品类商品的采购价格并进行分析，以确定最优的供应商和采购价格。”说罢，转身向徐丹青说：“丹青，你准备一些 RPA 相关的资料，看看如何运用到我们的采购业务自动化分析中，下周一做一个汇报。”徐丹青听了表示：“好的，但有点赶。”常吉说：“没办法，加班加点吧，我们这个任务的时限可能也就半个月。”徐丹青点点头。“子轩，你先别走，来一下。”常吉突然叫住了子轩，子轩一脸茫然地问：“常姐，咋啦，我有什么任务吗?”常吉反问到：“子轩，你本科是信息化方向的吧。”子轩应道：“对，我是。”常吉继续问道：“那你对 RPA 相关的知识有实践吗?”子轩回答：“有过，但是都是比较基础的案例实践。”常吉听后，稍作思考，说道：“那你这样，你用 UiBot 初步做一个采购商品信息抓取的自动化流程，你可以找丹青配合一下，然后我们下周再进行更深入的讨论。”子轩听后，有些为难地表示，“常姐，我这一块基础可能不太稳固，我下去先研究研究，争取交上一份满意的答卷。”常吉点了点头，招手让子轩去忙了。

走在公司大楼里，子轩回想着刚才常姐的话，心想：这个任务我该怎么开始呢，让我自己做一个案例，我还真没什么经验。子轩摇了摇头，还是从资料开始看起吧，我对采购相关比较熟悉。

2.7.2 商业理解与分析思路

（1）商业理解

蛮有理公司从近年开始涉猎自动化数据分析领域，对于数据来讲，更及时更准确的数据才能更有效地反映目标主体的实际情况，而根据这样的实际情况才能更加准确地给出分析的方向和报告，对管理决策提供建议。而从分析的方法来看，更加深入更加细致的分析才能真实具体地反映实际情况，反映目标主体更加深层次的数据逻辑。因此综合来看，自动化分析更快、更准确、更深入地分析，完美地符合当今企业对于数据分析的更高要求。

（2）分析思路

对于采购业务中的数据分析自动化，主要针对的是其采购价格的高低，这直接决定了采购成本的高低，因此在分析时需要先聚焦采购价格，以某品牌笔记本电脑为例，通过自动化地从网页抓取价格数据，汇总于表格，再通过计算分析其平均价格与其他品牌进行比较，可以简单得出相对应的比较成本的高低。

蛮有理公司采购业务自动化分析流程如图 2－30 所示。

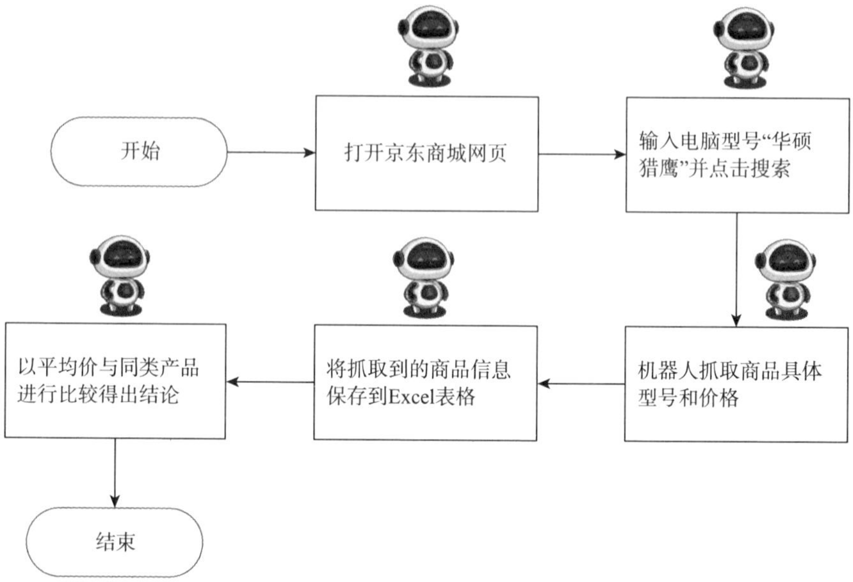

图 2－30 “采购商品信息抓取”自动化流程

2.7.3 RPA 技术实现

步骤一：新建一个流程并命名为“采购商品信息抓取机器人”，进入流程块后在编辑区添加【启动新的浏览器】，并在属性中设置浏览器类型为“Google Chrome”（请先确保已安装 Chrome 扩展程序），在打开链接中输入网址“https://www.jd.com/”，如图 2－31 所示。

步骤二：在编辑区添加键盘功能中的【在目标中输入】，点击“查找目标”，选择京东首页的搜索框，并在属性面板的写入文本中输入要搜索的电脑型号“华硕猎鹰”。添加鼠标功能中的“点击目标”，点击查找目标，选择搜索按钮，如图 2－32 所示。

步骤三：选择【数据抓取】，按步骤依次选择商品的名称和价格，如图 2－33 至图 2－36 所示。

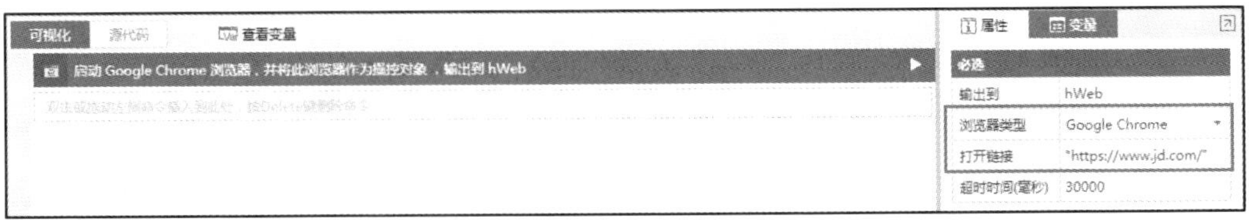

图 2-31　启动新的浏览器

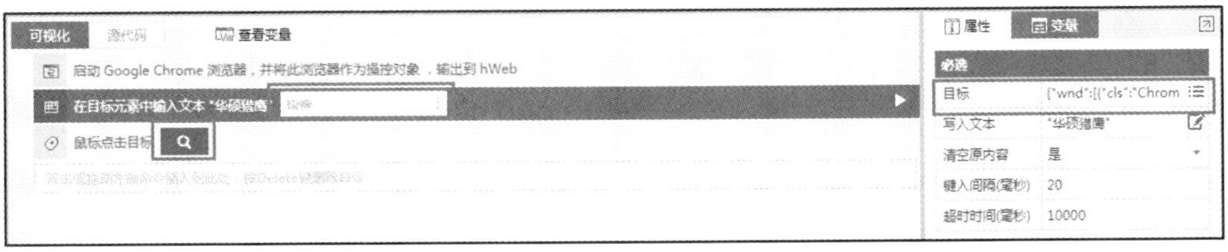

图 2-32　搜索电脑型号

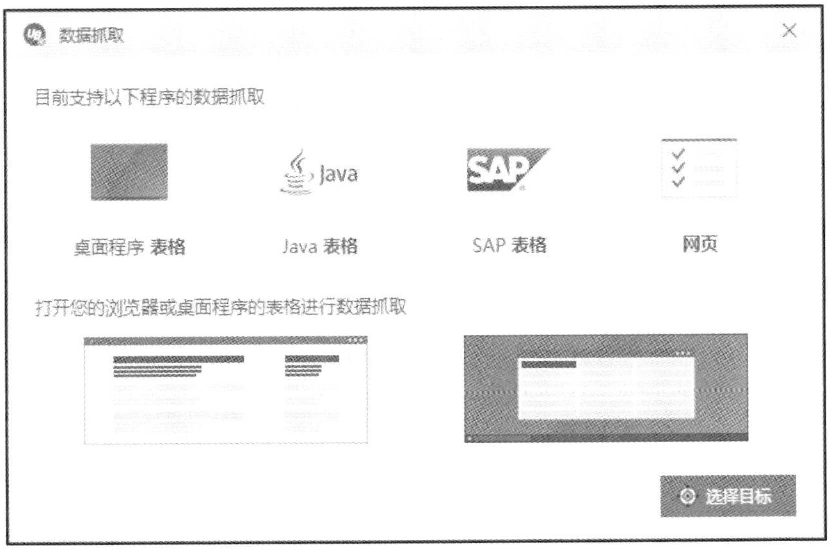

图 2-33　搜索电脑型号

图 2-34　选择抓取信息

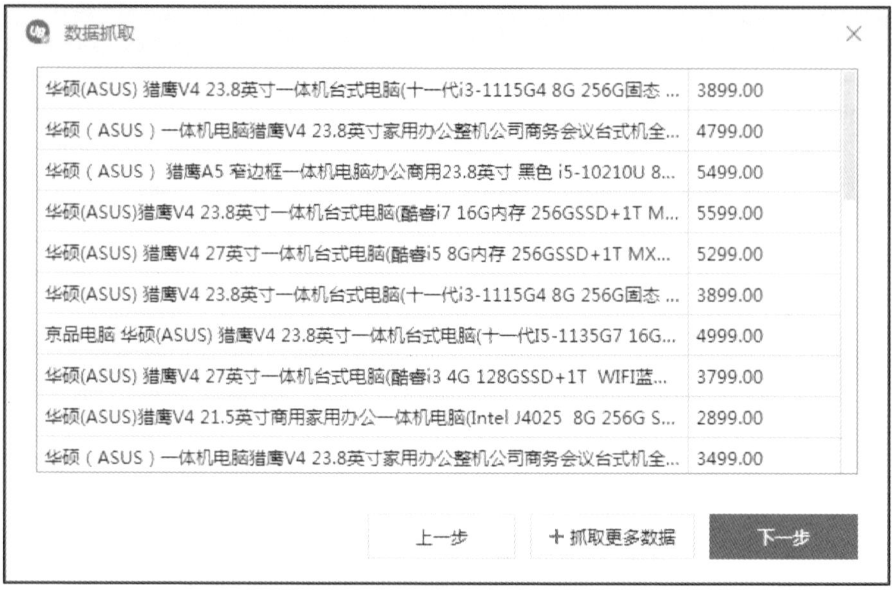

图 2-35　抓取的信息预览

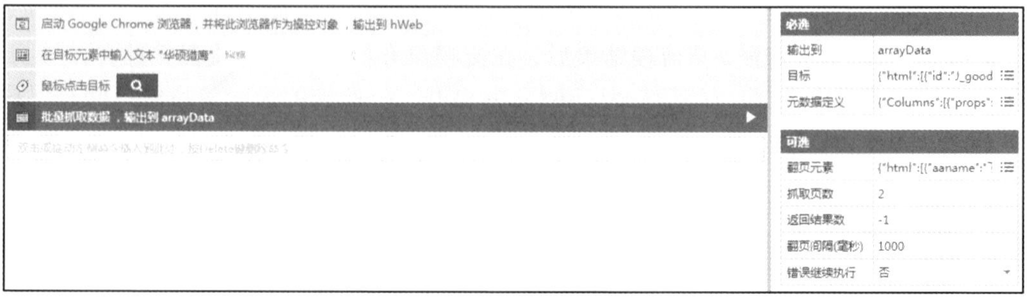

图 2-36　数据抓取属性面板

步骤四：在编辑区添加【打开 Excel 工作簿】，在属性面板的文件路径中填写“@ res "采购商品信息表 . xlsx"”，如图 2-37 所示。

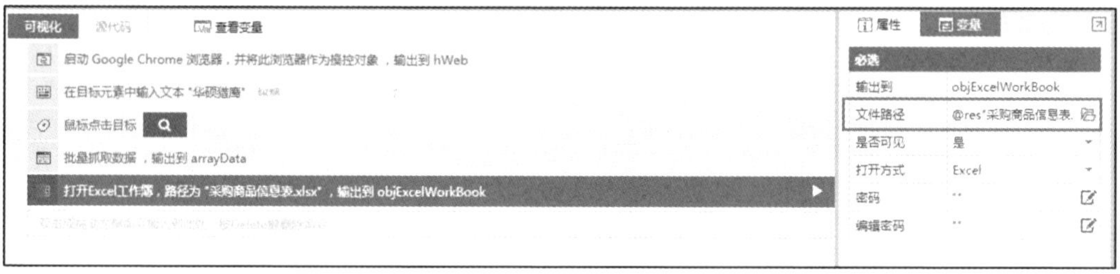

图 2-37　创建采购商品信息表

步骤五：在编辑区添加【写入行】，在属性面板数据一栏填写“［'商品名称'，'商品价格'］”，如图 2-38 所示。在编辑区添加【写入区域】，属性面板中开始单元格设定为“"A2"”，数据为抓取时输出的名称，这里为“arrayData”。在编辑区添加【关闭 Excel 表】，如图 2-39 所示。

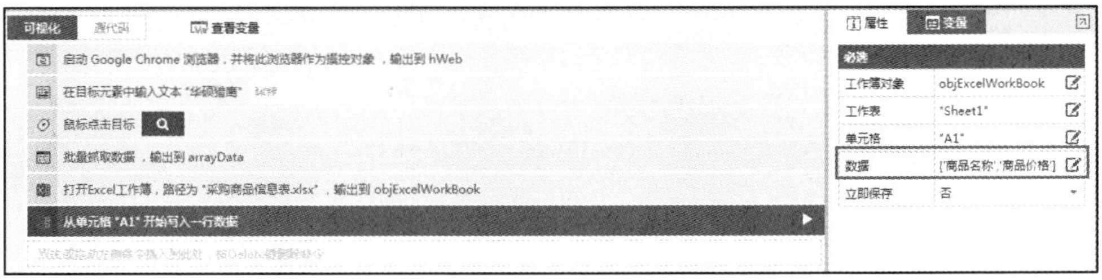

图 2－38　写入表头

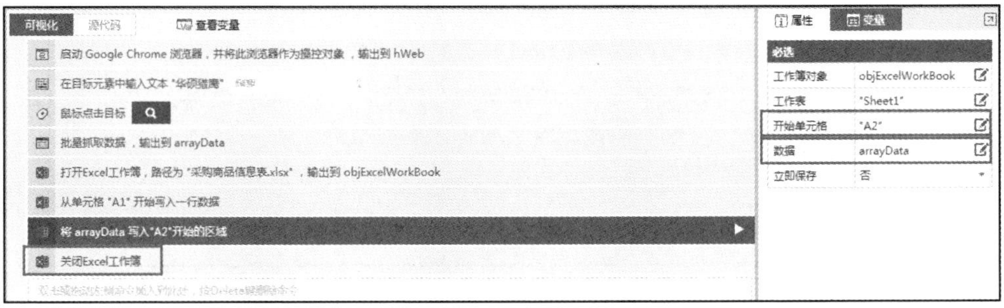

图 2－39　将抓取到的数据保存到 Excel 表并关闭表

步骤六：点击运行流程，待流程结束后，在流程保存的位置打开流程文件夹，找到 res 文件夹中的 Excel 表"采购商品信息表 . xlsx"并打开，抓取到的采购商品信息已经保存到 Excel 表中，如图 2－40 所示。

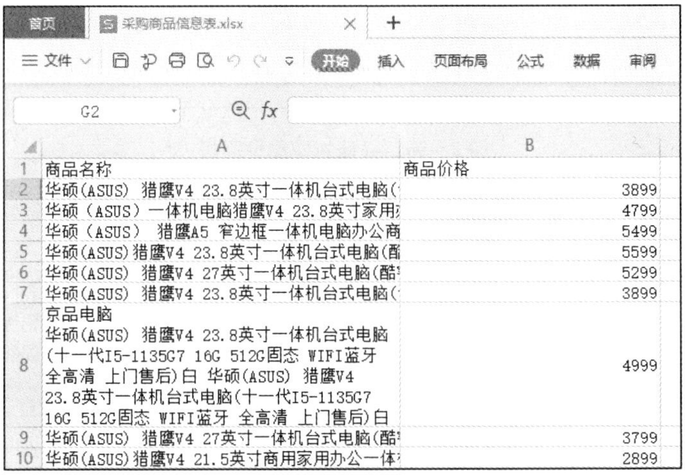

图 2－40　采购商品信息表

步骤七：在表格右侧设置一个单元格，列计算其平均价格，重复步骤一到步骤六操作，记录联想小新和戴尔游匣的价格，并作比较分析，如图 2－41 所示。

华硕猎鹰	联想小新	戴尔游匣
4531	4920	5211

图 2－41　平均价格比较

第 3 章　Tableau 商业数据可视化技术

3.1　商业数据可视化概述

商业数据可视化是以图形化的方式快速地提供清晰和有价值的商业信息。本节对商业数据可视化的概念、特征和应用价值做具体介绍。

3.1.1　什么是商业数据可视化

数据分析包括探索性数据分析和解释性数据分析。探索性数据分析，是指对已有的数据，特别是调查或观察得来的原始数据，在尽量少的先验假定下进行探索，通过作图、制表、方程拟合、计算特征量等手段探索数据的结构和规律的一种数据分析方法。解释性数据分析，是指通过多种方法和手段对调查搜集来的各种数据资料进行整理分析，以阐明所了解到的该现象发生原因并预测其变化趋势的一种数据分析方法。

商业数据可视化是指利用可视化技术实现数据分析及其结果的视觉化效果，展示对分析问题的直观见解。比如，销售人员可以利用可视化向客户展示不同的产品，分析人员通过数据画像研究客户的偏好，企业的管理者根据企业经营状况的绩效指标推算经营目标。下面对商业数据可视化的目的、图表选择和数据要求进行介绍。

商业数据可视化的首要问题是明确数据可视化的工作为谁而作。不同的角色想要看到的数据结果完全不同，客户最需要关于产品的详细信息，企业中层人员需要对每一类产品或者一个地区的产品采购、加工、销售及服务情况有具体了解，而 CEO 会利用更加宏观的数据来完成决策。在数据可视化中，有一点非常重要——不要分析那些无关紧要的数据，尽管每个数据分析人员都希望为他人呈现一份详尽的数据报告，但是没有人想把时间浪费在不相关的信息上，所以分析人员也不应力求面面俱到。对于广大客户而言，无论获得的可视化数据有多少，关注最需要关注的数据就足够了。

商业数据可视化的分析不是利用各种不同类的图表，把工作内容做成一件艺术品。一般来说，条形图适合比较单个变量大小，而柱状图适合表达数据群的规模，散点图能显示两个变量之间的联系。每种图表各有其适合的分析对象，而很多分析人员为了美观清晰，会把各种类型的图表用遍，繁杂的图表只会给他人带来主次不分的感觉，忽视数据信息的重要地位。例如，在分析宏观经济对产品的影响时，一般需要表示出 GDP（国内生产总值）的总量变化及增长率，这样的信息完全可以由条形图或柱状图完成，如果设计出散点图、嵌套饼图，就脱离了数据分析的实质，这种过分追求美观的做法只是一厢情愿。

商业数据可视化需要“干净”的数据。美国乔治亚大学数据分析与创新教授 Subhashish Samaddar 认为，“一旦数据分析中存在缺失和偏见，经验不足的人很可能会上当受骗”。商业数据可视化往往会对商业决策起到重要参考作用，在选择数据的过程中如果出现隐瞒异常数据或者造假的情况，很可能对结论的分析产生灾难性后果，可以说害人又害己。在日常利用数据可视化工具的同时，我们应该仔细思考数据的来源是否正规，是否只是看到了自己想看到的数据。尤其是在金融投资中，不要被精美的图表所迷惑，一定要学会辨别数据的真实性，关注数据变化背后的内在原因。

3.1.2 商业数据可视化的特征

商业数据可视化具有商业性、可视性、交互性和多维性四个方面的特征，具体介绍如下：

（1）商业性

商业性是所谓的“利”，企业在获利的同时满足了客户对商品的追求，更加通俗地说，以营利为目的的活动就是商业性。商业性质不仅展示了商品的多样性，通过数据画像研究客户偏好，还能根据企业经营状况指标进行商业预测等。

（2）可视性

传统意义上的“可视”是强调视觉上的通达性，即从一个或多个位置所能看到的范围或可见程度。其实，可视性是指所设计的产品能不能让用户明白怎样操作是合理的，在什么位置及如何操作。而商业可视性一般是指通过动画、三维立体、二维图形、曲线和图像对数据进行显示，这样就可以对数据的相互关系以及模式进行可视化分析。

（3）交互性

交互性可以定义为创造和建立人与产品及服务之间有意义的关系，以“在充满社会复杂性的物质世界中嵌入信息技术”为中心。交互性的目标可以从“可用性”和“用户体验”两个层面上进行分析，关注以人为本的用户需求，在进行数据可视化操作的时候，用户可以利用交互的方式对数据进行有效的开发和管理。

（4）多维性

多维是指多种（一般是指三种以及三种以上）维和维度同时存在和发生作用。多维性是指商业的发展具有多种维度的发展空间，其发展过程具有多种维度的表现和存在性。通过对商业数据可视化的呈现，能够清楚地对数据的变量或者多个属性进行标识，并且所使用的数据可以根据每一维的量值来进行显示、组合、排序与分类。

3.1.3 商业数据可视化的应用价值

商业数据可视化利用大数据、可视化等技术对数据进行展示的过程，能够帮助企业提升业务推进效率、设置和优化核心 KPI、预测未来经营成果等，进而指导企业制定关键政策，提升企业决策的效率和水平。从数据本身出发，企业既可以通过成熟的分析框架和工具进行历史数据分析，也可以将数据作为“原材料”，通过大数据、AI 开发框架、商业数据可视化进行模型训练。可以认为，实现商业数据可视化意味着企业进入了数字化转型的成熟阶段。

（1）指导决策

使用信息学助推复杂数据收集、分析与可视化技术的整合可以从数据资源中推导出企业所需的收益来源，从未被充分利用的数据当中提取资源可以提高企业运营绩效。因此商业数据可视化技术的主要攻坚对象是如何在不贬抑数据价值的同时将数据从“数字、文字”转换为简洁的图表，以便及时调整策略。

（2）清晰汇报

企业管理者喜欢阅读报告，喜欢把一堆数据汇总起来看趋势，所以很多企业都有周报、月报、季报的需求，没有数据做支撑的话，结论难以成立，空口无凭也很难说服别人。通过可视化图表，可以将杂乱的数据进行清晰、明了的展示，使企业管理者一目了然。

（3）发现问题

数据可视化的实际意义是协助使用者进行更强的数据剖析，信息的品质很大程度上取决于其表达形式。数据可视化的实质便是视觉效果会话。当把数据做成可视化的图表后，才能看到变化的趋势从而发现数据背后的问题。

（4）优化渠道

商业数据可视化技术让隐藏在大数据资源背后的真相呈现在众人面前。无论数据怎样形成，无论数据资源在哪里，图形数据可视化都可以让企业在业务繁忙的同时对数据进行检索与处理。以客户偏好的渠道与其保持有效接触可以让企业在传统渠道与数字渠道之间找到最佳平衡点。通过不同渠道不断寻求创新手段提高客户体验度可以带来企业的竞争优势。

（5）提高效率

数据可视化将技术性与造型艺术极致融合，依靠图形界面的方式，清楚合理地传递与沟通交流信息。一方面，授予数据可视化以使用价值；另一方面，数据可视化提升数据的灵气，二者紧密联系，协助企业从信息中获取专业知识、从专业知识中获得使用价值，这样不仅能提高观赏性，同时还可以提升企业的运营效率。

3.2 Tableau 可视化软件介绍

3.2.1 软件概况

Tableau 软件的起源是 1997 年至 2002 年在斯坦福大学计算机科学学院进行的学术研究。Pat Hanrahan 教授与他的博士生 Chris Stolte 一起工作，专门研究关系数据库和数据多维数据集可视化技术，并利用桌面显示在关系数据库上研究。Tableau 软件公司成立于 2003 年，并于 2019 年被 Salesforce 公司收购。

Tableau 是 Tableau 软件公司推出的一款数据分析与可视化工具，具备强大的统计分析扩展功能。它能够根据用户的业务需求对报表进行迁移和开发，实现业务分析人员独立自助、简单快速、以界面拖拽式的操作方式对业务数据进行联机分析处理、即时查询等功能。Tableau 能够生动地分析任何结构化数据，并立即生成美观的图表、坐标图、仪表板与报告。利用 Tableau 简便的拖放式界面，用户可以自定义视图、布局、形状、颜色等，帮助您展现自己的数据视角。Tableau 可以帮助没有 IT 基础的人们将数据应用于视觉化思考。在创建视图时，视图之间流畅的转变顺应人的自然思路，使用者不用陷入在编写脚本的泥潭里，便可以快速地创建出美观、信息丰富的可视化图表。

Tableau 可以连接到一个或多个数据源，支持单数据源的多表连接和多数据源的数据融合，可以轻松地对多源数据进行整合分析而无需任何编码基础。连接数据源后只需用拖放或点击的方式就可快速地创建出交互、精美、智能的视图和仪表板。任何 Excel 用户甚至是零基础的用户都能很快、很轻松地使用 Tableau Desktop 直接面对数据进行分析，从而摆脱对开发人员的依赖。

Tableau 软件产品版本很多，包括用于开发人员创建图表、仪表板、报告生成和可视化等功能的 Tableau 工具，如 Tableau Desktop、Tableau Public 和 Tableau Prep，以及用于共享使用开发人员工具创建的报告、可视化和仪表板的 Tableau Server、Tableau Online 和 Tableau Reader。

Tableau Desktop 是一款设计和创建美观的视图与仪表板、实现快捷数据分析功能的桌面端分析工具，它支持现有 Microsoft Office 文件、逗号分隔文本文件、Web 数据源、关系数据库和多维数据库等主流的各种数据源类型，包括 Tableau Desktop Personal（个人版）和 Tableau Desktop Professional（专业版）两个版本，支持 Windows 和 Mac 操作系统。

3.2.2 软件安装

在官方网站（http：//www.tableau.com/zh-cn/products/trial）可以下载最新的免费试用版本，填写“商务电子邮件”地址，单击“下载免费试用版”按钮，如图 3-1 所示。

图 3-1 Tableau 官网下载提示

Tableau Desktop 下载完成后，进入安装过程，双击安装文件，进入产品许可协议界面，如图 3-2 所示。勾选“我已阅读并接受本许可协议中的条款”，并单击“安装”按钮，将会进入“正在安装”Tableau 软件的过程界面，如图 3-3 所示。安装完成后，单击“关闭”即可。

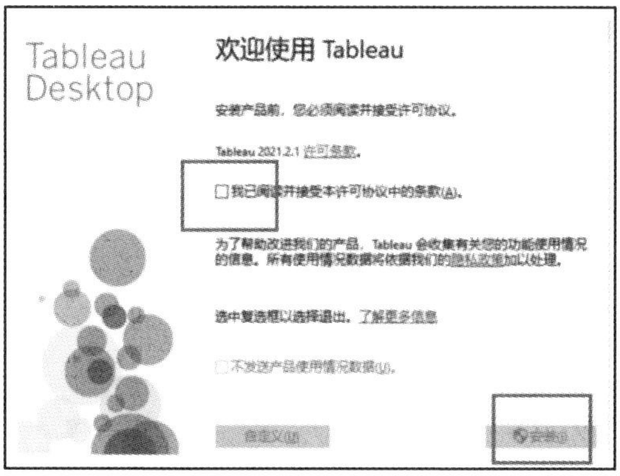

图 3-2 产品许可协议界面

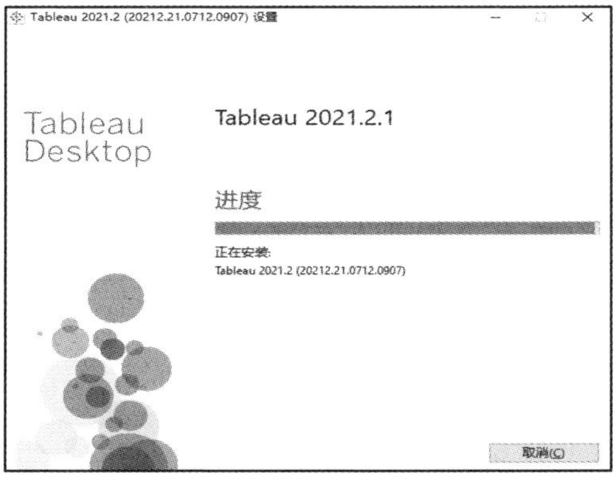

图 3-3 安装过程页面

3.2.3 工作区使用

Tableau 工作区包含菜单、工具栏、“数据”窗格、卡和功能区以及一个或多个工作表。表可以是工作表、仪表板或故事。如图 3-4 所示。

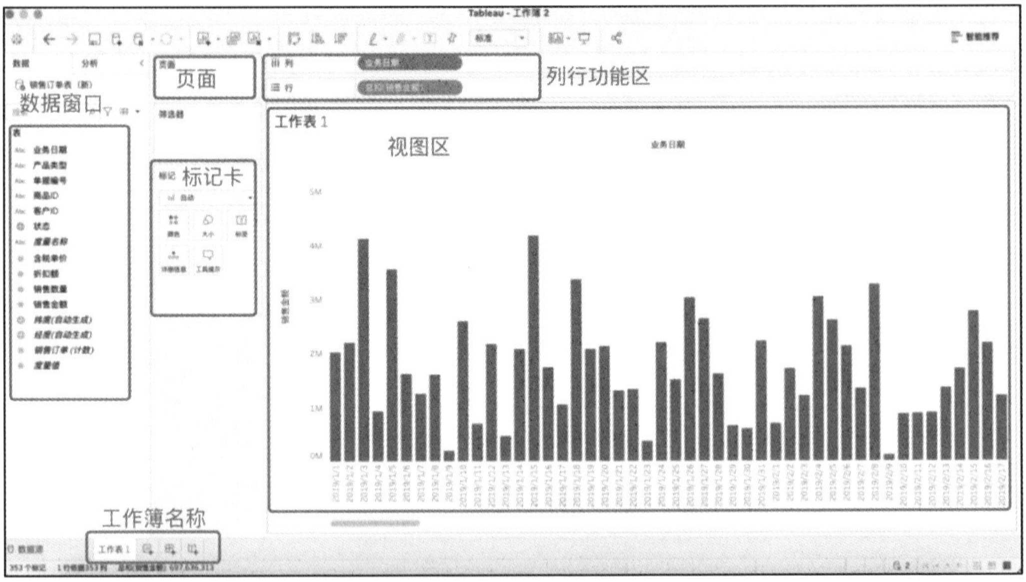

图 3－4　Tableau 工作区

（1）工作簿名称

工作簿包含工作表，可以是工作表、仪表板或故事。

（2）数据窗口

数据窗口位于工作区工具栏的左下方，显示已连接的数据源、数据角色及字段类型等内容，具体包括数据源、维度、度量等。该窗口可对数据源进行数据编辑、查看、发布、导出等操作，可对维度和度量进行转换、更改字段角色如文本、日期、时间等。

（3）列行功能区

列行功能区用于容纳和放置数据源中的维度及度量字段，通过对不同字段在列行功能区的差异化组合，可以满足不同的分析需要，在列行功能区自由组合字段，也是创建视图的基础。

（4）视图区

视图区是用于展示商业数据可视化结果的区域，各种酷炫图表均在这个区域呈现出来，该区域主要包含标题、轴、区、单元格、标记等组件。在实际操作中，可以对各个组件进行格式化，起到突出重点、美化视图的作用。

（5）标记卡

对已创建的视图，在标记卡中可以对图表的颜色、大小、形状、提示信息等属性进行自定义设置。简单理解，标记卡就相当于 Excel 图表中设置“图表格式”以及设置“数据系列格式”功能。

（6）页面

通过“页面”，可以与视图数据进行逐帧交互，观看所选字段的数据变化情况。如将“业务日期”字段拖入“页面”，在右上角对业务日期进行选择，视图中的数据会相应发生变化。

（7）分析窗口

分析窗口也位于工作区工具栏的左下方，可以通过标签页和数据窗口进行切换显示。该窗口实际上就是常用分析功能的快捷方式。包括汇总、模型、自定义三个功能块。需要注意的是，如果分析窗口中的各类统计指标不能在当前分析中使用，则会呈现灰色，如果可以使用，才会呈现为黑色。如图 3－5 所示。

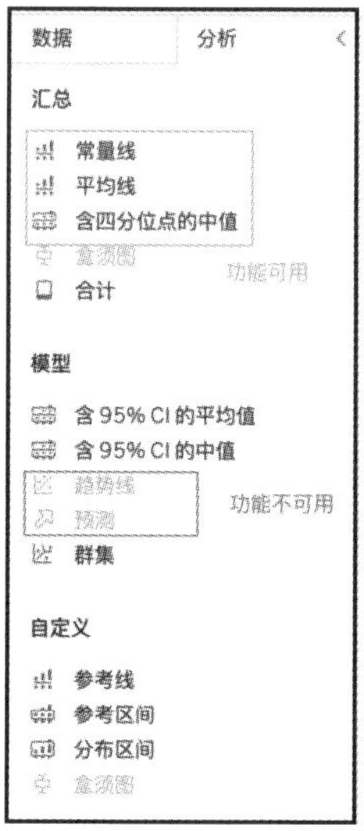

图 3－5　Tableau 分析窗口

（8）筛选器

筛选器用于对数据源的各字段数据进行筛选，包含或排除具有某种特征的数据集，达到分析特定数据的目的。将维度中的字段拖动到“筛选器”中，便可对数据的特征进行设置，从而便于筛选出特定的数据。

3.3　Tableau 语法

Tableau 支持字符串、日期/日期和时间、数字和布尔数据类型。数据类型会以正确的方式自动进行处理，如果有数据类型不准确的，可以对数据类型进行更改。Tableau 经常会创建计算字段，创建计算字段需要注意如何在公式中使用和组合不同的数据类型，创建计算字段主要依赖各种类型的函数，不能将字符串与数字相加。许多在定义计算时可供使用的函数仅适用于特定数据类型，Tableau 具有许多内置函数，包括数字函数、字符串函数、日期函数等十余种类型。

3.3.1　数据类型

数据源的所有字段在 Tableau 中都会被分配一个数据类型，同时 tableau 还会在各字段前加上一个特定的标识，用以直观提示该字段是哪一种数据类型，tableau 中的数据类型主要有文本值、日期值、日期和时间值、数字值、布尔值、地理值六类。

每一个字段都有属于自己的数据类型图标，Tableau 分配给字段的数据类型并不总是准确的，是可以根据实际分析需求进行调整的。比如，它可能会将日期字段“年—月—日”（如 2021－01－01）解释为文本，但需要用该字段进行时间分析，则必须将其调整为日期类型；又如，它可能会将地理位置字段“省市”（如重庆、四川）解释为文本，但我们需要用该字段匹配地理位置，这就必须将其调整为地理值类型。

（1）主要的数据类型

数据源中的所有字段都具有一种数据类型。数据类型反映了该字段中存储信息的种类，字段的数据类型在“数据”窗格中由图标标识。Tableau Desktop 主要数据类型的图标如表3－1所示。

表3－1　Tableau Desktop 主要支持的数据类型

显示窗口	维度、度量					
图标样式	Abc	（日期图标）	（日期和时间图标）	#	T|F	（地理图标）
图标名称	文本值	日期值	日期和时间值	数字值	布尔值	地理值
示例	A，B，C，中国	1/1/2021	1/1/2021 12：00：00PM	1，2，3，1.1，1.2，1%	Ture/False	重庆，四川

（2）更改数据类型

在日常工作中，Tableau 可能会将字段标识为错误的数据类型。例如，系统可能会将包含日期的字段标识为整数而不是日期，我们可以在“数据源”页面上更改作为原始数据源一部分的字段的数据类型。在“数据源”页面单击字段的字段类型图标，从下拉列表中选择正确的数据类型即可，如图3－6所示。

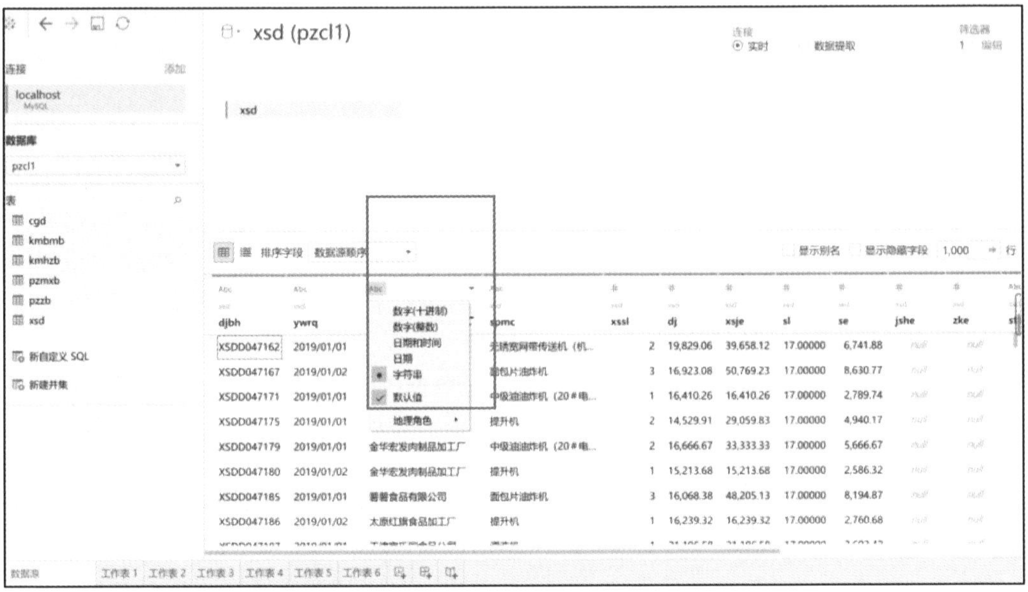

图3－6　在“数据源”页面更改数据类型

如果使用数据提取，要确保在创建数据提取之前已经进行所有必要的数据类型更改，否则数据可能不准确。例如，Tableau 把原始数据源中的浮点字段解释为整数，生成的浮点字段部分精度会被截断。如果要在“数据”窗格中更改字段的数据类型，就要单击字段名称左侧的字段类型图标，然后从下拉列表中选择一种新数据类型，如图3－7所示。

若要在视图中更改字段的数据类型，则要在“数据”窗格中右击某个字段，选择“更改数据类型”，然后选择适当的数据类型，如图 3－8 所示。此外，由于数据库中数据的精度比 Tableau 可以建模的精度高，因此将这些值添加到视图中时，状态栏右侧将显示一个精度警告对话框。

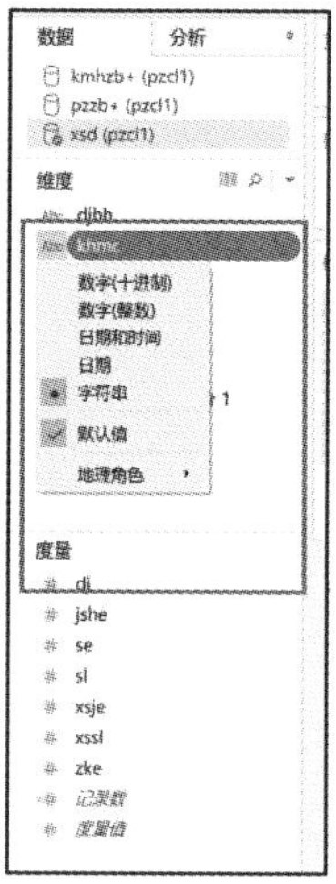

图 3－7　在“数据”窗格更改数据类型

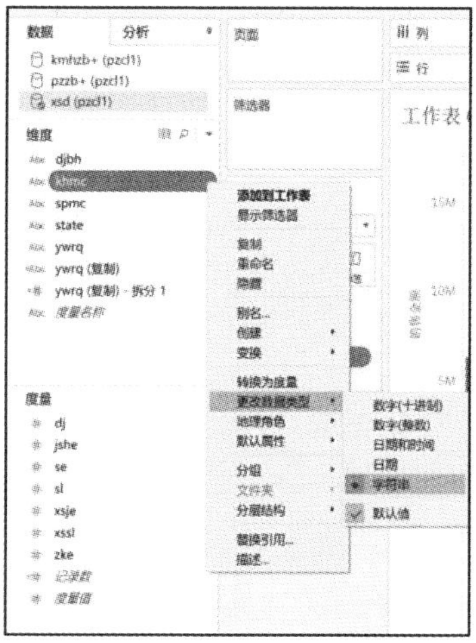

图 3－8　在“数据”视图更改数据类型

（3）数据导出

①导出数据源中的数据在对数据表进行联接或一些常规自定义操作后（如创建计算字段、透视字段等），可能希望在后续工作中继续使用新形式的数据，此时可以采用以下三种方法：

将数据导出为 . csv 文件。在“数据源”页面，可以通过选择“数据”，点击“将数据导出到 CSV”的方法，将数据源中的所有数据导出为 . csv 文件；或是在工作表中，将字段拖动到“行”或“列”功能区，在“数据”窗格中点击“查看数据”图标，再点击“全部导出”。

提取数据。提取数据是指创建一个数据提取（. hyper）文件。数据提取时可以使用筛选器或进行其他设置来减少数据量，保存的是数据的子集，同时也可作为独立的数据集，可以使用它直接从 Tableau 中进行连接。

导出数据源。数据源导出还可以另存为 . tds（数据源）文件或 . tdsx（打包数据源）文件。如此一来，数据连接可以导出保存到文件中，便于和其他工作簿一起使用或与同事共享。在 Tableau Desktop 中，打开一个具有数据连接的工作簿，在“数据”窗格顶部，右键单击数据源的名称，点击“添加到已保存的数据源”，输入自己想设置的文件名，选择文件类型，最后单击“保存”。

②导出视图中使用的数据。创建视图后，还可以只导出用于生成该视图的数据。导出的字段来自工作表功能区的字段，并且只会显示出现在“筛选器”功能区的字段。以下是用于导出生成视图所使用的数据的几种方法：

将视图中的数据导出到 Microsoft Access 或 . csv。在 Tableau Desktop 中，选择“工作表”→“导出”→“数据”，选择 Access 数据库或 . csv 文件的位置，并输入其名称后，便可保存。

将视图中的数据交叉表导出到 Excel。将视图导出为交叉表时，Tableau 会自动打开 Excel 应用程序并将当前视图的交叉表版本粘贴到新的 Excel 工作簿中。在 Tableau Desktop 中，选择“工作表”→“导出”→“交叉表到 Excel”；如果使用的是 Tableau Server 或 Tableau Online，则打开“视图”或“仪表板”，选择“下载”→“交叉表”，并从工作簿中选择目标工作表。

将视图中的数据复制到剪贴板。创建视图后，选择“工作表”→“复制”→“数据”，打开其他应用程序，右键选择“粘贴”或使用快捷键“Ctrl + V”便可以将数据粘贴到其他应用程序。

将视图中的数据交叉表复制到剪贴板。即使 Tableau 中的初始数据视图未使用交叉表格式，粘贴的数据也始终显示为交叉表。

复制交叉表受一些一般条件的限制：

第一，必须复制视图中的所有记录，不能复制记录的子集。

第二，此选项仅适用于聚合视图。不能对解聚的数据视图使用此选项，因为根据定义，交叉表是聚合数据视图。这意味着为了正常复制交叉表，必须选择“分析”菜单的“聚合度量”选项。

第三，如果视图包含连续维度（例如，连续日期和时间），则不能复制交叉表。

第四，可能适用其他限制，具体取决于视图中的数据。

满足条件后，便可创建视图，选择“工作表”→“复制”→“交叉表”，打开其他应用程序，右键选择“粘贴”或使用快捷键“Ctrl + V”便可以将交叉表粘贴到其他应用程序。

3.3.2 运算符和优先级

运算符是一个符号，通知编译器执行特定的数学或逻辑操作。运算符用于执行程序代码运算，会针对一个以上操作数项目进行运算。Tableau 支持的基本运算符有算术运算符、逻辑运算符和比较运算符。

（1）算术运算符

算术运算符中的“+”“-”对数字、字符和日期数据类型起作用，算术运算符中的“*”“/”“%”“^”仅对数字数据类型起作用。算术运算符如表 3-2 所示。

表 3-2　　算术运算符

名称	描述	举例
+（加法）	此运算符应用于数字时表示相加；应用于字符串时表示串联；应用于日期时，可用于将天数与日期相加	‘abc’+‘def’=‘abcdef’；利润 + 销售额
-（减法）	此运算符应用于数字时表示减法；应用于表达式时表示求反；应用于日期时，可用于从日期中减去天数，还可用于计算两个日期之间的天数差异	8-3=5；-（8+3）=-11；#April 20，2021#-#April 8，2021#=12
*（乘法）	此运算符表示数字乘法	3*6=18
/（除法）	此运算符表示数字除法	30/6=5
%（求余）	此运算符算数字余数	7%4=3
^（乘方）	此符号等效于 Power 函数，用于计算数字的指定次幂	2^3=8

（2）逻辑运算符

Tableau 支持的逻辑运算符用于其结果为布尔值的表达式，输出为 TRUE 或 FALSE。逻辑运算符如表 3-3 所示。

表 3-3 逻辑运算符

名称	描述	举例
AND	如果存在于 AND 运算符两侧的表达式或布尔值被计算为 TRUE，则结果为 TRUE，否则结果为 FALSE	[发货日期] > # April 1, 2012 # AND [Profit] > 10000
OR	如果存在于 OR 运算符两侧的任何一个或两个表达式或布尔值被计算为 TRUE，则结果为 TRUE，否则结果为 FALSE	[发货日期] > # April 1, 2012 # OR [Profit] > 10000
NOT	逻辑运算符否，此运算符可用于对另一个布尔值或表达式求反	IIF(NOT(Sales = Profit),"NotEqual","Equal")

（3）比较运算符

Tableau 支持的比较运算符用于表达式，每个运算符比较两个数字、日期或字符串，并返回布尔值（TRUE 或 FALSE），布尔本身不能使用这些运算符进行比较。比较运算符如表 3-4 所示。

表 3-4 比较运算符

名称	描述
有 = = 或 =	等于
>	大于
<	小于
> =	大于或等于
< =	小于或等于
! = 和 < >	不等于
True 或 False	比较两个数字、日期或字符串，并返回布尔值

（4）运算符优先级

所有运算符都按特定顺序计算，如 3 * 2 + 1 等于 9 而不等于 7，因为 + 运算符始终在 * 运算符之前计算，表 3-5 显示了计算运算符的顺序，第一行具有最高优先级，同一行中的运算符具有相同优先级，如果两个运算符具有相同优先级，在公式中就从左向右进行计算。可以根据需要使用括号，括号中的运算符在计算时优先于括号外的运算符，从内部的括号开始向外计算，如（1 + （2 * 2 + 1） * （3 * 6/3）） = 37。

表 3-5 运算符优先级

优先级	运算符
1	-
2	+
3	*，/，%
4	-，+
5	= =，>，<，> =，< =，! =
6	NOT
7	AND
8	OR

3.4 Tableau 可视化流程

Tableau 可视化不是简单的视觉映射，而是以数据流向为主线的一个完整流程。一个完整的可视化分析流程可以看成数据流经过一系列处理模块并得到转化的过程，用户通过可视化交互从可视化映射后的结果中获取知识和灵感。

Tableau 数据可视化流程目前并没有一个行业标准和规范，但大体可以分为以五个步骤，分别是：数据连接、数据预处理、创建视图、创建仪表板、生成故事，如图 3－9 所示。

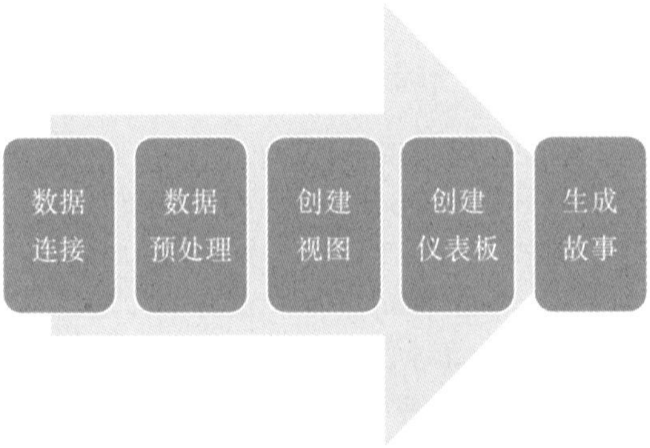

图 3－9　Tableau 可视化流程步骤

3.4.1 数据连接

使用 Tableau 进行数据可视化前，需要将 Tableau 与数据源连接。Tableau 支持的数据源类型丰富多样，包括 Excel、文本文件、JSON 文件、PDF 文件、空间文件和统计文件等，如图 3－10所示。它们既可以是存储在计算机本地的文件，又可以是与企业服务器相连的数据库。下面将从连接到文件和连接到数据库两个方面进行介绍。

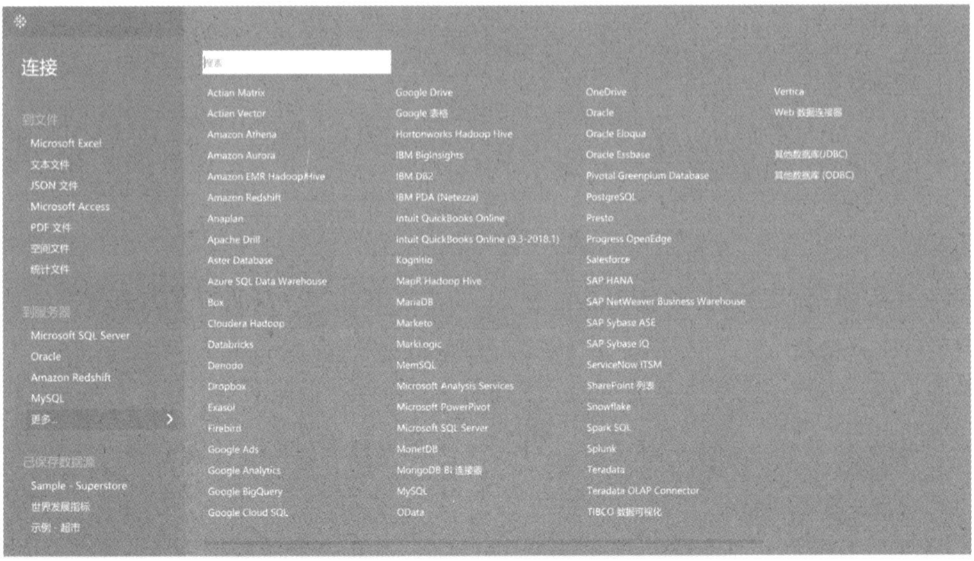

图 3－10　文件连接

（1）文件数据源连接

①Excel 文件。Microsoft Excel，是指 Microsoft（微软）公司推出的电子表格软件，可以直观地呈现数据，进行多种数据梳理、统计分析，在财务、金融、管理等领域都得到广泛应用。在财务领域，许多信息化程度较低的企业都会以 Excel 的形式来记录信息。即便是在信息化程度较高的企业，有时财务人员依然需要从系统中导出所需的信息，这些信息多以 Excel 文件的形式呈现，如订单列表、供应商列表等。Tableau 可以连接到 . xls 和 . xlsx 文件。在开始页面的“连接”下单击“Microsoft Excel”，选择要连接的 Excel 工作簿，然后单击“打开”。

②文本文件。文本文件，是指以 ASCII 码方式（文本方式）存储、由若干行字符组成的计算机文件。该种文件存在于计算机文件系统。一般来说，只能存储用 ASCII 码表示的回车、换行等信息，不能存储其他信息。Tableau 可以连接到 . txt、. csv、. tab、. tsv 文件等文本文件。在开始页面的“连接”下单击“文本文件”，选择要连接的文本文件，然后单击“打开”。

③PDF 文件。PDF，是一种便携式文档格式，可用于与应用程序、操作系统、硬件无关的方式进行文件交换。该文件格式以 PostScript 语言图像模型为基础，在各种打印机上都能较好地呈现出文件原本的颜色、字符、图像等。在财务领域，时常会以 PDF 的形式来呈现各种报告，其中会包含一些表格数据，这时便可以将 PDF 作为 Tableau 的数据源，读取 PDF 中的表格数据。在开始页面的“连接”下单击“PDF 文件”，选择要连接的文件，然后单击“打开”。用户选择了本地的 PDF 文件作为数据源后，可以在弹出的“扫描 PDF 文件”对话框中，选择扫描全部页面、单个页面或者一定范围页面中的表格数据。

④统计文件。统计文件，是指 SAS、SPSS 和 R 等统计软件导出生成的数据文件。由于决策需要，财务人员有时可能也会使用统计软件进行数据统计，或者使用其他部门的统计数据文件。Tableau 可以连接到 . sav、. sas7bdat、. rda 和 . rdata 等文件。在开始页面的“连接”下单击“统计文件”，选择要连接的文件，然后单击“打开”。

（2）数据库数据源连接

①Microsoft SQL Server。Microsoft SQL Server 是一个关系型数据库管理系统，也是一个全面的数据库平台，可以更加可靠、安全地存储关系型数据以及结构化数据。在开始页面的“连接”下单击“Microsoft SQL Server”，下载并安装好相应的驱动程序后，输入要连接的服务器的地址，如果选择“使用特定用户名和密码”登录，则需要输入对应的用户名和密码，然后单击“登录”。

②MySQL。MySQL 是 Oracle（甲骨文）公司旗下的关系型数据库管理系统，由于该系统体积小、速度快、总体成本低，所以一般中小型网站都会首选 MySQL 作为其网站数据库。在开始页面的“连接”下单击“MySQL”，下载并安装好相应的驱动程序后，输入要连接的服务器的地址，再输入用户名和密码，单击“登录”。

③Oracle。此处的 Oracle 是指 Oracle Database，是甲骨文公司的一款关系数据库管理系统。该系统一直是数据库领域的领先产品，也是目前世界上使用范围最广的数据库管理系统。在开始页面的“连接”下单击“Oracle”，下载并安装好相应的驱动程序后，输入要连接的服务器的地址，如果选择“使用特定用户名和密码”登录，则需要输入对应的用户名和密码，然后单击“登录”。

（3）数据表数据源联接

数据表数据源联接，是指将一个或多个表在 Tableau 中通过关联字段的匹配后，“连接”在一起。进行数据分析时，经常需要使用同个数据源中不同数据表的数据，甚至是不同数据源的数据，这时就需要进行数据表联接。在联接数据表前，需要在数据源页面双击连接的数据源的逻辑表，才能进入数据源联接界面。数据表联接主要有内联接、左侧联接、右侧链接和完全外部联接四种形式。如图 3－11 所示。

1sale_fact.txt 单据编号	1sale_fact.txt 商品编码	1sale_fact.txt 业务日期	1sale_fact.txt 客户编码	1sale_fact.txt 销售数量	1sale_fact.txt 销售金额	1product_dim.txt product_id	1product_dim.txt product_name	1product_dim.txt product_...
XSDD047162	PRO0004	2019/1/1	CUST0019	2	46400.00	PRO0004	无锈宽网带传送机（...	台
XSDD047167	PRO0001	2019/1/2	CUST0009	3	59400.00	PRO0001	面包片油炸机	台
XSDD047171	PRO0006	2019/1/1	CUST0011	1	19200.00	PRO0006	中级油油炸机（20...	台
XSDD047175	PRO0003	2019/1/1	CUST0021	2	34000.00	PRO0003	提升机	台
XSDD047179	PRO0006	2019/1/1	CUST0009	2	39000.00	PRO0006	中级油油炸机（20...	台

图 3－11 “销售订单”与“商品信息”联接方式

①内联接。使用内联接时，得到的结果表将包含两个表中均匹配的数据，不匹配的数据将不在结果中显示。打开“商品信息”工作表的物理表后，双击“销售订单”工作表，两张表将自动根据相同的字段进行联接。

②左联接。使用左联接时，得到的结果表将包含左侧数据表中的所有数据以及右侧数据表中匹配的数据。点击两个表之间的连接处，可选择要更改的联接类型。

销售订单和商品信息两个数据表中分别包含了“商品编码”和“product_ id”字段，两个字段均可用于识别某一种特定的商品，故联接条件可设置为“商品编码＝product_ id”。成功联接后，每一条数据都会包含销售订单表的所有字段，以及与其相匹配的商品信息表中的数据。

③右联接。使用右联接时，得到的结果表将包含右侧数据表中的所有数据以及左侧数据表中匹配的数据，此处的联接条件设置与前面左联接相同，成功联接后，每一条数据都会包含与商品信息表中匹配的销售订单信息和商品信息表的所有数据。与左联接不同的是，右联接后的表中包含商品信息表的所有数据，如果某些商品没有对应的销售订单，则销售订单相应字段数据为空。

④完全外部联接。使用完全外部联接时，得到的结果表将包含联接的两个表的所有数据，此处的联接条件与前面的左联接相同，成功联接后，结果包含销售订单表和商品信息表的所有数据。

3.4.2 数据预处理

在日常分析中，我们经常会遇到需要进一步处理数据的情况，比如需要进行计算的字段中有 Null 值，需要将日期拆成年月日等。并且，数据表中含有一些特殊的数据时，Tableau 可能无法准确地识别它们。下面介绍在 Tableau 中常见的数据预处理方法。

（1）对空值的处理

空值，一般表示未知的数据，不等同于空白或零。在执行计算时，如果存在空值，可能会导致结果不准确，所以在计算之前，删除空值十分重要。

如果数据中存在空值，对聚合后的值进行加减乘除运算时，运算结果也会为空。这时可以在 Tableau 中使用 zn（）函数或 ifnull（）函数将空值修改为 0。需要注意的是，zn（）函数只能处理数值型数据，而 ifnull（）函数除此之外还能处理字符串型数据；zn（）函数只能将空值修改为 0，但 ifnull（）函数可以将空值修改为任意值。

下面以“zke”（折扣额）字段为对象，使用 zn（）函数创建一个新的计算字段。没有数据的单元格会显示 null，如图 3－12 所示；使用函数后，没有数据的单元格会显示 0，如图 3－13所示。

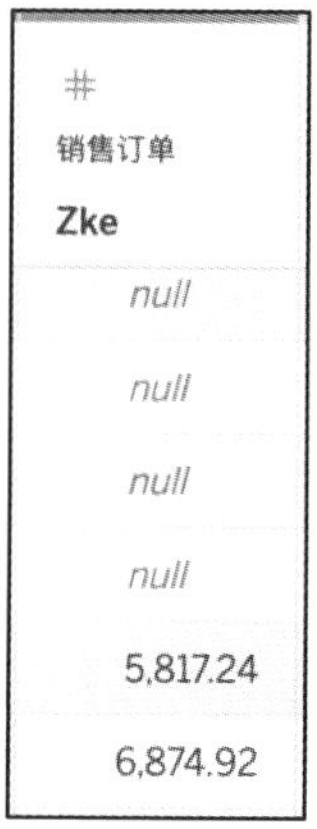

图 3－12　未进行空值处理前的“zke”字段

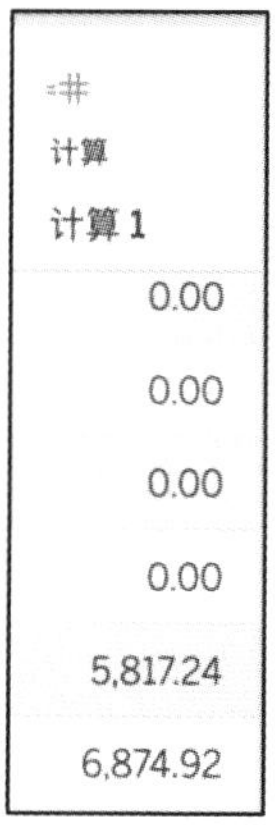

图 3－13　对“zke”字段使用 zn 函数后的新建字段

（2）更改数据类型

有时数据源中的日期字段会以字符串类型或者数值类型进行存储，为了便于后期的数据分析，则需要将日期字段转换为日期类型。

可以在“数据源”或“数据”窗格中，通过单击数据类型图标的方式将数据类型更改成“Date”（日期）或“Date&Time”（日期和时间）。

（3）拆分字段

当一个字段中包含了多种信息时，可能会不利于后续的数据分析工作，此时便需要将该字段中的值拆分为多个字段。在 Tableau 中，可以使用“拆分”或“自定义拆分”功能，借助分隔符或字段中存在的重复内容来分隔数据。

如图 3－14 中的销售订单表，“Hsdj”（含税金额）字段中的数据含有单位，会导致后续的计算不方便。所以导入“销售订单表”数据源后，可以将“Hsdj”字段拆分。由于该字段中数据格式都为数字＋“元”的格式，拆分时会自动变成一列数字和一列“元”，但“元”一列没有意义，所以 Tableau 会自动删除“元”这一列，最终只留下一列数字，如图 3－15 所示。

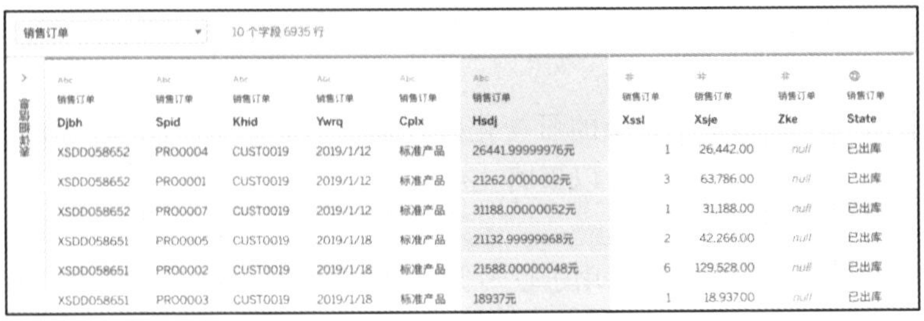

销售订单 10 个字段 6935 行

Djbh	Spid	Khid	Ywrq	Cplx	Hsdj	Xssl	Xsje	Zke	State
XSDD058652	PRO0004	CUST0019	2019/1/12	标准产品	26441.99999976元	1	26,442.00	null	已出库
XSDD058652	PRO0001	CUST0019	2019/1/12	标准产品	21262.0000002元	3	63,786.00	null	已出库
XSDD058652	PRO0007	CUST0019	2019/1/12	标准产品	31188.00000052元	1	31,188.00	null	已出库
XSDD058651	PRO0005	CUST0019	2019/1/18	标准产品	21132.99999968元	2	42,266.00	null	已出库
XSDD058651	PRO0002	CUST0019	2019/1/18	标准产品	21588.00000048元	6	129,528.00	null	已出库
XSDD058651	PRO0003	CUST0019	2019/1/18	标准产品	18937元	1	18,937.00	null	已出库

图 3－14　拆分前的“Hsdj”数据列

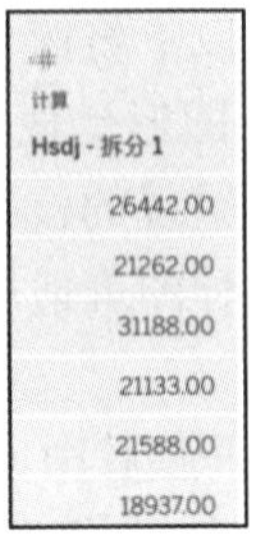

Hsdj - 拆分 1
26442.00
21262.00
31188.00
21133.00
21588.00
18937.00

图 3－15　拆分后新生成的数据列

3.4.3 创建视图

创建视图是基于已定义的指标和维度，设计页面布局、选择可视图表、设计主题样式和数据交互模式，进行商业数据可视化呈现的过程。

(1) 选择维度

商业数据可视化的实施是一系列数据的转换过程，如图 3－16 所示。

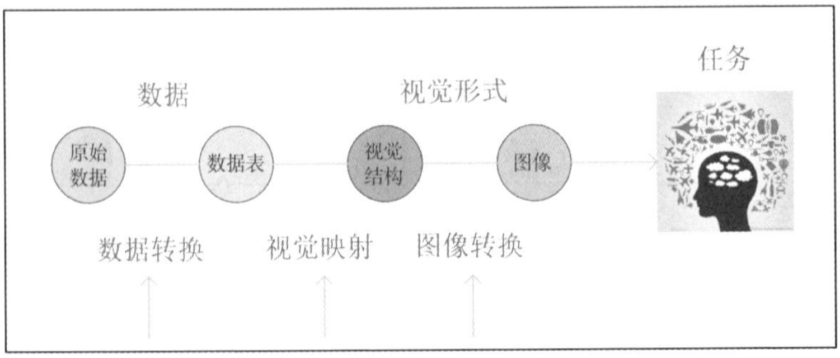

图 3－16　数据转换过程图

通过对原始数据进行标准化、结构化的处理，把它们整理成数据表。将这些数值转换成视觉结构（包括形状、位置、尺寸、值、方向、色彩、纹理等），通过视觉的方式把它表现出来。例如，将高中低的风险转换成红黄蓝等色彩，数值转换成大小。将视觉结构进行组合，把它转换成图形传递给用户，用户通过人机交互的方式进行反向转换，去更好地了解数据背后有什么问题和规律。

建立可视化场景是对数据仓库中的数据进行分析处理的成果，用户能够借此从多个角度查看企业/单位的运营状况，按照不同的主题和方式探查企业业务内容的核心数据，从而做出更精准的预测和判断。

大数据时代，大规模、高纬度、非结构化数据层出不穷，要将这样的数据以可视化形式完美地展示出来，传统的显示技术已很难满足需求。而高分高清大屏幕拼接可视化技术正是为解决这一问题而发展起来的，它具有超大画面、纯真彩色、高亮度、高分辨率等显示优势，结合数据实时渲染技术、GIS 空间商业数据可视化技术，实现数据实时图形可视化、场景化以及实时交互，让使用者更加方便地进行数据的理解和空间知识的呈现，可应用于指挥监控、视景仿真及三维交互等众多领域。

商业数据可视化有诸多展现方法，不一样的数据种类要选择合适的展现方式。例如词云图、气泡图、K 线图等。运用图表，不只是为了好看，更多是围绕业务进行分析，得到想要的结果。以下将简单介绍一些常规的以图表方式进行呈现的商业数据可视化。

（2）图形呈现

设计呈现的核心在于可视化图表的选择，常见的可视化图表包括折线图、柱状图、散点图等，每种图表适用的场景根据业务需求而不同。以下将主要介绍堆积柱状图和散点图的一些应用。

①堆积柱状图。如图3－17所示的堆积柱状图适用于较多类元素进行比较，能够清晰明了地展示不同财务数据在同一纬度的具体数值。比如能够对年度或半年度财务数据进行很好的预测。

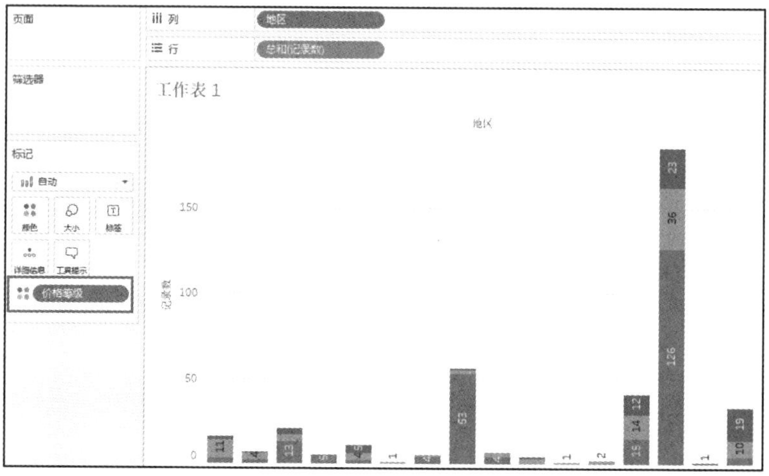

图3－17　堆积柱状图

②散点图。散点图在报表中不常用到，但是在数据分析中可以算出镜率最高的。如图3－18所示，散点图通过坐标轴，表示两个变量之间的关系。绘制它依赖大量数据点的分布。散点图的优势是能够揭示数据之间的关系，发现变量与变量之间的关联。比如呈现各科目费用的集散分散情况。

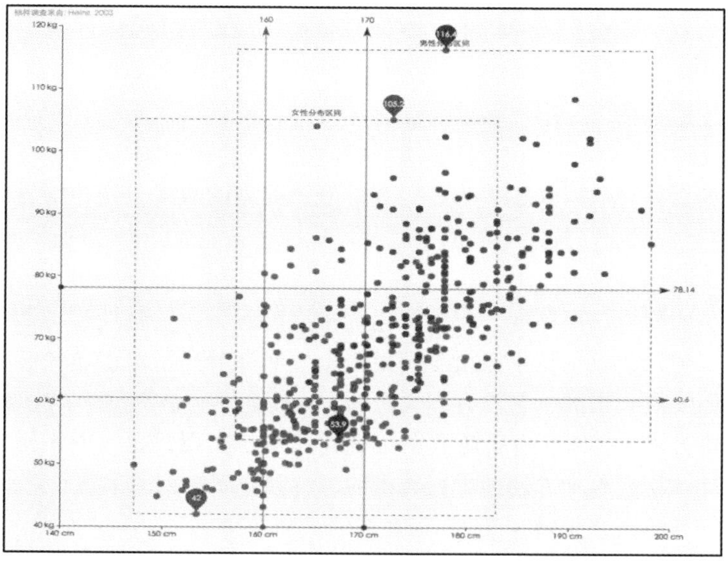

图3－18　散点图

3.4.4 创建仪表板

仪表板是显示在单一位置的多个工作表、图形和支持信息的集合，便于同时比较和监视各种数据，同时还可以在仪表板上添加筛选器、突出显示等操作，实现关联数据的交互分析和展示。仪表板让使用者能同时比较各种数据。如果有一组每天需要审阅的数据，可以创建一个一次性显示所有视图的仪表板，而不是导航到单独的工作表。以销售业务为例，通常情况下对销售业务相关指标分析的仪表板如图 3 - 19 所示。

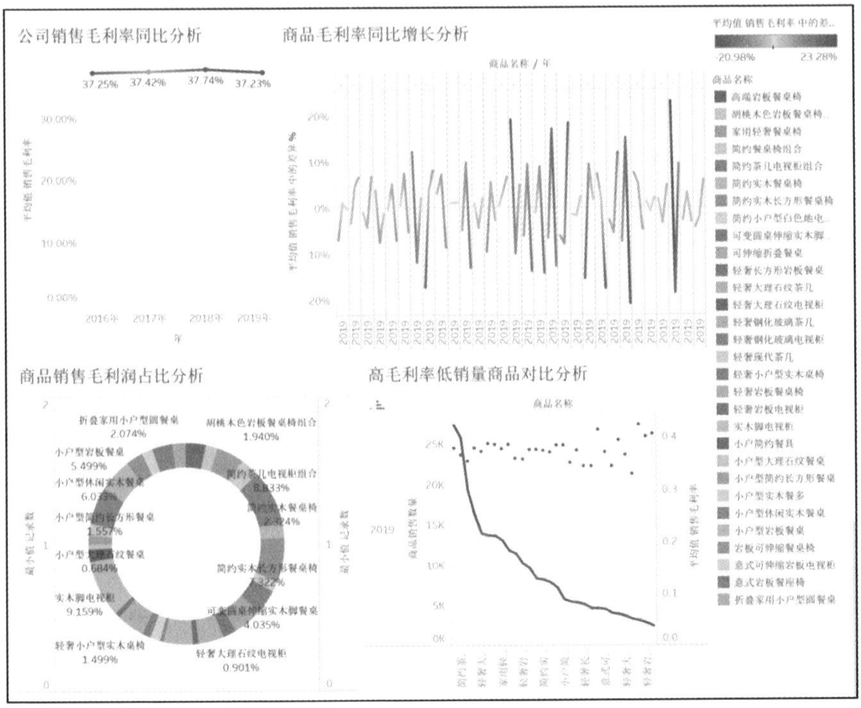

图 3 - 19　仪表板

3.4.5 生成故事

在 Tableau 中，故事是一系列共同作用以传达信息的虚拟化项。通过创建故事来讲述数据，提供上下文，演示决策与结果的关系，或者只是创建一个极具吸引力的案例。一般情况下，故事由两个或两个以上的仪表板组成，故事非常适合叙述从数据中发现的规律。它们和显示面板相似，你可以创建工作表，然后将工作表拖到故事中。但是，每个工作表都单独显示，并且会有按顺序显示的叙述性文字。以销售业务为例，通常情况下对销售业务生成的故事如图 3 - 20 所示。

3.5 Tableau 可视化操作

Tableau 作为一款广受欢迎的数据可视化软件，其最大的特点就是可以通过简单的步骤制作各种类型的图表。本节主要介绍 Tableau 中各类图表的基本制作过程，主要分为初级可视化和高级可视化两部分。初级可视化分析主要包括柱形图、饼图、直方图、折线图、压力图、

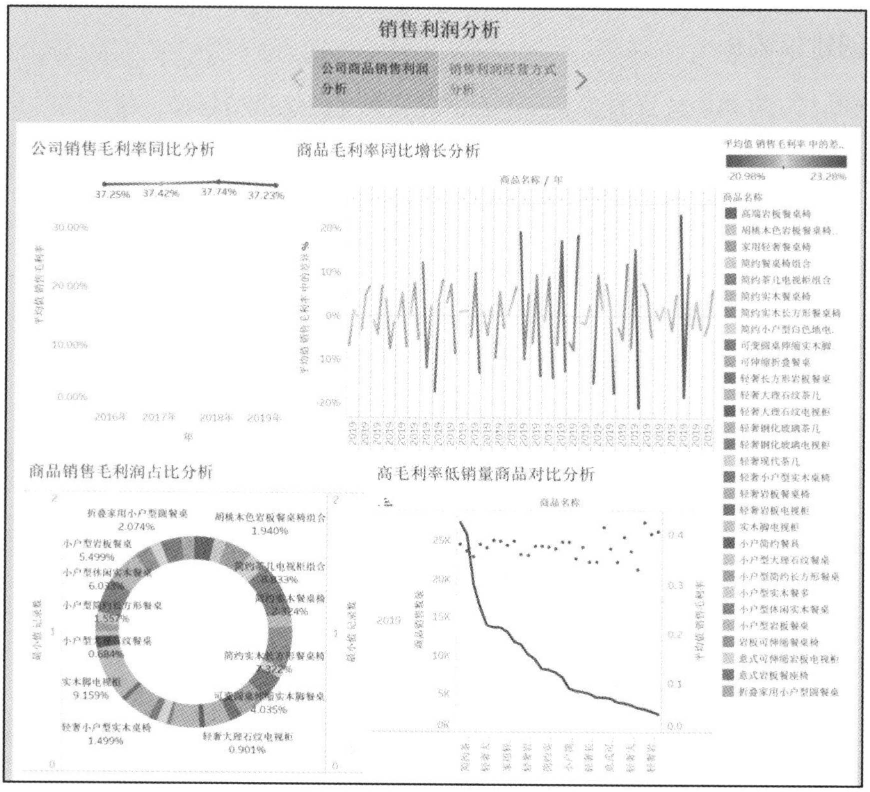

图 3 - 20　故事

树状图、气泡图、圆视图等。在各种基础的图表之上，还有更多内容更丰富、表达更清楚的各类高阶图表，主要包括标靶图、甘特图、文本表、热图、瀑布图、地图、人口金字塔图、雷达图等。

3.5.1　初级可视化

对 Tableau 的数据源和数据角色有了一定的了解后，便可以进行工作表的相关操作。本节主要介绍工作表的创建、复制、删除与导出，以及如何在工作表中创建一些基本的图表。

（1）工作表操作

在 Tableau 中，每个文件都被称为工作簿，其中包含了不同的工作表，而工作表又分为视图（也被称为工作表）、仪表板和故事三种类型。这些工作表都会以标签的形式出现在工作簿底部。

①工作表创建。Tableau 的文件结构与 Excel 类似。每个工作簿可以包含不同类型的工作表，如视图、仪表板和故事。

创建工作表的方法很多，可以根据实际情况选择适当的方法在工作簿中创建多个工作表。

一是通过工作簿底部的“新建工作表”“新建仪表板”或“新建故事”按钮；

二是选择“工作表”→“新建工作表”“仪表板”→“新建仪表板”“故事”→“新建故事”；

三是右键单击工作簿中任何打开的标签，并从菜单中选择“新建工作表”“新建仪表板”或“新建故事”；

四是在工具栏中单击“新建工作表”按钮，通过下拉箭头可以选择“新建工作表”“新建仪表板”或“新建故事”。

②工作表复制。当需要在已有工作表的基础上对数据进行进一步研究时，可以复制工作表。复制后的工作表拥有和原工作表一样的字段和设置。

复制工作表时，右键单击工作表标签，选择“复制”即可完成工作表的复制；若要复制为交叉表，可选择“复制为交叉表”，或在“工作表”中选择“复制为交叉表”。需要注意的是，不能以交叉表的形式来复制仪表板和故事。

③工作表删除。删除工作表时，右键单击工作表标签，选择“删除”即可删除工作表，但一个工作簿中必须至少有一个工作表。需要注意的是，在仪表板或故事中使用的工作表无法删除，但可以隐藏。

④工作表导出。导出工作表时，右键单击工作表标签，选择“导出”，设置好工作表导出后的存储位置以及存储的名称，单击“存储”，即可完成工作表的导出。

（2）图表创建

本部分主要介绍 Tableau 中的各类初级图表，包括柱形图、饼图、直方图、折线图等。

①柱形图。柱形图，又称为条形图，是最常用的图表之一，可以通过比较不同组的柱状长度，从而对比不同组的数据量大小。柱形图可分为垂直条和水平条。在财务领域，柱形图可用于季度财务收支对比、年度项目收入分析等场景，其能够非常直观地呈现不同维度下同类别或同一维度下不同类别数据的对比情况。

②饼图。饼图用于展示不同类别的数据对于总体的占比情况。其中各部分的占比总和为100%。图中每个数据系列具有唯一的颜色或图案，并且在图的图例中表示。在财务领域，饼图可以用于资产结构分析、费用结构分析等场景。

③直方图。直方图是一种统计报告图，由一系列高度不等的纵向条纹或线段表示数据分布的情况，其横轴为对分析类别的分组，横轴宽度表示各组的组距，纵轴代表每级样本数量的多少。在财务领域，直方图可用于呈现不同工资区间的员工人数分布、不同销售收入区间中订单数量分布等场景。

④折线图。折线图是用直线段将各个数据点连接起来而组成的图形，以折线方式显示数据的变化趋势。折线图可以显示随时间而变化的连续数据，因此非常适合显示相等时间间隔的数据趋势。在财务领域，折线图可用于各年份、月份的收支情况对比等场景。

⑤压力图。当数据量较大时，分析人员很难通过基本表的方式获取重要信息，这时可选择使用压力图。压力图，又称热图、热力图，是一种对表格中数字的可视化表示，通过对较大的数字编码为较深的颜色或较大的尺寸，对较小的数字编码为较浅的颜色或较小的尺寸，可以快速地在众多数据中识别异常点或重要数据。

⑥树状图。树状图，也称树形图，是使用一组嵌套矩形来显示数据，同压力图一样，也是一种突出显示异常数据点或重要数据的方法。在财务领域可以凸显出报表中的异常数据，针对异常数据进行进一步分析，可以及时发现企业存在的管理问题。

⑦气泡图。气泡图，本质上来说并不是一种图形类别，确切地说，气泡是一种图标。每个气泡表示维度字段的一个取值，各个气泡的大小及颜色代表了一个或两个度量的值。Tableau 气泡图的特点是具有视觉吸引力，能够以非常直观的方式展示数据。

⑧圆视图。圆视图是气泡图的一种变形，通过给气泡图添加一个相关的维度，按不同的

类别分析气泡并依据度量的大小，将所有气泡有序地排列起来，表现较气泡图更为清晰。圆视图可以帮助数据分析人员快速发现每一类别中的异常点或突出数据。

3.5.2 高级可视化

在 Tableau 中，不仅可以制作简单的工作图表来展示几个数据之间的各种关系，还可以将多个相关的图标一同展示甚至进一步讲述其中的内在逻辑。增强数据可读性是 Tableau 强大功能的体现，接下来将简单介绍如何通过 Tableau 的各种高级操作将数据讲解得更加完美。

（1）表计算

表计算是应用于可视化项中的值的转换。表计算是特殊类型的计算字段，主要用于在 Tableau 中计算本地数据。在计算时，主要依据当前可视化项中的内容，并且不考虑从可视化项中筛选出来的任何度量或维度。Tableau 可以将表计算用于各种用途，包括将值转换为排名、转换值以显示汇总、转换值以显示总额百分比。对于任何 Tableau 可视化项，都有一个由视图中的维度确定的虚拟表。此表与数据源中的表不同。具体来说，虚拟表由“详细信息级别”内的维度来决定，这意味着由 Tableau 工作表中任何工作区或卡的维度来决定。

①寻址和分区。添加表计算时，必须使用详细级别的所有维度进行分区（划定范围）或寻址（定向）。用于定义计算分组方式（执行表计算所针对的数据范围）的维度称为分区字段。系统在每个分区内单独执行表计算。

执行表计算所针对的其余维度称为寻址字段，可确定计算方向。分区字段会将视图拆分成多个子视图（或子表），然后将表计算应用于每个此类分区内的标记。计算移动的方向（例如，在计算汇总或计算值之间的差值过程中）由寻址字段来决定。因此，在从上到下对“表计算”对话框的“特定维度”部分中的字段进行排序时，将通过分区中的各个标记指定计算的移动方向。

当使用“计算依据”选项添加表计算时，Tableau 会根据使用者的选择自动将某些维度确定为寻址维度，将其他维度确定为分区维度。但是，在使用特定维度时，则由使用者来决定哪些维度用于寻址，哪些维度用于分区。

②表计算的维度。在 Tableau 中，表计算的方式、逻辑和维度较为复杂，通过表、区、单元格、特殊维度都可以进行相应的表计算操作，每一种表计算都有其特殊的作用和应用场景，理解并熟练掌握它将对 Tableau 高阶分析打好基础。

表计算有多种类型，从表、区、单元格等都可以进行计算，除了计算范围，还会有类似横穿、向下等计算方式，这里将对每一种表计算进行讲解展示，如表 3-6 所示。

表 3-6　　表计算的计算方式

计算方式	具体定义
表（横穿）	沿表的横轴进行计算，并在每个分区后重新计算
表（向下）	沿表的竖轴向下计算，并在每个分区后重新开始
表（横穿，然后向下）	横穿表的横轴进行计算，然后沿表的竖轴向下计算
表（向下，然后横穿）	先沿表的竖轴向下计算，然后沿表的横轴进行计算
区（向下）	沿整个区向下计算
区（横穿，然后向下）	先横穿整个区进行计算，然后沿区向下计算
区（向下，然后横穿）	先沿整个区向下计算，然后横穿区进行计算

续表

计算方式	具体定义
单元格	在单一单元格内计算
特定维度	仅在指定的维度内计算

只有在【表计算】对话框中选择【特定维度】时，并且在紧接着【计算依据】选项下面的字段中选择多个维度时，即仅当将多个维度定义为寻址字段时，【所在级别】选项才可用。

使用【计算依据】定义表计算时，此选项不可用，因为这些值按位置建立分区。但是对于【特定维度】，因为可视结构和表计算不一定匹配，所以可以使用【所在级别】选项微调计算。

使用此设置根据特定维度在视图中设置断点（也就是计算重启点）。这与仅使用该维度进行分区有何不同？事实上，这是分区，但它是按照位置而不是按照值进行的分区，这是使用【所在级别】选项定义分区的方式。

“所在级别”下拉列表中的可用选项，如表 3 –7 所示。

表 3 –7　　“所在级别”可选表

最深	指定应该按最精细级别执行计算。此为默认选项
订单日期季度	指定应该按季度级别执行计算
订单日期月份	指定应该按月份级别执行计算

（2）创建字段

数据源有时不包含分析所需要的字段（或列）。例如，数据源可能包含带有“Sales”（销售额）和“Profit”（利润）值的字段，但不包括带有“Profit Ratio”（利润率）值的字段。如果是这种情况，可以使用“Sales”（销售额）和“Profit”（利润）字段中的数据为“Profit Ratio”（利润率）创建一个计算字段。

（3）创建参数

参数是工作簿变量，例如数字、日期或字符串，可以替换计算、筛选器或参考行中的常量值。

例如，创建一个在销售额大于 $500000 时返回“True”否则返回“False”的计算字段。可以在公式中使用参数来替换常量值“500000”。然后，可使用参数控件来动态更改计算中的阈值。甚至可以创建一个动态参数，该参数设置为自动刷新其当前值（依据独立于视图的单值计算的结果）、值列表（基于数据源列）或值范围。每次打开工作簿并且 Tableau 连接到参数引用的数据源，或者从数据源的菜单中选择“刷新”时，都会发生这种情况。

可通过在参数动作中使用参数使参数更加动态并更具交互性。参数动作可让受众通过直接与可视化项交互（例如单击或选择标记）来更改参数值。

（4）创建趋势线与参考线

①趋势线。在 Tableau 中，可以通过向可视化项中添加趋势线使图表变化的趋势更加明显易见，存在“线性”“对数”“指数”“多项式”或“幂次”模型类型。

注意：若要向视图添加趋势线，两个轴必须包含一个可解释为数字的字段。

对于多维数据源，数据分层结构实际上包含字符串而不是数字。因此，不允许使用趋势线。此外，所有数据源上的“m/d/yy”和“mmmm yyyy”日期格式都不允许使用趋势线。

如果启用趋势线并以不允许使用趋势线的方式修改视图，则将不显示趋势线。将视图更改回允许趋势线的状态后，趋势线会重新显示。

②参考线。在 Tableau 中，可以通过向可视化项中添加参考线使数据更具参考标准，帮助使用者更好地理解图表的数据。添加参考线时 Tableau 将显示可能的目标，选择范围因类型和当前视图而异。可以从“值”字段中选择一个连续字段用作参考线的基础。除此之外，还可以选择参数。不能选择当前不在视图中的连续字段作为参考线的基础。也可以选择一个聚合。显示的聚合取决于选择的连续字段，包括合计、总计、常量、最小值、最大值、平均值和中位等聚合方式。

（5）聚合计算

聚合函数是 Tableau 用于数据计算分析的工具，且其允许进行汇总或更改数据的粒度聚合和浮点算法。聚合函数可以进行汇总或更改数据的粒度。例如，如果想要准确知道某公司在特定年度有多少订单，可以使用 COUNTD 函数对公司具体的准确订单数进行汇总，然后按年对可视化项进行细分。聚合函数主要包括：ATTR、AVG、COUNT、COUNTD、MAX、MEDIAN、MIN、PERCENTILE，函数的名称及具体含义如表 3－8 所示。

表 3－8　　逻辑函数表

函数名	含义
ATTR	如果所有行都有一个值，就返回该表达式的值，否则会返回 *。该函数忽略 Null
AVG	返回表达式中所有值的平均值
COUNT	返回组中的项目数
COUNTD	返回组中不同项目的数量
MAX	返回表达式在所有记录中的最大值
MEDIAN	返回表达式在所有记录中的中位数
MIN	返回表达式在所有记录中的最小值
PERCENTILE	从给定表达式返回与指定数字对应的百分位的值。percentile（expression，num）

（6）图表创建

①标靶图。又称为子弹图，从其本质上来说，它是条形图的一种变形。标靶图主要是用来追踪任务的实际执行与预设目标的对比情况。如图 3－21 所示。

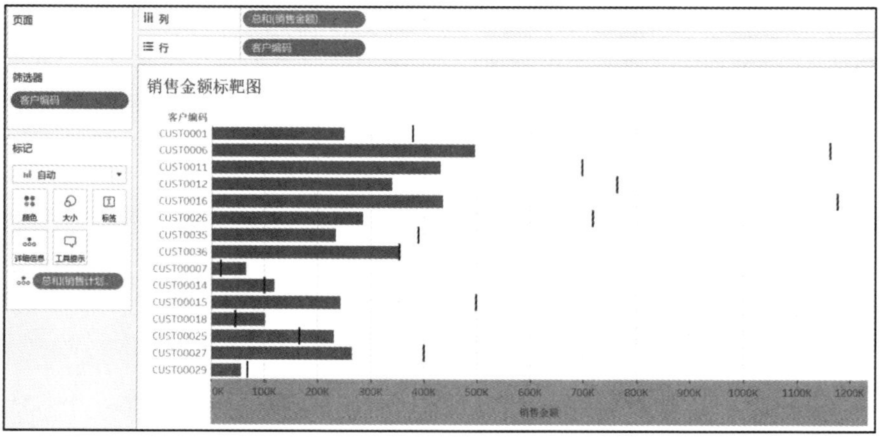

图 3－21　销售金额标靶图

②甘特图。又称横道图，是以图示的方式通过活动列表和时间刻度形象地表示出任何特定项目的活动顺序和持续时间。甘特图的横轴表示时间，纵轴表示活动，线条表示在整个期间内该活动或项目的持续时间，因此可以用来比较与日期相关的不同活动的持续时间长短。甘特图也常用于显示不同任务之间的依赖关系，并被普遍用于项目管理中。如图 3 – 22 所示。

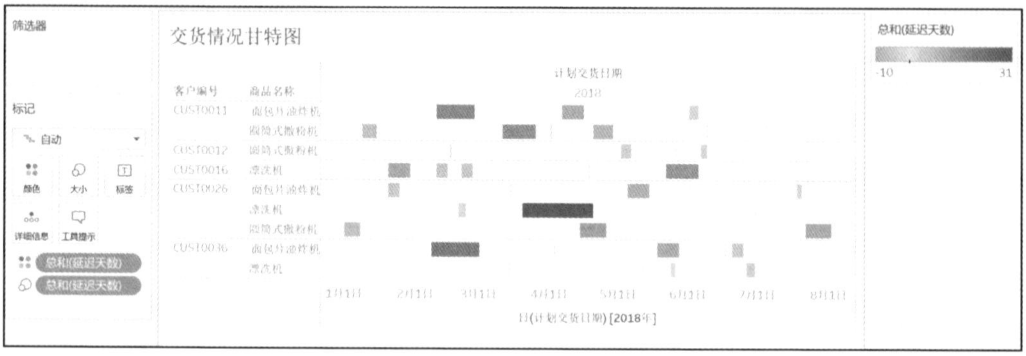

图 3 – 22　交货情况甘特图

③文本表。又称作基本表、交叉表，是一种表格型的数据可视化的方式。文本表是一种最为直观的数据表现方式，在数据分析中具有不可忽视的作用。表格可以代替冗长的文字叙述，便于计算、分析和对比。但表格的缺点是不够形象，当表格中数据量较大时，分析人员很难快速定位到所需信息。如图 3 – 23 所示。

销售数据基本表

业务日期 年	业务日期 个..	业务日期 月	销售数量	销售金额
2019	1季	一月	2513	56034225
		二月	2036	45829599
		三月	3087	68931763
	2季	四月	2622	57162008
		五月	2473	54033367
		六月	2617	57099618
	3季	七月	2676	58370108
		八月	2402	52350688
		九月	2295	50630240
	4季	十月	2787	60841371
		十一月	2680	58610459
		十二月	2570	56341966
总和			30758	676235413

图 3 – 23　销售数据基本表

④瀑布图。瀑布图是将绝对值与相对值结合使用，能很好地表现出数据的增减变化或差异，反映数据的多少及变化情况，比柱状图能展现更多维度，在财务业务范围中，适合用来展示阶段性的数据变化，如新客户的发展情况、不同商品月份维度的销售量分析等。如图3 – 24 所示。

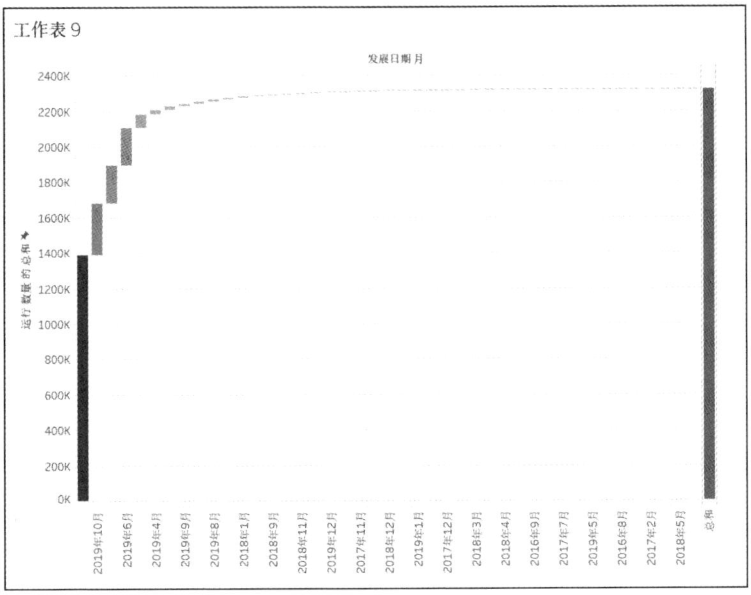

图 3－24　瀑布图效果

⑤雷达图。又称为蜘蛛网图，雷达图的优势是能够表达多个指标的对比情况。当我们需要做多维度对比分析时，雷达图是个不错的选择。在财务领域，其适合在项目选择时使用，例如，不同类产品选择、供应商选择等。如图 3－25 所示。

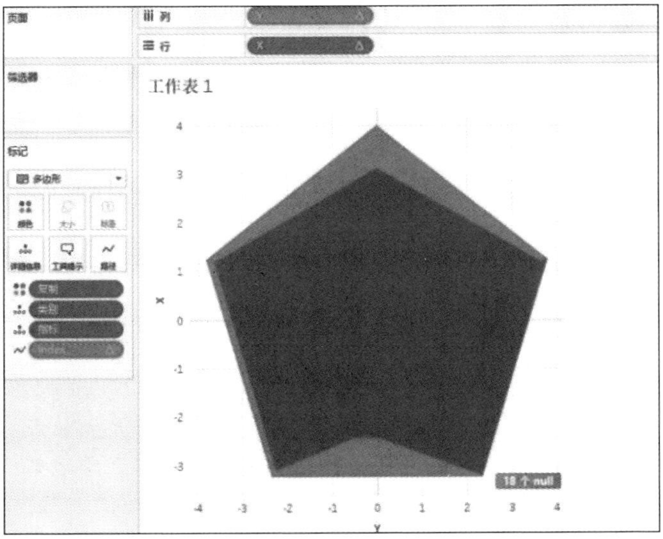

图 3－25　雷达图

⑥人口金字塔图。人口金字塔图能直接看到人数在年龄上的分布，以及性别对比。适用于有年龄和性别的数据。在此以“中国各年龄段性别及数量分布”为例介绍制作人口金字塔图的流程。将度量中的“男性人数”“女性人数”用鼠标拖入列，再点击工具栏的升序；右键图中女性横轴选择编辑轴、再选择倒叙，效果如图 3－26 所示。

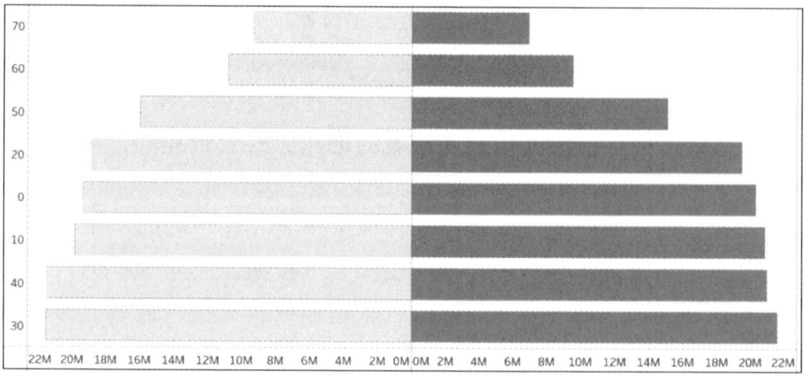

图 3-26　人口金字塔图效果

3.6　仪表板与故事

3.6.1　仪表板

在将数据处理成图表之后，可以将成果整合为一张或多张仪表板，使各个分离的有一定相关的图表能直观地展现其内在关系。通过将仪表板整合为故事，可以有条理地讲述数据之间的某些分析结果。

（1）仪表板简介

仪表板像工作表一样，可以通过工作簿底部的标签访问仪表板。工作表和仪表板中的数据是相连的；当修改工作表时，包含该工作表的任何仪表板也会更改，反之亦然。工作表和仪表板都会随着数据源中的最新可用数据一起更新。仪表板界面大体可分为三个部分，分别为视图区、仪表板窗口、布局窗口，如图 3-27 所示。

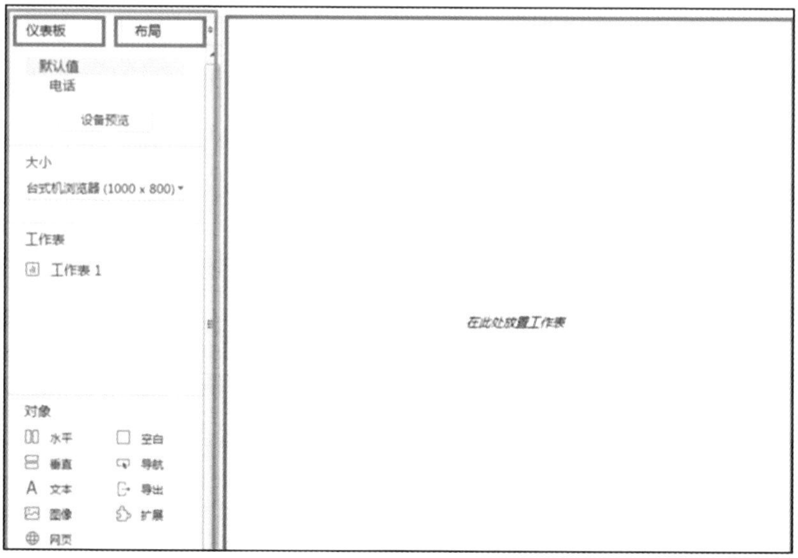

图 3-27　仪表板界面

仪表板窗口包括设置“大小”“工作表”区、“对象”、布局方式等内容。

布局窗口包括设置“位置”“边界”“背景”“边距”等内容。

(2）仪表板操作

①新建布局。仪表板的创建方式与新工作表的创建方式大致相同，在工作簿的底部，单击“新建仪表板”图标。

若要替换工作表，请在右侧的仪表板中选择该工作表。在左侧的“工作表”列表中，将鼠标光标悬停在替换工作表上，并单击“交换工作表”按钮。

②添加内容并调整格式。将所需要的工作表从左侧依次拖拽入放置区域，通过位置的调整、图像大小调整、设置标注的格式等，可以使仪表板更利于使用。

③添加交互操作。Tableau 可以通过添加交互操作向数据中添加上下文和交互性。使用者通过选择标记、悬停鼠标指针或单击菜单与可视化项交互，而设置的动作可以使用导航和视图中的变化来进行响应。例如，在显示周边地区房屋销售情况的仪表板中，可使用动作来显示所选周边地区的相关信息。在一个视图中选择一个周边地区可触发动作，该动作突出显示地图视图中相关的房屋，筛选出售出房屋列表，并打开一个显示该周边地区人口普查数据的外部网页。

以下是使用不同类型的交互操作方式，如表 3－9 所示：

表 3－9　　“所在级别”可选表

交互操作方式	详细描述
筛选器	使用一个视图中的数据来筛选另一个视图中的数据，从而帮助引导分析
突出显示	通过为特定标记着色，灰显其他所有标记，引起对感兴趣的标记的注意
转到 URL	创建指向外部资源（例如网页、文本或另一个 Tableau 工作表）的超链接
转到工作表	简化导航到其他工作表、仪表板或故事的操作
更改参数	使用户能够通过直接与可视化项上的标记交互来更改参数值
更改集值	使用户能够通过直接与可视化项上的标记交互来更改集中的值

3.6.2　故事

故事是一个包含一系列共同作用以传达信息的工作表或仪表板的工作表。类似于一个 Tableau 版的 PPT 展示，用来向数据使用者、接收者流畅地展示你的图表和分析过程。

使用故事可揭示各种事实之间的关系以及演示决策与结果的关系，从而使案例更具吸引力。每个故事点可基于其他视图或仪表板，或者整个故事可基于在不同阶段显示、具有不同筛选器和注释的同一可视化项。

故事非常适合叙述从数据中发现的规律。它们和显示面板相似，使用者可以创建工作表，然后将工作表拖到故事中。但是，每个工作表都单独显示，并且会有按顺序显示的叙述性文字，这使使用者可以按照一定的想法去演示故事，展现数据蕴含的故事。

第 4 章　商业数据分析报告

4.1　什么是商业数据分析报告

商业数据分析报告是根据商业数据分析原理和方法，运用数据来反映、研究和分析事物的现状、问题、原因、本质和规律，并得出结论，提出解决办法的一种分析应用文体。这种文体是决策者认识事物、了解事物、掌握信息、搜集相关信息的主要工具之一，商业数据分析报告通过对事物数据全方位的科学分析来评估其环境及发展情况，为决策者提供科学、严谨的依据，以达到降低风险的目的。

商业数据分析报告实质上是一种沟通与交流的形式，主要目的在于将分析结果、可行性建议以及其他有价值的信息传递给管理人员。它需要对数据进行适当的包装，让阅读者能对结果做出正确的理解与判断，并可以根据其做出有针对性、操作性、战略性的决策。一篇好的商业数据分析报告，一般要有分析背景、分析目的、分析思路、分析内容、结论与建议等内容。

4.2　商业数据分析报告的设计原则

商业数据分析报告的设计应遵循规范性、逻辑性、谨慎性、可读性四大原则。

4.2.1　规范性

商业数据分析报告中所使用的名词术语一定要规范，标准统一，要与业内公认的术语一致，如使用“聚类分析”而不是“差异和相似性分析”。同时，在报告中，指代相同内容的用语要统一，不能报告前面使用的是“商业智能”，后面使用的是“Business Intelligence”，虽然语义相同，但是形式不统一。

4.2.2　逻辑性

商业数据分析报告是一项系统性工程，前后内容的衔接应逻辑缜密、经得起推敲，逻辑性强的分析报告也容易让人接受。通常要遵照“发现问题——总结问题原因——解决问题”这样一个思路，通过有条理、实事求是的分析过程，推导出“站得住脚”的结论。

4.2.3　谨慎性

商业数据分析报告的编制过程一定要谨慎，基础数据必须真实、完整，分析过程必须科学、合理、全面，分析结果要可靠，内容要实事求是。同时，还应注意用词的准确性，不要创造太多难懂的词汇。

4.2.4 可读性

商业数据分析报告在构建时应考虑目标受众的需求和专业知识水平。考虑受众会如何"阅读"分析报告，充分利用理想视觉位置，限制视图和颜色数量，增强商业数据分析报告的可读性，使分析报告可快速向受众告知他们所需的信息。

4.3 商业数据分析报告的作用

商业数据分析以生成商业数据分析报告为最终成果，商业数据分析报告的作用包括展示分析结果、验证分析质量、提供决策参考三大方面。

4.3.1 展示分析结果

商业数据分析报告以某一种特定的形式将数据分析结果清晰地展示给阅读者，可以让数据信息一目了然地展现在眼前，节省时间，使他们能够迅速理解、分析、研究问题的基本情况、结论与建议等内容。

4.3.2 验证分析质量

商业数据分析报告可以验证分析质量。一份好的数据分析报告需要有一个好的分析框架，结构清晰、主次分明，可以使阅读者正确理解报告内容；图文并茂，可以令数据更加生动活泼，提高视觉冲击力，有助于阅读者更形象、直观地看清楚问题和结论，从而产生思考。

4.3.3 提供决策参考

大部分商业数据分析报告都是具有时效性的，虽然大部分决策者（尤其是高层管理人员）没有时间去通篇阅读，但是在决策过程中，报告的结论与建议或其他相关章节将会被重点阅读，并根据结果辅助其最终决策。所以，商业数据分析报告是决策者二手数据的重要来源之一。

4.4 商业数据分析报告的种类

由于商业数据分析的对象、内容、时间、方法等不同，因而存在着不同形式的报告类型。常用的商业数据分析报告有专题分析报告、综合分析报告和日常数据通报。

4.4.1 专题分析报告

专题分析报告是对社会经济现象的某一方面或某一个问题进行专门研究的一种商业数据分析报告，它的主要作用是为决策者制定某项政策、解决某个问题提供决策参考和依据。专题分析报告具有单一性和深入性两个特点。

4.4.2 综合分析报告

综合分析报告是全面评价一个地区、单位、部门业务或其他方面发展情况的一种商业数据分析报告。例如，世界人口发展报告、全国经济发展报告、某企业运营分析报告等，其具有全面性和联系性两个特征。

4.4.3 日常数据通报

日常数据通报是以定期数据分析报表为依据，反映计划执行情况，并分析影响和形成原因的一种商业数据分析报告。这种报告一般是按日、周、月、季、年等时间阶段定期进行，所以也叫定期分析报告。其具有规范性、时效性和进度性三个特点。

对大多数公司而言，这些报告主要通过 Word、Excel 和 PowerPoint 等软件来表现。这三种软件各有优劣势，具体内容如表 4－1 所示。

表 4－1 商业数据分析报告形式

项目	Word	Excel	PPT
优势	易于排版，可打印装订成册	含有动态图表，结果可实时更新、交互性强	可加入丰富的元素、展示效果较好
劣势	缺乏交互性、不适合演示汇报	不适合演示汇报	不适合大篇文字
适用范围	综合分析报告、专题分析报告、日常数据通报	日常数据通报	综合分析报告、专题分析报告

4.5 商业数据分析报告的结构

商业数据分析报告的结构总体上包括标题页、目录、摘要、正文和结论与建议五部分。

4.5.1 标题页

商业数据分析报告的标题页由标题、时间和撰写人三部分组成。一般情况下，商业数据分析报告的标题页也是商业数据分析报告纸质版的封面，所以，标题应当包含的内容非常明确，分析对象和分析内容应当包含在内。例如，蛮先进公司 2019 年度销售情况数据分析报告、2018—2019 年蛮先进公司财务情况分析报告、商业数据分析报告—蛮先进公司 2020 年第一季度采购情况。

标题下方，在撰写人上方的位置应当标注日期，也就是报告生成的日期，这是非常重要的，首先可以说明报告于何时撰写；其次，突出该报告是否有时效性的问题，如果有报告的版本迭代问题，日期时间是很好的说明。撰写人的标注一方面是方便阅读报告的人去沟通，另一方面是对报告真实性负责，商业数据分析报告的标题页如图 4－1 所示。

4.5.2 目录

目录可以帮助读者快捷方便地找到所需要的内容，因此，要在目录中列出报告主要章节的名称。对于比较重要的二级目录，也可以将其列出来。目录可以按照一级标题和重要的二级标题列示，在商业数据分析报告中还可以其他形式出现，那就是按照报告目录和图表目录的形式分别描述。

商业数据分析报告目录通常由摘要标题、正文标题和结论与建议标题组成，正文包含了比较重要的二级标题，例如，分析背景、分析目的、分析思路、分析内容等。图表目录是由

图 4－1　商业数据分析报告标题页

图表的标注组成，并不是所有的图表都需要放在报告里，报告里的图表是对结论有支撑作用的图表。

4.5.3　摘要

摘要又称概要、内容提要，意思是摘录要点或摘录下来的要点。摘要是以提供文献内容梗概为目的，不加评论和补充解释，简明、确切地记述文献重要内容的短文。其基本要素包括目的、方法、结果和结论。具体地讲就是商业数据分析的主要对象和范围，采用的手段和方法，得出的结果和重要的结论，有时也包括具有情报价值的其他重要的信息。

商业数据分析报告的摘要部分，主要是让读者尽快了解报告的主要内容，以补充标题的不足；此外，大量的商业数据分析报告中，摘要是读者检索主题的工具之一。

4.5.4　正文

正文是数据分析报告的核心部分，它将系统全面地表述数据分析的过程与结果。正文是报告最长的主体部分，包含数据分析实施过程和观点，各部分具有很强的逻辑关系。

正文一般包括分析背景、分析目的、分析思路和分析内容。

（1）分析背景

分析背景是分析报告或分析的主题所处背景，通常是让读者了解分析对象所在环境的文字、图表概述。在分析报告的标题和摘要里能够简要得到分析报告的目的和分析原因，但是这种简单的表达并不能帮助分析报告得出正确的结论，分析背景的存在通常起到铺垫的作用，在最后的建议与结论部分，能够给出有效的建议。分析背景方法包括访谈法、问卷法、文献法、电子媒体收集法、观察法、实验法。

分析背景通常包括分析对象基本情况、所在行业基本情况与问题痛点等。以销售基本业务为例，在写某公司销售基本业务的分析背景时，先介绍该公司的基本情况，例如，公司的组织架构、销售产品类型和商品价格等。再根据收集到的资料描述行业基本情况，例如，公司的供应商与经销商、竞争公司情况等。最后根据分析报告的主题，描述目前公司销售基本业务可能存在的问题，例如，商品利润率较低、进货成本过高等。

（2）分析目的

分析目的是数据分析报告所达到的一种结果。数据分析是为了发现并解决某些业务中遇到的问题，驱动业务实现增长。根据想要解决的问题类型，数据分析的目的大概包含分析现状、分析原因和预测未来。分析现状是我们数据分析的基本目的，通常包括自身的现状和分析竞争对手的现状。分析原因是基于某一现状的变化，找出原因和解决办法。预测未来是预测变化趋势，以实现数据驱动业务增长。

同样以销售基本业务为例，销售数据的分析目的可以是了解新产品的销售情况、分析供应商价格情况；可以是分析产品成本变化的主要原因、分析供应商原料价格变动的原因；也可以是预测新产品的销售趋势和销量。分析目的的原因最终都归结于实现业务的增长，销售业务就是达成销量增加与成本降低的目的。

（3）分析思路

分析思路是让读者准确接收数据分析报告信息的重要体现，在制作报告时，框架和思路要清晰。分析思路有流程、分类、对比、关联、层级和优化，这些思路可以在分析报告中单独使用，也可以结合起来使用，复杂的分析报告中的分析思路经常将这些思路结合使用，业务的复杂性让单一的分析思路有时候不能达到分析目的的要求。

流程思路是根据业务流程的步骤进行数据分析，常用的分析范式有 SEMMA 范式和 CRISP－DM。分类思路是根据数据主体、属性等数据结果进行数据分析，分类的方法有二分法、并列分类、等级分类和矩阵象限等。对比思路是找参照点来发现数据量之间的差异，有横向对比、纵向对比等。关联思路强调的是数据指标应当由“点”到“面”，有同时关联和延时关联。层级思路是结构化、系统化的思维，对影响因素自上而下地拆解和自下而上地组合。优化思路是通过寻找解决方案来达成并超越目标。

（4）分析内容

分析内容是根据分析框架而展开的详细内容。在分析思路阶段会有数据指标的构建，那么分析内容阶段就是将指标构建的过程具体化，并且赋予指标数据结果。另外，商业数据分析内容根据业务需求有所侧重，大致分为描述性分析、优化业务和战略规划。

描述性分析方式有数据可视化、PPT 报告和数据认知，通过描述性分析达到清晰展示、准确决策的目的，这些方式方便读者在短时间内吸收大量的信息。优化业务通过业务洞察、精准营销和用户画像三种形式达成，帮助组织识别机遇和规划转型路径。战略规划有行业分析、趋势预测与数据挖掘三类方式，这些分析内容结合使用，综合起来达到数据分析的目的。

4.5.5 结论与建议

数据分析报告的结论就是对报告中每个论点得到的分析结论进行整理归纳。结论的取得必须是论点的完整性和准确性，足以取得结论，否则，数据本身的混杂性会对结论造成误差。建议就是根据结论，提出针对性的建议。对于好的结论，可以说怎么可以做得更好或者保持；对于不好的结论，提出如何改进；在此基础上，也可另外写出其他相关的建议。建议的基础是已有的数据，可以是基于描述性分析的结论，也可以是在分析内容阶段做出的战略规划延伸。

第二部分

基本情况数据分析

第 5 章　蚕先进案例企业介绍

5.1　企业概况

从走出校园开始，每个人的手机里都有几个在工作日里固定时间响起的闹钟。刚毕业两年的罗婷匀也不例外，她每天甚至需要 5 个闹钟轮替响起，才能把她从睡梦里唤醒。

还没等浮肿的脸开始消肿，她已经坐在化妆桌前开始化妆，刚轻轻涂完防晒霜，这边手机就开始响起。"宝贝，起床了吗？吃早饭没啊？"罗婷匀的妈妈就爱早上给罗婷匀打电话，因为每次等到罗婷匀下班，基本都是妈妈睡觉的时间了。

"刚起，还没睡醒，一会儿下楼买个饼吃。"罗婷匀边涂抹隔离，边打哈欠。

"哎呦乖乖，昨天又熬夜加班了吗？宝，你都工作这么久了，也没有和我仔细讲讲你们公司，也没有和我说过你的那些同事哎。"罗妈也很是心疼，自从女儿毕业工作，母女俩都没怎么好好聊过天。

"妈，你就放心吧，我现在工作特别好，除了比较忙没有别的，同事都挺好的，马上我也要去新的部门了，只不过还没有出通知。"可能是早上刚起床没有思考工作的原因，罗婷匀说话格外有耐心。

罗妈也顺着她话问下去，"为什么要换部门啊，我听说隔壁王阿姨的女儿也去你们公司，在生产车间，她也跟你一样累吗？"

"换部门是我争取的，嘻嘻嘻，等通知结果出来的话我再和你细讲，总之是我想去的部门，能学到很多知识呢。对了，前几天我在公司见到了王阿姨的女儿，我们公司主要是智能制造公司，这些生产啊基础业务还是有的，车间那里就是生产一些机械产品、大型设备这些，还有一起其他产业的子公司，规模还挺大。"罗婷匀边说边伸手去拿散粉刷，化妆的最后一步，她就可以出门了。

"宝，你呢，你不在车间，你是不是比她轻松。"罗妈连忙问她，长辈在一起讨论子女的这些工作，总喜欢攀比。

“我不在车间，我的工作就是在财务部门，负责一些智能核算的事情，主要面对的就是一些数据，信息化软件这些，通过数据来改善业务发展。”罗婷匀犹豫了一下，感觉这个要解释很久，就低头开始找手机，“妈，我给你发个文档，你可以了解一下我们公司嗷。我准备出门啦。”

“好，好，宝你去吧，注意安全啊。”罗妈边说边打开她发来的文档。

5.1.1 公司简介

蛮先进食品机械制造集团有限公司（以下简称蛮先进集团）位于美丽的山城——重庆，是一家专业生产油炸机、油炸流水线、膨化机、输送机等不锈钢食品机械，集科研、制造、销售、售后于一体的企业，其旗下拥有蛮有理、蛮有效、蛮干净等10余家子公司，业务涵盖保险销售、汽车销售、房地产建造等多行业业务。

蛮先进集团汇聚一批具有丰富行业经验的专业人才，公司设有销售部、采购部、生产部以及行政部，共有30余名员工，其总经理程总拥有一流大学计算机硕士学历背景，一直秉承依托科技创新，将公司打造成为集智能化、自动化为一体的行业领先企业。

蛮先进集团连同其子公司与皇家理工大学携手合作，将RPA技术应用到销售数据、退货数据和财务数据等数据分析中，凭借先进的经营理念和技术优势，不断提升企业的技术水准，增强了企业的市场竞争力和综合实力。蛮先进集团致力于打造全方位智能一体化的制造型企业，蛮先进集团的使命是让数据驱动业务，造福全行业乃至全社会。

蛮先进集团的组织架构如图5-1所示。

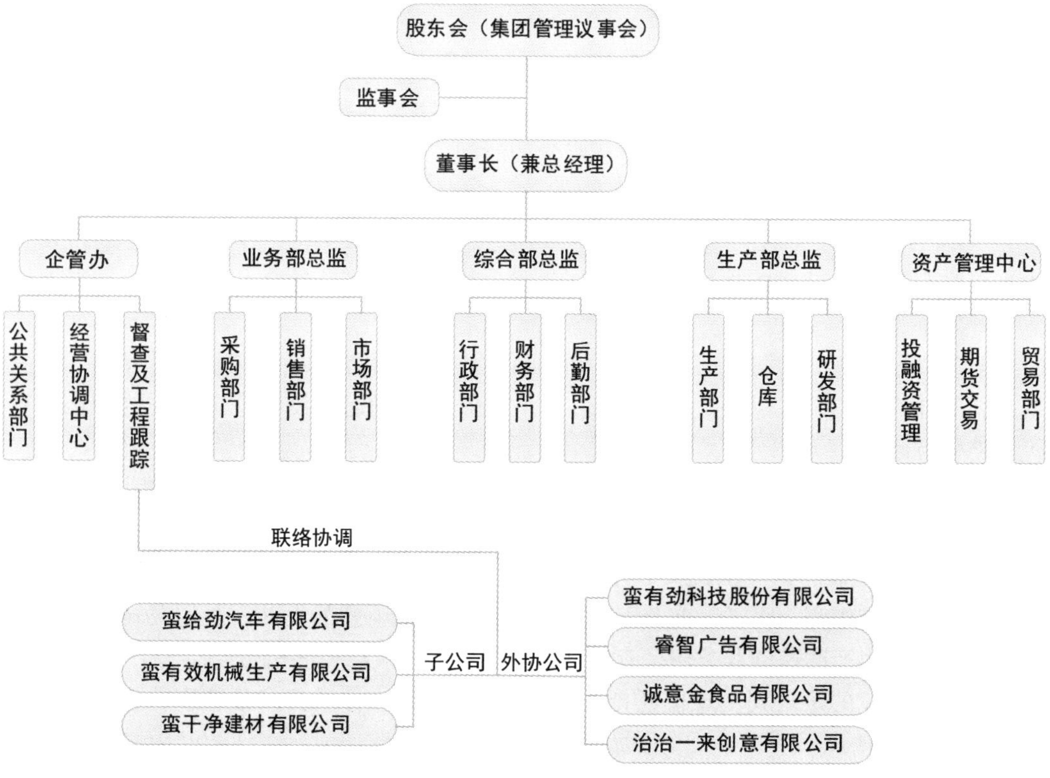

图5-1 蛮先进集团组织架构

5.1.2 业务情况

蛮先进集团的主要经营活动为生产和销售大型机械设备，包括大型机械设备的零部件等，从采购到生产到销售，蛮先进集团都有独立的业务部门。除此之外，蛮先进集团有独立的财务核算中心，马上成立新的部门——商业数据分析部门。在公司成立初期，蛮先进集团没有现在的规模这么大，是只有几十个人的小工厂，但是自从程平担任财务总监以来，要求所有业务由数据驱动，切实从数据抓起，保证业务的有效改进。

5.2 商业数据分析工作

在蛮先进集团内部，从有传闻成立商业数据分析部到正式成立该部门，所有的员工都在好奇这是一个什么样的部门，每层楼的茶水间，讨论的话题都是围绕这个神秘的部门展开。直到公司正式官宣该部门的成立和团队成员，大家才停止对这件事的讨论，伴随的也是一片羡慕，该部门的工作定位和团队成员都是高配，这样的一个部门提供的工作成果的价值也被其他人无限放大。

5.2.1 工作定位

虽然蛮先进集团的商业数据分析部门成立不久，但是该部门的工作定位十分清晰，他们希望与业务团队加强协同，通过数据指导产品销售预测、库存管理等多个场景应用，建立包括供应链、质控、客户体验等在内的多场景指标体系，及时发现业务问题与发展机会。结合业务损益数据，推动各项专项分析，深入协同推动分析方案落地，监控方案整体落地情况。根据商业数据分析的结果，与各相关业务部门数据团队高效配合，推动与优化问题解决，提高业务整体数据使用效率。

商业数据分析部主要任务是完成部门各项经营分析工作，包括但不限于用户分析、损益分析、成本分析及费用分析。针对业务的需求或特点，通过数据分析找到各项业务及品类的突破点。

5.2.2 分析师团队

蛮先进集团本部有两个商业数据分析团队，分别是“蛮天过海”和“你蛮我蛮”，由张菁和常吉担任团队负责人。每个团队都有高级数据分析师、中级数据分析师和初级数据分析师，另外每个团队都有一个实习生，就是新人小白，没有接触过商业数据分析，希望通过参与项目，实习生能够顺利“升级打怪”，学会商业数据分析的知识并灵活应用。商业数据分析团队成员姓名和级别如表 5 - 1 和表 5 - 2 所示。

表 5 - 1　　蛮天过海团队成员

团队名称	蛮天过海					
姓名	李天臣	杨双	晏露	罗婷匀	谭智杰	家桐
级别	高级	中级	中级	初级	初级	实习生

表 5 – 2　　　　你蛮我蛮团队成员

团队名称	你蛮我蛮					
姓名	谢佳芯	柳婷	徐丹青	汤远萍	何家钰	子轩
级别	高级	中级	中级	初级	初级	实习生

分析师团队成员介绍如表 5 – 3 所示。

表 5 – 3　　　　分析师团队成员介绍

成员	级别	介绍	
张菁	RPA 高级工程师	入职蛮先进公司 5 年，进入数字化赋能中心之前，在销售部门担任销售总监 2 年，和供应商打交道比较多，市场上已有的供应商她都了解，公司的同事都亲切称呼她为“菁总”	
常吉	RPA 高级工程师	入职蛮先进公司 6 年，进入数字化赋能中心之前，在财务部担任财务总监 2 年，其手下的员工也很出色。进入商业数据分析团队后，她把之前手下优秀的员工带进来一同做商业数据分析	
李天臣	高级分析师	入职蛮先进公司 4 年，之前在车间工作 2 年，他本科学习的内容有信息化的基础，这次特意申请加入项目组，原因是不想听车间阿姨们的八卦	
谢佳芯	高级分析师	入职蛮先进公司 4 年，这 4 年来她看着与她共进退的同事发展得越来越好，常吉推荐她进入商业数据分析团队	
杨双	中级分析师	入职蛮先进公司 3 年，之前是一名销售人员，她是历年的销售冠军，客户的信息她更是了如指掌，对于销售业务的分析，她这次带上她的部门同事一起完成	
柳婷	中级分析师	入职蛮先进公司 3 年，她本科的专业是信息技术，研究生的方向是智能会计，平时和同事的关系最融洽，在公司她认识的人最多，平常下班也是各种酒局	
晏露	中级分析师	入职蛮先进公司 3 年，大学的时候她就开始学习各种各样的技术，动手能力非常强，她手下还有很多徒弟拜她为师。最近她在学习商业数据分析的知识，张菁特意推荐她作为技术指导	
徐丹青	中级分析师	入职蛮先进公司 3 年，之前是总经理秘书，虽然只有三年的时间，但是凭借她在总经理身边的工作，对公司的了解和业务的处理一点都不亚于一个财务总监，这也是常吉推荐她进入商业数据分析团队的主要原因	

续表

成员	级别	介绍	
罗婷匀	初级分析师	入职蛮先进公司2年，她是整个团队入职时间最短的一个成员，也是整个团队年龄最小的，是一名00后，但是在张菁的带领下，她现在的经验十分丰富，她的计算机技术是张菁重用她的关键	
汤远萍	初级分析师	入职蛮先进公司2年，这次主要是跟着项目组来积累经验。这种锻炼机会对她来说可遇不可求，最近也是经常在深夜进出办公大楼	
谭智杰	初级分析师	入职蛮先进公司1年，之前主要是负责管理仓库和出口商品，虽然这个岗位没有技术要求，但是考虑到商业数据分析团队需要一个跑得快的男生收交资料，况且凭借他的人缘，平时能够给团队带来快乐，所以将他纳入项目组	
何家钰	初级分析师	入职蛮先进公司1年，他是某理工大学的学生，在RPA方面有着非常过硬的技术，在进公司的面试中，他向招聘者展示过他做的机器人	
家桐	实习生	会计信息化专业，某理工大学毕业的实习生，刚入职公司从事商业数据分析工作	
子轩	实习生	会计信息化专业，某理工大学毕业的实习生，刚入职公司从事商业数据分析工作	

5.3 商业数据分析准备

在进行商业数据分析时，除了有商业数据分析师之外，还需要做好数据的准备工作，这些数据来自各个方面。

5.3.1 数据源

在进行商业数据分析时，首先需要解决的就是数据源问题，数据决定了分析的质量与价值。商业数据主要分为内部数据和外部数据两大类。

（1）内部数据

内部数据是指企业直接能够获取的数据。公司内部数据包括财务数据、运营数据、网站流量数据、销售数据与后台数据等，总而言之，一切通过和其他部门配合可以得到的数据都可以归为此类。商业数据分析师应该在平常的工作中与各个部门建立良好的关系，配合好各个部门的工作，这样在开展工作的时候才能争取到来自内部同事的数据支持。其中有一点需要特别注意，网站后台统计数据通常要依靠技术部门的工作人员协助导出，如果是产品线众多的大型互联网企业，想要获得不同产品的相关数据，往往需要和几个部门的技术同事协作。技术部门往往承担了互联网企业中任务最重的一部分工作，因此在向技术同事额外提出导出数据的需求之前，作为分析师应该先把所需数据的种类、涵盖时间段、导出格式等要求都整理好。

内部数据可以从企业内部的各个部门获取，包括 ERP 系统、财务系统、OA 系统、网站管理系统、产品采购和管理系统、客户服务管理系统、仓储管理系统等。从企业内部系统获取的各种业务资料，包括与业务经营活动有关的各种单据、记录；经营活动中的各种统计报表；各种财务、会计核算和分析资料。

（2）外部数据

外部数据通常是经加工整理后获得的数据，主要是指从企业内部无法获取的数据，比如同行业的相关数据。外部数据可以从以下渠道获取：

①国家统计部门和各级政府部门公布的有关资料：定期发布的统计公报、定期出版的各类统计年鉴；

②非官方的各类经济信息中心、信息咨询机构、专业调查机构（如：证券研报、行业协会和联合会）提供的市场信息和行业发展的数据情报；

③各类专业期刊、报纸、图书所提供的文献资料；

④各种会议（如博览会、展销会、交易会以及专业性、学术性研讨会）上交流的有关资料；

⑤从互联网、图书馆查阅到的相关资料。

5.3.2 数据表

本书中的 RPA 商业数据分析案例包括企业信息、供应商选择、商品采购、销售收入、销售退货、客户信用、期间费用、财务凭证、财务报表方面，涉及的相关数据表如表 5－4 所示。

表 5－4　RPA 商业数据分析数据表汇总

主题	案例	数据表	主要内容
企业基本情况与分析	企业信息	公司基本信息表	股票代码、年度区间、公司简称、注册地、公司全称、公司法人、注册资本
		公司行业分类表	股票代码、年度区间、行业名称、行业代码
		利润表	股票代码、会计期间、营业总收入、利润总额、净利润
		资产负债表	股票代码、会计期间、资产总计、所有者权益合计
购销存业务数据分析	供应商选择	供应商基本信息表	供应商编码、供应商名称、注册资金、注册地址、合作时间
		供应商信用得分表	等级编码、资质情况得分、财务情况得分、交易情况得分、供应商信用得分
		供应商履约情况表	供应商编码、发货间隔时间、合同履约率
		供应商主要产品信息表	物料编码、供应商编码、物料名称、单价、计量单位
		采购记录表	采购编码、采购日期、物料编码、供应商编码、数量、单价、总价、发货日期、收货日期
		物料返厂记录表	返厂序号、返厂时间、物料编码、供应商编码、返厂数量、采购数量

续表

主题	案例	数据表	主要内容
购销存业务数据分析	商品采购	ft4_ 采购订单	订单编号、日期、存货编码、数量、累计开票量、累计到货量
		dt5_ 供应商表	供应商编码、供应商名称、供应商分类名称、供应商分类编码
		dt3_ 存货表	存货编码、存货名称、规格型号、存货大类名称
	销售收入	销售订单数据表	订单编码、订单日期、客户编码、销售渠道、城市编码、商品编码、商品销售数量、商品单价、商品单件成本
		商品信息表	商品编码、商品名称
		客户表	客户编码、客户名称
		城市表	城市编码、城市、省份
	销售退货	产品退货情况表	单据编号、客户编码、产品编码、退货日期、退货数量、退货金额、销售数量
		产品信息表	产品编码、产品名称、成本
		客户信息表	客户编码、客户名称、客户区域、员工数量
		客户区域表	区域编码、区域名称
	应收账款	应收账款信息表	客户编码、发票编号、发票日期、实际收款日期、到期日、金额、账龄
		客户信息表	客户编码、客户名称
		预计坏账率表	账龄、预计坏账率
	客户信用	客户欠款催收表	单据 ID、客户 ID、业务日期、催收日期、催收金额
		客户信息表	客户 ID、客户名称、区域 ID、成立日期、注册资金、员工数量
		经营区域表	区域 ID、区域名称、区域经济比例
		客户退货表	退货 ID、客户 ID、区域 ID、退货年份、实退数量、销售数量
财务会计数据分析	期间费用	利润表	股票代码、会计期间、报表类型、期间费用
		资产负债表	股票代码、会计期间、报表类型、资产总计
		上市公司行业分类表	股票代码、行业分类标准、所属行业代码
		公司基本信息表	股票代码、公司简称、年度区间、注册地址、中文全称
	财务凭证	凭证明细表	凭证字号、会计期间、日期、分录号、科目编码、科目名称、币别、原币金额、借方金额、贷方金额、会计主管、出纳、审核、制单
		科目编码表	科目编码、科目名称、科目类别
		会计分录序时簿	凭证字号、会计期间、日期、分录号、摘要、科目编码、科目名称、币别、原币金额、借方金额、贷方金额
		科目余额表	科目编码、科目名称、币别、期初借方余额、期初贷方余额、本期借方发生额、本期贷方发生额、期末借方余额、期末贷方余额
	财务报表	资产负债表	证券代码、会计期间、报表类型、货币资金、应收票据净额、应收账款净额、预付款净额
		利润表	证券代码、会计期间、报表类型、营业总收入、营业收入、营业总成本、营业成本

续表

主题	案例	数据表	主要内容
财务会计数据分析	财务报表	现金流量表	证券代码、会计期间、报表类型、销售商品、提供劳务收到的现金、收到其他与经营活动有关的现金、支付给职工以及为职工支付的现金
		财务指标	证券代码、会计期间、报表类型、应收账款周转率、存货周转率、营业收入增长率

第6章　企业基本情况自动化分析

6.1　商业理解

从商业的角度来看，企业基本情况能够体现企业的经营现状和发展前景，它在产生、传递及交流过程中作用于企业的经济活动，支持于管理者的科学决策，服务于企业价值的最大化。同时，也为利益相关者提供辅助决策支持。企业基本情况主要包括企业类型、经营状况、公司前景、社会责任等方面，囊括宏观环境、行业发展、公司具体情况等。

6.1.1　场景描述

晚上9点整，本已经到了下班的时间，而此时重庆蛮先进食品机械制造集团有限公司财务部办公室仍然灯火通明，敲键盘点鼠标的声音不绝于耳，原来该公司的员工在加班完成春节前最后的工作。这是家桐进公司以来跟的第一个项目，他满腔热情，丝毫不觉疲惫。

“终于把这份报告完成了，家桐，下楼吃晚饭去!”晏露兴奋地冲家桐呼喊道。“等我五分钟，我把这份PPT再调一调格式，我要吃马路对面楼顶那家胖哥烧烤，我在理工大学，就没这么好吃的烧烤!”家桐回答道。晏露吸了吸嘴角的口水，说：“好嘞，那我再检查一下我的报告!”

五分钟后，二人不约而同地望向对方，互相使了个眼色，悄咪咪地向电梯口走去。这时候，卡农响起，晏露不耐烦地看了眼手机，“糟了，是程总!”随后笑嘻嘻地接通了电话：“程总您好，我的报告现在已经基本完成了，还需要半个小时左右的时间进行扫尾工作，完成后立马发给您审阅。”程总回答说：“嗯，不错，效率还挺高，报告完成后呢，还有一件小事情需要你和家桐完成一下。近年来有一家叫作现代人财务的公司，它们发展非常迅速，据可靠消息称，它们下一步计划是进军我们行业，虽然目前它们的体量不如我们，但是防范于未然呀，小露，你和家桐去调研一下这家企业，做一份详细的企业基本情况报告，明天上午做好发给我，然后你们就可以放假过春节啦！怎么样，可以吧?”“可……”“我就知道没问题，那你们忙去吧!”通过免提，家桐已经知晓了又要加班的事情，“那要不不去吃烧烤了，点外卖吧!”晏露肚子咕咕叫，回复道：“我现在饿得受不了了，我们边吃饭边整理思路吧。”于是，二人来到了烧烤店。

二人已经兴致全无，只想着赶紧吃完回去干活。晏露默默念着“企业基本情况，需要从内部职员到外部整个行业甚至政策进行分析，然后再写成一份完整的报告，看来又得熬夜了。”家桐沮丧地说：“是啊，赶紧吃吧，我估计熬夜一晚上都不能完成。”

二人在回公司的电梯上，碰到了高级商业数据分析师李天臣，他向没精打采的二位打招呼道：“二位，为何如此沮丧，这马上就要放假了，不应该高兴才对吗?”二人把需要熬夜加班做报告的事情告诉天臣。谁知，天臣哈哈大笑道：“你们这不碰到救星了吗？我们最近研发的RPA商业数据分析机器人元小蛮能够解决你们的难题，元小蛮能够自动对企业基本情况数据进行采集与处理，然后对其进行分析与展现，最后自动生成企业基本情况数据分析报告。有了它，你们就不用熬夜了。”“真的吗？赶紧教教我们”家桐和晏露瞬间又高兴起来。

李天臣说：“元小蛮就是这么强大，能够大幅度提高财务人员工作效率，我现在就去办公室给你们演示！”

6.1.2 业务与技术分析

经过反复讨论，晏露与李天臣确定了以下分析思路。首先，分析公司内部的经营状况，纵向分析2016—2018年公司在规模发展和经营方面的变动趋势。其次，同行业公司进行横向对比，了解本公司在同行业的地位。最后，根据比较，总结公司目前的发展情况并预测未来的发展态势。

我们当前目标在于分析解决下列问题：

（1）2016—2018年公司的经营状况是否良好？

（2）2016—2018年公司的规模是否扩张？

（3）在同行业中公司是否具有竞争力？

以下是解决上述问题的总体分析思路与技术思路。

（1）公司基本情况业务流程与痛点分析

对公司基本情况进行分析，通常从内部经营情况和外部竞争情况着手。首先了解公司内部情况，从金蝶EAS软件获得公司近年来的资产负债表、利润表、所有者权益变动表、现金流量表和附注，财务人员根据原始报表进行加工筛选等操作，获得关键信息和指标等；然后了解公司同行业的竞争情况，从各财经网站获得同行业公司的财务数据与非财务数据等；最后将同行业情况与本公司的情况进行对比分析，具体流程如图6－1所示。

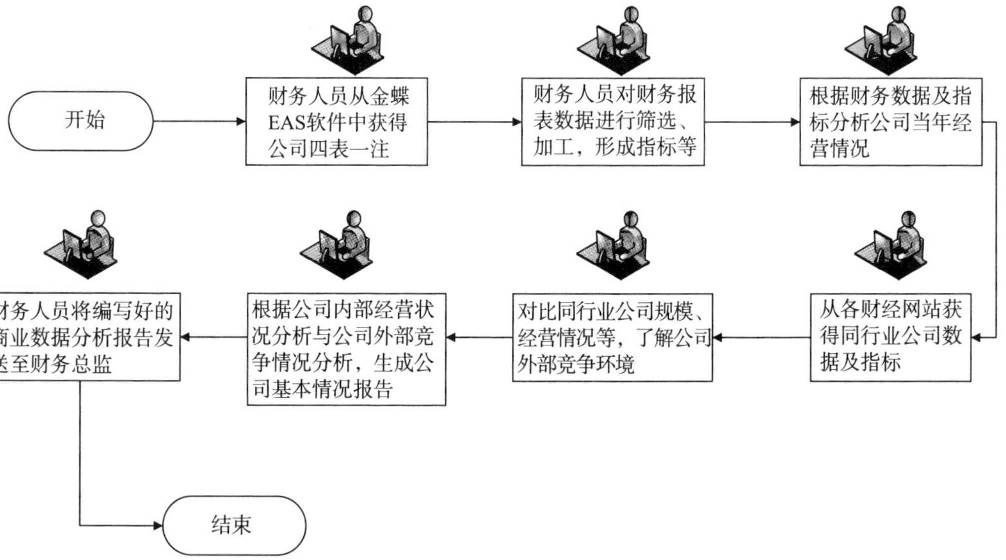

图6－1　公司基本情况分析业务流程

根据以上流程可以看出，财务人员需要反复下载数据、筛选数据、合并数据等操作，再将数据进行横纵向对比，存在费时费力、出错率高等痛点。

（2）公司基本情况分析 RPA 流程与技术关系

蛮先进公司的信息技术应用在整个行业走在前列，为了发挥信息技术的作用，对于公司基本情况进行分析时决定采用 RPA 机器人流程自动化技术，旨在减少重复且烦琐的操作。例如，在数据的采集过程中，往往会有下载海量数据的情况，这时采用元小蛮进行自动下载，就能大大解放生产力，提高工作效率。如图 6-2 中的 RPA 自动流程，蛮先进公司的元小蛮机器人自动登录公司的金蝶 EAS 软件下载公司的四表一注，同时设定规则，筛选清洗数据并将信息采集到 Excel 表格中，根据已设定的规则对数据进行分析，生成图表，最后发送到财务总监的邮箱中。

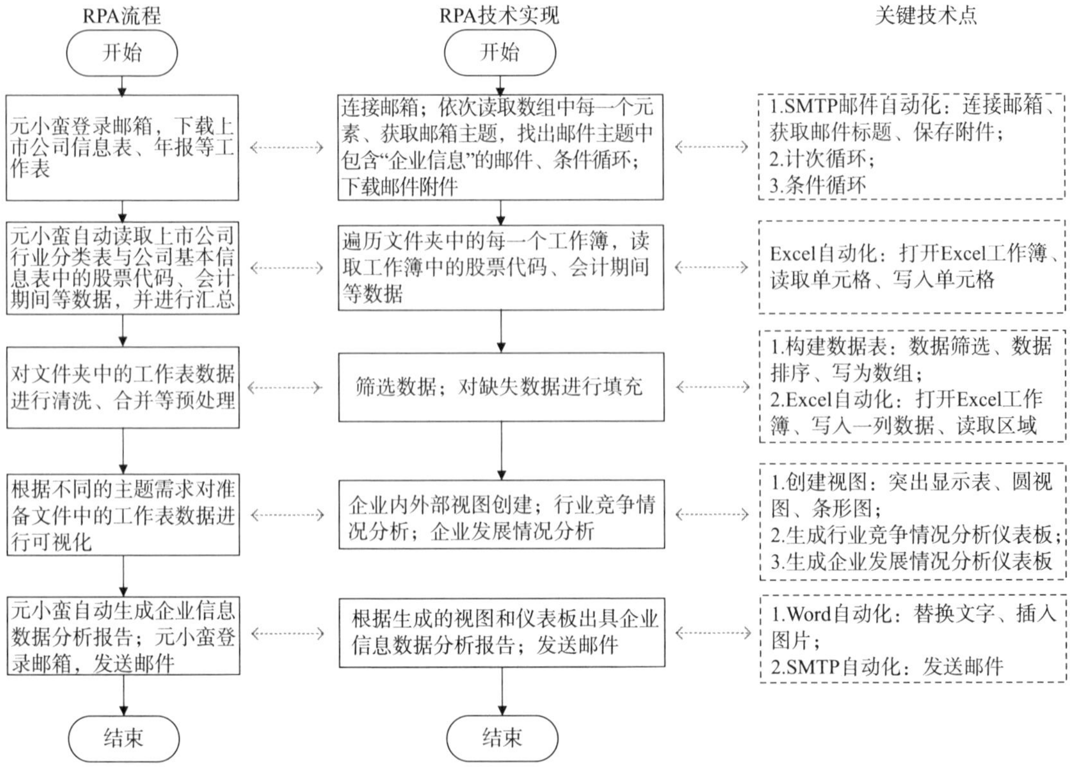

图 6-2 企业信息分析 RPA 流程与技术关系

6.2 企业基本情况数据理解

企业信息相关数据是企业信息分析的基础，从数据出发，根据相关财务数据与非财务数据，对企业基本情况进行解读。企业信息不仅包括企业的内部情况，还需要结合同行业公司进行对比分析，以便确定竞争地位，方便后面战略的制定。

6.2.1 场景描述

又是繁忙的年末，蛮先进公司财务部又到了连轴转的日子，堆积如山的报表，分析不完的数据，做不完的报告，每个财务人员的身心都是高强度运作着。作为项目组的二把手，晏露更是压力山大，这已经是这个星期的第三个通宵了，睡得比狗晚，起得比鸡早，都市丽人晏露都已经顶着深深的黑眼圈，眼神涣散，哪里还能看出往日雷厉风行财务部一枝花的影子！

叮铃铃……内线电话响起，晏露怀着赴死的心情接通了电话，“晏露啊，那个公司基本情况的数据你们做得怎么样了，公司董事会要得急，之前做的版本还不够全面，要多方面考虑哈！”挂了程总的电话，晏露脱力地瘫在沙发上，哎，社畜可真惨！谁来救救我！就在晏露几近崩溃时，李天臣拿着星爸爸的咖啡风风火火地来到了办公室，晏露心想：这个时间点天臣还能如此悠闲，他一定有着什么秘密法宝！晏露悠悠道：“天臣啊，作为这个项目的主要负责人，你是怎么看这个项目的呀，程总说要重新分析，而且时间这么急，你怎么像个没事人一样呀？”家桐附和着点点头，幽怨地看着李天臣。

李天臣嘬了口星爸爸，缓缓开口：“我已经有了想法了，程总肯定是因为我们的分析仅是从财务层面来对公司进行分析，没有考虑到非财务数据，比如行业或者公司内部员工情况等，要想对公司的信息进行分析，就应该从内到外，从内部职员到外部整个行业甚至政策进行分析。”

家桐恍然大悟：原来是这样子啊！但是又多了新的疑惑：“李哥，咱要对这么多东西进行分析，数据量这么大，你怎么不着急呀？”

李天臣邪魅一笑：“这你就不知道了吧，RPA 机器人已经开始帮我工作了。”

家桐一直听说机器人流程自动化，但是具体操作还是一知半解，听到 RPA 机器人自动工作瞬间两眼放光，扭着天臣：“李哥，你就教教我这个机器人吧，我也想解放生产力！”

于是在天臣的讲解下，家桐很快就对 RPA 有了更深的认识，这时李天臣也给家桐分配了一项新任务：对企业类型中的企业性质、注册资金、员工人数，经营情况中的毛利、营业额、资产和企业前景中的同行业情况、国家政策与规定、发展预期以及竞争情况进行分析。家桐决定学以致用，用 RPA 来解决数据分析问题。

6.2.2 数据模型

企业信息不仅包括企业内部的信息，还包括企业外部的情况，在对企业基本情况进行分析时，需要内外结合，分析企业内部经营情况与外部行业发展情况，下面通过数据模型对企业信息进行分析。

（1）企业信息分析的 E—R 模型

企业信息自动化主要对企业内外部情况进行分析，对内对公司结构、经营情况进行分析，对外对行业竞争情况进行了解。企业信息自动化的 E—R 模型由上市公司、行业、财务报表三个实体集构成，每个实体集有多个属性，它们之间还存在一定的联系，如图 6－3 所示。

实体集

蛮先进公司的企业信息自动化分析实体集包括上市公司、财务报表和行业，下面详细介绍其属性。

①上市公司实体集，属性有公司名称、股票代码、法人代表；

②财务报表实体集，属性有资产负债表、利润表、所有者权益变动表、现金流量表；

③行业实体集，属性有行业编码、行业名称、行业分类标准。

联系

蛮先进公司的企业信息不同实体集之间存在着不同的联系，下面详细介绍其联系。

①行业与上市之间存在一对多的联系。一个行业存在多个上市公司，一个上市公司只能隶属于一个行业；

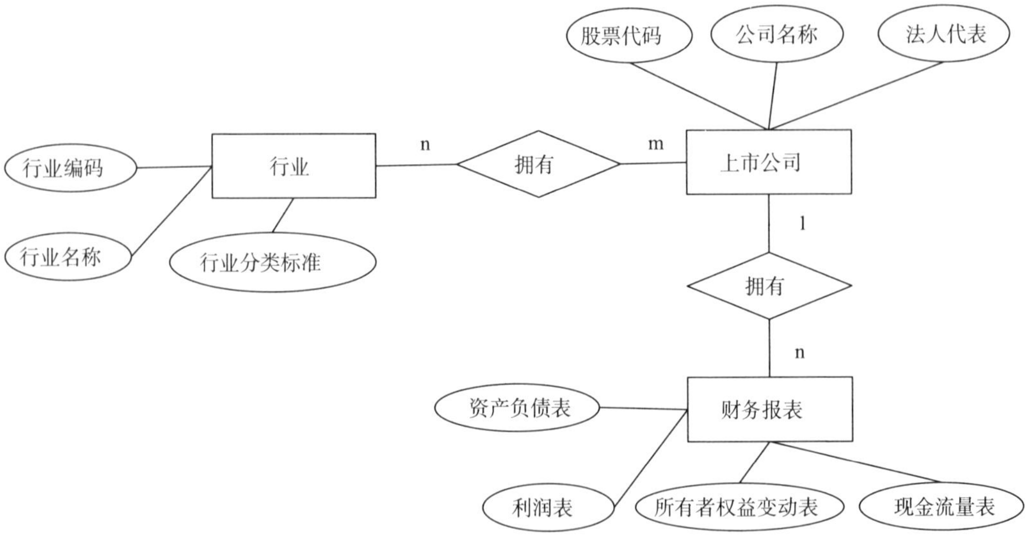

图 6－3　企业信息 E—R 模型

②上市公司与财务报表之间存在一对多的联系。一个上市公司可以有多张财务报表，一张财务报表只能属于一家上市公司。

（2）企业信息的物理模型

分析蛮先进公司的基本情况，需要采集利润表、资产负债表、公司基本信息表和公司行业分类表，据此建立企业信息的物理模型，如图 6－4 所示。

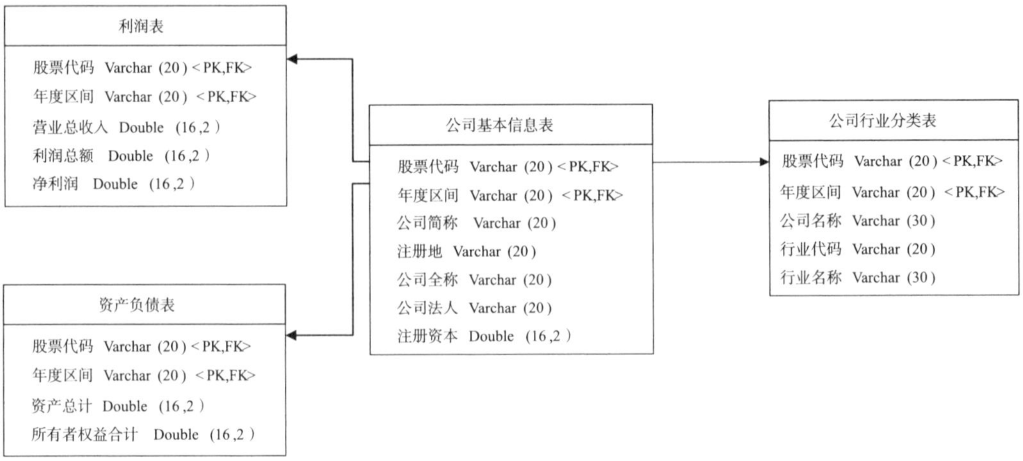

图 6－4　公司基本信息物理模型

6.2.3　数据表

对于大多数投资者来说，繁杂的财务报表令人头大，要想知道一个公司是否值得投资，其实从两个方面就可以了解。首先是公司经营状况、规模等内部情况；其次是公司外部的行业竞争情况。从这两方面就能大致判断公司的基本情况好坏与否。

对公司基本情况进行分析，主要用到公司基本信息表、公司行业分类表、利润表、资产负债表。这几张表的初始数据十分冗杂，存在很多无用数据，因此需要对数据进行清洗，先了解各表的表结构，以便后续进行筛选。

（1）公司基本信息表

公司基本信息表设置股票代码和年度区间联合主键作为公司基本信息的唯一标识，以便查询指定记录。同时，股票代码和年度区间也是公司基本信息表的外键，与利润表、资产负债表、公司行业分类表进行关联，如表6－1所示。

表6－1　　　　公司基本信息表数据表结构

序号	字段	数据类型	字段标题	字段大小	字段说明
1	Symbol	Varchar	股票代码	20	主键、外键
2	Enddate	Date	年度区间	0	主键、外键
3	Shortname	Varchar	公司简称	30	公司简称
4	Province	Varchar	注册地	30	公司注册地
5	FullName	Varchar	公司全称	50	公司全称
6	LegalRepresentative	Varchar	公司法人	30	公司法人
7	RegisterCapital	Double	注册资本	（16，2）	公司注册资本

公司基本信息表主要包括公司的股票代码、公司简称、所在省份、注册资本等信息。公司基本信息表的部分数据示例如图6－5所示。

Symbol	ShortN.	EndDate	Province	FullNar	LegalRe	RegisterCapital
000001	平安银行	2015-12-31	广东省	平安银行	谢永林	14308676139.00
000001	平安银行	2016-12-31	广东省	平安银行	谢永林	17170000000.00
000001	平安银行	2017-12-31	广东省	平安银行	谢永林	740180802.00
000001	平安银行	2018-12-31	广东省	平安银行	谢永林	17170000000.00
000004	国农科技	2015-12-31	广东省	深圳中国	李林琳	83976684.00
000004	国农科技	2016-12-31	广东省	深圳中国	李林琳	83976700.00
000004	国农科技	2017-12-31	广东省	深圳中国	李林琳	159179110.00
000004	国农科技	2018-12-31	广东省	深圳中国	黄翔	83976684.00
000030	富奥股份	2015-12-31	吉林省	富奥汽车	金毅	1293251508.00
000030	富奥股份	2016-12-31	吉林省	富奥汽车	金毅	1293251508.00
000030	富奥股份	2017-12-31	吉林省	富奥汽车	甘先国	1293251508.00
000030	富奥股份	2018-12-31	吉林省	富奥汽车	甘先国	1810552111.00
000033	*ST 新都	2015-12-31	广东省	深圳新都	陈辉汉	329402050.00
000033	新都酒店	2016-12-31	广东省	深圳新都	陈辉汉	429720035.00
000153	丰原药业	2015-12-31	安徽省	安徽丰原	何宏满	312141230.00
000153	丰原药业	2016-12-31	安徽省	安徽丰原	何宏满	312141200.00
000153	丰原药业	2017-12-31	安徽省	安徽丰原	何宏满	317077630.00
000153	丰原药业	2018-12-31	安徽省	安徽丰原	何宏满	312141230.00
000158	常山股份	2015-12-31	河北省	石家庄常	肖荣智	1271442278.00
000158	常山股份	2016-12-31	河北省	石家庄常	汤彰明	1271442278.00
000158	常山北明	2017-12-31	河北省	石家庄常	肖荣智	1652874961.00
000158	常山北明	2018-12-31	河北省	石家庄常	肖荣智	1652874961.00
000166	申万宏源	2015-12-31	新疆生产建设兵团	申万宏源	陈亮	14856744977.00
000166	申万宏源	2016-12-31	新疆生产建设兵团	申万宏源	陈亮	20056605718.00
000166	申万宏源	2017-12-31	新疆生产建设兵团	申万宏源	陈亮	20056605718.00
000166	申万宏源	2018-12-31	新疆生产建设兵团	申万宏源	陈亮	22535944560.00

图6－5　公司基本信息表部分数据示例

（2）公司行业分类表

公司行业分类表设置股票代码和年度区间联合主键作为公司行业分类表的唯一标识，以便查询指定记录。同时，股票代码和年度区间也是公司行业分类表的外键，与利润表、资产负债表、公司基本情况表进行关联，如表 6－2 所示。

表 6－2　　公司行业分类表数据表结构

序号	字段	数据类型	字段标题	字段大小	字段说明
1	Symbol	varchar	股票代码	20	主键、外键
2	ImplementDate	date	年度区间	0	主键、外键
3	IndustryClassificationName	varchar	行业分类名称	50	公司所处行业名称
4	IndustryCode	varchar	行业代码	30	公司的行业代码
5	IndustryName	varchar	行业名称	30	行业名称

公司行业分类表主要包括公司的股票代码、行业分类名称、年度区间、行业代码、行业名称。公司行业分类表的部分数据示例如图 6－6 所示。

Symbol	IndustryClassificationName	ssrq	IndustryCod	IndustryName
000001	中证行业分类2016年版	2016-12-12	J66	综合性银行
000004	中证行业分类2016年版	2016-12-12	C27	化学药
000030	中证行业分类2016年版	2016-12-12	C36	汽车零配件
000030	中信证券行业分类	2018-05-21	C36	汽车零部件Ⅲ
000033	中证行业分类2016年版	2016-12-12	H61	酒店
000153	中证行业分类2016年版	2016-12-12	C27	化学药
000158	中证行业分类2016年版	2016-12-12	C17	纺织品
000158	中信证券行业分类	2017-02-16	C17	行业应用软件
000158	申银万国行业分类2014修订版	2017-07-03	C17	IT服务
000158	中信证券行业分类	2018-05-21	C17	综合Ⅲ
000166	中证行业分类2016年版	2016-12-12	J67	投资银行业与经纪业
000338	中证行业分类2016年版	2016-12-12	C36	通用机械
000403	中证行业分类2016年版	2016-12-12	C27	生物科技
000416	申银万国行业分类2014修订版	2016-07-04	J69	多元金融
000416	中证行业分类2016年版	2016-12-12	J69	资产管理与托管银行
000416	中信证券行业分类	2018-05-21	J69	其他非银金融
000416	中证行业分类2016年版	2018-06-11	J69	消费信贷
000423	中证行业分类2016年版	2016-12-12	C27	中药
000428	中证行业分类2016年版	2016-12-12	H61	酒店
000503	申银万国行业分类2014修订版	2016-07-04	I64	医疗服务
000503	中证行业分类2016年版	2016-12-12	I64	互联网信息服务
000513	中证行业分类2016年版	2016-12-12	C27	化学药
000518	中证行业分类2016年版	2016-12-12	C27	生物科技

图 6－6　公司行业分类表部分数据示例

（3）利润表

利润表设置股票代码和会计区间联合主键作为公司利润表的唯一标识，以便查询指定记录。同时，股票代码和会计区间也是公司利润表的外键，与公司行业分类表、资产负债表、公司基本情况表进行关联，如表 6－3 所示。

表 6－3　　利润表数据表结构

序号	字段	数据类型	字段标题	字段大小	字段说明
1	Stkcd	Varchar	股票代码	20	主键、外键
2	Accper	Date	会计区间	0	主键、外键

续表

序号	字段	数据类型	字段标题	字段大小	字段说明
3	B001100000	Double	营业总收入	（16，2）	营业总收入
4	B001000000	Double	利润总额	（16，2）	利润总额
5	B002000000	Double	净利润	（16，2）	净利润

利润表主要包括公司的股票代码、会计区间、营业收入、营业成本、净利润等。利润表的部分数据示例如图 6－7 所示。

Stkcd	Accper	B001100000	B001101000	Bbd11020	Bbd1102101	Bbd1102203	B0i110300	B0i110310	B0i110311	B0i110320	B0i110330	B0d11040	B0d11041	B0d11042
证券代码'	会计期间'	营业总收入'	营业收入'	利息净收.	利息收入'	利息支出'	已赚保费'	保险业务	其中：分	减：分出	减：提取	手续费及	其中：代	其中.证券
没有单位'	没有单位'	元'	元'	元'	元'	元'	元'	元'	元'	元'	元'	元'	元'	元'
000001	2015-12-31	92705000000		6.61E+10	1.31649E+11	65550000000	0	0	0	0	0	2.64E+10	0	0
000001	2016-03-31	26570000000		1.84E+10	32359000000	13961000000	0	0	0	0	0	8.1E+09	0	0
000001	2016-06-30	52718000000		3.62E+10	63568000000	27372000000	0	0	0	0	0	1.64E+10	0	0
000001	2016-09-30	78824000000		5.46E+10	95575000000	41012000000	0	0	0	0	0	2.42E+10	0	0
000001	2016-12-31	1.04416E+11		7.64E+10	1.31119E+11	54708000000	0	0				2.79E+10		
000001	2016-01-01	92705000000		6.85E+10	1.34153E+11	65692000000	0	0				2.41E+10		
000001	2017-03-31	27081000000		1.89E+10	35045000000	16176000000	0	0				8.15E+09		
000001	2017-06-30	53204000000		3.74E+10	71648000000	34287000000						1.57E+10		
000001	2017-09-30	78773000000		5.55E+10	1.08875E+11	53393000000						2.32E+10		
000001	2017-12-31	1.04869E+11		7.4E+10	1.48068E+11	74059000000						3.07E+10		
000001	2017-01-01	1.04416E+11		7.64E+10	1.31119E+11	54708000000						2.79E+10		
000001	2018-03-31	27357000000		1.87E+10	40944000000	22257000000						8.59E+09		
000001	2018-06-30	55484000000		3.74E+10	82008000000	44572000000						1.79E+10		
000001	2018-09-30	78378000000		5.45E+10	1.21661E+11	67132000000						2.37E+10		
000001	2018-12-31	1.06212E+11		7.47E+10	1.62888E+11	88143000000						3.13E+10		
000001	2018-01-01	1.04869E+11		7.4E+10	1.48068E+11	74059000000						3.07E+10		
000004	2015-12-31	687454	687454	0	0	0	0	0	0	0	0	0	0	0
000004	2015-12-31	120454422.5	120454422.5	0	0	0	0	0	0	0	0	0	0	0
000004	2016-03-31	190500	190500	0	0	0	0	0	0	0	0	0	0	0
000004	2016-03-31	13480946.58	13480946.58	0	0	0	0	0	0	0	0	0	0	0
000004	2016-06-30	381000	381000	0	0	0	0	0	0	0	0	0	0	0
000004	2016-06-30	102150497.7	102150497.7	0	0	0	0	0	0	0	0	0	0	0
000004	2016-09-30	571500	571500	0	0	0	0	0	0	0	0	0	0	0
000004	2016-09-30	217567647.2	217567647.2	0	0	0	0	0	0	0	0	0	0	0
000004	2016-12-31	762000	762000	0			0	0				0		
000004	2016-12-31	287670026.6	287670026.6	0			0	0				0		

图 6－7　利润表部分数据示例

（4）资产负债表

资产负债表主要包括公司的股票代码、会计区间、资产总计、所有者权益合计等。资产负债表的部分数据示例如图 6－8 所示。

Stkcd	Accper	Typrep	A0011010	A0d11011	A0d11020	A0d11021	A0b11030	A0b11040	A0b11050	A0f11060	A0011070	A0f11080	A0011090	A0011100
证券代码'	会计期间'	报表类型'	货币资金'	其中:客户	结算备付金	其中：客户	现金及存放	存放同业款	贵金属'	拆出资金净	交易性金融	衍生金融资	短期投资净	应收票据净
没有单位'	没有单位'	没有单位'	元'	元'	元'	元'	元'	元'	元'	元'	元'	元'	元'	元'
000001	2015-12-3	A	0	0	0	0	2.92E+11	1.09E+11	6.37E+10	7.66E+10	1.98E+10	8.14E+09	0	0
000001	2016-03-3	A	0	0	0	0	2.96E+11	1.81E+11	6.93E+10	8.72E+10	3.71E+10	7.68E+09	0	0
000001	2016-06-3	A	0	0	0	0	2.78E+11	1.58E+11	9.22E+10	6.71E+10	4.11E+10	1.16E+10	0	0
000001	2016-09-3	A	0	0	0	0	3.04E+11	1.23E+11	1.01E+11	5.02E+10	1.6E+10	5.83E+09	0	0
000001	2016-12-3	A	0		0		3.11E+11	1.67E+11	9.38E+10	9.75E+10	5.72E+10	8.73E+09		
000001	2016-01-0	A	0		0		2.92E+11	1.09E+11	6.37E+10	7.66E+10	1.98E+10	8.14E+09		
000001	2017-03-3	A	0		0		2.7E+11	1.73E+11	1.08E+11	6.9E+10	4.4E+10	4.19E+09		
000001	2017-06-3	A					2.9E+11	1.72E+11	9.46E+10	6.45E+10	4.91E+10	5.88E+09		
000001	2017-09-3	A					2.8E+11	1.67E+11	8.95E+10	7.99E+10	4.13E+10	6.28E+09		
000001	2017-12-3	A					3.1E+11	1.3E+11	8.75E+10	5.9E+10	3.96E+10	1.61E+10		
000001	2017-01-0	A					3.11E+11	1.67E+11	9.38E+10	9.75E+10	5.72E+10	8.73E+09		
000001	2018-03-3	A					2.82E+11	1.06E+11	7.48E+10	7.76E+10	7.68E+10	1.94E+10		
000001	2018-06-3	A					3.07E+11	9.98E+10	6.92E+10	8.2E+10	1.05E+11	2.16E+10		
000001	2018-09-3	A					2.88E+11	9.53E+10	7.2E+10	8.81E+10	1.03E+11	2.57E+10		
000001	2018-12-3	A					2.79E+11	8.51E+10	5.68E+10	7.29E+10	1.49E+11	2.15E+10		
000001	2018-01-0	A					3.1E+11	1.3E+11	8.75E+10	5.9E+10	3.96E+10	1.61E+10		
000004	2015-12-3	B	1320932	0	0	0	0	0	0	0	0	0	0	0
000004	2015-12-3	A	51516820	0	0	0	0	0	0	0	0	0	0	120000
000004	2016-03-3	B	3067533	0	0	0	0	0	0	0	0	0	0	0
000004	2016-03-3	A	50542450	0	0	0	0	0	0	0	0	0	0	100000
000004	2016-06-3	B	24974676	0	0	0	0	0	0	0	0	0	0	0
000004	2016-06-3	A	1.52E+08	0	0	0	0	0	0	0	0	0	0	167202.5
000004	2016-09-3	B	19503721	0	0	0	0	0	0	0	0	0	0	0
000004	2016-09-3	A	1.4E+08	0	0	0	0	0	0	0	0	0	0	0
000004	2016-12-3	B	42013266		0									
000004	2016-12-3	A	1.01E+08		0									
000004	2016-01-0	B	1320932		0									
000004	2016-01-0	A	51516820		0									120000
000004	2017-03-3	B	50944730		0									

图 6－8　资产负债表部分数据示例

资产负债表设置股票代码和会计区间联合主键作为公司资产负债表的唯一标识，以便查询指定记录。同时，股票代码和会计区间也是公司资产负债表的外键，与利润表、公司行业分类表、公司基本情况表进行关联，如表6－4所示。

表6－4　　资产负债表数据表结构

序号	字段	数据类型	字段标题	字段大小	字段说明
1	Stkcd	Varchar	股票代码	20	主键、外键
2	Accper	Date	会计区间	0	主键、外键
3	A001000000	Double	资产总计	（16，2）	资产总计
4	A003000000	Double	所有者权益合计	（16，2）	所有者权益合计

6.3　企业基本情况数据采集与处理自动化

企业基本情况的数据采集与处理主要是对企业基本信息数据进行采集，然后删除冗余值、重复值等异常数据，并自动计算相关指标。大量、冗余的数据对于人工来说是个大工程，但是对于机器人来说确实小菜一碟。企业信息包含大量公司内部报表数据和外部行业数据，其中还存在数据缺失的情况，因此需要对数据进行处理，筛选清洗冗余数据，对缺失值进行填充等。

6.3.1　场景描述

家桐有了大致的思路之后，开始了公司基本情况数据的收集，但是在数据收集的过程中遇到了瓶颈……在李天臣的教导之后，家桐已经能够通过RPA机器人实现数据端的自动采集，自动从网页下载报表和公告，一个行业有上百家甚至上千家公司，如果通过人工进行下载，就太费时费力了，使用RPA机器人采集数据之后，大大减少了人工成本，提高了效率。但是家桐网上下载的数据仍然是有瑕疵的，比如，一张报表数据量巨大，但是分析仅需要个别数据，这样也太浪费时间了；又如，一个类型的分析需要用到几张报表的数据，冗杂的数据大大降低了效率，如何提高效率呢？家桐陷入了沉思……

这时，悠闲的晏露来串门，看着眉头皱成川字型的家桐，询问道：“咋啦，小桐，啥事把你愁成这样了啊，可一点都不好看了哈，这样我们部门最帅小鲜肉的名号可就不保了啊！告诉姐姐啥事，姐姐替你分担分担。”

家桐长长地叹了一口气说道：“程总想要了解公司的基本情况，不仅是公司内部的情况，外部同行业的也要了解，虽然数据收集已经大致完成了，但是你知道的，这些数据有多少！其实可用的数据也就那么多，而且这才是原始数据，还需要后续计算指标、增长率这些，工作量也太大了吧！我啥时候能做完呀！”

晏露听完，笑着说：“我当啥事呢！这简单，姐姐这就教你用RPA机器人来清洗数据，省时省力，还能减少错漏。你呀，就是太浮躁了，以为学了一点RPA就天下无敌了，其实RPA还有好多功能，能够解决的问题可不止报表的下载、数据的采集呢！要不然华为这么大一个公司为什么会开发华为云，就只为了采集数据吗？未免也太杀鸡用牛刀了。你看新闻了吗？华为RPA实施之后，企业整体业务效率提高6.5倍，节约成本近千万元。快来跟我学着吧，还我们小桐一个好心情！”

看着晏露通过 RPA 进行几个简单的部署，通过构建数据表筛选数据，设定条件判断等操作，机器人就自动进行数据清洗筛选，报表就自动合并了，家桐简直像发现新大陆一样吃惊！今天家桐又是被技术给震惊的一天，家桐心想：“技术才是第一生产力，看来我不能再故步自封了，要实现梦想，我还差得远呢！”

6.3.2 自动化流程设计

在进行企业信息自动化分析时，通常要从网上下载公司和同行业公司的公告、报表等，工作量很大，采用机器人能解放生产力，提高效率。但从网上下载的数据或者报表都较为冗杂，且不规范，不便于后续分析，因此还要用机器人进行数据的清洗、整理、计算等，以便后续进行分析。

（1）数据采集与处理设计

①数据输入。公司信息自动化分析的数据输入为本地 Excel 文件和网页下载的 Excel 文件。本地 Excel 文件包含从公司基本信息表中读取公司股票代码、注册地和注册资本，从公司行业分类表等报表中读取行业利润、规模等；网页下载的 Excel 文件包括从财经网页下载的公司公告，如表 6-5 所示。

表 6-5　数据输入

数据来源	文件名/网址	主要数据内容
本地 Excel 文件	公司基本信息表.xlsx	股票代码
		注册资本
		注册地
	公司行业分类表.xlsx	行业名称
		行业代码
	利润表.xlsx	营业收入
		营业成本
		利润总额
		净利润
	资产负债表.xlsx	资产总计
		所有者权益合计
网页下载的 Excel 文件	http://stockpage.10jqka.com.cn/xxxxxx（同花顺财经个股网页）	股价
	http://www.cninfo.com.cn/new/index（巨潮资讯网）	公司股东变化
		公司战略
		公司业务情况

②数据处理。机器人读取数据后，使用转换、筛选、删除等方法进行数据处理，如表 6-6所示。

③数据输出。企业信息自动化分析的数据输出包含盈利能力分析模型 Excel 文件、盈利能力分析报告 Word 和 PDF 文件以及邮件。其中，企业信息自动化分析报告是企业信息自动化分析的核心输出内容，通过与同行业对标上市公司的比较分析，为蛮先进公司在企业经营

表 6-6　　数据处理

数据处理方法	主要内容
转换	将读取的股票代码转换为文本格式
筛选	筛选同行业公司
	从资产负债表中筛选出资产总计、所有者权益合计等内容
计算	计算利润表中的营收增长率、净利润增长率等
	计算同行业公司净利润，并进行排序
删除	删除重复的值
	删除空值
合并	将公司同行业分类和利润表的数据进行合并

管理方面的决策提供更为准确的、更为全面的依据。

公司同行业分类 Excel 文件。同行业对标上市公司 Excel 文件包括股票代码、行业代码和行业名称三列数据，如图 6-9 所示。

	A	B	C
1	Symbol	IndustryCode	IndustryName
2	000550	C36	汽车
3	000572	C36	汽车
4	000625	C36	汽车
5	000800	C36	汽车
6	000868	C36	汽车
7	000927	C36	汽车
8	000957	C36	汽车
9	002594	C36	汽车
10	600006	C36	汽车
11	600066	C36	汽车
12	600104	C36	汽车
13	600139	B09	汽车
14	600166	C36	汽车
15	600213	C36	汽车
16	600303	C36	汽车
17	600418	C36	汽车
18	600609	C36	汽车
19	600686	C36	汽车
20	600733	K70	汽车
21	601127	C36	汽车
22	601238	C36	汽车
23	601633	C36	汽车
24	601777	C36	汽车
25	601965	C36	汽车

图 6-9　公司同行业样表

同行业公司增长率表 Excel 文件。同行业公司增长率表 Excel 文件包括 Stkcd、Accper、Typrep、B001100000、B002000000、营收增长率、净利润增长率等几列。如图 6-10 所示。

（2）自动化流程设计

根据企业基本情况自动化分析需求，对公司基本信息表、公司行业分类表、利润表、资产负债表数据进行自动化处理，将企业中分散、零乱、标准不统一的数据整合到一起，为企业的决策提供分析依据，企业基本情况自动化分析流程如图 6-11 所示。

	A	B	C	D	E	F	G
1	Stkcd	Accper	Typrep	B001100000	B002000000	营收增长率	净利润增长率
2	600006	2015/12/31	B	5812059570	203538373		
3	600006	2016/12/31	B	5588776165	924419139.2	-0.037865749	3.529411765
4	600006	2017/12/31	B	9923150464	338684234.2	0.774597496	-0.633116883
5	600006	2018/12/31	B	11798927835	499693893.7	0.189516129	0.474926254
6	600066	2015/12/31	B	30552097967	2989922437		
7	600066	2016/12/31	B	35316863174	3963448505	0.153594771	0.324414716
8	600066	2017/12/31	B	32510783781	3229992288	-0.079320113	-0.184343434
9	600066	2018/12/31	B	30990286172	2798111779	-0.046153846	-0.133126935
10	600104	2015/12/31	B	17007469320	24460499285		
11	600104	2016/12/31	B	33523982028	27631589142	0.970588235	0.126530612
12	600104	2017/12/31	B	57228436306	27459530039	0.707462687	-0.003623188
13	600104	2018/12/31	B	76495518518	30966860477	0.337412587	0.127272727
14	600139	2015/12/31	B	4028054.48	50862103.16		
15	600139	2016/12/31	B	2385263.56	-21185718.16	-0.407837134	-1.41288108
16	600139	2017/12/31	B	1405679.64	-491439778.9	-0.410681585	22.33333333
17	600139	2018/12/31	B	1428671.34	-526463351.1	0.016355785	0.081632653
18	600166	2015/12/31	B	32431797871	669435594.9		
19	600166	2016/12/31	B	41251801841	418880540.3	0.274691358	-0.373692078
20	600166	2017/12/31	B	44982421295	438333508.5	0.089588378	0.045346062
21	600166	2018/12/31	B	36552189909	-548248007.3	-0.186666667	-2.255707763
22	600213	2015/12/31	B	1861651732	25016198.92		
23	600213	2016/12/31	B	3172867216	66366192.91	0.704301075	1.652928728
24	600213	2017/12/31	B	1928783303	30103559.11	-0.391167192	-0.546402202
25	600213	2018/12/31	B	1872339890	8624873.72	-0.031088083	-0.713493212
26	600303	2015/12/31	B	766811260.9	68708674.6		
27	600303	2016/12/31	B	700711467.9	86088232.45	-0.086049544	0.2529456
28	600303	2017/12/31	B	692007463.1	106729990.4	-0.012838802	0.242910878
29	600303	2018/12/31	B	545129495.5	68181806.76	-0.212427746	-0.36278685
30	600418	2015/12/31	B	41751779384	845986666.9		

图 6－10　同行业公司增长率样表

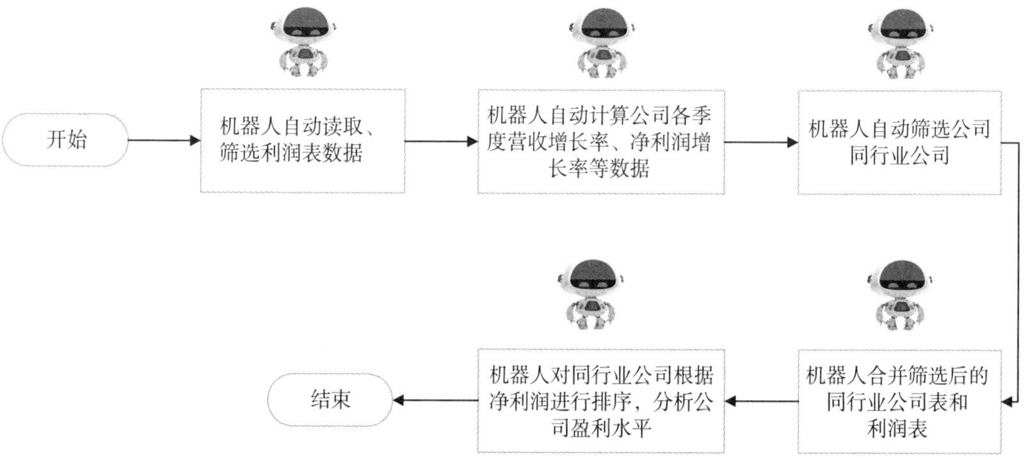

图 6－11　基本情况自动化分析流程

6.3.3　RPA 技术实现

RPA 技术实现包括技术路线和开发步骤。技术路线是对企业信息数据采集与处理机器人整个流程技术要点的简介，开发步骤是实现路径。

（1）技术路线

企业信息数据采集与处理机器人开发包括内部经营状况分析和外部行业竞争分析两个流程块。

首先，打开 Excel 工作簿、遍历循环查找企业数据、构建数据表，筛选整理冗杂的数据，并将筛选后的数据写入新的工作表中。

其次，遍历循环同行业公司数据，构建数据表，筛选清理数据。

最后，在合并生成新的工作表模块中，构建两个数据表，对数据进行筛选整理后，通过外连接将两张数据表进行连接，生成数据表，并填入新的工作表中，通过数据表合并将同行业公司数据进行合并。

企业信息数据采集与处理机器人开发的具体技术路线如表 6－7 所示。

表 6－7　　机器人开发技术路线

流程块名称	功能描述	使用的预制件
内部经营状况分析	查找并筛选蛮先进公司利润表、公司基本情况表	打开 Excel 工作簿
		创建工作表
		依次读取数组中每个元素
		构建数据表
	合并数据表并计算指标	变量赋值
		数据筛选
		合并数据表
		从初始值开始按步长计数
		如果条件成立
外部行业竞争分析	查找蛮先进同行业公司	创建工作表
		依次读取数组中每个元素
		如果条件成立
		构建数据表
		数据筛选
		从初始值开始按步长计数
	合并数据表并计算指标	变量赋值
		数据筛选
		合并数据表
		从初始值开始按步长计数
		如果条件成立

（2）开发步骤

①搭建整体流程框架：

步骤一：新建流程。打开 UiBot Creator 软件，新建流程，并将其命名为“公司基本情况分析”。

步骤二：绘制流程图。拖入 2 个“流程块”和 1 个“流程结束”至流程图设计主界面，并连接起来。流程块分别命名为“内部经营状况分析”“外部行业竞争分析”，如图 6－12 所示。

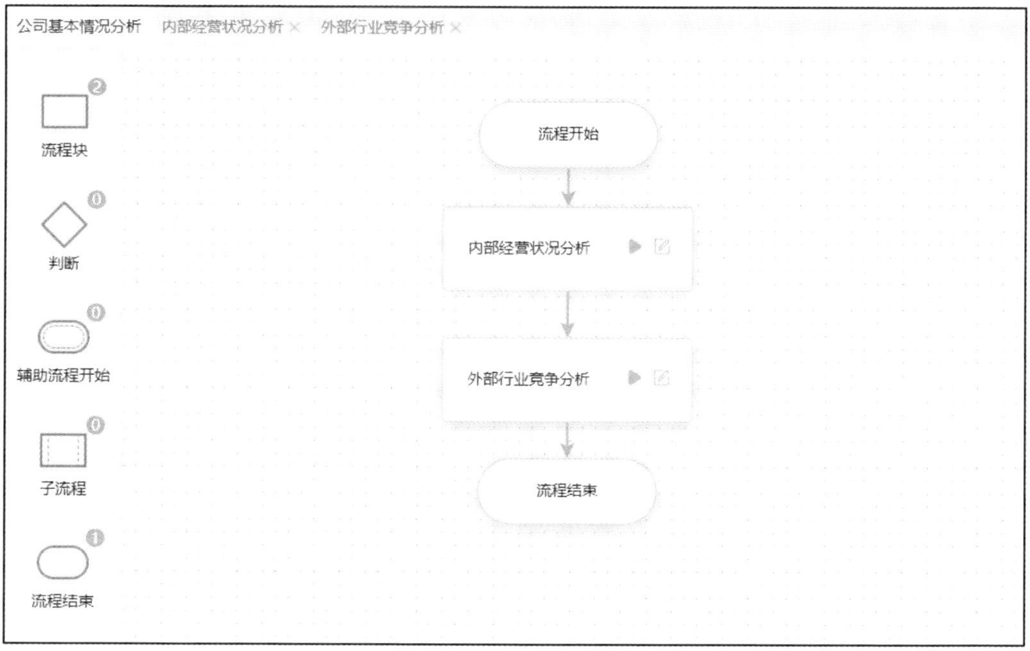

图 6－12　公司基本情况分析机器人流程图设计主界面

步骤三：准备数据。打开“企业基本情况分析机器人”流程文件夹，在“res”文件夹中放入“公司基本信息表”Excel 文件，“公司行业分类表”Excel 文件，“利润表”Excel 文件，“资产负债表”Excel 文件，四个 Excel 文件包含 gsjbxxb 表、ssgshyflb 表、zcfzb 表和 sheet1 表四张工作表，如图 6－13 所示。

图 6－13　数据文件

②利润表数据清洗：

步骤四：在“利润表”Excel 文件中，创建新的工作表。编辑流程块“内部经营状况分析”，添加【打开 Excel 工作簿】，打开文件路径为“利润表. xlsx”的工作簿。添加【创建工作表】，将新表表名命名为“公司内部经营情况”。如图 6－14 所示。

步骤五：在创建的新的工作表中写入标头。添加【读取行】，读取 sheet1 表中 A2 开始行，输出到变量“bt”中。添加【写入行】，将变量“bt”写入新建的“公司内部经营情况”工作表中。如图 6－15 所示。

图 6－14　创建工作表

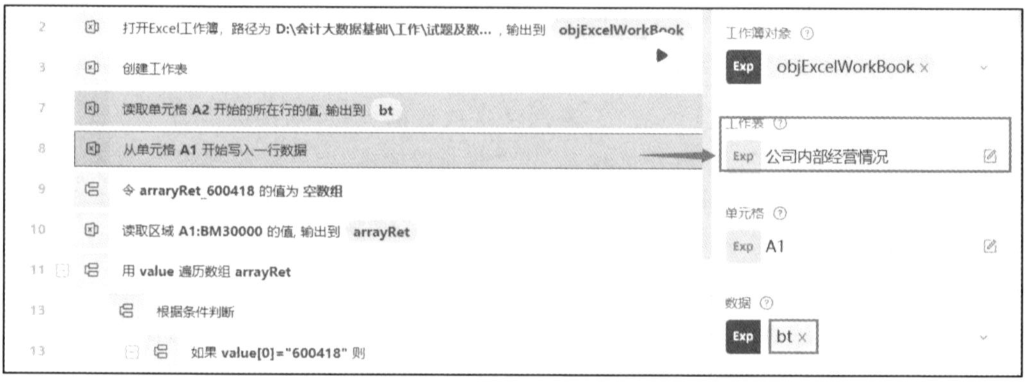

图 6－15　写入标头

步骤六：筛选本公司利润表，填入“公司内部经营情况”。添加【变量赋值】，将变量“arraryRet_ 600418”的值设为“［］”。添加【读取范围】，读取“sheet1” A1：BM30000 的值，输出到变量 arraryRet。添加【依次读取数组中每个元素】，用 value 遍历数组 arraryRet。在遍历的下方添加【如果条件成立】，写入判断条件“value［0］ ="600418"”。在下方添加【在数组尾部添加元素】，在“arraryRet_ 600418”尾部添加符合条件的数组。最后跳出循环，添加【写入范围】，将“arraryRet_ 600418”从 A2 开始写入“公司内部经营情况”。工作表如图 6－16 所示。

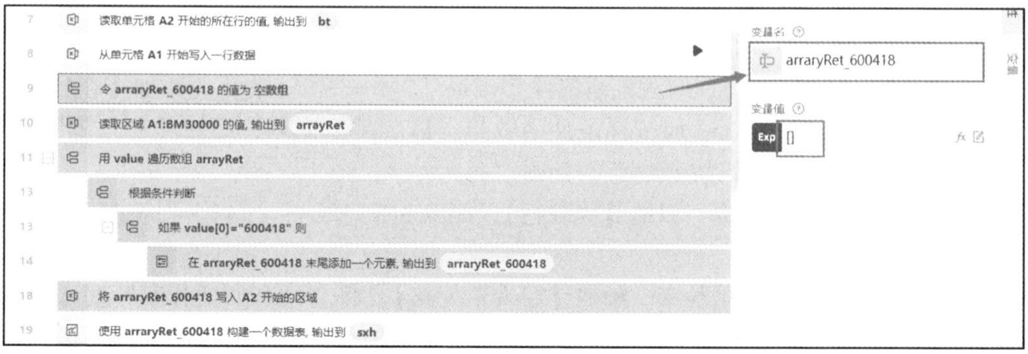

图 6－16　填写筛选信息

步骤七：在“利润表”Excel 文件中，创建新的工作表。添加【创建工作表】，将新表表名命名为“筛选后数据”。如图 6 – 17 所示。

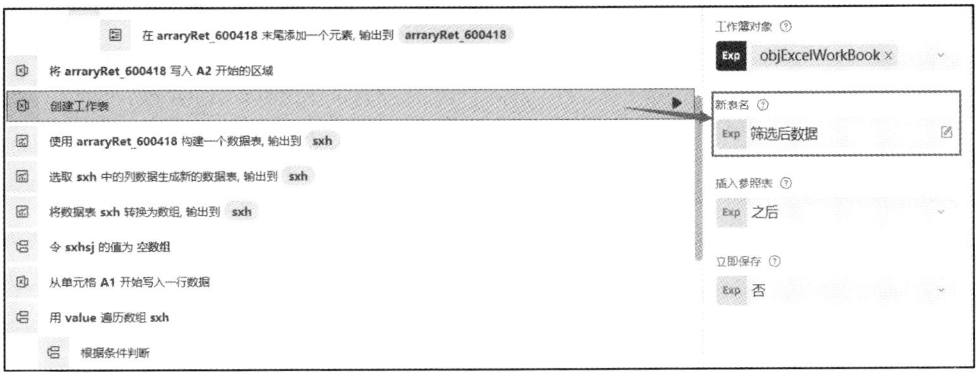

图 6 – 17　创建新工作表

步骤八：构建数据表。添加【构建数据表】，根据变量“arraryRet_ 600418”构建数据表，标头为变量“bt”，输出到“sxh”。添加【选取数据列】，筛选标头为［“证券代码”，“会计期间”，“报表类型”，“营业总收入”，“营业总成本”，“营业利润”，“利润总额”，“净利润”］的数据列，输出到“sxh”。添加【转换为数组】，将数据表“sxh”转换为数组。如图 6 – 18 所示。

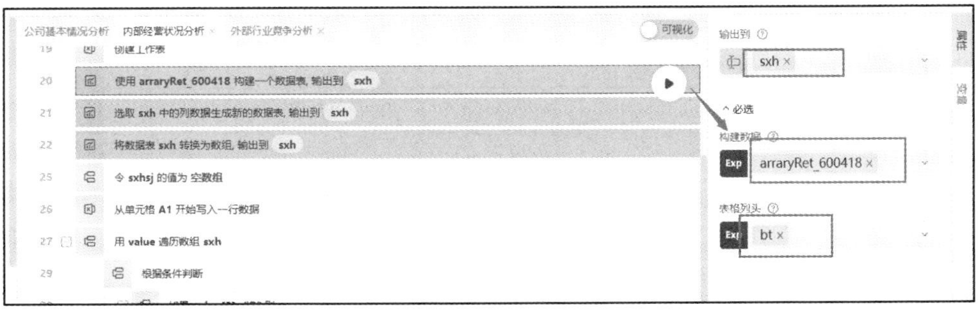

图 6 – 18　构建数据表

步骤九：筛选利润表数据，填入“筛选后数据”工作表中。添加【变量赋值】，将变量“sxhsj”的值设为“［］”。添加【写入行】，将［“证券代码”，“会计期间”，“报表类型”，“营业总收入”，“营业总成本”，“营业利润”，“利润总额”，“净利润”］从 A1 开始写入“筛选后数据”工作表中。添加【依次读取数组中每个元素】，用 value 遍历数组 sxh。在遍历的下方添加【如果条件成立】，写入判断条件“value［2］ ="B"”。在下方添加【在数组尾部添加元素】，在“sxhsj”尾部添加符合条件的数组。最后跳出循环，添加【写入范围】，将“sxhsj”从 A2 开始写入“筛选后数据”。如图 6 – 19 所示。

步骤十：删除冗余行数据。添加【删除行】，删除 3 个 A3，4 个 A4，4 个 A5，1 个 A6。如图 6 – 20 所示。

步骤十一：计算净利润增长率。添加【写入单元格】，将“净利润增长率”写入“筛选后数据”工作表中的 I1 单元格中。添加【从初始值开始按步长计数】，设定起始值为 2，终止值为 5，步长为 1。在循环中添加【读取单元格】，读取 H 列 2 到 5 行的数据，输出到“去

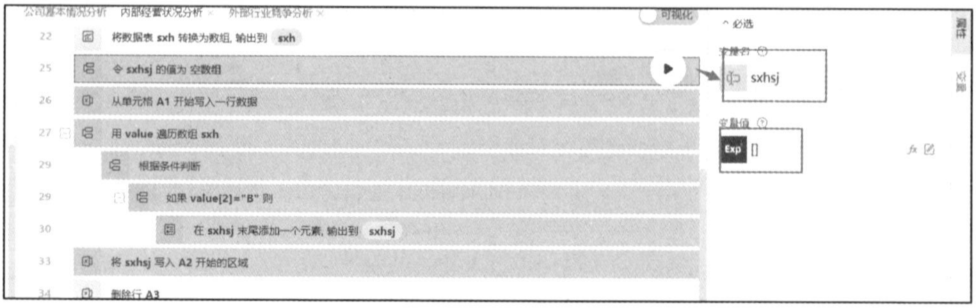

图 6－19　筛选利润表数据

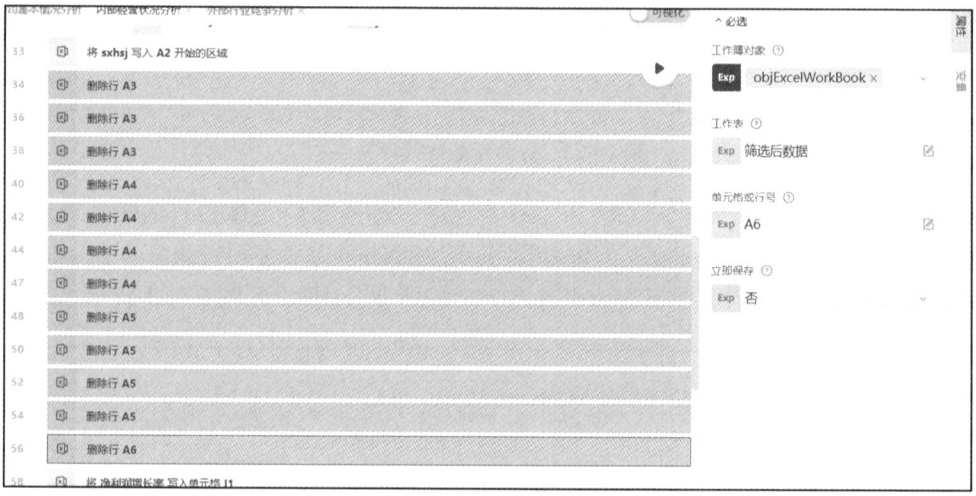

图 6－20　删除冗余行数据

年”；添加【转换为小数数据】，将变量“去年”类型转换为小数类型。同样的步骤读取 H 列 3 到 6 行的数据，输出到“今年”，并将数据转换为小数类型。添加【变量赋值】，将“（本年－去年）/本年”的计算结果赋值给变量“jlrzzl”。添加【写入单元格】，将变量“jlrzzl”填写到 I 列的 3 到 6 行。如图 6－21 所示。

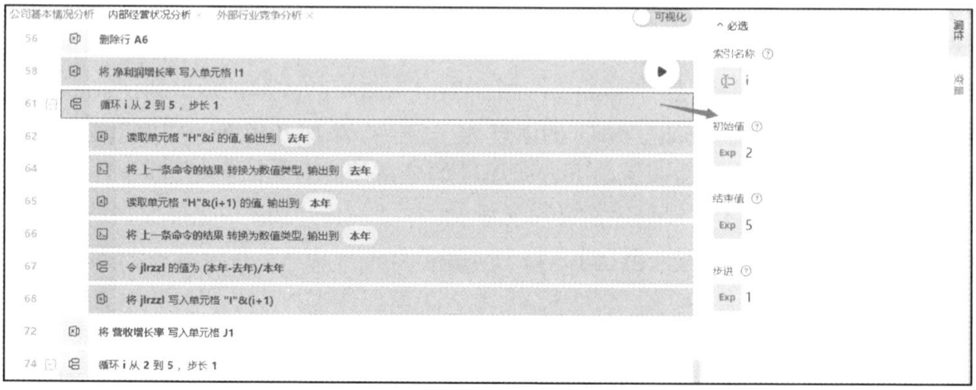

图 6－21　计算净利润增长率

步骤十二：计算营业收入增长率。操作步骤与计算净利润增长率相同。如图 6－22 所示。

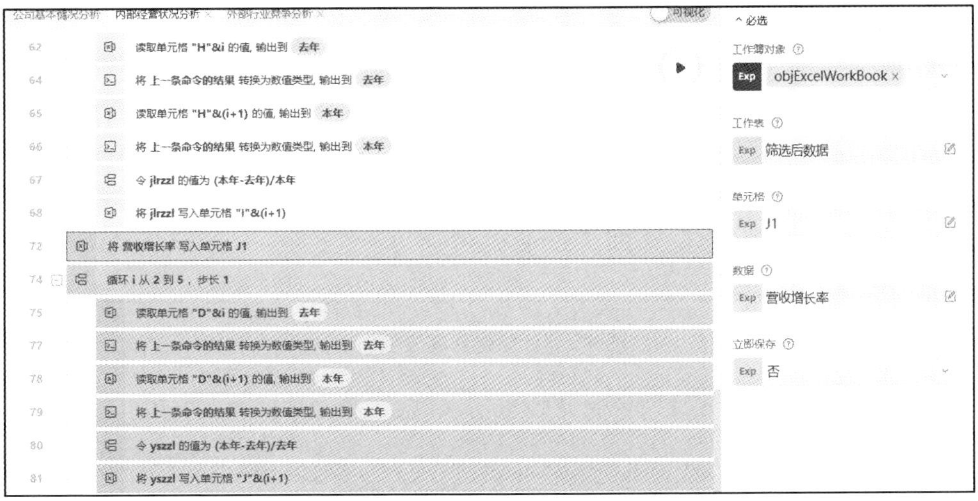

图 6－22　计算营业收入增长率

步骤十三：在“公司行业分类表”Excel 文件中，创建新的工作表。编辑流程块“外部行业竞争分析”，添加【打开 Excel 工作簿】，打开文件路径为“公司行业分类表 . xlsx”的工作簿。添加【创建工作表】，将新表表名命名为“同行业公司”。如图 6－23 所示。

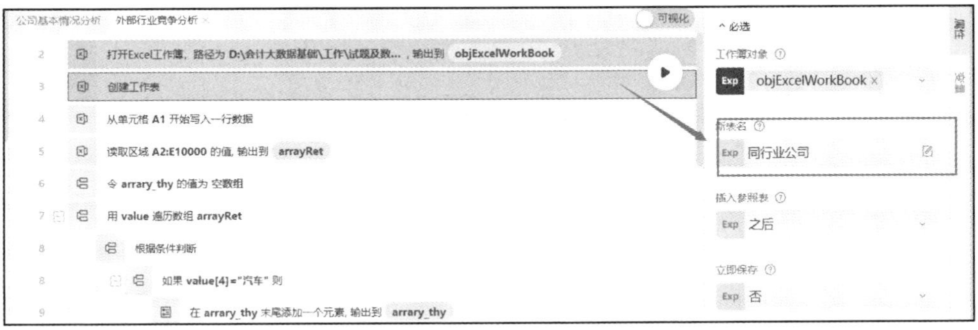

图 6－23　创建新工作表

步骤十四：筛选“公司行业分类表”数据，填入“同行业公司”工作表中。添加【写入行】，将［"Symbol","IndustryCode","IndustryName"］从 A1 开始写入“同行业公司”工作表中。添加【读取区域】，读取工作表“ssgshyflb”中 A2：E10000 的数据，输出到“arraryRet”。添加【变量赋值】，将变量“arrary_ thy”的值设为“［］”。添加【依次读取数组中每个元素】，用 value 遍历数组 arraryRet。在遍历的下方添加【如果条件成立】，写入判断条件“value［4］＝"汽车"”。在下方添加【在数组尾部添加元素】，在“arrary_ thy”尾部添加符合条件的数组。最后跳出循环，添加【写入范围】，将“arrary_ thy”从 A2 开始写入“同行业公司”。如图 6－24 所示。

步骤十五：删除冗余行数据。添加【删除行】，删除 2 个 B1。如图 6－25 所示。

步骤十六：构建数据表。添加【读取区域】，读取“同行业公司”工作表中 A2：C30 范围的数据，输出到“sjb”。添加【构建数据表】，根据“sjb”构建数据表，表格列头为［"Symbol","IndustryCode","IndustryName"］，输出到“sjb1”。如图 6－26 所示。

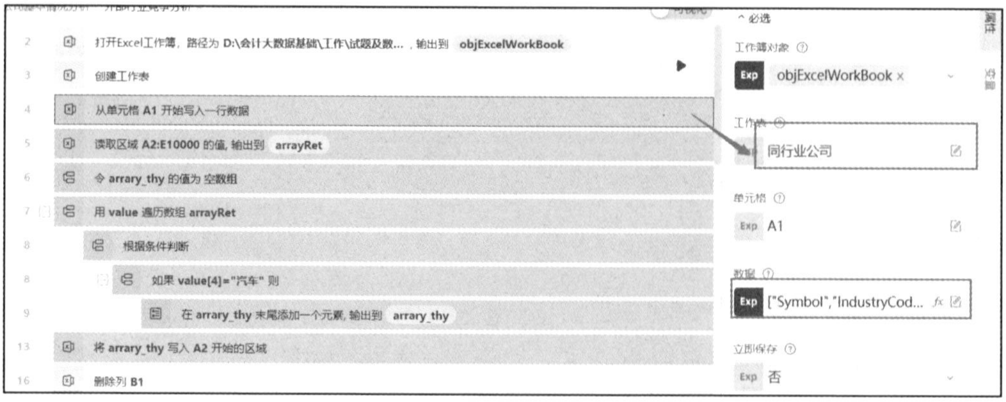

图 6-24　筛选数据填入新工作表中

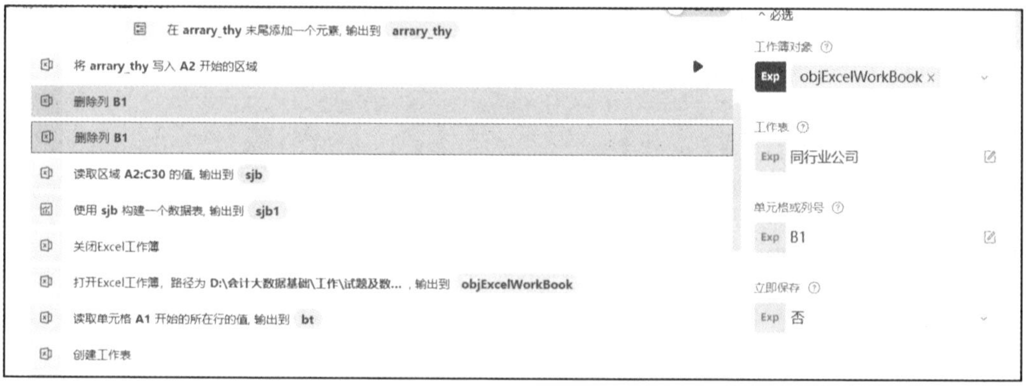

图 6-25　删除冗余数据

图 6-26　构建数据表

步骤十七：在“利润表”Excel 文件中，创建新的工作表。编辑流程块“外部行业竞争分析”，添加【打开 Excel 工作簿】，打开文件路径为“利润表.xlsx”的工作簿。添加【创建工作表】，将新表表名命名为“同行业公司利润表”，添加【读取行】，读取“利润表”Sheet1 工作表 A1 行的数据，输出到“bt”。如图 6-27 所示。

步骤十八：构建数据表。添加【读取区域】，读取“sheet1”工作表中 A1：BM30000 范围的数据，输出到“arraryRet”。添加【构建数据表】，根据“arraryRet”构建数据表，表格列头为变量“bt”，输出到“sjb2”。如图 6-28 所示。

步骤十九：连接数据表。添加【合并数据表】，数据表“sjb1”与“sjb2”通过内连接合

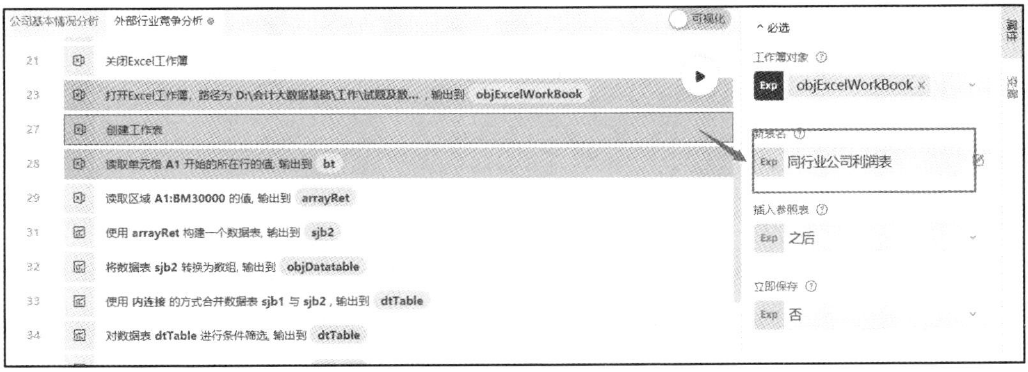

图 6-27　创建工作表

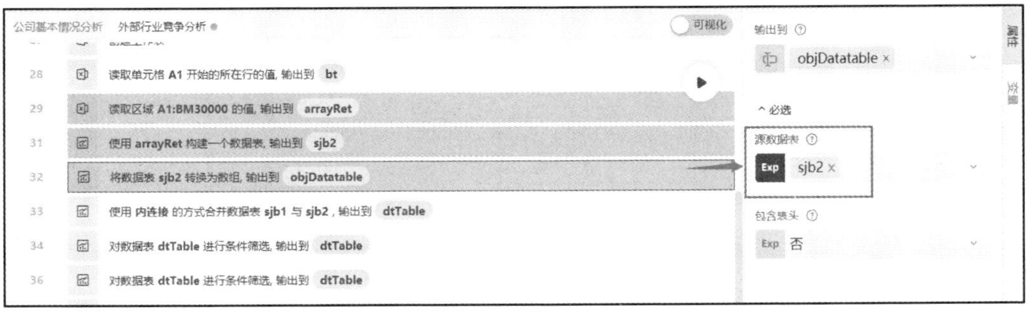

图 6-28　构建数据表

并，通过“Symbol”与“Stkcd”字段相等，输入到“dtTable”。添加【数据筛选】，筛选条件设为“Typrep = = "B"”；再添加一个【数据筛选】，筛选条件为“Accper = = "2015 - 12 - 31" or Accper = = "2016 - 12 - 31" or Accper = = "2017 - 12 - 31" or Accper = = "2018 - 12 - 31"”。添加【转换为数组】，将“dtTable”转换为数组，输出到“HB”。添加【写入区域】，将“HB”写入工作表“同行业公司利润表”A2 开始的区域。如图 6-29 所示。

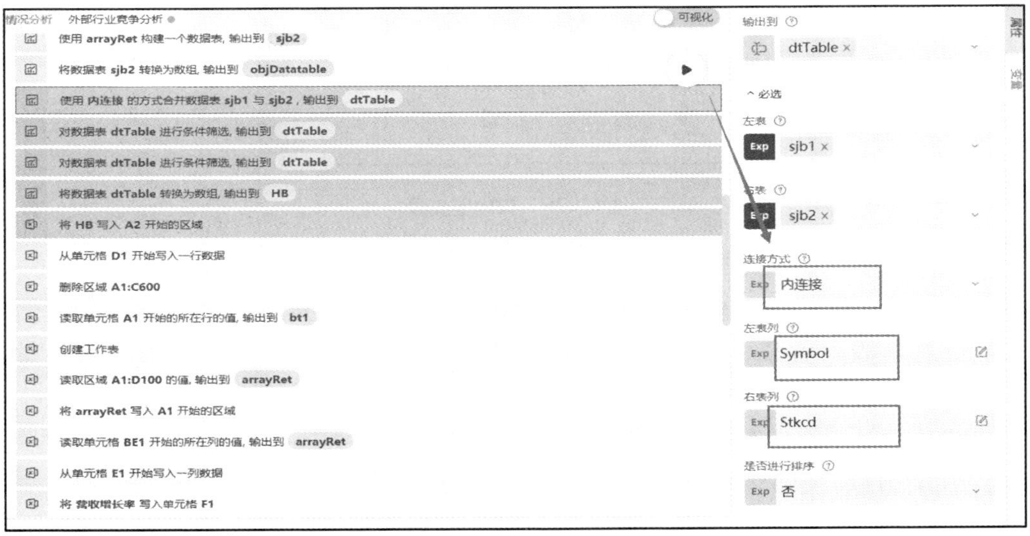

图 6-29　连接数据表

步骤二十：筛选整理数据。添加【写入行】，在工作表“同行业公司利润表”中写入变量“bt”。添加【删除区域】，删除工作表“同行业公司利润表”A1：C600的数据。如图6－30所示。

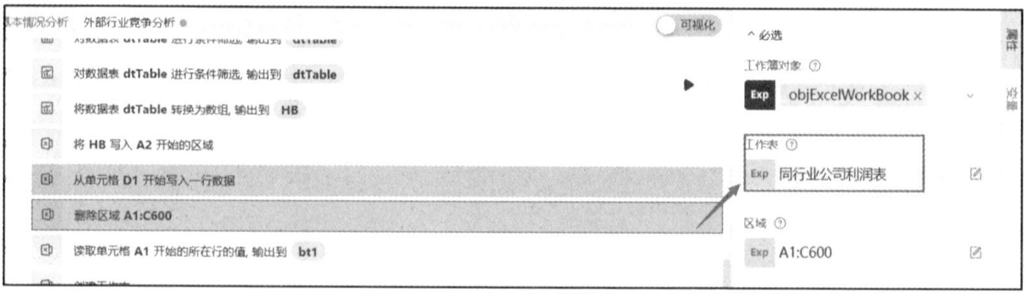

图6－30 筛选整理数据

步骤二十一：创建新工作表并填入数据。添加【创建工作表】，创建新工作表，表名为“同行业公司增长率”。添加【读取区域】，读取工作表“同行业公司利润表”A1：D100的数据，输出到“arraryRet”。添加【写入区域】，将“arraryRet”写入工作表“同行业公司增长率”中。添加【读取列】，读取“同行业公司利润表”BE1列的数据，输出到“arraryRet”；添加【写入列】，将“arraryRet”写入到工作表“同行业公司增长率”的E列中。如图6－31所示。

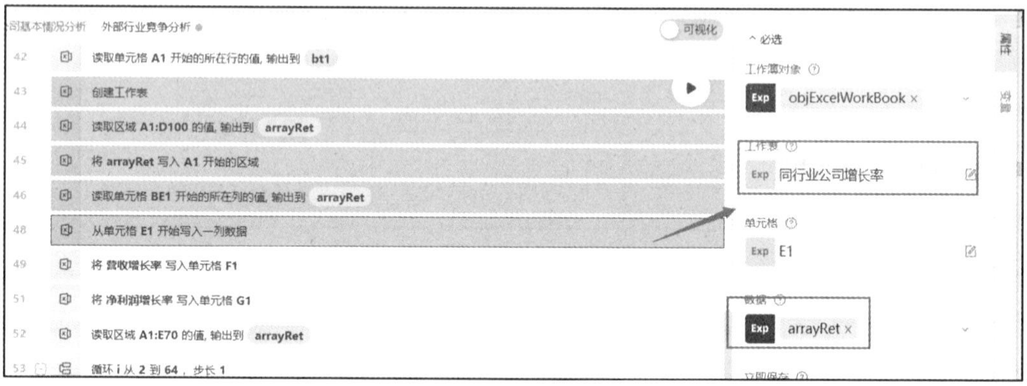

图6－31 创建新工作表并填入数据

步骤二十二：计算同行业公司营收增长率与净利润增长率。与步骤十一计算净利润增长率步骤类似。如图6－32和图6－33所示。

步骤二十三：添加【否则如果条件成立】，将条件设为“"A"&i < >"A"& (i+1)”。如图6－34所示。

6.4 企业基本情况数据分析与展现自动化

通过对企业基本情况数据进行采集处理后，现已经整理得到了规范的企业信息数据。利用Tableau可以将规范的企业基本情况数据进行展现，通过数据可视化可以清楚地了解蛮先进公司近年来的经营情况与同行业的发展情况。

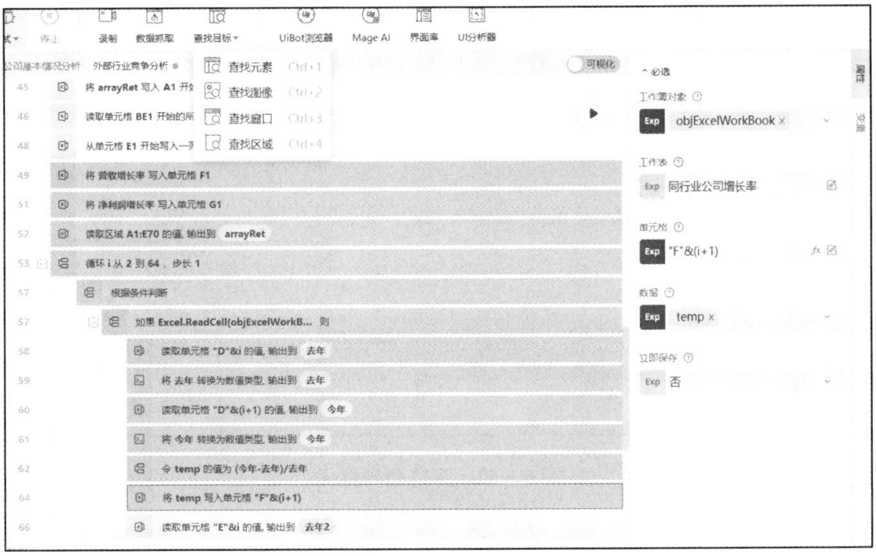

图 6－32　计算同行业公司营业收入增长率

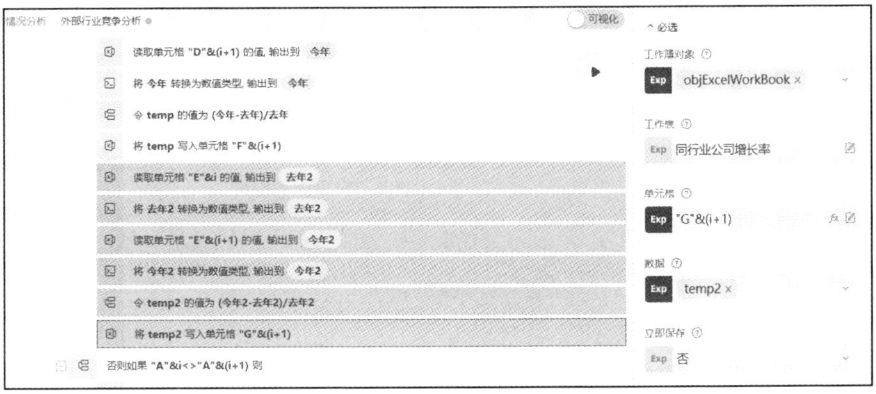

图 6－33　计算同行业公司净利润增长率

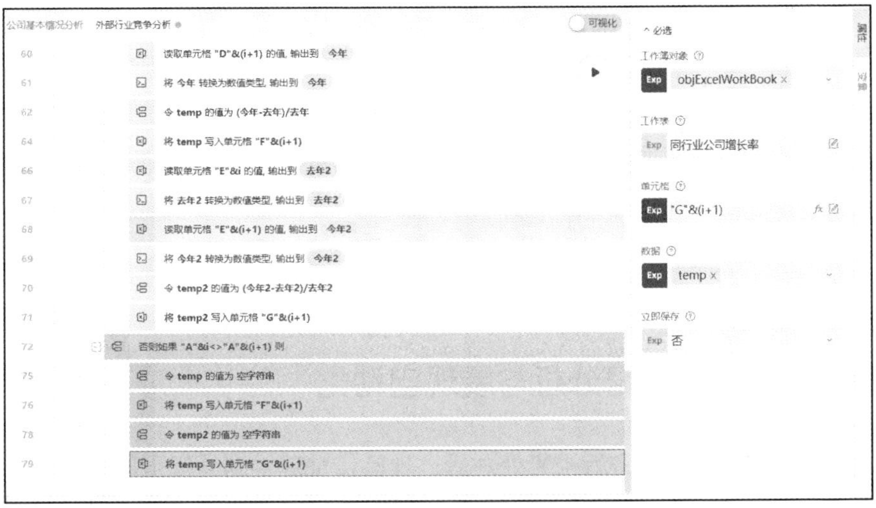

图 6－34　计算同行业公司净利润增长率

6.4.1 场景描述

经过一段时间的项目锻炼，家桐已经深谙 RPA 的神奇，在 RPA 方面也算小有成就了，之前做的报表也得到了项目组负责人李天臣的肯定，家桐小小地骄傲了一下。看在家桐如此好学，做事情如此认真的情况下，天臣又给家桐安排了新的任务：将数据清晰展现，让非财务工作者也能完全看懂。这可难倒了家桐。

对着一堆数据，家桐头都大了。这一张又一张的报表，内行人看着还行，就是十分浪费时间，很不直观；如果拿给公司高管等非财务人员，那只怕是让他们丈二和尚摸不到头脑。如何直观清晰地表现出数据，这又让家桐抠破了脑袋，只好又咨询常年与高管打交道的晏露。

于是，在财务办公室展开了这样一段对话……

家桐："露姐啊，作为咱们公司最懂得领导心思的智慧树，你一定知道领导们到底想看到报表是哪种展现形式吧?"

晏露一边做着程总刚刚布置下来的加急任务，一边漫不经心地回答道："很多高层其实对报表是一知半解，有些高层则是没空去看报表数据，如果想要领导读懂这份报表且不耗时的话，用图表的形式把报表数据展现出来是最好的办法!"

家桐恍然大悟，以图表的形式表现数据，既直观又好看，露姐果然是个人精啊！这时，家桐又发出了疑问："如果是用 PPT，Excel 来作图的话，数据量之大，也太麻烦了；用一些数学软件来作图的话，我又不会编程，这可如何是好呀?"

家桐表达了自己的困惑之后，机智的晏露迅速甩给家桐一个软件链接：Tableau。晏露微笑着说："Tableau 满足你所有需求，不仅能够直观表现所有数据，还有海量图形任你选择，你值得拥有!"在观看晏露对 Tableau 进行简单操作后，家桐心满意足地回到了自己的工位，这一次的工作一定要在大家面前出尽风头，让程总眼前一亮！

今天又是学到新东西的一天！学习到了更多东西，家桐觉得自己变得更强了！

6.4.2 数据分析模型

公司基本信息能够帮助投资者和决策者初步了解一个公司，可以基本看出这个公司的发展状况和潜力。而判别一个公司的好坏不仅要看公司内部的发展情况，而且需同时结合行业竞争情况。因此在分析蛮先进公司的基本信息时，需从以上两方面进行。

在进行公司信息数据分析时，决策者将借助 Tableau 软件进行数据可视化展现。本节将创建可视化图形，通过图形对公司基本情况的各方面进行分析。本节进行数据分析与展现的主要步骤分为选择合适的数据源、绘制可视化图形分析和生成公司信息故事，思维导图如图6－35 所示。

6.4.3 数据展现设计

在对公司基本情况进行分析时，不仅要对公司的内部财务数据进行分析，也需要对外部行业情况，现有的竞争对手，潜在的竞争对手进行分析。通过对公司基本情况相关数据进行采集之后，现已经整理得到了规范的数据。利用 Tableau 可以将规范的数据进行展现，通过数据可视化可以清楚地了解公司内外部基本情况。本小节将从公司外部行业竞争情况和公司内部财务情况进行分析，最终得到直观的分析结果。

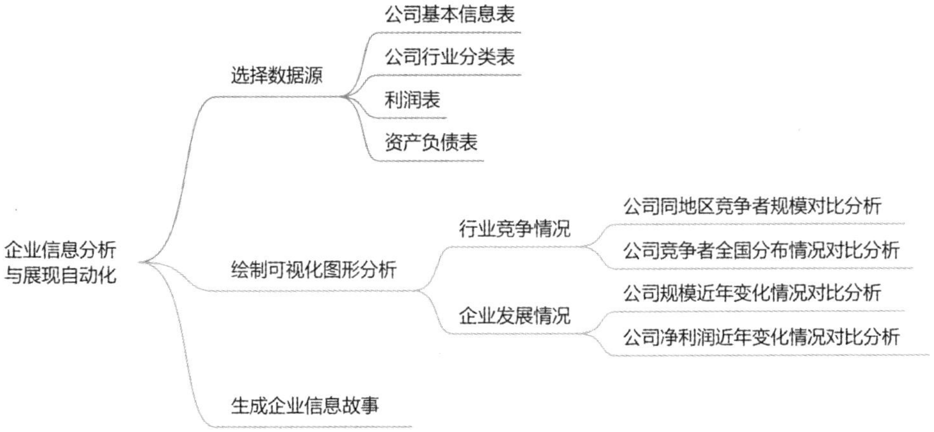

图 6－35　公司信息数据分析思维导图

在进行公司基本情况数据展现时，需要进行数据连接、数据整合、创建视图、创建仪表板，最终生成公司基本情况可视化故事。

以公司基本信息表作为数据的主表，将公司行业分类表中股票代码和年度区间等于公司基本信息表中的股票代码和年度区间，两表进行内连接；同时，将公司基本信息表中股票代码和年度区间等于利润表中的股票代码和年度区间，构成两表内连接；将公司基本信息表中股票代码和年度区间等于资产负债表中的股票代码和年度区间，构成两表内连接。

（1）创建视图

要对公司基本情况进行全面的分析，就要内外部相结合，形成较为全面的分析体系。可以将本次分析分为两个主题：一是对公司内部资产、利润等情况进行分析；二是根据公司同地区竞争情况和全国竞争情况进行全方位分析。

主题一采用公司总资产和所有者权益合计表示公司近年来的规模扩张情况，和经营情况等数据相结合，可进行公司发展态势的对比分析，如图 6－36 和图 6－37 所示。

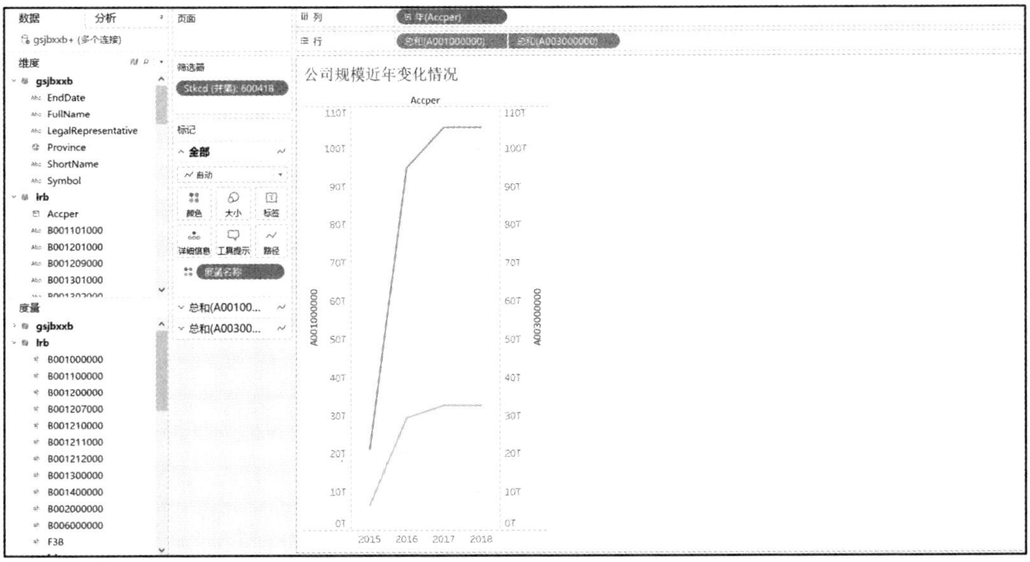

图 6－36　公司规模近年变化情况的对比分析

对公司规模变化情况进行分析时，选择的指标是公司总资产和公司所有者权益合计即公司的净资产，从图中可以看出公司规模2016—2017年呈上升趋势，到2018年时，增速放缓；但是公司的净资产较公司的总资产变化幅度较为平缓，在2016—2017年增幅较大时，也没有多大的变化，说明在2016—2017年，公司负债的增长幅度是大于资产的。

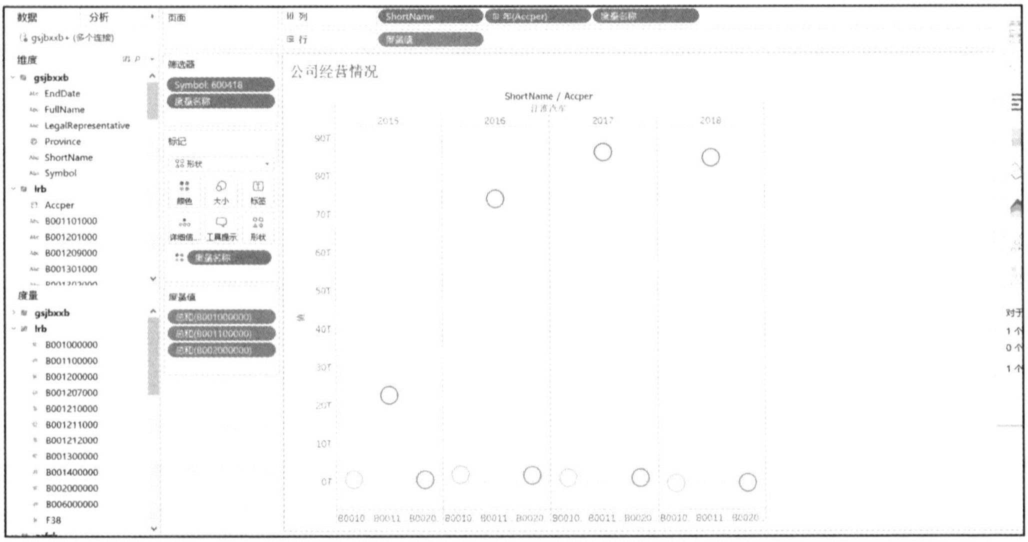

图6-37　公司经营情况的对比分析

采用营业总收入、利润总额、净利润等指标进行公司经营情况的大致分析。从图中可以看出，公司的营业总收入呈上升的趋势，反观利润总额和净利润，却是下降的，到2018年甚至为负数。这说明公司在成本、费用的控制方面做的不是特别好，有待提高。

主题二通过公司在同地区竞争对手的规模情况来判断公司在本地区的竞争力，结合全国同行业数量可进行行业竞争激烈程度的对比分析，如图6-38和图6-39所示。

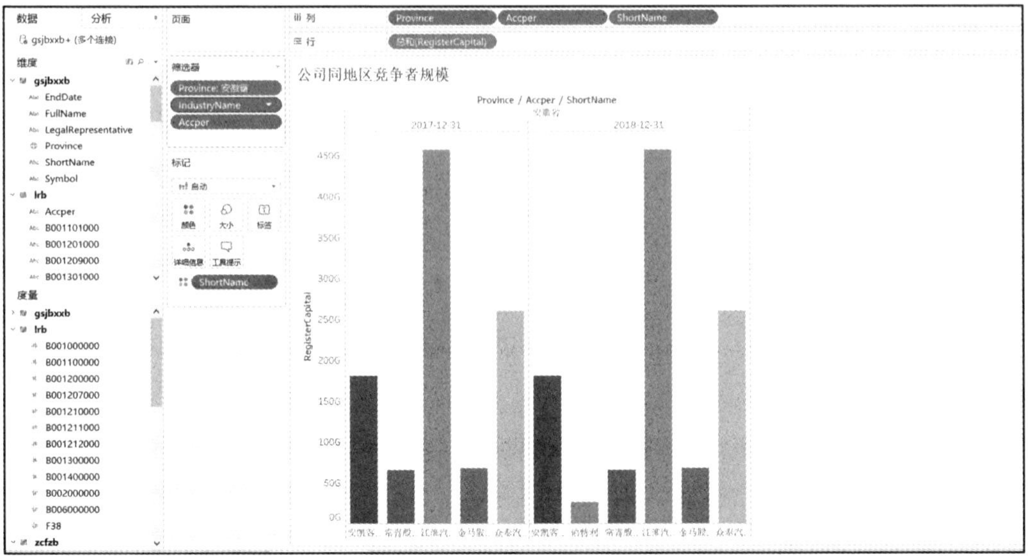

图6-38　公司同地区竞争者规模对比分析

根据公司同地区的竞争情况来看，公司在本地区的注册资本最多，资金实力是十分雄厚的。公司规模是最大的，相较于其他同行业竞争对手，公司的规模远超其他公司，因此，在本地区公司是十分具有竞争力的。

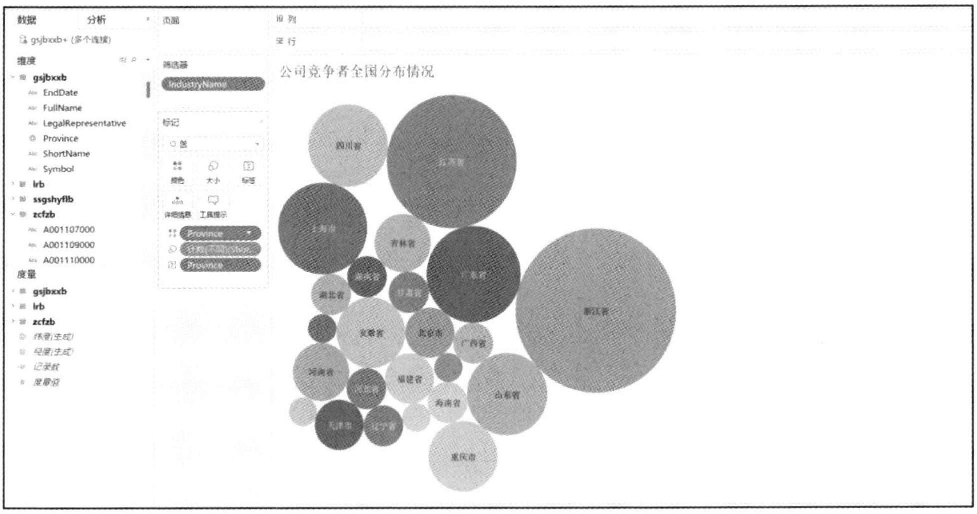

图 6－39　公司竞争者全国分布情况对比分析

从公司同行业竞争者分布情况来看，公司所处地区竞争激烈程度较小，竞争最为激烈的为沿海地区，其中广东省甚至达到了 32 家竞争企业。这是由于沿海地区制造企业较多，不论是材料成本还是运输成本等都具有优势。

（2）创建仪表板

仪表板是多张视图的集合，其可以实现多视图交互联动，使可视化效果更好。在公司基本情况中以一个主题形成一张仪表板，分别为公司内部经营情况分析与公司外部行业竞争情况分析，如图 6－40 和图 6－41 所示。

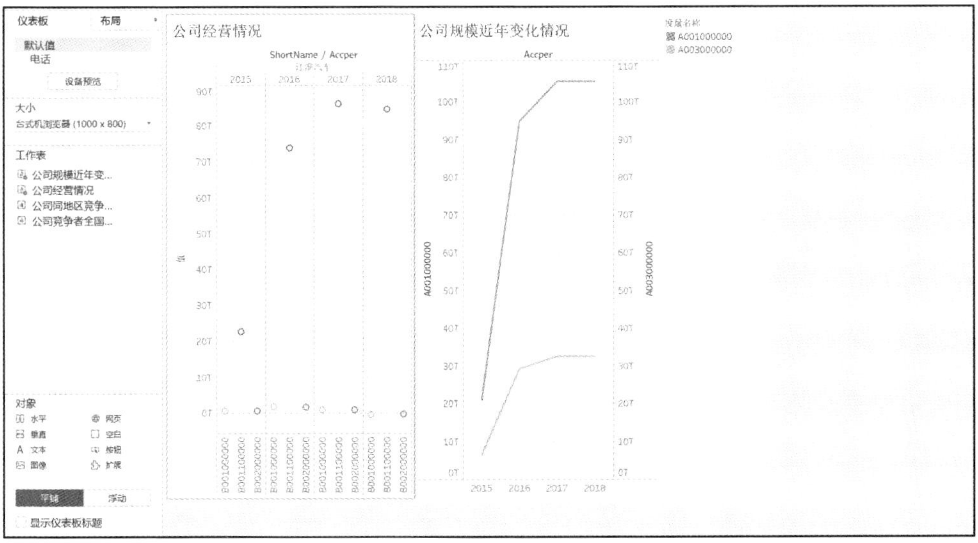

图 6－40　公司内部经营情况对比分析

从营业总收入和规模来看，公司都处于增长态势，说明公司的销售业绩良好，但是净利润等仍存在一定问题，处于不理想的状态。因此公司应在提高收入的同时，注意成本和费用的控制。

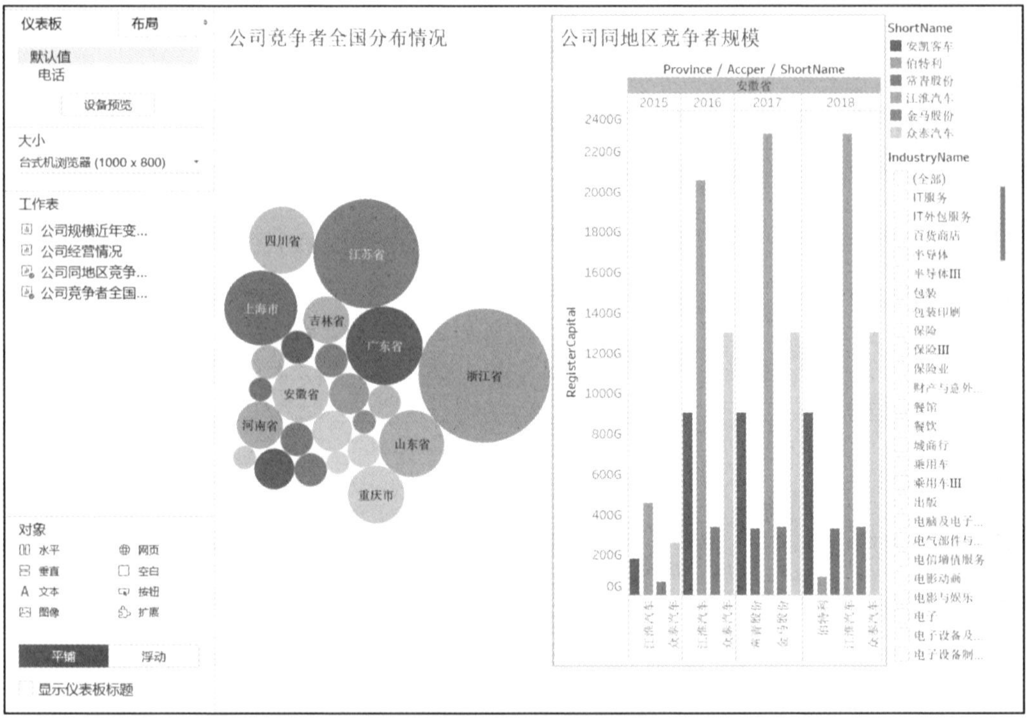

图 6－41　公司外部行业竞争情况对比分析

与汽车行业相关的大企业是非常多的，尤其是在华东地区，高达 63 家，竞争是十分激烈的，因此蛮先进公司应该采取差异化战略，与其他企业区分开；对于潜在的竞争者，利用本公司老企业的优势，采取成本战略，提高市场准入门槛。

再看同地区汽车制造业的注册资本，蛮先进公司的注册资本远高于其他企业，规模是最大的，说明蛮先进公司在本地区市场还是具有一定的话语权，因此可以利用其龙头企业的优势来引导整个市场，提高行业的准入门槛。

（3）生成故事

在 Tableau 中，故事是一系列共同作用以传达信息的虚拟化项。通过创建故事来讲述数据，提供上下文，演示决策与结果的关系，或者只是创建一个极具吸引力的案例。公司基本信息故事由两个仪表板组成。公司基本信息故事的生成，提供了直观的分析结果，决策者通过公司基本信息故事即可做出初步的决策。

6.4.4　Tableau 技术实现

Tableau 技术实现包括技术路线和开发步骤，技术路线是对公司基本情况可视化整个流程技术要点的简介，开发步骤是实现路径。

（1）技术路线

Tableau 技术路线是对公司基本情况，可视化整个流程技术要点的简介，如表 6－8 所示。

公司基本情况包括连接数据源、公司内部经营情况分析、公司外部行业竞争情况分析三个板块。

首先，连接数据源，将 Tableau 与本地文件进行连接，并建立数据联系，然后对字段及字段名进行修改。

其次，对公司内部经营情况进行分析，主要操作包括计算、筛选等，绘制成图表，最后新建仪表板，将图表拖拽至仪表板中展示。

再次，对公司外部行业竞争情况以相同的方式进行分析。

最后，根据生成的仪表板，拖拽到故事中生成故事。

表 6-8　　Tableau 技术路线

实现目的	实现步骤	具体操作
连接数据源	连接数据	连接 Tableau 到本地文件
	建立数据联系	拖拽工作表
	添加其他表	连接 Tableau 到本地其他文件
	隐藏字段	拖拽并设置连接字段
	修改字段名	鼠标点击隐藏重复字段
公司内部经营情况分析	新建工作表	点击“新建工作表”
	创建计算字段	根据字段名输入计算公式
	绘制图表	鼠标拖拽字段名到行、列、筛选器
	新建仪表板	点击“新建仪表板”
	绘制仪表板	鼠标拖拽工作表到仪表板
公司外部行业竞争情况分析	新建工作表	点击“新建工作表”
	创建计算字段	根据字段名输入计算公式
	绘制图表	鼠标拖拽字段名到行、列、筛选器
	新建仪表板	点击“新建仪表板”
	绘制仪表板	鼠标拖拽工作表到仪表板
生成故事	新建故事	点击“新建故事”
	绘制故事	鼠标拖拽仪表板到故事
	设置故事格式	点击编辑标题

（2）开发步骤

①连接数据源。

步骤一：打开 Tableau，在页面左侧“连接”中点击【Microsoft Excel】，然后选择“公司基本信息表 . xlsx”创建一个 Tableau 工作簿，如图 6-42 所示。

步骤二：点击“添加”通过同样的方式添加“公司行业分类表”“利润表”“资产负债表”，如图 6-43 所示。点击“公司基本信息表”，在页面左侧“工作表”中，选择“gsjbxxb”拖入页面中间“将工作表拖到此处”，如图 6-44 所示。然后将“公司行业分类表”的“ssgshyflb”拖到“gsjbxxb”数据后面，将“Symbol”和“利润表”“资产负债表”中的“Stkcd”字段联结，构成“gsjbxxb”和“ssgshyflb”的内连接。将“利润表”和“资产负债表”也通过同样的方法，通过字段“Symbol”进行内连接，如图 6-45 所示。

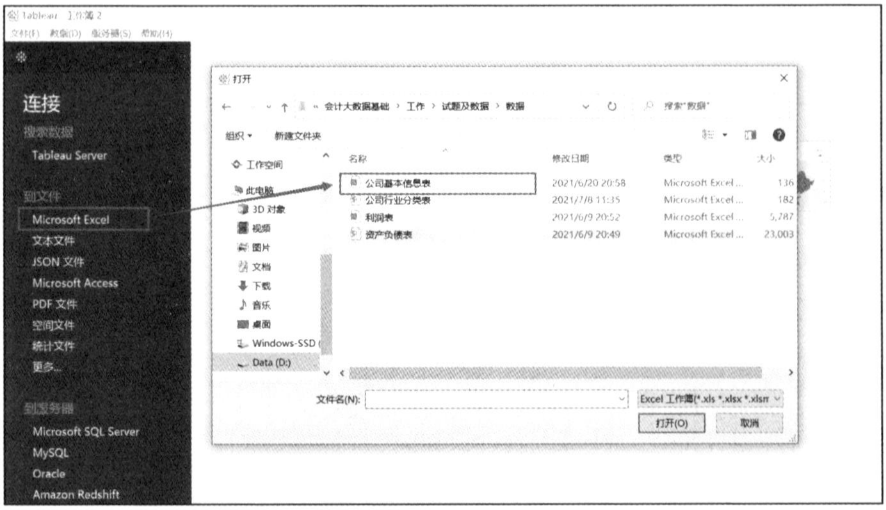

图 6－42　选择数据源文件

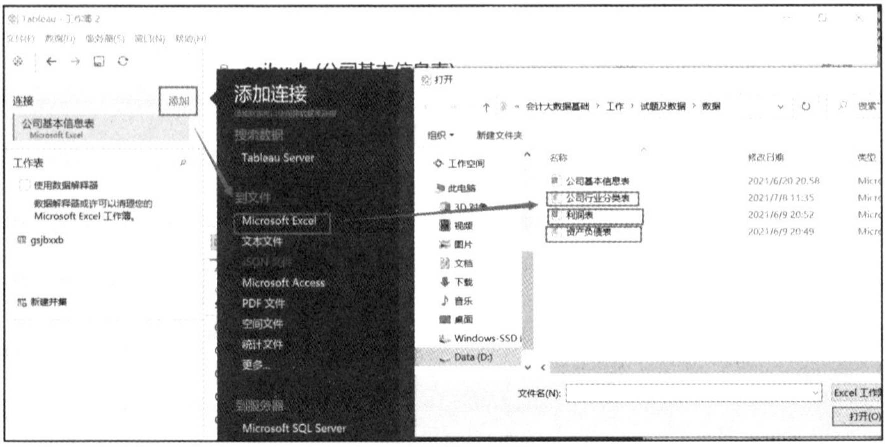

图 6－43　添加数据源文件

图 6－44　拖入工作表

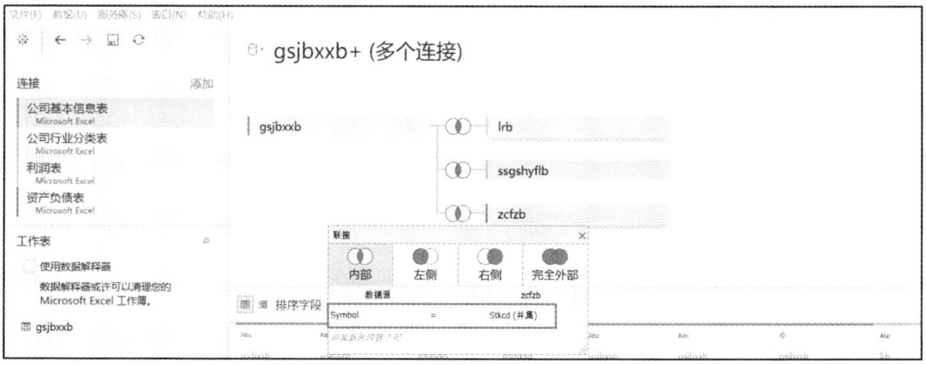

图 6－45　数据源连接

②公司内部经营情况分析。

步骤三：点击页面下方“工作表 1”，重命名为：公司经营情况。将维度字段【Symbol】拖入到筛选器中，在筛选器对话框中勾选“600418”，再点击确定，如图 6－46 所示。将度量字段【B001000000】【B001100000】【B002000000】拖至“行”，如图 6－47 所示。将维度字段【ShortName】【Accper】【度量名称】拖入到“列”中，如图 6－48 所示。

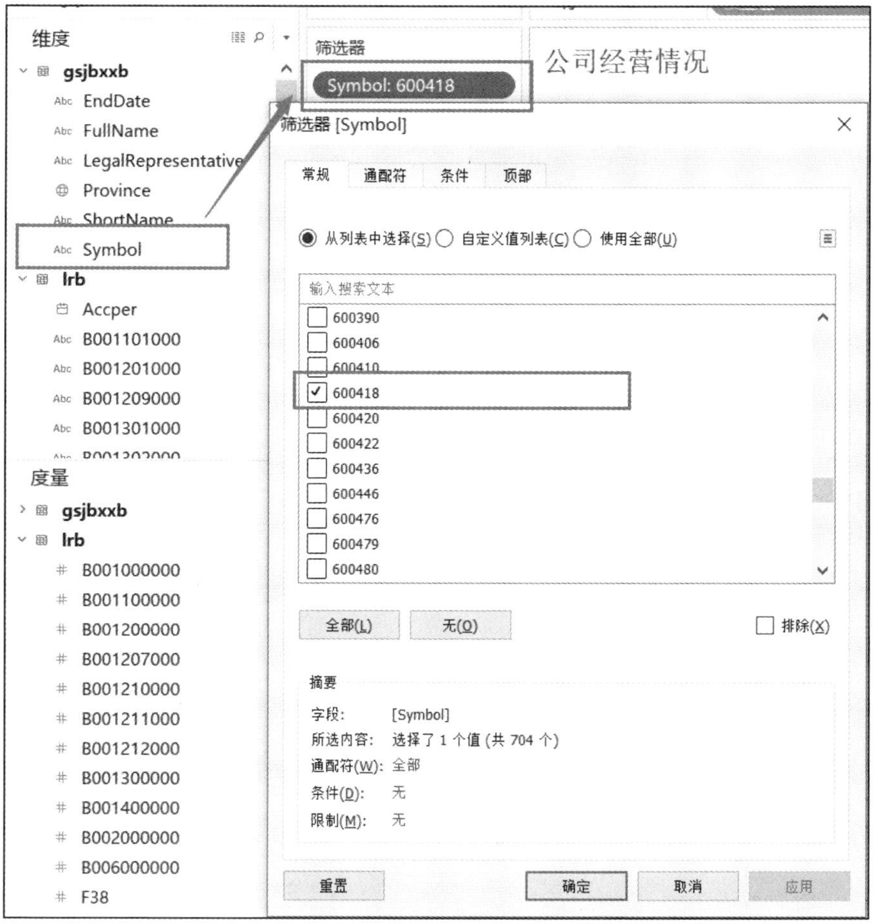

图 6－46　编辑筛选器

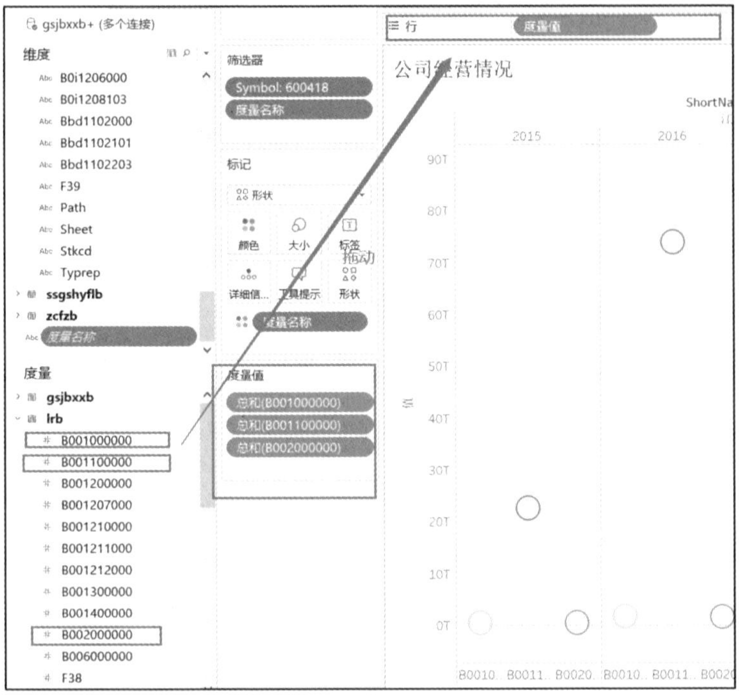

图 6-47　编辑行

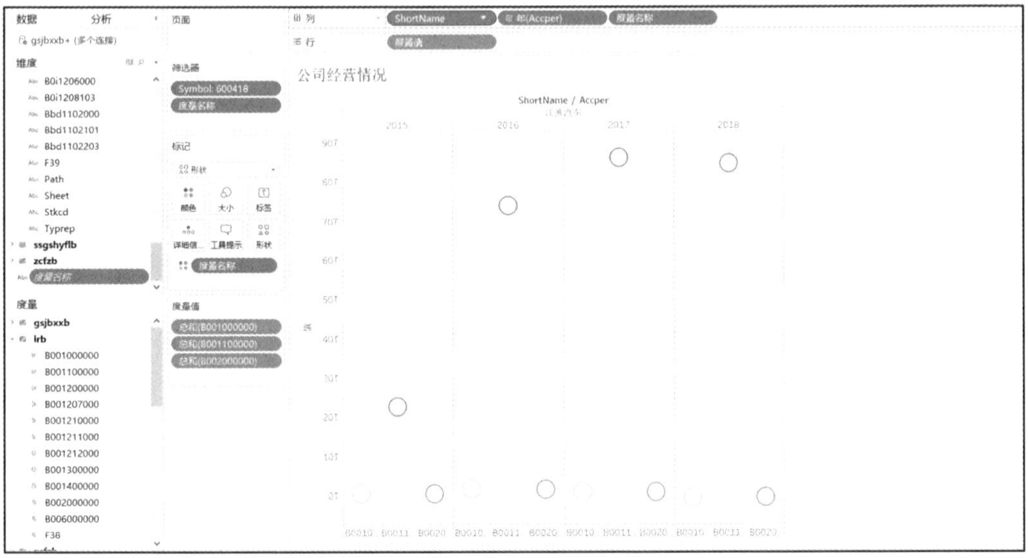

图 6-48　公司经营情况分析

步骤四：新增一张工作表，重命名为：公司规模近年变化情况。将维度字段【Stkcd】拖入到筛选器中，在筛选器对话框中勾选“600418”，再点击确定。将度量字段【A001000000】【A003000000】拖至“行”。将维度字段【Accper】拖入到“列”中，如图 6-49 所示。

步骤五：新增一张仪表板，重命名为：公司内部经营情况。将工作表“公司规模近年变化情况”与“公司经营情况”拖入到页面中间，在左下角的“对象”处，勾选“显示仪表板标题”，如图 6-50 所示。最后，再将各工作表进行合理布局。最终展示效果如图 6-51 所示。

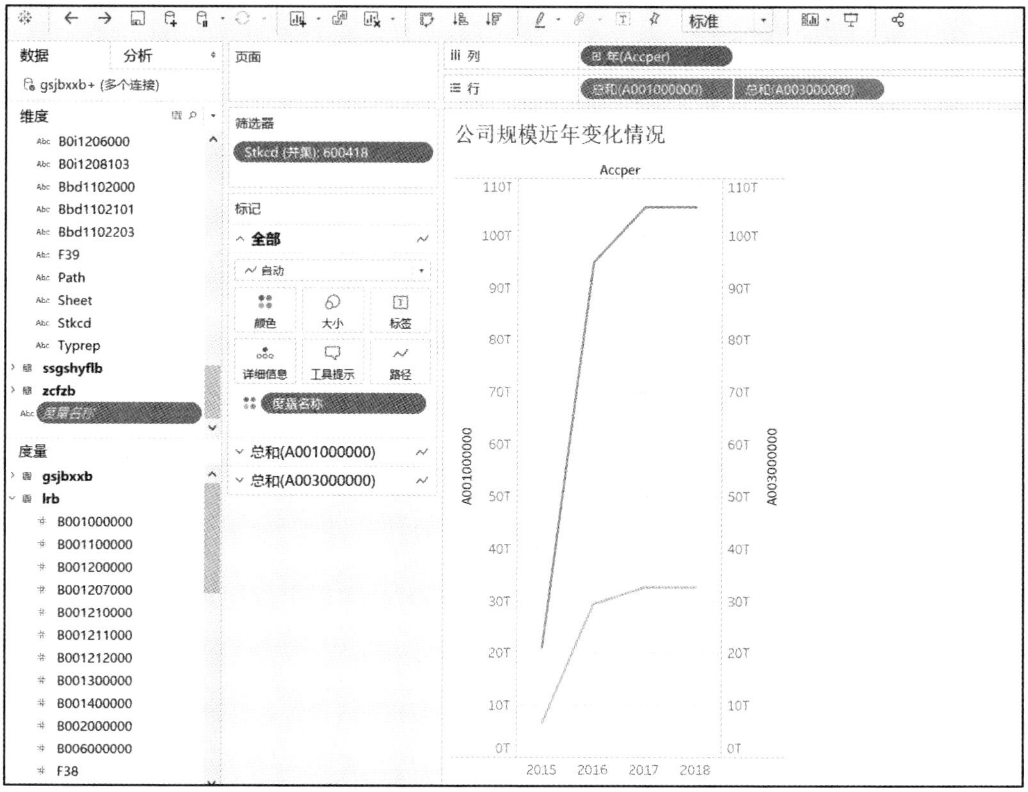

图 6－49　公司规模近年变化情况分析

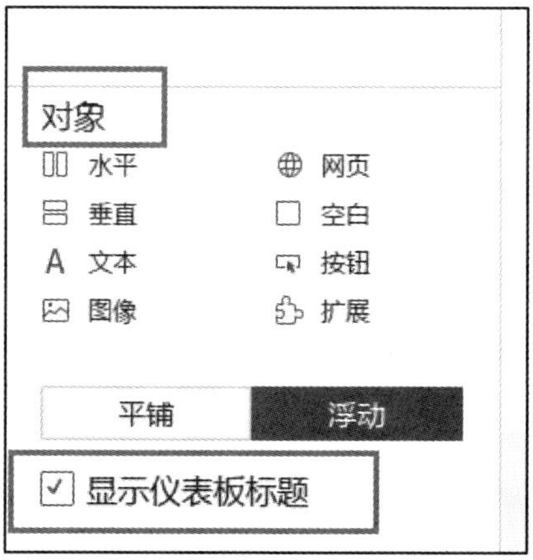

图 6－50　勾选“显示仪表板标题”

③公司外部行业竞争情况分析。

步骤六：新增一张工作表，重命名为：公司同地区竞争者规模。将维度字段【Province】拖入到筛选器中，在筛选器对话框中勾选“安徽省”，再点击确定，如图 6－52 所示。同理，将维度字段【IndustryName】拖入到筛选器中，在筛选器对话框中勾选“汽车”“汽车零部件”“汽车零部件Ⅲ”“汽车零配件”“汽车制造业”，再点击确定，如图 6－53 所示。

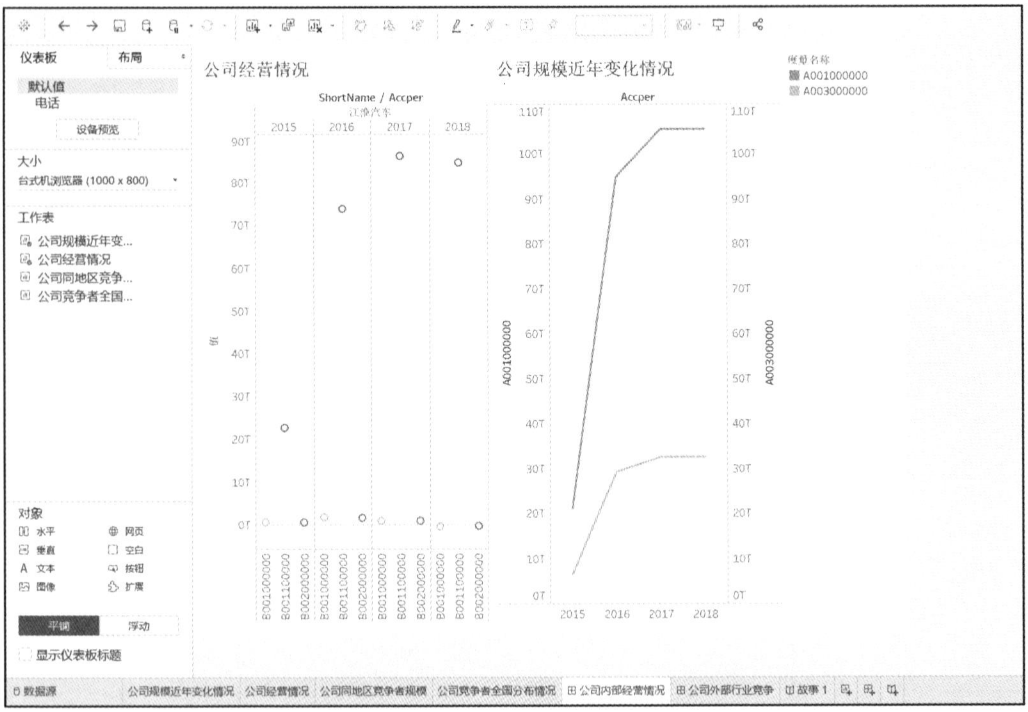

图 6－51　公司内部经营情况仪表板分析

图 6－52　筛选同一地区公司

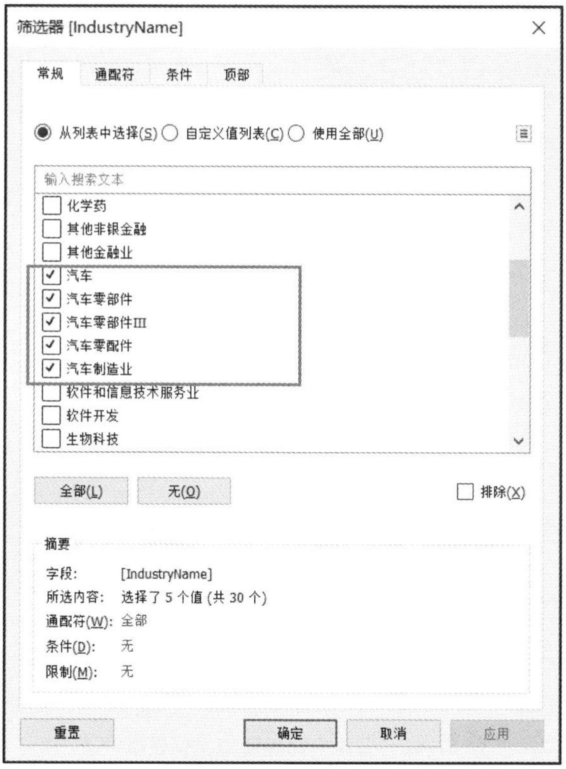

图 6－53　筛选公司同行业

步骤七：将维度字段【Province】【Accper】【ShortName】拖至“列”；将度量字段【RegisterCapital】拖拽至“行”，如图 6－54 所示。

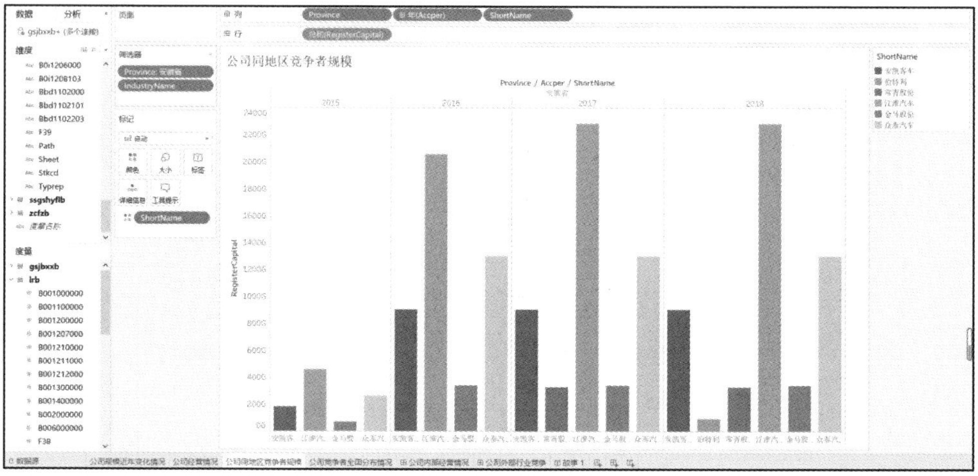

图 6－54　公司同地区竞争者规模分析

步骤八：新增一张工作表，重命名为：公司竞争者全国分布情况。将维度字段【IndustryName】拖入到筛选器中，在筛选器对话框中勾选“汽车”“汽车零部件”“汽车零部件Ⅲ”“汽车零配件”“汽车制造商”“汽车制造业”再点击确定。将维度字段【Province】拖至“标签”处。将维度字段【Province】拖入到“颜色”中。如图 6－55、图 6－56、图 6－57 所示。

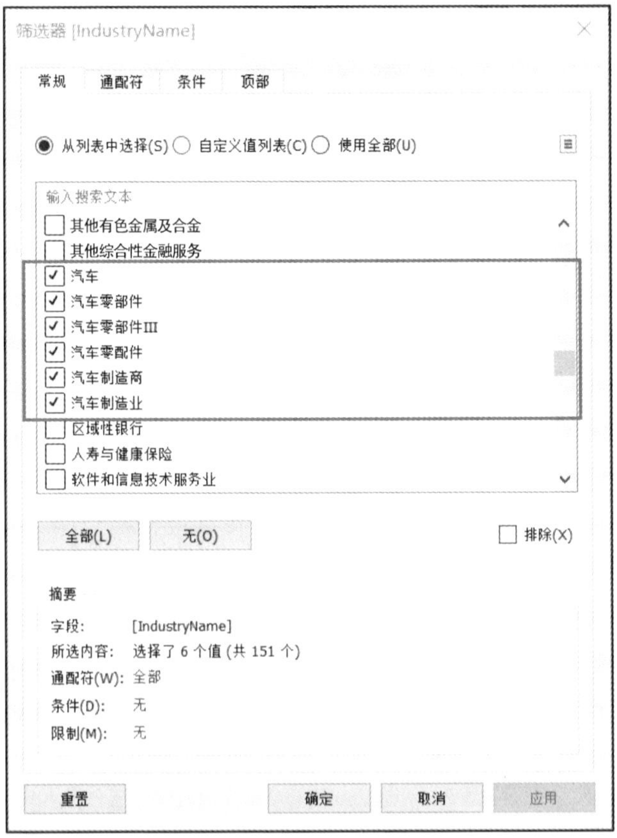

图 6－55　筛选公司同行业

图 6－56　各地区同行业公司数量

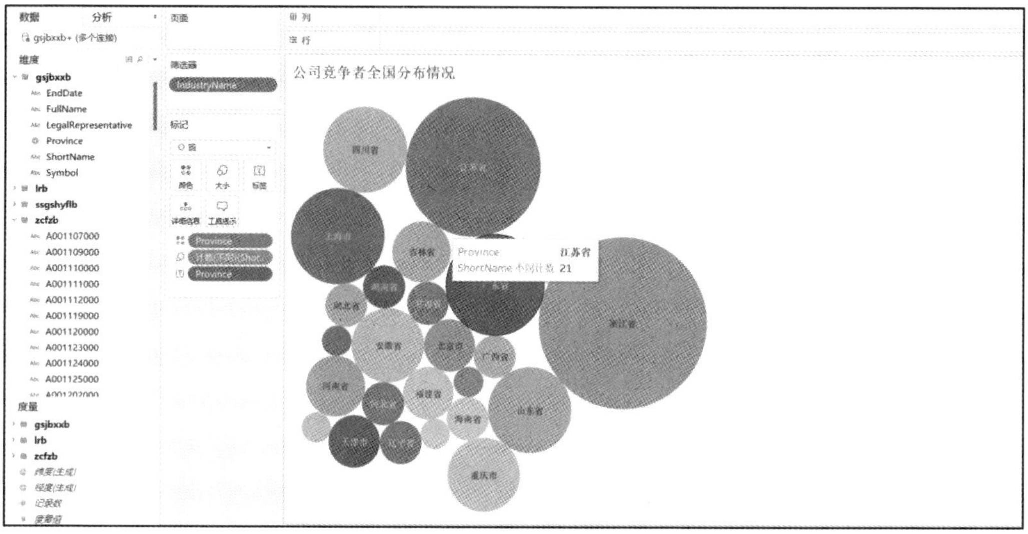

图 6－57　公司竞争者全国分布情况

步骤九：新增一张仪表板，重命名为：公司外部行业竞争。将工作表“公司同地区竞争者规模”与“公司竞争者全国分布情况”拖入到页面中间，在左下角的“对象”处，勾选“显示仪表板标题”。最后，再将各工作表进行合理布局。最终展示效果如图 6－58 所示。

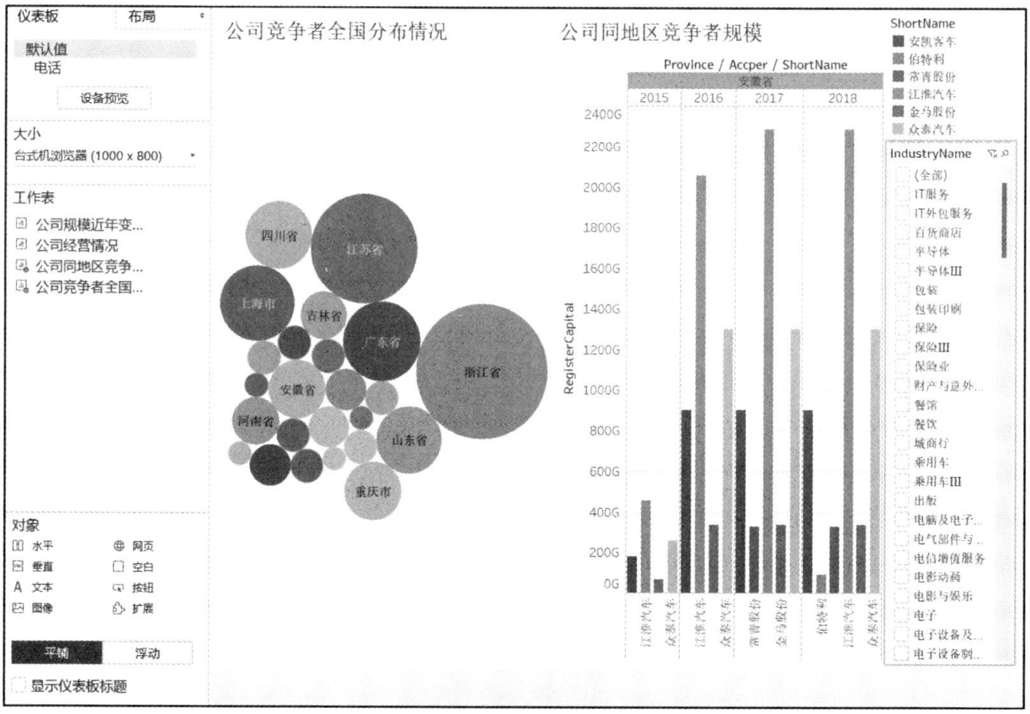

图 6－58　公司外部行业竞争

步骤十：新增故事，重命名为：公司基本情况分析。将“企业内部经营情况”和“公司外部行业竞争”两个仪表板拖拽至右边。最终展示效果如图 6－59 所示。

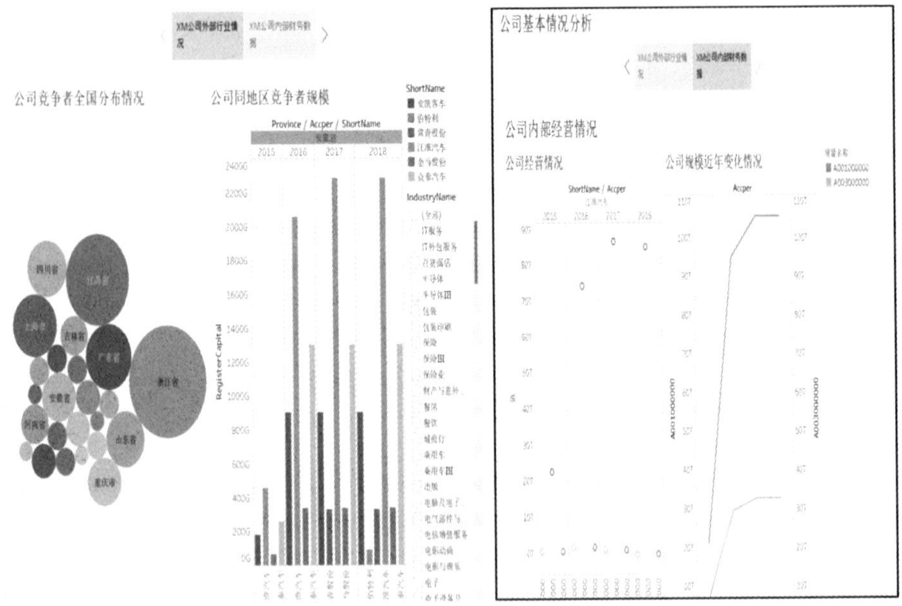

图 6 – 59　生成故事

6.5　企业基本情况数据分析报告自动化

企业基本情况数据分析报告自动化主要是采用 RPA 技术实现分析目标，为管理者提供高效、精准的分析结论，有利于管理者做出合理的经营决策。

6.5.1　场景描述

在经过一系列的数据采集及处理之后，家桐终于长舒了一口气，公司基本信息分析算是基本有个雏形了，后续只需要做一个分析报告了。年底的财会人伤不起呀，还有很多公司年报尚未分析，还有各种凭证没有做，真是分身乏术！如果能够自动生成分析报告就好了！说干就干！在了解 RPA 能够自动下载数据并填入表格后，家桐萌生了将 RPA 技术运用到分析报告上。咨询了公司的技术人员之后，得到了肯定，家桐决定运用 RPA 技术来实现分析报告的自动生成，省时省力还能减少错误率，RPA 简直就是财务人员的一大救星！

这时，企业基本信息自动化分析小组召开了 2021 年年底的最后一次会议，对项目进行总结汇报，并对后续工作进行安排。

项目负责人李天臣说道："最近辛苦大家了，年底大家都在连轴转，想必大家也是身心俱疲了，快到年底了，我们项目也快要结项了，同志们加把劲马上就能看到胜利的曙光了。等这个项目结束后，我一定向程总申请奖金，大家都有份！但是，可千万不要在收尾的时候放松了，我们还有分析报告尚未完成，革命尚未成功，同志还需努力呀！"

听到李天臣这样说，家桐大着胆子说道："我有一个想法，其实我们现在数据也整理好了，只剩下根据数据分析结果生成报告，何不运用 RPA 来做逻辑判断，自动生成报告呢？这不大大节约了时间，还提高了准确率？"

李天臣眼睛一亮："可以啊家桐，都知道举一反三了，这确实是个盲点，我们之前怎么没有想到，可是点醒了我们呀！那就这样，我们按照家桐说的方法，去尝试着做分析报告的自动生成！”

散会后，李天臣拍着家桐的肩膀，充满赞赏地对家桐说：“小伙子思想活跃，踏实肯干，我很看好你！继续努力，相信你一定会有大成就的！”

得到领导的肯定之后，家桐的心中充满了无限骄傲！

6.5.2 数据分析报告设计

数据分析报告由七部分组成，分别是标题页、目录、摘要、分析背景、分析目的、分析思路、分析内容。公司基本信息数据分析报告内容框架如下：

（1）标题页

该分析报告的标题页标题为：企业信息分析报告，撰写人为家桐，日期为2022年2月。

（2）目录

公司商业数据分析报告的目录由报告目录和图表目录组成，报告目录是报告的正文框架，图表目录是数据分析报告中可能出现的图表图注。

（3）摘要

公司基本情况是整个公司目前大致的状态，是外界报表使用者了解公司的辅助信息。对公司基本情况进行分析，通常包括企业类型、经营情况、企业前景、社会责任等方面。本分析报告从企业内部经营情况和外部行业竞争情况两方面，对蛮先进公司的基本信息进行分析，为报表使用者提供决策信息。

（4）分析背景

随着大数据、云财务和互联网相关概念和产品在财务管理中的应用，公司财务改革与转型成为必然趋势。

财务会计与互联网技术、云计算等紧密联系，意味着传统的财务会计管理方法无法适应当前的形势。在大数据时代，各种信息处理方法都是与网络相联系的，诸多的技术形式推动着财务会计的转型，拓展其数据收集的广度和宽度，丰富其数据收集的内容，增强其数据收集的时效性和及时性，确保数据的准确性和可靠性，并且加强各个部门之间的信息流通与日常交流。

（5）分析目的

①分析近年来公司规模扩张情况。公司的资产总额与资产净额变化通常表示公司规模的变化，通过观察这两个数据的变化情况，分析公司近年的扩张情况，以此判断公司的发展情况，据此制定后续的发展战略。

②分析公司经营状况。为了更深入地分析销售利润的影响因素，分析各个客户给本企业带来的销售毛利率和客户的消费偏好，以便针对性地给出精准决策。简单通过营业收入、营业成本、净利润等关键指标进行分析，判断公司近三年经营状况，找出经营中出现的问题，以便后续制定适当战略。

③分析公司在全国行业竞争情况。分析公司全国竞争者的分布情况，可判断各省、市的竞争激烈程度，以便后续选取发展市场。

（6）分析思路

企业自身分析：

①公司2015—2018年规模扩张情况；

②公司2015—2018年经营情况。

企业外部分析：

同行业竞争者全国分布情况。

（7）分析内容

从公司同行业竞争者分布情况来看，公司所处地区竞争激烈程度较低，竞争最为激烈的是沿海地区，其中广东省甚至达到了 32 家竞争企业。这是由于沿海地区制造企业较多，不论是材料成本还是运输成本等都具有优势。

6.5.3 自动化流程设计

在商业数据分析报告生成阶段，机器人元小蛮需要读取模板文件，对模板文件进行替换写入等操作。自动化流程设计如图 6－60 所示。

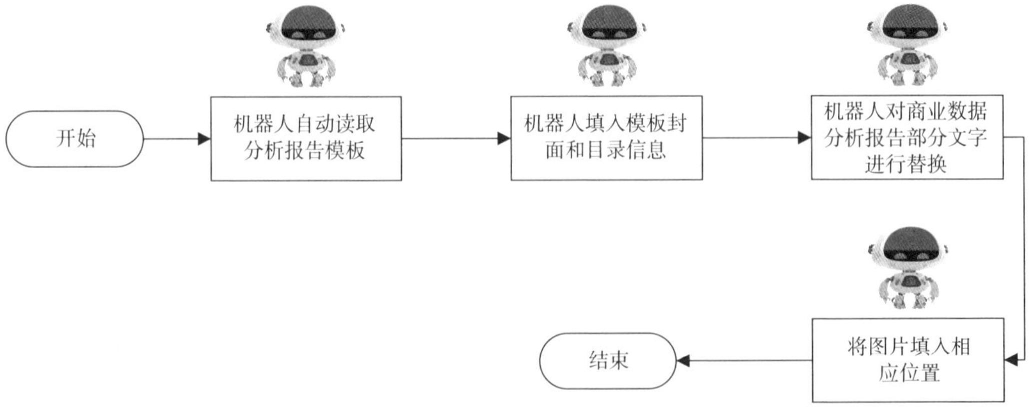

图 6－60　数据分析报告流程自动化

6.5.4 RPA 技术实现

（1）技术路线

在报告生成阶段，机器人需要完成的任务主要是读取报告模板、写入报告内容和发送邮件。

首先，读取已经设计好的商业数据分析报告模板文件，这个文件是 Word 形式，除了标题页需要特定的撰写人填写之外，其他内容均由机器人完成。

其次是写入报告内容，根据模板的设置，将特定的文字放入特定的区域。最后输出，完成整个写入报告的过程。

企业信息分析报告生成机器人开发的具体技术路线如表 6－9 所示。

表 6－9　机器人开发技术路线

流程块名称	功能描述	使用的预制件
填写封面和目录	打开文档并查找光标位置	打开 Word 文档
		延时
		模拟滚动
		点击目标
		查找文本后设置光标位置

续表

流程块名称	功能描述	使用的预制件
填写封面和目录	获取时间并替换文字	文字批量替换
		获取时间
		格式化时间
		左侧裁剪
		模拟点击
填写摘要和分析背景	替换文字并插入图片	文字批量替换
		查找文本后设置光标位置
		退格键删除
		插入图片
填写分析内容与建议	写入内容并插入图片	查找文本后设置光标位置
		退格键删除
		插入图片
		移动光标位置
		写入文字
	写入指定内容	查找文本后设置光标位置
		退格键删除
		写入文字
	保存并关闭文档	保存文档
		关闭文档
发送邮件	发送邮件至邮箱	发送邮件

（2）开发步骤

①搭建整体流程框架。

步骤一：新建流程。打开 UiBot Creator 软件，新建流程，并将其命名为“企业信息报告生成机器人”。

步骤二：绘制流程图。拖入 3 个“流程块”和 1 个“流程结束”至流程图设计主界面，并连接起来。流程块分别命名为“填写封面和目录”“填写摘要和分析背景”和“填写分析内容与建议”，如图 6－61 所示。

步骤三：添加流程图（全局）变量。在流程图界面右侧添加变量，并设置默认值，如表 6－10 所示。

步骤四：准备数据。首先，打开“企业信息报告生成机器人”流程文件夹，在“res”文件夹中放入“商业数据分析报告模板 . docx” Word 文件，“公司规模近年变化情况 . png”“公司经营情况 . png”“公司竞争者全国分布情况 . png”和“分析思路 . png”图片，如图 6－62 所示。

②填写封面和目录。

步骤五：打开商业数据分析报告模板，以便后续填写内容。编辑流程块“填写封面和目录”，添加【打开文档】，打开文件路径为“商业数据分析报告模板 . docx”。添加【延时】，时间为 5000 毫秒。添加【模拟点击】，滚动方向设为“向上滚动”，滚动次数设为“32”，如图 6－63 所示。

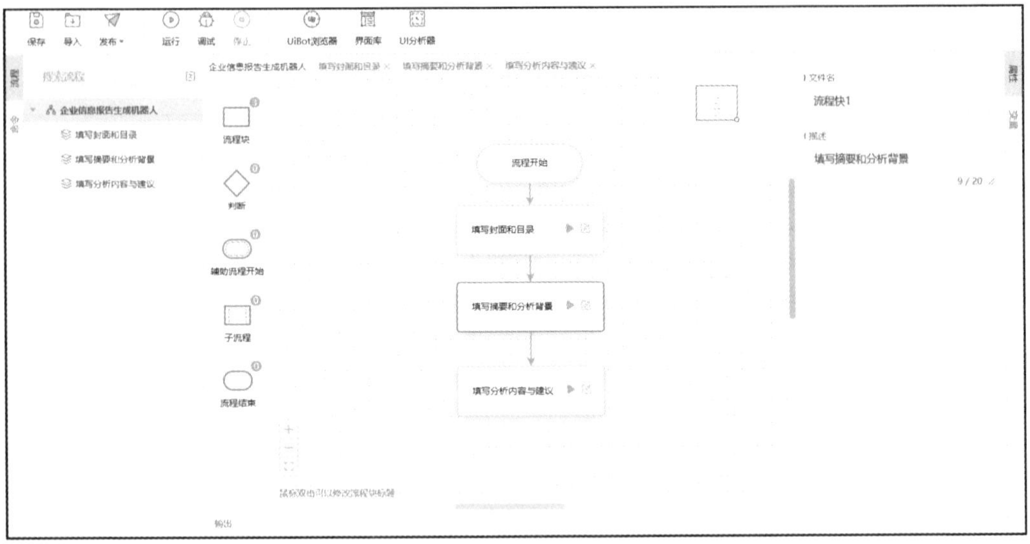

图 6－61　企业信息报告生成机器人流程图设计主界面

表 6－10　流程图变量

序号	变量名	使用方向	值	说明
1	objWord	无	""	商业数据分析报告模板

注：此处添加的是流程图变量！说明仅解释变量储存内容，不需要设置。

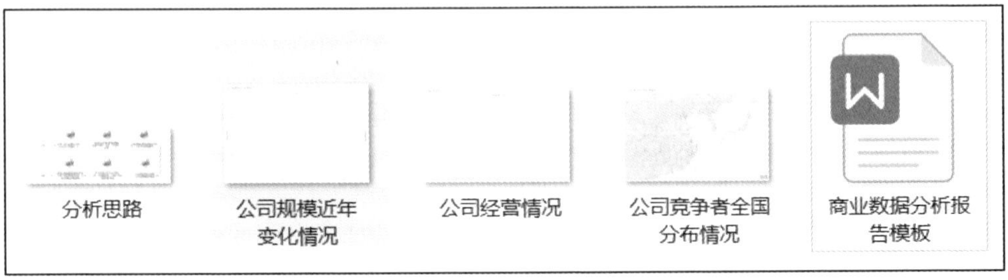

图 6－62　数据文件

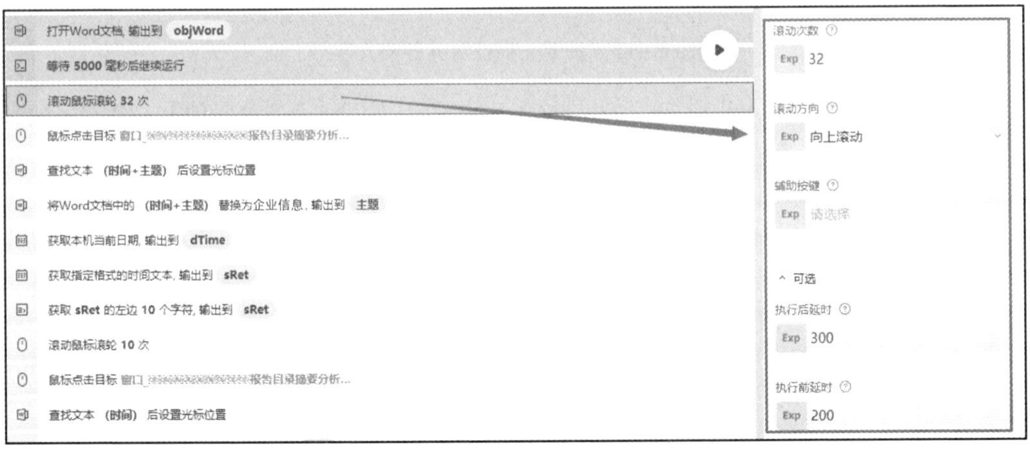

图 6－63　打开文档并模拟滚动

步骤六：查找指定位置。添加【点击目标】，目标点击商业数据分析报告模板的“封面”纵坐标偏移设为“200”，如图 6－64 所示。

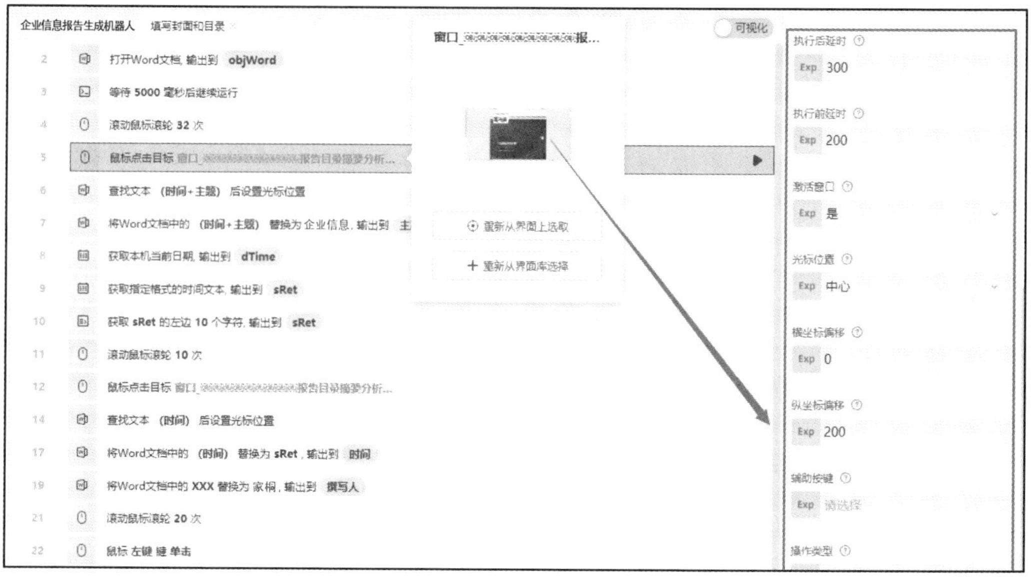

图 6－64　点击目标

步骤七：替换封面主题。先添加【查找文本后设置光标位置】，文本内容填写“（时间＋主题）”，相对位置选择“光标在文本之前”。然后添加【文字批量替换】，匹配字符串填写“（时间＋主题）”，替换字符串填写“公司信息”，输出到“主题”，如图 6－65 所示。

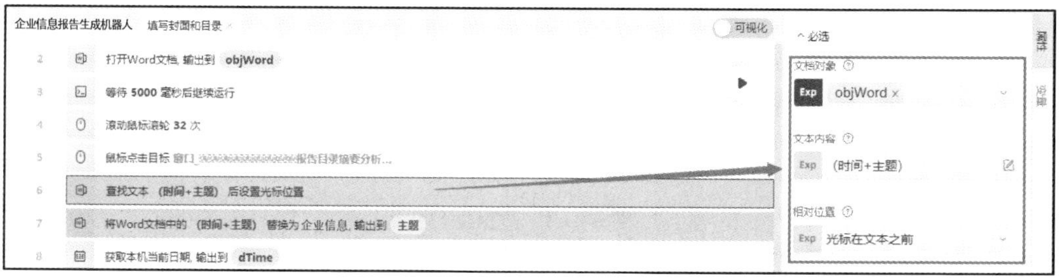

图 6－65　设置光标位置并替换文字

步骤八：获取并处理本机时间。为了获取本机时间，添加【获取时间】。然后添加【格式化时间】，最后添加【获取左侧字符串】，目标字符串填写“sRet”，截取长度填写“10”，如图 6－66 所示。

步骤九：填写撰写人和时间。添加【模拟滚动】，滚动方向选择“向下滚动”，滚动次数设为“10”，添加【点击目标】，点击商业数据分析报告模板的封面“报告人”，添加【查找文本后设置光标位置】，文本内容填写“（时间）”，相对位置选择“光标在文本之前”。然后添加 2 个【文字批量替换】，第一个匹配字符串填写“（时间）”，替换字符串填写“sRet”，输出为“时间”，第二个匹配字符串填写“×××”，替换字符串填写“家桐”，输出为“撰写人”，如图 6－67 所示。同理，添加【模拟点击】【查找文本后设置光标位置】和 3 个【文字批量替换】依次填写图表目录，如图 6－68 所示。

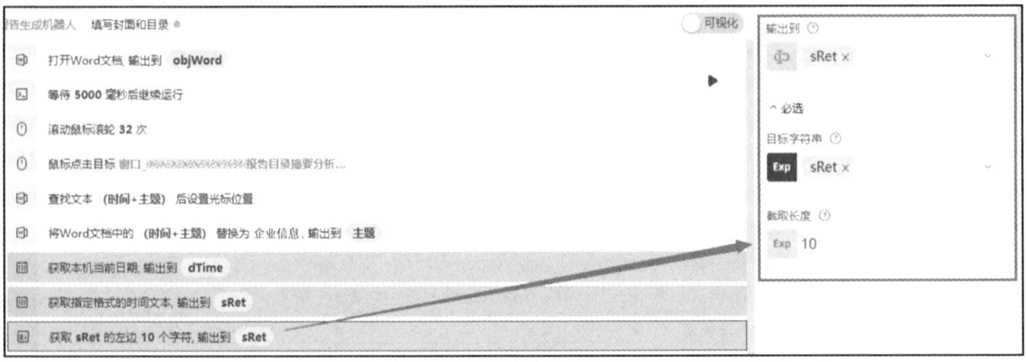

图 6 – 66　处理获取的时间

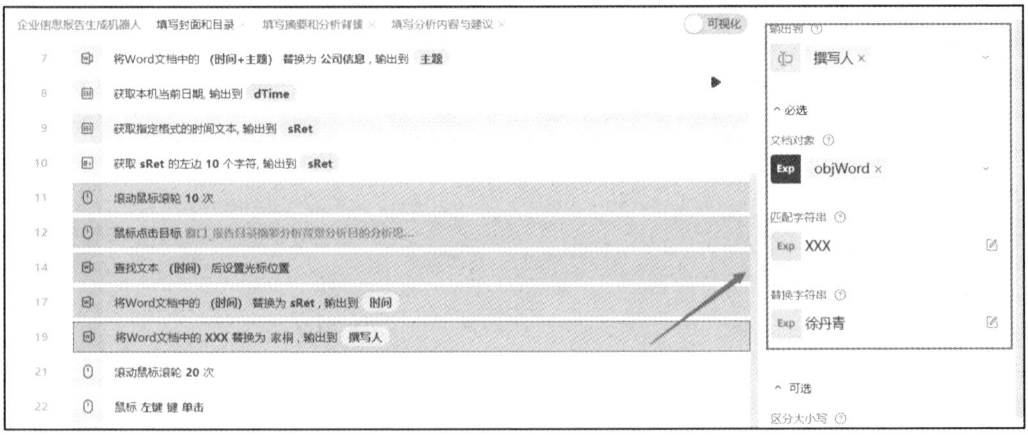

图 6 – 67　填写撰写人和时间

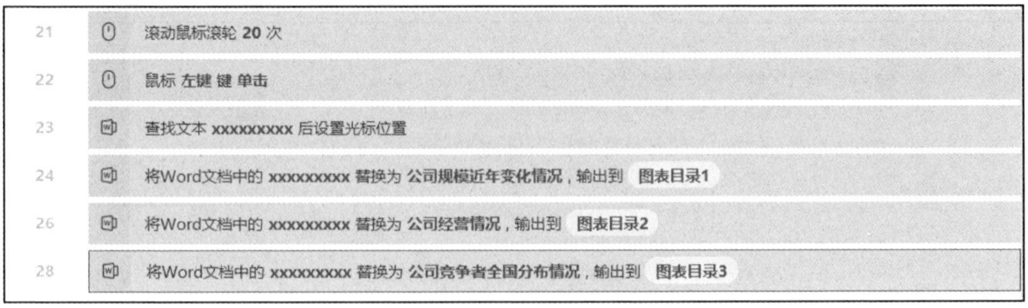

图 6 – 68　填写图表目录

③写入摘要和分析背景。

步骤十：写入指定内容。添加 8 个【文字批量替换】，如图 6 – 69 所示。

步骤十一：获取处理后的数据行数。添加【查找文本后设置光标位置】，文本内容为“（待写入分析思路）”，相对位置选择“选中文本”。再添加【退格键删除】，如图 6 – 70 所示。最后添加 Word 下面的【插入图片】，图片路径选择“分析思路 . png”，如图 6 – 71 所示。

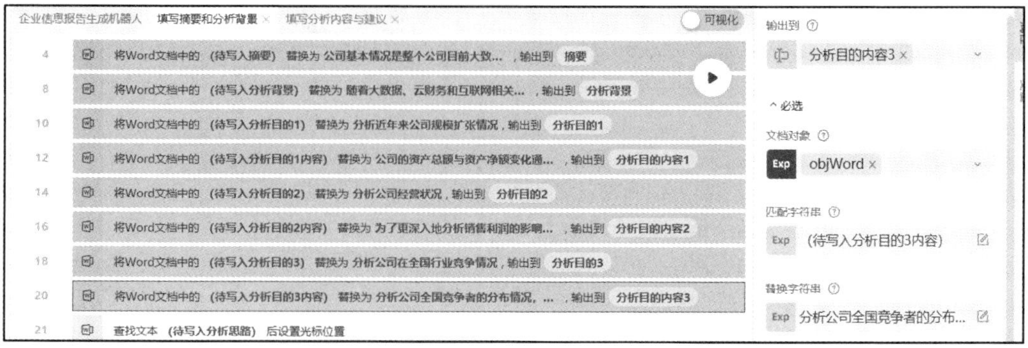

图 6－69　写入指定内容

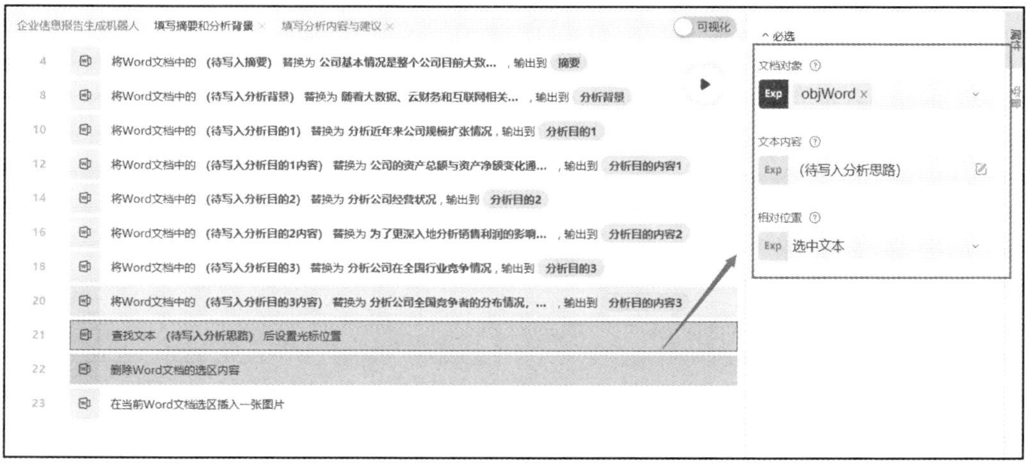

图 6－70　查找内容并删除

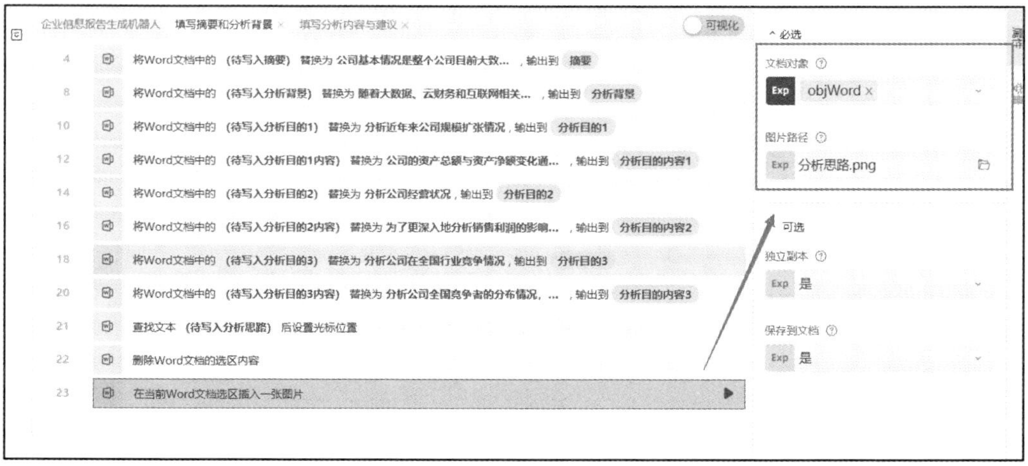

图 6－71　插入图片

④填写分析内容与建议。

步骤十二：查找指定内容并删除。添加【查找文本后设置光标位置】，文本内容为“（待写入分析内容）”，相对位置选择“选中文本”。再添加【退格键删除】，如图 6－72 所示。

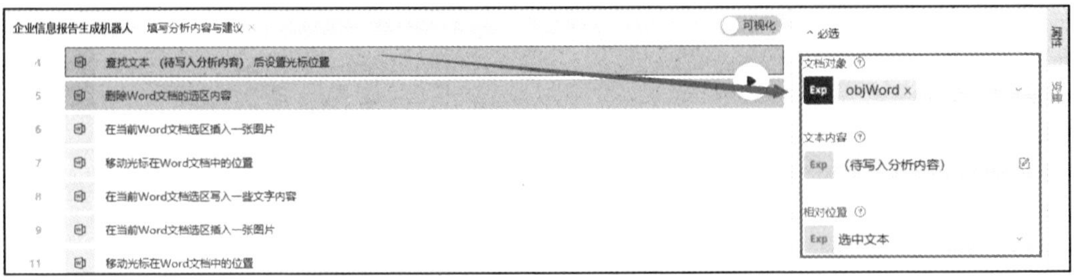

图 6－72　查找指定内容并删除

步骤十三：插入图片和文字内容。添加 3 个 Word 下的【插入图片】、3 个【移动光标位置】和 3 个【写入文字】，分别依次选择图片路径“公司规模近年变化情况 . png”“公司经营情况 . png”“公司竞争者全国分布情况 . png”，移动光标的移动次数选择“1”，移动方式“字符”并向“右”移动。如图 6－73 所示。

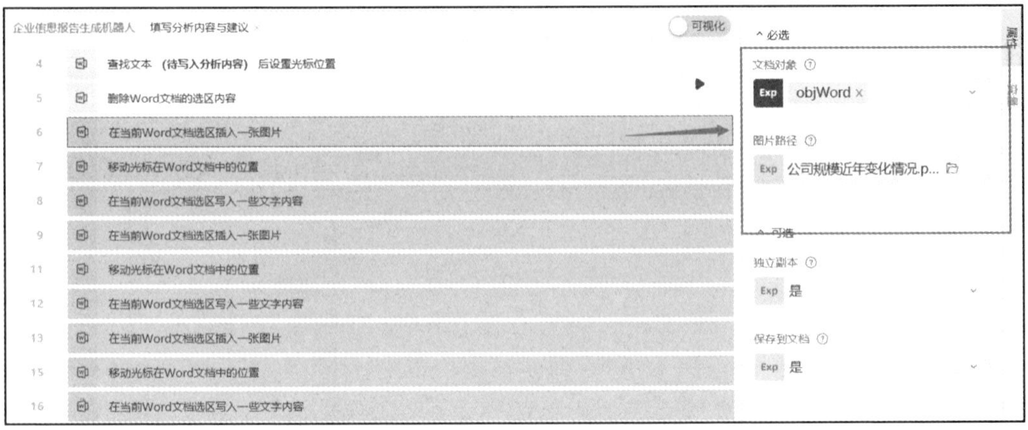

图 6－73　插入图片和文字内容

步骤十四：写入结论与建议。添加【查找文本后设置光标位置】，文本内容填写“（待写入结论与建议）”，相对位置选择“选中文本”，然后添加【退格键删除】和【写入内容】，如图 6－74 所示。

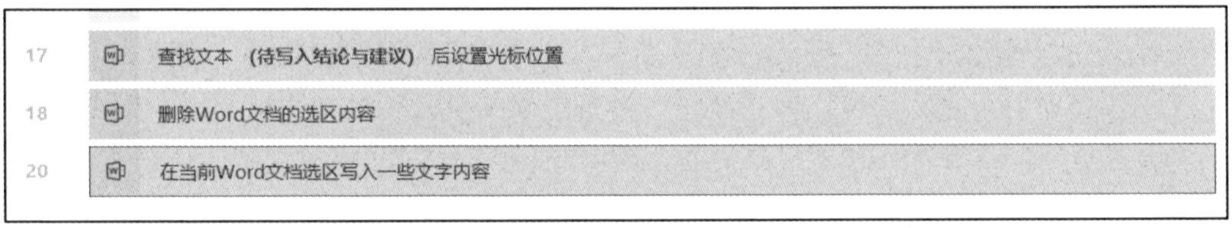

图 6－74　写入结论与建议

步骤十五：输出报告。添加 Word 中的【保存文档】和【关闭文档】，文档对象为“objWord”，如图 6－75 所示。

步骤十六：发送邮件。拖入一个流程块到主界面，命名为“发送邮件”，双击进入流程块，添加 SMTP 中的【发送邮件】，SMTP 服务器为“smtp. qq. com”，服务器的端口号为“25”，邮件附件填写“商业数据分析报告模板 . docx”，如图 6－76 所示。

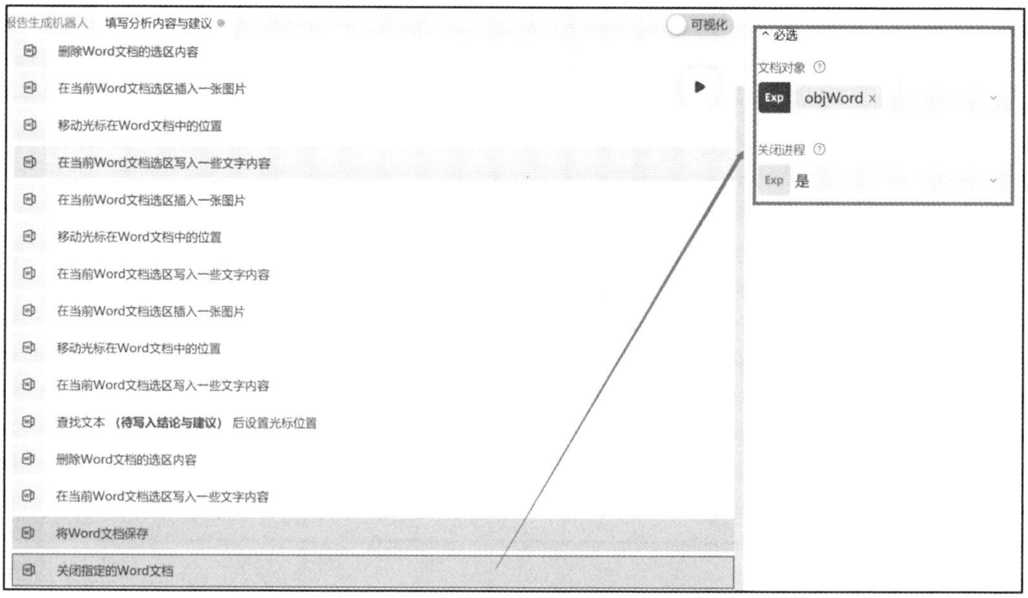

图 6 – 75 输出报告

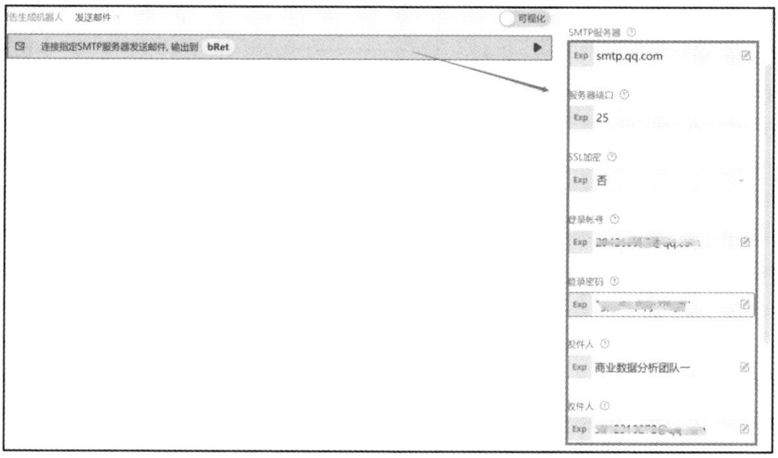

图 6 – 76 发送邮件至邮箱

第三部分

购销存业务数据分析

第 7 章　供应商选择自动化分析

7.1　商业理解

供应商选择是供应管理中的一个重要决策，影响供应商选择的因素包括企业业绩、业务结构与生产能力、质量系统和企业环境。企业通过评价供应商上述方面的能力对供应商进行评级，从而选出合适的供应商。使用 RPA 技术进行供应商选择可以帮助企业自动登录邮箱下载供应商申请表和基本情况表，再将整理好的数据通过可视化软件进行图形分析，最终生成分析报告，大大节省了供应商选择的时间，提高了工作效率。

7.1.1　场景描述

这是一座被嘉陵江和长江环绕的网红老城，“行千里，致广大”是它的口号，爬山穿楼的轻轨是它的代名词，这就是拥有双重喜庆的重庆。在这里你可以体验到 8D 视觉的“重庆森林”，还可以享受到鲜香麻辣的重庆美食。在这个四面环山，江水回绕的两江交汇点诞生了“蛮先进”集团。

2022 年是蛮先进集团的突破之年，其旗下的蛮先进食品机械制造公司在 2021 年研发了一款新的面包油炸机——“炸团团”，被中国食品机械协会称为“重大突破”“黑科技”。蛮先进食品机械制造公司将这款面包机作为近几年公司的主打产品推广。其生产部在 2021 年 6 月完成了此项研发，在经历了大半年的实验后准备在 2022 年投入生产。现在需要解决的问题则是寻找原料供应商，公司 CEO 程平召开供应商选择专题例会，任命 RPA 高级商业数据分析师张菁为供应商评选小组组长，成员包括初级商业数据分析师谭智杰和实习生家桐。

周一早上 9 点。

沉寂的办公区又迎来了职员们的身影，大家都在讨论周末的趣事。办公区充满了笑声、谈话声。叮～，采购部部长阿菁端着咖啡，带着 slay 全场的气势走出了电梯，一瞬间大家的笑声、谈话声戛然而止，取而代之的是一台台电脑开机的声音。

阿菁望向家桐的座位对谭智杰说到：“等家桐来了后，让他准备一下第一会议室。10点要召开本次“炸团团”原材料供应商选择的专题会议，要求我们商业数据分析第一战队成员都要参加哦。”说完径直走向了办公室。

10点 第一会议室

程总：“生产部新研发的面包油炸机下个月就要上线投入生产了，现在需要将面包油炸机的原料供应商筛选出来。这次的任务有一定的难度，‘炸团团’是我们今年开年的第一利器，供应商产品质量的好坏完全可能影响我们的产品质量。传统的供应商选择耗时太长，需要评审小组专门核算对比它们的运营情况、商品质量，还有交付情况等。这次我打算让你们用RPA进行商业数据分析，一是可以节省我们的人力、物力和时间；二是可以保障正确度和精确度，所以此次对供应商的分析一定要细致！细致！细致！张菁说说你的想法。”

阿菁：“供应商的情况如何会对企业的营销活动产生巨大的影响，如原材料价格变化、短缺等都会影响企业产品的价格和交货期，并会削弱企业与客户的长期合作与利益，因此，采购部必须对供应商的情况有比较全面的了解和透彻的分析。这次任务比较重要，天臣和晏露手上还有企业信息的工作，我愿意担任此次供应商评选的组长。目前招标文件已经发出，现已有20余家公司发送了申请表到我们采购部邮箱。”

程总：“好，那就让智杰和家桐协助你，家桐也参加了企业信息分析的工作，有一定的经验，这次跟着张菁和智杰可以好好学学商业数据分析和机器人流程自动化。你们在周三之前发一个总结报告给我。OK?”

阿菁：“Yeath！程总”

7.1.2 业务与技术分析

考虑到供应商选择的基本准则是“QCDS”原则，也就是质量、成本、交付与服务并重的原则，商业数据分析第一战队成员确定了如下供应商选择思路，首先利用RPA机器人元小蛮自动登录邮箱下载供应商提交的申请表和基本信息表，并利用Excel自动化从申请表中读取各供应商公司财务信息、资质情况信息等数据；其次对供应商进行横向对比分析，包括各供应商基本情况、履约情况等；最后，通过报告的形式提出分析建议。

（1）供应商选择业务流程与痛点分析

蛮先进公司的供应商选择流程主要包括下载邮件，汇总各供应商基本信息、资质情况数据、财务情况数据，分析对比各供应商基本信息情况、履约情况，出具分析报告，发送分析报告等步骤。重庆蛮先进食品机械制造有限公司供应商选择业务流程如图7-1所示。

由图7-1可以看出，蛮先进公司在进行供应商选择时需要采购人员手动登录邮箱逐一下载各供应商的申请表和基本信息表，并对供应商的数据进行横向和纵向对比分析。传统人工对供应商进行选择存在耗时长、效率低，甚至错误率较高的痛点。

（2）供应商选择RPA流程与技术关系

供应商选择自动化流程包括下载申请表、读取申请表和基本信息表中重要数据、汇总供应商数据、可视化分析和出具报告等步骤，其RPA流程步骤、RPA技术实现和关键技术点及其对应关系如图7-2所示。

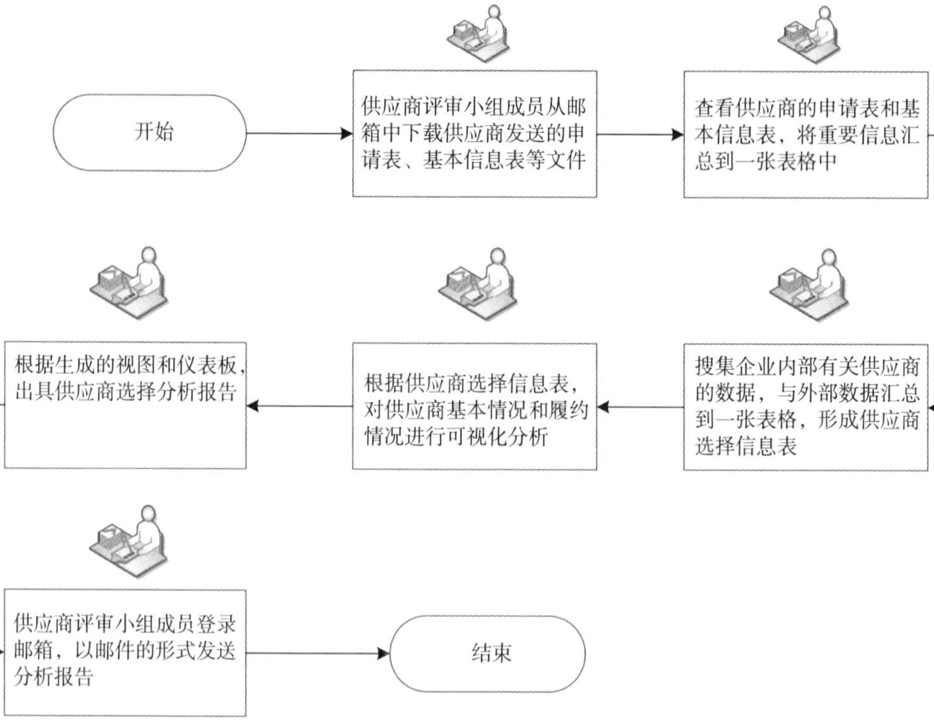

图 7－1　供应商选择业务流程图

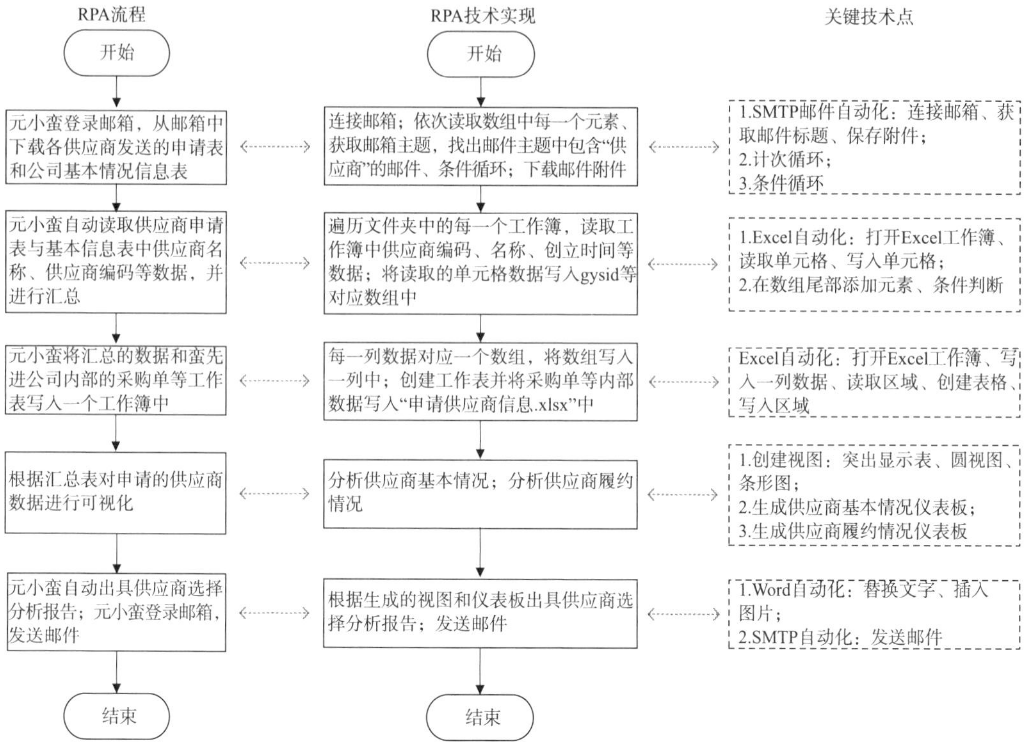

图 7－2　供应商选择 RPA 流程与技术关系

7.2 供应商相关数据理解

在进行供应商选择时，数据分为外部数据和内部数据。外部数据是供应商向蛮先进公司申请准入时提供的申请表，包括供应商的基本信息和供应商运营情况指标。内部数据是蛮先进公司内部对之前合作过的企业存档的数据，包括采购单、物料返厂记录和合同履约记录等。本节将介绍供应商选择中的数据理解商业场景、数据模型和数据表。

7.2.1 场景描述

会议结束后，商业数据分析第一战队组长张菁让各成员留下，一起整理一下思路和数据，方便后期工作开展。

阿菁："大家刚刚开会也听到了，这次的任务可是公司上下都在关注的事情。这边压力给到了我们商业数据分析第一战队来了。但是我们肯定不能有畏难情绪，这个只要做好，家桐你肯定能转正的！好了，不说远了！我们来一起看看供应商交给我们的申请表里有哪些数据是可以用到的，我们一起来想想数据模型和表结构构建。"

谭智杰："我刚刚看了一下。供应商的申请表里还是有很多我们可以用到的数据。供应商名称这些基本信息我就不说了，你们看比如供应商的主要产品报价、注册资金和创建时间、资产负债率和利润率都是我们能够用上的。"

阿菁："我这边还有一些我们蛮先进公司的内部数据，刚刚采购部把最近的采购记录发给了我，这个我们可以用上。另外，我们需要联系一下仓管那边把返厂记录表拿到，还有采购部的合同履约数据。家桐，这个就交给你去联系吧，你看看还有什么思路呢?"

家桐："数据模型的话是分为概念模型和物理模型，概念模型的话应该就是分成三个实体集吧，采购方、供应商和采购的物料。物理模型我去找其他部门拿了数据后可以完成!"

阿菁："那这数据基本上就理清楚了，家桐，你等我把表结构构建好后再构建物理模型吧。那这两天就辛苦大家了!"

7.2.2 数据模型

供应商选择是采购方对供应商的产品质量、运营情况、交付情况等方面进行评估最终选择出合适的供应商。公司在进行供应商选择时，一般会涉及供应商基本信息、信用信息、采购信息、履约信息等方面数据，关系到采购方、供应商、物料等实体。本小节将从概念模型和物理模型两方面介绍供应商选择数据模型。

（1）供应商选择数据表的概念模型

供应商选择是公司针对供应商条件进行选择的过程，公司与供应商合作，会向供应商采购物料。供应商选择的E—R模型由物料、供应商和公司实体集构成，每个实体集都有多个属性，它们之间存在一定的联系，如图7－3所示。

实体集

蛮先进公司的供应商选择实体集包括供应商、物料和公司，下面详细介绍其属性。

①公司实体，属性有公司名称、注册资金、税务登记号、注册地址；

②供应商实体，属性有供应商编码、供应商名称、信用等级编码、注册资金、税务登记号、注册地址；

③物料实体，属性有物料编码、物料名称、单价、计量单位、供应商名称。

联系

蛮先进公司的供应商选择不同实体间存在着不同的联系，下面详细介绍其联系。

①公司与供应商之间存在多对多的合作关系，一个公司可以与多个供应商合作，一个供应商也可以供货给多个公司。

②供应商与物料之间存在多对多的采购联系，一个供应商可以提供多种物料供采购，一种物料能在多个供应商处采购得到。

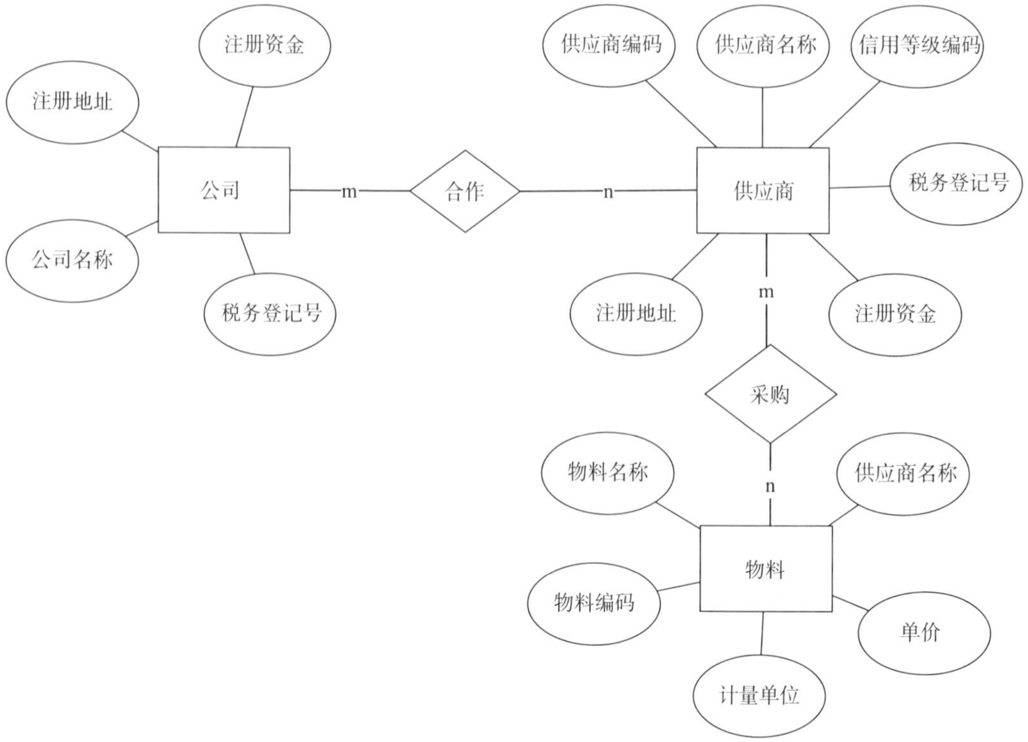

图 7－3　供应商选择 E—R 模型

（2）供应商选择数据表的物理模型

蛮先进公司对供应商情况进行分析并选择，需要采集供应商基本信息表、供应商信用得分表、供应商履约情况表、供应商主要产品信息表、采购记录表、物料返厂记录表的数据，然后建立供应商选择的物理模型，如图 7－4 所示。

7.2.3　数据表结构设计

根据物理模型可知，蛮先进公司在进行供应商选择时会涉及供应商基本信息表、供应商主要产品信息表、供应商信用得分表、采购记录表、返厂记录表等数据表，本小节将基于供应商选择涉及的实体集和数据模型，介绍供应商选择涉及的数据表结构和数据示例。

（1）供应商基本信息表（gysjbxxb）

供应商基本信息表设置供应商编码（gysid）主键作为供应商基本信息数据的唯一标识，以便查询指定记录。设置等级编码（djid）、地域编码（dyid）作为外键，表示与供应商信用得分表之间的相关联系，如表 7－1 所示。

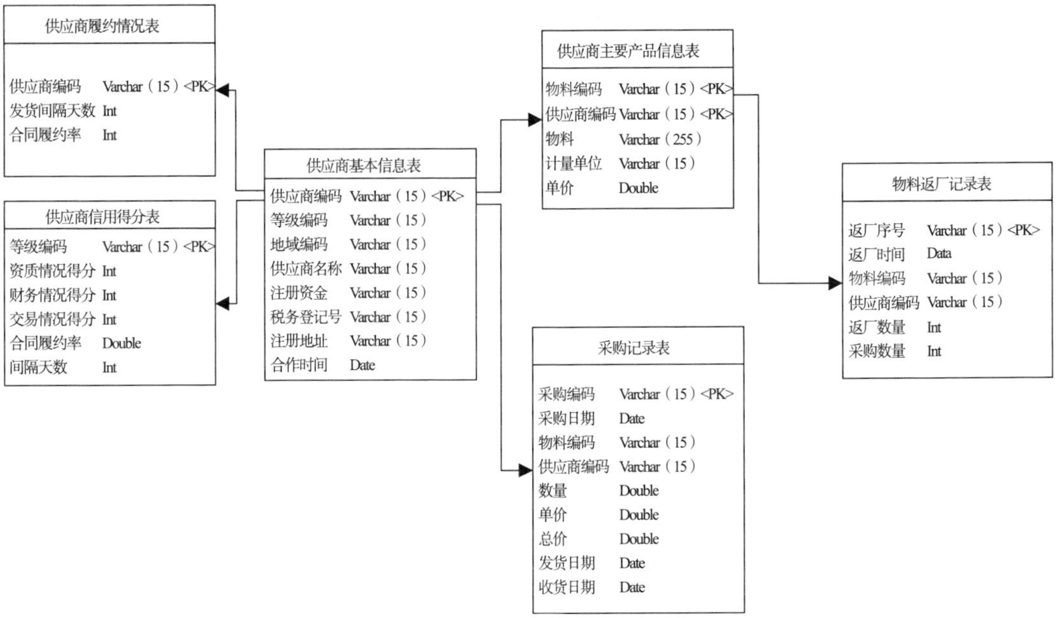

图 7－4　供应商选择物理模型

表 7－1　　供应商基本信息表结构

序号	列名	数据类型	字段标题	字段大小	字段说明
1	gysid	Varchar	供应商编码	15	主键，每个供应商对应的编码
2	gysname	Varchar	供应商名称	5	供应商企业名称
3	zczj	Varchar	注册资金	5	供应商注册登记时的注册资金
4	taxid	Varchar	税务登记号	15	供应商的税务登记号
5	address	Varchar	注册地址	30	供应商注册登记时的注册地址
6	hzsj	Date	合作时间		与供应商已经合作的时间
7	djid	Varchar	等级编码	15	外键
8	dyid	Varchar	地域编码	15	外键

供应商基本信息表用于记录供应商的基本信息。供应商基本信息表中含有供应商编码、等级编码、地域编码、供应商名称、注册资金、税务登记号、注册地址和合作时间等信息。供应商基本信息表的部分数据示例如表 7－2 所示。

表 7－2　　供应商基本信息表部分数据示例

gysid	djid	dyid	gvsname	zcz j
VEN00001	DJ00001	DYBM0003	北京克旗电子技术有限公司	900
VEN00002	DJ00002	DYBM0003	北京新凯小机电公司	1500
VEN00003	DJ00003	DYBM0003	北京兴旺热工控制设备公司	1000
VEN00004	DJ00004	DYBM0001	慈溪光明小设备制造厂	500
VEN00005	DJ00005	DYBM0002	东莞盛祥机电公司	500
VEN00006	DJ00006	DYBM0002	广东工业集团有限公司	800

续表

gysid	djid	dyid	gvsname	zcz j
VEN00007	DJ00007	DYBM0002	广东庆诚机械厂	1200
VEN00008	DJ00008	DYBM0002	广东五金工艺公司	500
VEN00009	DJ00009	DYBM0003	河北德康汽修公司	1200
VEN00010	DJ00010	DYBM0003	河北鑫辉机电有限公司	1000
VEN00011	DJ00011	DYBM0003	河北液化气站	900
VEN00012	DJ00012	DYBM0003	河北长华电镀厂	20
VEN00013	DJ00013	DYBM0004	华南红辉机械公司	40
VEN00014	DJ00014	DYBM0001	江苏滕飞制造厂	500
VEN00015	DJ00015	DYBM0001	山东博圣机床制造公司	900
VEN00016	DJ00016	DYBM0001	上海彬祺贸易公司	1200

（2）供应商信用得分表（gysxydfb）

供应商信用得分表设置等级编码（djid）主键作为供应商信用得分数据的唯一标识，以便查询指定记录。设置等级编码（djid）作为外键，表示与供应商基本信息表之间的相关联系，如表 7 – 3 所示。

表 7 – 3　　　　供应商信用得分表结构

序号	列名	数据类型	字段标题	字段大小	字段说明
1	djid	Varchar	等级编码	15	主键
2	zzqkdf	Int	资质情况得分		每个供应商的资质情况得分
3	cwqkdf	Int	财务情况得分		每个供应商的财务情况得分
4	jyqkdf	Int	交易情况得分		每个供应商的交易情况得分
5	gysdjdf	Int	供应商等级得分		供应商等级评价表中的总得分
6	htlyl	Double	合同履约率	16，2	供应商在之前合作中的合同履约率
7	jgts	Int	间隔天数		发货间隔天数

供应商信用得分表用于记录供应商的信用情况。供应商信用得分表中含有等级编码、资质情况得分、财务情况得分、交易情况得分和供应商等级得分等信息。供应商信用得分表的部分数据示例如表 7 – 4 所示。

表 7 – 4　　　　供应商信用得分表部分数据示例

djid	zzqkdf	cwqkdf	jyqkdf	gysdjdf
DJ00001	15	10	52	77
DJ00002	20	11	52	83
DJ00003	15	15	58	88
DJ00004	11	9	52	72
DJ00005	11	11	52	74
DJ00006	20	15	54	89

续表

djid	zzqkdf	cwqkdf	jyqkdf	gysdjdf
DJ00007	20	15	55	90
DJ00008	15	15	55	85
DJ00009	20	15	53	88
DJ000010	20	15	55	90
DJ000011	20	15	54	89
DJ000012	11	9	57	77
DJ000013	11	9	49	69

（3）供应商履约情况表（gyslyqkb）

供应商履约表设置供应商编码（gysid）主键作为供应商履约情况数据的唯一标识，以便查询指定记录。设置供应商编码（gysid）作为外键，表示与供应商基本信息表之间的相关联系，如表7－5所示。

表7－5　　供应商履约情况表结构

序号	列名	数据类型	字段标题	字段大小	字段说明
1	gysid	Varchar	供应商编码	15	主键
2	htlyl	Double	合同履约率	16，2	供应商在之前合作中的合同履约率
3	jgts	Int	间隔天数		发货间隔天数

供应商履约情况表用于记录供应商的履约情况。供应商履约情况表中含有供应商编码、合同履约率和间隔天数等信息。供应商履约情况表的部分数据示例如表7－6所示。

表7－6　　供应商履约情况表部分数据示例

gysid	jgts	htlyl
VEN00001	5	94%
VEN00002	5	0.94
VEN00003	3	0.96
VEN00004	7	0.85
VEN00005	7	0.85
VEN00006	3	0.95
VEN00007	3	0.95
VEN00008	4	0.95

（4）供应商主要产品信息表（gyszycpxxb）

供应商主要产品信息表设置物料编码（wlid）和供应商编码（gysid）联合主键作为供应商主要产品数据的唯一标识，以便查询指定记录。设置供应商编码（gysid）作为外键，表示与供应商基本信息表之间的相关联系，如表7－7所示。

供应商主要产品信息表用于记录供应商的主要产品信息情况。供应商主要产品信息表中含有物料编码、供应商编码、物料、计量单位和单价等信息。供应商主要产品信息表的部分

表 7-7　　供应商主要产品信息表结构

序号	字段	数据类型	字段标题	字段大小	字段说明
1	wlid	Varchar	物料编码	15	主键
2	gysid	Varchar	供应商编码	15	主键、外键
3	wl	Varchar	物料名称	255	供应商主要产品名称
4	unit	Varchar	计量单位	2	产品的单位
5	dj	Double	单价	0	商品的单价

数据示例如表 7-8 所示。

表 7-8　　供应商主要产品信息表部分数据示例

wlid	gysid	wl	unit	dj
WL001	VEN00018	1.5 米车床	台	21367.52
WL002	VEN00001	20#电加热管	Pcs	32.47863
WL002	VEN00003	20#电加热管	Pcs	32.47863
WL002	VEN00010	20#电加热管	Pcs	32.47863
WL002	VEN00017	20#电加热管	Pcs	32.47863
WL002	VEN00018	20#电加热管	Pcs	32.47863
WL002	VEN00020	20#电加热管	Pcs	32.47863
WL002	VEN00021	20#电加热管	Pcs	32.47863
WL003	VEN00001	201 发纹板	mm^2	86.2069
WL003	VEN00003	201 发纹板	Pcs	81.19658
WL003	VEN00010	201 发纹板	mm^2	86.2069

（5）采购记录表（cgjlb）

采购记录表设置采购编码（cgid）主键作为采购记录数据的唯一标识，以便查询指定记录。设置供应商编码（gysid）作为外键，表示与供应商基本信息表之间的相关联系，如表 7-9 所示。

表 7-9　　采购记录表结构

序号	列名	数据类型	字段标题	字段大小	字段说明
1	cgid	Varchar	采购编码	15	主键
2	cgrq	Date	采购日期		采购行为发生的日期
3	wlid	Varchar	物料编码	15	物料的编号
4	gysid	Varchar	供应商编码	15	外键
5	amount	Int	数量		物料的采购数量
6	price	Double	单价	16，2	物料单价
7	zj	Double	总价	16，2	该笔采购的总金额
8	fhrq	Date	发货日期		供应商发出物料的日期
9	shrq	Date	收货日期		采购方收到物料的日期

采购记录表用于记录蚕先进公司的采购情况。采购记录表中含有采购编码、采购日期、物料编码、数量、金额和发货日期等信息。采购记录表的部分数据示例如表 7－10 所示。

表 7－10　　采购记录表部分数据示例

cgid	cgrq	wlid	gysid	amount	price	zj	fhrq
CG000097	2018/12/31	WL046	VEN00002	8700	258.62	2250000	2019/1/3
CG000098	2018/12/31	WL048	VEN00002	7100	215.52	1530172	2019/1/3
CG000099	2018/12/31	WL047	VEN00002	6000	500	3000000	2019/1/3
CG000100	2018/12/31	WL049	VEN00002	8000.00	125	1000000	2019/1/3
CG000101	2018/12/31	WL045	VEN00002	5000	642.24	3211207	2019/1/3
CG000102	2018/12/31	WL034	VEN00002	3000	306.03	918103.4	2019/1/3
CG000103	2018/12/31	WL035	VEN00002	7000	469.83	3288793	2019/1/3
CG000104	2018/12/31	WL045	VEN00002	9000	642.24	5780172	2019/1/3
CG000105	2018/12/31	WL020	VEN00002	6200	163.79	1015517	2019/1/3
CG000115	2018/12/19	WL020	VEN00021	50	86.21	4310.345	2018/12/19
CG000116	2018/12/19	WL049	VEN00021	40	129.31	5172.414	2018/12/19
CG000117	2018/12/19	WL045	VEN00021	10	646.55	6465.517	2018/12/19
CG000118	2018/12/19	WL020	VEN00021	200	172.41	34482.76	2018/12/19
CG000119	2018/12/17	WL020	VEN00001	425	86.21	36637.93	2018/12/18
CG000120	2018/12/17	WL049	VEN00001	336	129.31	43448.28	2018/12/18
CG000121	2018/12/17	WL049	VEN00001	340	129.31	43965.52	2018/12/18
CG000122	2018/12/17	WL045	VEN00001	168	646.55	108620.7	2018/12/18
CG000123	2018/12/17	WL045	VEN00001	85	646.55	54956.9	2018/12/18
CG000124	2018/12/17	WL020	VEN00001	1700	172.41	293103.4	2018/12/18

（6）物料返厂记录表（wlfcjlb）

物料返厂记录表设置返厂序号（fcxh）主键作为物料返厂记录数据的唯一标识，以便查询指定记录。设置物料编码（wlid）作为外键，表示与供应商主要产品信息表之间的相关联系，如表 7－11 所示。

表 7－11　　物料返厂记录表结构

序号	列名	数据类型	字段标题	字段大小	字段说明
1	fcxh	Varchar	返厂序号	15	主键
2	fcsj	Date	返厂时间		物料返厂发生时间
3	amount_ fc	Int	返厂数量		返厂物料数量
4	amount_ cg	Int	采购数量		采购合同物料数量
5	wlid	Varchar	物料编码	15	物料唯一识别号
6	gysid	Varchar	供应商编码	15	外键

物料返厂记录表用于记录蛮先进公司采购后发生的返厂维修情况。物料返厂记录表中含有返厂序号、返厂时间、返厂数量和采购数量等信息。物料返厂记录表的部分数据示例如表7-12所示。

表7-12　　物料返厂记录表部分数据示例

fcxh	fcsj	wlid	gysid	amount_ fc	amount_ cg
1	2018/12/30	WL011	VEN00020	49	2032
2	2018/1/20	WL016	VEN00021	27	1375
3	2018/1/25	WL024	VEN00021	5	412
4	2018/3/31	WL051	VEN00022	75	13500
5	2018/12/30	WL069	VEN00021	5	40
6	2018/3/1	WL080	VEN00002	2	282
7	2018/2/28	WL148	VEN00006	6	486
8	2018/3/31	WL106	VEN00003	20	333
9	2018/4/30	WL051	VEN00013	86	4290
10	2018/4/20	WL150	VEN00003	1	448
11	2018/5/31	WL091	VEN00020	12	228
12	2018/5/31	WL106	VEN00020	8	342
13	2018/6/30	WL148	VEN00012	38	498
14	2018/7/31	WL066	VEN00002	2	101
15	2018/9/30	WL025	VEN00001	14	828
16	2018/9/30	WL033	VEN00021	20	1428

7.3　供应商相关数据采集与处理自动化

供应商是整个供应链的"狮头"，供应商在交货、产品质量、提前期、库存水平、产品设计等方面的表现深刻影响着下游制造商的经营。家桐在师傅谭智杰的指导下，利用RPA机器人元小蛮自动从邮箱中下载各供应商申请表，并采集供应商名称、创立时间、注册资金等数据，利用Excel自动化自动归集各供应商数据方便后续分析。在进行供应商选择时，选择方常常会面临申请准入的供应商过多、供应商信息杂乱等问题，导致耗时过长、效率不高，商业数据分析第一战队利用RPA技术将以上问题得以改善。

7.3.1　场景描述

会议结束后，阿菁简单布置了此次供应商选择的任务分工。家桐负责数据采集与处理工作。回到工位后，家桐看着邮箱中的一大堆不规范的文件陷入了沉思。不同的企业通过不同的途径来寻找并且选择自己的供应商，有的企业根据新闻媒体的广告来获得供应商的信息并进行选择；有的企业通过互联网来寻找自己的供应商；有的企业根据行业期刊的信息来选择自己的供应商；也有的企业，比如沃尔玛通过招标的方式来选择自己的供应商。他开始思考对本次供应商应该通过哪些指标来选择。现在市场上原材料的价格都是全国统一价，还有什么指标可以用来抉择呢？家桐再次找到师傅谭智杰，希望师傅能解答他的疑惑。

家桐："师傅，我刚刚在工位上登录邮箱看了看供应商交过来的申请表和报价单，发现原材料的报价都是统一价，我们这次供应商选择还有必要吗？"

谭智杰说："家桐，你还是太天真啦！你觉得我们在进行供应商选择的时候仅仅就是比价吗？我们在选择供应商的时候肯定要综合供应商在交货、产品质量、提前期、库存水平、产品设计等多方面考虑啊！

我刚刚初步看了看数据，公司虽然原材料的价格统一了，但我们还需要对供应商基本信息、主要产品信息以及产品质量信息进行选择，我们可以利用它们的申请表来初步选择。这些公司以前与我们有过一些合作，我们也可以利用已有的采购单和返厂记录表进一步评估。这样就可以进一步降低后续采购的缺货风险和供应商的信用风险。"

家桐恍然大悟："那您的意思是我们通过自动化流程将各供应商申请表中的关键指标提取出来，再和我们内部数据汇总到一起分析？"

智杰："Bingo！"

很快到了午饭时间。

阿菁："家桐，进展如何呀？有什么问题我来和你一起解决。"

家桐："RPA 真的太方便了，如果只靠人工估计要弄大半天，而且简单重复的工作还很容易出错，可能还要检查几遍才行，现在我只花了几分钟，就把供应商的申请表处理完了。而且我刚才检查了一下，确实没有任何错误，在格式上也很规范。这里面还有很多更厉害的知识我还没有学习到，今后我可以继续学习 UiBot，以后类似的工作都能交给机器人流程自动化来处理，真的能减轻太多负担了。"

阿菁："看来我们家桐已经入门咯！"

7.3.2 自动化流程设计

自动化流程包括数据采集与处理标准规范和自动化流程设计两部分。数据采集与处理标准规范是对数据输入、数据处理和数据输出的整体流程技术点的梳理，自动化流程设计是机器人的运行流程。

（1）数据采集与处理标准规范

①数据输入。供应商选择数据采集与处理自动化的数据输入为本地 Excel 文件和下载的 Excel 文件。本地 Excel 文件包含从供应商筛选中读取物料返厂记录、合同履约率和发货间隔天数，从邮件的供应商准入申请表中读取供应商名称、注册资金、创建时间、供应商信用得分等数据，如表 7－13 所示。

表 7－13　数据输入

数据来源	文件名/网址	主要数据内容
本地 Excel 文件	供应商筛选 . xlsx	物料返厂记录表
		供应商履约情况表
		地域信息表
		供应商主要产品信息表
		采购单

续表

数据来源	文件名/网址	主要数据内容
邮件保存的 Excel 文件	供应商准入申请表 . xlsx	供应商名称
		注册资金
		注册地址
		税务登记号
		创建时间
		资质情况相关数据
		财务情况相关数据
		交易情况相关数据

②数据处理。机器人读取数据后，使用合并、判断、转换等方法进行数据处理，如表7－14所示。

表 7－14　　数据处理

数据处理方法	主要内容
合并	将供应商筛选 . xlsx 和供应商准入申请表 . xlsx 的数据进行合并
判断	判断供应商的编码是否大于 10
	判断供应商所在省份属于哪个区域
转换	将供应商的创建时间转换为时间类型

③数据输出。供应商选择机器人的数据输出包含最终确定名单 Excel 文件、供应商选择分析报告 Word 和 PDF 文件以及邮件。其中，供应商选择分析报告是供应商选择分析机器人的核心输出内容，通过申请公司各项指标的比较分析，为蚩先进公司选择供应商决策提供更为准确、更为全面的依据。

（2）自动化流程设计

根据供应商选择的分析需求，对申请准入的供应商数据进行自动化处理，将企业中的分散、零乱、标准不统一的数据和供应商发送到邮箱的复杂、繁多的数据整合到一起，为企业的决策提供分析依据，供应商选择自动化流程如图 7－5 所示。

7.3.3 RPA 技术路线

供应商选择数据采集与处理机器人基于 UiBot 软件进行开发，其主要任务是下载申请入驻供应商的信息表，并简单筛选符合条件的供应商。

首先，查找邮件标题中含有“供应商”的邮件并保存附件。

其次，读取供应商申请表中关于供应商编码、注册资金等有用信息并写入到汇总表中。

最后，读取企业内部供应商信息写入汇总表。对汇总表中各供应商数据进行简单筛选，形成最终名单。

供应商选择数据采集与处理机器人的具体技术路线如表 7－15 所示：

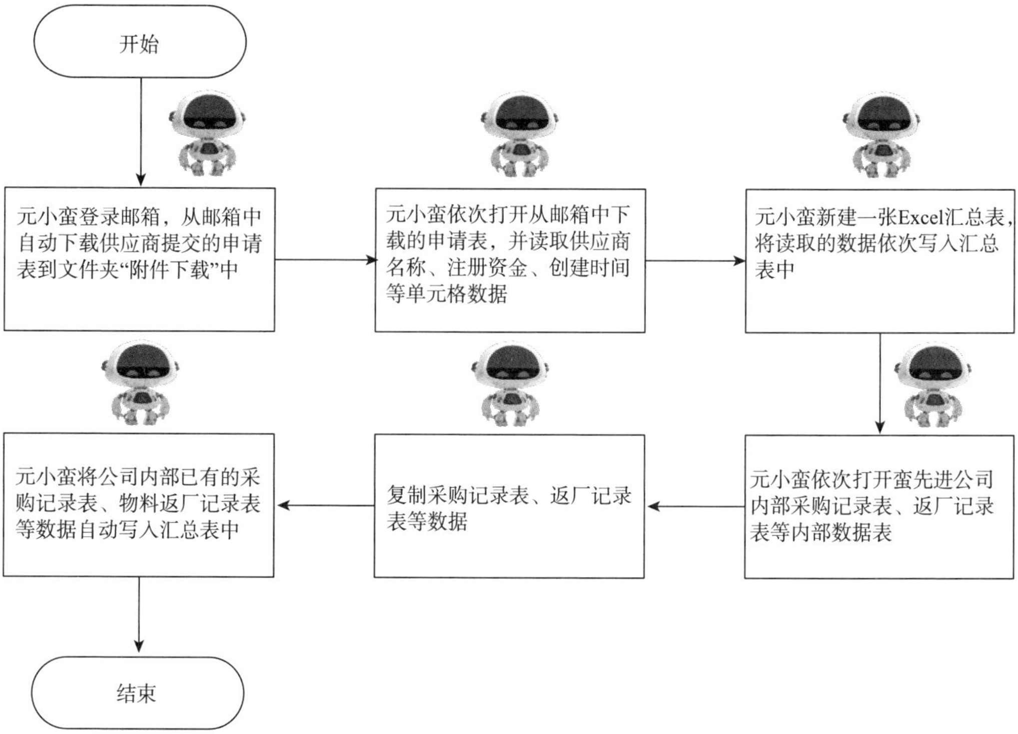

图 7－5　机器人自动化流程设计

表 7－15　技术路线

流程块名称	功能描述	使用的预制件
下载供应商申请文件	登录邮箱	连接邮箱
	获取邮件主题	从初始值开始按步长计数
		获取邮件标题
		查找字符串
	下载符合“供应商”主题的邮件附件	条件判断
		保存附件
配置表格信息	配置全局变量	变量赋值
汇总供应商资料	获取附件路径	获取文件或文件夹列表
	逐一读取供应商申请表中信息	依次读取数组中每一个元素
		打开 Excel 工作簿
		变量赋值
		在数组尾部添加元素
		读取单元格
		写入单元格
	获取供应商地域编码	如果条件成立
		否则如果条件成立
		在数组尾部添加元素
		关闭 Excel 工作簿

续表

流程块名称	功能描述	使用的预制件
写入汇总表	将读取数据写入汇总表中	打开 Excel 工作簿
		写入列
		关闭 Excel 工作簿
	读取公司内部的供应商数据并写入汇总表中	打开 Excel 工作簿
		读取区域
		创建工作表
		写入区域
		关闭 Excel 工作簿
给出选择意见	配置变量信息	变量赋值
	判断供应商是否符合选择要求	从初始值开始按步长计数
		读取单元格
		转换为整数
		条件判断
		在数组尾部添加元素
		读取单元格
		写入单元格
		关闭 Excel 工作簿
	形成最终确定名单	获取行数
		从初始值开始按步长计数
		读取单元格
		条件判断
		删除行
		关闭 Excel 工作簿

7.4 供应商选择数据分析与展现自动化

通过对供应商信息进行采集处理后，现已经将供应商的所有数据整合到一张表格里。本节将利用 Tableau 将供应商数据进行分析与展现，通过构建供应商的基本情况仪表板分析供应商的规模情况、财务情况、资质情况等，构建履约情况仪表板对比分析各供应商物流时间、发货是否延期，从而清楚地了解各供应商的特点和优点。

7.4.1 场景描述

午饭时间，商业数据分析第一战队的成员一起去了楼下新开的山城毛血旺。用餐期间，他们从近几年财务会计的转型聊到了大数据技术的应用，最后聊到了此次“炸团团”选择供应商的事情。

智杰说到：“现在我们可不能仅仅局限于用传统手法来处理工作，还是得多依靠工具进行，要学会用数据说话的本领才行。这次我负责的供应商选择数据可视化展现，将借助工具

Tableau 将各家供应商情况用图表对比，方便后面进行报告分析。家桐，你下午和我一起来制作视图，正好你也可以顺便学习 Tableau 的操作和商业数据分析方法。”

Tableau 有很多种图形。我们这次的数据展现拟使用突出显示表、圆视图等图表，将每一个主题形成一个仪表板，最后把各个仪表板汇总形成故事。这样一来，报告就可以直接借助图形进行分析，这些图形也可以附加在报告中作为辅助材料。”

阿菁：“用图形进行分析确实是我没有想到的，看来我的商业数据分析能力还得向你多学习学习啊！你仔细说说你的思路吧！”

谭智杰：“我想的是供应商选择一般不就是对供应商的规模情况、财务情况、资质情况、产品质量和发货情况来进行对比吗。这些归纳一下也就是代表了供应商的基本情况和履约情况吗，就相当于这两个主题就是两个仪表板，这些分析角度就是每一张视图的主题。”

家桐：“那我们是不是可以用 RPA 去自动更新数据呀，数据变了就更新一下 Tableau 的数据源，图表就可以跟着变?”

阿菁：“哇！家桐，你很有想法啊，这个点子我感觉很不错！大家吃完赶紧回公司开干吧！”

7.4.2 数据分析模型

选择供应商的目的即为寻找价格优、质量好、讲信用的公司成为合作伙伴。归根结底就是要评估供应商的规模情况、财务情况、资质情况、产品质量和发货情况。所以对于供应商选择的分析，主要包括供应商基本情况分析和履约情况分析。供应商基本情况分析主要是对比各供应商的规模情况、资质情况、财务情况和信用等级情况，供应商履约情况即为对比各供应商的发货天数、物流天数和合同履约率情况。供应商选择的数据分析思维导图如图 7－6 所示。

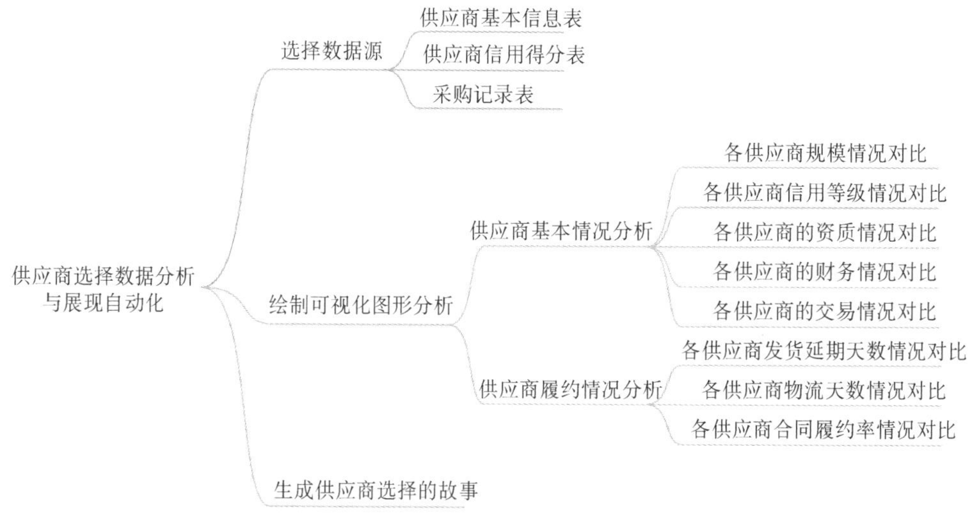

图 7－6 供应商选择数据分析模型

7.4.3 数据展现设计

在进行供应商选择数据展现时，需要进行数据连接、数据整合、创建视图、创建仪表板等步骤，最终生成供应商选择可视化故事。通过对每家供应商自己提供的申请准入数据和蛮先进公司记录的发货延期天数、物流天数等数据进行分析，可以将本次选择分为两个主题：一是根据供应商申请准入时提供的申请表信息分析供应商的规模、资质情况和财务情况等基本情况，二是根据发货延期天数、物流天数对供应商履约情况进行分析。

（1）供应商基本情况分析

主题一为供应商基本情况分析，由各供应商的规模情况、信用等级情况、资质情况、财务情况等视图组成，如图7－7所示。

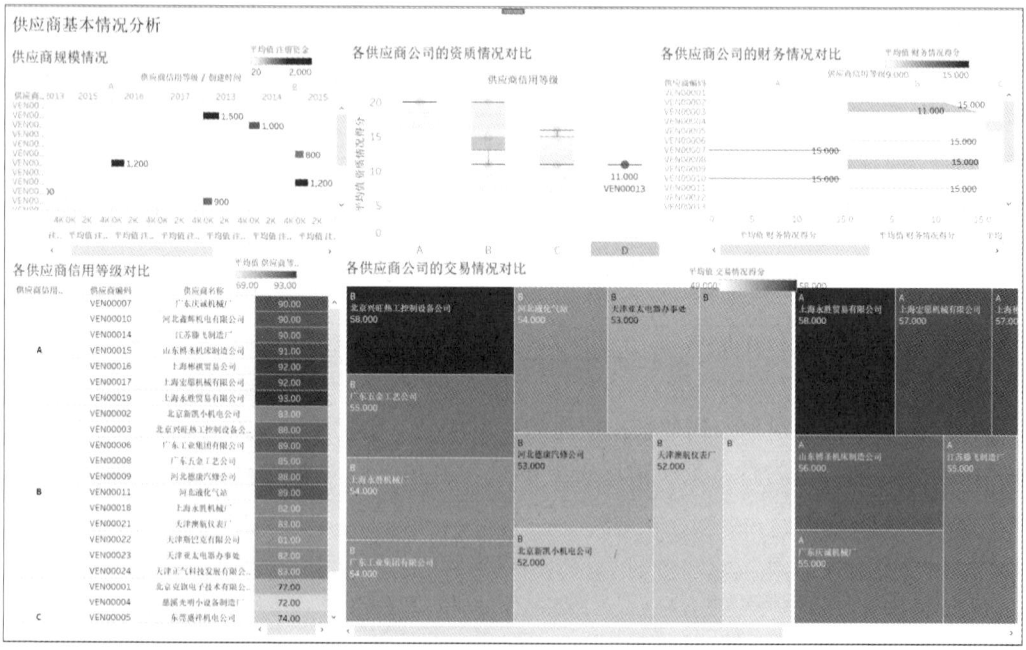

图7－7　供应商基本情况仪表板

①供应商规模情况对比。构建各供应商规模情况视图时，以供应商信用等级、创建时间和注册资金为列，供应商编码为行，注册资金作为颜色区分和详细信息形成以条形显示的“对于线（离散）”视图，如图7－8所示。

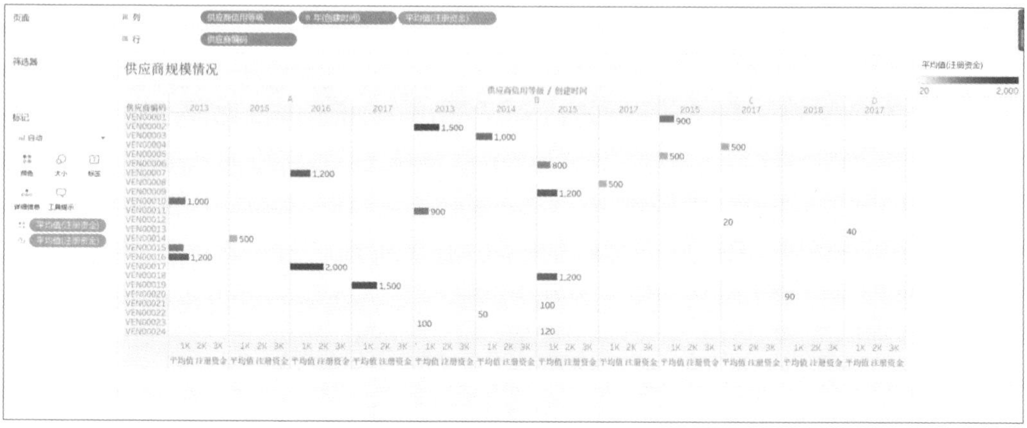

图7－8　供应商规模情况对比

②供应商信用等级情况对比。构建各供应商的信用等级情况视图时，以供应商信用等级、供应商编码和供应商名称为行，供应商编码为筛选器，供应商信用等级的得分作为颜色区分和标签形成突出显示表视图，如图 7 - 9 所示。

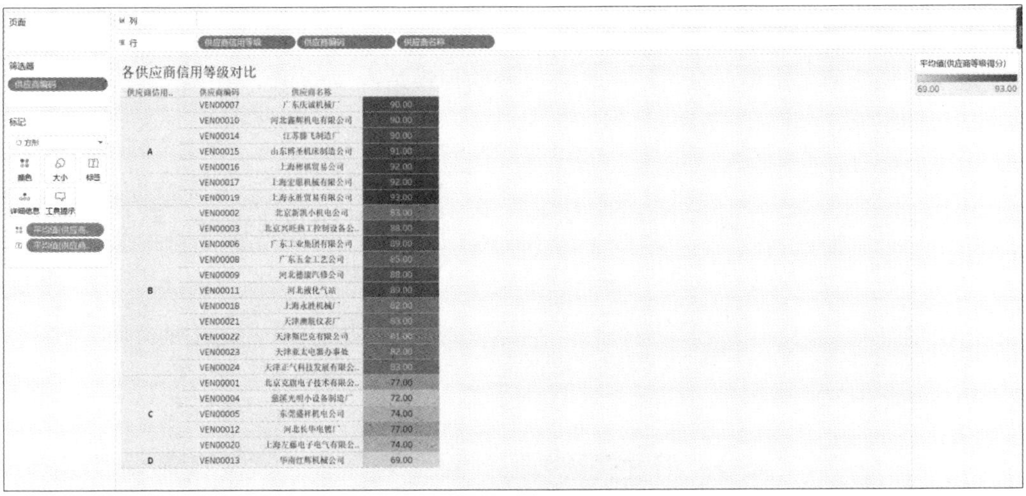

图 7 - 9　供应商信用等级情况对比

③供应商资质情况对比。构建各供应商的资质情况对比视图时，以供应商信用等级为列、资质情况得分的平均值为行、资质情况得分的平均值和供应商编码为详细信息形成盒须图，如图 7 - 10 所示。

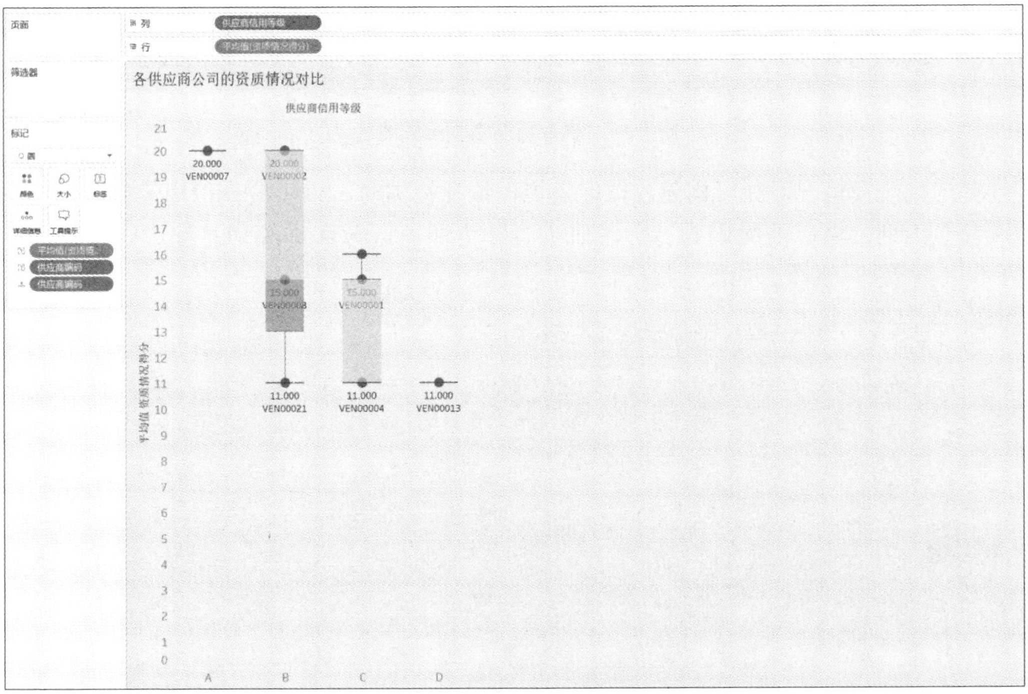

图 7 - 10　供应商资质情况对比

④供应商财务情况对比。对各供应商的财务情况对比时，以供应商信用等级财务情况得分的平均值为列、供应商编码为行，用供应商编码和财务情况得分的平均值形成“区域条形图”视图，如图 7 – 11 所示。

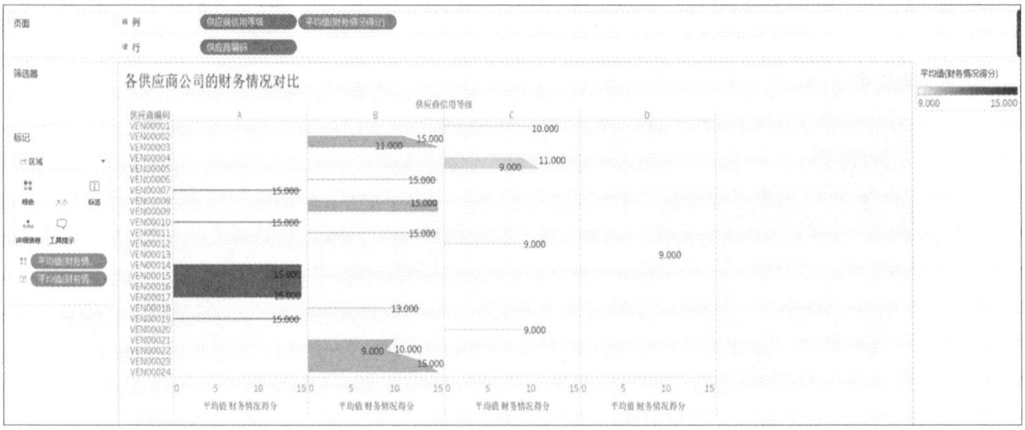

图 7 – 11　供应商财务情况对比

⑤供应商交易情况对比。对各供应商的交易情况对比分析时，以交易情况得分的平均值做详细信息，在标记栏用颜色区分，形成“树状图”视图，如图 7 – 12 所示。

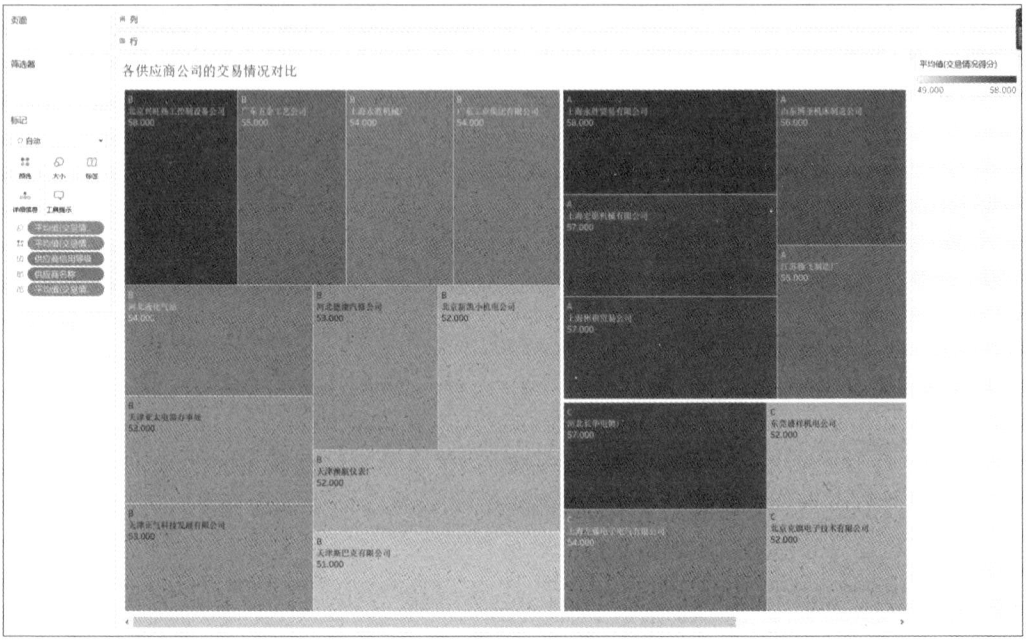

图 7 – 12　供应商交易情况对比

（2）供应商履约情况分析

主题二为供应商履约情况分析，由各供应商的发货延期天数、物流天数和合同履约率情况组成，如图 7 – 13 所示。

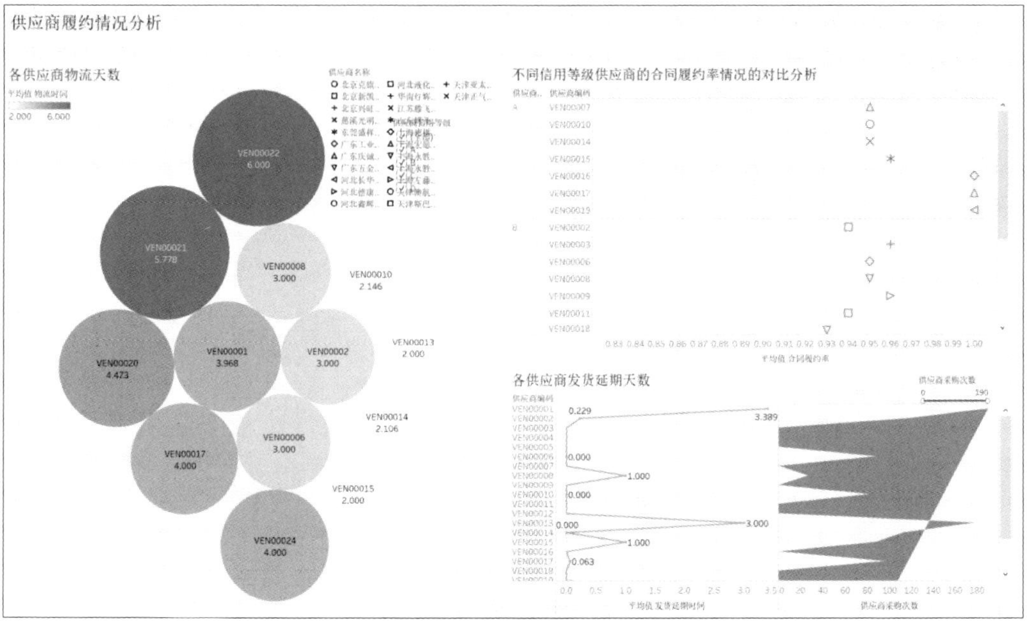

图 7－13　供应商履约情况仪表板

①供应商发货延期天数对比。对各供应商的发货延期时间作对比时，首先需要创建两个计算字段，分别为发货延期天数和供应商采购次数。发货延期天数用 DATEDIFF 函数，供应商采购次数用 COUNT 函数。视图以发货延期天数的平均值、供应商采购次数为列，以供应商编码为行。以供应商采购次数做筛选器形成以折线图—多边形联合的视图，如图 7－14 所示。

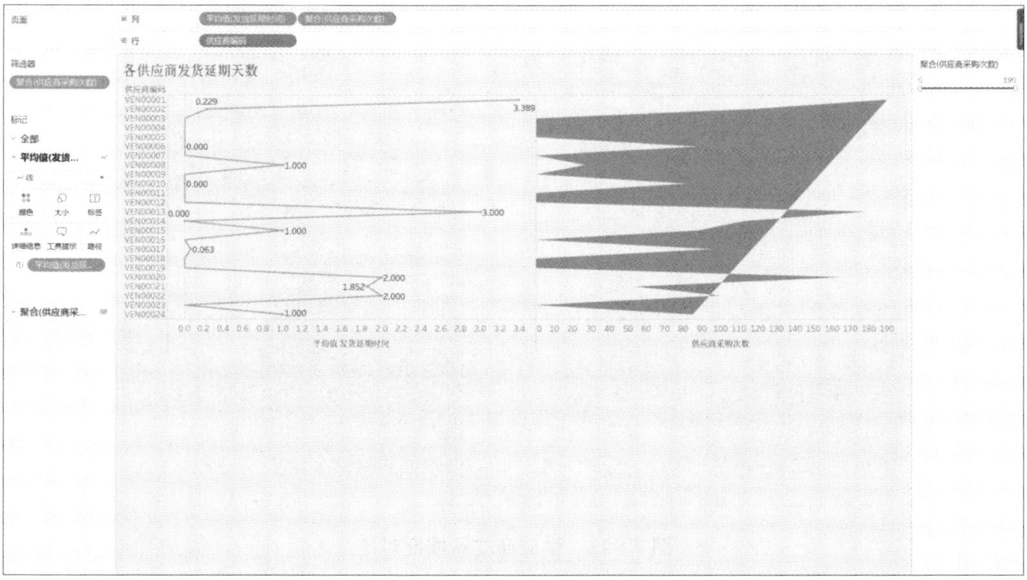

图 7－14　供应商发货延期天数对比

②供应商物流天数对比。对各供应商的物流时间作对比时，首先需要使用 DATEDIFF 函数创建物流天数计算字段。视图以物流时间的平均值作颜色区分和大小区分，以供应商编码和物流时间的平均值为详情信息，最终形成填充气泡图，如图 7－15 所示。

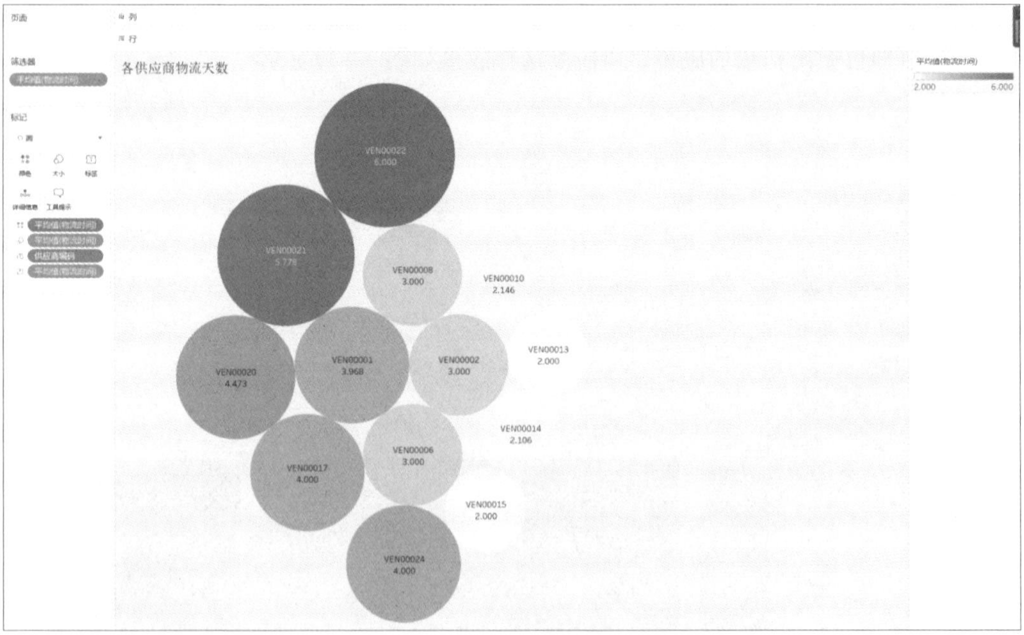

图 7－15　供应商物流天数对比

③供应商合同履约率情况对比。构建不同信用等级供应商合同履约率情况视图时，将供应商信用等级作为筛选条件，以合同履约率为列，以供应商信用等级和供应商编码为行形成"散点图"视图，如图 7－16 所示。

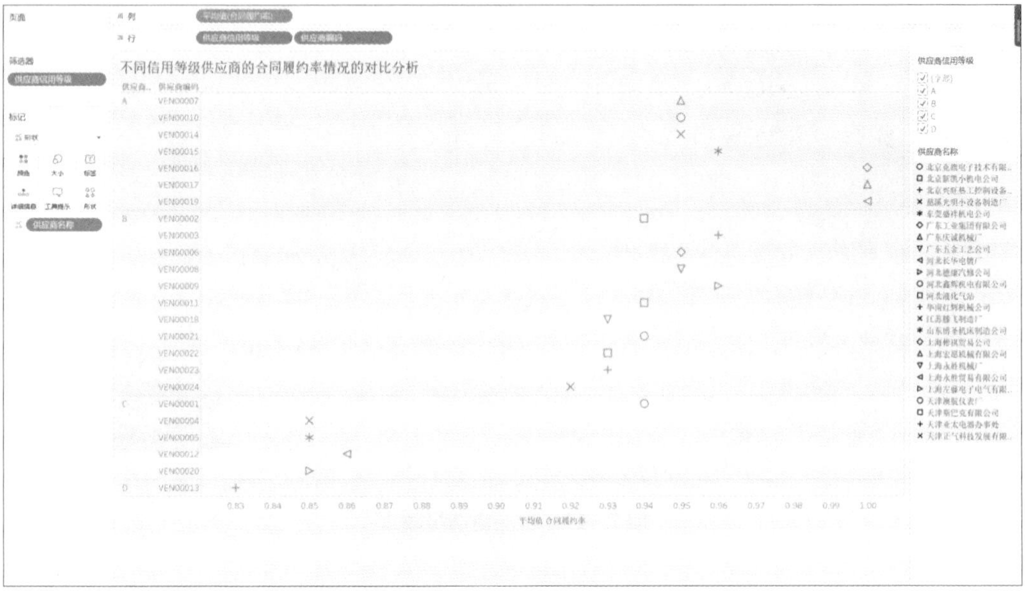

图 7－16　供应商合同履约率情况对比

（3）生成故事

在 Tableau 中，故事是一系列共同作用以传达信息的虚拟化项。通过创建故事来讲述数据，提供上下文，演示决策与结果的关系，或者只是创建一个极具吸引力的案例。供应商选择故事由两个仪表板组成。供应商选择故事的生成，提供了直观的分析结果，决策者通过供应商选择故事即可做出初步的决策，供应商选择故事如图 7－17 所示。

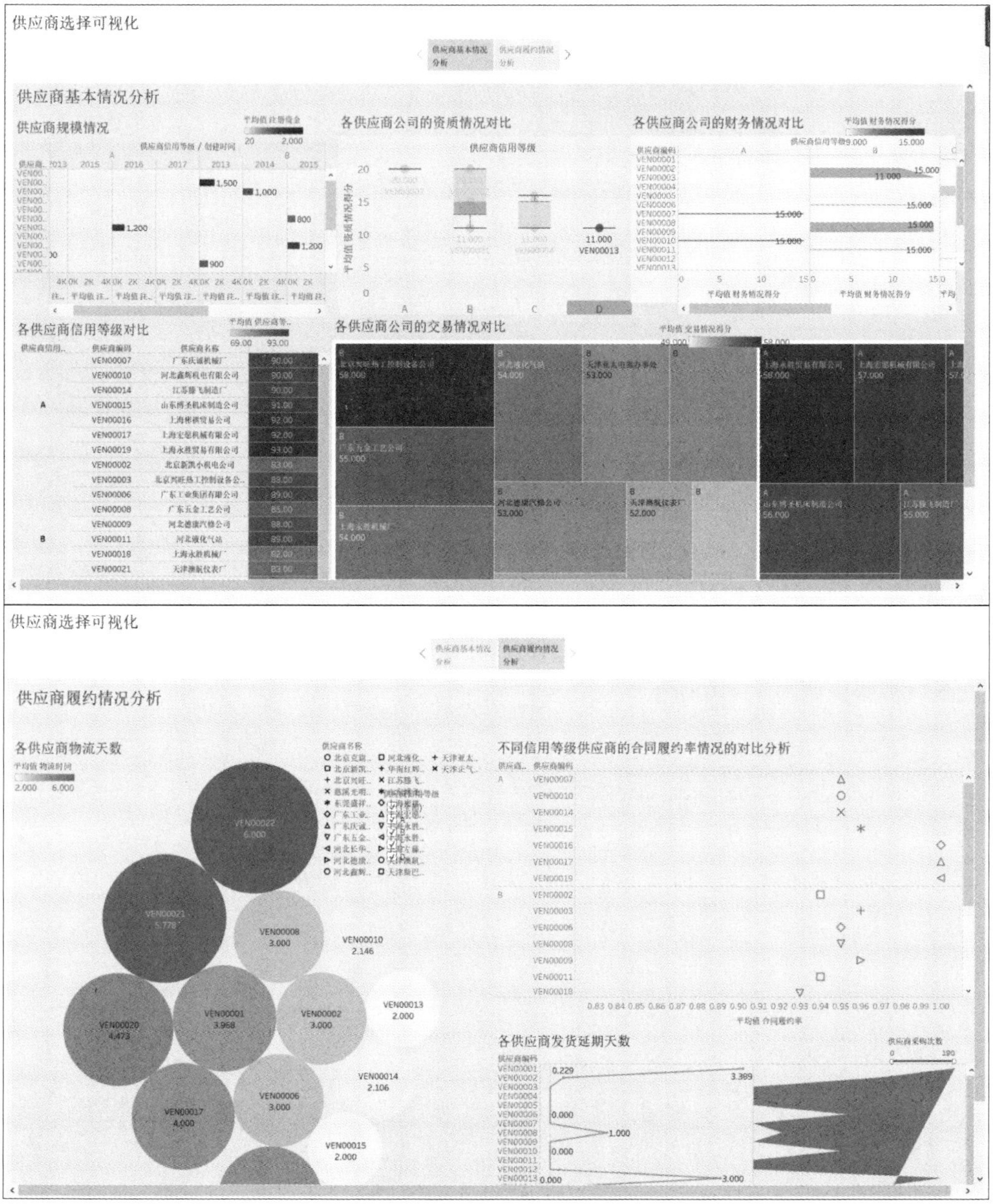

图 7－17　供应商选择故事

7.4.4　Tableau 技术路线

供应商选择数据分析与展现基于 Tableau 软件进行可视化视图绘制，其主要任务是将各供应商数据进行可视化，方便决策者做出判断。供应商选择数据分析与展现包含 8 张工作表，2 个仪表板和 1 个故事。

首先，逐一绘制 8 张工作表，包括供应商规模情况对比、供应商信用等级情况对比、供应商资质情况对比、供应商交易情况对比、供应商财务情况对比、供应商发货延期天数对比、供应商物流天数对比、供应商合同履约率情况对比。

其次，根据工作表所表达的类型分为供应商基本情况分析仪表板和供应商履约情况分析仪表板。

最后，将两个仪表板汇总，生成供应商选择故事。

供应商选择数据分析与展现的具体技术路线如表 7 – 16 所示。

表 7 – 16　　供应商选择数据分析与展现技术路线

实现目的	实验步骤	具体操作
连接数据并设计数据	连接数据	连接 Tableau 到本地文件
	建立数据联系	拖拽工作表
	添加其他表	连接 Tableau 到本地其他文件
	建立联系	拖拽并设置连接字段
	隐藏字段	鼠标点击隐藏重复字段
	修改字段名	双击首行字段名进行修改
在工作表中绘制图形	新建工作表	点击“新建工作表”
	创建计算字段	根据字段名输入计算公式
	选择筛选器	拖拽需要筛选的字段名到筛选器
	编辑筛选器	鼠标点击配置筛选器格式
	绘制图表	鼠标拖拽字段名到行、列、筛选器
	设置工作表格式	点击标题、阴影等设置格式
生成仪表板	新建仪表板	点击“新建仪表板”
	绘制仪表板	鼠标拖拽工作表到仪表板
	设置仪表板格式	点击编辑标题、阴影、浮动、大小等格式
生成故事	新建故事	点击“新建故事”和“新建故事点—空白”
	绘制故事	鼠标拖拽仪表板到故事
	设置故事格式	点击编辑标题、阴影、浮动、大小等格式

7.5　供应商选择数据分析报告自动化

商业数据分析最后的输出即结论的载体，就是商业数据分析报告。机器人流程自动化可以利用经过可视化展现的结果作为支撑依据，为供应商评审小组生成供应商分析报告。

7.5.1　场景描述

经过一天的学习和努力，家桐已经完成了供应商申请数据的采集和处理，初步生成了集合内部和外部的汇总数据表。然后与师傅谭智杰一起利用软件 Tableau 连接数据表，对供应商的基本情况、履约情况做出了可视化分析。在完成以上工作后，本次供应商选择还需要出具一份详细的分析报告，并发送到供应商评审小组邮箱，供最终选择使用。

周二早上，“蛮先进”采购部的职员陆陆续续前来上班，平常踩着点上班的家桐此时早已坐在办公桌前盯着电脑。

同事子轩："天呐！你不会在公司通宵加班吧?"

家桐："怎么会呢，我现在学习了一门新技术。昨晚我构思了一个流程，今早我想早点来实践看看。"

正说着，智杰就对家桐说："家桐，报告自动化有思路了吗?"

家桐："hey！师傅，您终于来啦！我昨晚回去后想到了一个思路，你看哈，一般报告分为标题、目录、摘要、分析的背景、目的、结论和建议。这些大多数都是文字性的，我们可以使用 Word 自动化里面的查找内容、替换内容这些进行报告填写。对于分析内容呢，我觉得可以将我们创建的视图放下去，供评审小组成员参考。师傅你看我这思路可不可行!"

谭智杰："小伙子！不错啊，你这思路可一点都不像才入门的感觉啊！我表示肯定，一会儿我就把报告的模板发给你。你做完发我看一下，没啥问题的话就可以发送给评审小组啦!"

一旁的阿菁看着家桐这学习劲儿，又看了看家桐已经完成的数据采集和处理自动化程序。心里对这初出茅庐的小子新增了一丝欣赏，决定给家桐转正。

7.5.2 数据分析报告设计

供应商选择数据分析报告由七部分组成，分别是标题页、目录、摘要、分析背景、分析目的、分析思路和分析内容，其具体内容如下：

（1）标题页

该分析报告的标题页标题为：2022 年供应商选择数据分析报告，撰写人为张菁，日期为报告生成当天。

（2）目录

2022 年供应商选择数据分析报告的目录由报告目录和图表目录组成，报告目录是报告的正文框架，图表目录是数据分析报告中可能出现的图表图注。

（3）摘要

采购商选择供应商建立战略伙伴关系、控制双方关系风险和制定动态的供应商评价体系是中国采购商普遍关心的几个问题。随着采购额占销售收入比例的不断增长，采购逐渐成为决定制造商成败的关键因素。此次选择共计 24 家公司申请准入，本报告将对供应商的履约情况、信用情况和企业规模进行全方面分析，并结合图表最终选出 11 家公司作为最终供应商。

（4）分析背景

2022 年是蛮先进集团的突破之年，其旗下的蛮先进食品机械制造公司在 2021 年研发了一款新的面包油炸机——"炸团团"，被中国食品机械协会称为"重大突破""黑科技"。蛮先进食品机械制造公司将这款面包机作为近几年公司的主打产品推广。其生产部在 2021 年 6 月完成了此项研发，在经历了大半年的实验后准备在 2022 年投入生产。现在需要解决的问题则是寻找原料供应商。

（5）分析目的

找到各方面都优秀的供应商。供应商的情况如何会对企业的营销活动产生巨大的影响，如原材料价格变化、短缺等都会影响企业产品的价格和交货期，并会削弱企业与客户的长期合作与利益，因此，采购部必须对供应商的情况有比较全面的了解和透彻的分析。

（6）分析思路

在进行供应商选择时，数据分为外部数据和内部数据。外部数据是供应商向蛮先进公司申请准入时提供的申请表，包括供应商的基本信息和信用等级得分。内部数据是蛮先进公司内部对之前合作过的企业存档的数据，包括采购单、物料返厂记录和合同履约记录。

利用 Tableau 可以将规范的供应商数据进行展现，数据可视化可以清楚地了解各供应商的特点和优点。再用 Excel 自动化将规模太小、信用不好、产品质量太差的公司删除，重新生成一个新的工作簿“最终确定名单 . xlsx”。

（7）分析内容

通过对每家供应商提供的申请准入数据和蛮先进公司记录的发货延期天数、物流天数等数据进行分析，可以将本次选择分为两个主题：一是根据供应商申请准入时提供的申请表信息分析供应商的规模、资质情况和财务情况等基本情况，二是根据发货延期天数、物流天数对供应商履约情况进行分析。

7.5.3 自动化流程设计

根据供应商选择的报告需求，对资质不合格、财务能力较弱、交易履约不良的供应商进行删除，最后根据可视化图形和最终名单出具报告，为企业的决策提供分析依据。供应商选择自动化流程如图 7－18 所示。

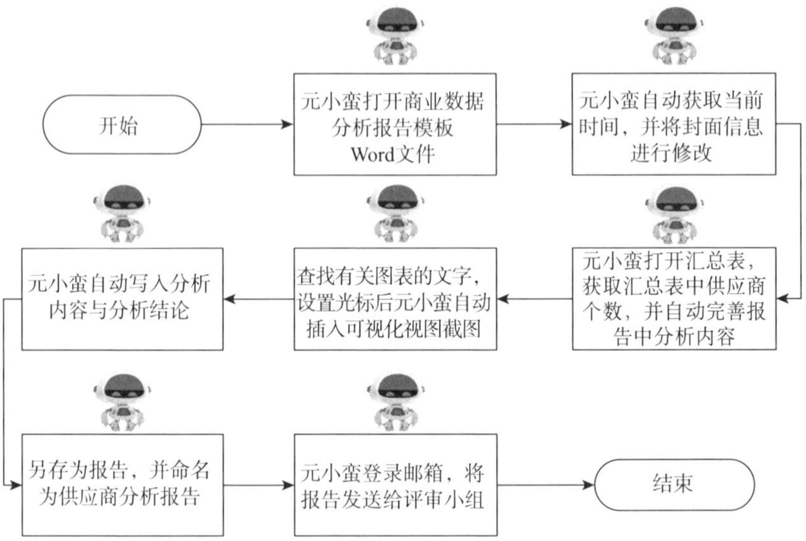

图 7－18　供应商选择数据分析报告生成自动化流程

7.5.4 RPA 技术路线

供应商选择数据分析报告机器人需要完成的任务主要是读取报告模板、写入报告内容和发送邮件。

首先，打开报告模板，读取报告时间，完善报告封面；

其次，写入报告内容，根据模板的设置，将特定的文字放入特定的区域，最后输出，完成整个写入报告的过程；

最后，将报告发送给评审小组。

供应商选择数据分析报告机器人开发的具体技术路线如表 7－17 所示。

表 7－17　　　　　　　　　　　　　机器人开发技术路线

流程块名称	功能描述	使用的预制件
出具报告	填写报告时间	打开 Word 文档
		获取时间
		转换为字符串类型
		查找文本
		写入文字
	填写报告内容	打开 Excel 工作簿
		获取行数
		变量赋值
		转换为字符串类型
		查找文本
		写入文字
		关闭 Excel 工作簿
		关闭 Word 文档
发送报告	发送供应商选择报告	发送邮件

第 8 章　商品采购自动化分析

8.1　商业理解

从商业的角度来看，商品采购流程作为企业重要的一环，应充分了解市场供应情况，运用适当的采购策略和方法，实现经济利益的流入。俗话说“采购好商品等于卖出一半”，商品采购的重要性得以体现，通过商品采购分析，对购入时间、购入商品类别、购入价格等进行了解，能够大大提高企业的利润。

8.1.1　场景描述

子轩是重庆蛮先进智能制造有限公司财务分析岗位的工作人员，在自己公司研发的 RPA 商业数据分析机器人元小蛮的帮助下，子轩早早完成了周末的加班任务，将在今天晚上参加高中同学聚会。“哟，才 4 点钟呢？还有时间回家收拾收拾，我要成为今晚最漂亮的那一个！”提前完成工作，子轩心情大好，情不自禁地自言自语道。

“这位美女，你是？你先别说话，让我猜一下，你不会是当初那个成天哭鼻子的子轩吧，现在都这么漂亮了，这是女大十八变啊！”同学聚会刚开始，一个脖子上挂着大金链子、手腕上戴着大碗表的暴发户冲子轩喊着，子轩没有理会他，倒是一旁的眼镜男接过话茬：“恭喜李老板啊，李老板现在的生意是真的做大了，在重庆、四川、云南、贵州这些地方，只要想装修，谁不会想到李老板啊？”暴发户转了转手指上的玉戒，笑道：“哪里哪里，只是运气比较好罢了。”眼镜男回复说：“大家都是从小一起长大的老同学，你和我们谦虚什么。”这时，子轩从小一起长大的好闺蜜告诉子轩：“2010 年，李老板还是小李的时候，高中毕业就没读书了，成立了一家家装建材销售店，刚开店时，小李的客户基本上都是店铺附近的人，规模很小，小李一个人既是老板又是员工，既是会计又是销售。你别看他现在不靠谱的样子，但是他凭借着踏实肯干、努力拼搏的精神以及不错的运气，很快就把生意做大了，成立了建材销售公司。去年，小李的建材销售公司已经冲出重庆，在整个西南片区都站稳了脚跟。人家可真是算得上成功人士呢！”

这时候，李老板继续吹嘘着自己：“老同学们，你们别看我现在表面上光鲜亮丽、风风火火，但实际上我天天操着心呢！就举一个例子吧，我的公司现在确实是越做越大，可是呢，市场份额越来越大也带来了一个特别严重的问题，那就是每年翻几番的订单量导致从事商品采购的员工及相关的财务人员越来越多，他们每天都忙于统计订单、分析比较选择不同供应商的成本差别、分析采购量与库存的关系等工作，没日没夜的，我看着都觉得辛苦，但尽管他们经常加班加点，但人总有犯错的时候，处理巨量订单的过程必然会偶犯错误，这导致我吃了不少亏呢，我担心这个问题影响到我们公司的口碑和发展，每天也是紧张得很啊。还是之前自己开小店的日子舒坦，啥都不用担心，自己一个人就能把所有事情搞定。哎，不说了，大家难得聚在一起，来喝酒喝酒。”见小李自己不再提工作，众人遂开始推杯换盏，子轩心想：李老板的心结不正是自己公司擅长的领域吗，不如给他介绍下我们的RPA商业数据分析机器人，探讨一下合作的可能性，成功了就又有一笔奖金到手了！

饭局终了，众人散去，子轩向酒气醺醺的李老板说道："李总，您刚才说的贵公司目前存在的商品采购分析费时费力的问题，我们公司研发的RPA商业数据分析机器人可以帮你解决掉。不知您是否有兴趣？"

子轩说的话让李老板瞬间酒醒，立马兴奋地回复道："你刚刚说的那个什么RPA商业数据分析机器人能干什么？"子轩说道："我们的机器人能够实现商品采购自动化分析，包括存货编码数量与金额分析、采购与结算金额对比分析、商品采购成本分析、采购商品结构分析、存货ABC分析等。"李老板激动地说："这正是我想要的，不管多少钱，我都能接受！"子轩回复说："好的，那明天到我们公司谈详细的合同，您是否方便？""没有问题！"李老板难以抑制内心的喜悦。

聚会结束，子轩向公司程总报告喜讯，程总夸奖道："可以啊，子轩，不光会RPA，还把销售的工作也干了，合作成功后，你的奖金跑不掉的！"

8.1.2 业务与技术分析

经过反复讨论，程总制定了以下商品采购分析方案：首先分析商品的采购成本，分析商品采购金额与数量的情况，并分解到各月份；其次对商品的采购结构进行分析，了解历年来采购商品数量与金额最多的商品的类型；最后，根据以上分析得出商品采购的情况，并据此制定下一年采购计划。

（1）商品采购业务流程与痛点分析

商品采购要求采购部门根据上一年各月份采购情况等数据制定本期的采购计划，并提交采购申请给采购主管进行审批；采购主管审批通过后，采购部门根据采购申请生成采购订单，并将其发送给上游供应商；供应商根据采购订单确定采购订货生成采购单，并将根据订单发货；仓储部收到商品后，对商品进行质检，质检不通过则重新发回给供应商，质检通过则验收入库，财务人员据此生成采购凭证，如图8－1所示。

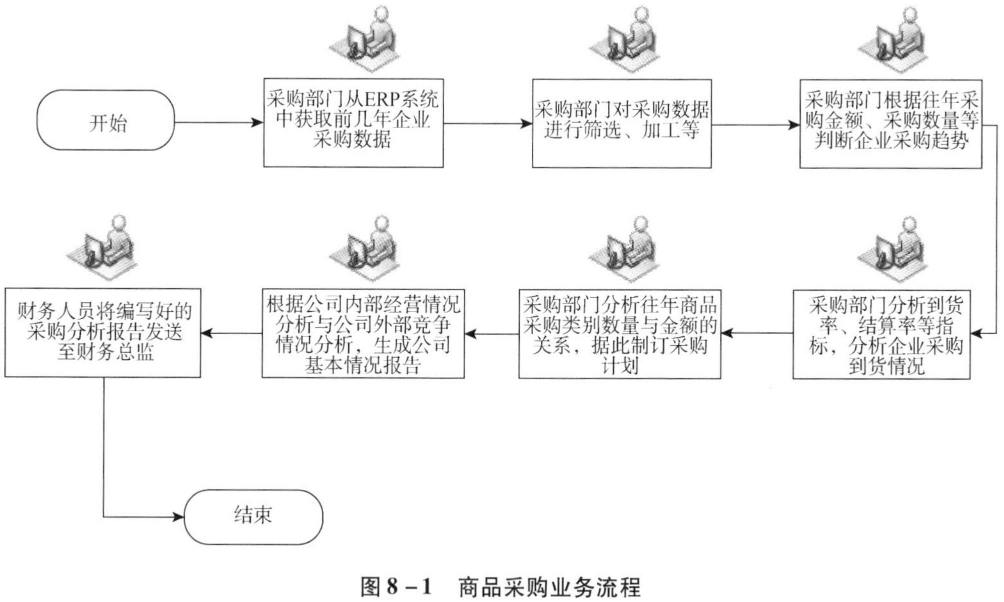

图8－1　商品采购业务流程

由以上流程图可以看出，在对商品进行采购时，需要重复下载采购数据，并对每月、每年的采购情况进行汇总等操作，这些操作烦琐且费事，存在错漏的情况。

（2）商品采购业务 RPA 流程与技术关系

蛮先进公司的信息化技术在整个行业走在前列，为了发挥信息化技术的作用，对企业商品采购进行分析时决定采用 RPA 技术，重点在于复杂烦琐的过程。RPA 自动化流程如图 8－2 所示，蛮先进公司的机器人元小蛮自动进入公司的 ERP 系统对数据进行采集，将采集到的数据放入 Excel 表内，该表的结构是商业数据分析师提前设计好的，所以机器人按照制定的规则进行采集和录入即可。由于采集到的数据是脏数据，所以需要机器人对数据进行预处理，然后结合分析主题的模型进行图表的绘制，最后生成一个分析报告发送至财务总监的邮箱。

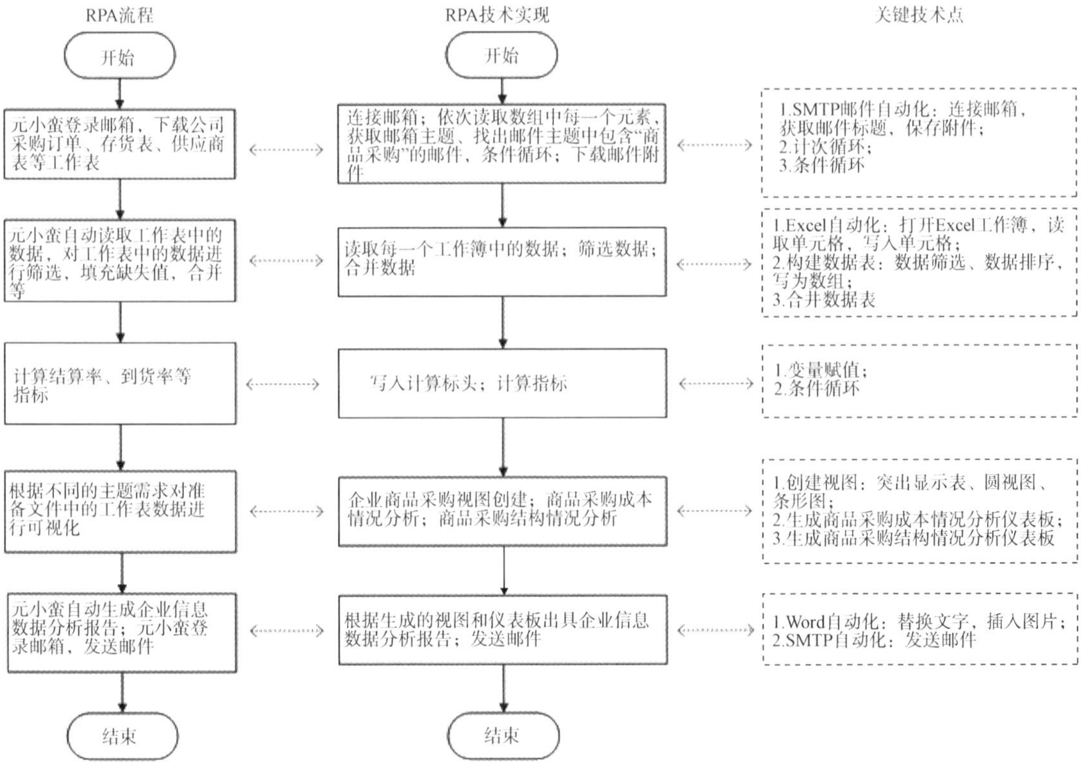

图 8－2　商品采购分析 RPA 流程与技术关系

8.2　商品采购相关数据理解

商品采购相关数据是采购商品的基础。从数据出发，根据相关采购商品的数量、种类等，对商品采购情况进行解读，因此需要做好数据准备工作。

8.2.1　场景描述

近年来，我国零售业销售量大，行业各大平台挖掘并下沉三四线城市，企业从供应环节到生产环节再到销售环节，全环节整合，并以产业赋能为纽带，为众多优质的公司提供品牌、设计、系统、供应链等全方位支持。但该行业仍存在一定的局限性，比如平台管理水平落后，供应链整合度低，行业服务无序化等问题……

经过蛮先进公司高管讨论，决定对战略做出相关调整，采取积极进攻形态的发展战略，扩大经营链条上的深度与广度；其中纵向一体化中的后向一体化，最为重要的是成本分析，分析什么材料采取自给自足的方式最有优势。

战略调整后，实践工作又落到了常姐身上，可怜的常姐又肩挑重任。面对堆积如山的工作，常姐又打起了商品采购自动化的主意！

要发展后向一体化战略，就要对材料成本、供应商等有具体了解。常吉找来都市丽人小徐进行商议，如何对下一步进行部署。

常姐说道："采购要想进行一体化战略，应该从哪些数据入手进行分析呢？"

小徐回答："经过查阅资料以及对生产部门的实地盘查之后，我发现从采购订单和供应商两个方面出发，了解采购的整个流程，是较为全面的。它能够从源头开始，形成完整的链条，这样的逻辑清楚，能够防止漏掉东西，整套流程梳理下来，一定能发现不少问题！"经过商议之后，二人一拍即合，开始查找数据。

子轩作为萌新，听着前辈们谈论问题，才发现自己才疏学浅，没有前辈们考虑得那么周全，这也需要经验的累积，相信自己经过项目的锤炼，一定会成长为像常姐和徐姐一样优秀的人才！

刚接触 RPA，子轩还不太会一些较为复杂的操作，于是被分配到做商品采购相关数据的结构分析……别看这些操作较为基础，但是对于后续分析至关重要。子轩觉得自己的工作任重而道远，一定要保质保量地完成工作！

8.2.2 数据模型

商品采购过程不只是一个一个流程，通常还结合其他流程，比如供应商的选择与库存的管理，同时还需要参考往年的销售情况，因此进行商品采购时应多方考虑，了解整体业务，以下通过模型对商品采购进行解读。

（1）商品采购分析的 E—R 模型

商品采购主要流程是确定采购计划生成采购订单，从上游供应商处购买商品，生成采购单，采购商品到货后进行质检以及库存管理。商品采购的 E—R 模型由商品、供应商、库存实体集构成，每个实体集都有多个属性，它们之间还存在一定的联系，如图 8－3 所示。

实体集

蛮先进公司的商品采购实体包括供应商、商品和库存，下面详细介绍其属性。

①供应商实体集，属性有供应商编号、供应商名称、商品数量、商名称、商品价格；

②商品实体集，属性有商品编号、商品名称、商品种类、价格、规格；

③库存实体集，属性有商品编号、商品名称、商品数量、仓库名称、仓库编号。

联系

①供应商与商品存在多对多的关系，一种商品可以有多个供应商，一个供应商可以提供多种商品。

②商品与库存存在一对多的关系，一种商品储存在一个仓库中，一个仓库可以存储多种商品。

（2）商品采购的物理模型

分析蛮先进公司的商品采购情况，需要采集采购订单、供应商表、存货表等数据，然后建立商品采购的物理模型，如图 8－4 所示。

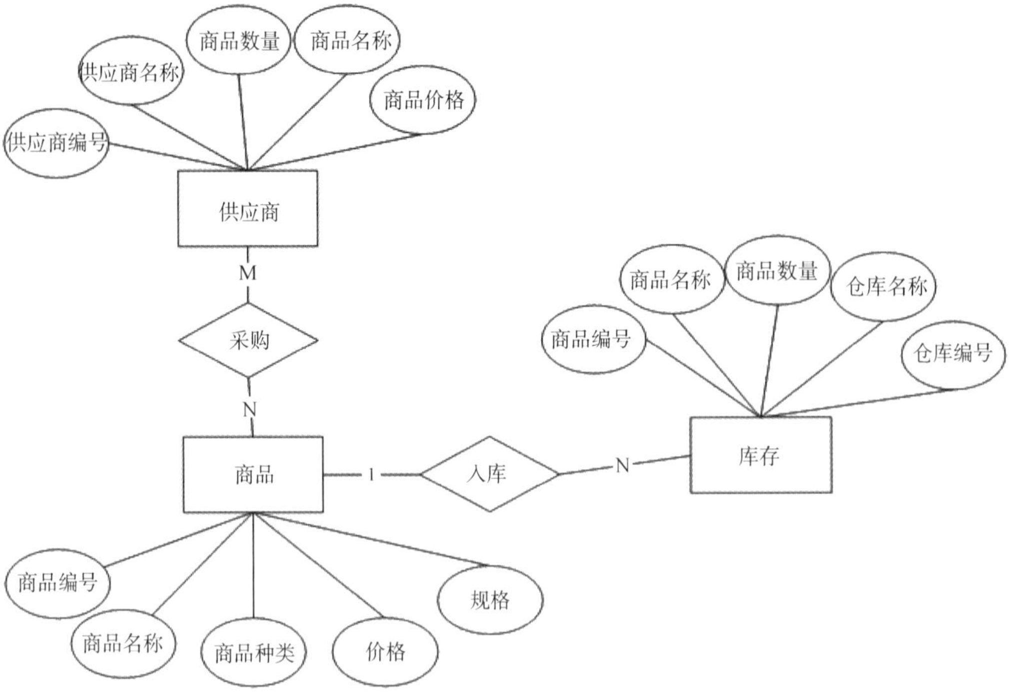

图 8－3 商品采购的 E—R 模型

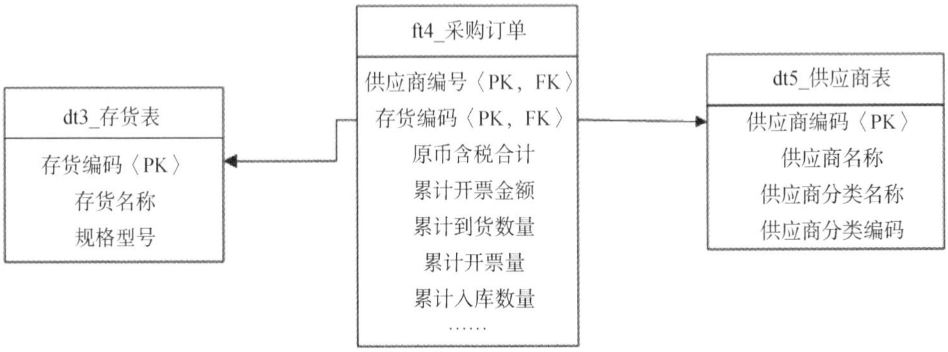

图 8－4 商品采购的物理模型

8.2.3 数据表结构设计

商品采购是企业经营活动的重要组成部分，完善的物资采购流程对于企业降低成本，防范采购风险，保证生产经营正常运转起着重要作用。采购数据具有重要的潜在价值，可以为企业经营采购决策和战略目标的实现提供积极的支持作用。

商品采购包含多张表，如采购订单、存货表、供应商表等，作为一个大型企业，在进行商品采购分析时，数据量是非常大的，因此此处对多张数据表的表结构设计进行展现，能够使数据更清晰直观。

（1）采购订单数据表

采购订单数据表设置订单编号（ddbh）主键作为采购订单数据的唯一标识，以便查询指定记录。设置供应商编码（gysbh）、存货编码（chbm）作为外键，表示与供应商表、存货表之间的相关联系，如表 8－1 所示。

表 8－1　　采购订单数据表结构

序号	字段	数据类型	字段标题	字段大小	字段说明
1	ddbh	Varchar	订单编号	20	主键
2	date	Date	订单日期	0	采购订单的日期
3	gysbh	Varchar	供应商编号	30	外键
4	chbm	Varchar	存货编码	30	外键
5	ybhshj	Double	原币含税合计	（16，2）	原币含税合计金额
6	ljkpje	Double	累计开票金额	（16，2）	累计开票金额
7	sl	Int	数量	0	采购数量
8	ljkpl	Int	累计开票量	0	累计开票量
9	ljrksl	Int	累计入库数量	0	累计入库数量

采购订单数据表用于记录公司将要购买商品的明细，采购订单数据表中含有订单编号、日期、供应商编码、部门编码、人员编码、存货编码、数量、原币含税单价、累计到货数量、累计入库数量、累计开票金额等信息。采购订单数据表的部分数据示例如图 8－5 所示。

图 8－5　采购订单数据表部分数据示例

（2）存货表

存货表设置存货编码（chbm）主键作为存货数据表的唯一标识，以便查询指定记录。同时，存货编码（chbm）也是作为外键，与采购订单数据表进行联系，如表 8－2 所示。

表 8－2　　存货表结构

序号	字段	数据类型	字段标题	字段大小	字段说明
1	chbm	Varchar	存货编码	20	主键
2	chmc	Varchar	存货名称	30	存货的名称
3	ggxh	Varchar	规格型号	30	存货的规格型号

存货表用于记录企业目前在库商品的相关信息。存货表中含有存货编码、规格型号、存货大类编码和存货大类名称等信息。存货表的部分数据示例如图 8－6 所示。

选择	存货编码	存货名称	规格型号	存货大类编码	存货大类名称	是否内销	是否自制	是否生产耗用	进项税率%	销项税率%	是否采购
否	0101001	0x30B6DB46CE80F3591FD91F29BC6448D4	0x30B6DB46CE80F3591FD91F29BC6448D4	0101	主料	是	是	是	16	16	是
否	0101002	0xE1740116EFAEA9A2ADBF525C652C8248	0xBA68C36344F39CF5A8ED1D1CA6235012	0101	主料	是	是	是	16	16	是
否	0101003	0xBCDC36D187B33A2954857E7E1CC9389E		0101	主料	是	是	是	16	16	是
否	0101004	0x835CEDFC90573E89A9B3C318538D0B3B	0x99298C8ABA0CD10CB75BCD7195E1086E	0101	主料	是	是	是	16	16	是
否	0101005	0x835CEDFC90573E89A9B3C318538D0B3B	0xBA68C36344F39CF5A8ED1D1CA6235012	0101	主料	是	是	是	16	16	是
否	0101006	0x835CEDFC90573E89A9B3C318538D0B3B	0x026D7E0CB8C67BAE2DB89ADCE2FEFA4C	0101	主料	是	是	是	16	16	是
否	0101007	0x29CDE7D60BC4C6930EDB6FEB2AFA7BD4	0x99298C8ABA0CD10CB75BCD7195E1086E	0101	主料	是	是	是	16	16	是
否	0101008	0x29CDE7D60BC4C6930EDB6FEB2AFA7BD4	0xBA68C36344F39CF5A8ED1D1CA6235012	0101	主料	是	是	是	16	16	是
否	0101009	0x29CDE7D60BC4C6930EDB6FEB2AFA7BD4	0x026D7E0CB8C67BAE2DB89ADCE2FEFA4C	0101	主料	是	是	是	16	16	是
否	0101010	0xEEE9720AE2A596FFBFBD5499D7D07DF2	0x99298C8ABA0CD10CB75BCD7195E1086E	0101	主料	是	是	是	16	16	是
否	0101011	0xEEE9720AE2A596FFBFBD5499D7D07DF2	0xBA68C36344F39CF5A8ED1D1CA6235012	0101	主料	是	是	是	16	16	是
否	0101012	0xEEE9720AE2A596FFBFBD5499D7D07DF2	0x026D7E0CB8C67BAE2DB89ADCE2FEFA4C	0101	主料	是	是	是	16	16	是
否	0101013	0x294049882BA9A2DA30C00906CD435381	0xF2180D48CE89E91402757A79078FFBF5	0101	主料	是	是	是	13	13	是
否	0101014	0x294049882BA9A2DA30C00906CD435381	0xBA68C36344F39CF5A8ED1D1CA6235012	0101	主料	是	是	是	13	13	是
否	010201001	0xC4CA8C39F9AE36F745AAB1404DD29287		0101	主料	是	是	是	16	16	是
否	010201002	0xBB485CFCC48C152A844C6BC9ECBBE820		0101	主料	是	是	是	16	16	是
否	010201003	0x0E48DA0F66CF2C146B01C2D845339A0D		0101	主料	是	是	是	16	16	是
否	010201004	0xBB35C2D25C5D6A4896691CB9ADE923F7		010201	塑料	是	是	是	16	16	是
否	010201005	0xE1740116EFAEA9A2ADBF525C652C8248	0x99298C8ABA0CD10CB75BCD7195E1086E	0101	主料	是	是	是	16	16	是
否	010201006	0x213747381B30E4D82E4F1CE9835B9D18		010201	塑料	是	是	是	16	16	是
否	010201007	0xFEF9E2643D63ADE02F7B1567AD61F481		010201	塑料	是	是	是	16	16	是
否	010201008	0xB5C8E1A443A45705172EE834FF43A7D4		010201	塑料	是	是	是	16	16	是
否	010201009	0x2EAE1226CD92D1273AC7FBF5D437FE88		010201	塑料	是	是	是	16	16	是

图 8－6　存货数据表部分数据示例

（3）供应商表

供应商表设置供应商编码（gysbm）主键作为供应商数据表的唯一标识，以便查询指定记录。同时，供应商编码（gysbm）也作为外键，与采购订单数据表进行联系，如表 8－3 所示。

表 8－3　　**供应商表结构**

序号	字段	数据类型	字段标题	字段大小	字段说明
1	gysbm	Varchar	供应商编码	20	主键
2	gysmc	Varchar	供应商名称	30	供应商的名称
3	gysflmc	Varchar	供应商分类名称	30	供应商分类名称
4	gysflbm	Varchar	供应商分类编码	30	供应商分类编码

供应商表用于记录企业目前采购商品上游供应商的信息。供应商表中含有供应商编码、供应商名称、供应商分类名称和供应商分类编码等信息。供应商表的部分数据示例如图 8－7 所示。

供应商编码	供应商名称	供应商分类名称	供应商分类编码	是否采购	发展日期
010001	GYS_010001	原材料	01	是	2016/6/15
010002	GYS_010002	原材料	01	是	2016/6/15
010003	GYS_010003	原材料	01	是	2016/6/15
010004	GYS_010004	原材料	01	是	2016/6/16
010005	GYS_010005	原材料	01	是	2016/6/16
010006	GYS_010006	原材料	01	是	2016/6/16
010007	GYS_010007	原材料	01	是	2016/6/16
010008	GYS_010008	原材料	01	是	2016/6/16
010009	GYS_010009	原材料	01	是	2016/6/16
010010	GYS_010010	原材料	01	是	2016/6/16
010011	GYS_010011	原材料	01	是	2016/6/16
010012	GYS_010012	原材料	01	是	2016/6/16
010013	GYS_010013	原材料	01	是	2016/6/16
010014	GYS_010014	原材料	01	是	2016/6/16
010015	GYS_010015	原材料	01	是	2016/6/16
010016	GYS_010016	家纺类	10	是	2016/6/16
010017	GYS_010017	原材料	01	是	2016/6/16
010018	GYS_010018	原材料	01	是	2016/6/16
010019	GYS_010019	原材料	01	是	2016/6/18
010020	GYS_010020	原材料	01	是	2016/6/27
010021	GYS_010021	原材料	01	是	2016/8/22
010022	GYS_010022	原材料	01	是	2016/9/6
010023	GYS_010023	原材料	01	是	2016/11/28
010024	GYS_010024	原材料	01	是	2017/1/18
010025	GYS_010025	原材料	01	是	2017/3/28
010026	GYS_010026	原材料	01	是	2017/4/19

图 8－7　供应商数据表部分数据示例

8.3 商品采购相关数据采集与处理自动化

商品采购的数据采集与处理主要是对采购的商品数据进行采集，然后删除冗余值、重复值等异常数据，并自动计算相关指标。

8.3.1 场景描述

子轩经过数据的收集及筛选，最后筛选出四张报表可以用来对商品采购进行分析。当子轩长舒一口气，以为就要结束这一工作时，常姐又给子轩下达了新的任务：对四张报表中的数据进行清洗、汇总。子轩不以为然，本以为能够轻松解决，但是在实战过程中却频频出现问题，导致子轩心态快崩了。

子轩赶紧找来常姐，问道："美丽的常姐，我所收集的四张表格各自分析是不存在多大问题的，但是要联系在一起做总体分析就出大问题了。由于每张表格不是都有商品编码或者供应商编码，因此并不能很直观地对应，分析起来无从下手，打开了这个忘了那个，这可如何是好呀。"常姐努努嘴，不以为然地说："通过 RPA 将所需要的数据汇总在一起就行啦，不仅如此，还可以通过机器人计算比率等，分析一步到位！你呀，现在掌握的 RPA 知识只是皮毛，没事可以多去看看 RPA 的相关课程，来也学院有各种操作视频，你可以去看看，学学技术，千万别半罐子水晃荡。你不要觉得 RPA 很复杂，很鸡肋，学好 RPA，可以降低人力成本，让员工产生创造力，从事更有价值的工作，很多大型企业都采用 RPA，将 RPA 机器人称为'数字员工'，你不努力呀，小心被数字员工给替代了。尤其是现在疫情这个情况，好多公司都进行裁员，使用数字员工，BluePrism 作为一家致力于 RPA 的龙头企业更是在这次疫情下赚翻了，所以呀，要不被时代淘汰就是让自己变得有竞争力。"

子轩听着常姐的训话，羞愧地落下了金豆豆，但是认真反思自己最近是真的太懒散了，这样下去被时代淘汰也是早晚的事。看子轩懂得了自己的良苦用心，常姐长叹一口气，默默地帮子轩继续改程序。子轩感到很幸运，能够遇到面冷心热、刀子嘴豆腐心的常姐，不仅能够指出自己的错误，还会真正去教后生！

8.3.2 自动化流程设计

在进行商品采购自动化分析时，通常公司体量大、商品繁多、数据量大，而且以时间排序，表格杂乱、复杂，且一件商品的信息或者采购情况设计几张表格，不便于分析。因此还要用机器人进行数据的清洗、整理、计算、合并等，以便后续进行分析。

（1）数据采集与处理设计

①数据输入。商品采购自动化分析的数据输入为本地 Excel 文件。本地 Excel 文件包含从"事实表"中 ft4_ 采购订单工作表读取商品订单编号、日期、存货编码、数量、累计开票量、累计到货量等；从"维度表"中 dt3_ 存货表读取存货编码、存货名称、规格型号、存货大类名称等。如表 8 - 4 所示。

②数据处理。机器人读取数据后，使用转换、筛选、删除等方法进行数据处理，如表 8 - 5所示。

③数据输出。商品采购自动化分析的数据输出包含采购商品比率 Excel 文件和合并后数据 Excel 文件。

表 8-4　　　　数据输入

数据来源	文件名/网址	主要数据内容
本地 Excel 文件	事实表 . xlsx（ft4_ 采购订单）	订单编号
		日期
		存货编码
		数量
		累计开票量
		累计到货量
	维度表 . xlsx（dt3_ 存货表）	存货编码
		存货名称
		规格型号
		存货大类名称

表 8-5　　　　数据处理

数据处理方法	主要内容
转换	将读取的订单编号、存货编码转换为文本格式
筛选	筛选商品重要信息数据
计算	计算到货率、结算率等
	计算总数量、总到货数量等
删除	删除重复的值
	删除空值
合并	将 ft4_ 采购订单和 dt3_ 存货表的数据进行合并

采购商品比率 Excel 文件包括累计到货数量、数量、累计开票量、到货数量总额、数量总额、开票量总额、到货率与结算率八列数据，如图 8-8 所示。

	A	B	C	D	E	F	G	H
1	累计到货数量	数量	累计开票量	到货数量总额	数量总额	开票量总额	到货率	结算率
2	10	10	10	2631948	2652780	1658704	0.992147	0.62527
3	10	10	10					
4	20	20	20					
5	49	49	49					
6	70	70	70					
7	20	20	20					
8	60	60	60					
9	10	10	10					
10	32	32	32					
11	120	120	120					
12	8	8	8					
13	40	40	40					
14	64	64	64					
15	40	40	40					
16	40	40	40					
17	96	96	96					
18	72	72	72					
19	56	56	56					
20	88	88	88					
21	200	200	200					
22	40	40	40					
23	150	150	150					
24	20	20	0					
25	20	20	0					

图 8-8　采购商品比率样表

合并后数据 Excel 文件包括存货编码、数量、累计开票量、存货大类编码、存货大类名称五列数据，如图 8－9 所示。

	A	B	C	D	E	F
1	存货编码	数量	累计开票	存货大类编码	存货大类名称	
2	30106014	10	10	30106	制动凸轮轴	
3	30106014	32	32	30106	制动凸轮轴	
4	30106014	40	40	30106	制动凸轮轴	
5	30106014	65	65	30106	制动凸轮轴	
6	30106014	88	88	30106	制动凸轮轴	
7	30106014	22	22	30106	制动凸轮轴	
8	30106014	4	4	30106	制动凸轮轴	
9	30106014	26	26	30106	制动凸轮轴	
10	30106014	30	30	30106	制动凸轮轴	
11	30106014	486	486	30106	制动凸轮轴	
12	30106014	2	0	30106	制动凸轮轴	
13	30106014	1031	1031	30106	制动凸轮轴	
14	30106014	725	725	30106	制动凸轮轴	
15	30106014	76	0	30106	制动凸轮轴	
16	30106014	286	286	30106	制动凸轮轴	
17	30106014	1452	1452	30106	制动凸轮轴	
18	30106014	1048	0	30106	制动凸轮轴	
19	30106014	2960	0	30106	制动凸轮轴	
20	30106014	2338	0	30106	制动凸轮轴	
21	30106015	10	10	30106	制动凸轮轴	
22	30106015	64	64	30106	制动凸轮轴	
23	30106015	35	35	30106	制动凸轮轴	
24	30106015	16	16	30106	制动凸轮轴	
25	30106015	2	2	30106	制动凸轮轴	

图 8－9　合并后数据样表

（2）自动化流程设计

根据商品采购自动化分析需求，对事实表与维度表数据进行自动化处理，将采购订单中的分散、零乱、标准不统一的数据整合到一起，为企业的采购决策提供分析依据，商品采购自动化流程如图 8－10 所示。

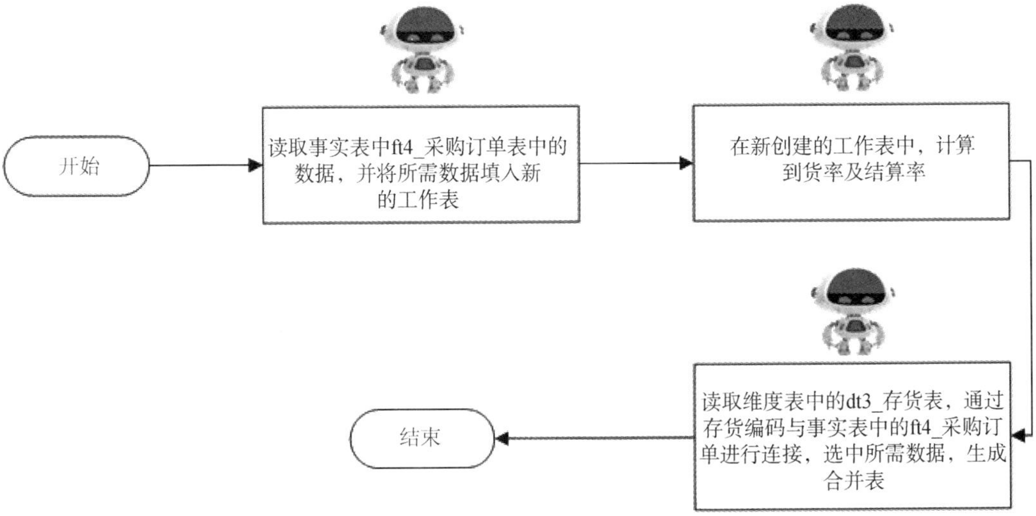

图 8－10　商品采购自动化分析流程图

8.3.3 RPA 技术路线

RPA 技术实现包括技术路线和开发步骤，技术路线是对商品采购数据采集与处理机器人整个流程技术要点的简介，开发步骤是实现路径。

商品采购数据采集与处理机器人开发包括读取采购订单数据、计算到货率与结算率、合并生成新的工作表三个模块。

首先，读取采购订单数据模块，使用打开 Excel 工作簿、构建数据表，筛选整理清除冗杂、杂乱的数据，并将筛选后的数据写入新的工作表中。

其次，利用到货率与结算率模块，计算出到货数量、结算数量、数量等，运用循环和复制，计算出到货率与结算率。

最后，在合并生成新的工作表模块中，构建两个数据表，对数据进行筛选整理后，通过外连接将两张数据表进行连接，生成新的数据表，并填入新的工作表中。

商品采购数据采集与处理机器人开发的具体技术路线如表 8－6 所示。

表 8－6　　机器人开发技术路线

流程块名称	功能描述	使用的预制件
读取采购订单数据	打开 Excel 工作簿并创建新的工作表	打开 Excel 工作簿
		创建工作表
	构建数据表筛选数据并填入新工作表中	读取区域
		构建数据表
		数据筛选
		转换为数组
		写入区域
计算到货率与结算率	计算到货数量、结算数量、数量等并得出结算率与到货率	变量赋值
		读取单元格
		转换为整数
		从初始值开始按步长计数
		写入单元格
合并生成新的工作表	筛选数据合并两张工作表数据，生成新的工作表	构建数据表
		数据筛选
		合并数据表
		创建工作表

8.4 商品采购数据分析与展现自动化

通过对商品采购数据进行采集处理后，现已经整理得到了规范的商品采购数据。利用 Tableau 可以将规范的商品采购数据进行展现，通过数据可视化可以清楚地了解蛮先进公司的商品采购基本情况。

8.4.1 场景描述

蛮先进公司作为一家大型公司，拥有的商品类别可谓是琳琅满目，因此在对商品采购数据分析时，子轩遇到了难题，公司体量这么大，拥有的商品品种之多，如果一件一件地去进行分析，那要做到猴年马月呀？想起之前公司推荐的 RPA 课程加上常姐身体力行的教导，子轩决定尝试用机器人来做这些烦琐的计算筛选工作，学以致用，不辜负常姐的一番苦心。

在制作好分析机器人之后，子轩就坐在桌前进行了另外一份工作。当机器人跑出了正确答案，子轩震惊的同时也充满了自豪，看来只有提高技术才能提高生产力啊！将 RPA 流程自动化技术运用到工作中可真是省时省力。在子轩心中，RPA 越来越闪闪发光了！

但是在对商品数据进行展现的时候，却又出现了不能解决的问题，这些商品数据如果以表格的形式展现出来，没有几十页是拿不下来的，那岂不是看的人眼睛都花了！不仅耗时还容易出现错漏的情况，如果能够用图形表示出来就好了！能够做到一目了然，行外人也能轻易看懂。

就在此时，子轩灵光一闪，想起前段时间，大学好友家桐在公司大会上做的公司基本情况图表，既直观又好看，于是前往请教。

办公室的家桐嘬了一口咖啡，缓缓地说到："这你可就找对人了，我推荐你用 Tableau，不管是什么数据、什么内容都能够最直观最清晰地展现出来，还有各种好看的图形和颜色，不仅满足业务需求还能随心搭配颜色，简直与都市丽人不要太配！"

请教完家桐的子轩走出办公室，子轩深感自己跟家桐之间的差距越拉越大，不禁产生了危机感。但是转念一想，既然家桐都可以，我并不比他差，我也一定能行。

子轩暗自为自己加油打气，吃得苦中苦，方为人上人，子轩一定要努力呀！在经过一番心理建设后，子轩感觉胸前的员工牌更亮了，这一次更加明白了技术的重要性，离升职加薪更近一步了！

8.4.2 数据分析模型

在进行商品采购数据分析时，决策者将借助 Tableau 软件进行数据可视化展现。本小节将创建可视化图形，通过图形对供应商的各方面进行分析。本小节进行数据分析与展现的主要步骤分为选择合适的数据源、绘制可视化图形分析和生成商品采购故事，思维导图如图 8－11 所示。

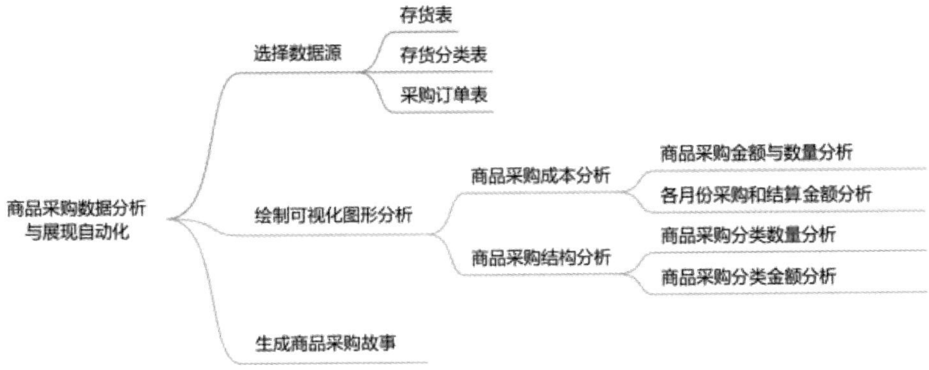

图 8－11　数据分析思维导图

8.4.3 数据展现设计

在进行商品采购分析时，通常首先考虑的是成本问题，从横向要考虑商品的平均价格，近期的变化情况；纵向要对各种商品的采购价格进行对比。除了对商品的成本分析之外，采购商品的结构也是采购分析需要了解的，公司最近主要采购的是什么产品，通过分析将采购商品按采购金额分为 A 类、B 类和 C 类，从而得到采购中的主要商品品类和具体商品。

（1）创建视图

通过对采购商品的成本分析和对存货进行 ABC 分类，可以将本次分析分为两个主题：一是横纵向对采购商品的成本进行分析，二是根据存货 ABC 法，将采购商品按采购金额分为 A 类、B 类和 C 类，从而得到采购中的主要商品品类和具体商品，便于公司对存货的分类管理。

主题一对商品的采购金额和数量以及采购金额趋势进行分析，如图 8－12 和图 8－13 所示。

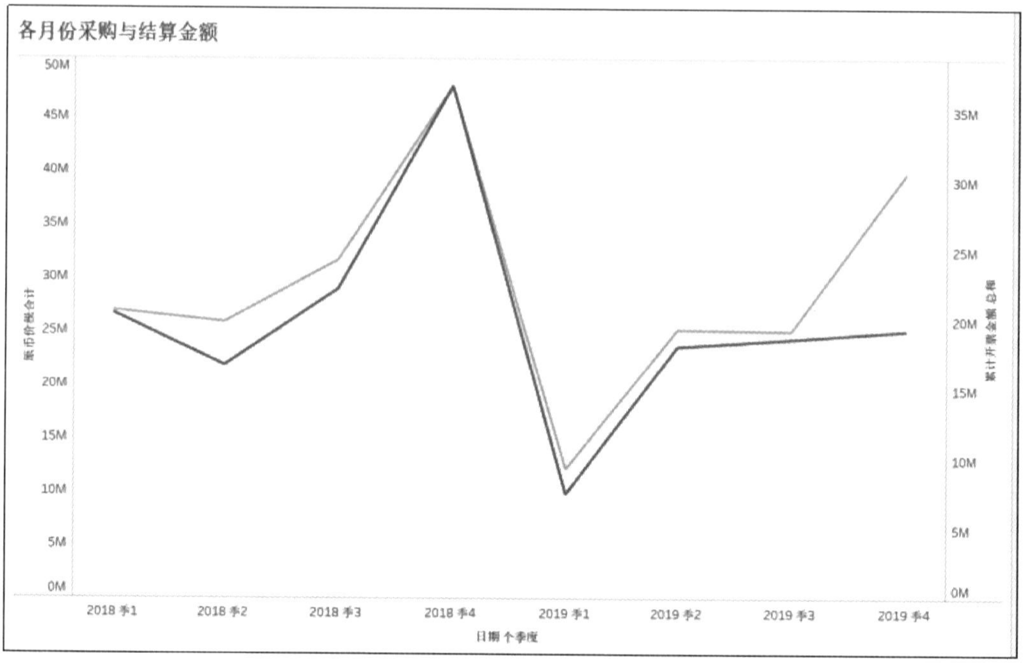

图 8－12　各月份采购与结算金额分析

从图 8－12 可以看出，2018 年与 2019 年的第一季采购都较少，在一年内采购呈上升趋势，2018—2019 年的第四季度采购金额都是最多的，因此在制定采购计划时，应考虑淡季旺季问题。此外，累计开票金额与累计原币价税合计在 2018 年的第二季度有着较大的差距，这说明存在向供应商退货或者供应商发货未发送计划数量商品的情况，在 2018 年两者也存在着一定的差距，因此，应关注供应商提供商品的质量问题和发货情况。

标签为商品的存货编码，大小表示存货数量，颜色深浅表示存货的总金额。由图 8－13 可以看出，存货编码为 1702035 的商品采购数量最多，030106024 商品的采购金额最多。根据采购销售一体化，能够得出 1702035 的商品销售情况最好，因此可以加大对该商品的采购。

主题二对采购商品结构进行分析，分析商品各类采购情况和通过分类分析主要商品品类和具体商品，如图 8－14 和图 8－15 所示。

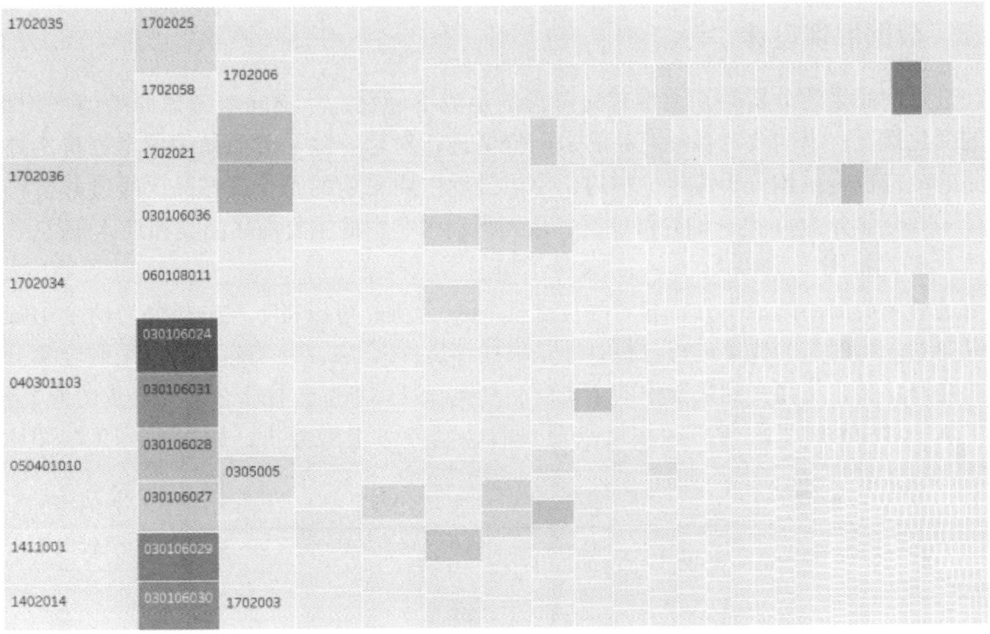

图 8-13　商品采购金额与数量分析

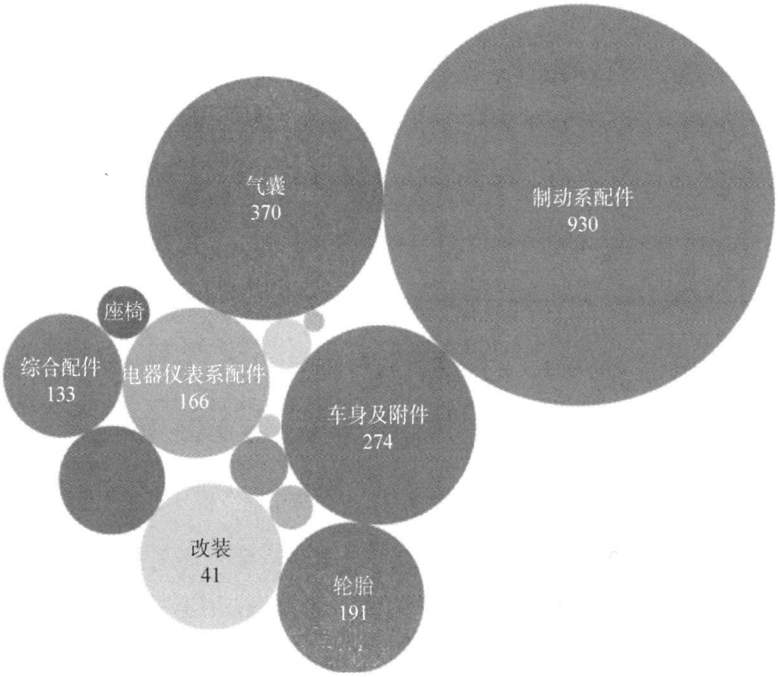

图 8-14　商品采购分类数量分析

由图 8-14 可以看出，采购的商品中制动系配件最多，气囊第二。

将采购的商品分为 A、B、C 三类，从 A 到 C 逐渐细分，从图 8-15 可以看出制动系配件的采购累计开票金额最多。

(2) 创建仪表板

仪表板是多张视图的集合，其可以实现多视图交互联动，使可视化效果更好。这里以一个主题形成一张仪表板，分别为采购成本分析与采购商品结构分析，如图 8－16 和图 8－17 所示。

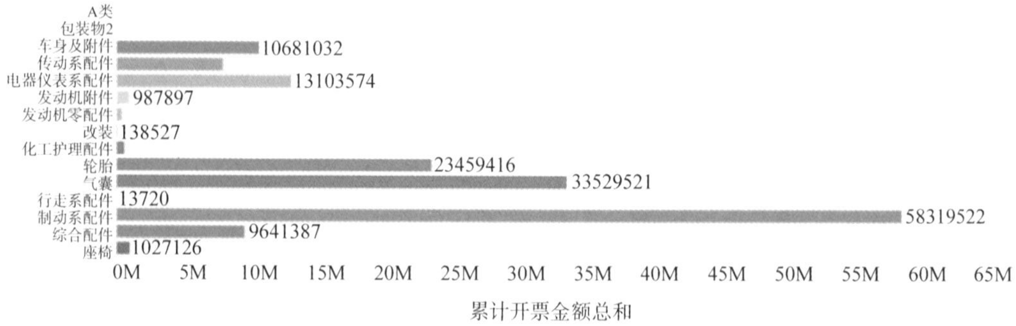

图 8－15　商品采购分类金额分析

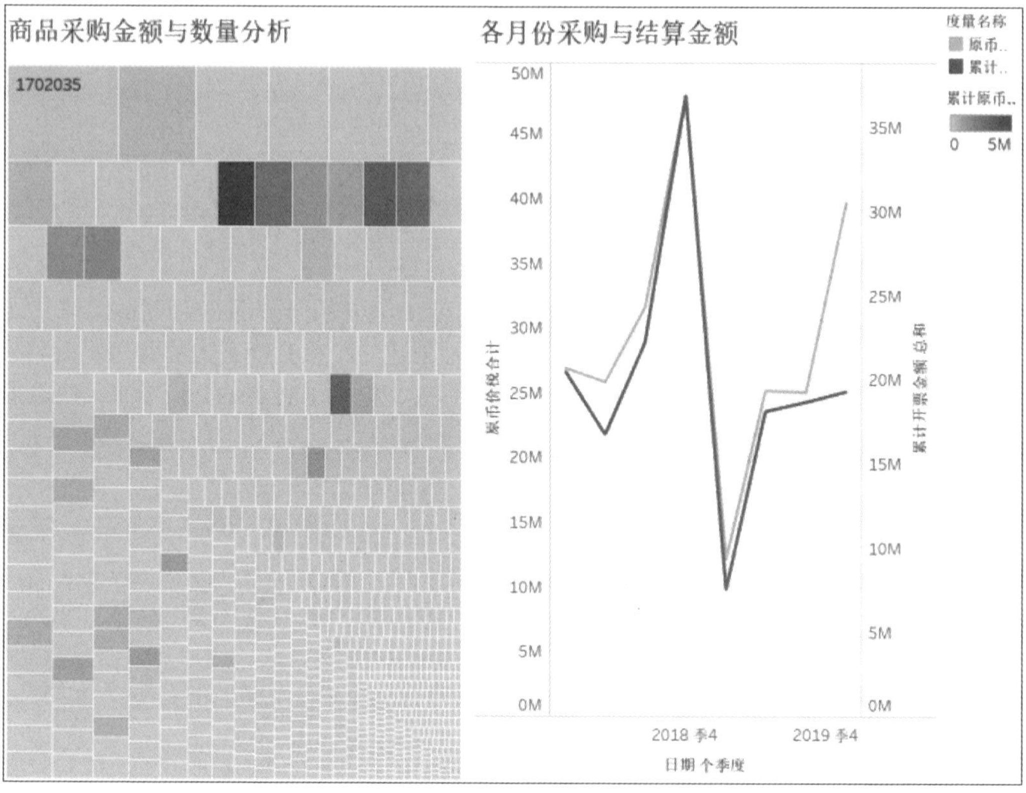

图 8－16　采购成本分析

从 2018—2019 年的采购趋势，有季节性的变化，一二季度采购金额较少；细分到各商品，可以得出每件商品的采购数量与金额的大致情况，由此可以制订下一季的采购计划。

从数量来看，制动系配件大类产品采购数量最多，气囊次之；从金额来看，也是制动系配件和气囊位于前列，在视图中还可以继续下钻到下一类别，由此制定采购计划。

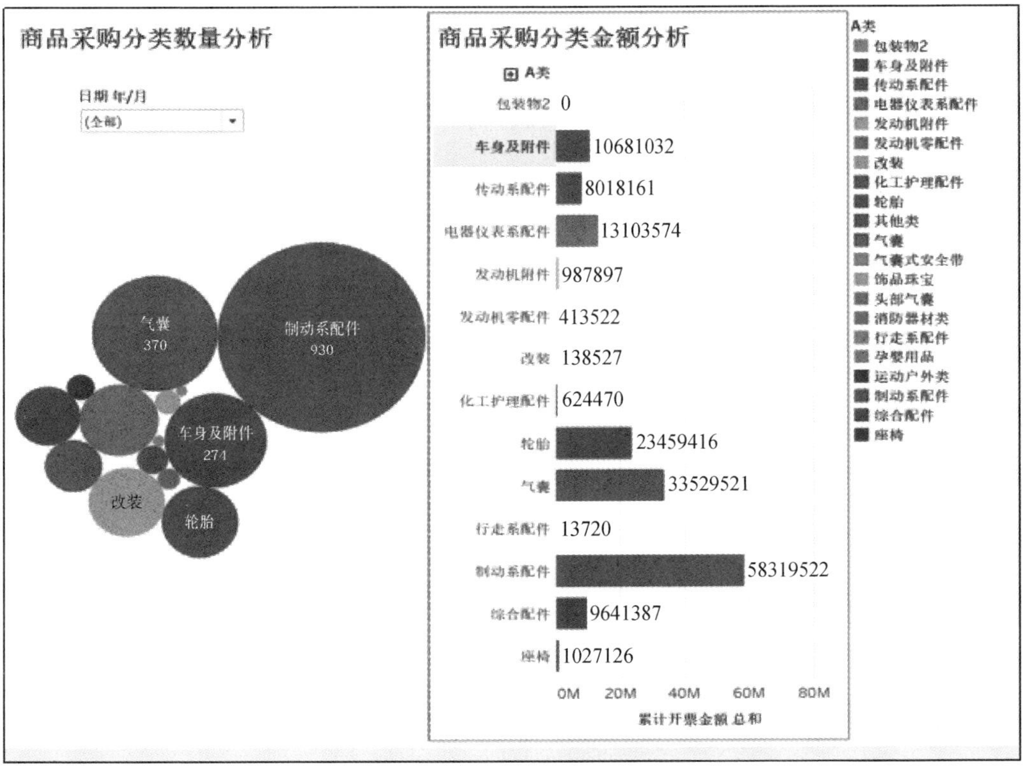

图 8-17　采购商品结构分析

（3）生成故事

在 Tableau 中，故事是一系列共同作用以传达信息的虚拟化项。通过创建故事来讲述数据，提供上下文，演示决策与结果的关系，或者只是创建一个极具吸引力的案例。商品采购分析故事由两个仪表板组成。商品采购分析故事的生成，提供了直观的分析结果，决策者通过商品采购分析故事即可做出初步的决策。

8.4.4　Tableau 技术路线

Tableau 技术路线是对商品采购数据可视化整个流程技术要点的简介。

商品采购数据采集包括连接数据源、采购金额分析、采购金额与存货结构分析和生成故事四个板块。

首先，连接数据源，将 Tableau 与本地文件进行连接，并建立数据联系，然后对字段及字段名进行修改。

其次，对采购金额进行分析，主要操作包括计算、筛选等，绘制成图表，然后新建仪表板，将图表拖拽至仪表板中展示。

再次，对采购金额与存货结构以相同的方式进行分析。

最后，根据生成的仪表板，拖拽到故事中生成故事。

商品采购 Tableau 具体技术路线如表 8-7 所示。

表 8-7 Tableau 技术路线

实现目的	实现步骤	具体操作
连接数据源	连接数据	连接 Tableau 到本地文件
	建立数据联系	拖拽工作表
	添加其他表	连接 Tableau 到本地其他文件
	隐藏字段	拖拽并设置连接字段
	修改字段名	鼠标点击隐藏重复字段
采购金额分析	新建工作表	点击“新建工作表”
	创建计算字段	根据字段名输入计算公式
	绘制图表	鼠标拖拽字段名到行、列、筛选器
	新建仪表板	点击“新建仪表板”
	绘制仪表板	鼠标拖拽工作表到仪表板
采购金额与存货结构分析	新建工作表	点击“新建工作表”
	创建计算字段	根据字段名输入计算公式
	绘制图表	鼠标拖拽字段名到行、列、筛选器
	新建仪表板	点击“新建仪表板”
	绘制仪表板	鼠标拖拽工作表到仪表板
生成故事	新建故事	点击“新建故事”
	绘制故事	鼠标拖拽仪表板到故事
	设置故事格式	点击编辑标题

8.5 商品采购数据分析报告自动化

商品采购数据分析报告自动化主要是采用 RPA 技术达到分析目标，为管理者提供高效、精准的分析结论，有利于管理者做出合理的经营决策。

8.5.1 场景描述

都市丽人小分队在常姐的带领下在职场所向披靡、大杀四方，所做的项目得到了大老板的一致认可。子轩也在做项目的过程中能力得到了提高。都市丽人组也因为这次项目结下了不解之缘，成为了金兰姐妹。

这天下午冬日暖阳，恰逢周末，三个好姐妹约好小资一把，在观音桥新开的“蛮好喝”露天咖啡馆享受悠闲时光。

精致 Queen 常吉姗姗来迟，子轩和徐丹青已经点好了咖啡，也给常姐点上了她最爱喝的美式黑咖。当常姐迈着女王般的步伐进来时，强大的气场引发咖啡馆内众多男士侧目。待小常就坐，徐丹青调侃她道：“不美丽精致的女人得不到男人的青睐，太美丽精致的女人得到账单的青睐。我瞅着你这包包是香奶奶新款吧，这才月中呢这个月工资怕是见底了吧？你这种刷卡次数多于刷碗次数的女人就该受到账单的惩罚！”

小常优雅地用纸巾擦了擦嘴说：“除非加薪，否则再多的惩罚，也治不了我的买买买。”

子轩笑道：“员工最爱听的是加薪，老板最爱听的是加班！还有那么句名言，尊重你的上司，接受你的薪水，专注你的工作，待你死后，一定会上天堂的。”

小徐疑惑道：“为什么会上天堂呀？”

常姐翻了个白眼说：“因为你活着工作的时候基本就是在地狱。”

小徐笑出了声，“合着咱就是来人世间受苦的咯，反观一下咱公司确实是比上不足比下有余，其他公司 886、007 的，咱们还有闲工夫在这喝下午茶。”

子轩赞同地点点头：“我之前去实习的公司什么都是人工完成，把女人当男人看，但是咱公司的人懂技术，确实省事了好多。这不前两天，程总要我写一个分析报告吗？这是我第一次上手写这个东西，本来以为会耗费很多时间，但是常姐教我做了个分析报告自动生成机器人，很快就跑了出了，又有图又有数据和分析，简直不要太方便。”

常姐笑着说：“技术是第一生产力，也是减负加薪的重要元素！”

8.5.2 数据分析报告设计

数据分析报告由六部分组成，分别是标题页、目录、摘要、分析背景、分析目的、分析思路。商品采购数据分析报告内容框架如下：

（1）标题页

该分析报告的标题页标题为：商品采购分析报告，撰写人为徐丹青，日期为 2022 年 2 月。

（2）目录

公司商业数据分析报告的目录由报告目录和图表目录组成，报告目录是报告的正文框架，图表目录是数据分析报告中可能出现的图表图注。

（3）摘要

商品采购是企业经营活动的重要组成部分，完善的物资采购流程对于企业降低成本，防范采购风险，保证生产经营正常运转起着重要作用。采购数据具有重要的潜在价值，可以为企业经营采购决策和战略目标的实现提供积极的支持作用。

（4）分析背景

在当前大数据的时代背景下，给财务会计带来了机遇和挑战，为了迎合当前市场的需要，财务会计需要进行转型才能够获得长足的发展。财务信息是企业连接内外部利益相关者的重要途径，一旦出现信息造假的情况，往往会失去合作者和利益相关者的信任，会对企业造成巨大的损失。但是在当前大数据的时代背景下，可以通过计算机对财务数据进行快速的整理，也为会计信息的质量提供了保障，从而企业可以借助可靠的信息促进自身的发展。

（5）分析目的

①分析公司采购的各存货数量及金额情况。通过了解采购的存货数量与金额由此判断采购的后续预算等情况并进行分析。

②分析公司采购商品类型。通过对采购商品类型进行分析，与后续销售相结合，形成完整链条，解决供需问题。

③分析存货结构。存货的结构也是采购分析需要了解的，公司最近主要采购的是什么产品，通过对产品类别的上卷和下钻，将采购商品按类别分为 A 类、B 类和 C 类，从而得到采购中的主要商品品类和具体商品，便于公司对存货的分类管理。

（6）分析思路

从采购数量与金额、商品类型以及存货结构三个维度对采购情况进行分析，更加全面了解采购的基本情况。

8.5.3　自动化流程设计

在商业数据分析报告生成阶段，机器人元小蛮需要读取模板文件，对模板文件进行替换写入等操作。自动化流程设计如图 8 – 18 所示。

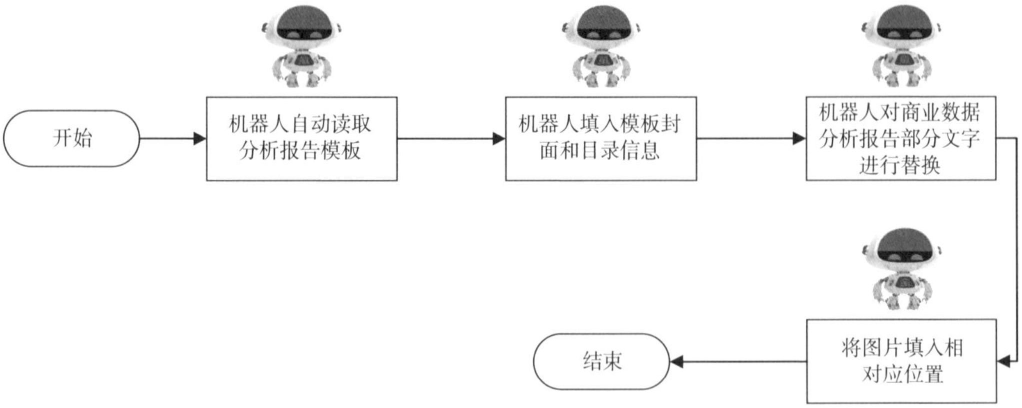

图 8 – 18　数据分析报告流程自动化

8.5.4　RPA 技术路线

报告生成机器人需要完成的任务主要是读取报告模板、写入报告内容和发送邮件。

首先，读取已经设计好的商业数据分析报告模板文件，这个文件是 Word 形式，除了标题页需要特定的撰写人填写之外，其他内容均由机器人来完成。

其次是写入报告内容，根据模板的设置，将特定的文字放入特定的区域，最后输出，完成整个写入报告的过程。

商品采购分析报告生成机器人开发的具体技术路线如表 8 – 8 所示。

表 8 – 8　机器人开发技术路线

流程块名称	功能描述	使用的预制件
填写封面和目录	打开文档并查找光标位置	打开 Word 文档
		延时
		模拟滚动
		点击目标
		查找文本后设置光标位置
	获取时间并替换文字	文字批量替换
		获取时间
		格式化时间
		左侧裁剪
		模拟点击

续表

流程块名称	功能描述	使用的预制件
写入摘要和分析背景	替换文字并插入图片	文字批量替换
		查找文本后设置光标位置
		退格键删除
		插入图片
填写分析内容与建议	写入内容并插入图片	查找文本后设置光标位置
		退格键删除
		插入图片
		移动光标位置
		写入文字
	写入指定内容	查找文本后设置光标位置
		退格键删除
		写入文字
	保存并关闭文档	保存文档
		关闭文档
发送邮件	发送邮件至邮箱	发送邮件

第9章　销售收入自动化分析

9.1　商业理解

营业收入是企业现金流入量的重要组成部分。加强营业收入管理，可以促使企业深入研究和了解市场需求的变化，以便做出正确的经营决策。

9.1.1　场景描述

春节假期前一周，临近黄昏，大厦外面的天空乌云密布，狂风暴雨骤然而至，淡绿色的玻璃很快就被雨水打湿。由于暖气开的十足，空调嗡嗡地响个不停，办公室里气氛十分紧张，丝毫没有一点即将放假的欢快和过年的喜悦，空气中充斥着敲击键盘的哒哒声和鼠标按键的声音，大家都一言不发，紧盯着面前的电脑屏幕，在苍白的屏幕光线下，每个人的脸色都显得有些憔悴。

马上到下班时间了，忙碌了一天的家桐觉得身心俱疲，他一边收拾着东西一边和婷匀讨论着下班后去吃点什么好吃的犒劳一下自己，突然张菁推开他办公室的门，快步走到家桐的工位前说道："家桐，你来我办公室一下，有项任务交给你。""好的，菁姐。"来到办公室，张菁从办公桌上拿起厚厚的一叠文件说道："家桐，公司今年想要调整一下销售战略，以便达到更好的销售目标，因此要分析一下最近4年的销售数据，我先给你描述一遍这项任务的步骤吧，首先，我们需要从不同维度来统计今年的销售数量和销售额的情况，比如说，我们可以分析不同区域的每种商品的销售数量和销售额等情况；又或者从时间维度来说，看每个月或每个季度的销售数量和销售额的具体情况，还可以比较一下其增长趋势。其次，我们需要根据上个年度的销售计划来分析，分别从计划完成绝对数和计划完成程度相对值来看，计划完成绝对数可以简单地和销售量的数值进行比较，计算差额是多少；计划完成程度相对值需要依据公式计算一个指标，然后基于此来看本年度的销售量是否达到年初制定的计划，上年度的销售计划是否能实现，然后依据上一年度的销售计划调整编制下一年度的销售计划。最后，我们还需要分析每种商品的盈利情况，结合财务部的主营业务收入和主营业务成本数据，计算毛利率指标，看下个年度是否需要提高生产量，明白了吗？这里是这些销售数据，电子版的待会发到你邮箱，数据量有点大，但还是要辛苦你在春节放假之前把这个报告做出来交给我。""好的，菁姐。"家桐此刻感觉自己像是喝了一杯黄连水，全身都苦了。

看着从办公室走出来的家桐愁眉苦脸的，婷匀问家桐又被安排了什么差事，家桐说明了原委后，婷匀瞬间笑了，"好啊你，我都这么惨了你还笑得出来！吃饭的胃口都没有了。"家桐气的牙痒痒，"不是在笑你，你不是最近正在学习RPA吗，这个数据分析正好交给你练练手了，不仅能完成任务，还可以增长RPA有关的知识，不是两全其美吗？"婷匀解释道。"对呀，用RPA来完成的话，就花不了那么多时间啦！"家桐顿时如释重负。

"这下有胃口了吧?"婷匀偷笑着说,"胃口大开!我们去吃秦福记江湖菜吧,一想到它家的酸菜土鲫鱼、麻麻蛙、豆角焖茄条,我的口水都止不住了!"家桐和婷匀说说笑笑着离开了办公楼。

9.1.2 销售收入业务分析

营业收入是企业经营中的主要部分,通常对营业收入的分析包括时间、客户、区域、产品等维度。

(1)销售收入流程与痛点分析

蛮先进公司的销售收入分析业务流程主要包括从财务系统中导出销售收入相关的数据,将其汇总后在 Excel 中分析对比各个客户、城市等销售情况并出具分析报告,发送分析报告等步骤。蛮先进公司销售收入分析业务流程如图 9-1 所示。

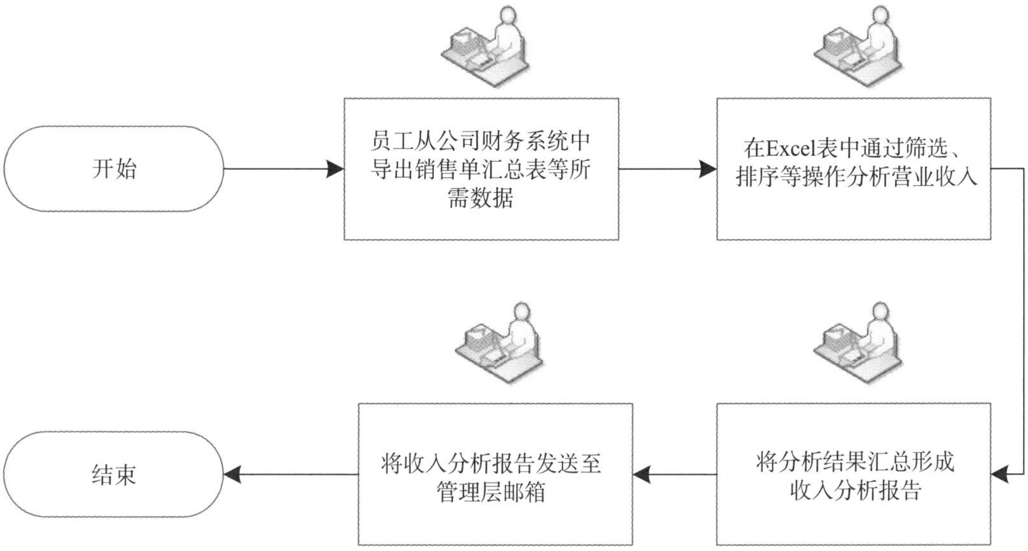

图 9-1 销售收入分析业务流程

从业务流程图可以看出,蛮先进公司在进行销售收入分析时需要员工手动从财务系统中导出与销售收入相关的数据表,并对销售收入的相关数据进行多维度横向对比和纵向对比分析。传统人工分析存在耗时长、效率低的痛点。

(2)销售收入分析 RPA 流程与技术关系

销售收入分析自动化流程包括下载销售收入相关数据、将采集的数据进行清洗和汇总形成销售收入分析工作簿、可视化分析和出具报告等步骤,其 RPA 流程、RPA 技术实现和关键技术点及其对应关系如图 9-2 所示。

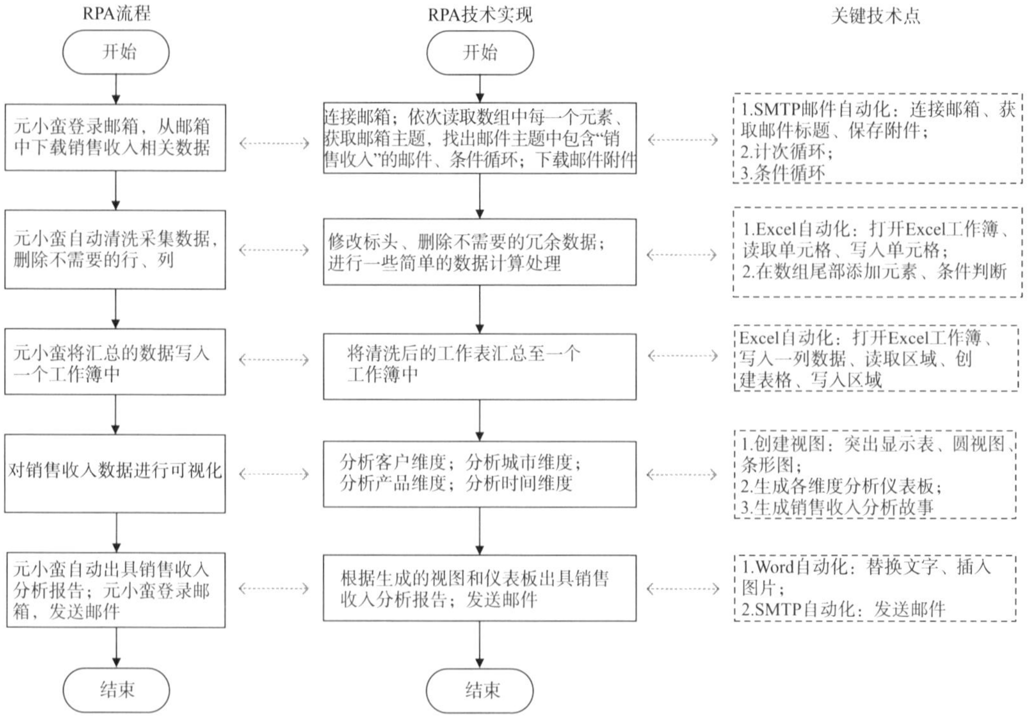

图 9－2　销售收入 RPA 流程与技术关系

9.2　销售收入相关数据理解

在进行销售收入分析时，主要数据包括销售订单数据、商品信息表、客户表和城市表。本节将介绍销售收入分析中的数据理解商业场景、数据模型和数据表。

9.2.1　场景描述

阳光透过百叶窗的缝隙斜照进来，投下一条条温暖的光影，正好照亮了照片墙上众人的合影。办公室里弥漫着好闻的咖啡香气和熏香喷雾的味道，保洁阿姨早已将地砖擦得纤尘不染，绿萝也刚浇过水，此刻正青翠欲滴。这间办公室的采光极好，透过落地窗可以清楚地看到整座城市最高的楼群和远方的地平线，以及楼底盘根错杂的道路和来来往往的车流。

如此好的天气也没能带动家桐拥有一个好的心情，此刻他正坐在工位上，盯着电脑屏幕发呆。根据昨天张菁的要求，需要对最近4年的销售数据进行一个深度的分析，家桐虽然决定用 RPA 来做，但万事开头难，他一时之间还不知道该从哪里下手。时间一分一秒地过去，家桐的心里也越来越焦急，毕竟是第一次被单独安排一项任务，家桐内心非常希望自己可以出色地完成，这也有利于他之后成功转为正式员工。

家桐决定请教一下团队的前辈，他看到杨双刚从茶水间接了一杯咖啡回来，便上前询问道："双姐，你现在忙吗，我有一个问题想要向你请教一下。"杨双喝了一口咖啡，回答道："现在不忙，你说吧。"家桐十分高兴，赶紧向杨双阐述了自己的问题。"刚接手一项新任务的时候，你什么都不了解，可以先从有关的数据入手，比如说你可以先了解一下销售业务的基本流程，相关的数据包括哪些，以及数据的结构、模型等，对这部分进行一个梳理，有利于你理清思路，方便后续分析……”杨双耐心讲解着。

9.2.2 数据模型

销售收入的E—R模型由商品、客户、城市、销售订单实体集构成，每个实体集都有多个属性，它们之间还存在一定的联系，如图9－3所示。

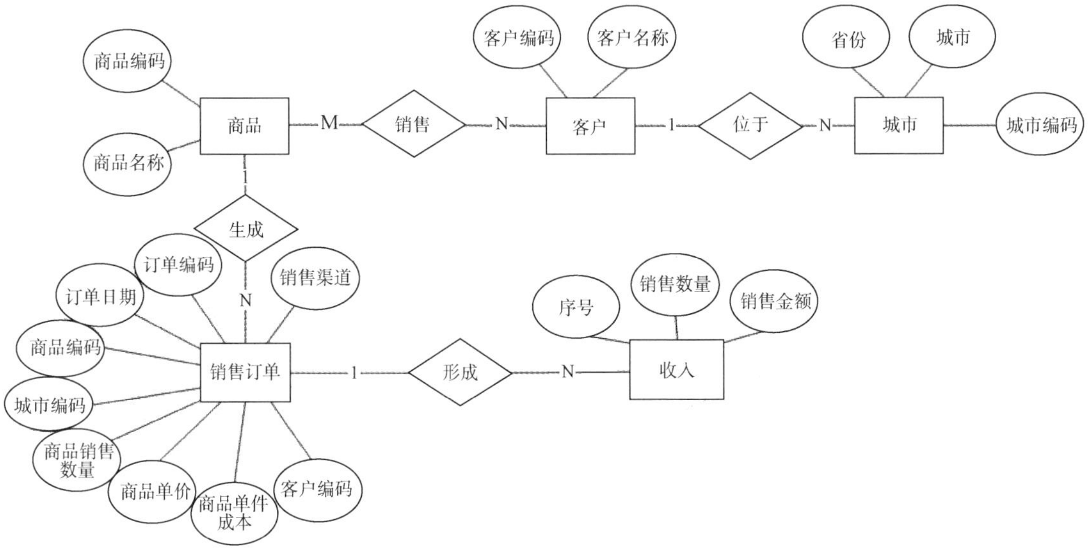

图9－3 销售产品基本业务E—R模型

实体集

蛮先进公司的销售收入实体集包括客户、城市、商品、销售订单下面详细介绍其属性。

①客户实体集，属性有客户编码、客户名称；

②城市实体集，属性有城市编码、城市、省份；

③商品实体集，属性有商品编码、商品名称；

④销售订单实体集，属性有订单编码、订单日期、客户编码、商品编码、城市编码、商品销售数量、商品单价、商品单件成本、销售渠道。

联系

蛮先进公司的销售收入不同实体间存在着不同的联系，下面详细介绍其联系。

①客户与城市之间存在一对多的联系。一位客户位于一所城市，一所城市有多位客户；

②商品与销售订单之间存在一对多的联系。一件商品可以生成一笔销售订单，一笔销售订单可以由多件商品构成；

③销售订单与收入之间存在一对多的联系。一项销售收入形成一笔订单，一笔订单可以由多项收入形成。

9.2.3 数据表

理解销售收入数据表的物理模型与结构设计，对后续销售收入数据采集、清洗与处理具有重大意义。

（1）销售收入的物理模型

分析蛮先进公司的销售收入情况，需要采集销售订单数据表、城市表、商品信息表和客户表的数据，然后建立销售收入的物理模型，如图 9－4 所示。

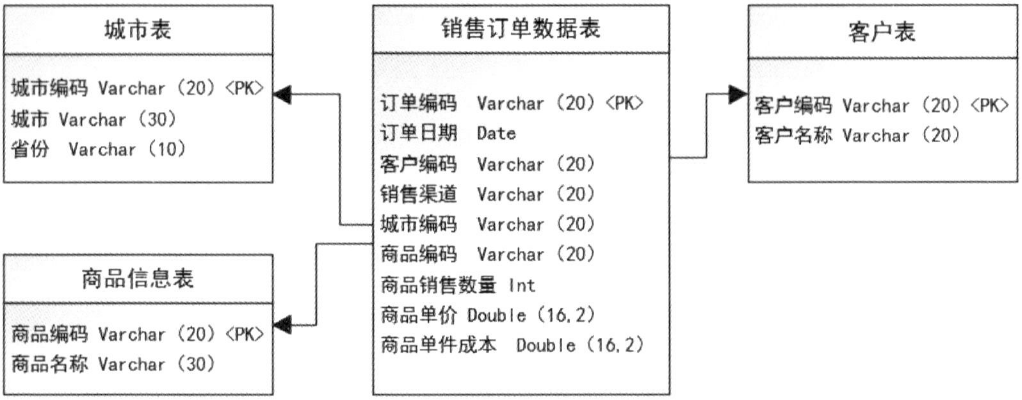

图 9－4　销售收入的物理模型

（2）数据表结构设计

①销售订单数据表。用于记录客户将要购买的商品明细，代表客户已经订购商品。销售订单数据表中含有订单号、订单日期、客户 ID、销售渠道、城市 ID、产品 ID、产品销售数量、产品单价和产品单件成本的信息，销售订单数据表的部分数据示例如图 9－5 所示。

订单号	订单日期	客户ID	销售渠道	城市ID	产品ID	产品销售数量	产品单价	产品单件成本
100003419	2019/8/20	121	线下经销商	37	13	14	7377	3762
100003420	2019/8/20	86	线下经销商	59	10	24	2392	1555
100003421	2019/8/20	41	线上购物平台	10	6	12	5829	2681
100003422	2019/8/20	137	线下直营店	56	25	14	603	362
100010675	2019/8/20	33	线下直营店	85	15	14	17105	9750
100010676	2019/8/20	134	线上购物平台	59	18	14	7517	6239
100010677	2019/8/20	47	线下直营店	7	19	24	17527	12970
100010678	2019/8/20	150	线上购物平台	52	25	22	5909	4728
100010679	2019/8/20	67	线上购物平台	80	6	20	2754	2286
100010680	2019/8/20	122	线上购物平台	22	3	14	784	321
100010681	2019/8/20	165	线下直营店	46	28	14	5990	4432
100010682	2019/8/20	86	线上购物平台	30	16	18	11738	8452
100010683	2019/8/20	43	线下直营店	60	13	20	5568	3341
100010684	2019/8/20	165	线上购物平台	65	16	22	11879	6415
100010673	2019/8/19	78	线上购物平台	66	26	22	3457	2662
100010674	2019/8/19	3	线上购物平台	15	1	18	15980	6711
100010669	2019/8/18	164	线上购物平台	70	15	18	11718	8789
…	…	…	…	…	…	…	…	…

图 9－5　销售订单数据表部分数据示例

销售订单数据表设置订单编码（ddbm）主键作为经营数据的唯一标识，以便查询指定记录。设置客户编码（khbm）、销售渠道（xsqd）、城市编码（csbm）、商品编码（spbm）作为外键，表示与客户表、城市表、商品信息表之间的相关联系，如表 9－1 所示。

表 9－1　销售订单数据结构

序号	字段	数据类型	字段标题	字段大小	字段说明
1	ddbm	Varchar	订单编码	20	主键
2	ddrq	Date	订单日期	0	销售订单的日期
3	khbm	Varchar	客户编码	30	外键

续表

序号	字段	数据类型	字段标题	字段大小	字段说明
4	xsqd	Varchar	销售渠道	30	外键
5	csbm	Varchar	城市编码	30	外键
6	spbm	Varchar	商品编码	30	外键
7	spxssl	Int	商品销售数量	0	销售数量
8	spdj	Double	商品单价	（16，2）	商品的单价
9	spdjcb	Double	商品单件成本	（16，2）	商品的单位成本

②客户表。记录与企业有业务往来客户的基本信息。客户表中含有客户 ID 和客户名称的信息，客户表的部分数据示例如图 9－6 所示。

客户ID	客户名称
1	石太化工股份有限公司
2	石然天气股份有限公司
3	德泰建筑股份有限公司
4	安平保险（集团）股份有限公司
5	海上汽车集团股份有限公司
6	商工银行股份有限公司
7	铁中股份有限公司
8	移动建设有限公司
9	铁建建设股份有限公司
10	建筑设计股份有限公司
11	人平保险股份有限公司
12	农田银行股份有限公司
13	国中银行股份有限公司
14	人民康健保险集团股份有限公司
15	交通信息银行股份有限公司
16	国中大恒集团
17	城商电子京东商务有限公司
18	中国信中大股份有限公司
19	桂园碧水控股有限公司
20	国中信电股份有限公司
21	想联控股股份有限公司
22	大西洋保险（集团）股份有限公司

图 9－6　客户表部分数据示例

客户表设置客户 ID（khid）主键作为客户数据的唯一标识，以便查询指定记录，如表 9－2 所示。

表 9－2　客户表结构

序号	字段	数据类型	字段标题	字段大小	字段说明
1	khid	Varchar	客户 ID	20	主键
2	khmc	Varchar	客户名称	30	客户的名称

③城市表。记录了重庆蛮先进智能制造有限公司的销售业务经营省份和销售业务经营城市信息。城市表中含有城市 ID、城市和省份的信息，城市表的部分数据示例如图 9－7 所示。

城市ID	城市	省份
1	北京市	北京市
2	上海市	上海市
3	广州市	广东省
4	深圳市	广东省
5	天津市	天津市
6	成都市	四川省
7	杭州市	浙江省
8	苏州市	江苏省
9	重庆市	重庆市
10	武汉市	湖北省
11	南京市	江苏省
12	大连市	辽宁省
13	沈阳市	辽宁省
14	长沙市	湖南省
15	郑州市	河南省
16	西安市	陕西省
17	青岛市	山东省
18	无锡市	江苏省
19	济南市	山东省

图 9-7　城市表部分数据示例

城市表设置城市 ID（csid）主键作为销售业务经营城市数据的唯一标识，以便查询指定记录，如表 9-3 所示。

表 9-3　城市表结构

序号	字段	数据类型	字段标题	字段大小	字段说明
1	csid	Varchar	城市 ID	20	主键
2	cs	Varchar	城市	30	位于城市
3	sf	Varchar	省份	10	城市所在省份

④商品信息表。记录了重庆蛮先进智能制造有限公司经营的商品信息。商品信息表中含有商品 ID 和商品名称的信息，商品信息表的部分数据示例如图 9-8 所示。

商品ID	商品名称
1	可伸缩折叠餐桌
2	轻奢钢化玻璃茶几
3	轻奢大理石纹茶几
4	可变圆桌伸缩实木脚餐桌
5	小户型岩板餐桌
6	简约实木餐桌椅
7	小户型实木餐多
8	折叠家用小户型圆餐桌
9	小户型简约长方形餐桌
10	轻奢小户型实木桌椅
11	胡桃木色岩板餐桌椅组合
12	轻奢长方形岩板餐桌
13	小户型休闲实木餐桌
14	简约实木长方形餐桌椅
15	家用轻奢餐桌椅
16	高端岩板餐桌椅
17	意式岩板餐座椅
18	轻奢岩板餐桌椅
19	简约餐桌椅组合
20	岩板可伸缩餐桌椅

图 9-8　商品信息表部分数据示例

商品信息表设置商品 ID（cpid）主键作为重庆蛮先进智能制造有限公司经营产品数据的唯一标识，以便查询指定记录，如表9－4 所示。

表9－4　商品信息表结构

序号	字段	数据类型	字段标题	字段大小	字段说明
1	cpid	Varchar	商品 ID	20	主键
2	cpmc	Varchar	商品名称	30	经营的产品

9.3　销售收入数据采集与处理自动化

在进行销售收入分析时，常常会面临销售数据过多且杂乱的问题，导致耗时过长、效率不高，商业数据分析第一战队利用 RPA 技术将以上问题得以改善。

9.3.1　场景描述

自菁姐布置下任务已经过去了两天，在对公司的销售业务和销售数据有了更深的了解后，家桐开始着手进行下一步的工作。

到了午休时间，大家都下班去吃午饭了，家桐仍然坐在工位上，丝毫没有离开的迹象。吃完饭回来的杨双看见家桐一脸沉思地盯着电脑屏幕，调侃道：“登独，对工作已经痴迷到废寝忘食的地步啦!”家桐回过神来看见杨双，仿佛看到了救星一样两眼放光：“双姐，我正在完成之前菁姐给我布置的分析销售收入的任务，我做了一个 RPA 机器人来完成数据分析，但是做出来的结果好像有错误。”

双姐看了一下家桐做出来的分析结果，确实与公司的实际情况不太相符，便问道：“你在进行数据分析之前，有没有对数据进行清洗处理呀，虽然这种数据分析适合由 RPA 机器人来做，但是由于 RPA 机器人对数据的标准度要求较高，为了在后续的分析环节不出问题并且保证分析结果的准确性，首先要对这些数据进行规范化的处理哟。”家桐恍然大悟：“原来是这样，我在前面先增加几个自动采集、清洗的步骤，应该就能提高结果的准确性，谢谢双姐!”说罢又全神贯注地投入到程序的编写中。双姐见状，心想这个孩子对商业数据分析这份工作有热情，爱钻研肯吃苦，不怕失败会向人请教，是个好苗子呀，自己也不能懈怠了，于是朝自己的工位走去。

9.3.2　自动化流程设计

（1）数据采集与处理设计

①数据输入。销售收入数据采集与处理自动化的数据输入为从邮箱下载的 Excel 文件。如表9－5 所示。

②数据处理。机器人读取数据后，使用转换、筛选、删除等方法进行数据处理，如表9－6 所示。

③数据输出。将清洗处理后的数据重新输出，增加后续数据分析的准确度、减少出错率。

表 9-5　　数据输入

数据来源	文件名/网址	主要数据内容
下载的 Excel 文件	销售订单数据表 . xlsx	订单日期
		商品销售数量
		商品单价
	客户表 . xlsx	客户编码
		客户名称
	城市表 . xlsx	城市编码
		城市
		省份
	商品信息表 . xlsx	商品编码
		商品名称

表 9-6　　数据处理

数据处理方法	主要内容
转换	将列名“商品单价”重命名为“商品销售单价”
替换	将销售单中的客户编码“KH001”替换为客户表中对应的“CUS001”
筛选	根据产品毛利率筛选高、中、低利润率产品
删除	删除空值
计算	计算每笔订单销售总额和产品毛利率

(2) 自动化流程设计

根据销售收入的分析需求，自动清洗数据，并对清洗后的数据进行一定的筛选和计算处理，方便后续数据分析，为企业的决策提供分析依据，销售收入数据采集与处理机器人流程如图 9-9 所示。

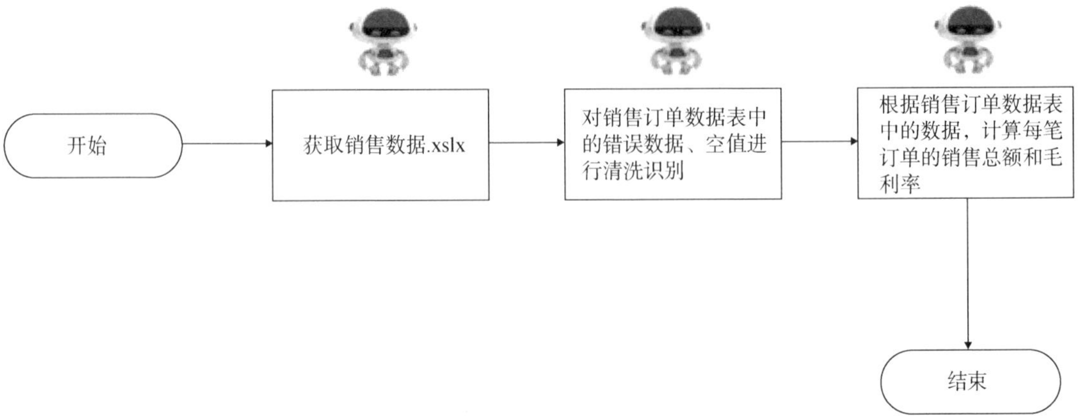

图 9-9　RPA 流程设计

9.3.3 RPA 技术路线

销售收入数据采集与处理机器人基于 UiBot 软件进行开发，其总体技术路线如表 9－7 所示。

表 9－7　　技术路线

序号	流程块	技术实现
1	获取销售数据	添加［连接邮箱］［从初始值开始计算步长］［获取邮件标题］等，从邮箱中获取所需数据
2	计算销售总额、毛利率	添加［打开 Excel 工作簿］［获取行数］［如果条件成立］［写入单元格］等，进行自动计算并将结果自动写入 Excel

9.4 销售收入数据分析与展现自动化

通过对销售收入数据进行采集处理后，现已经整理得到了规范的数据。利用 Tableau 可以将规范的销售收入数据进行展现，数据可视化可以清楚地了解销售收入情况。本节将从产品、客户、时间和区域四个维度进行分析，最终得到直观的分析结果。

9.4.1 场景描述

办公大厅里闹哄哄的，手机的杂音和座机铃声不绝于耳，墙上的小电子屏不断地有数字在跳动，屏幕底部的滚动条还在播报着本月的任务执行情况和会议通知。年轻的职员们急匆匆地穿梭在办公室、电梯和工位之间，皮鞋踩在地砖上发出燥人的声响。

家桐坐在自己的工位上，仿佛丝毫没有被外界的环境所影响。在前期准备工作都完成了之后，家桐开始着手准备进入此次任务最主要的部分，他打开了 Excel 开始工作起来。临近下班，家桐终于完成了，他把做好的分析图表发给杨双，希望她能帮忙提出一些改进意见。

杨双看了他发过来的文件后，对他说："你的分析思路是正确的，就是表现形式上不够多样，Excel 只能做一些简单的图表，你可以试试 Tableau。""Tableau 是什么？"家桐表示疑惑。"Tableau 是一种数据可视化工具，提供复杂的计算，数据混合和仪表板，用于创建漂亮的数据可视化，可以轻松处理数百万行数据并且大量数据可以创建不同类型的可视化，而不会影响仪表板的性能。你可以使用 Tableau 的拖放功能创建交互式的可视化，与 Python 相比，Tableau 非常容易学习，对编码不了解也可以快速学习。"杨双耐心解释道。"哇，听起来好高大上，那我得赶紧去学学！"

9.4.2 数据分析模型

在进行销售收入数据分析时，决策者将借助 Tableau 软件进行数据可视化展现。本小节将创建可视化图形，通过图形对销售收入的各方面进行分析。本小节进行数据分析与展现的主要步骤分为选择合适的数据源、绘制可视化图形分析和生成销售收入数据分析故事，思维导图如图 9 – 10 所示。

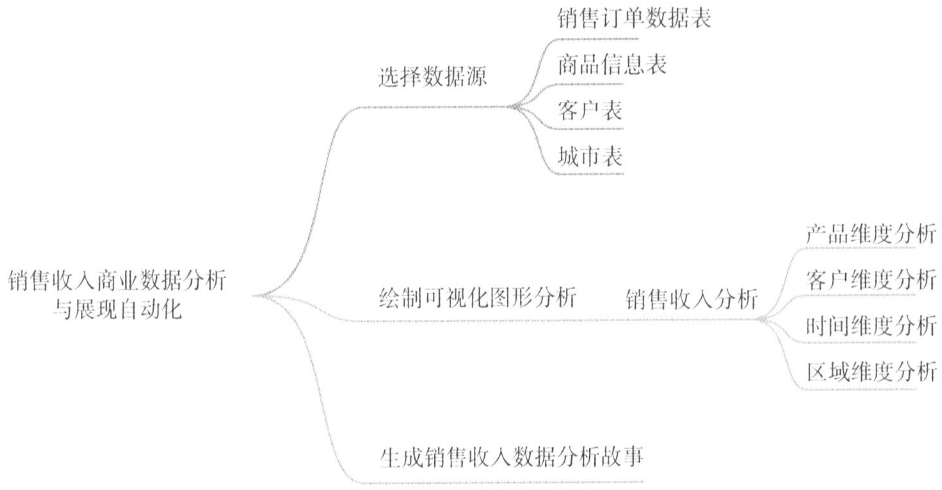

图 9 – 10　数据分析模型

9.4.3　数据展现设计

在进行销售收入数据展现时，需要经过数据连接、数据整合、创建视图、创建仪表板等步骤，最终生成销售收入数据分析可视化故事。本小节将具体介绍各视图、仪表板和故事的设计方法，帮助读者进一步了解图形的展现形式。

（1）创建视图

①构建客户销售额视图时，以客户名称为行、营业收入为列，并以营业收入为标签形成柱形图，如图 9 – 11 所示。

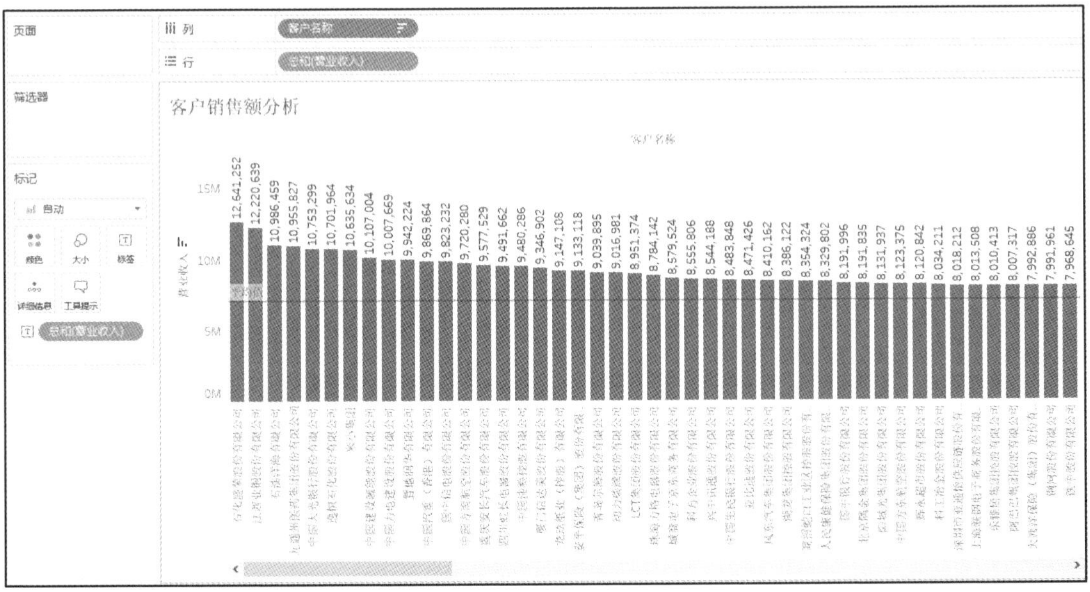

图 9 – 11　客户销售额分析

②构建各产品毛利润/毛利率分析视图时，以度量名称为行，以省、城市、客户名称、产品名称为列，以分类作为颜色区分，度量值为标签形成表格，如图 9－12 所示。

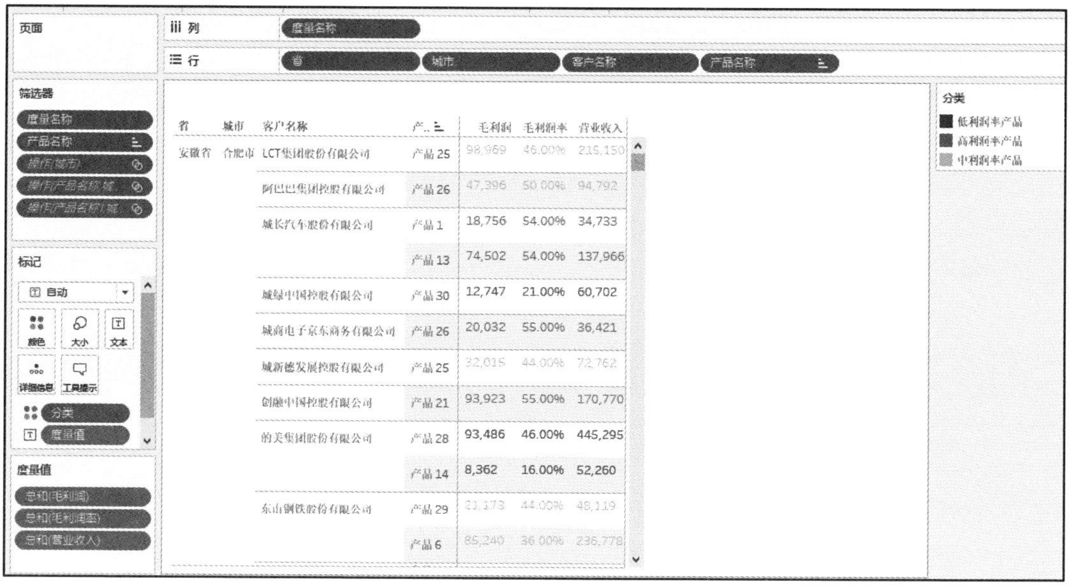

图 9－12　各产品毛利润/毛利率分析

③构建日销售收入分析视图时，以订单日期（天）为行、营业收入为列，并以度量名称作为颜色区分，形成趋势图，如图 9－13 所示。

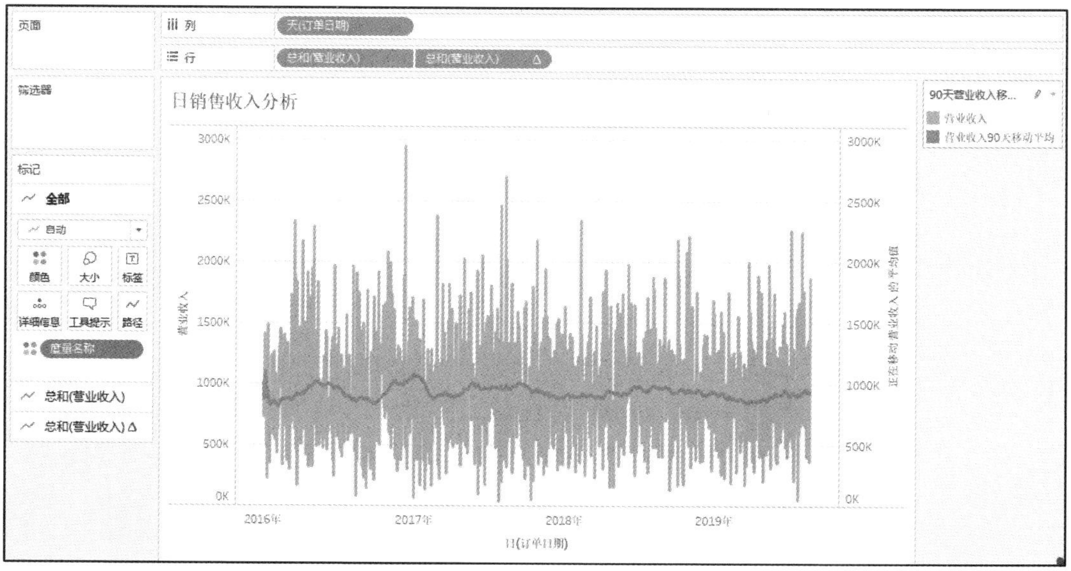

图 9－13　日销售收入分析

④构建各产品销售收入视图时，以营业收入作为大小和颜色的区分，以产品名称和营业收入作为标签显示，形成树状图，如图 9－14 所示。

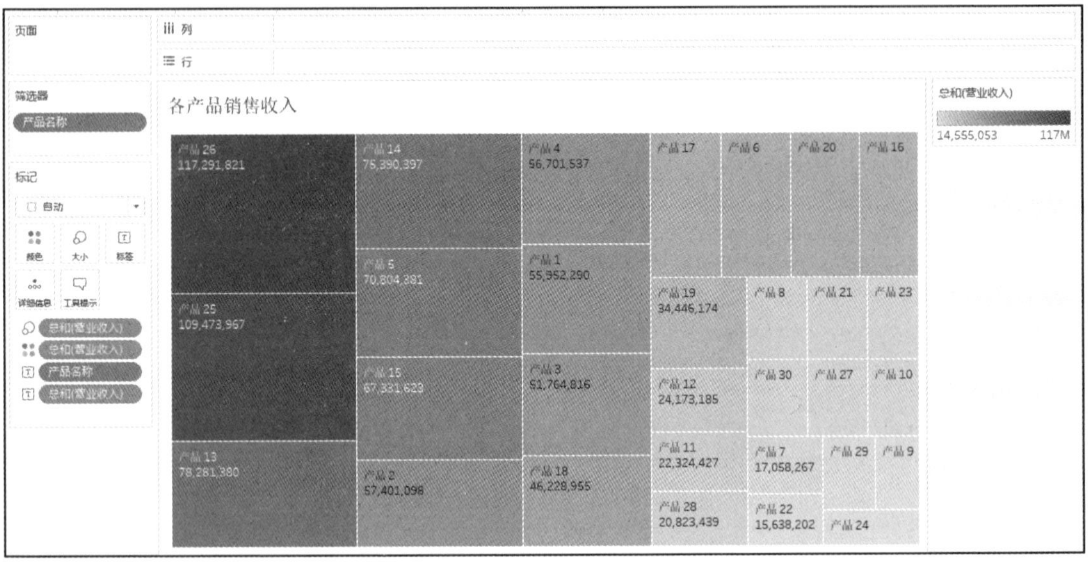

图 9－14　各产品销售收入分析

⑤构建季度销售收入增长率视图时，以订单日期的年和季度为列、营业收入为行，并以度量名称作为颜色区分，形成双组合图，如图 9－15 所示。

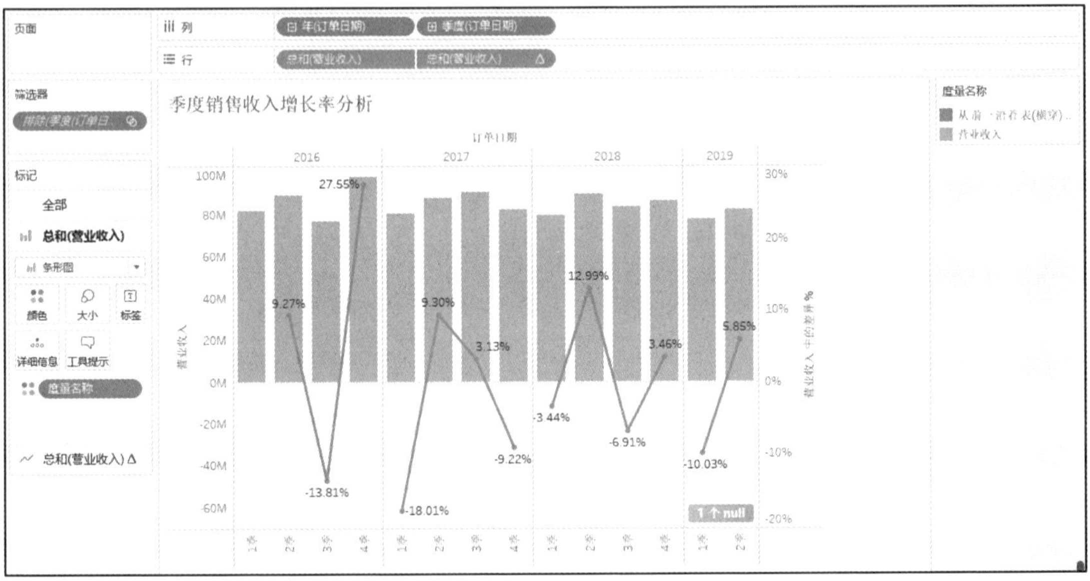

图 9－15　季度销售收入增长率分析

⑥构建客户销售额增长率视图时，以订单日期的年为列、客户名称为行，并以营业收入为颜色区分，显示标签营业收入，形成突出显示表，如图 9－16 所示。

（2）创建仪表板

仪表板是多张视图的集合，其可以实现多视图交互联动，使可视化效果更好。在销售收入分析中以一个维度形成一张仪表板，分别为产品维度、客户维度和时间维度。

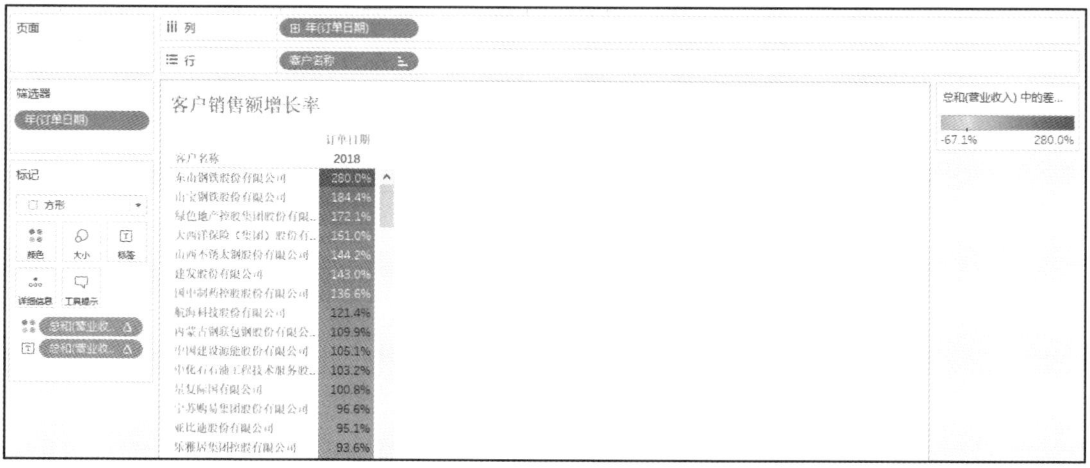

图 9－16　客户销售额增长率分析

产品维度分析仪表板包括各产品毛利润分析、各产品销售收入分析以及销售渠道分析，如图 9－17 所示。

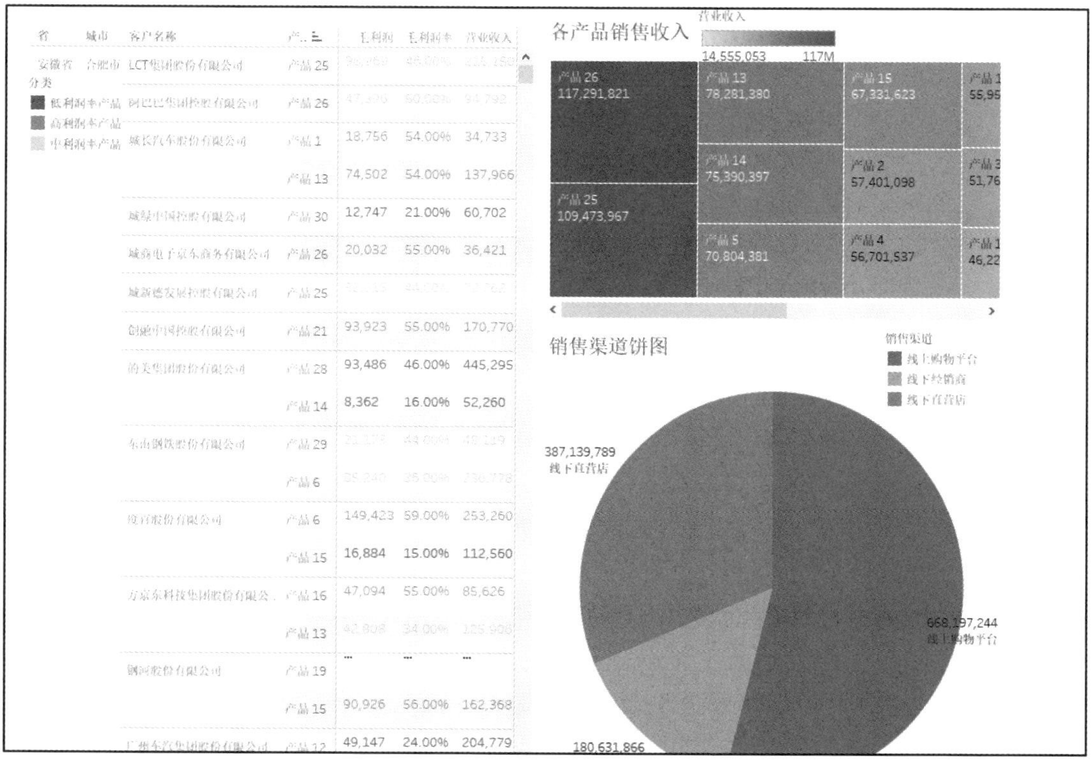

图 9－17　产品维度分析仪表板

时间维度分析仪表板包括日销售收入分析和季度销售收入增长率分析，如图 9－18 所示。

客户维度分析仪表板包括客户销售额分析和客户销售额增长率分析，如图 9－19 所示。

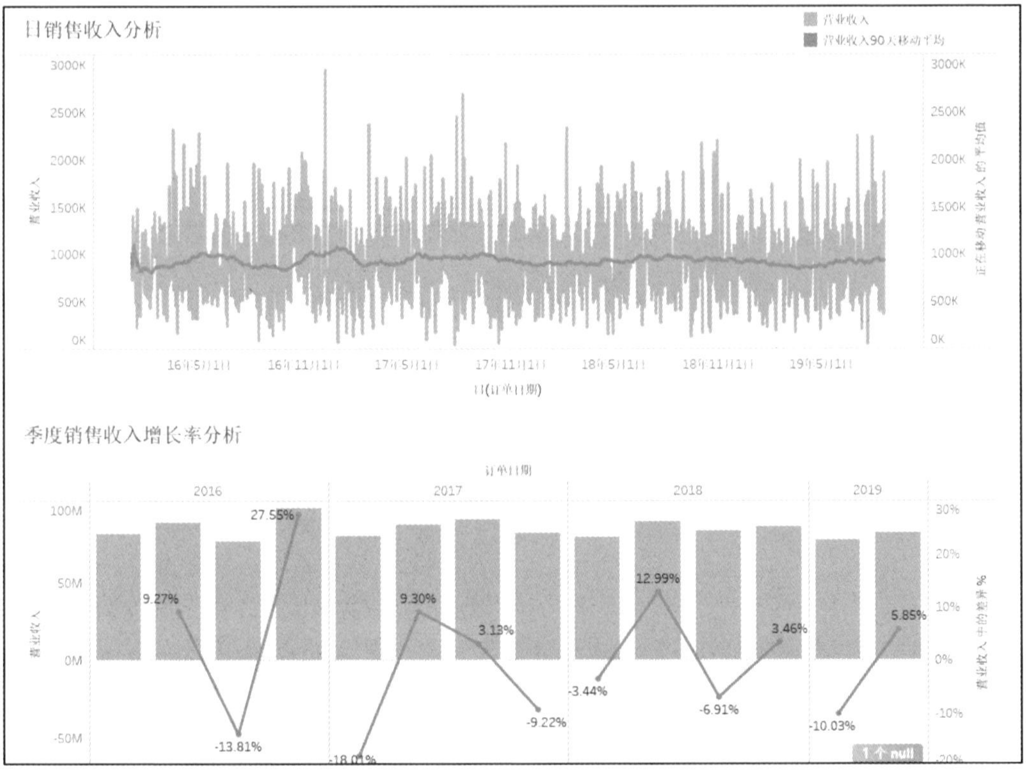

图 9－18　时间维度分析仪表板

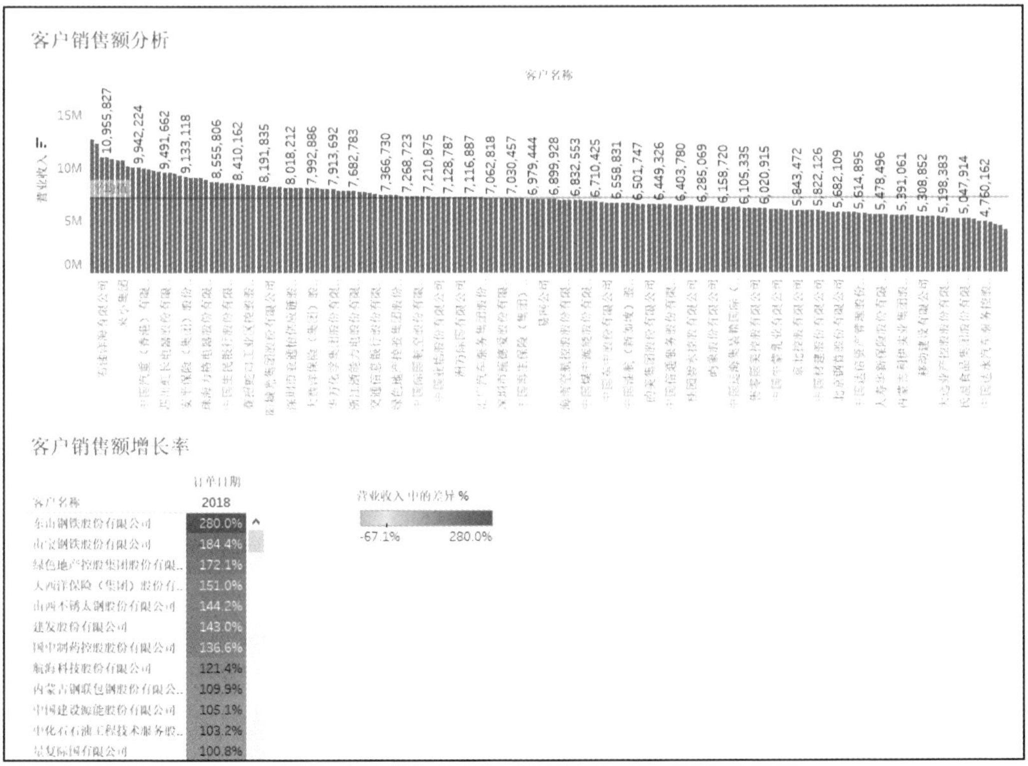

图 9－19　客户维度分析仪表板

(3) 生成故事

在 Tableau 中，故事是一系列共同作用以传达信息的虚拟化项。通过创建故事来讲述数据，提供上下文，演示决策与结果的关系，或者只是创建一个极具吸引力的案例。销售收入分析故事由四个仪表板组成。销售收入数据分析故事的生成，提供了直观的分析结果，如图 9-20 所示。

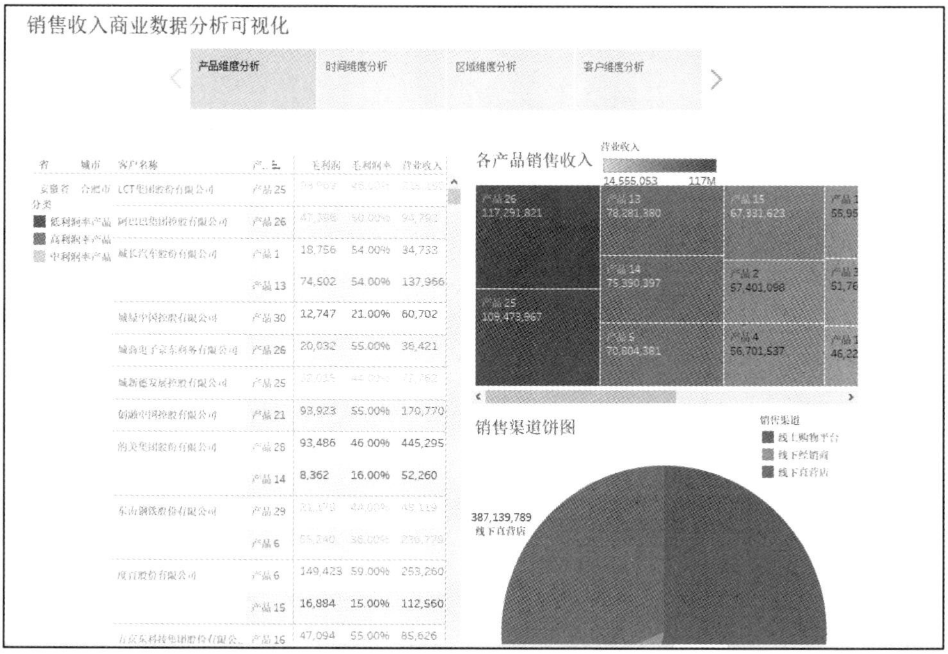

图 9-20　销售收入数据分析故事

9.4.4　Tableau 技术路线

Tableau 技术路线如表 9-8 所示。

表 9-8　技术路线

实现目的	实现步骤	具体操作
连接数据并设计数据	连接数据	连接 Tableau 到本地文件
	建立数据联系	拖拽工作表
	添加其他表	连接 Tableau 到本地其他文件
	建立联系	拖拽并设置连接字段
	隐藏字段	鼠标点击隐藏重复字段
	修改字段名	双击首行字段名进行修改
在工作表中绘制图形	新建工作表	点击“新建工作表”
	创建计算字段	根据字段名输入计算公式
	选择筛选器	拖拽需要筛选的字段名到筛选器
	编辑筛选器	鼠标点击配置筛选器格式
	绘制图表	鼠标拖拽字段名到行、列、筛选器
	设置工作表格式	点击标题、阴影等设置格式

续表

实现目的	实现步骤	具体操作
生成仪表板	新建仪表板	点击“新建仪表板”
	绘制仪表板	鼠标拖拽工作表到仪表板
	设置仪表板格式	点击编辑标题、阴影等格式
生成故事	新建故事	点击“新建故事”
	绘制故事	鼠标拖拽仪表板到故事
	设置故事格式	点击编辑标题、阴影等格式

9.5 销售收入数据分析报告自动化

商业数据分析最后的输出即结论的载体，就是商业数据分析报告。机器人流程自动化可以利用经过可视化展现的结果作为支撑依据，为管理层提供销售收入分析报告。

9.5.1 场景描述

今天是春节放假前的最后一个工作日了，也是完成销售收入商业数据分析的最后期限。根据之前双姐的建议，家桐熬了两个晚上自学 Tableau，虽然一路上遇到了很多问题，好歹也算磕磕绊绊地实现了用 Tableau 做出可视化图表。

家桐正在做最后的检查，确保自己的工作没有错误，一旁路过的婷匀看见家桐电脑屏幕上各式各样的精美图表赞叹道：“家桐你也太棒了吧，自学两天就能做这么复杂的可视化图表了!”闻声，商业数据分析团队的其他成员也赶来围观，纷纷夸赞家桐的学习能力。家桐被夸的有些不好意思了，“都是大家教得好，而且 Tableau 这个软件确实上手快，真的很实用!”

人群散开后，双姐悄悄给家桐提意见：“家桐，都做到这一步了，你可以考虑做一个报告自动生成的机器人呀，以后有关销售收入商业数据的分析，都可以一键生成，一劳永逸了，并且你这算超额完成任务，菁姐一定对你另眼相看哦。”“对呀！双姐，你说的有道理，前面工作都做好了，自动生成分析报告这一步应该也不难实现，做得好说不定有利于我转正呢。”家桐十分欢喜。

9.5.2 数据分析报告设计

数据分析报告由七部分组成，分别是标题页、目录、摘要、分析背景、分析目的、分析思路和分析内容。销售收入商业数据分析报告内容框架如下：

（1）标题页

该分析报告的标题页标题为：2016—2019 年销售收入商业数据分析报告，撰写人为家桐，日期为 2022 年 1 月。

（2）目录

2016—2019 年销售收入商业数据分析报告的目录由报告目录和图表目录组成，报告目录是报告的正文框架，图表目录是数据分析报告中可能出现的图表图注。

（3）摘要

营业收入是企业的一项重要财务指标，它在企业财务管理中具有重要的地位。企业营业收入的取得，表明商品价值得以实现，是企业再生产不断进行和经济效益得以实现的根本保证，关系到企业的生存和发展。本数据分析报告利用蚕先进 2016—2019 年的销售收入数据，从产品、客户、时间等多维度进行分析，有利于企业更好制定销售战略和计划，从而促进销售收入增长。

（4）分析背景

销售部门需按期编制销售计划，而销售计划的编制必须有所依据，即要根据实际情况制定。制订销售计划，必须要有理有据、有的放矢，其中要遵循的原则之一是依据以往的销售情况。基于此，对本年度的销售情况做一个统计分析，以此作为销售计划的编制依据之一。

（5）分析目的

①从产品维度分析销售收入数据，了解各个产品的销售情况，有利于制订产品生产计划等。

②从时间维度分析销售收入数据，方便了解企业营收的淡旺季，有利于更好地控制产品生产，防止存货积压或供应量不足的情况，也有利于根据时间制定促销计划等。

③从客户维度分析销售收入数据，有利于企业了解客户信息，以便更好地进行客户维护，针对性销售产品。

④从区域维度分析销售收入数据，方便了解企业业务在全国的分布情况。

（6）分析思路

从产品、客户和时间三个维度对收入情况进行分析，更加全面了解企业的营收状况。

（7）分析内容

从产品销量来看，产品 25 和产品 26 近 4 年来的总销售额超过了 1 亿元，是公司当之无愧的核心产品，公司可以继续维持现有对产品 25、26 的销售策略，除此以外，针对那些销售额超过 5000 万元但不到 1 亿元的产品，可以适当调整销售方案，激发出这部分产品的潜力，将会为公司带来更大的收益，如图 9－21 所示。

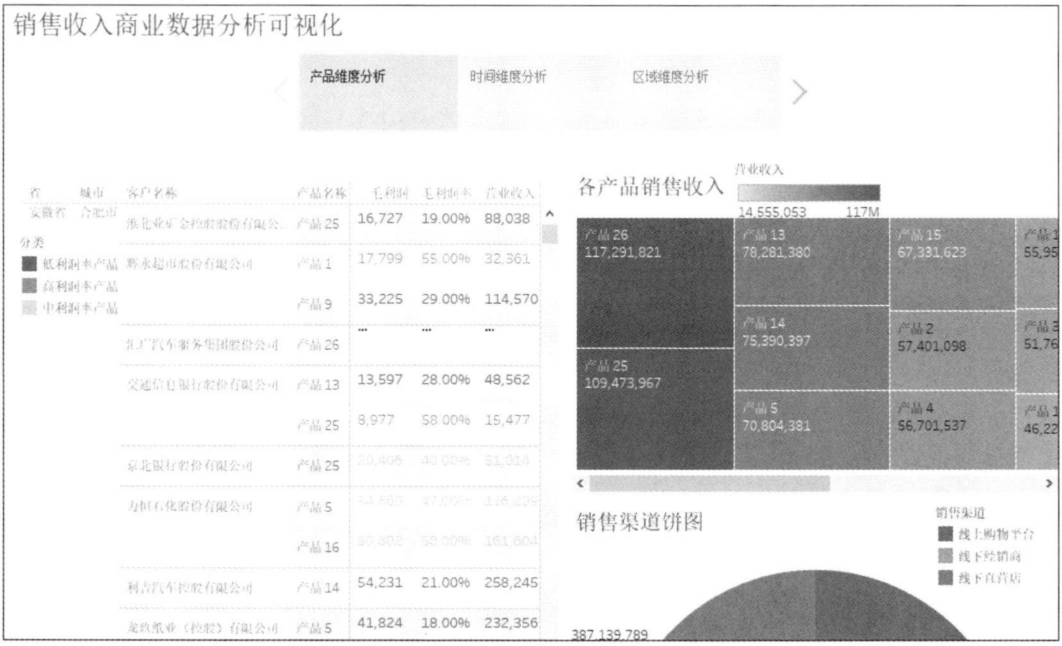

图 9－21　销售收入分析内容

从时间维度来看，2016 年和 2017 年由于公司处于发展初期阶段，营业收入有较大的波动。2018 年和 2019 年公司的销售额开始趋于稳定，但是也没有增长的现象，基于此，公司可以考虑采取拓宽市场、发展新的业务线、研发新的产品等办法来突破这一瓶颈。季节上看，公司每年第一季度的销售收入都是全年最低的，属于产品销售收入淡季，可以考虑通过降价促销等方式提高收入，如图 9－22 所示。

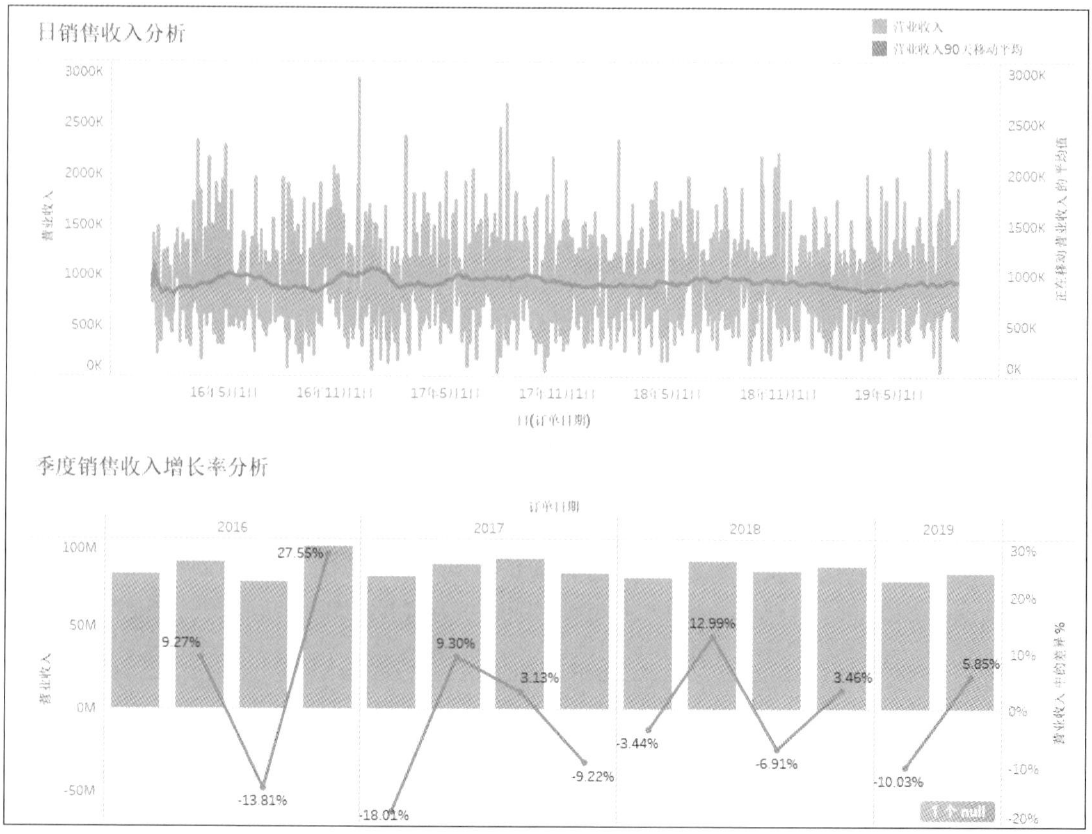

图 9－22　日销售收入和季度销售收入增长率分析内容

从客户维度来看，公司来源于前十大客户的销售收入占比不是特别突出，整体分布较为均衡，不存在仅仅依赖某一个或者几个客户维持销售收入的情况，从客户销售额增长率来看，有些小客户虽然整体销售额不算太高，但是增长率超过了百分之百，公司可以针对这部分客户，制定相应的销售政策挖掘其潜力，如图 9－23 所示。

9.5.3　自动化流程设计

在商业数据分析报告生成阶段，机器人需要读取模板文件，对模板文件进行写入，这些完成后需要将模板文件另存并发送至财务总监邮箱，自动化流程设计如图 9－24 所示。

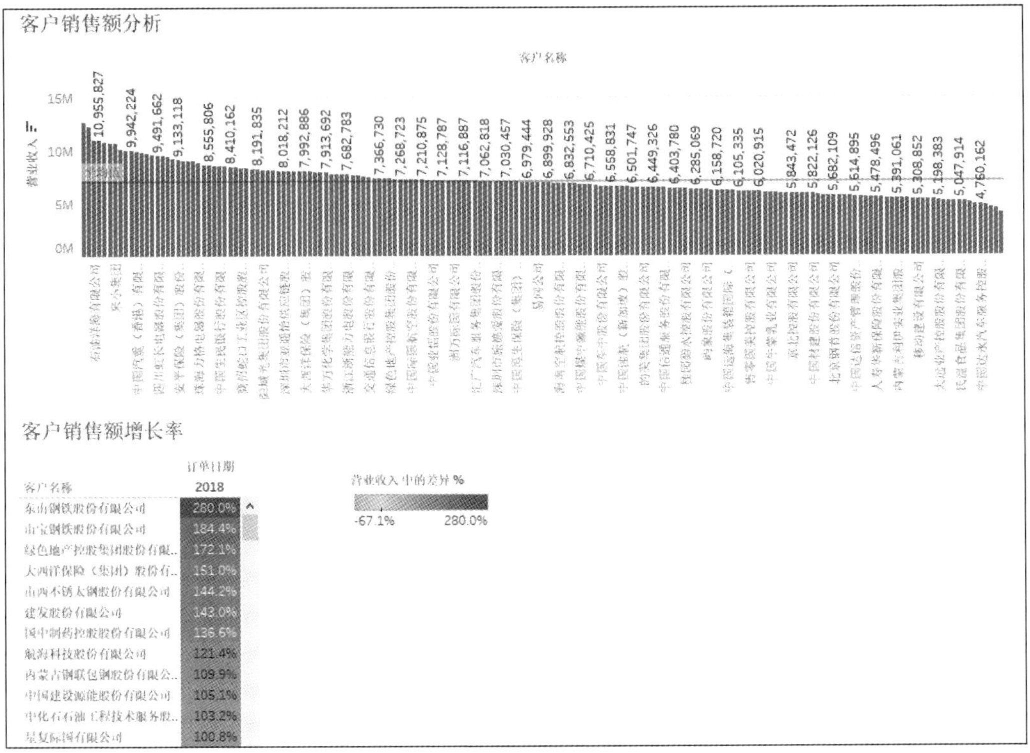

图 9－23　客户销售额及其增长率分析内容

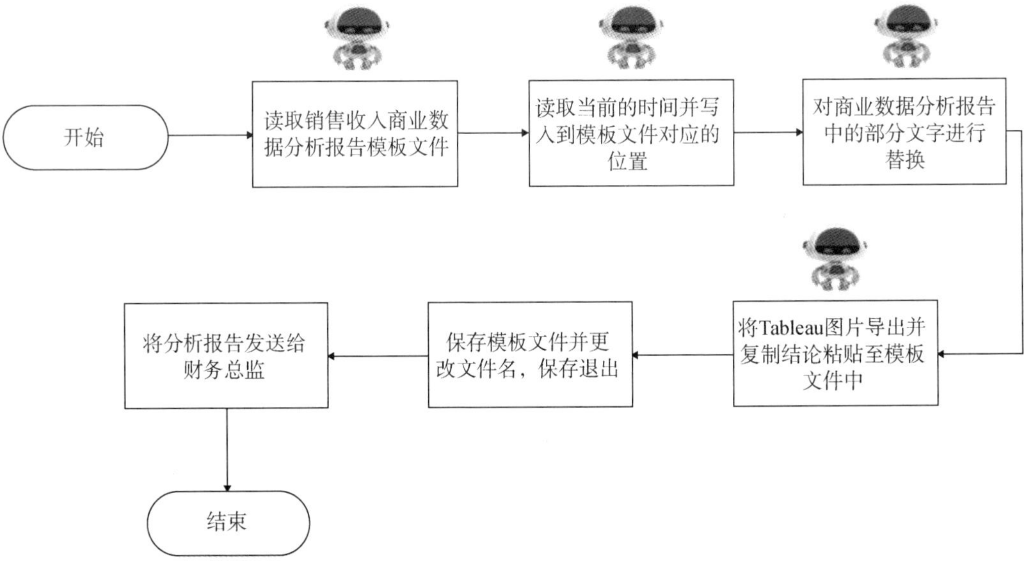

图 9－24　报告自动化流程设计

9.5.4　RPA 技术路线

报告生成机器人需要完成的任务主要是读取报告模板、写入报告内容和发送邮件。

首先，读取已经设计好的商业数据分析报告模板文件，这个文件是 Word 形式，除了标题页需要特定的撰写人填写之外，其他内容均由机器人来完成。

其次是写入报告内容，根据模板的设置，将特定的文字放入特定的区域，然后输出，完成整个写入报告的过程。

最后是发送邮件，收件人是财务总监，将上一步做好的商业数据分析报告发送至收件人邮箱即可。

销售收入商业数据分析报告生成机器人开发的具体技术路线如表 9－9 所示。

表 9－9　　机器人开发技术路线

<table>
<tr><th>流程块名称</th><th>功能描述</th><th>使用的预制件</th></tr>
<tr><td rowspan="7">自动写入报告</td><td>读取报告</td><td>打开文档</td></tr>
<tr><td>写入报告内容</td><td>文字批量替换</td></tr>
<tr><td rowspan="3">插入图片</td><td>查找文本后设置单元格位置</td></tr>
<tr><td>插入图片</td></tr>
<tr><td>写入文字</td></tr>
<tr><td rowspan="2">输出报告</td><td>保存文档</td></tr>
<tr><td>关闭文档</td></tr>
<tr><td>发送邮件</td><td>将报告发送至财务总监邮箱</td><td>发送邮件</td></tr>
</table>

第 10 章　销售退货自动化分析

10.1　商业理解

销售退货发生在不同销售阶段，处理方式也有所不同，正确区分退货业务发生的阶段，有助于公司进行财务和货物的准确管理，也有助于简化销售退货流程，更好地为客户做好售后服务工作，使客户满意。运用 RPA 销售退货自动化技术能够高效地将近一个月、一个季度甚至一年的销售退货数据进行处理，查明退货最多的产品，退货金额最多的客户，以便能够帮助管理层为后续的销售做好充足的准备。

10.1.1　场景描述

在贸易公司中，有销售必有退货，有退货，必须有相对应的退货分析，以分析退货原因，减少退货所造成的损失。销售退货是指产品正常销售给客户之后，客户当场或事后退回至企业的业务，其主要包括客户提出退货需求、销售员与客户协商、退货接受、检验、仓库退货、开具销售发票的财务冲减应收账款以及退货产品的后续处理等一系列业务环节。退货业务涉及的部门有销售部、仓管部、质管部和财务部。

蛮先进集团是食品机械制造行业的一家知名企业，主营业务包括面包片油炸机、漂洗机、圆筒式撒粉机、中级油油炸机和真空油炸机等的生产、销售和研发。其业务遍布全国，客户多达 8000 余家。蛮先进公司设有人事、产品、服务、采购、销售、财务、客户信管、法务、仓储等部门，各部门各司其职。在商业数据分析团队牵头的销售产品自动化项目中实习生家桐取得了很大的进步。而这次实习生子轩对于销售退货自动化的分析也充满了期待。

销售退货自动化专题会议上。CEO 程平道：“上一次的销售产品自动化完成的非常不错，尤其是某理工大学毕业的实习生家桐，将商业数据分析的头头是道。销售产品自动化分析已经完成了，但是现在如何降低退货率是个问题。佳芯有什么想法没？说说看。”

突然被 cue 的谢佳芯不慌不忙地说道：“程总，既然上一次家桐完成的很好，要不这次再让他来完成销售退货自动化分析?”

程总道：“我们不能把机会总是给一个人，还是需要多培养培养新人，这不和家桐一起来的还有个子轩吗，这次就将销售退货自动化分析这个项目给子轩，看看她能力如何?”

这不前几天销售退货自动化专题会议刚结束，佳芯便找到了子轩。“咚、咚、咚”伴随着敲门声的响起，“请进。”

佳芯说道：“原来是子轩呀，快过来，上次同为实习生的家桐所做的销售产品自动化分析非常不错，在董事会上也得到了一致好评，这次就看你的了哦，子轩。希望你能够根据之前的销售产品自动化分析做一个销售退货自动化分析。”

子轩心里想着，同为实习生我相信我并不比家桐差，于是回答道：“感谢领导对我的信任与栽培，我相信我一定能圆满地完成领导交给我的项目。”

佳芯说道："好，那你现在有没有什么初步的想法呢?"

子轩道："通过对家桐完成的销售产品自动化分析的学习，我初步的想法就是数据的采集处理、RPA 自动化实现、Tableau 可视化技术的展示以及最后的分析报告的自动化生成。"

"嗯嗯，整体思路没有什么问题，但是具体的细节还要充实优化一下，后面你先提交一份具体实施方案的计划书。"佳芯说道。于是子轩开始了她的挑战。

10.1.2 业务与技术分析

企业向客户销售货物后，如由于质量、包装等原因，客户要求退货或补货，企业一般通过销售退货申请单通知仓库办理退库或补发货物。

（1）销售退货业务流程与痛点分析

销售部门根据退货订单，经确认后生成销售退货单，并开具发票；仓储部门完成退货商品的清点及确认；财务部填写退货会计凭证并进行后续的退款。重庆蛮先进智能制造有限公司销售退货业务分析流程图如图 10－1 所示。

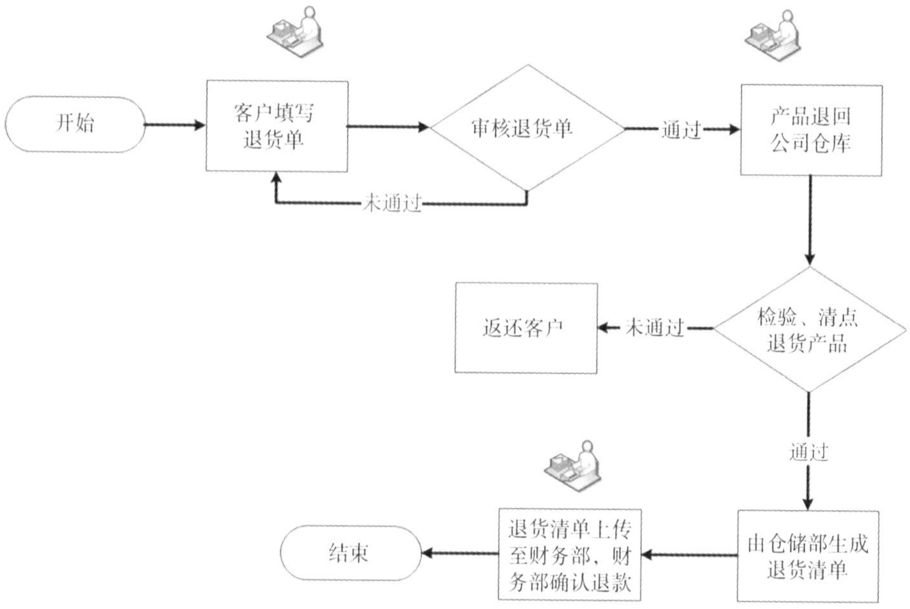

图 10－1 销售退货业务流程

人工处理销售退货业务流程较为烦琐，包括填写退货单、对退货单进行审核、检验清点退货产品等一系列操作。在分析销售退货时需要将一个月的退货单逐张人工汇总，不仅耗时长、效率低，而且存在错误率较高等痛点。

（2）销售退货 RPA 流程与技术关系

销售退货自动化机器人进入 ERP 系统对数据进行采集，将采集到的数据放入 Excel 表内，该表的结构是商业数据分析人员提前设计好的，所以机器人按照制定的规则进行采集和录入即可。由于采集到的数据是脏数据，因此需要运用 RPA 技术对其进行处理，机器人自动化流程分析思路、技术思路、关键技术点的对应关系，如图 10－2 所示。最后结合分析主题的模型进行图表的绘制，最后生成一个销售退货商业数据分析报告。

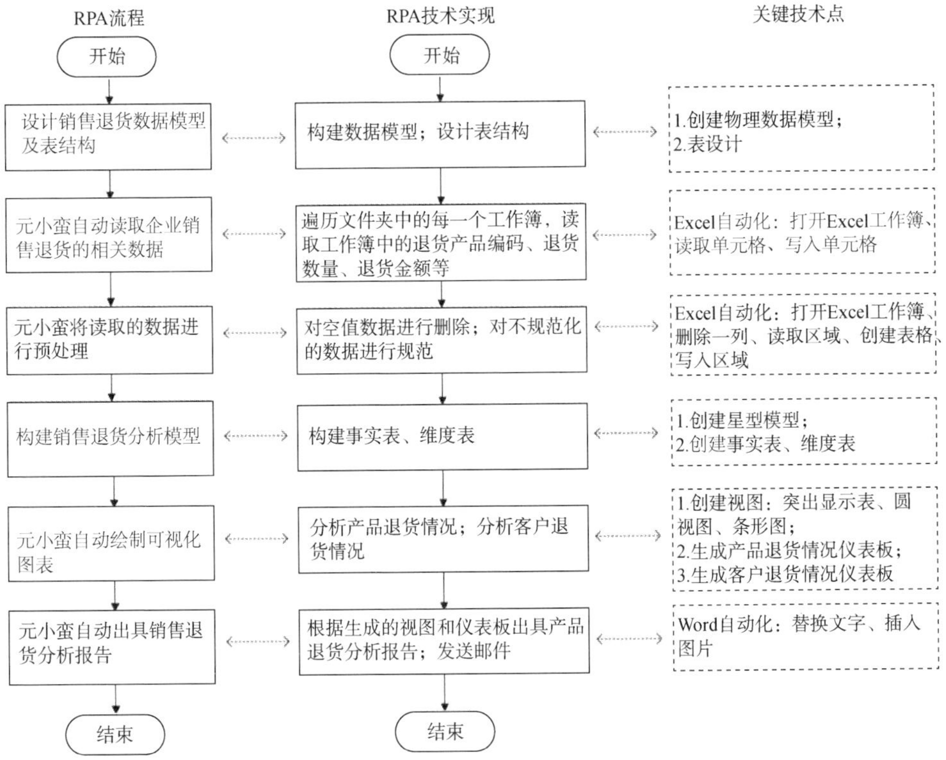

图 10－2　销售退货 RPA 流程与技术关系

10.2　销售退货相关数据理解

前面梳理了销售退货业务的整体框架，与销售退货相关的数据理解包括对销售退货的场景描述，运用 E—R 图对整个退货业务的数据模型予以介绍以及数据表结构设计。

10.2.1　场景描述

实习生子轩按照经理谢佳芯的要求，已经将销售退货自动化的整体框架上交。由于最近集团内部业务繁忙，佳芯被派出差，一切事宜不得不在线上对接。

"嘟、嘟、嘟"随着电话铃声的响起，佳芯接起了电话说道："子轩呀，我已经看了你提交的销售退货自动化的整体框架，做的还是很细致的。但是具体细节问题还是有很多的，这些不急慢慢来，而接下来就是需要对各个步骤的逐步完善，特别是第一步关于销售退货相关数据的理解你有什么看法呢？"

子轩道："我梳理了整个销售退货的流程，首先由销售部的小张审核退货订单，看是否合格，不合格将重新发送至客户填写，如果合格将允许退货；其次由仓储部的小王进行退还货物的清点，若不合格将由小王直接联系客户。如果通过清点，将由小王填写红字出库单，并由仓储部领导审核；最后由财务部的小杨开具红字销售发票报财务部领导审核，审核通过后，将进行记账。我准备根据上述流程构建数据模型和数据表。谢经理你觉得如何？"

听着子轩所说的，佳芯思索了一会道："整个流程还是存在些许问题，而且我们主要是分析客户退货的原因，所以应该更加注重分析，与退货业务相联系起来，不能仅仅分析流程。"

子轩说道："还是谢经理想的周到，销售退货我只考虑了企业产品的问题，也可能是客户存在的问题。我这就再去完善一下，将维度增加的具体一些。”

佳芯欣慰地点了点头道：“行，好的，后续有什么变动我们再沟通联系。”

随着电话的挂断，子轩又开始忙碌了起来。

10.2.2 数据模型

（1）数据表概念模型

销售退货的 E—R 模型由客户、商品、退货单实体集构成，每个实体集都有多个属性，它们之间还存在一定的联系，如图 10－3 所示。

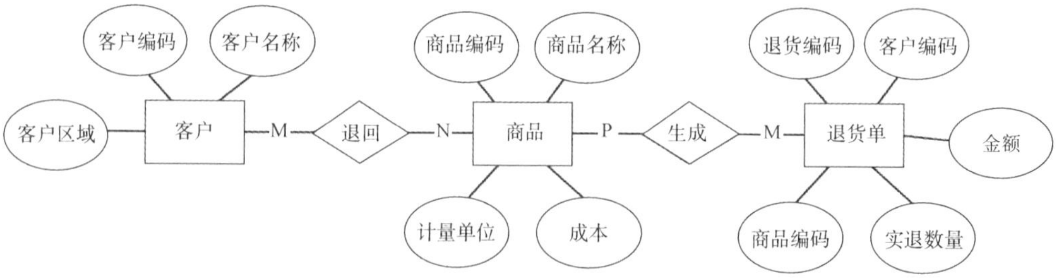

图 10－3 销售退货业务 E—R 图

实体集

蛮先进公司的销售退货实体集包括客户实体集、商品实体集、退货单实体集，下面详细介绍其属性。

①客户实体，属性有客户编码、客户名称、客户区域；

②商品实体，属性有商品编码、商品名称、计量单位、成本；

③退货单实体，属性有退货编码、客户编码、商品编码、实退数量、金额。

联系

蛮先进公司的销售退货实体间存在着不同的联系，下面详细介绍其联系。

①客户与商品之间存在退货联系，属于一对多联系。一个客户可以退回多种存在问题的商品，企业也可以接受多种退货商品。

②客户退回商品生成退货单，属于多对多联系。一种商品可以生成多张退货单，一张退货单也可以由多个商品组成。

（2）数据表物理模型

分析蛮先进公司的销售退货情况，需要采集商品退货情况信息、客户退货信息、商品信息的数据，然后建立销售退货的物理模型，如图 10－4 所示。

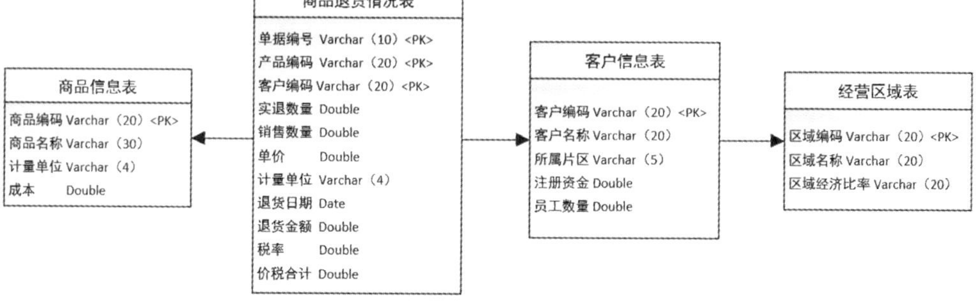

图 10－4 销售退货数据表物理模型

10.2.3 数据表结构设计

目前信息部门已有的数据包括商品退货情况表、经营区域表、商品信息表、客户信息表等。以下是各数据表的表结构和具体的数据示例。

（1）客户信息表

客户信息表设置客户编码（khid）主键作为客户信息表的唯一标识，以便查询指定记录。设置客户区域（khqy）为外键，以便与经营区域表相联系，如表 10－1 所示。

表 10－1　客户信息表表结构

序号	字段	数据类型	字段标题	字段大小	字段说明
1	khid	Varchar	客户编码	20	主键，以 CUST××××进行编号。如：CUST0001
2	khmc	Varchar	客户名称	30	客户名称
3	khqy	Varchar	客户区域	30	分为东北片区、华东片区、华南片区、华中片区、西北片区、西南片区
4	zczj（wy）	Double	注册资金（万元）	0	客户注册资金
5	ygsl	Double	员工数量	0	员工数量

客户信息表涉及客户编码、客户名称、客户区域、注册资金、员工数量字段。客户信息表的部分数据示例如图 10－5 所示。

khid 客户编码	Khmc 客户名称	khqy 客户区域	zczj（wy） 注册资金(万元)	ygsl 员工数量
CUST0001	广州中顺食品厂	QY0004	340	50
CUST0002	深圳好再来连锁饭店	QY0002	180	30
CUST0003	东莞王老大食品厂	QY0004	60	22
CUST0004	悦来茶楼	QY0003	190	36
CUST0005	海南椰子香连锁饭店	QY0004	40	18
CUST0006	珠海海鲜大酒楼	QY0004	150	28
CUST0007	好再来砂锅粥店	QY0003	410	80
CUST0008	薯薯食品有限公司	QY0003	130	36
CUST0009	天津新和豆浆	QY0002	130	38
CUST0010	上海龙祥食品有限公司	QY0003	460	92
CUST0011	天津家乐园食品公司	QY0002	280	55
CUST0012	金华宏发肉制品加工厂	QY0003	230	35
CUST0013	江西乐士食品加工有限公司	QY0003	190	33
CUST0014	山东俏媳妇食品加工厂	QY0003	310	46
CUST0015	上海快乐薯吧加盟公司	QY0003	460	88
CUST0016	浙江家旺食品加工厂	QY0003	440	89
CUST0017	武汉黑鸭子食品厂	QY0005	330	62
CUST0018	长沙辣妹子食品厂	QY0005	100	25
CUST0019	郑州面霸食品加工厂	QY0005	50	12
CUST0020	太原红旗食品加工厂	QY0002	180	32
CUST0021	内蒙古好吃牛肉干加工厂	QY0006	400	76

图 10－5　客户信息表部分数据示例

（2）商品退货情况表

商品退货情况表设置单据编号（djid）主键作为商品退货情况表数据的唯一标识，以便查询指定记录。设置商品编码（spid）、客户编码（khid）外键方便与客户信息表、商品信息表相联系，如表 10－2 所示。

表 10－2　　商品退货情况表表结构

序号	字段	数据类型	字段标题	字段大小	字段说明
1	djid	Varchar	单据编号	50	按单据进行编号，DJ××××如：DJ0001
2	khid	Varchar	客户编码	30	客户编码
3	spid	Varchar	商品编码	20	商品编码
4	stsl	Double	实退数量	0	客户所退商品实际数量
5	xxsl	Double	销售数量	0	销售商品的数量
6	thrq	Date	退货日期	0	退货发生的时间，YYYY—MM—DD 列示，部分缺失在相应位置上以 00 表示，如：1993—12—00
7	thje	Double	退货金额	0	退货商品的金额

商品退货情况表涉及单据编号、客户编码、商品编码、实退数量、销售数量、退货日期、退货金额字段。商品退货情况表的部分数据示例如图 10－6 所示。

djid 单据编号	khid 客户编码	spid 商品编码	stsl 实退数量	xxsl 销售数量	thrq 退货日期	thje 退货金额
DJ0001	CUST0004	PRO0004	1	11	2018-12-29 0:00	23300
DJ0002	CUST0020	PRO0003	1	16	2018-5-21 0:00	17700
DJ0003	CUST0008	PRO0005	1	14	2018-2-24 0:00	21200
DJ0004	CUST0008	PRO0005	1	11	2018-4-22 0:00	20600
DJ0005	CUST0009	PRO0006	1	9	2018-3-5 0:00	17900
DJ0006	CUST0006	PRO0002	1	13	2018-3-17 0:00	24300
DJ0007	CUST0029	PRO0002	1	10	2018-3-2 0:00	24400
DJ0008	CUST0013	PRO0002	1	12	2018-2-5 0:00	22400
DJ0009	CUST0019	PRO0002	2	2	2018-11-6 0:00	48400
DJ0010	CUST0008	PRO0004	1	10	2018-7-28 0:00	21500
DJ0011	CUST0011	PRO0001	3	10	2018-4-24 0:00	57300
DJ0012	CUST0036	PRO0002	1	12	2018-5-29 0:00	23900
DJ0013	CUST0008	PRO0005	3	9	2018-3-21 0:00	66300
DJ0014	CUST0018	PRO0004	1	11	2018-8-20 0:00	24100
DJ0015	CUST0012	PRO0002	1	14	2018-3-15 0:00	22600
DJ0016	CUST0027	PRO0003	2	12	2018-9-2 0:00	35000
DJ0017	CUST0008	PRO0004	1	14	2018-7-17 0:00	22300
DJ0018	CUST0008	PRO0004	1	9	2018-10-12 0:00	22800
DJ0019	CUST0012	PRO0002	1	5	2018-9-10 0:00	24300
DJ0020	CUST0001	PRO0006	1	12	2018-2-15 0:00	20600
DJ0021	CUST0001	PRO0003	1	11	2018-1-2 0:00	19700
DJ0022	CUST0005	PRO0006	3	8	2018-4-30 0:00	64200
DJ0023	CUST0020	PRO0002	1	9	2018-8-31 0:00	23400
DJ0024	CUST0013	PRO0001	1	5	2018-11-12 0:00	18900

图 10－6　商品退货情况表部分数据示例

（3）商品信息表

商品信息表设置商品编码（spid）主键作为商品信息表数据的唯一标识，以便查询指定记录。如表 10－3 所示。

表 10－3　　商品信息表表结构

序号	字段	数据类型	字段标题	字段大小	字段说明
1	spid	Varchar	商品编码	30	按单据进行编号，PRO××××如：PRO0001
2	spmc	Varchar	商品名称	20	商品编码
3	Jldw	Varchar	计量单位	10	单位
4	cost	Double	成本	0	商品单位成本

商品信息表涉及商品编码、商品名称、计量单位、成本字段。商品信息表的部分数据示例如图 10 -7 所示。

spid	spmc	jldw	cost
商品编码	商品名称	计量单位	成本
PR00001	面包片油炸机	台	13500
PR00002	漂洗机	台	16000
PR00003	提升机	台	12700
PR00004	无锈宽网带传送机（机架可拆）	台	16500
PR00005	圆筒式撒粉机	台	15700
PR00006	中级油油炸机（20＃电）	台	14200
PR00007	真空油炸机	台	20200

图 10 -7　商品信息表部分数据示例

（4）经营区域表

经营区域表设置区域编码（qyid）主键作为经营区域表数据的唯一标识，以便查询指定记录。如表 10 -4 所示。

表 10 -4　　经营区域表表结构

序号	字段	数据类型	字段标题	字段大小	字段说明
1	qyid	Varchar	区域编码	20	按区域进行编号，QY××××如：QY0001
2	qymc	Varchar	区域名称	30	区域名称
3	qyjjbl	Varchar	区域经济比率	50	区域经济比率

经营区域表涉及区域编码、区域名称、区域经济比率字段。经营区域表部分数据示例如图 10 -8 所示。

qyid	qymc	qyjjbl(%)
区域编码	区域名称	区域经济比率（%）
QY0001	东北片区	100%
QY0002	华北片区	95%
QY0003	华东片区	90%
QY0004	华南片区	85%
QY0005	华中片区	80%
QY0006	西北片区	75%
QY0007	西南片区	70%

图 10 -8　经营区域表部分数据示例

10.3　销售退货数据采集与处理自动化

前面已经完成了对数据表结构的设计，本节是对数据的采集以及自动化的处理。数据采集与处理包括对采集数据的冗余值、空值等一些无用数据进行处理，整个过程以 RPA 自动化实现。

10.3.1 场景描述

销售退货自动化分析流程还在持续推进，在谢佳芯谢经理以及实习生子轩的共同努力下，销售退货自动化分析的整体思路也是愈加明确，随着相关数据理解步骤逐渐完善，接下来就是对销售退货数据的采集与处理了。谢佳芯谢经理办公室内，伴随着“咚、咚、咚”的敲门声，佳芯说道：“来了呀，子轩坐，正好给你说一下销售退货数据采集与处理的问题，按照往年的情况，若是对整年的销售退货数据进行采集整理的话，又得花费好几天时间，而且整理的数据还不一定有用，冗余值太多了。”

子轩信心满满地说道：“谢经理，不用那么麻烦，前几天我才和初级商业数据分析师何家钰聊过，他说运用 RPA 技术能够通过事先编好的操作流程步骤，RPA 就像一位机器人员工，能自动操作整个业务流程，不但速度快，而且几乎不出错、不知疲倦，不仅如此，通过模拟人工操作进行自动流程执行处理，它还可以将办公人员从每日的重复工作中解放出来，提高生产效率。因此我们可以将这项技术运用到销售退货的数据采集与处理上，根据自己想要的数据模型和数据表提前输入进去，然后由机器人自动整理数据，谢经理你觉得呢?”

听到子轩对 RPA 的一番夸赞之后，谢佳芯便叫来了初级商业数据分析师何家钰，想问问他关于 RPA 的具体信息。

佳芯道：“小何呀，刚刚子轩可是好好夸赞了一番 RPA，说是你对其很了解，你看你空不空，我们后续好好聊聊。”

小何道：“没问题呀，我这就给你好好说道说道其好。”

随着日落西山，佳芯、小何、子轩已经聊了一个下午。佳芯对 RPA 有了一个全新的认识。佳芯道：“既然已经如此智能化了，在小何的帮助下，加上子轩你对它如此了解，那我也就放心把后续的工作交给你了，加油!”

看着佳芯肯定的眼神，子轩道：“保证完成任务。”

10.3.2 自动化流程设计

整个自动化的流程设计涵盖两部分，分别为数据采集与处理设计和自动化流程设计。整个过程以表格和流程图的方式进行展现，方便读者的阅读及理解。

（1）数据采集与处理标准规范

数据的采集与处理设计包括数据输入、数据处理、数据输出。以下将进行具体的介绍。

①数据输入。销售退货数据采集与处理自动化的数据输入为本地 Excel 文件。本地 Excel 文件包含从销售数据表中读取的订单编号、订单日期、商品退货数量和商品单价等，从邮件的分子公司销售数据表中读取销售退货的数据，如表 10 - 5 所示。

表 10 - 5 数据输入

数据来源	文件名/网址	主要数据内容
本地 Excel 文件	销售数据表 . xlsx	订单编号
		订单日期
		商品退货数量
		商品单价
		客户编码
邮件保存的 Excel 文件	分子公司销售数据表 . xlsx	商品退货数据

②数据处理。机器人读取数据后，使用转换、筛选、删除等方法进行数据处理，如表 10－6 所示。

表 10－6　　数据处理

数据处理方法	主要内容
转换	将读取的各种数据转换为文本格式
筛选	从销售数据表中筛选出关于销售退货的内容
	从销售数据表中筛选出商品退货情况表、客户信息表、商品信息表、经营区域表的内容
删除	删除重复的值
	删除空值
合并	将产品表 1 和产品表 2 的数据进行合并

③数据输出。销售退货自动化分析机器人的数据输出包含销售退货分析模型 Excel 文件、销售退货自动化分析报告 Word 和 PDF 文件。其中，销售退货自动化分析报告是销售退货分析机器人的核心输出内容，通过对一年的产品退货情况进行比较分析，为蛮先进公司在企业经营管理方面的决策提供更为准确的、更为全面的依据。

（2）自动化流程设计

根据销售人员上传的数据以及业务需求创建商品退货情况表、客户信息表、商品信息表、经营区域表。其中包含对空值、字段长度以及文本格式的处理。销售退货自动化流程设计如图 10－9 所示。

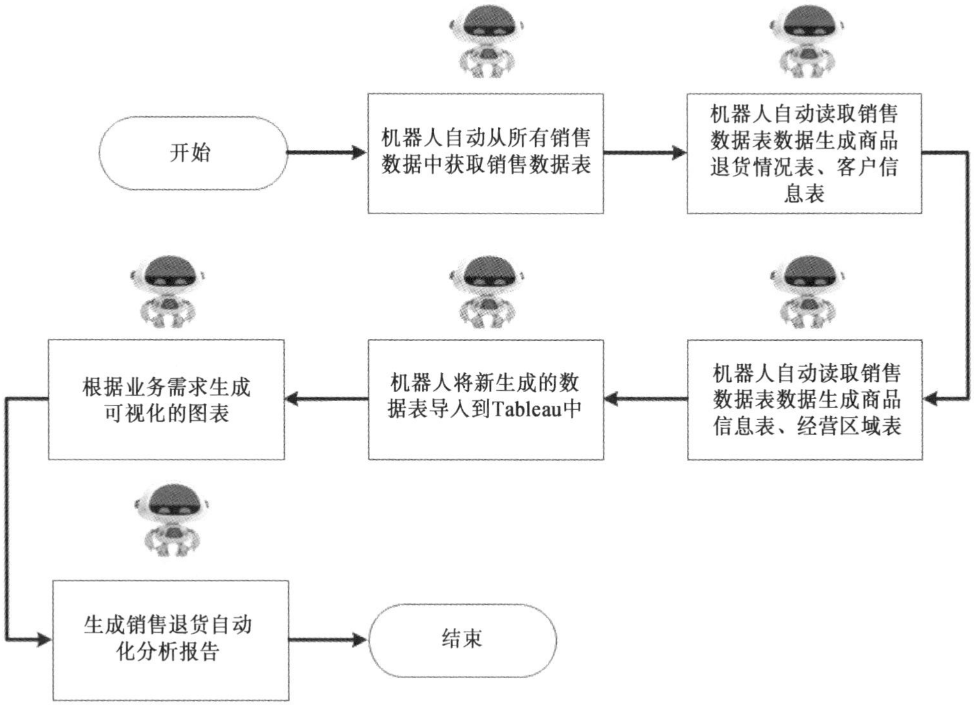

图 10－9　销售退货自动化流程设计

10.3.3 RPA 技术路线

销售退货自动化分析主要分为四个流程块，分别为商品退货情况表、客户信息表、商品信息表以及经营区域表，其技术路线如表 10－7 所示。

表 10－7　　销售退货数据采集与处理自动化技术路线

流程块名称	功能描述	使用的活动
商品退货情况表	对销售表数据进行汇总，并将数据填入“销售退货表.xlsm”	依次读取数组中每个元素
		变量赋值
		数据筛选
		选择数据列
		转换为数组
		写入列
客户信息表	读取销售数据中的客户信息，并将数据填入“客户信息表.xlsm”	依次读取数组中每个元素
		变量赋值
		数据筛选
		选择数据列
		转换为数组
		写入列
商品信息表	读取销售数据中的商品信息，并将数据填入“商品信息表.xlsm”	变量赋值
		数据筛选
		选择数据列
		转换为数组
		写入列
经营区域表	读取销售数据中的经营区域信息，并将获取的数据填入“经营区域表.xlsm”	选择数据列
		转换为数组
		依次读取数组中每个元素
		写入列

10.4 销售退货数据分析与展现自动化

通过对销售退货数据进行采集和清洗之后，利用 Tableau 可视化可以将规范的销售退货数据进行展现，数据可视化可以清晰展现企业不同时段的销售退货状况。本节从客户退货情况和商品退货情况两个角度进行分析，最终得到直观的分析结果。

10.4.1 场景描述

几天过后，又是一个风和日丽的上午。“咚、咚、咚”，随着谢经理谢佳芯的办公室敲门声响起，子轩再一次和佳芯对接工作。佳芯道：“子轩呀，根据你上一次的建议运用 RPA 技术果然将几天才能完成的任务在几个小时就完成了，而且还不需要人工一直把守，只需偶尔查看机器人是否正常运行即可。以后我们将这项技术运用到其他方面，再也不用为整理数据而发愁了。”

子轩道：“是的，RPA 技术运用非常广泛，但是其局限性也是不少，比如数据的规范性啊，等等。

佳芯又道：“确实，没有十分完美的技术，但是相对来说已经为我们解决了很多难题，节省了很多时间。不过我们现在考虑的不是这些事情，我们现在需要思考的是后续销售数据的分析与展现，子轩，你有什么想法吗？”

子轩道：“我听说初级商业数据分析师汤远萍对于数据的分析与展现有着详尽的研究。我们可以向她请教请教。”

于是小汤被叫到了谢经理办公室，佳芯说道：“小汤呀，听说你对 Tableau 有着非常详尽的了解，你能说一说吗？”

小汤道：“谢谢谢经理的赞许，Tableau 具有可以提供复杂的计算、数据混合和仪表板，用于创建漂亮的数据图表可视化，创建交互式的可视化等许多优点。当然具体的实施过程，比如图表的选择、分析的维度我们还需要进一步商讨一下。”

佳芯说道：“小汤不错呀，果然不愧为熟悉 Tableau 的精英，这样，你先出去忙自己的事情。后续的事情我再和子轩商量商量。”

随着小汤离开办公室，佳芯对着子轩道：“小汤说的非常不错，不过她说的这些我们还需要商讨商讨，看看怎样才能将数据运用图表完美地展示出来，这样，我们都思考一下，明天再继续商讨一下。”

子轩说：“好的，好的，我也回去再思索思索。”随着第二天的到来，在佳芯的办公室内经过一番激烈的讨论后，一套完整的数据分析与展现也逐渐成型了。

10.4.2 数据分析模型

依据销售业务中销售流程的相关数据和分析主题，设计销售退货业务数据的思维导图，如图 10－10 所示。

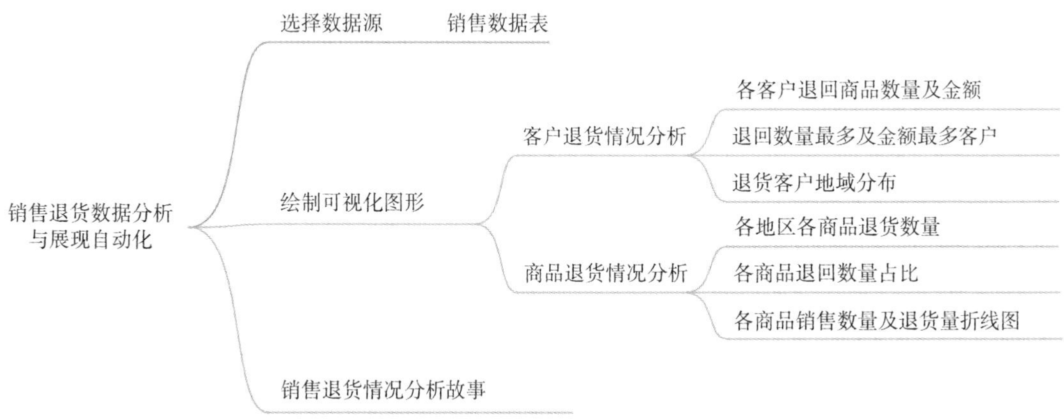

图 10－10 销售退货思维导图

10.4.3 数据展现设计

在进行销售退货数据展现时，需要经过数据连接、数据整合、创建视图、创建仪表板等步骤，最终生成销售退货可视化故事。本小节将具体介绍各视图、仪表板和故事的设计方法，帮助读者进一步了解图形的展现形式。

（1）创建视图

通过对销售退货数据和蛮先进公司客户退货记录数据进行分析，可以将本次选择分为两个主题：一是对客户退货情况进行分析，具体包括各客户退货数量和金额等。二是对商品退回情况进行分析，具体包括各地区各商品退回数量、金额、占比情况等。

构建各客户退货情况条形图时，以总和（退货数量）为列、客户名称为行，形成视图，如图 10－11 所示。

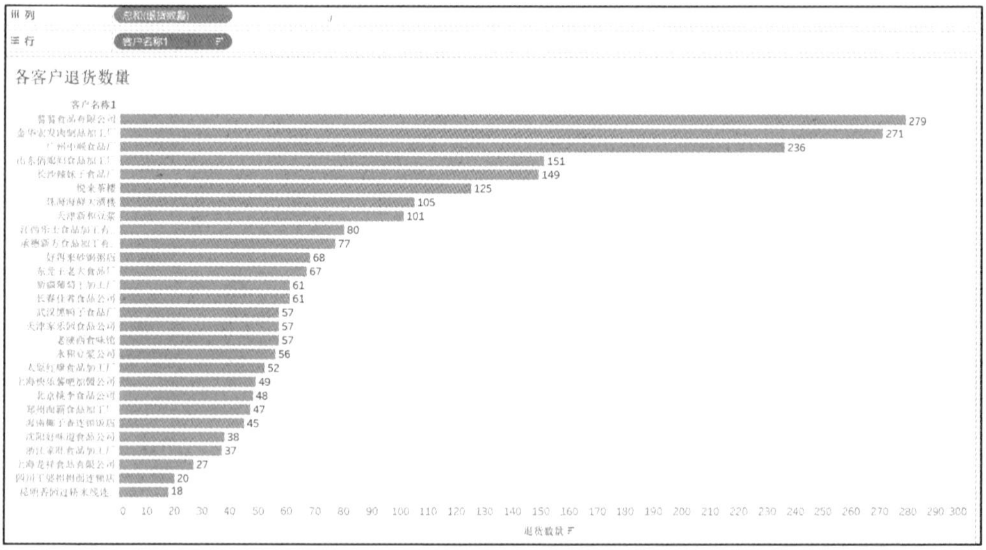

图 10－11　各客户退货数量分析

构建各商品退回数量占比视图时，以两个最小（计算）为行，商品名称为颜色、标签和筛选器，总和（退货数量）为角度和标签形成视图，如图 10－12 所示。

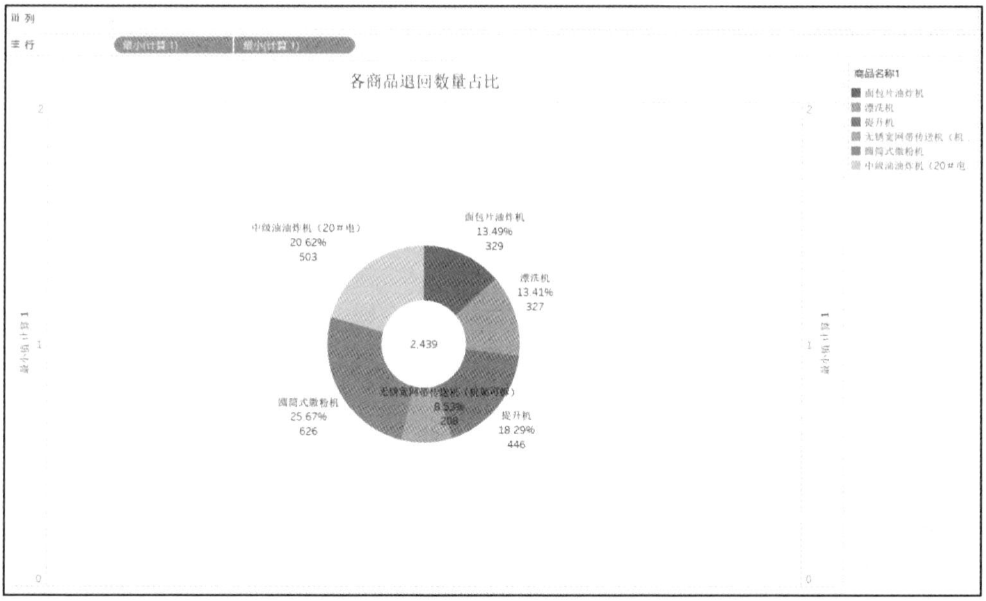

图 10－12　各商品退回数量占比分析

构建各地区各客户退货数量及金额视图时，以总和（退货数量）和总和（退货金额）为列，区域名称、客户名称为行，客户名称为颜色，总和（退货金额）为详细信息形成视图，如图 10－13 所示。

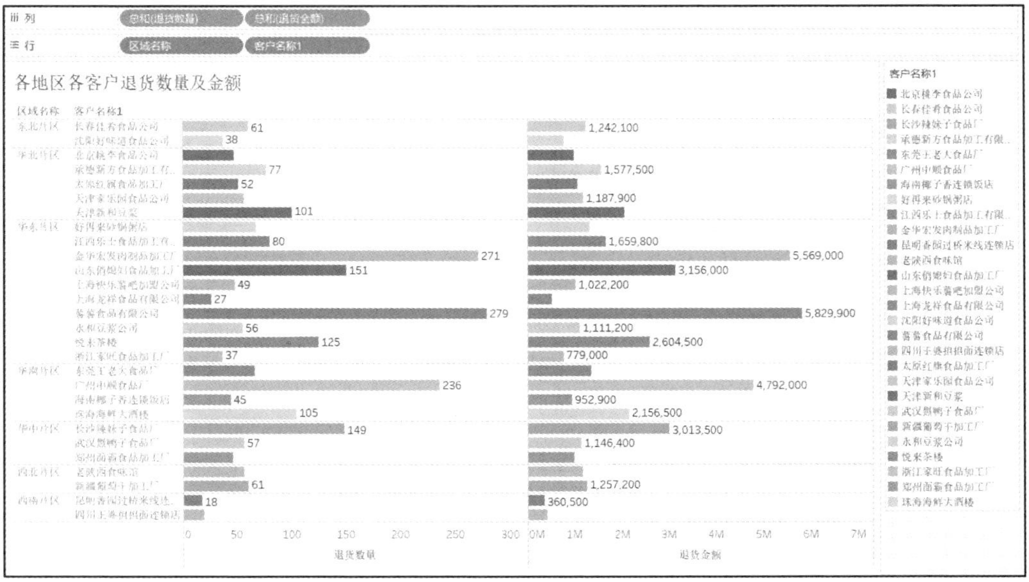

图 10－13　各地区各客户退货数量及金额分析

构建销售数量及退货数量视图时，以年（时间编码）、月（时间编码）为列，总和（退货数量）、总和（销售数量）为行，度量名称为颜色，以月、商品名称为筛选器形成视图，如图 10－14 所示。

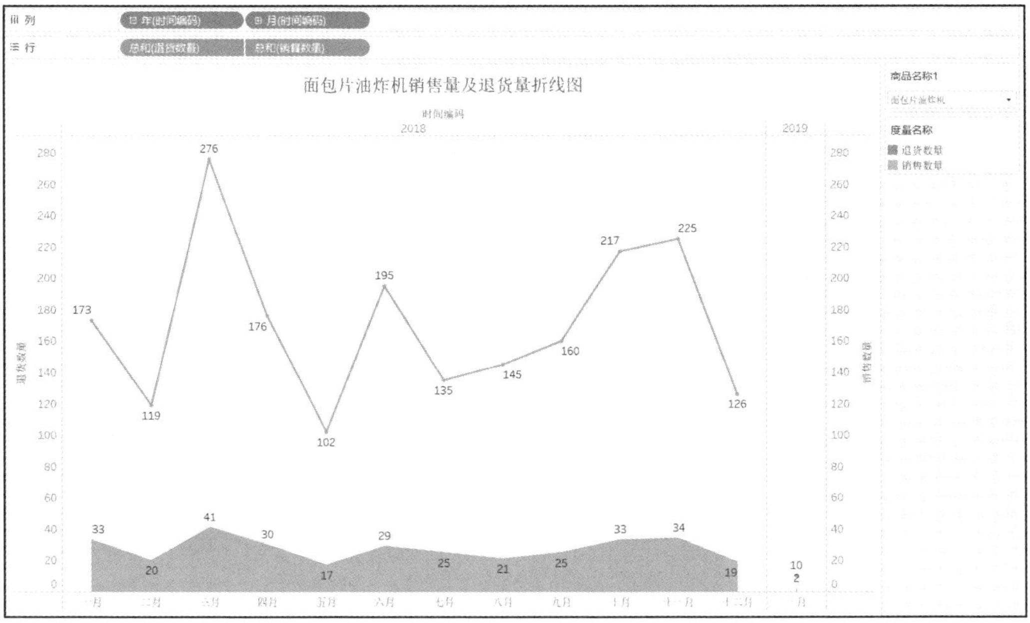

图 10－14　商品销售数量及退货数量分析

构建销售退货增长率视图时，以总和（退货数量）为列，商品名称、月为行，总和（退货数量）、月为颜色，以月、商品名称为筛选器形成视图，如图 10－15 所示。

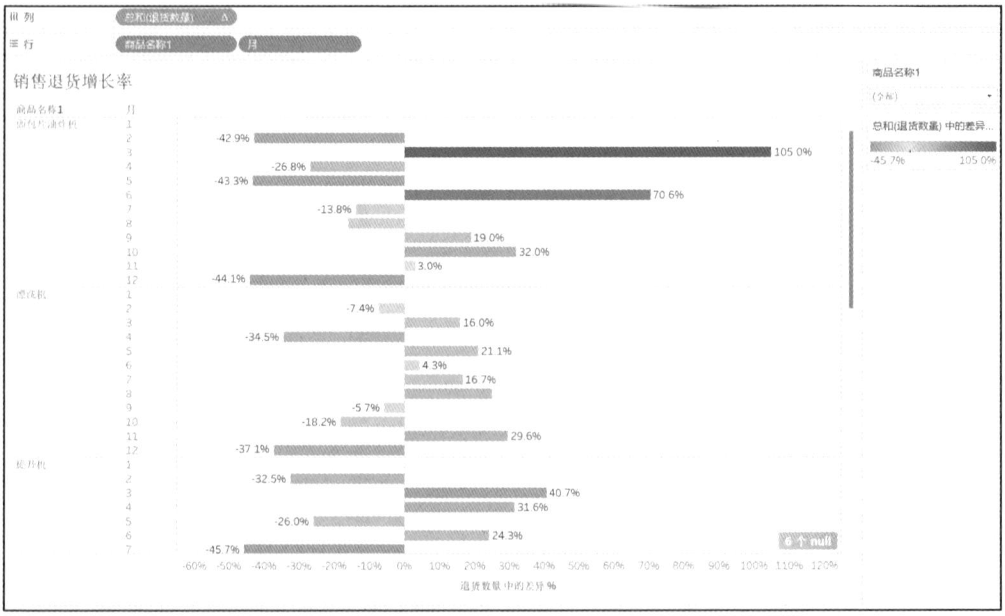

图 10－15　销售退货增长率分析

（2）创建仪表板

运用 Tableau 的仪表板工具能够很好地将之前的工作表进行组合，产品退货情况分析仪表板如图 10－16 所示，包含了各地区各商品退货数量、各商品退回数量占比以及各商品退货数量的详细情况。

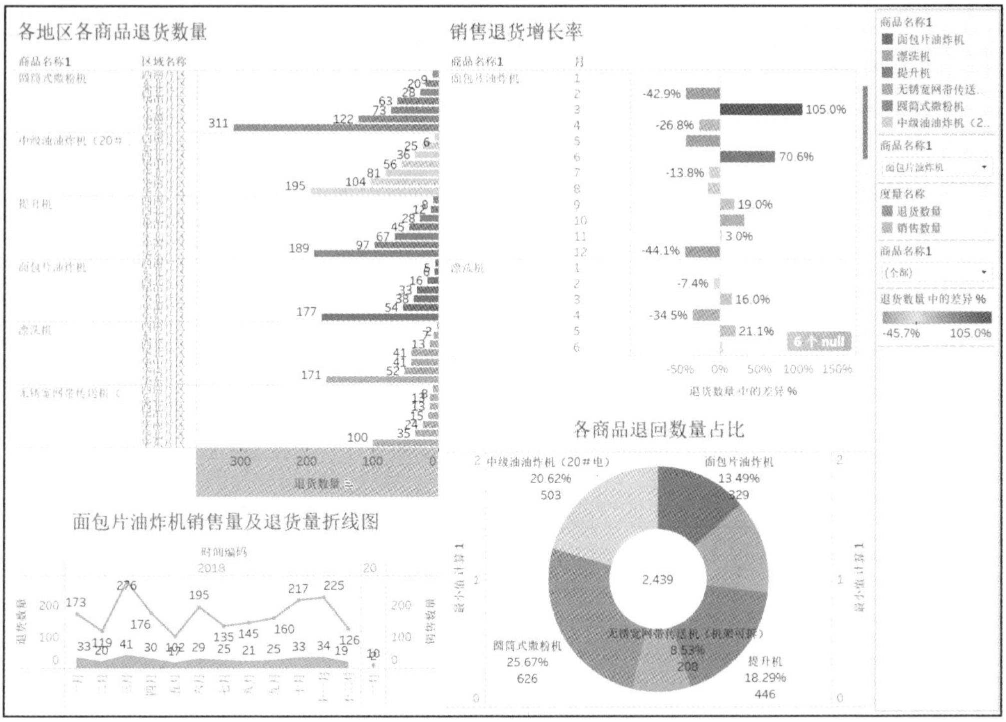

图 10－16　产品退货情况分析

客户退货情况仪表板如图 10－17 所示，它由各地区各客户退货数量及金额和各月份各客户退货数量及金额两张工作表组成，清晰地展示了整个客户的退货情况。

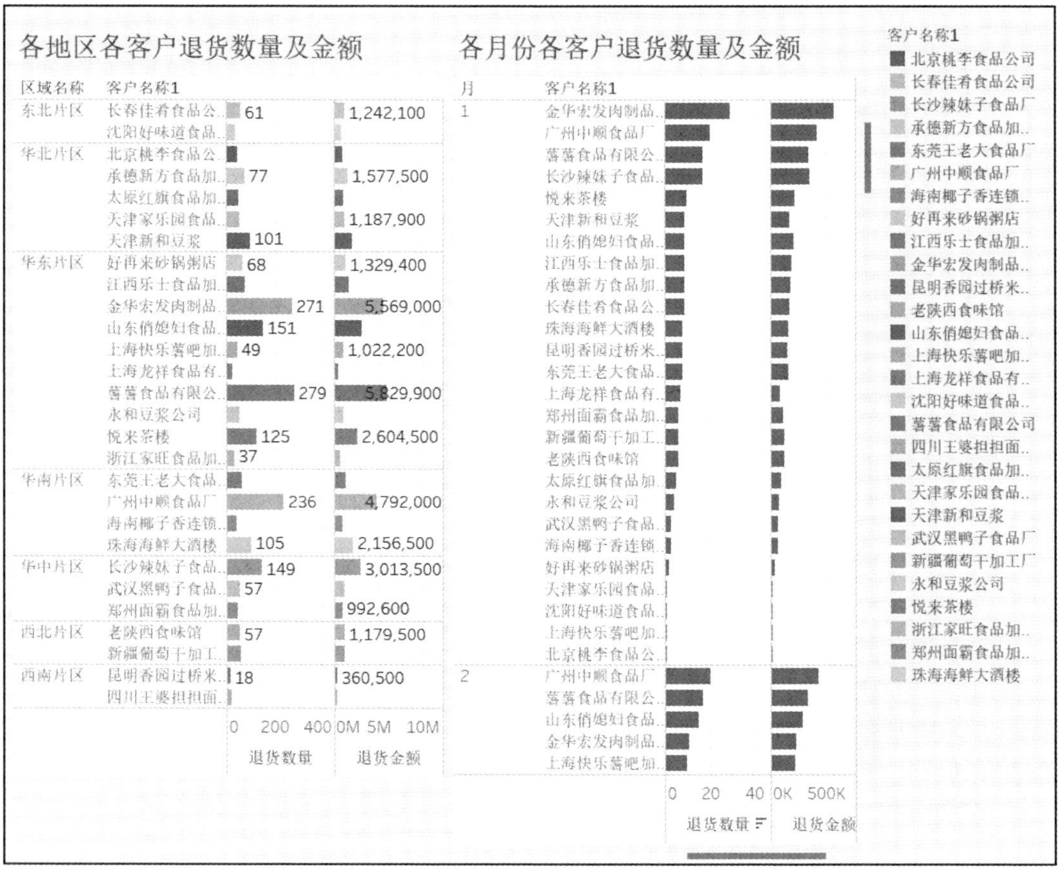

图 10－17　客户退货情况分析

（3）生成故事

在 Tableau 中，故事是一系列共同作用以传达信息的虚拟化项。通过创建故事来讲述数据，提供上下文，演示决策与结果的关系，或者只是创建一个极具吸引力的案例。销售退货分析故事由两个仪表板组成，如图 10－18 所示。销售退货故事的生成，提供了直观的分析结果，决策者通过对销售退货的分析故事即可对下一年产品投入的客户地区作出选择。

10.4.4　Tableau 技术路线

销售退货自动化分析主要分为四个模块，分别为连接数据源、在工作表中绘制图形、生成仪表板和生成故事，其技术路线如表 10－8 所示。

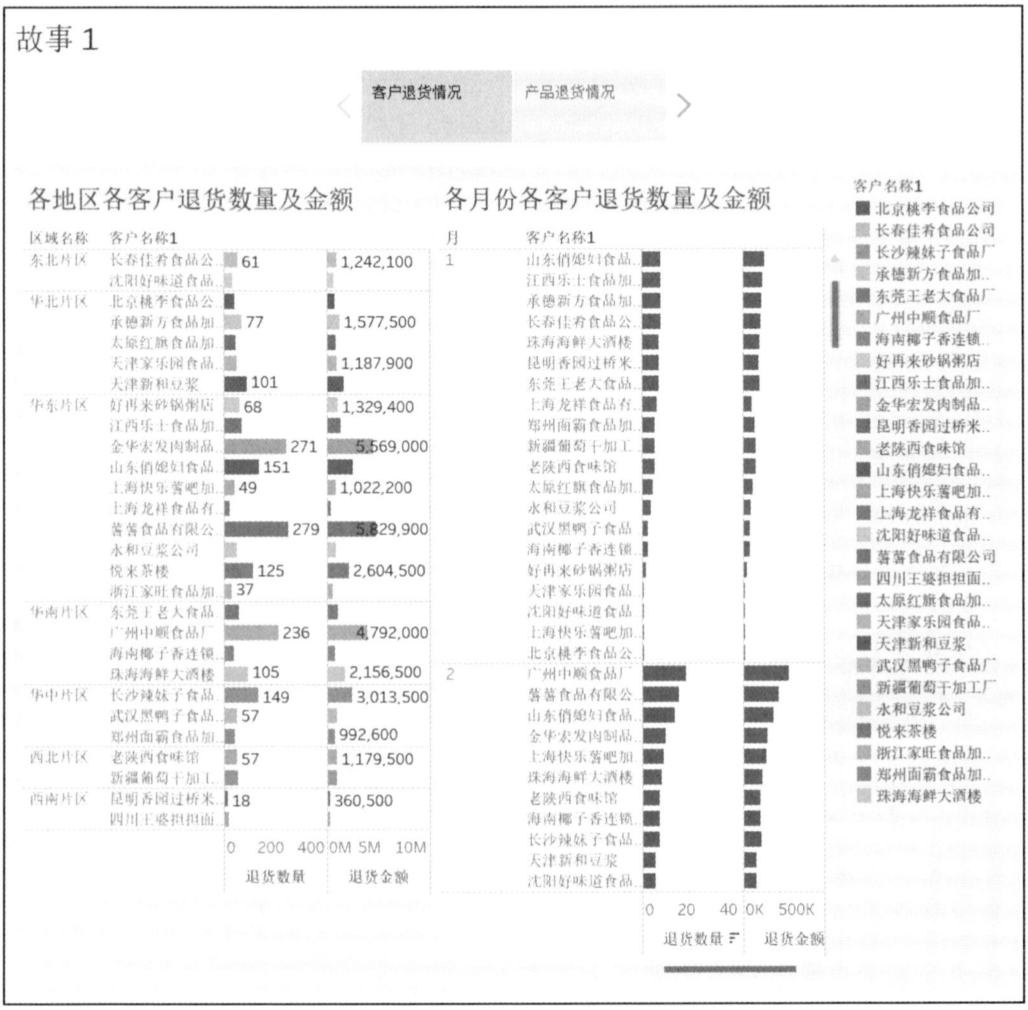

图 10－18　销售退货分析故事

表 10－8　　销售退货 Tableau 技术路线

实现目的	实现步骤	具体操作
连接数据源	连接数据	连接到 Microsoft Excel
	建立数据联系	拖拽工作表
	添加其他表	连接 Tableau 到本地其他文件
	建立联系	拖拽并设置连接字段
	修改字段名	双击首行字段名进行修改
在工作表中绘制图形	新建工作表	点击“新建工作表”
	创建计算字段	根据字段名输入计算公式
	选择筛选器	拖拽需要筛选的字段名到筛选器
	编辑筛选器	鼠标点击配置筛选器

续表

实现目的	实现步骤	具体操作
生成仪表板	新建仪表板	点击“新建仪表板”
	绘制仪表板	鼠标拖拽工作表到仪表板
	设置仪表板格式	点击编辑标题、阴影等格式
生成故事	新建故事	点击“新建故事”
	绘制故事	鼠标拖拽仪表板到故事
	设置故事格式	点击编辑标题，阴影等格式

10.5 销售退货数据分析报告自动化

通过前面数据模型的构建、数据的采集与处理以及运用 Tableau 对数据的分析与展现之后，本节将对整个章节进行总结，以销售退货数据分析报告的形式进行展示。而整个过程也将由 RPA 机器人实现。

10.5.1 场景描述

基于上一次销售产品数据分析报告自动化的完美完成，家桐在董事会上得到了很高的评价。但是，子轩知道上一次销售产品数据分析报告自动化案例还有很多地方可以进一步完善，于是子轩想借这一次销售退货数据分析报告自动化，在家桐所做的销售产品数据分析报告自动化的基础上变得更加完美。此时子轩的电话响起，只听道：“子轩呀，有空没，空的时候到我办公室来一趟。”

“咚、咚、咚”伴随着谢经理谢佳芯办公室的敲门声响起，“请进。”

子轩推开办公室的门走了进来，道：“谢经理，怎么了，最近的销售退货项目出现问题了吗，感觉你很急切的样子。”

佳芯道：“最近一次董事会开会，着重点评了杨双、家桐上一次完成的销售产品数据分析报告自动化，但是，我们都知道上一次的项目还是存在些许瑕疵的，因此对于这一次的销售退货数据分析报告自动化我想做的更好。”

子轩道：“可以呀，上一次的销售产品数据分析自动化确实做的不错，但时我觉得我们可以做的更好，我们可以在前面再加个摘要，增加对整个项目的说明。”

佳芯道：“嗯，这个可以，整个销售退货数据分析报告自动化的背景、目的、思路、内容、结论及建议都已经有了，加个摘要能够阐明销售退货数据分析的整体概述，不仅如此，我们还可以增加图表的多元化，不仅是柱状图、折线图这些单一的图表，还可以多元化组合将多个数据融合对比，增加图表信息的可读性。”

子轩道：“不错不错，我这就下去整理思路，将这一次销售退货数据分析报告变得更加完美。”

佳芯满意地点了点头道：“去吧，有什么问题随时汇报。”

销售退货数据分析报告自动化还在紧锣密鼓地进行着。随着几天的时间过去，一份完整的销售退货数据分析报告完美呈现出来了。

10.5.2 数据分析报告设计

数据分析报告由九部分组成，分别是封面、目录、摘要、分析背景、分析目的、分析思路、分析内容、结论与建议、封底。销售退货商业数据分析报告具体内容框架如下：

（1）封面

蛮先进公司数据分析报告的封面包括蛮先进集团的 logo、商业数据分析报告标题、报告撰写的时间及撰写人，如图 10 - 19 所示。

图 10 - 19　商业数据分析报告封面

（2）目录

销售退货商业数据分析报告目录包括报告目录和图表目录。而报告目录又包含摘要、分析背景、分析目的、分析思路、分析内容以及结论与建议。图表目录包括产品退货情况分析和客户退货情况分析。如图 10 - 20 所示。

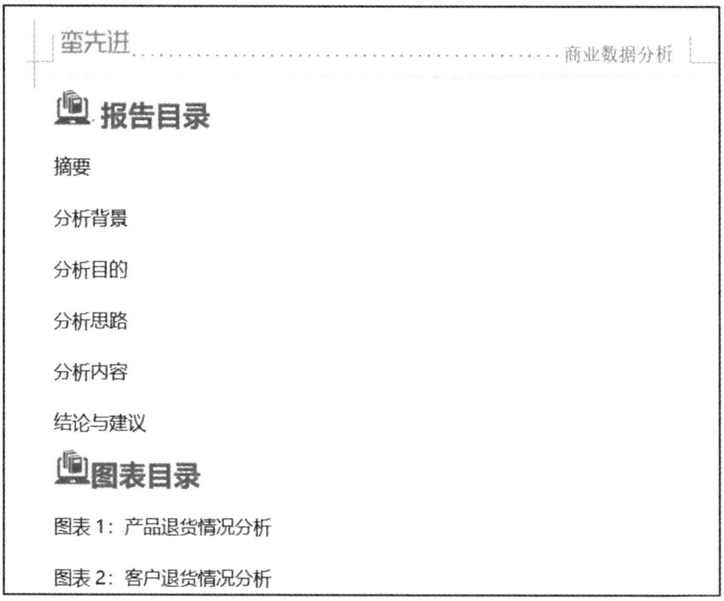

蛮先进 商业数据分析

报告目录

摘要

分析背景

分析目的

分析思路

分析内容

结论与建议

图表目录

图表 1：产品退货情况分析

图表 2：客户退货情况分析

图 10－20　商业数据分析报告目录

（3）摘要

销售退货数据分析报告的摘要阐明了对销售退货商业数据的一些理解。在贸易公司中，有销售必有退货，有退货，必须有相对应的退货分析，以分析退货原因，减少退货所造成的损失。如图 10－21 所示。

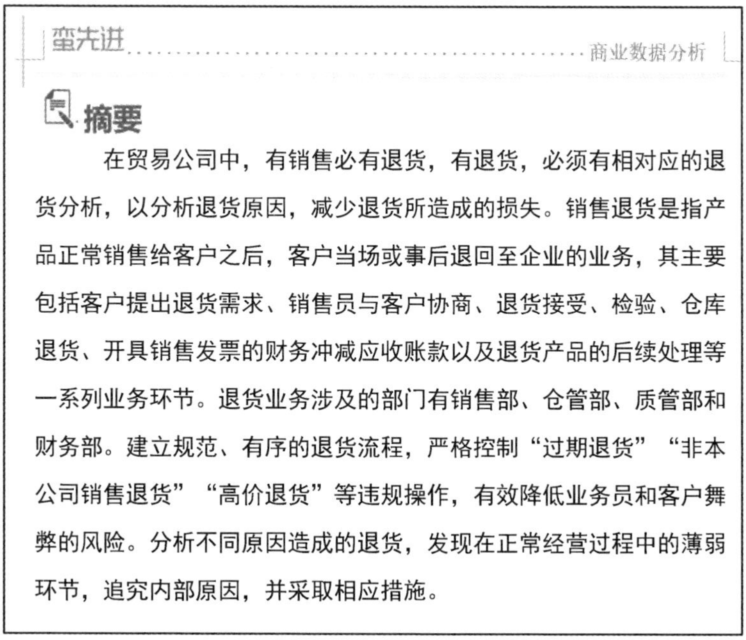

蛮先进 商业数据分析

摘要

在贸易公司中，有销售必有退货，有退货，必须有相对应的退货分析，以分析退货原因，减少退货所造成的损失。销售退货是指产品正常销售给客户之后，客户当场或事后退回至企业的业务，其主要包括客户提出退货需求、销售员与客户协商、退货接受、检验、仓库退货、开具销售发票的财务冲减应收账款以及退货产品的后续处理等一系列业务环节。退货业务涉及的部门有销售部、仓管部、质管部和财务部。建立规范、有序的退货流程，严格控制“过期退货”“非本公司销售退货”“高价退货”等违规操作，有效降低业务员和客户舞弊的风险。分析不同原因造成的退货，发现在正常经营过程中的薄弱环节，追究内部原因，并采取相应措施。

图 10－21　商业数据分析报告摘要

（4）分析背景

分析背景是对大数据时代背景和蛮先进集团的一些基本介绍，集团主要的销售产品包括面包片油炸机、漂洗机、圆筒式撒粉机、中级油油炸机和真空油炸机等。如图 10－22 所示。

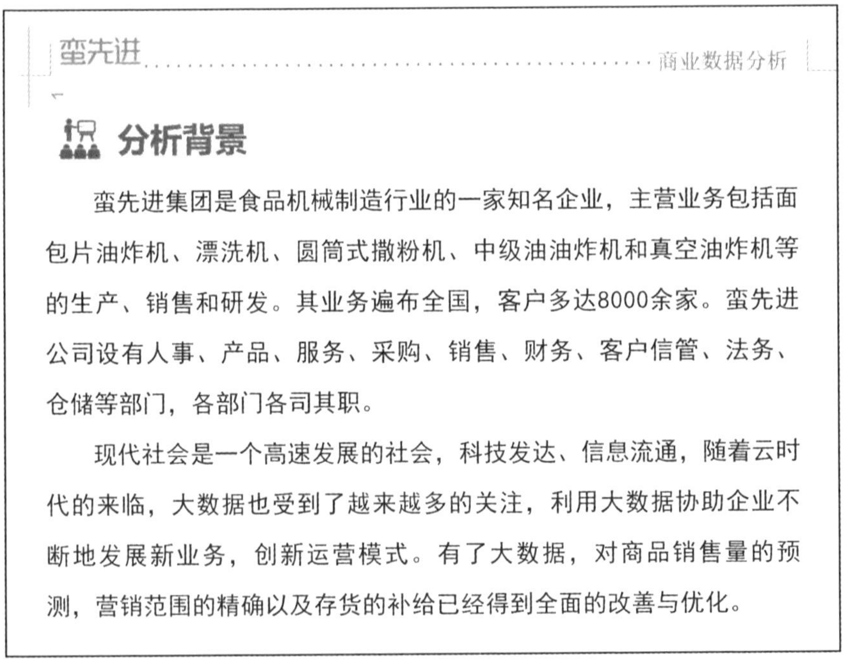
蛮先进 商业数据分析

分析背景

蛮先进集团是食品机械制造行业的一家知名企业，主营业务包括面包片油炸机、漂洗机、圆筒式撒粉机、中级油油炸机和真空油炸机等的生产、销售和研发。其业务遍布全国，客户多达8000余家。蛮先进公司设有人事、产品、服务、采购、销售、财务、客户信管、法务、仓储等部门，各部门各司其职。

现代社会是一个高速发展的社会，科技发达、信息流通，随着云时代的来临，大数据也受到了越来越多的关注，利用大数据协助企业不断地发展新业务，创新运营模式。有了大数据，对商品销售量的预测，营销范围的精确以及存货的补给已经得到全面的改善与优化。

图 10－22　商业数据分析报告分析背景

（5）分析目的

分析目的主要从两个方面来介绍，分别为产品退货情况分析和客户退货情况分析。而整个退货情况又主要从金额及数量角度来进行分析。如图 10－23 所示。

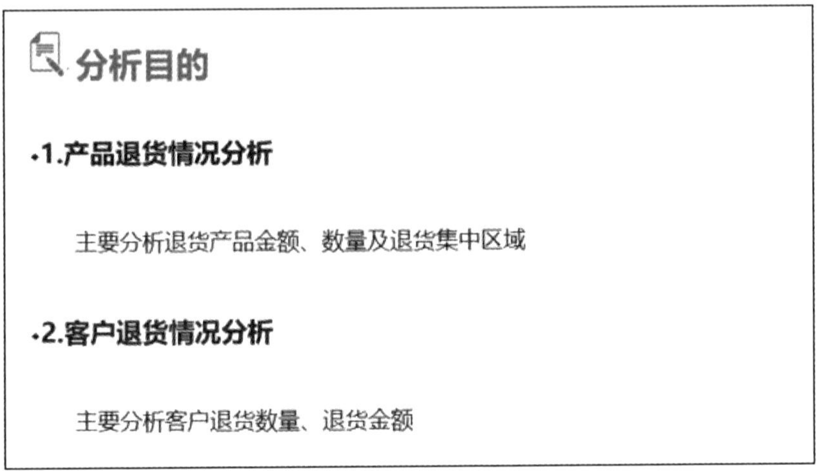

图 10－23　商业数据分析报告分析目的

（6）分析思路

商业数据分析报告的分析思路主要从产品退货情况和客户退货情况来进行分析。产品退货情况分析主要包括产品退货数量、金额以及各地区的退货情况；客户退货情况分析包括客户退货数量、金额以及各月份退货情况。如图 10－24 所示。

（7）分析内容

分析内容是从 Tableau 可视化中截取的图片，主要从产品退货情况和客户退货情况两个角度进行分析，具体分析内容如图 10－25 和图 10－26 所示。

蛮先进 ······························ 商业数据分析

分析思路

产品退货情况分析：

①各地区各商品退货数量变化情况；

②销售数量及退货数量对比情况；

③退货增长率及退货占比情况。

客户退货情况分析：

①各地区各客户退货数量及金额情况；

②各月份各客户退货数量及金额情况。

图 10－24　商业数据分析报告分析思路

分析内容

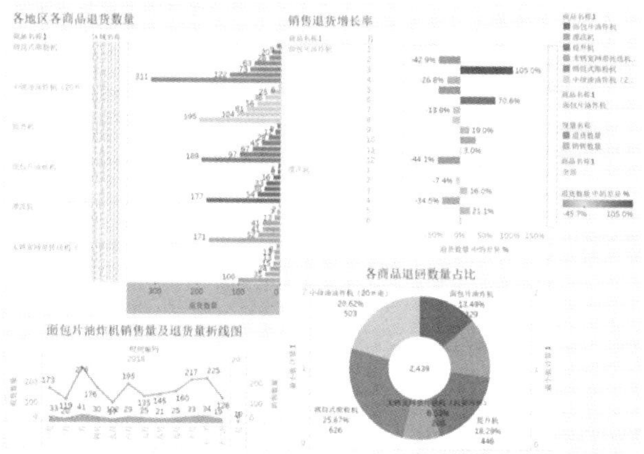

产品退货情况仪表板由各地区各商品退货数量、销售退货增长率、面包片油炸机销售量及退货量折线图、各商品退货数量占比四个板块组成。由各地区各商品退货数量我们可以看出各商品在华东片区均退货数量最多，尤其是圆筒式撒粉机在华东地区退货数量达到了311台。由面包片油炸机销售量及退货量折线图可以看出，各月的退货数量较稳定均处于20~30台，而销售数量起伏不定，3月卖出多达276台而5月只有102台。由销售退货增长率图可以看出，面包片油炸机在3月的退货增长率达到了105%，6月达到了70.6%。由各商品退回数量占比可以看出，圆筒式撒粉机的退回数量最多达到了626台，占总数量的25.67%。

图 10－25　商业数据分析报告分析内容——产品退货情况分析

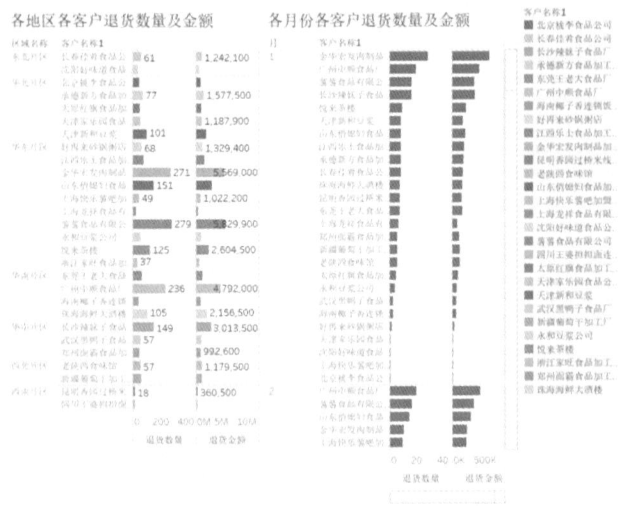

客户退货情况仪表板由各地区各客户退货数量及金额视图和各月份各客户退货数量及金额视图构成。由各地区各客户退货数量及金额视图我们可以看出，在华东片区退货客户是最多的，尤其是以金华宏发肉制品有限公司和署署食品有限公司为最，退货数量多达271台和279台，退货金额达5569000元和5829900元。由各月份各客户退货数量及金额视图可知，金华宏发肉制品有限公司、署署食品有限公司以及广州中顺食品厂每月退货数量都名列前茅。

图 10－26　商业数据分析报告分析内容——客户退货情况分析

（8）结论与建议

根据分析的内容给出合理的结论与建议。包括何种产品的退货数量最多，那位客户退货数量最多以及企业将如何部署下一阶段计划。如图 10－27 所示。

结论与建议

由产品退货情况仪表板和客户退货情况仪表板我们可知，华东片区圆筒式撒粉机退货数量最多。退货客户以金华宏发肉制品有限公司、署署食品有限公司以及广州中顺食品厂退货数量最多，因此企业应筛查圆筒式撒粉机是否存在质量问题，多与客户金华宏发肉制品有限公司、署署食品有限公司以及广州中顺食品厂进行沟通了解其退货原因，争取在下一年减少客户的退货数量。

图 10－27　商业数据分析报告结论与建议

（9）封底

销售退货商业数据分析报告的封底包括整个蛮先进集团的商业数据分析团队，集团的地址以及联系电话。如图 10－28 所示。

图 10－28　商业数据分析报告封底

10.5.3　自动化流程设计

销售退货数据分析报告自动化通过生成分析报告流程块来实现，分析报告流程块开发主要包括执行宏、查找文本后设置光标位置、移动光标位置、粘贴等活动。在商业数据分析报告生成阶段，机器人元小蛮需要读取模板文件，对模板文件进行写入，这些完成后需要将模板文件保存并关闭，自动化流程设计如图 10－29 所示。

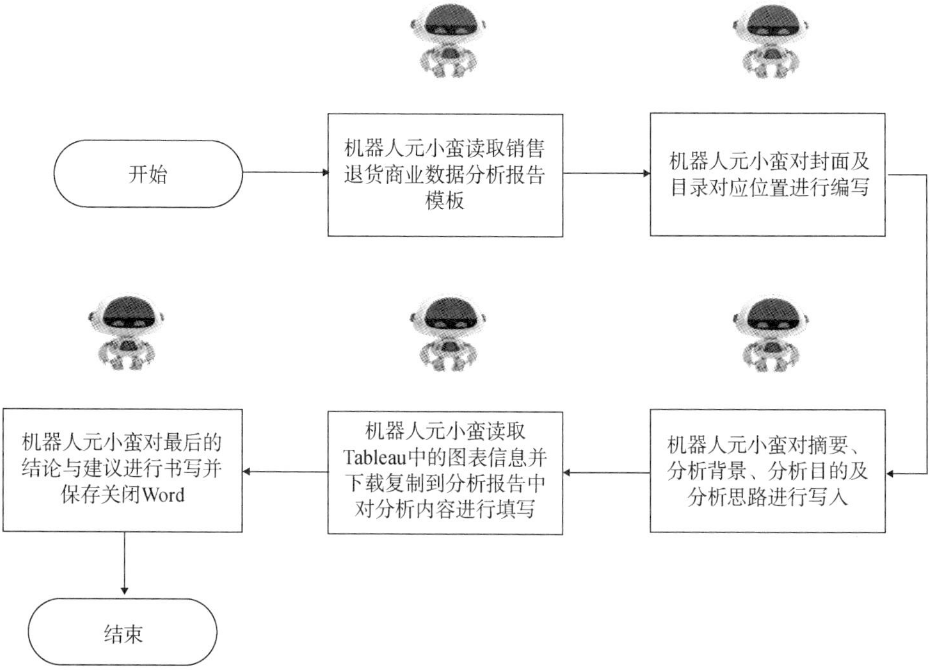

图 10－29　自动化流程设计

10.5.4 RPA 技术路线

报告生成机器人需要完成的任务主要是读取报告模板、写入报告内容和发送邮件。

首先，读取已经设计好的商业数据分析报告模板文件，这个文件是 Word 形式，除了封面需要特定的撰写人填写之外，其他内容均由机器人来完成。

其次是写入报告内容，根据模板的设置，将特定的文字放入特定的区域，然后输出，完成整个写入报告的过程。

最后是保存 Word 并关闭。

销售退货商业数据分析报告生成机器人开发的具体技术路线如表 10 -9 所示。

表 10 -9　　机器人开发技术路线

流程块名称	功能描述	使用的预制件
封面及目录	读取报告	打开文档
	写入标题	文字批量替换
		查找文本后设置单元格位置
	写入图表目录	查找文本后设置单元格位置
		写入文字
	写入时间	获取本机当前日期
		格式化日期
摘要、分析背景、分析目的及分析思路	写入摘要	查找文本后设置单元格位置
		写入文字
		退格键删除
	写入分析背景	查找文本后设置单元格位置
		写入文字
	写入分析目的	移动光标
		退格键删除
		写入文字
	写入分析思路	查找文本后设置单元格位置
		文字批量替换
分析内容、结论与建议	分析内容	插入图表
		移动光标
		写入文字
	结论与建议	查找文本后设置单元格位置
		文字批量替换
	输出报告	保存文档
		关闭文档

第11章　应收账款自动化分析

11.1　商业理解

在销售过程中，由于赊销会产生应收账款。为了控制应收账款随时间可能发生的财务风险，需要对应收账款的账龄进行分析、对坏账损失等做出合理的预测，以便在损失发生前及时制止，或者将损失降到最小。本章将利用自动化程序对应收账款进行分析，并使用可视化软件将结果可视化，最终形成报告。

11.1.1　场景描述

二十二岁的家桐总比同龄人要踏实、肯干一些。从理工大学会计信息化专业毕业以后，他总是想尽快实现二十五岁买房的目标，对于现在还是一个没有转正的实习生的他，多少能获得更多的动力。

想到下午的研讨会，家桐决定还是多做点准备。家桐来到小露姐的工位旁“露姐，下午的会议我要汇报。现在紧张的不行，咱们领导能允许口胡吗，我怕到时候说错。”

小露停下手上的工作，转过来看向家桐“重庆的男娃儿就这点胆量，稳起哈，下午就像跟我们聊天一样，轻松地讲好你准备的内容。”说完，小露补充道“要不，我帮你看看有什么可以优化的地方。你跟子轩可要加油，这回要是做得好，没准儿就能转正。”

家桐两眼放光：“姐，我来找你就是希望你能帮我看看，你是真的!”

下午例会，家桐早早地来到了会议室，他心想着早点熟悉环境，到时候就没那么怕了。高级商业数据分析师天臣哥过了一会儿进来了，两人面面相觑，家桐打了招呼便低头准备自己的事情，在他看来天臣哥可能是个高冷的人，而他又只是个实习生，多少找不到话题，气氛稍显尴尬。

等所有人到齐，中级商业数据分析师双双姐说道：“今天下午的研讨会经理要去和客户沟通咱们新产品的需求，所以下午会议由我主持，家桐你好好表现，只有哥哥姐姐们，你要发挥出正常水平。”双双姐接着说：“咱们下午是探讨关于优化应收账款管理的会议，大家都各自发表自己的想法。”

婷匀首先发言道：“我们这个应收账款的痛点在于数据量太大，不过计算处理程序还是挺有规律且统一，问题就在于滞后性，现在这些数据等处理完，彻底成为了历史数据，所以我想，要不还是应用一下大数据技术，构建一个自动处理的程序。”

小露说：“我也是这个想法，我们的数据其实很适合做这种处理，因为格式都较为统一，每天的数据假如运用了自动化的技术，就能够解决大部分的问题。”

天臣这时补充道：“最近有一种可以自行开发机器人的软件，国外有一款叫做UiPath，最近咱们国内也有一款做得较好的，我们可以用这个在公司内部署，可以大大节省员工的时间。”

“家桐，你调研的来也科技公司怎么样？汇报一下。”

家桐走到投影前，打开 PPT，“大家好，以下是我的调研汇报，是一款可以自行开发的机器人开发软件，它的突出优点在于可以无编程背景，任何人都能够快速上手，这里是它们的程序介绍……以上是我的汇报，总体来说，是一款值得运用的软件。”

“行吧，大家准备一下，我们尽快和公司交流，学习一下开发机器人。”天臣哥说道。

“那么会议就结束吧，大家回去各自准备好开发分析的文档，争取周内能把这件事儿落实，我请大家去吃江湖菜，想吃什么随便点。”

“好耶！好耶!”

11.1.2 业务与技术分析

经过反复讨论，实习生家桐确定了如下汇报思路，首先是分析应收账款账龄情况；其次是坏账预测分析，分别是不同时期应收账款质量的对比分析、同一时期不同公司的应收账款对比分析；最后，根据比较得出“应收账款对公司坏账影响如何”的结论。

我们当前目标在于分析解决下列问题：

①当前应收账款是否存在逾期情况?

②应收账款是否存在预计坏账过高的问题?

③如果存在无法解决的问题，我们需不需要向其他公司学习，获取建议。

以下是解决上述问题的总体分析思路与技术思路。

(1) 应收账款业务流程与痛点分析

蛮先进公司的应收账款分析流程主要包括整理应收账款信息，收集和汇总相关数据并形成文件、筛选高风险客户数据、形成分析报告等，分析对比往来客户中欠款情况、坏账情况，出具分析报告，发送分析报告等步骤。重庆蛮先进食品机械制造有限公司应收账款业务流程如图 11－1 所示。

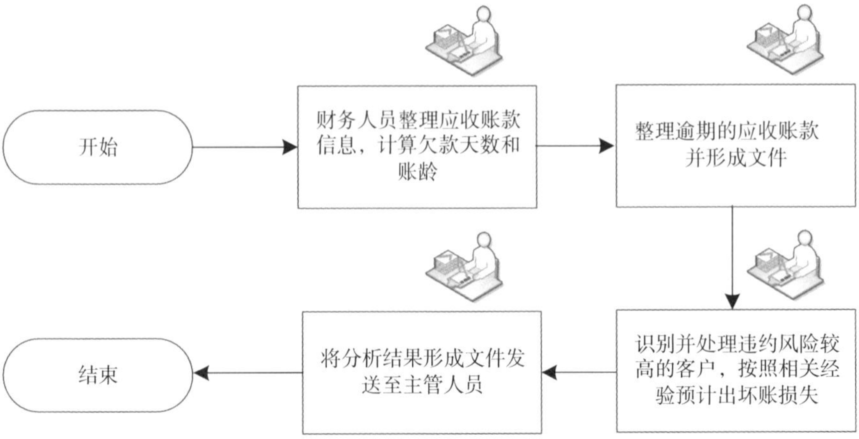

图 11－1 应收账款分析业务流程

由业务流程图可以看出，在对应收账款进行分析时需要分析人员逐个对比、核算数据，需要对各个客户欠款情况进行分析和计算。传统人工对应收账款进行分析存在耗时长、效率低、错误率较高的痛点。

(2) 应收账款分析 RPA 流程与技术关系

衡量应收账款的质量有两个标准：一是应收账款的账龄，二是应收账款周转率，是否有潜在的坏账损失。在竞争日益激烈的市场环境下，赊销是企业增加销售量的重要方式。应收账款的出现有利于减少库存，降低成本，提高利润。但应收账款也会降低企业的资金使用效率，导致企业效益下降。因为应收账款是企业被占用的资金，如果企业急需资金周转，而应收账款又不能及时收回，就很可能影响企业的正常经营。本章将介绍应收账款质量分析的具体步骤和技术实现途径。

蛮先进公司应收账款分析主要包括读取文件、计算重要指标、汇总坏账数据、可视化分析和出具报告等步骤，本小节将具体介绍上述步骤的技术流程和关键技术点，如图 11 - 2 所示。

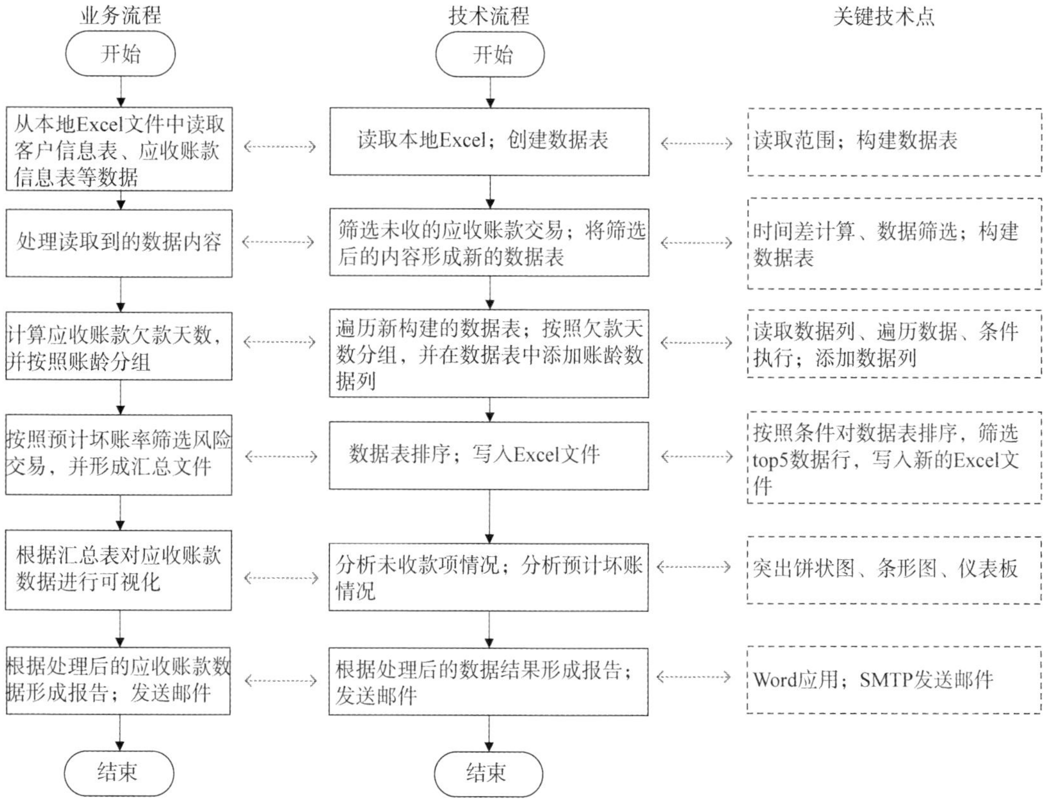

图 11 - 2　应收账款分析 RPA 流程与技术关系

11.2　应收账款数据理解

应收账款分为已到期的应收账款和未到期的应收账款，其中，已到期的应收账款又存在欠款天数多少的差别，依据不同的客户信用、欠款金额将产生损失大小不等的坏账风险。

11.2.1　场景描述

婷匀正在摸鱼打游戏，就看到双双姐发来的邮件，正好这时游戏胜利。打开邮件是家桐整理好的业务数据，看着这些文档被整理得有条不紊，婷匀心里很是佩服。

正准备关上邮箱，就看到正文下面的一行小字“家桐主动参与你这部分工作，带上他吧。”

婷匀心想，家桐刚来的时候简历上写的非常精通数据库，这部分跟数据库有联系，主要是数据建模，多个人多个帮手。

“家桐，这是我给你整理好的关于数据理解的文档梳理概要，我现在再发一份之前做好的文件你学习一下。”

“好的，婷匀姐。下午你想喝什么奶茶，我请客。”

“感谢，我喜欢拿铁。晚上我请你吃白砍鸡。”

家桐打开婷匀姐发来的文件，仔细阅读之后觉得跟自己学过的数据库类似，但又有所差别，索性先模仿一下，大概做一下，再问问婷匀姐有哪些地方可以改进。

“图画的不错，但是还需要把部分数据结构优化一下，比如这里的预计坏账，可以单独做一个表出来，这样数据结构更加细化，也更加方便存取。”

“数据的物理模型也是同样的修改思路，要考虑到所存储的数据粒度足够小，这样在后期修改的时候才能够减少工作量，并且对于主题的划分要足够切合分析主题，不能全部依据业务来划分。”

“下面的数据表设计，要根据数据经验，设置适合的数据类型和存储空间。”

家桐收到婷匀姐的反馈后，若有所思，婷匀姐说的我真的都没想到，看来自己需要学习的地方还很多，自己以后要更加努力才能留下来。

“一杯拿铁，一杯珍珠奶茶，一杯鸳鸯奶绿……”分给大家各自的饮料后，家桐小心翼翼地来到了天臣的工位旁“哥，我给你点了一杯奶茶，我也不知道你喜欢喝什么，要是不好喝，我给你重买。”

“谢谢你，家桐，挺好喝的。”

11.2.2 数据模型

应收账款的 E—R 模型由客户信息、应收账款、预计坏账实体集构成，每个实体集都有多个属性，它们之间还存在一定的联系，如图 11－3 所示。

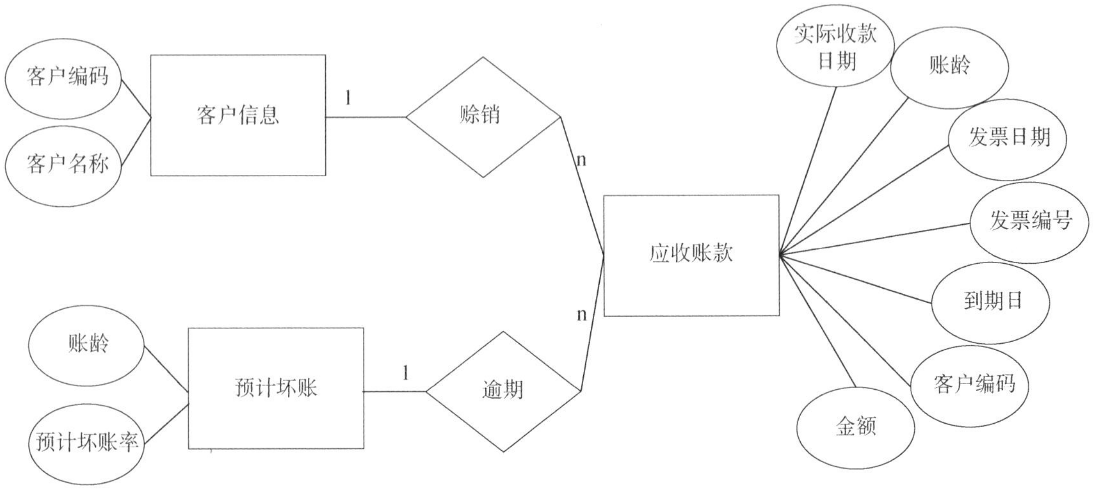

图 11－3　应收账款 E—R 模型

实体集

蛮先进公司的应收账款实体集包括客户信息、应收账款、预计坏账，下面详细介绍其属性。

①客户信息实体集，属性有客户编码、客户名称；

②应收账款实体集，属性有客户编码、发票编号、发票日期、实际收款日期、到期日、金额、账龄；

③预计坏账实体集，属性有账龄、预计坏账率；

联系

蛮先进公司的应收账款不同实体间存在着不同的联系，下面详细介绍其联系。

①客户与应收账款之间存在一对多的联系。一位客户对应多笔应收账款；

②应收账款与预计坏账之间存在一对多联系。

分析蛮先进公司的应收账款情况，需要采集客户信息表、应收账款信息表、预计坏账率表的数据，然后建立应收账款的物理模型，如图 11－4 所示。

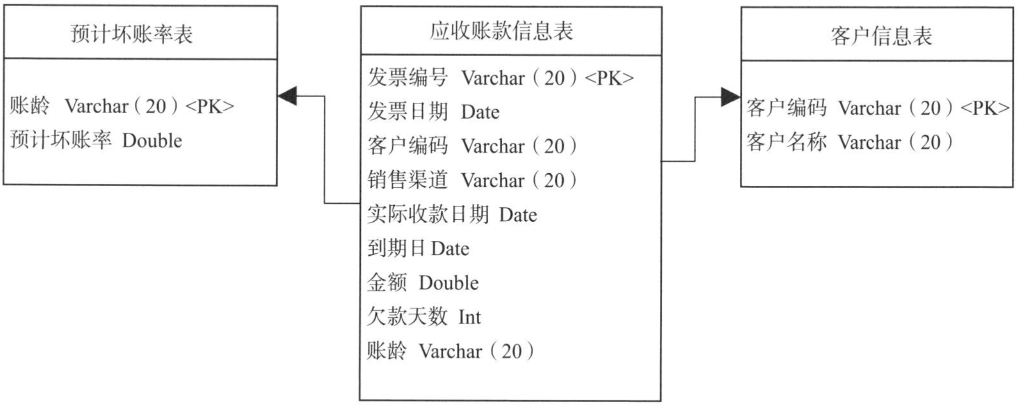

图 11－4 应收账款的物理模型

11.2.3 数据表

数据表结构包括数据类型以及储存的数据字段说明。

（1）数据表结构设计

①客户信息表。客户信息表设置客户编码（c_code）主键作为客户数据的唯一标识，以便查询指定记录。设置客户名称（c_name）外键，表示与应收账款信息表、预计坏账率表之间的联系，如表 11－1 所示。

表 11－1　　客户信息表表结构

序号	字段	数据类型	字段大小	字段说明
1	c_code	Varchar	10	主键
2	c_name	Varchar	20	客户名称

②应收账款信息表。应收账款信息表设置发票编号（ar_code）主键作为应收账款信息的唯一标识，以便查询指定记录。设置客户编码（c_code）、账龄（age）外键，表示与客户信息表、预计坏账率表之间的联系，如表 11－2 所示。

表 11 - 2　　应收账款信息表表结构

序号	字段	数据类型	字段大小	字段说明
1	ar_code	Varchar	10	主键
2	c_code	Varchar	10	外键
3	value	Double	0	金额
4	dates	Date	0	发票日期
5	end_dates	Date	0	到期日
6	age	String	0	账龄
7	col_dates	Date	0	实际收款日期

③预计坏账率表。预计坏账率表设置账龄（age）主键作为预计坏账率数据的唯一标识，以便查询指定记录。设置账龄（age）外键与应收账款信息表联系，如表 11 - 3 所示。

表 11 - 3　　预计坏账率表表结构

序号	字段	数据类型	字段大小	字段说明
1	age	String	10	主键
2	rate	Double	0	预计坏账率

（2）表数据示例

客户信息表用于记录发生赊销的客户相关数据，客户信息表中含有客户编码、客户名称等信息。客户信息表的部分数据示例如图 11 - 5 所示。

客户ID	客户名称
1	石太化工股份有限公司
2	石然天气股份有限公司
3	德泰建筑股份有限公司
4	安平保险（集团）股份有限公司
5	海上汽车集团股份有限公司

图 11 - 5　客户信息表部分数据示例

应收账款信息表用于记录赊销产生的应收账款数据，代表商品发出后，款项仍未收到。应收账款信息表中含有客户编码、发票编号、发票日期、实际收款日期、到期日、发票金额等信息。应收账款信息表的部分数据示例如图 11 - 6 所示。

发票编号	发票日期	到期日	实际收款日期	客户ID	销售渠道	发票金额
100003419	2019/8/20	2019/9/10		121	线下经销商	103273.80
100003420	2019/8/20	2019/9/30		86	线下经销商	57405.60
100010670	2019/8/18	2019/9/11		109	线下经销商	37144.80
100010672	2019/8/18	2019/9/14		69	线下经销商	187653.60
100010655	2019/8/16	2019/10/5		72	线下经销商	73847.40
100010659	2019/8/16	2019/9/16		156	线下经销商	173664.00
100010638	2019/8/14	2019/8/28	2019/8/28	3	线下经销商	20703.00
100010628	2019/8/13	2019/9/12		42	线下经销商	130449.00
100010631	2019/8/13	2019/9/2		161	线下经销商	67536.00
100010625	2019/8/12	2019/8/27		43	线下经销商	116580.00

图 11 - 6　应收账款信息表部分数据示例

预计坏账率表用于记录不同账龄的应收账款的预计坏账比率数据。预计坏账率表中含有账龄、预计坏账率等信息。预计坏账率表的部分数据示例如图 11 –7 所示。

账龄	预计坏账率
未到期	0
30天以内	0.1
30天以上，一个季度以内	0.2
一个季度以上，一年以内	0.3
一年以上	0.5

图 11 –7　预计坏账率表部分数据示例

11.3　应收账款数据采集与处理自动化

应收账款数据手工处理存在数据量大、差错率高的痛点。因此，利用自动化流程工具处理数据的填写和计算工作。比如，自动对逾期的应收账款单独分组。同时，在自动化处理流程下，还可以设计预警程序，及时发现坏账风险。

11.3.1　场景描述

双双看着小露不开心，问道："不过就输了一把，不至于吧?"

小露哭丧着脸"我惨了，今天做不完应收账款，明天就失业。"

双双笑笑"我有元小蛮，你别担心！不过元小蛮需要一杯奶茶充电。"

"手机给你，随便点。"

双双收到了小露发来的数据，打开，启动了元小蛮……

五点一过，小露就收到了双双处理好的文件。

"双双，你可是救了我的大命，这个元小蛮真的快，这才一个小时不到，数据整理，计算什么的都弄好了，么么哒!"

以上是小露发呆时，脑海里面想象的画面，假如这个程序能够做好，向经理提议，不如就叫元小蛮吧。这名字真的挺可爱的，如果元小蛮可以解决实现自动化，当有数据进来时，机器人就能快速处理，比起时常会摸鱼的大家，机器人大概会任劳任怨吧。

小露电话响了，将她从思想的漫游中拉了回来"我给你发的邮件你看看，还有就是这边数据理解的文档已经做好了，你开发机器人的时候带上家桐，他多少能帮上忙，也让他学学。"

"家桐，我这里有一份之前做过的机器人设计流程，你参考这个修改一下，做一个我们的应收账款机器人流程图出来。"

家桐打开小露姐发来的文件，流程图还画着一个可爱玩偶，他知道这是元小蛮，蛮先进公司的吉祥物，真可爱。

"小露姐，流程图我发给你了，你看一下有什么需要改进的地方。"

"大致的方向没错，但是还得有些细节方面的优化。比如，你看最后机器人数据处理完成就算真的流程结束，其实咱们可以做的更加完美，比如加一下分析报告的生成和数据的展现，会让整个流程更加丰富，数据的处理工作也更加完善。"

确实是这样，跟着前辈还能学到一些从学校学不到的宝贵经验，今天果然也是收获满满的一天。

11.3.2 自动化流程设计

自动化流程包括数据采集与处理标准规范和自动化流程设计两部分。数据采集与处理标准规范是对数据输入、数据处理和数据输出的整体流程技术点的梳理，自动化流程设计是机器人的运行流程。

（1）数据采集与处理设计

初始数据需要经过处理，才能配合计算使用。

①数据输入。应收账款数据采集与处理自动化的数据输入为本地文件，并读取相应数据，如表 11 –4 所示。

表 11 –4　　数据输入

数据来源	文件名	主要数据内容
本地文件	应收账款信息表	发票编号
		金额
		欠款天数
	客户信息表	客户编码
		客户名称
	预计坏账率表	账龄
		预计坏账率

②数据处理。机器人读取数据后，使用转换、筛选、删除等方法进行数据处理，如表 11 –5 所示。

表 11 –5　　数据处理

数据处理方法	主要内容
合并	将客户信息表与应收账款信息表合并、将自动生成的未收款项表与预计坏账率表合并
求差	计算应收账款到期日与当前日期的天数差
增加数据列	按照欠款天数分组，增加账龄数据列
计算	求发票金额与预计坏账率的乘积
筛选	筛选预计坏账金额 top5，且账龄超过一年的交易

数据处理包括数据的筛选、合并、排序、查找、求和、计算、替换、抓取、分析、比较及识别等。

③数据输出。输出处理过的数据，为后续数据分析做准备。

应收账款机器人的数据输出包含未收款项文件、风险客户文件。其中，应收账款分析报告是应收账款机器人的核心输出内容。

筛选未收款项，按照欠款天数进行账龄分组，并对不同应收账款预计坏账金额。如图 11 –8 所示。

发票编号	发票日期	到期日	实际收款日期	客户ID	销售渠道	发票金额	客户名称	欠款天数	账龄	预计坏账率	预计坏账金额
100003419	2019/8/20	2019/9/10		121	线下经销商	103273.80	中国运外股份有限公司	0	未到期	0	0
100003420	2019/8/20	2019/9/30		86	线下经销商	57405.60	中国信通服务股份有限公司	0	未到期	0	0
100010468	2019/7/24	2019/9/1		86	线下经销商	57405.60	中国信通服务股份有限公司	0	未到期	0	0
100010670	2019/8/18	2019/9/11		109	线下经销商	37144.80	逸恒石化股份有限公司	0	未到期	0	0
100010672	2019/8/18	2019/9/14		69	线下经销商	187653.60	国油航（新加坡）股份有限公	0	未到期	0	0
100010655	2019/8/16	2019/10/5		72	线下经销商	73847.40	创融中国控股有限公司	0	未到期	0	0
100010513	2019/7/30	2019/9/12		72	线下经销商	202608.00	创融中国控股有限公司	0	未到期	0	0
100010659	2019/8/16	2019/9/16		156	线下经销商	173664.00	陕西业煤股份有限公司	0	未到期	0	0
100010628	2019/8/13	2019/9/12		42	线下经销商	130449.00	中国建设源能股份有限公司	0	未到期	0	0

图 11－8　未收款项表

风险客户文件包括到期日、客户 ID、账龄等数据，如图 11－9 所示。

发票编号	发票日期	到期日	客户ID	账龄	预计坏账金额
100000889	2016/4/19	2016/5/22	162	91天以上	￥97062.90
100003262	2017/2/6	2017/3/16	38	91天以上	￥95836.80
100000999	2016/5/2	2016/6/8	131	91天以上	￥95676.00
100002020	2016/9/10	2016/11/1	124	91天以上	￥95032.80
100001196	2016/5/28	2016/7/16	158	91天以上	￥94550.40

图 11－9　风险客户表

（2）自动化流程设计

根据应收账款的分析需求，对应收账款信息表、预计坏账率表、客户信息表数据进行自动化处理，将企业中分散、零乱、标准不统一的数据整合到一起，为企业的决策提供分析依据，应收账款自动化流程如图 11－10 所示。

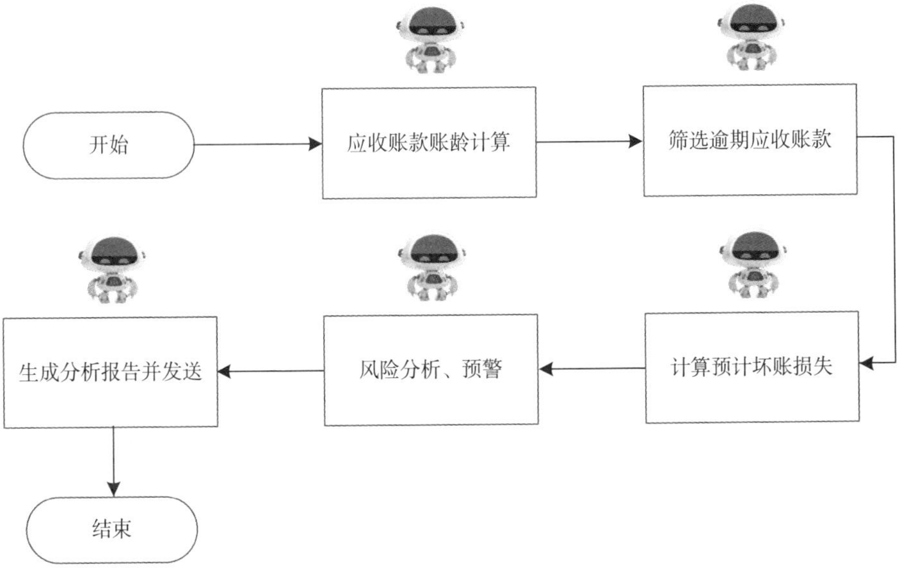

图 11－10　数据采集与处理自动化流程

11.3.3　RPA 技术路线

对数据进行采集和处理的第一步是根据前面设计的表结构来采集数据，由于应收账款分析对财务报表数据的依赖性较强，故对采集信息环节得到的数据只需要保存在本地即可。

在对保存在本地的数据进行处理时，应当对保存的三张表（应收账款信息表、客户信息表、预计坏账率表）依次处理，处理采用的是数据清洗的思路，对一些无用的数据进行删除或者填充，为接下来的分析与可视化提供真实、完整和全面的数据信息，这是商业数据分析的基础。

首先，读取应收账款信息表、客户信息表，使用 Excel 工作簿、构建数据表、合并数据表和写入区域，实现客户信息和应收账款的内连接；

其次，计算欠款天数，打开 Excel 工作簿、写入行和写入区域，将数组中的数据和内部数据写入汇总表未收款项中。

再次，账龄分组，使用从初始值开始按步长计数和如果条件成立，对欠款天数进行账龄分组。添加写入单元格命令，在未收款项数据表末尾增加账龄数据列。

最后，计算坏账金额。使用合并数据表、选择数据列，将未收款项表与预计坏账率表进行内连接，从初始值开始按步长计数、选择数据列、写入列，在未收款项表中新增预计坏账金额数据列，如表 11－6 所示。

表 11－6　　　　技术路线

序号	流程块	技术实现
1	合并客户信息表和应收账款信息表	添加【打开工作簿】【构建数据表】【合并数据表】和【写入区域】，实现客户信息和应收账款的内连接
2	计算欠款天数	添加【写入行】和【写入区域】，将数组中的数据和内部数据写入汇总表未收款项中
3	账龄分组	添加【从初始值开始按步长计数】和【如果条件成立】，对欠款天数进行账龄分组。添加【写入单元格】，在未收款项数据表中增加账龄数据列
4	计算坏账金额	添加【合并数据表】【选择数据列】，将未收款项表与预计坏账率表进行内连接，添加【从初始值开始按步长计数】【选择数据列】【写入列】，在未收款项表中新增预计坏账金额数据列
5	筛选风险交易	添加【打开工作簿】【数据切片】【数据筛选】，选择预计坏账损失较高的交易形成文件
6	发送报告	添加【发送邮件消息】，发送电子邮件

11.4　应收账款数据分析与展现自动化

经过自动化处理后的数据，再利用图表进行展示。

11.4.1　场景描述

下午，双双叫来了家桐“今天我们要做数据展现的设计，你之前有接触过吗，我发给你我写好的分析思路和分析大纲，你回去学习一下使用方法。”

“好的，谢谢双双姐。”

家桐觉得听起来很是熟悉，但又不知道在哪里听到过，这时他打开了文档管理器，他看到以前上学的时候交过的作业，里面有用到这个。可是他怎么也记不起来自己曾经使用过这个软件，并且还用他完成过作业，果然还是学的太不扎实。

这时他打开以前的作业，看到内容的那一刻，他突然想起来点什么，以前老师是直接给出数据和操作步骤，然后大家依葫芦画瓢就行，所以印象并不深刻，而现在，是从零开始，不管是使用的图形还是数据的组合都需要自己一步一步设计，看来自己需要从头学习。

家桐打开双双姐发来的学习文件，里面写的很详细，但无奈没有数据模仿操作，看来只能靠记忆尽量记下来。不过他想起来在找财务主管拿数据时，保存了很多的测试数据，先拿来暂时练练手吧。

家桐基于少量的测试数据，大致做出了双双要求的数据分析展现，里面包括了从整体到局部的所有分析，他心满意足地正准备交给双双时，犹豫了一下，想起之前自己有诸多考虑不周的地方，这次自己一定要尽善尽美，看看还有什么遗漏的、可以完善的内容。

经过一番补充，家桐又在数据展现中加入了重点突出这一功能，将一些需要重点关注的部分单独列出，能够使阅读文件的人快速掌握重点信息，家桐心想，我可真是个小天才。

“双双姐，数据展现的设计相关文件我已经发给你了，请你看看还有什么需要改进的地方吧。”

“内容已经很完整了，但有一个问题，家桐，你需要注意色彩的统一，数据展现还有一部分是为了看，要注意观赏性，我帮你把格式和颜色一些细节的地方调整一下。”

“感谢双双姐，我又学习了。”

11.4.2 数据分析模型

在进行应收账款数据分析时，管理人员将借助软件进行数据可视化展现。本小节将创建可视化图形，通过图形对应收账款进行分析。应收账款数据分析与展现的主要步骤分为选择合适的数据源、绘制可视化图形分析和生成应收账款分析故事，思维导图如图 11 - 11 所示。

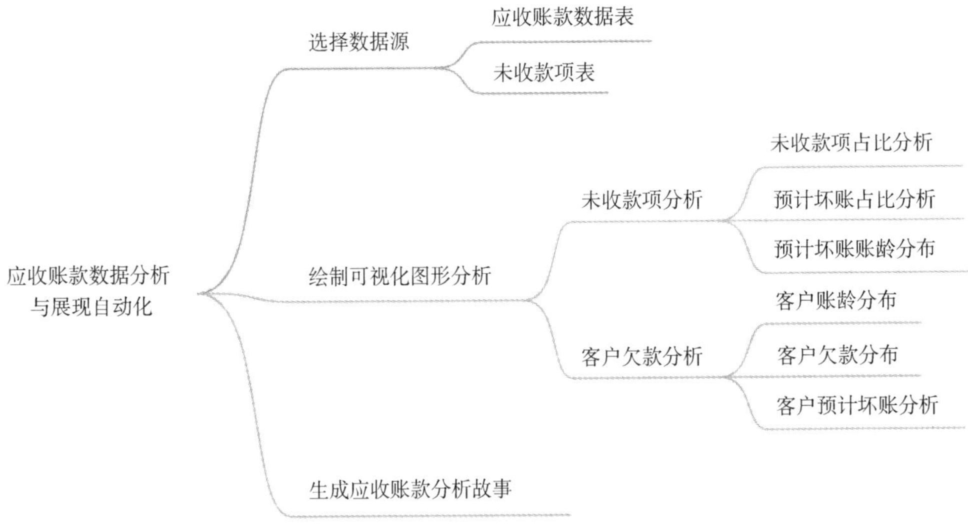

图 11 - 11　数据分析思维导图

11.4.3 数据展现设计

在进行应收账款数据展现时，需要经过数据连接、数据整合、创建视图、创建仪表板等步骤，最终生成应收账款可视化故事。本小节将具体介绍各视图、仪表板和故事的设计方法，帮助读者进一步了解图形的展现形式。

（1）创建视图

仪表板是多张视图的集合，其可以实现多视图交互联动，使可视化效果更好。在应收账款分析中一个主题形成一张仪表板，共分为两个主题：一是未收款项分析，二是客户欠款分析。

主题一未收款项分析，包括未收款项占比饼状图、预计坏账统计条形图以及预计坏账金额文本图。

在分析未收款项占比时，以账龄分类，用颜色和文本标记账龄，用角度和大小标记金额，形成不同账龄应收账款占比饼状图，如图 11－12 所示。

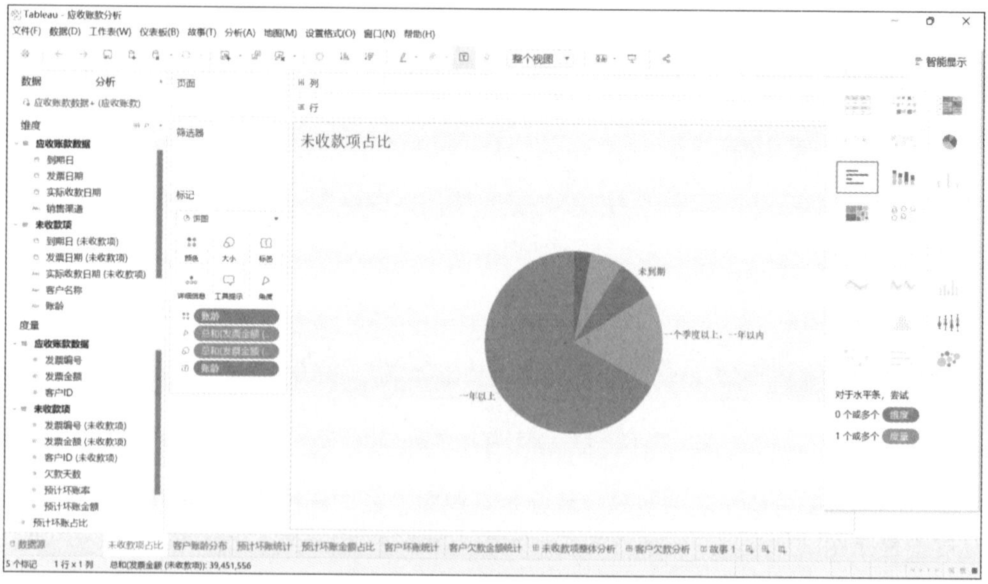

图 11－12　未收账款占比分析

在预计坏账金额统计条形图中，账龄用颜色和文本标记，将不同账龄下的金额数据用条形图块状大小区分，如图 11－13 所示。

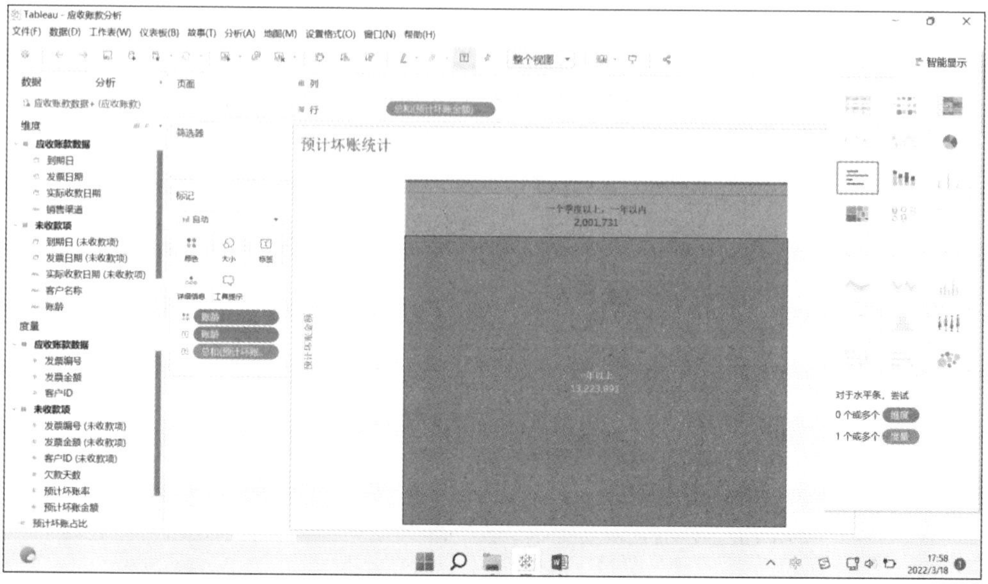

图 11－13　预计坏账统计分析

在预计坏账金额占比文本图中，利用创建计算字段，将坏账金额占比、应收账款统计通过直观的方式呈现出来，如图 11－14 所示。

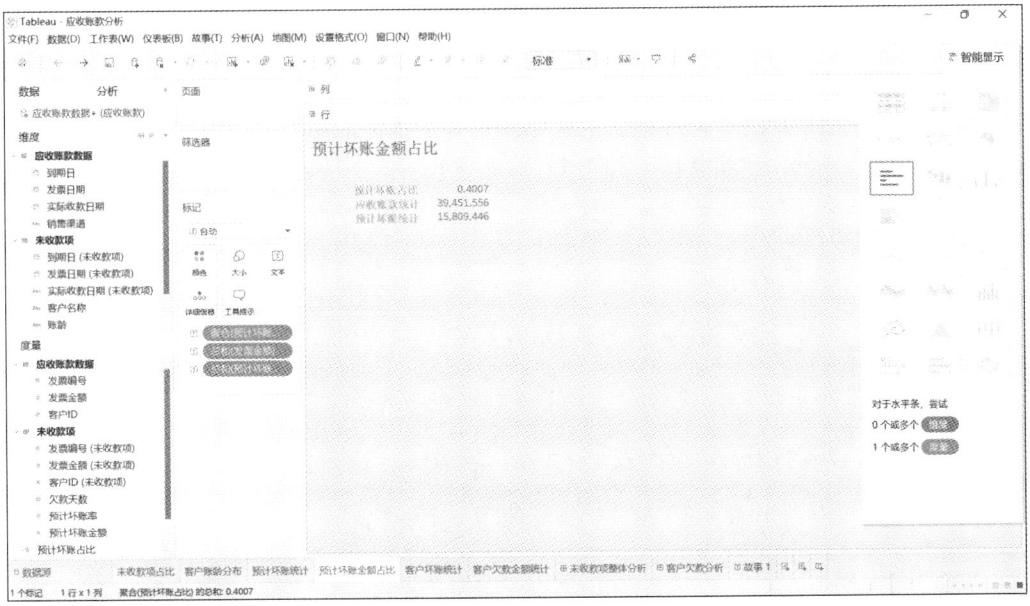

图 11－14　预计坏账金额占比分析

主题二客户欠款分析，包括客户账龄分布箱线图、客户坏账统计箱线图以及客户欠款金额统计突出显示图。

在客户账龄分布箱线图中，可以按照账龄分别观测欠款金额的异常点，直观地了解到存在较高交易风险的赊销客户，如图 11－15 所示。

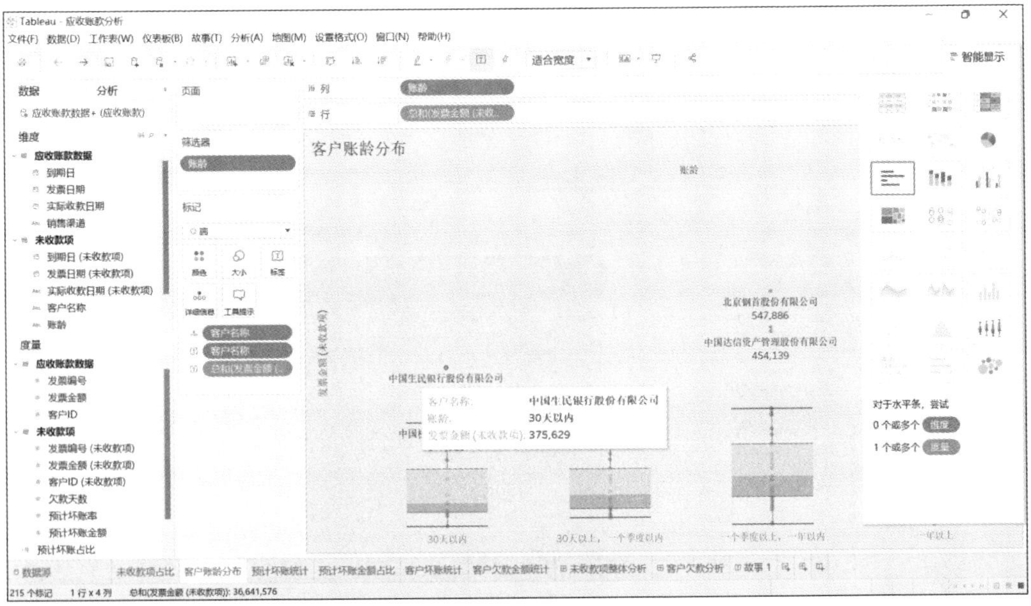

图 11－15　客户账龄分布分析

通过箱线图可以预计坏账异常的交易点，与上述客户账龄分布箱线图结合分析，能够较为准确地发现逾期时间长且信用风险较高的交易，如图 11－16 所示。

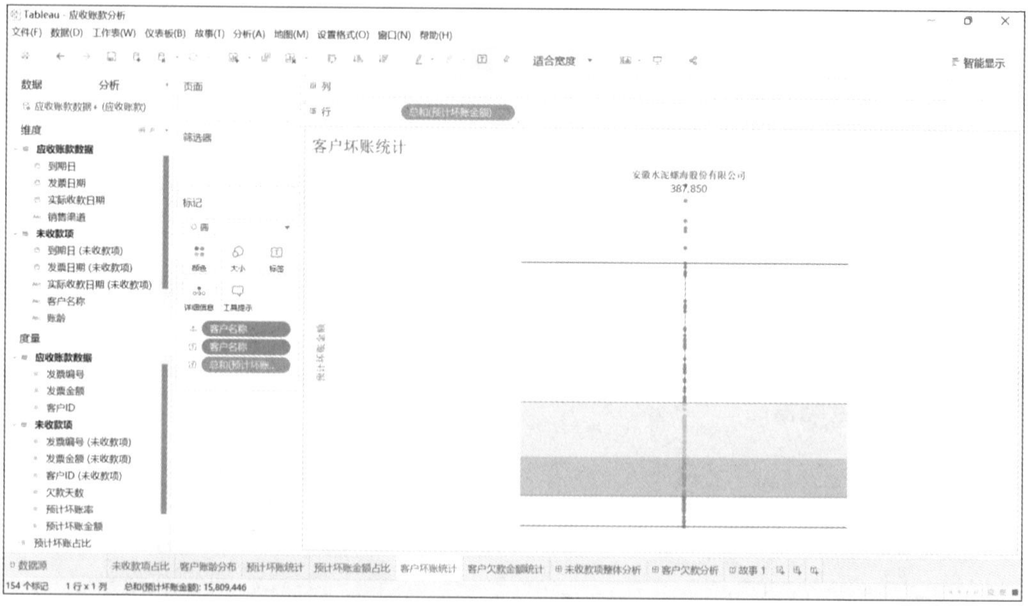

图 11－16　客户坏账统计分析

在客户欠款统计突出显示图中，按照欠款金额降序排列，欠款金额虽然不代表客户信用高低，但可以了解到与客户交易往来的密切程度，结合上述坏账分析图，可较为全面地了解应收账款的局部组成情况，如图 11－17 所示。

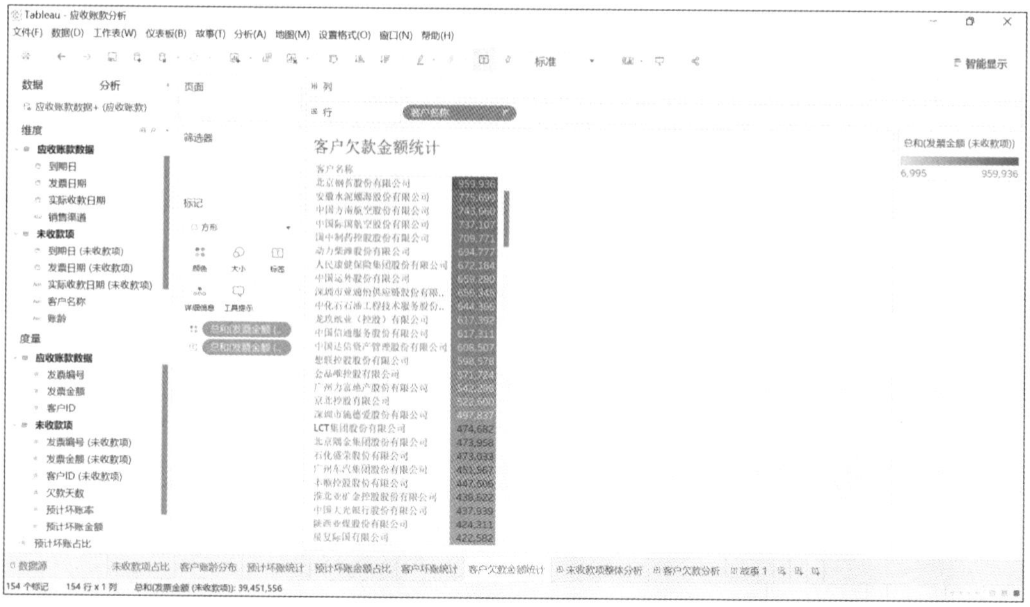

图 11－17　客户欠款金额统计分析

（2）创建仪表板

仪表板是多张视图的集合，其可以实现多视图交互联动，使可视化效果更好。在应收账款分析时一个主题形成一张仪表板，分别为未收款项分析和客户欠款分析，如图 11－18 和图 11－19 所示。

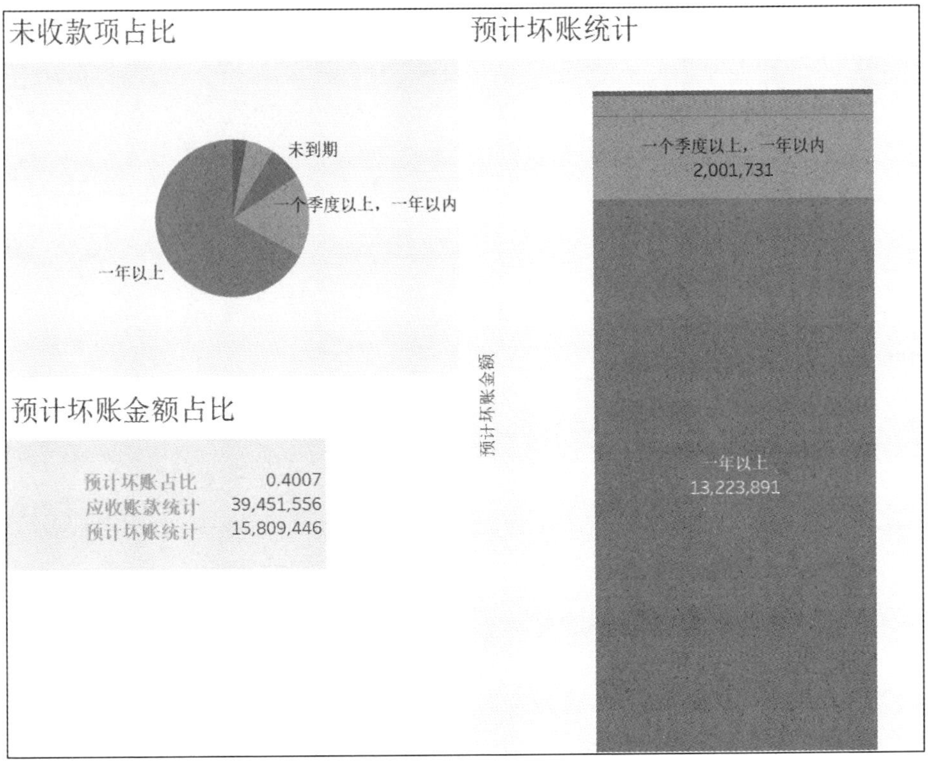

图 11－18　未收款项分析

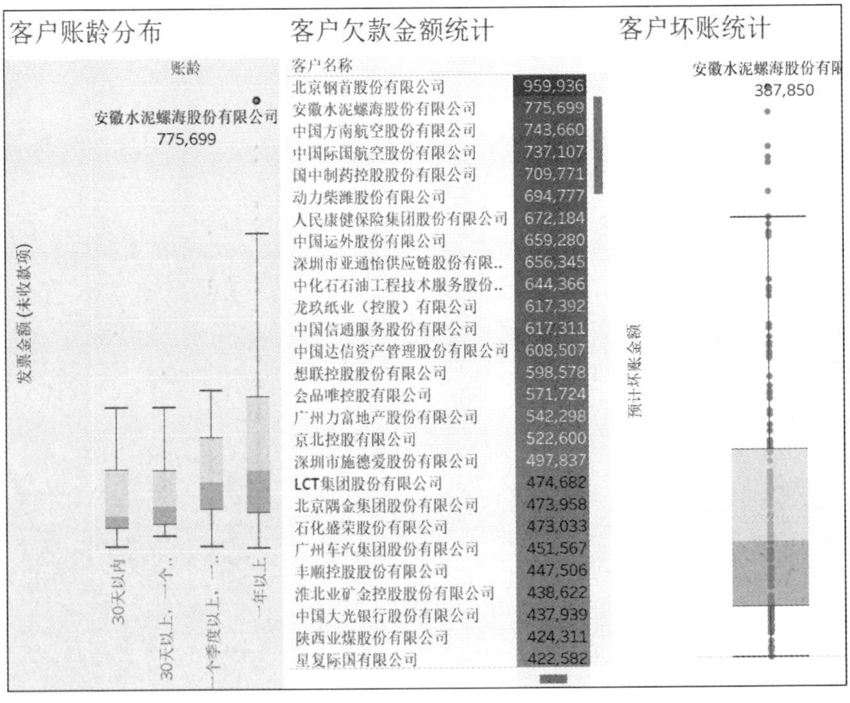

图 11－19　客户欠款分析

主题一为未收款项分析，结合未收款项占比和预计坏账金额分布，可知未收款项和预计坏账呈正比关系，且企业的欠款金额和预计坏账的账龄多在一年以上，预计坏账占应收账款总计接近 50%。

主题二为客户欠款分析，结合欠款金额和坏账金额可知，欠款数额与坏账数额有正比关系，但从账龄分布和坏账统计来看，账龄越长，发生坏账的风险更高。

（3）生成故事

在 Tableau 中，故事是一系列共同作用以传达信息的虚拟化项。通过创建故事来讲述数据，提供上下文，演示决策与结果的关系，或者只是创建一个极具吸引力的案例。应收账款分析故事由两个仪表板组成，提供了直观的分析结果，决策者通过应收账款分析故事即可做出初步的决策。

11.4.4 Tableau 技术路线

应收账款数据分析与展现可视化主要通过连接数据并设计数据、在工作表中绘制图形、生成仪表板、生成故事等过程实现，具体的技术路线如表 11－7 所示。

表 11－7　Tableau 技术路线

实现目的	实现步骤	具体操作
连接数据并设计数据	连接数据	连接 Tableau 到本地文件
	建立数据联系	拖拽工作表
	添加其他表	连接 Tableau 到本地其他文件
	建立联系	拖拽并设置连接字段
	隐藏字段	鼠标点击隐藏重复字段
	修改字段名	双击首行字段名进行修改
在工作表中绘制图形	新建工作表	点击“新建工作表”
	创建计算字段	根据字段名输入计算公式
	图形标注	拖拽需要标注的字段名到标注框，选择需要标注的方式
	绘制图表	按住“ctrl”，并选择所要表示的字段
	设置工作表格式	点击标题、阴影等设置格式
生成仪表板	新建仪表板	点击“新建仪表板”
	绘制仪表板	鼠标拖拽工作表到仪表板
	设置仪表板格式	点击编辑标题、阴影等格式
生成故事	新建故事	点击“新建故事”
	绘制故事	鼠标拖拽仪表板到故事
	设置故事格式	点击编辑标题、阴影等格式

11.5 应收账款数据分析报告自动化

应收账款分析过程和结果会在程序中自动化生成分析报告。在无人值守的情况下，机器人统计会发生坏账损失的应收账款信息，同时将预计坏账较高的应收账款信息以报告的形式发送至相关负责人员，以待处理。

11.5.1 场景描述

下面是开发的最后一个部分了，完成这部分后，就能够得到一个较为完整的机器人，想想就让人激动。

“明天下午就是总结汇报会议，大家把内容准备一下，我们到时候按照开发顺序依次汇报，家桐，你来主持。”经理来到办公室对着大家说道。

“今天最后一个部分才开始，希望按时完成。”双双喃喃道。

“家桐，到我这里来一下。”天臣对着家桐说道：“你设计一个分析报告的模板，对了，你也可以找双双拿一下之前类似的分析报告，对比起来设计可能更快一些。”

“好的，天臣哥，看来咱们今天要加班了，你想喝什么，我请客。”

“不用加班，机器人开发只要有清晰的思路，下班之前能够完成，我喜欢喝果茶，我请客，上次你请过我，这次换我请你。”

家桐听到天臣的话，一时间不知道是安慰，还是真心，不过，他现在的首要任务是设计好模板，不给团队拖后腿。

“双双姐，之前的分析报告麻烦你发我一份。”

家桐收到文件后，看到分析报告，觉得封面少了些什么，思来想去，他看到经理办公室侧边的元小蛮形象，顿时来了灵感，就应该放一个元小蛮上去，这样报告看起来好看许多。

接着，他又根据报告的大概设计出了应收账款报告的大纲，现在只差把内容填进去了。

“天臣哥，这是报告模板，咱们快开始设计机器人吧。”

“我已经设计好了，现在只需要替换一些可替换的内容就行。”

“厉害，真的是太厉害了！”

会议上，等到最后一个流程汇报完毕，家桐还没来得及走上去主持下一个环节，经理就非常高兴地说道：“这个工作做得很不错，你们赶快下去整理好所有的内容，形成文档发给我，下周上班我们直接上线程序。”

“现在大家快回家吧，已经六点了，下周记得别迟到。”

11.5.2 数据分析报告设计

数据分析报告由七部分组成，分别是标题页、目录、摘要、分析背景、分析目的、分析思路、分析内容。应收账款数据分析报告内容框架如下：

（1）标题页

该分析报告的标题页标题为：××××年应收账款数据分析报告，撰写人为×××，日期为报告生成日期当天。

（2）目录

××××年应收账款数据分析报告的目录由报告目录和图表目录组成，报告目录是报告的正文框架，图表目录是数据分析报告中可能出现的图表图注。

（3）摘要

应收账款的产生可能是企业为了扩大自己的销售领域、抢占市场份额、增强自身的竞争力，也可能是由于权责发生制导致的滞后。但如果所交易的企业存在财务危机，而无法支付，则需要对其有所关注。报告从账龄和预计坏账两个方面入手，分析蛮先进公司的应收账款现状。

（4）分析背景

随着制造业行业竞争日益激烈，经营中风险的评价、识别显得尤为重要，蛮先进公司作为一家相对成熟的食品机械制造企业，可谓机遇与挑战并存，因此财务风险问题更加不容忽视。为了适应新的发展战略，企业要对交易进行风险甄别，利用统计和预测的方法去衡量应收账款存在的潜在风险。

（5）分析目的

分析应收账款中坏账占比、账龄分布以及客户坏账分布情况，从整体和局部了解应收账款的质量以及预测可能的潜在损失。应收账款是商业债权，一定程度上代表企业与下游企业的议价能力、行业地位，一般账龄有一定的安全区间，超过这个区间，时间越长，金额比例越大，越有可能会给企业经营带来较大冲击。利用实时的数据更新和报告，可以及时掌握应收账款情况，避免或减少可能带来的损失。

（6）分析思路

分析应收账款时，基于企业的内部数据，包括客户信息表、应收账款信息表、预计坏账率表，采用自动化处理的方法计算数据，将账龄长、坏账金额高的交易单独列出，形成 Excel 文件，并利用 Tableau 将规范的分析结构进行数据展现，数据可视化可以清楚地了解总体和局部情况。

（7）分析内容

对应收账款的欠款天数按照一个月、一个季度和一年进行账龄分组，将不同的应收账款做时间等级的划分，同时也按照经验对不同账龄设置了预计坏账比率，对应收账款可能存在的坏账风险根据历史经验做出预测，应收账款原始数据是按照每笔交易存放，但在数据可视化分析中，将基于交易数据，从整体和客户两个层次做出分析。根据整体和客户的两个分析层次，将可视化展现分为两个主题，即未收款项分析和客户欠款分析。

11.5.3 自动化流程设计

根据应收账款的分析报告需求，读取存在坏账风险的应收账款信息，筛选出坏账金额较高且账龄较长的交易信息，单独汇总成文件，并且根据提前设置好的分析报告模板，自动化填写报告分析内容，然后将这些分析资料发送至相关管理人员邮箱。如图 11－20 所示。

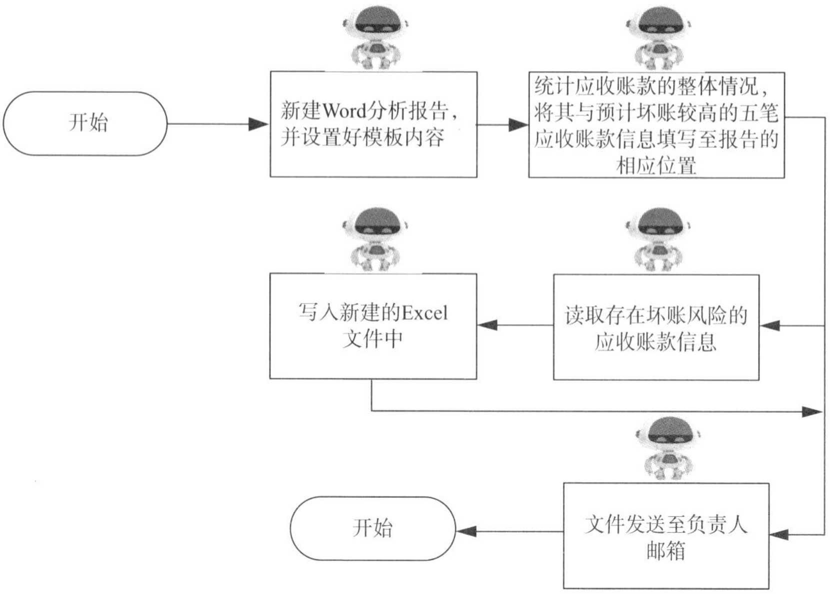

图 11－20　分析报告自动化流程

11.5.4 RPA 技术路线

报告生成机器人需要完成的任务主要是读取报告模板、写入报告内容和发送邮件。

首先，读取已经设计好的商业数据分析报告模板文件，这个文件是 Word 形式，除了标题页需要特定的撰写人填写之外，其他内容均由机器人来完成。

其次是写入报告内容，根据模板的设置，将特定的文字放入特定的区域，然后输出，完成整个写入报告的过程。

最后是发送邮件，收件人是财务总监，将做好的商业数据分析报告发送至收件人邮箱即可。

应收账款分析报告生成机器人开发的具体技术路线如表 11 -8 所示。

表 11 -8　　机器人开发技术路线

流程块名称	功能描述	使用的预制件
自动写入报告	读取报告	打开文档
	写入报告内容	文字批量替换
	插入图片	查找文本后设置单元格位置
		插入图片
		写入文字
	输出报告	保存文档
		关闭文档
发送邮件	将报告发送至财务总监邮箱	发送邮件

第 12 章　客户信用自动化分析

12.1　商业理解

客户信用分析是通过对客户信用状况进行调查分析，从而避免应收款项成为坏账，为防范坏账提供决策依据。几乎所有成功的企业，都非常重视客户信用分析。目前，从企业客户信用分析的数据采集到形成可视化分析均采取人工操作，花费时间长且容易出错。鉴于此，本章采用 RPA 技术实现客户信用的全过程自动化分析，助力企业战略目标的实现。

12.1.1　场景描述

阳光透过淡薄的云层，照耀着一栋栋写字楼，反射出银色的光芒，耀得人眼睛发花。蛮先进公司的员工看着这久违的太阳纷纷感叹到，"可算是天晴了，这心情都似乎跟着太阳变好了。"这时，CEO 程平手捧着一杯"蛮提神"咖啡走过来说道："是啊，这么好的天气最适合工作了，大家准备一下，我们组 10 点开个会，讨论一下关于客户信用自动化分析的新案子。"程总走后，一片呜呼声。

10 点的会议办公室里，小组讨论会准时开始。程总首先说道，"我们小组的子轩自进入公司以来，成长得非常快，现在也成功通过了试用期，我们恭喜一下她。"

大家纷纷鼓起掌来，说道："欢迎子轩正式加入我们的团队。"

程总笑着说道："这一次我们开会，还有个任务，就是对公司的客户信用实现自动化的商业数据分析。今天我们先探讨一下分析的思路和框架，看看我们从哪些方面着手进行分析。"

徐丹青环顾了一圈每个人的神色，说道："那我先说说我的看法吧。我之前看过一篇分析美团的商业价值的文章，主要是从三个维度来评价的，第一个是客户的欠款情况；第二个是客户的退货情况；第三个是信用情况。其中，最核心的是客户的欠款情况，它会影响客户的信用评价。所以，我觉得我们分析客户信用时，也可以适当向业务数据扩展，而不仅仅限制于客户信用这一张表。"

程总接着说道："这一点我觉得不错，可以考虑考虑，毕竟现在都在提业财融合吗，只看最后的客户信用表确实不够。但是我们本身针对客户信用的基本分析不能少。"程总见汤远萍听得认真，便点名道："小汤，你说说我们对客户信用可以分析些什么呢。"

汤远萍用温柔的声音回答道："客户信用分析主要分为两部分，第一部分是分析客户目前基本情况，比如：从客户的员工数量分析客户的发展规模情况、从客户的成立年限分析客户的整体形象、从客户的注册资金分析客户的发展潜力情况。第二部分是分析客户目前的履约情况，比如：从客户的退货情况分析客户是否存在恶性退货情况、从客户的欠款情况分析客户今年欠款异常情况。"

程总欣慰地点点头，"说得不错，子轩，你要多向大家学习，这次项目你也要全程参与哈。”

子轩赶紧点点头，说道：“好的，程总，我一定认真学习。争取早日可以独当一面。”

程总接着说道：“那这个项目这次就由徐丹青全权负责，其他人全部参与，大家接下来整理一下资料，然后就开始收集数据，我们下次会议再继续。今天就散会吧。”

程总一说完，其他人纷纷站起来，告别了程总。然后收拾东西，回到各自工位上继续战斗。

12.1.2 业务与技术分析

客户信用等级的评估是为了加强信用控制，并为客户分类提供依据。信用等级的评估，以客户的信用履约记录和还款能力为核心，进行量化的评定，以此调整客户信用评分。战略管理部门根据客户信用评分结果做出战略调整，保证公司的正常运转。

（1）客户信用业务流程与痛点分析

重庆蛮先进公司的客户信用分析流程主要包括分析人员从本地文件中获取经营区域表、客户信息表、客户欠款催收表、客户退货表数据，使用 Excel 删除或补全数据中的缺失值、异常值和重复值等，并计算客户履约、客户规模等信用分析指标，绘制可视化分析图表。然后根据分析内容，得出分析结论，生成分析报告并发送给财务总监。重庆蛮先进智能制造有限公司的客户信用分析业务流程如图 12－1 所示。

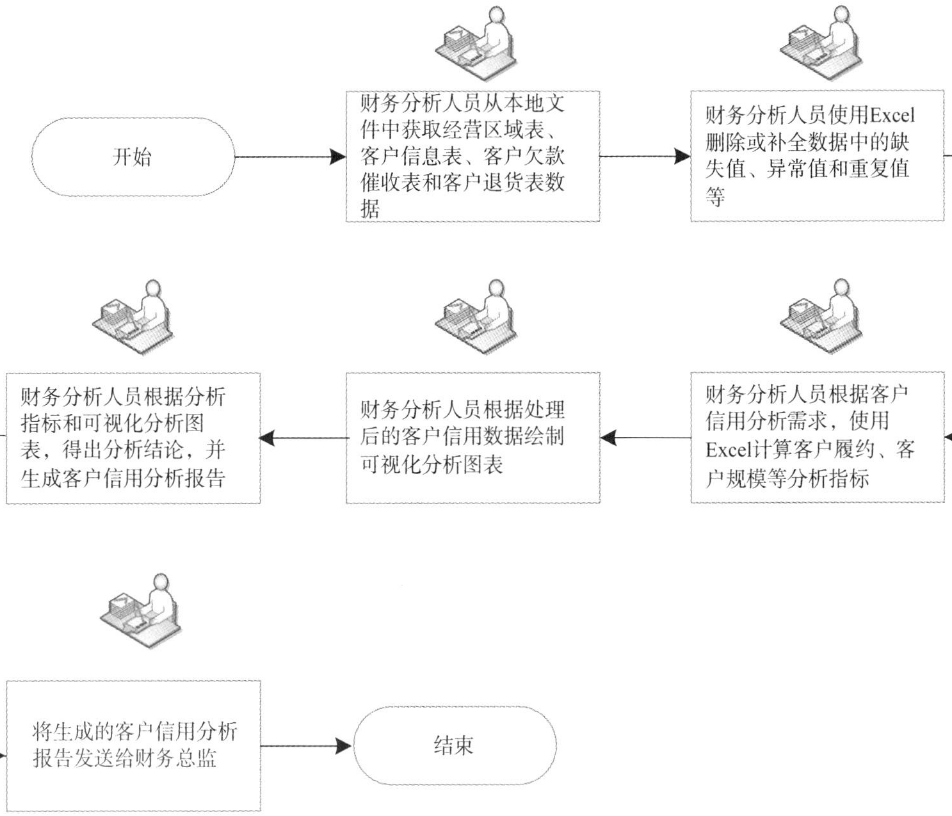

图 12－1　客户信用分析业务流程

由业务流程图可以看出，重庆蛮先进智能制造有限公司分析客户信用需要计算客户履约、客户规模等分析指标和绘制可视化图表，采用人工方式存在耗时长和错误率高的痛点。此外，人工判断生成分析报告并发送给财务总监存在效率偏低的痛点。

（2）客户信用 RPA 流程与技术关系

重庆蛮先进智能制造有限公司销售部每月根据财务部做好的客户信用分析报告进行月度总结，特请商业数据分析团队对客户信用进行分析，旨在实现企业的战略目标。客户信用分析自动化包括获取数据、读取数据、写入中间表、数据处理、指标分析计算、生成客户信用分析数据、可视化分析和生成报告等步骤，其 RPA 流程、RPA 技术实现和关键技术点及其对应关系如图 12－2 所示。

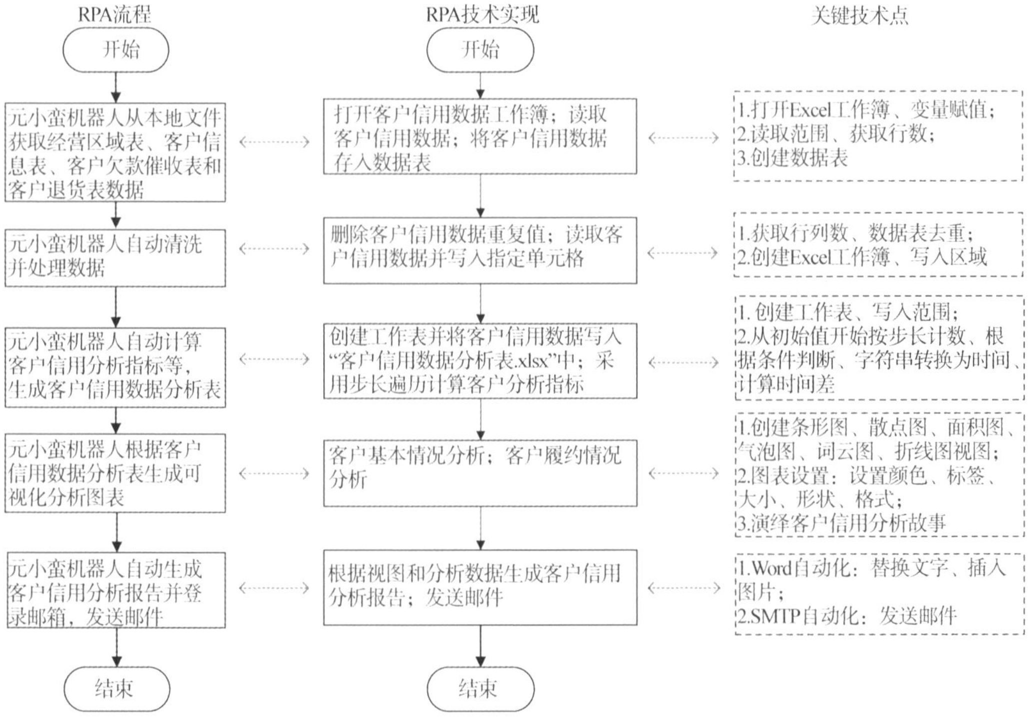

图 12－2　客户信用 RPA 流程与技术关系

12.2　客户信用数据理解

分析客户信用离不开数据支撑，客户信用数据分析主要是对重庆蛮先进智能制造有限公司内部数据进行采集、整合、处理、提炼，然后得到相应的分析结论，使我们能够更清晰地认知事物，从而为决策提供帮助。下面介绍客户信用分析中的数据理解商业场景、数据模型和数据表。

12.2.1　场景描述

翌日下午一点，汤远萍刚刚午休结束，俨然一副没睡醒的样子，心里默默感叹道：这也太困了吧，睡了半小时还没睡醒，好想再睡一会儿啊！刚准备再次进入梦乡，结果听见手机传来“叮咚”的一声，微信消息来了：“2 点开会”。抬起头来，却不小心与对面的子轩对视了一眼，微微一笑，起身去了茶水间。“果然还是需要‘蛮提神’咖啡，不然就一点精神都没了”。汤远萍心里默默想着。

两点的会议室，全员到齐。程总：“那我们就开始今天的会议吧。”丹青紧跟着说：“好的，今天我们主要讨论两个问题，第一个就是客户信用的数据理解。这部分呢，主要就是我们想想客户信用的数据，以及这些数据之间的关系是怎样的。总体来说，就是我们需要厘清数据的 E—R 模型、物理模型以及数据表结构。”

丹青继续说道：“根据我们上次讨论的分析内容和手中的资料来看，我们主要涉及的数据包括客户欠款催收表、客户信息表、客户退货情况表、经营区域表。客户欠款催收表是为了了解客户欠款的还款速度，主要内容包括单据 ID、客户 ID、业务日期、催收日期、催收金额；客户信息表包含客户的基础信息，如成立日期、注册资金、员工数量等。客户退货情况表，包含两年的退货情况，如销售数量、实退数量等。经营区域表主要是为了查询客户所在的区域。”说完眼光看向汤远萍，问道，“汤姐，你做一下数据理解的内容吧，也就是画一下 E—R 模型、物理模型以及整理一下表结构，顺便带带子轩，没问题吧?”汤远萍慢悠悠地回答道：“没问题，我可以的。”

丹青继续说：“这是今天会议的第一个问题，大家休息十分钟，我们再继续讨论第二个问题，关于客户信用数据采集与处理自动化的，这部分内容有点多。”

12.2.2 数据模型

客户信用评估 E—R 模型由客户、经营区域表、退货表和催收表实体集构成，每个实体集都有多个属性，它们之间还存在一定的联系，如图 12－3 所示。

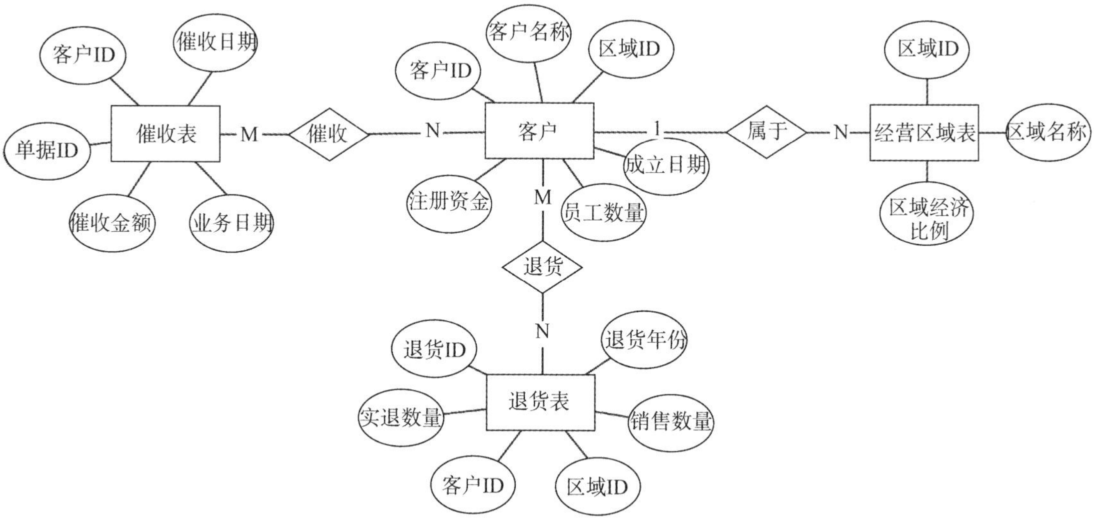

图 12－3　客户信用评估 E—R 模型

实体集

重庆蛮先进智能制造有限公司的客户信用实体集包括客户、经营区域表、退货表和催收表，下面详细介绍其属性。

①客户实体，属性有客户 ID、客户名称、区域 ID、成立日期、注册资金、员工数量；

②退货表实体，属性有退货 ID、区域 ID、销售数量、实退数量、客户 ID、退货年份；

③催收表实体，属性有单据 ID、客户 ID、业务日期、催收日期、催收金额；

④经营区域表实体，属性有区域 ID、区域名称、区域经济比例。

联系

重庆蛮先进智能制造有限公司的客户信用不同实体间存在着不同的联系，下面详细介绍其联系。

①客户与退货表之间存在多对多联系，一个客户可以发生多笔退货，一张退货表可能对应多个客户；

②客户与催收表之间存在多对多联系，一个客户可以存在多笔催收欠款，一张催收表对应多个客户；

③客户与经营区域表之间存在一对多联系，一个客户对应一个经营区域，一张经营区域表对应多个客户。

物理模型

根据重庆蛮先进智能制造有限公司的客户信用实体集和联系情况，采集经营区域表、客户信息表、客户欠款催收表和客户退货表的数据，然后建立客户信用的物理模型，如图 12－4 所示。

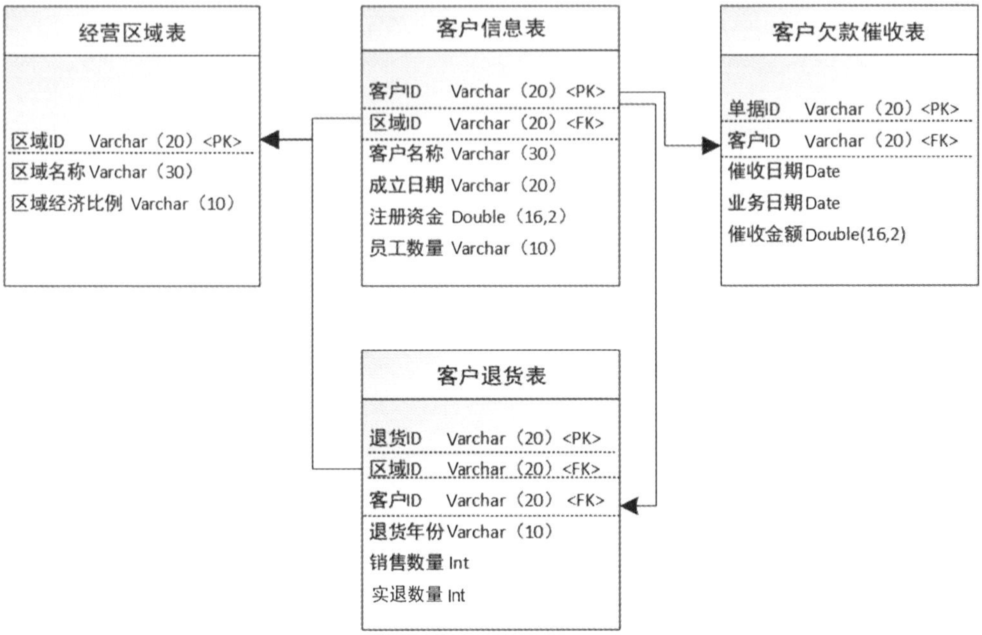

图 12－4　客户信用分析的物理模型

12.2.3　数据表

分析客户信用需要用到的数据包括客户欠款催收表、经营区域表、客户退货表和客户信息表，理解这些数据表并进行表结构设计对后续客户信用数据采集、清洗与处理具有重大意义。

（1）客户信息表

客户信息表设置客户 ID（khid）主键作为客户数据的唯一标识，以便查询指定记录。设置区域 ID（qyid）作为外键，表示与经营区域表之间的联系，如表 12－1 所示。

表 12－1　　客户信息数据表结构

序号	字段标题	数据类型	字段大小	字段说明
1	客户 ID	Varchar	20	主键，以 CUST××××进行编号，如：CUST0001
2	区域 ID	Varchar	20	外键，以 QY××××××进行编号，如：QY000004
3	客户名称	Varchar	30	客户名称
4	成立日期	Varchar	20	业务发生的时间，以 YYYY—MM—DD 列示，部分缺少在相应位置上以 00 表示，如：1993－12－00
5	注册资金	Double	（16，2）	客户所在公司的注册资金
6	员工数量	Varcher	10	客户所在公司的员工数量

客户信息表用于记录客户的基本情况。客户信息表中含有客户 ID、客户名称、区域 ID、成立日期、注册资金和员工数量等信息，客户信息表的部分数据示例如图 12－5 所示。

客户ID	客户名称	区域ID	成立日期	注册资金	员工数量
CUST0001	广州中顺食品厂	QY000004	2003/2/14	3400000	50
CUST0002	深圳好再来连锁饭店	QY000002	1998/11/14	1800000	30
CUST0003	东莞王老大食品厂	QY000004	1995/2/3	600000	22
CUST0004	悦来茶楼	QY000003	1998/10/18	1900000	36
CUST0005	海南椰子香连锁饭店	QY000004	2011/10/1	400000	18
CUST0006	珠海海鲜大酒楼	QY000004	2002/1/17	1500000	28
CUST0007	好再来砂锅粥店	QY000003	2010/11/10	4100000	80
CUST0008	薯薯食品有限公司	QY000003	1995/1/10	1300000	36
CUST0009	天津新和豆浆	QY000002	2013/5/2	1300000	38
CUST0010	上海龙祥食品有限公司	QY000003	2002/1/5	4600000	92
CUST0011	天津家乐园食品公司	QY000002	2011/2/6	2800000	55
CUST0012	金华宏发肉制品加工厂	QY000003	1990/11/12	2300000	35
CUST0013	江西乐士食品加工有限公	QY000003	2009/7/12	1900000	33
CUST0014	山东俏媳妇食品加工厂	QY000003	1991/2/18	3100000	46
CUST0015	上海快乐薯吧加盟公司	QY000003	2003/3/2	4600000	88
CUST0016	浙江家旺食品加工厂	QY000003	2018/7/4	4400000	89

图 12－5　客户信息表部分数据示例

（2）客户欠款催收表

客户欠款催收表设置单据 ID（djid）主键作为客户欠款催收数据的唯一标识，以便查询指定记录。设置客户 ID（khid）作为外键，表示与客户信息表之间的联系，如表 12－2 所示。

表 12－2　　客户欠款催收数据表结构

序号	字段标题	数据类型	字段大小	字段说明
1	单据 ID	Varchar	20	主键，以 AR××××××××进行编号，如：AR00089781
2	客户 ID	Varchar	20	客户信息表的外键

续表

序号	字段标题	数据类型	字段大小	字段说明
3	催收日期	Date	0	公司催收的时间，以 YYYY—MM—DD 列示，部分缺少在相应位置上以 00 表示，如：1993—12—00
4	业务日期	Date	0	业务发生的时间，以 YYYY—MM—DD 列示，部分缺少在相应位置上以 00 表示，如：1993—12—00
5	催收金额	Double	（16，2）	催收客户的金额

客户欠款催收表用于记录客户的欠款情况。客户欠款催收表中含有单据 ID、客户 ID、业务日期、催收日期和催收金额等信息，客户欠款催收表的部分数据示例如图 12－6 所示。

单据ID	客户ID	业务日期	催收日期	催收金额
AR00088755	CUST0001	2019/2/21	2019/5/20	417754
AR00088760	CUST0001	2019/2/24	2019/5/21	258305
AR00088836	CUST0001	2019/3/20	2019/6/15	633633
AR00088924	CUST0001	2019/4/15	2019/7/10	374895
AR00088946	CUST0001	2019/4/22	2019/7/17	504052
AR00088983	CUST0001	2019/5/3	2019/8/1	452483
AR00088987	CUST0001	2019/5/4	2019/7/28	871710
AR00089019	CUST0001	2019/5/15	2019/8/11	44879
AR00089046	CUST0001	2019/5/26	2019/8/19	400348
AR00089066	CUST0001	2019/6/2	2019/8/26	530492
AR00089075	CUST0001	2019/6/7	2019/9/2	59450
AR00089109	CUST0001	2019/6/17	2019/9/11	628214
AR00089126	CUST0001	2019/6/22	2019/9/17	908342

图 12－6　客户欠款催收表部分数据示例

（3）客户退货表

客户退货表设置退货 ID（thid）主键作为客户退货数据的唯一标识，以便查询指定记录。设置客户 ID（khid）和区域编码（qyid）作为外键，表示与客户信息表和经营区域表之间的联系，如表 12－3 所示。

表 12－3　客户退货情况数据表结构

序号	字段标题	数据类型	字段大小	字段说明
1	退货 ID	Varchar	20	主键，以 TH××××进行编号，如：TH0001
2	客户 ID	Varchar	20	客户信息表的外键
3	区域 ID	Varchar	20	经营区域表的外键
4	退货年份	Varchar	10	退货年份
5	销售数量	Int	0	客户的销售数量
6	实退数量	Int	0	客户的退货数量

客户退货表用于记录客户的退货情况。客户退货表中含有退货 ID、客户 ID、区域 ID、退货年份、销售数量和实退数量等信息，客户退货表的部分数据示例如图 12－7 所示。

退货ID	客户ID	区域ID	退货年份	销售数量	实退数量
TH180001	CUST0015	QY000003	2018	127	32
TH180002	CUST0010	QY000003	2018	88	17
TH180003	CUST0003	QY000004	2018	128	33
TH180004	CUST0029	QY000002	2018	154	36
TH180005	CUST0028	QY000007	2018	56	18
TH180006	CUST0011	QY000002	2018	999	45
TH180007	CUST0009	QY000002	2018	198	67
TH180008	CUST0020	QY000002	2018	144	42
TH180009	CUST0007	QY000003	2018	186	54
TH180010	CUST0014	QY000003	2018	328	111
TH180011	CUST0001	QY000004	2018	549	193
TH180012	CUST0004	QY000003	2018	315	96
TH180013	CUST0033	QY000002	2018	934	56
TH180014	CUST0027	QY000006	2018	147	41
TH180015	CUST0025	QY000007	2018	51	15
TH180016	CUST0017	QY000005	2018	139	47
TH180017	CUST0036	QY000003	2018	153	43
TH180018	CUST0013	QY000003	2018	176	49
TH180019	CUST0031	QY000001	2018	113	34

图 12 -7 客户退货情况表部分数据示例

（4）经营区域表

经营区域表设置区域 ID（qyid）主键作为经营区域数据的唯一标识，以便查询指定记录。如表 12 -4 所示。

表 12 -4　　经营区域数据表结构

序号	字段标题	数据类型	字段大小	字段说明
1	区域编码	Varchar	20	主键，以 TH××××进行编号，如：TH0001
2	区域名称	Varchar	30	经营区域名称
3	区域经济比例	Varchar	10	区域经济比例

经营区域表用于记录公司经营业务的所在区域。经营区域表中含有区域 ID、区域名称和区域经济比例等信息，经营区域表的部分数据示例如图 12 -8 所示。

区域ID	区域名称	区域经济比例
QY000001	东北片区	1
QY000002	华北片区	0.95
QY000003	华东片区	0.9
QY000004	华南片区	0.85
QY000005	华中片区	0.8
QY000006	西北片区	0.75
QY000007	西南片区	0.7

图 12 -8 经营区域表部分数据示例

12.3 客户信用数据采集与处理自动化

客户信用的数据采集与处理主要是对客户欠款催收表、经营区域表、客户退货表和客户信息表数据进行采集，然后删除冗余值、重复值等异常数据，并自动计算客户信用分析指标，有利于得到更可靠和准确的数据集，为后续数据分析做准备。

12.3.1 场景描述

十分钟后，丹青："那么我们就继续讨论客户信用的数据采集与处理自动化问题了。这部分我们要讨论的有两个小问题。第一个就是数据的采集与处理设计，这部分包括三项内容：数据输入、数据处理和数据输出。先来讲讲数据输入，从目前来看，客户信用分析的相关数据全部来自本地 Excel 文件，每张数据表的主要内容我们刚刚已经讨论过了。接下来需要讨论的是客户信用的数据处理包括哪些？"说完望向子轩，然后说道："子轩，你有什么想法吗？"

子轩想了想说："先是看看有没有缺失值吧，有的话就考虑对缺失值是补充完整还是删除。然后就是看看格式是否一致，如果相同数据的格式或列名不一致，就进行转换，统一格式。此外，比较重要的就是计算吧，根据我们之前讨论的客户信用分析思路，需要计算客户成立至今的年限、退货率、催收业务相差天数，以此来分析客户目前的基本情况和履约情况。"

丹青继续说道，"子轩回答得非常完善，不过我还想到可以在对催收金额和催收次数做分析时进行降序排列。还有对于不完整的数据，可以筛选成完整的数据。比如退货情况表中只填了退货 ID，没有填写客户和退货数量，我们就可以筛选其他地方为空值的数据，就相当于删除了这条为空值的数据。"

丹青说完停下来喝了一口"蛮好喝"绿茶，继续说道，"还需要讨论一下经过数据处理后要输出的数据，除了处理后的客户信用分析关键指标以外，你们看看还有要补充的吗？"大家摇摇头说道："暂时没啥需要补充的了。"

丹青接着说道："最后，根据我们刚刚讨论的，数据处理自动化我们是用 RPA 技术实现的，还需要梳理一下客户信用分析的数据处理流程。何家钰，这一 part 你比较厉害，就拜托你整理一下啦。流程的话只用一个流程图就 ok。"

何家钰气定神闲地说道："没问题。"

程总接着说道："那行，今天的会差不多就到此为止吧，大家加油！"

12.3.2 自动化流程设计

自动化流程设计包括数据采集与处理标准规范和自动化流程设计两部分，对采用 RPA 技术实现客户信用数据采集与处理自动化具有参考价值。

（1）数据采集与处理标准规范

①数据输入。客户信用数据采集与处理自动化的数据输入均为本地 Excel 文件，从客户欠款催收表中读取单据 ID、客户 ID、催收日期和业务日期，从客户信息表中读取客户 ID、客户名称、注册资金、员工数量和成立日期，从经营区域表中读取区域 ID、区域名称和区域经济比例，如表 12－5 所示。

表 12－5　　数据输入

数据来源	文件名/网址	主要数据内容
本地 Excel 文件	客户欠款催收表 . xlsx	单据 ID
		客户 ID
		催收日期
		业务日期

续表

数据来源	文件名/网址	主要数据内容
本地 Excel 文件	客户信息表 . xlsx	客户 ID
		客户名称
		注册资金
		员工数量
		成立日期
	经营区域表 . xlsx	区域 ID
		区域名称
		区域经济比例
	客户退货表 . xlsx	退货 ID
		销售数量
		实退数量

②数据处理。机器人读取数据后，使用转换、筛选、删除等方法进行数据处理，如表 12－6 所示。

表 12－6　　数据处理

数据处理方法	主要内容
转换	将“经营区域表”重命名为“区域维度表”
	将客户退货表的销售数量与实退数量格式转换为“整数”
	将客户信息表的成立日期格式转换为“时间”
	将客户欠款催收表的催收日期和业务日期格式转换为“时间”
	保留两位小数
查找	查找客户欠款催收表中的重复列并删除
计算	计算规模维度表的成立至今的年限
	计算客户退货事实表的退货率
	计算催收事实表的催收业务相差天数
抓取	将抓取的经营事实表中订单日期写入时间维度表“时间 ID”
	将获取的年写入时间维度表“年”
	将获取的月写入时间维度表“月”
	将获取的日写入时间维度表“日”
识别	识别规模 ID 并生成

③数据输出。客户信用数据采集与处理机器人的数据输出为客户信用 Excel 文件，其工作表包含催收事实表、客户退货事实表、时间维度表、区域维度表、客户维度表和规模维度表。通过将各表联立，从不同角度分析客户信用情况，为蛮先进公司分析客户信用提供更为准确的、更为全面的数据依据。

为了使数据更加通俗易懂，将整理后的经营区域表重命名为区域维度表，如图 12－9 所示。

图 12－9　更名后的区域维度表

催收事实表是客户欠款催收表处理后的数据，同时根据业务日期和催收日期计算出催收业务相差天数数据，如图 12－10 所示。

单据ID	客户ID	业务日期	催收业务相差天数	催收金额
AR000887	CUST0001	2019/2/21	88	417754.3
AR000887	CUST0001	2019/2/24	86	258305.3
AR000888	CUST0001	2019/3/20	87	633633.8
AR000889	CUST0001	2019/4/15	86	374895.6
AR000889	CUST0001	2019/4/22	86	504052.3
AR000889	CUST0001	2019/5/3	90	452483.6
AR000889	CUST0001	2019/5/4	85	871710.3
AR000890	CUST0001	2019/5/15	88	448790.8
AR000890	CUST0001	2019/5/26	85	400348.8
AR000890	CUST0001	2019/6/2	85	530492.1
AR000890	CUST0001	2019/6/7	87	594504.3
AR000891	CUST0001	2019/6/17	86	628214.5
AR000891	CUST0001	2019/6/22	87	908342.6
AR000891	CUST0001	2019/6/23	88	692034.6

图 12－10　催收事实表样表

客户退货事实表是客户退货表处理后的数据，同时根据销售数量和实退数量计算出商品的退货率数据，如图 12－11 所示。

退货ID	客户ID	区域ID	退货年份	销售数量	实退数量	退货率
TH180001	CUST0015	QY000003	2018	127	32	0.25
TH180002	CUST0010	QY000003	2018	88	17	0.19
TH180003	CUST0003	QY000004	2018	128	33	0.26
TH180004	CUST0029	QY000002	2018	154	36	0.23
TH180005	CUST0028	QY000007	2018	56	18	0.32
TH180006	CUST0011	QY000002	2018	999	45	0.05
TH180007	CUST0009	QY000002	2018	198	67	0.34
TH180008	CUST0020	QY000002	2018	144	42	0.29
TH180009	CUST0007	QY000003	2018	186	54	0.29
TH180010	CUST0014	QY000003	2018	328	111	0.34
TH180011	CUST0001	QY000004	2018	549	193	0.35
TH180012	CUST0004	QY000003	2018	315	96	0.3
TH180013	CUST0033	QY000002	2018	934	56	0.06
TH180014	CUST0027	QY000006	2018	147	41	0.28
TH180015	CUST0025	QY000007	2018	51	15	0.29
TH180016	CUST0017	QY000005	2018	139	47	0.34
TH180017	CUST0036	QY000003	2018	153	43	0.28
TH180018	CUST0013	QY000003	2018	176	49	0.28
TH180019	CUST0031	QY000001	2018	113	34	0.3
TH180020	CUST0016	QY000003	2018	71	27	0.38
TH180021	CUST0005	QY000004	2018	152	34	0.22

图 12－11　客户退货事实表样表

客户维度表是客户信息表处理后的数据，为了更好地分析客户信用情况，对规模 ID 数据自动编号，以便将客户维度表与规模维度表进行联立分析，如图 12－12 所示。

客户ID	客户名称	区域ID	规模ID
CUST0001	广州中顺食品厂	QY000004	1
CUST0002	深圳好再来连锁饭店	QY000002	2
CUST0003	东莞王老大食品厂	QY000004	3
CUST0004	悦来茶楼	QY000003	4
CUST0005	海南椰子香连锁饭店	QY000004	5
CUST0006	珠海海鲜大酒楼	QY000004	6
CUST0007	好再来砂锅粥店	QY000003	7
CUST0008	薯薯食品有限公司	QY000003	8
CUST0009	天津新和豆浆	QY000002	9
CUST0010	上海龙祥食品有限公司	QY000003	10
CUST0011	天津家乐园食品公司	QY000002	11
CUST0012	金华宏发肉制品加工厂	QY000003	12
CUST0013	江西乐士食品加工有限公司	QY000003	13
CUST0014	山东俏媳妇食品加工厂	QY000003	14
CUST0015	上海快乐薯吧加盟公司	QY000003	15
CUST0016	浙江家旺食品加工厂	QY000003	16
CUST0017	武汉黑鸭子食品厂	QY000005	17
CUST0018	长沙辣妹子食品厂	QY000005	18
CUST0019	郑州面霸食品加工厂	QY000005	19
CUST0020	太原红旗食品加工厂	QY000002	20

图 12－12　客户维度表样表

规模维度表是客户信息表处理后的数据，为了更好地分析客户发展潜力，抓取客户信息表里的数据并规模 ID 自动编号，如图 12－13 所示。

规模ID	注册资金	员工数量	成立至今的年限
1	3400000	50	19
2	1800000	30	24
3	600000	22	27
4	1900000	36	24
5	400000	18	11
6	1500000	28	20
7	4100000	80	12
8	1300000	36	27
9	1300000	38	9
10	4600000	92	20
11	2800000	55	11
12	2300000	35	32
13	1900000	33	13
14	3100000	46	31
15	4600000	88	19
16	4400000	89	4
17	3300000	62	29
18	1000000	25	24
19	500000	12	14
20	1800000	32	31
21	4000000	76	20

图 12－13　规模维度表样表

根据客户信用分析需要新建时间维度表，它包含时间 ID、年、月、日四列数据，如图 12－14 所示。

时间ID	年	月	日
2019/8/20 0:00	2019	8	20
2019/8/20 0:00	2019	8	20
2019/8/20 0:00	2019	8	20
2019/8/20 0:00	2019	8	20
2019/8/20 0:00	2019	8	20
2019/8/20 0:00	2019	8	20
2019/8/20 0:00	2019	8	20
2019/8/20 0:00	2019	8	20
2019/8/20 0:00	2019	8	20
2019/8/20 0:00	2019	8	20
2019/8/20 0:00	2019	8	20
2019/8/20 0:00	2019	8	20
2019/8/20 0:00	2019	8	20
2019/8/20 0:00	2019	8	20
2019/8/19 0:00	2019	8	19
2019/8/19 0:00	2019	8	19
2019/8/18 0:00	2019	8	18
2019/8/18 0:00	2019	8	18

图 12－14　时间维度表样表

（2）自动化流程设计

根据客户信用的分析需求，对客户信息表、客户退货情况表、经营区域表和客户欠款催收表数据进行自动化处理，将企业中分散、零乱、标准不统一的数据整合到一起，为企业的决策提供分析依据，客户信用数据采集与处理自动化流程如图 12－15 所示。

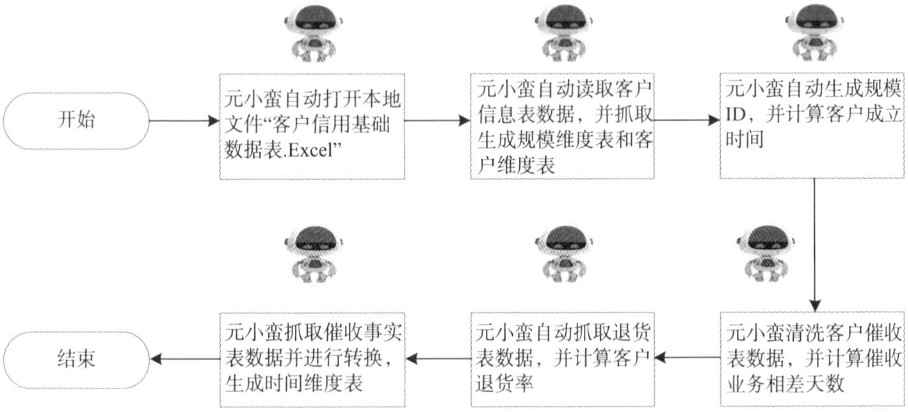

图 12－15　客户信用数据采集与处理自动化流程

12.3.3　RPA 技术路线

客户信用数据采集与处理机器人开发包括维度表数据清洗与生成、催收事实表数据清洗与生成、退货事实表数据清洗与生成和时间表数据清洗与生成四个模块。

首先，在维度表数据清洗与生成模块中，先打开 Excel 工作簿、获取行数，再构建数据表、数据表去重、选择数据列和获取行列数整理清除冗余、杂乱的数据，对变量赋值获取整理后数据的行数，然后重命名工作表、读取区域、写入区域、从初始值开始按步长计数、根据判断条件、变量赋值写入数据，并将字符串转换为时间、获取时间、计算时间差、计算客户成立至今的年限。

其次，在催收事实表数据清洗与生成模块中，写入单元格、从初始值开始按步长计数、读取单元格写入催收基本数据，将字符串转换为时间、计算时间差、写入单元格、读取列、写入列，计算催收业务相差天数。

再次，在退货事实表数据清洗与生成模块中，先获取行数、读取区域、创建工作表并把退货数据写入区域，然后写入单元格、从初始值开始按步长计数、变量赋值计算退货率，取四舍五入值保留两位小数。

最后，在时间表数据清洗与生成模块中，通过读取列抓取催收事实表的催收日期数据，然后将数据写入指定区域，并获取该数据的年、月、日，填充到时间维度表，关闭 Excel 工作簿。

客户信用数据采集与处理机器人开发的具体技术路线如表 12 –7 所示。

表 12 –7　　机器人开发技术路线

流程块名称	功能描述	使用的预制件
维度表数据清洗与生成	打开文档并读取数据	打开 Excel 工作簿
		获取行数
		读取区域
	数据表处理	构建数据表
		数据表去重
		获取行列数
		变量赋值
		选择数据列
		转换为数组
	新建 Excel 文件并把数据写入客户维度表	打开 Excel 工作簿
		重命名工作表
		写入区域
		写入单元格
	新建规模维度表并写入数据	创建工作表
		写入单元格
		从初始值开始按步长计数
		根据判断条件
		变量赋值
		写入列
		选择数据列
		转换为数组
		写入区域
	计算时间差	字符串转换为时间
		获取时间
		计算时间差
	写入区域维度表	获取行数
		读取区域
		创建工作表
		写入区域

续表

流程块名称	功能描述	使用的预制件
催收事实表数据清洗与生成	计算催收相差天数	写入单元格
		从初始值开始按步长计数
		读取单元格
		字符串转换为时间
		计算时间差
		写入单元格
	写入欠款金额	读取列
		写入列
退货事实表数据清洗与生成	写入退货数据	获取行数
		读取区域
		创建工作表
		写入区域
	计算退货率	写入单元格
		从初始值开始按步长计数
		变量赋值
		取四舍五入值
时间表数据清洗与生成	写入表头	创建工作表
		写入行
	写入时间	从初始值开始按步长计数
		字符串转换为时间
		获取年份
		获取月份
		获取第几天
		关闭 Excel 工作簿

12.4 客户信用数据分析与展现自动化

通过对客户信用数据进行采集处理后，得到了完整有效的数据。采用 RPA 技术实现客户信用数据在 Tableau 中可视化分析自动化，以便清楚地了解各客户信用情况。本节将从场景描述、数据分析模型、数据展现设计和 Tableau 技术实现几方面进行介绍。

12.4.1 场景描述

下午 6 点 30 分，距离下班时间已经过去了半小时。丹青还在公司统一配置的“蛮好用”电脑前敲击键盘，不远处的子轩准备下班了，见丹青还一点下班的意思都没有，便问道：“丹青，你怎么还不下班呀？在忙什么呢？”

丹青抬起头看了一眼子轩，继续埋头苦干，然后嘴里同时回答说：“我们客户信用数据分析这个项目已经完成大半了，我这不是在加紧时间做昨天讨论的客户信用数据分析与展现自动化吗，早点做完才能做后面的内容，才能拿奖金!”说完丹青苦笑一番：“为了绩效和奖金可真是不容易。”

子轩主动提出帮丹青分担一部分。丹青思考片刻后，说道：“行，那就麻烦你啦。”“这一部分就是根据昨天的会议讨论的做。我们需要用之前处理好的数据做出 Tableau 数据分析模板，然后再使用 RPA 技术实现 Tableau 数据的导入与可视化图形的导出。现在我正在做客户信用分析的可视化模板，你就帮我做一下 RPA 的技术部分吧，就先谢谢你啦，明早请你喝咖啡。”

子轩回答道：“别客气，况且我还有很多地方需要向你们学习。”

丹青继续敲打着键盘，拖拽着鼠标。心想着：“看来今天应该能收工了，客户信用基本情况的数据展现模板我已经做好了，就差客户履约分析模板了。在客户信用基本情况中我已经对客户经营规模、客户整体印象、客户发展情况做了分析，客户履约分析是对客户的欠款催收情况和退货情况进行分析，很快就好了。”

不知不觉中，一个小时就过去了。天色渐渐暗了下来，夕阳早已不见了踪迹，似乎也着急着下班一样。丹青问子轩，“你那儿怎么样啦？做完了吗?”

子轩回答道：“做完啦，我这比较简单，只需要再和你的融合一下就好了。”

丹青一边收拾着东西，一边说道：“行，那你发给我，融合的部分我晚上回去再加会儿班。真是谢谢你啦，不然我还要在办公室待一个小时。那我们下班吧。”

二人收拾好东西走出了“蛮先进”公司大楼。

12.4.2 数据分析模型

对客户信用进行数据可视化展现将借助 Tableau 软件实现。本小节将创建可视化图形，通过图形对客户信用的各方面进行分析。客户信用数据分析与展现的主要步骤分为选择合适的数据源、绘制可视化图形分析和生成客户信用分析故事，客户信用思维分析导图如图 12 - 16 所示。

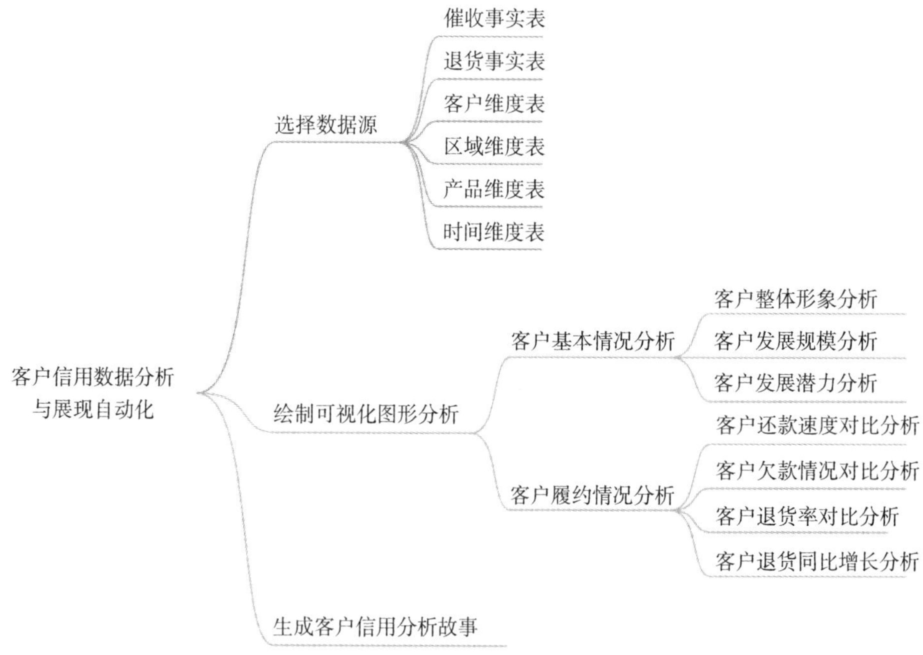

图 12 - 16　客户信用数据分析模型

12.4.3 数据展现设计

在进行客户信用数据展现时，需要进行数据连接、数据整合、创建视图、创建仪表板等步骤，最终生成客户信用可视化故事。本小节将具体介绍各视图、仪表板和故事的设计方法，帮助读者进一步了解图形的展现形式。

（1）创建视图

通过对公司的销售数据、客户数据、商品数据和城市数据进行分析，可以将客户信用分析内容分为两个主题：一是根据客户整体形象、发展规模和发展潜力分析客户基本情况；二是根据客户还款速度、欠款情况和退货情况分析客户履约情况。

构建客户退货同比增长分析时，以客户名称、退货年份为列，以实退数量、销售数量为行，实退数量和销售数量选择快速表计算中的年度同比增长，度量名称为颜色，最终形成“散点图”视图，如图 12 – 17 所示。

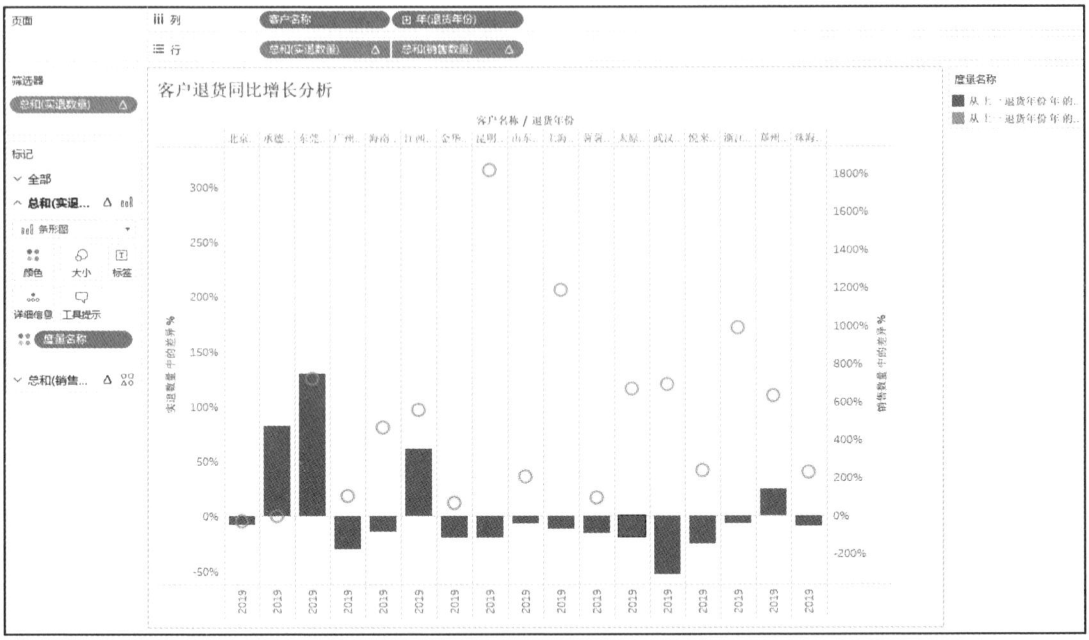

图 12 – 17　客户退货同比增长分析

（2）创建仪表板

仪表板是多张视图的集合，其可以实现多视图交互联动，使可视化效果更好。在公司客户信用分析中一个主题形成一张仪表板，分别为客户基本情况分析与客户履约情况分析。

主题一客户基本情况分析由客户整体形象分析、客户发展规模分析和客户发展潜力分析组成，如图 12 – 18 所示。

主题二客户履约情况分析由客户欠款情况对比分析、客户还款速度对比分析、客户退货同比增长分析和客户退货率对比分析组成，如图 12 – 19 所示。

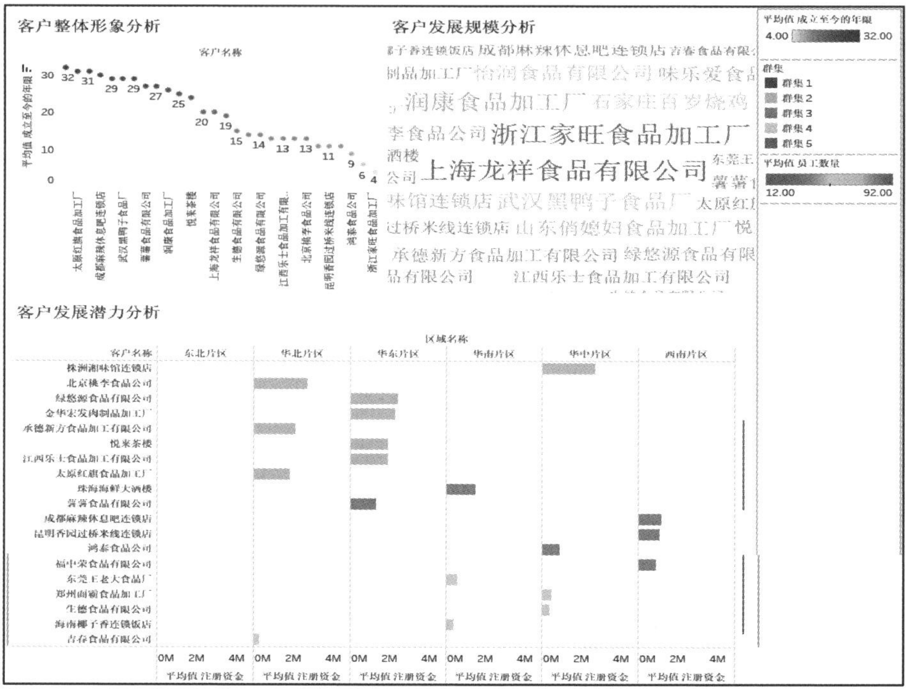

图 12－18　客户基本情况分析

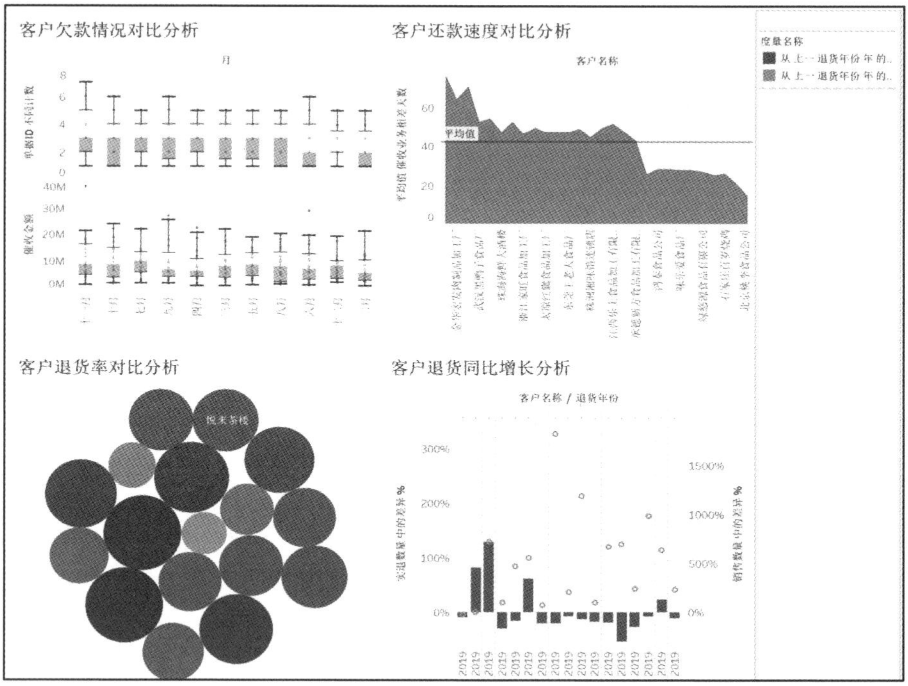

图 12－19　客户履约情况分析

（3）生成故事

在 Tableau 中，故事是一系列共同作用以传达信息的虚拟化项。通过创建故事来讲述数据，提供上下文，演示决策与结果的关系，或者只是创建一个极具吸引力的案例。客户信用分析故事由两个仪表板组成。客户信用分析故事的生成，提供了直观的分析结果，决策者通过客户信用分析故事即可做出初步的决策。客户信用分析故事如图 12－20 所示。

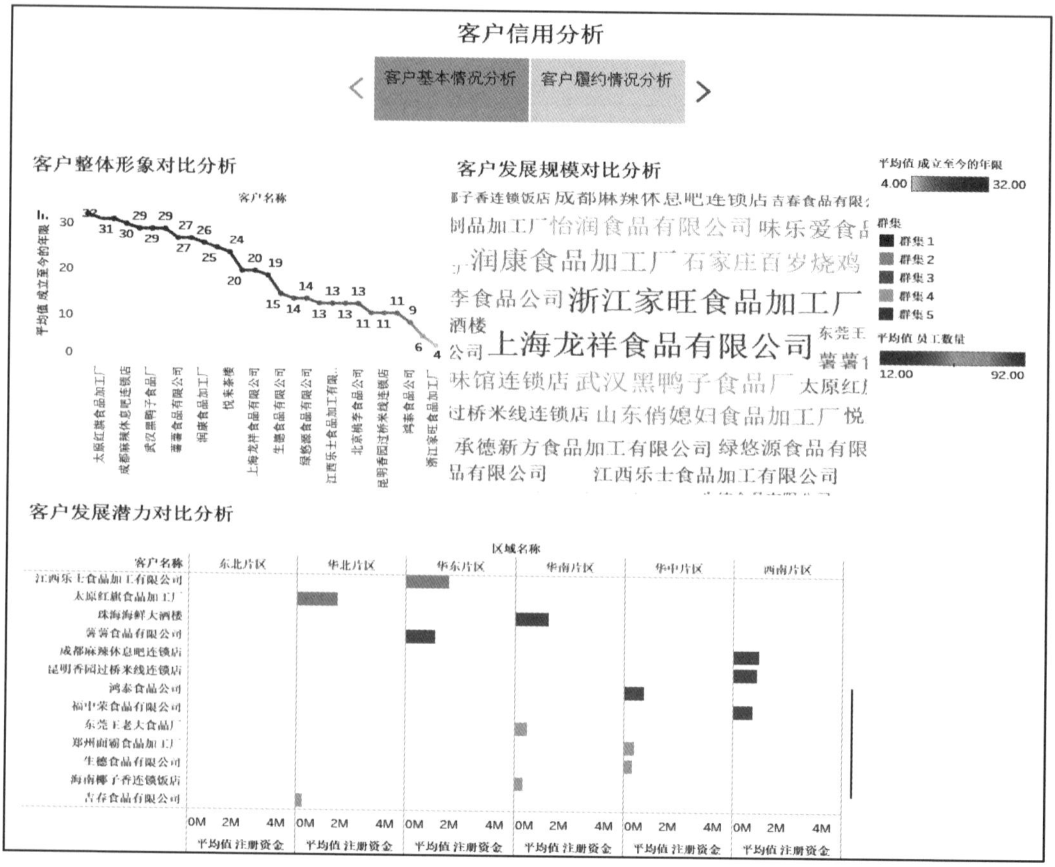

图 12－20　客户信用分析故事

12.4.4　Tableau 技术路线

客户信用分析的 Tableau 技术实现包括连接数据源、绘制客户信用分析图形、生成客户信用分析仪表板和生成客户信用分析故事四个模块。

首先，连接数据源模块，先打开 Tableau，选择添加，在弹出的页面点击【Microsoft Excel】，进入工作簿后，在页面左侧“工作表”中，选择“催收事实表”“客户维度表”等拖入页面中间，并将各表进行内连接。然后，选择字段，根据需求修改数据类型。

其次，绘制客户信用分析图形，新建工作表并重新命名，设置行列字段，并选择字段格式，再根据分析目标选择图形类别，并设置颜色、形状、标签等标记，使绘制的图形更美观。然后筛选掉不需要的数据，并根据需求计算字段，添加平均数、聚类等分析指标。

再次，生成客户信用分析仪表板模块，新建仪表板，并把绘制好的客户信用分析图拖拽至仪表板界面，然后设置标题、阴影、文字大小等格式，再进行合理布局。

最后，生成客户信用分析故事模块，新建故事，并把客户信用分析仪表板用鼠标拖拽至故事界面，然后设置标题、阴影等格式，再进行合理布局。

客户信用分析 Tableau 具体技术路线如表 12－8 所示。

表 12－8 Tableau 技术路线

实现目的	实现步骤	具体操作
连接数据源	连接数据	点击添加“Microsoft Excel”
	添加其他表	拖拽工作表
	数据表连接	拖拽并设置连接字段
	修改数据类型	单击数据类型
绘制客户信用分析图形	新建并重命名工作表	点击“新建工作表”，并重新命名
	设置行列字段	拖拽字段到“行”“列”
	设置字段格式	选择指定格式
	设置智能显示	点击图形类别
	设置标记	拖拽需要筛选的字段到颜色、形状、标签和角度等选项卡
	选择筛选器	拖拽需要筛选的字段到筛选器
	计算字段	右击字段“快速表计算”
	添加分析	拖拽并设置分析中的群集、平均数等指标
生成客户信用分析仪表板	新建仪表板	点击“新建仪表板”
	绘制仪表板	鼠标拖拽工作表到仪表板
	设置仪表板格式	点击编辑标题、阴影等格式
生成客户信用分析故事	新建故事	点击“新建故事”
	绘制故事	鼠标拖拽仪表板到故事
	设置故事格式	点击编辑标题、阴影等格式

12.5 客户信用数据分析报告自动化

客户信用数据分析报告自动化主要是采用 RPA 技术实现分析目标，为管理者提供高效、精准的分析结论，有利于管理者做出科学合理的经营决策。本节从场景描述、数据分析报告设计、自动化流程设计和 RPA 技术实现等方面进行介绍。

12.5.1 场景描述

随着客户信用数据分析报告的自动生成，办公室里一阵欢呼声。丹青感叹道：“真好，这个项目终于结束啦。”程总说道：“下班后我请大家吃饭，犒劳一下大家，这段时间辛苦啦！醉八仙热酒馆，走起！”大家齐声说道：“谢谢程总。”

汤远萍还在感叹着，“客户信用自动化分析可真是厉害，这就可以自己生成分析报告了，以后都不用自己手工一点一点地写了。目录、摘要、分析背景、分析目的、分析思路、分析内容、结论与建议都齐全了，是十分标准的商业数据分析报告。不过这部分的 RPA 技术实现也是真的难，我都没看太明白。”丹青听到后对汤远萍说道：“你不懂的地方可以来问我的。”

在重庆一直流传着各式各样的有着悠久历史的民间江湖菜，每一道菜都是有典故有讲究的。醉八仙热酒馆重庆江湖菜将这些精妙的菜系和习俗全部融合到一起，成就了这个品牌。

醉八仙热酒馆——是江湖更是生活。江湖菜源自市井，发迹于大排档、小酒家，所以人们印象中的江湖菜就是“土、粗、杂”。然而，醉八仙热酒馆却将“土气”和“雅气”恰到好处地融合在了一起。有重庆人的地方才有江湖菜，醉八仙热酒馆不仅是江湖菜的底盘，更是接受文化和陶冶情操的好去处。浪漫小资的餐厅风格，伫立在喧嚣的大城市中央，势必要独树一帜做最特别的休闲慢生活角落。

傍晚时分，醉八仙热酒馆的包间里，“蛮先进”公司的商业数据分析团队成员正在举办庆功宴。桌上特色菜一个不落，水煮肉片、蒜泥白肉、杨梅酒、尖椒皮蛋、凉拌菜、双椒蹄花、麻辣鸭肠、小炒鸡、手抓排骨，道道都是酣畅淋漓的菜色。程总端起酒杯说：“来，大家这段时间辛苦了，我敬大家一杯，吃畅快，给大家整巴适！”大家齐声说道：“谢谢程总”。程总接着说道：“子轩，听说你这次很给力，不错，下次加油，后浪可期。”子轩端起酒杯说道：“多谢程总栽培，我还需继续努力，争取以后可以独当一面。”说完，一饮而尽。

12.5.2 数据分析报告设计

客户信用数据分析报告由七部分组成，分别是标题页、目录、摘要、分析背景、分析目的、分析思路和分析内容，其具体内容如下：

（1）标题页

客户信用分析报告的标题页标题为：客户信用商业数据分析报告，撰写人为徐丹青，日期为客户信用分析报告生成当日。

（2）目录

客户信用商业数据分析报告的目录由报告目录和图表目录组成，报告目录是报告的正文框架，图表目录是数据分析报告中可能出现的图表图注。

（3）摘要

客户信用分析是通过对客户信用状况进行调查分析，从而避免应收款项成为坏账，为防范坏账提供决策依据。几乎所有成功的企业，都非常重视客户信用调查。重庆蛮先进智能制造有限公司客户信用主要从客户的基本情况和履约情况进行分析，给出优化建议。

（4）分析背景

大数据时代，财务领域的自动化、数字化和智能化为企业经营管理注入新动力，而技术与财务的结合又为企业指出新方向。数字经济下的市场竞争，其本质在于以最快速度化解复杂系统的不确定性，提高资源优化配置效率，关键在于如何实现科学决策、精准决策、高效决策。为此，很多企业纷纷开始将智能决策系统应用于生产运营的各个环节，帮助管理者做出更高效、更正确的决策。运用数智化技术分析蛮先进公司的客户信用，能够基于企业战略不断快速调整决策建议，使企业效率提升，如虎添翼。

（5）分析目的

①分析客户还款速度。通过分析客户的还款速度，可以了解各个客户的还款速度是否超过平均还款速度，从而为蛮先进公司评价客户信用提供一定的分析支持。

②分析客户退货情况。通过分析客户的退货情况，可以了解每个客户的购买同比增长速度和退货同比增长速度，对比分析客户是否存在恶意退货的情况，以便为客户评价提供一定的依据。

③分析客户整体形象。通过分析客户的整体形象，有利于了解客户近几年的经营状况和公司实力，可以进一步评估公司的还款实力，为防止客户赊账提供决策支持。

（6）分析思路

①客户基本情况分析，包括客户整体形象对比分析；客户发展规模对比分析；客户发展潜力对比分析。

②客户履约情况分析，包括客户欠款情况对比分析；客户还款速度对比分析；客户退货率对比分析；客户退货同比增长分析。

（7）分析内容

蛮先进公司从客户的退货情况、整体形象和还款速度等方面分析，可以深入了解客户的还款实力、合作意向和客户形象，以此对客户的信用评估做出更加精准的决策。本次客户信用分析主要分为两个主题：一是从客户基本情况角度分析客户的整体形象、发展规模和发展潜力。二是从客户履约角度分析客户的欠款情况、还款速度和退货情况。

12.5.3 自动化流程设计

根据客户信用的分析需求，将 Tableau 分析图片插入客户信用分析报告，机器人计算并排列相关业务数据，通过判断对比写入客户信用分析内容、分析结论和建议。为企业经营决策提供分析依据。

客户信用数据分析报告生成自动化流程如图 12－21 所示。

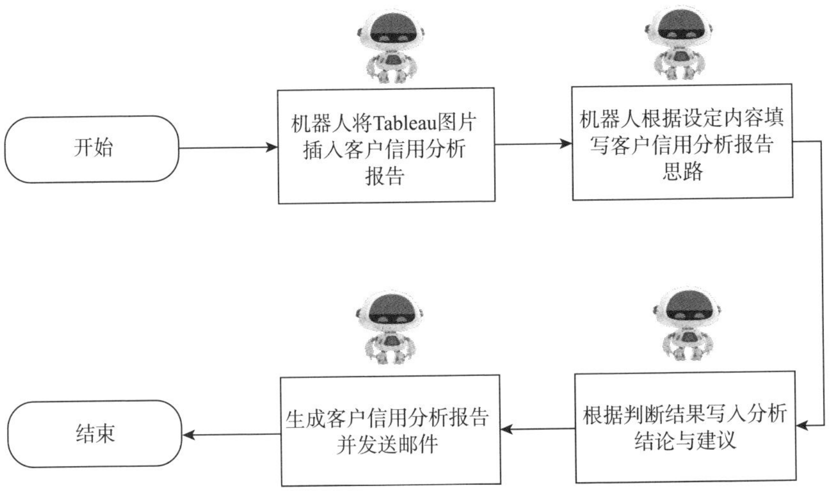

图 12－21 客户信用数据分析报告生成自动化流程

12.5.4 RPA 技术路线

客户信用分析报告生成机器人开发包括填写封面和目录、写入摘要和分析背景、填写分析内容与建议以及发送邮件四个流程块。

首先，在填写封面和目录模块中，打开 Word 文档，添加延时以便文档出现，再模拟滚动、点击目标和查找文本后设置光标位置寻找光标位置，然后替换文字并处理获取的时间。

其次，在写入摘要和分析背景模块中，对报告内容多处文字批量替换，并查找指定文字，用退格键删除，然后插入相应的图片。

最后，查找指定文字光标位置，移动光标到指定位置，退格键删除内容并插入图片和写入指定文字，然后保存并关闭文档，发送做好的文档到指定邮件。

客户信用分析报告生成机器人开发的具体技术路线如表 12 -9 所示。

表 12 -9　　机器人开发技术路线

流程块名称	功能描述	使用的预制件
填写封面和目录	打开文档并查找光标位置	打开 Word 文档
		延时
		模拟滚动
		点击目标
		查找文本后设置光标位置
	获取时间并替换文字	文字批量替换
		获取时间
		格式化时间
		左侧裁剪
		模拟点击
写入摘要和分析背景	替换文字并插入图片	文字批量替换
		查找文本后设置光标位置
		退格键删除
		插入图片
填写分析内容与建议	写入内容并插入图片	查找文本后设置光标位置
		退格键删除
		插入图片
		移动光标位置
		写入文字
	写入指定内容	查找文本后设置光标位置
		退格键删除
		写入文字
	保存并关闭文档	保存文档
		关闭文档
发送邮件	发送邮件至邮箱	发送邮件

第四部分

财务数据分析

第13章　期间费用自动化分析

13.1　商业理解

从商业的角度来看，期间费用作为企业经济的流出计算。不管是什么企业，其发生的费用都可以按与商品或产品的关系，分为直接费用和间接费用两类。从财务的角度，期间费用是指企业日常活动发生的不能计入特定核算对象的成本，而应计入发生当期损益的费用。期间费用是一种间接费用，不能归属到具体的产品，期间费用的数额过大，会对企业的利润带来影响。

13.1.1　场景描述

蛮先进公司除了食品制造业之外，在汽车制造业还有一个子公司，目前子公司的运营备受关注，主要是在新能源的转型方面。不论是政策还是公司内部的耗费方面，子公司都是蛮先进集团发展的重点。自2008年该子公司进军乘用车领域以来，其三费（销售费用、管理费用、财务费用）开始大幅增加。2009年和2010年两年的三费同比增长率高达50%左右。此外，自2015年进入新能源汽车领域，三费再次大幅增长。2017年开始着手控费。2019年，公司计划进一步控制费用，力争在行业增长趋缓的大背景下做好费用管控与节流工作，提高单车盈利能力。由于期间费用是不能直接归属于某个特定产品成本的费用，是企业固定期间的主要支出，是影响企业当期利润的最主要因素，因此对期间费用的控制是企业重中之重的努力目标。

年末，在蛮先进公司的茶水间，常吉正在思考下午程总开会提出的要求，程总想了解汽车制造业子公司的期间费用情况。程总了解这个问题的原因说来也简单，因为前段时间子公司的费用控制做的着实不太好，同时常吉作为商业数据分析的团队负责人，可以把子公司的这个情况和项目组的成员做一次探讨。这时，柳婷走过来跟常吉八卦年终奖的设定情况，但是还没等柳婷说出来，常吉已经给她安排任务了。

"婷儿，子公司的期间费用你多上上心，这个是程总需要了解的情况，到时候你和我一起去汇报。"常吉冲好咖啡对柳婷示意。

柳婷心想，"我晕，好窒息。"

还没等柳婷反应过来，常吉低下头无奈地说，"控制三费是公司最近的决定，主要是为了开源节流，然后向新能源汽车转型，这样可以有更多的资金投入到研发里面。"

"诶？老大，那直接融资不就好了吗?"

"融资和股权激励都是我们研发的资金来源，但是期间费用高的离谱，哪有公司愿意融资给我们啊!"常吉敲了一下柳婷的头，似乎是觉得这个问题太 easy，而柳婷不应该这么问。

"但是我一个人，可能解决不了哎。"柳婷一点底气都没有。

"没关系，有问题你可以去问一下晏露，她之前是学会计专业的，对这些更了解，你要多多向她们学习，年终奖我不会亏待你的。"常吉已经猜透了柳婷的心思，因为说到年终奖，她也有一丝丝期待。

13.1.2 业务与技术分析

经过反复讨论，财务总监常吉确定了如下汇报思路，首先，展示子公司 2016—2018 年三年的期间费用情况；其次，横向与纵向做出对比分析，分别是不同年度同一公司的对比分析和同一年度不同公司的对比分析；最后，根据比较得出"2017 年控费决定是否取得成效"的结论。

我们当前目标在于分析解决下列问题：

①2017 年的控费决定是否取得成效?

②期间费用中是否存在某项费用过高的问题?

③如果存在无法解决的问题，我们需不需要向其他公司学习，获取建议。

以下是解决上述问题的总体分析思路与技术思路。

（1）期间费用业务流程与痛点分析

蛮先进公司的期间费用分析流程主要包括下载邮件，收集和汇总各上市公司的基本信息、期间费用相关数据、财报数据等，分析对比同行业公司基本信息情况、期间费用情况，出具分析报告，发送分析报告等步骤。业务流程如图 13－1 所示。

由业务流程图可以看出，在对期间费用进行分析时，需要分析人员逐一查询期间费用的数据，需要对同行业的期间费用进行对比分析和计算。传统人工对期间费用进行分析存在耗时长、效率低、错误率较高的痛点。

（2）期间费用分析 RPA 流程与技术关系

蛮先进公司的信息化技术在整个行业走在前列，为了发挥信息化技术的作用，对子公司期间费用进行分析时决定采用 RPA 技术，重点在于复杂烦琐的过程。比如，采集大量信息数据的过程，需要将数据复制粘贴到 Excel 表内、处理不合规的数据等。所以采用公司自己的 RPA 技术，助力整个数据分析过程。RPA 流程如图 13－2 所示，蛮先进公司的机器人元小蛮自动进入子公司的 ERP 系统对数据进行采集，包括对图片的文字进行 OCR 识别，将采集到的数据放入到 Excel 表内，该表的结构是商业数据分析人员提前设计好的，所以机器人按照制定的规则进行采集和录入即可。但是采集到的数据由于是脏数据，所以需要机器人对数据进行预处理，然后结合分析主题的模型进行图表的绘制，最后生成一个分析报告发送至财务总监的邮箱。

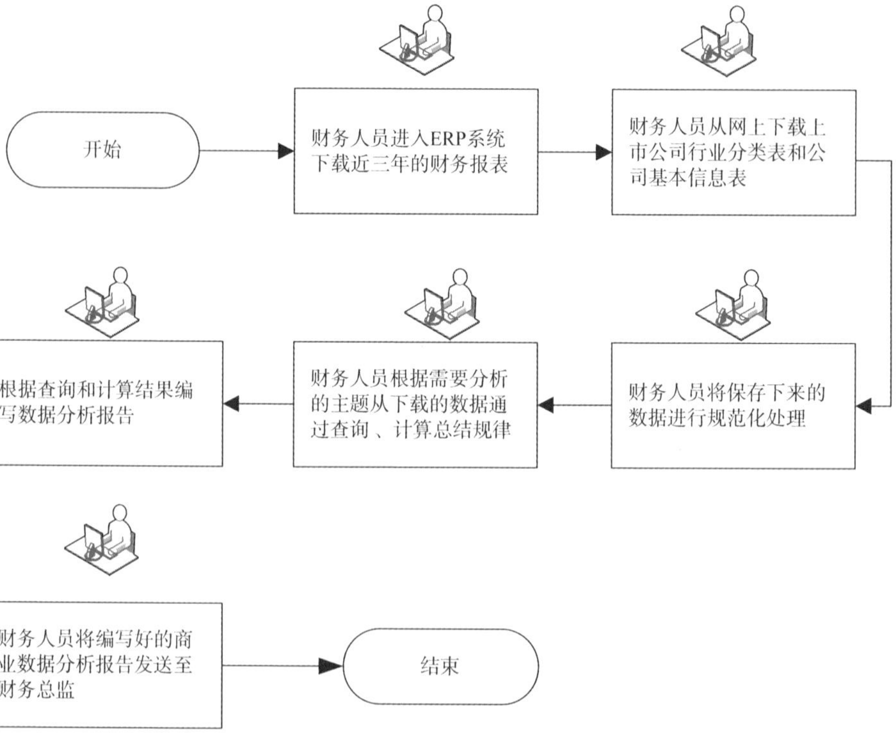

图 13－1 期间费用分析业务流程

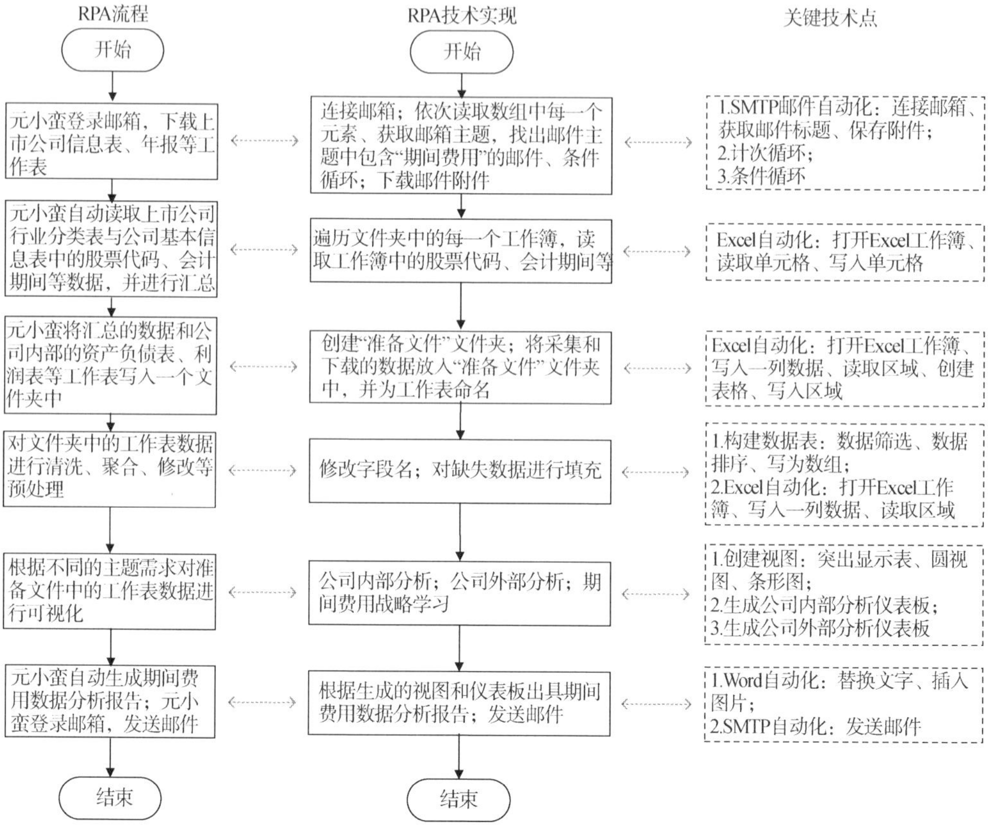

图 13－2 期间费用分析 RPA 流程与技术关系

13.2 期间费用数据理解

在对期间费用进行分析之前，需要做好数据准备工作，从分析的对象上来看，期间费用分析的数据主要是近些年来财务报表的销售费用、管理费用和财务费用，除此之外，对期间费用的分析不能只定位在企业内部，应该选择更多的分析方向。比如，查询上市公司的期间费用数据，结合行业分类情况，来了解同行业的三费情况，便于以后进行战略学习安排。

13.2.1 场景描述

常吉安排给柳婷的任务她没怎么听进去，毕竟年末要发年终奖，安安心心过个好年才是她现在的企盼。虽说柳婷在公司工作的时间比较久，她想缓缓这件事，但还真没那么容易。这不，办公室的汤远萍给她发来了微信，“婷姐，常吉安排的子公司期间费用分析，让我和您一起去子公司采集数据。”

“放假过年没那么容易啊，哎。小汤你不急，我们叫上晏露，用 RPA 技术去采集信息数据会快一些。等会儿我就联系小露，你不忙，等会儿到点你可以先下班了。”柳婷快速按下回车键，因为她知道年轻人都有着一腔热血，说做什么事立马就行动了，但是这种事情明明可以靠机器人，为什么要我们手动采集呢。

小汤问到，“嗷嗷，我一直听别人说我们公司的信息化技术很厉害，尤其是 RPA 技术，但是一直没有见识过，哈哈，这次有幸和婷姐一起见识了。”

“没问题，没问题，明天我们就和晏露去一趟子公司进行调研，你先准备好一份 List，把我们需要的数据全部列出来。”柳婷给小汤安排了新任务。

……

调研回来后，小汤对比着子公司的业务情况数据和自己事先列的 List，确定了期间费用数据分析需要的数据表结构，这对数据采集过程来说是重要的一步，也是机器人目前不能替代的一环。有了这个表结构和模型，机器人能够准确采集到需要的数据。

“小汤，将这个表结构设计好之后就发送到车间晏主任的邮箱里，同时给信息部的小李也发送一份，多方协同，完成这个期间费用的分析。”柳婷说。

常吉欣慰地看向财务部门的几个小伙伴，因为信息化、数智化正是她们这些“后浪”们应该学习的内容。

“今晚，我请大家看电影。”常吉在数据分析微信群里发出这样一条消息。

“欧耶！”

“谢谢常吉。”

“晚上见。”

13.2.2 数据模型

期间费用分析的数据是财务部门和信息部门综合调研的结果，这也是目前根据主题业务进行分析的结果，资产负债表、利润表、所有者权益变动表和附注是财务报表的主要组成部分，但是由于这次分析的主题是期间费用，那么对于相差较大的数据，比如所有者权益变动表等，就暂且不需要，那么也不用机器人去读取。根据信息部门已有的上市公司行业分类表和公司基本信息表等，综合调研得到的数据情况，数据模型如图 13－3 所示。

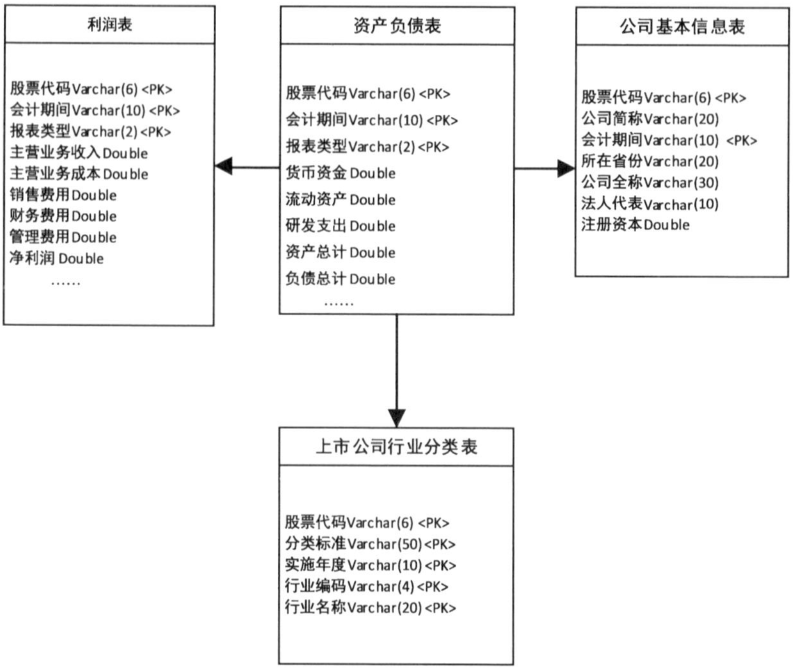

图 13－3　数据物理模型

13.2.3　数据表

在设计表结构之前需要对现有的数据进行调研，比如，在蛮先进集团的子公司系统中，有哪些数据，这些数据对将要分析的主题有什么作用，这些数据是结构化数据还是非结构化数据等，这些问题都是需要提前了解知晓的，毕竟在后期的数据处理和采集上，这些问题需要解答。

（1）数据表结构设计

信息部门已有的数据包括公司基本信息表和上市公司行业分类表，以下是公司基本信息表和上市公司行业分类表的表结构和具体的数据示例。在调研过程中，子公司的资产负债表和利润表机器人通过直接获取的方式发送到会计师柳婷的邮箱中。

①公司基本信息表（gsjbxxb）。

主键：Symbol、EndDate；外键：Symbol，公司基本信息表表结构如表 13－1 所示。

表 13－1　公司基本信息表表结构

序号	字段	数据类型	字段标题	字段大小	字段说明
1	Symbol	Varchar	股票代码	6	股票代码
2	ShortName	Varchar	股票简称	20	股票所在公司简称
3	EndDate	Varchar	年度区间	10	所在年度
4	RegisterAddress	Varchar	注册具体地址	50	公司注册地地址
5	FullName	Varchar	中文全称	20	公司全称
6	LegalRepresentative	Varchar	法人代表	10	法人代表
7	RegisterCapital	Double	注册资本	0	当前时间的注册资本

②上市公司行业分类表（ssgshyflb）。

主键：Symbol；外键：Symbol，上市公司行业分类表表结构如表 13 －2 所示。

表 13 －2　　上市公司行业分类表表结构

序号	字段	数据类型	字段标题	字段大小	字段说明
1	Symbol	Varchar	股票代码	20	主键
2	IndustryClassification Name	Varchar	行业分类标准	20	行业分类标准
3	ImplementDate	Date	实施日期		实施日期
4	IndustryCode	Varchar	行业代码	20	行业代码
5	IndustryName	Varchar	行业名称	50	行业名称

（2）表数据示例

采集到的数据表示例如图 13 －4 和图 13 －5 所示，公司基本信息表和上市公司行业分类表皆以数据物理模型和表结构进行采集，其字段名和数据内容如下，图中只是部分选取内容。

Symbol	ShortName	EndDate	Province	FullName	LegalRepresentative	RegisterCapital
000001	平安银行	2015-12-31	广东省	平安银行股份有限公司	谢永林	14,308,676,139.00
000001	平安银行	2016-12-31	广东省	平安银行股份有限公司	谢永林	17,170,000,000.00
000001	平安银行	2017-12-31	广东省	平安银行股份有限公司	谢永林	740,180,802.00
000001	平安银行	2018-12-31	广东省	平安银行股份有限公司	谢永林	17,170,000,000.00
000004	国农科技	2015-12-31	广东省	深圳中国农大科技股份有限公司	李林琳	83,976,684.00
000004	国农科技	2016-12-31	广东省	深圳中国农大科技股份有限公司	李林琳	83,976,700.00
000004	国农科技	2017-12-31	广东省	深圳中国农大科技股份有限公司	李林琳	159,179,110.00
000004	国农科技	2018-12-31	广东省	深圳中国农大科技股份有限公司	黄翔	83,976,684.00
000030	富奥股份	2015-12-31	吉林省	富奥汽车零部件股份有限公司	金毅	1,293,251,508.00
000030	富奥股份	2016-12-31	吉林省	富奥汽车零部件股份有限公司	金毅	1,293,251,508.00
000030	富奥股份	2017-12-31	吉林省	富奥汽车零部件股份有限公司	甘先国	1,293,251,508.00
000030	富奥股份	2018-12-31	吉林省	富奥汽车零部件股份有限公司	甘先国	1,810,552,111.00
000033	*ST 新都	2015-12-31	广东省	深圳新都酒店股份有限公司	陈辉汉	329,402,050.00
000033	新都酒店	2016-12-31	广东省	深圳新都酒店股份有限公司	陈辉汉	429,720,035.00
000153	丰原药业	2015-12-31	安徽省	安徽丰原药业股份有限公司	何宏满	312,141,230.00
000153	丰原药业	2016-12-31	安徽省	安徽丰原药业股份有限公司	何宏满	312,141,200.00
000153	丰原药业	2017-12-31	安徽省	安徽丰原药业股份有限公司	何宏满	317,077,630.00
000153	丰原药业	2018-12-31	安徽省	安徽丰原药业股份有限公司	何宏满	312,141,230.00
000158	常山股份	2015-12-31	河北省	石家庄常山纺织股份有限公司	肖荣智	1,271,442,278.00
000158	常山股份	2016-12-31	河北省	石家庄常山纺织股份有限公司	汤彰明	1,271,442,278.00
000158	常山北明	2017-12-31	河北省	石家庄常山北明科技股份有限公司	肖荣智	1,652,874,961.00
000158	常山北明	2018-12-31	河北省	石家庄常山北明科技股份有限公司	肖荣智	1,652,874,961.00
000166	申万宏源	2015-12-31	新疆生产建设兵团	申万宏源集团股份有限公司	陈亮	14,856,744,977.00
000166	申万宏源	2016-12-31	新疆生产建设兵团	申万宏源集团股份有限公司	陈亮	20,056,605,718.00
000166	申万宏源	2017-12-31	新疆生产建设兵团	申万宏源集团股份有限公司	陈亮	20,056,605,718.00

图 13 －4　公司基本信息表部分数据

Symbol	IndustryClassificationName	ImplementDate	IndustryCod	IndustryName
000001	中证行业分类2016年版	2016-12-12	J66	综合性银行
000004	中证行业分类2016年版	2016-12-12	C27	化学药
000030	中证行业分类2016年版	2016-12-12	C36	汽车零配件
000030	中信证券行业分类	2018-05-21	C36	汽车零部件Ⅲ
000033	中证行业分类2016年版	2016-12-12	H61	酒店
000153	中证行业分类2016年版	2016-12-12	C27	化学药
000158	中证行业分类2016年版	2016-12-12	C17	纺织品
000158	中信证券行业分类	2017-02-16	C17	行业应用软件
000158	申银万国行业分类2014修订版	2017-07-03	C17	IT服务
000158	中信证券行业分类	2018-05-21	C17	综合Ⅲ
000166	中证行业分类2016年版	2016-12-12	J67	投资银行业与经纪业
000338	中证行业分类2016年版	2016-12-12	C36	通用机械
000403	中证行业分类2016年版	2016-12-12	C27	生物科技
000416	申银万国行业分类2014修订版	2016-07-04	J69	多元金融
000416	中证行业分类2016年版	2016-12-12	J69	资产管理与托管银行
000416	中信证券行业分类	2018-05-21	J69	其他非银金融
000416	中证行业分类2016年版	2018-06-11	J69	消费信贷
000423	中证行业分类2016年版	2016-12-12	C27	中药
000428	中证行业分类2016年版	2016-12-12	H61	酒店
000503	申银万国行业分类2014修订版	2016-07-04	I64	医疗服务
000503	中证行业分类2016年版	2016-12-12	I64	互联网信息服务
000513	中证行业分类2016年版	2016-12-12	C27	化学药
000518	中证行业分类2016年版	2016-12-12	C27	生物科技
000524	中证行业分类2016年版	2016-12-12	H61	酒店
000524	申银万国行业分类2014修订版	2018-07-16	H61	旅游综合

图 13 －5　上市公司行业分类表部分数据

利润表和资产负债表数据是从公司的 ERP 系统直接导出的，其字段名和数据内容如图 13 -6 和图 13 -7 所示。

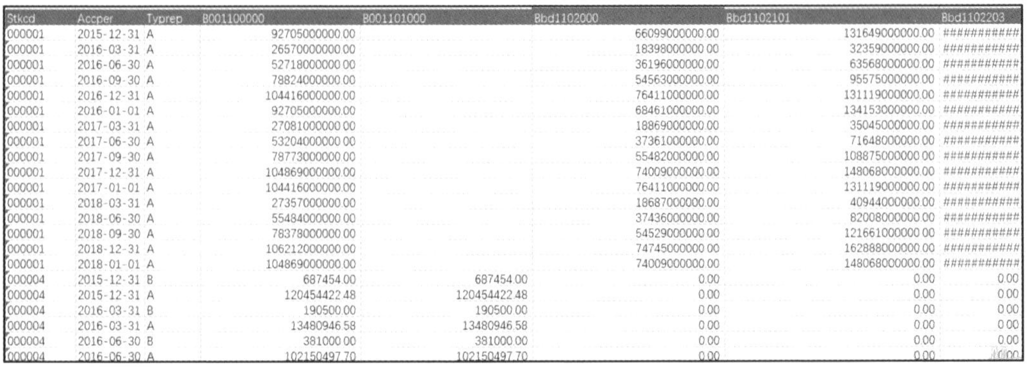

Stkcd	Accper	Typrep	B001100000	B001101000	Bbd1102000	Bbd1102101	Bbd1102203
000001	2015-12-31	A	92705000000.00		66099000000.00	131649000000.00	###########
000001	2016-03-31	A	26570000000.00		18398000000.00	32359000000.00	###########
000001	2016-06-30	A	52718000000.00		36196000000.00	63568000000.00	###########
000001	2016-09-30	A	78824000000.00		54563000000.00	95575000000.00	###########
000001	2016-12-31	A	104416000000.00		76411000000.00	131119000000.00	###########
000001	2016-01-01	A	92705000000.00		68461000000.00	134153000000.00	###########
000001	2017-03-31	A	27081000000.00		18869000000.00	35045000000.00	###########
000001	2017-06-30	A	53204000000.00		37361000000.00	71648000000.00	###########
000001	2017-09-30	A	78773000000.00		55482000000.00	108875000000.00	###########
000001	2017-12-31	A	104869000000.00		74009000000.00	148068000000.00	###########
000001	2017-01-01	A	104416000000.00		76411000000.00	131119000000.00	###########
000001	2018-03-31	A	27357000000.00		18687000000.00	40944000000.00	###########
000001	2018-06-30	A	55484000000.00		37436000000.00	82008000000.00	###########
000001	2018-09-30	A	78378000000.00		54529000000.00	121661000000.00	###########
000001	2018-12-31	A	106212000000.00		74745000000.00	162888000000.00	###########
000001	2018-01-01	A	104869000000.00		74009000000.00	148068000000.00	###########
000004	2015-12-31	B	687454.00	687454.00	0.00	0.00	0.00
000004	2015-12-31	A	120454422.48	120454422.48	0.00	0.00	0.00
000004	2016-03-31	B	190500.00	190500.00	0.00	0.00	0.00
000004	2016-03-31	A	13480946.58	13480946.58	0.00	0.00	0.00
000004	2016-06-30	B	381000.00	381000.00	0.00	0.00	0.00
000004	2016-06-30	A	102150497.70	102150497.70	0.00	0.00	0.00

图 13 -6　利润表数据

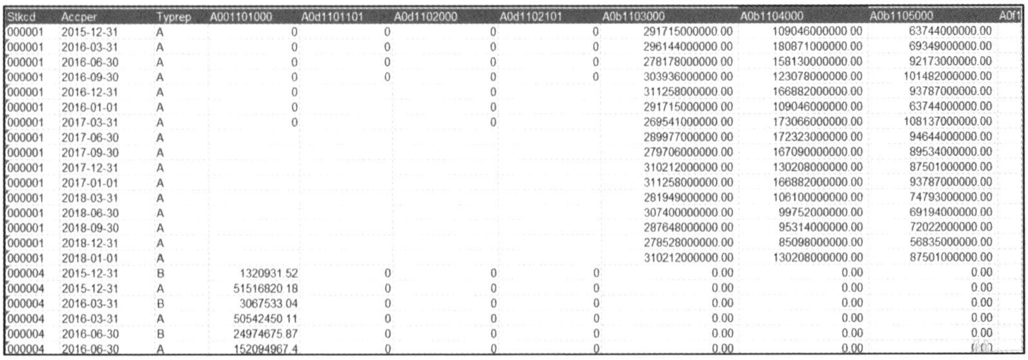

Stkcd	Accper	Typrep	A001101000	A0d1101101	A0d1102000	A0d1102101	A0b1103000	A0b1104000	A0b1105000	A0f1
000001	2015-12-31	A	0	0	0	0	291715000000.00	109046000000.00	63744000000.00	
000001	2016-03-31	A	0	0	0	0	296144000000.00	180871000000.00	69349000000.00	
000001	2016-06-30	A	0	0	0	0	278178000000.00	158130000000.00	92173000000.00	
000001	2016-09-30	A	0	0	0	0	303936000000.00	123078000000.00	101482000000.00	
000001	2016-12-31	A	0		0		311258000000.00	166882000000.00	93787000000.00	
000001	2016-01-01	A	0		0		291715000000.00	109046000000.00	63744000000.00	
000001	2017-03-31	A	0		0		269541000000.00	173066000000.00	108137000000.00	
000001	2017-06-30	A					289977000000.00	172323000000.00	94644000000.00	
000001	2017-09-30	A					279706000000.00	167090000000.00	89534000000.00	
000001	2017-12-31	A					310212000000.00	130208000000.00	87501000000.00	
000001	2017-01-01	A					311258000000.00	166882000000.00	93787000000.00	
000001	2018-03-31	A					281949000000.00	106100000000.00	74793000000.00	
000001	2018-06-30	A					307400000000.00	99752000000.00	69194000000.00	
000001	2018-09-30	A					287648000000.00	95314000000.00	72022000000.00	
000001	2018-12-31	A					278528000000.00	85098000000.00	56835000000.00	
000001	2018-01-01	A					310212000000.00	130208000000.00	87501000000.00	
000004	2015-12-31	B	1320931.52	0	0	0	0.00	0.00	0.00	
000004	2015-12-31	A	51516820.18	0	0	0	0.00	0.00	0.00	
000004	2016-03-31	B	3067533.04	0	0	0	0.00	0.00	0.00	
000004	2016-03-31	A	50542450.11	0	0	0	0.00	0.00	0.00	
000004	2016-06-30	B	24974675.87	0	0	0	0.00	0.00	0.00	
000004	2016-06-30	A	152094967.4	0	0	0	0.00	0.00	0.00	

图 13 -7　资产负债表数据

13.3　期间费用数据采集与处理自动化

大数据环境下数据的特征是多且复杂，大量的数据对于人工手动采集来说是个难题，但是这个难题可以通过机器人来实现。在数据处理阶段，同样可以用机器人进行筛选、排序和聚合等操作。

13.3.1　场景描述

叮叮叮……

“喂，婷姐，你带上小汤来一下十五楼吧，我在电梯口这里等你。”晏露打来了电话。晏露最近被安排了其他主题的商业数据分析，正在十五楼采集数据。

“小露，你说啥事，这会我刚整理好年末的报表，准备一会儿让小汤给我发个邮件。”柳婷回复她。

“就是期间费用数据分析那个事，我已经安排了人做机器人，我们去看看成果。”晏露已经信心满满了，也是，蛮先进的技术这块没的说。要说晏露，可是整个商业数据分析团队的大忙人，平时各个小组的商业数据分析都会找她帮忙，主要是数据采集这块需要她的帮助较多，她对这块很熟。

挂完电话，小汤还没来得及回复就已经被柳婷叫到十五楼，小汤入职这么久一直没有机会来十五楼，她对这个神秘的十五楼一直充满好奇，她从进公司第一天就知道十五楼是整个公司的信息部门，这层楼的员工技术都很强，不管是大数据还是RPA。如果不是这次数据分析的项目，她可能走进十五楼还需要几年的时间。

“一直以来，我都想学学信息化部门的技术，感觉他们的手在键盘上快速输入就能找到自己想要的结果。”小汤感叹到，自从进了商业数据分析项目组，小汤一直向柳婷表达对信息化中心的仰慕之情，今天她格外期待。

“走吧，婷姐、小汤，我们过去看看。”晏露大声招呼她俩。

信息化中心的小李一顿操作猛如虎，机器人运行的速度特别快，结果很快便显示出来，晏露安排小汤向小李询问一下机器人的操作步骤和详细过程。

13.3.2 自动化流程设计

自动化流程包括数据采集与处理标准规范和自动化流程设计两部分。数据采集与处理标准规范是对数据输入、数据处理和数据输出的整体流程技术点的梳理，自动化流程设计是机器人的运行流程。

（1）数据采集与处理标准规范

数据采集与处理的设计包括数据输入、数据处理和数据输出三个方面。

①数据输入。期间费用数据采集与处理自动化的数据输入为本地 Excel 文件和 ERP 系统下载的 Excel 文件。本地 Excel 文件包含机器人从网页中抓取的上市公司行业分类数据和上市公司基本信息数据，下载的 Excel 文件包括从 ERP 系统中下载的财务报表，这里，只下载资产负债表和利润表，如表 13－3 所示。

表 13－3　　数据输入

数据来源	文件名/网址	主要数据内容
本地 Excel 文件	上市公司行业分类表 . xlsx	股票代码
		行业分类标准名称
		实施日期
		行业分类代码
		行业名称
	公司基本信息表 . xlsx	股票代码
		公司简称
		公司全称
		省份
		法人代表
		注册资本

续表

数据来源	文件名/网址	主要数据内容
财务系统中下载的文件	资产负债表 . xlsx	股票代码
		报表类型
		日期
		资产
		负债
	利润表 . xlsx	股票代码
		报表类型
		日期
		费用
		利润

②数据处理。机器人读取数据后，对未清洗的数据表使用转换、筛选、删除等方法进行数据处理，如表 13 –4 所示。

表 13 –4　　数据处理

数据处理方法	主要内容
转换	将读取的股票代码转换为文本格式
替换	将上市公司行业分类表中的实施日期字段名“ImplementDate”替换“ssrq”
筛选	从利润表中筛选出期间费用为空等内容
	从资产负债表中筛选出指定（字段名）的内容
删除	删除重复的值
	删除空值

③数据输出。对未清洗的数据进行清洗之后，得到的数据可以直接拿来进行查询和分析，输出的数据直接保存在 Excel 工作簿中的其他工作表中，并将表命名为 × × × 表（已清洗），例如，资产负债表（已清洗）、利润表（已清洗）、公司基本信息表（已清洗）等，如图13 –8、图 13 –9、图 13 –10 所示。

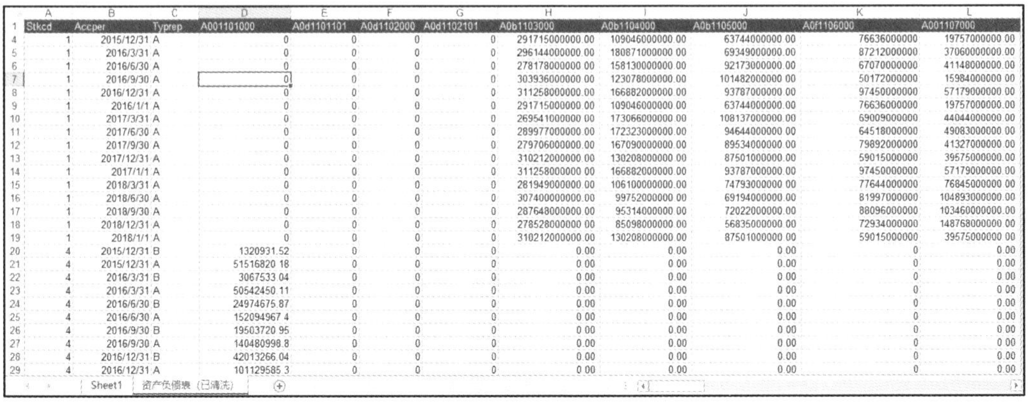

	A	B	C	D	E	F	G	H	I	J	K	L
1	Stkcd	Accper	Typrep	A001101000	A0d1101101	A0d1102000	A0d1102101	A0b1103000	A0b1104000	A0b1105000	A0f1106000	A001107000
4	1	2015/12/31	A	0	0	0	0	291715000000.00	109046000000.00	63744000000.00	76636000000	19757000000.00
5	1	2016/3/31	A	0	0	0	0	296144000000.00	180871000000.00	69349000000.00	87212000000	37060000000.00
6	1	2016/6/30	A	0	0	0	0	278178000000.00	158130000000.00	92173000000.00	67070000000	41148000000.00
7	1	2016/9/30	A	0	0	0	0	303936000000.00	123078000000.00	101482000000.00	50172000000	15984000000.00
8	1	2016/12/31	A	0	0	0	0	311258000000.00	166882000000.00	93787000000.00	97450000000	57179000000.00
9	1	2016/1/1	A	0	0	0	0	291715000000.00	109046000000.00	63744000000.00	76636000000	19757000000.00
10	1	2017/3/31	A	0	0	0	0	269541000000.00	173066000000.00	108137000000.00	69009000000	44044000000.00
11	1	2017/6/30	A	0	0	0	0	289977000000.00	172323000000.00	94644000000.00	64518000000	49083000000.00
12	1	2017/9/30	A	0	0	0	0	279706000000.00	167090000000.00	89534000000.00	79892000000	41327000000.00
13	1	2017/12/31	A	0	0	0	0	310212000000.00	130208000000.00	87501000000.00	59015000000	39575000000.00
14	1	2017/1/1	A	0	0	0	0	311258000000.00	166882000000.00	93787000000.00	97450000000	57179000000.00
15	1	2018/3/31	A	0	0	0	0	281949000000.00	106100000000.00	74793000000.00	77644000000	76845000000.00
16	1	2018/6/30	A	0	0	0	0	307400000000.00	99752000000.00	69194000000.00	81997000000	104893000000.00
17	1	2018/9/30	A	0	0	0	0	287648000000.00	95314000000.00	72022000000.00	88096000000	103460000000.00
18	1	2018/12/31	A	0	0	0	0	278528000000.00	85098000000.00	56835000000.00	72934000000	148768000000.00
19	1	2018/1/1	A	0	0	0	0	310212000000.00	130208000000.00	87501000000.00	59015000000	39575000000.00
20	4	2015/12/31	B	1320931.52	0	0	0	0.00	0.00	0.00	0	0.00
21	4	2015/12/31	A	51516820.18	0	0	0	0.00	0.00	0.00	0	0.00
22	4	2016/3/31	B	3067533.04	0	0	0	0.00	0.00	0.00	0	0.00
23	4	2016/3/31	A	50542450.11	0	0	0	0.00	0.00	0.00	0	0.00
24	4	2016/6/30	B	24974675.87	0	0	0	0.00	0.00	0.00	0	0.00
25	4	2016/6/30	A	152094967.4	0	0	0	0.00	0.00	0.00	0	0.00
26	4	2016/9/30	B	19503720.95	0	0	0	0.00	0.00	0.00	0	0.00
27	4	2016/9/30	A	140480998.8	0	0	0	0.00	0.00	0.00	0	0.00
28	4	2016/12/31	B	42013266.04	0	0	0	0.00	0.00	0.00	0	0.00
29	4	2016/12/31	A	101129585.3	0	0	0	0.00	0.00	0.00	0	0.00

图 13 –8　资产负债表（已清洗）

	Stkcd	Accper	Typrep	B001100000	B001101000	Bbd1102000	Bbd1102101	Bbd1102203	B0i1103000	B0i1103101	B0i11
4	000001	2015/12/31	A	92705000000.00	0	66099000000	131649000000.00	65550000000	0	0	
5	000001	2016/3/31	A	26570000000.00	0	18398000000	32359000000.00	13961000000	0	0	
6	000001	2016/6/30	A	52718000000.00	0	36196000000	63568000000.00	27372000000	0	0	
7	000001	2016/9/30	A	78824000000.00	0	54563000000	95575000000.00	41012000000	0	0	
8	000001	2016/12/31	A	104416000000.00	0	76411000000	131119000000.00	54708000000	0	0	
9	000001	2016/1/1	A	92705000000.00	0	68461000000	134153000000.00	65692000000	0	0	
10	000001	2017/3/31	A	27081000000.00	0	18869000000	35045000000.00	16176000000	0	0	
11	000001	2017/6/30	A	53204000000.00	0	37361000000	71648000000.00	34287000000	0	0	
12	000001	2017/9/30	A	78773000000.00	0	55482000000	108875000000.00	53393000000	0	0	
13	000001	2017/12/31	A	104869000000.00	0	74009000000	148068000000.00	74059000000	0	0	
14	000001	2017/1/1	A	104416000000.00	0	76411000000	131119000000.00	54708000000	0	0	
15	000001	2018/3/31	A	27357000000.00	0	18687000000	40944000000.00	22257000000	0	0	
16	000001	2018/6/30	A	55484000000.00	0	37436000000	82008000000.00	44572000000	0	0	
17	000001	2018/9/30	A	78378000000.00	0	54529000000	121661000000.00	67132000000	0	0	
18	000001	2018/12/31	A	106212000000.00	0	74745000000	162888000000.00	88143000000	0	0	
19	000001	2018/1/1	A	104869000000.00	0	74009000000	148068000000.00	74059000000	0	0	
20	000004	2015/12/31	B	687454.00	687454	0	0.00	0	0	0	
21	000004	2015/12/31	A	120454422.50	120454422.5	0	0.00	0	0	0	
22	000004	2016/3/31	B	190500.00	190500	0	0.00	0	0	0	
23	000004	2016/3/31	A	13480946.58	13480946.58	0	0.00	0	0	0	
24	000004	2016/6/30	B	381000.00	381000	0	0.00	0	0	0	
25	000004	2016/6/30	A	102150497.70	102150497.7	0	0.00	0	0	0	
26	000004	2016/9/30	B	571500.00	571500	0	0.00	0	0	0	

Sheet1 利润表（已清洗）

图 13－9　利润表（已清洗）

	Symbol	ShortNam	EndDate	Province	FullName	LegalRepresentative	RegisterCapital
2	300026	红日药业	2015/12/31	天津市	天津红日药业股份有限公司	姚小青	1,004,813,981.00
3	2093	国脉科技	2018/12/31	福建省	国脉科技股份有限公司	陈学华	1,007,500,000.00
4	2093	国脉科技	2017/12/31	福建省	国脉科技股份有限公司	陈学华	1,007,500,000.00
5	581	威孚高科	2015/12/31	江苏省	无锡威孚高科技集团股份有限公司	陈学军	1,008,950,570.00
6	581	威孚高科	2016/12/31	江苏省	无锡威孚高科技集团股份有限公司	陈学军	1,008,950,570.00
7	581	威孚高科	2017/12/31	江苏省	无锡威孚高科技集团股份有限公司	陈学军	1,008,950,570.00
8	581	威孚高科	2018/12/31	江苏省	无锡威孚高科技集团股份有限公司	陈学军	1,008,950,570.00
9	2262	恩华药业	2017/12/31	江苏省	江苏恩华药业股份有限公司	孙彭生	1,009,147,011.00
10	997	新大陆	2017/12/31	福建省	福建新大陆电脑股份有限公司	胡钢	1,010,809,917.00
11	2488	金固股份	2018/12/31	浙江省	浙江金固股份有限公司	孙锋峰	1,011,203,661.00
12	600056	中国医药	2015/12/31	北京市	中国医药健康产业股份有限公司	姜鑫	1,012,513,400.00
13	428	华天酒店	2018/12/31	湖南省	华天酒店集团股份有限公司	蒋利亚	1,018,926,000.00
14	428	华天酒店	2017/12/31	湖南省	华天酒店集团股份有限公司	蒋利亚	1,018,926,000.00
15	428	华天酒店	2016/12/31	湖南省	华天酒店集团股份有限公司	蒋利亚	1,018,926,000.00
16	428	华天酒店	2015/12/31	湖南省	华天酒店集团股份有限公司	蒋利亚	1,018,926,000.00
17	2262	恩华药业	2018/12/31	江苏省	江苏恩华药业股份有限公司	孙彭生	1,020,015,711.00
18	300168	万达信息	2015/12/31	上海市	万达信息股份有限公司	史一兵	1,023,267,842.00
19	2602	世纪华通	2016/12/31	浙江省	浙江世纪华通集团股份有限公司	王苗通	1,027,092,040.00
20	2602	世纪华通	2017/12/31	浙江省	浙江世纪华通集团股份有限公司	王苗通	1,027,092,040.00
21	2602	世纪华通	2015/12/31	浙江省	浙江世纪华通集团股份有限公司	王苗通	1,027,092,040.00
22	2019	亿帆医药	2017/12/31	浙江省	亿帆医药股份有限公司	程先锋	1,027,268,195.00
23	300158	振东制药	2018/12/31	山西省	山西振东制药股份有限公司	李安平	1,027,494,660.00
24	300267	尔康制药	2015/12/31	湖南省	湖南尔康制药股份有限公司	帅放文	1,028,361,007.00

Sheet1 公司基本信息表（已清洗）

图 13－10　公司基本信息表（已清洗）

（2）自动化流程设计

对未清洗的数据表进行自动化清洗，使用 RPA 技术对四个表依次进行筛选和清洗，关键技术是使用数据表进行筛选、排序、特定数据删除等，最后将数据表转换为数组放置到创建的工作表内，如图 13－11 所示。

13.3.3　RPA 技术路线

对数据进行采集和处理的第一步是根据前面设计的表结构来采集数据，由于期间费用分析对财务报表数据的依赖性较强，故对采集信息环节得到的数据只需要保存在本地即可。

在对保存在本地的数据进行处理时，应当对保存的四张表（上市公司行业分类表、公司基本信息表、资产负债表、利润表）依次处理，处理采用的是数据清洗的思路，对一些无用的数据进行删除或者填充，为接下来的分析与可视化提供真实、完整和全面的数据信息，这是商业数据分析的基础。

首先，读取上市公司行业分类表，使用打开 Excel 工作簿、写入单元格、重命名工作表、关闭 Excel 工作簿，将不容易理解的字段名改为容易理解的字段名。

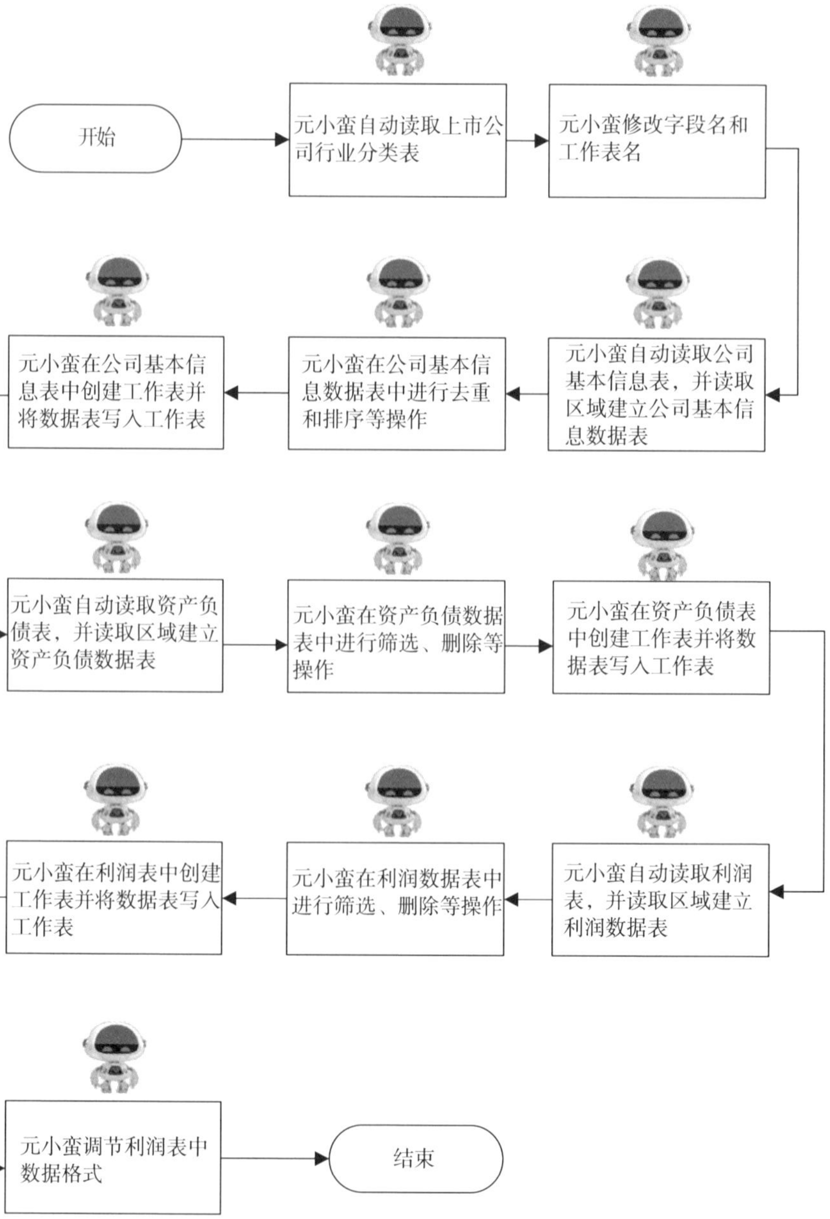

图 13－11　期间费用数据采集与处理流程自动化

其次，读取公司基本信息表，使用打开 Excel 工作簿、读取区域、写入数据表、数据表去重、数据筛选、转换为数组、写入区域、关闭 Excel 工作簿等，对公司基本信息表数据进行去重、按照注册资本排序等操作。

再次，读取资产负债表，同样使用上述方法，对不需要的数据进行删除，使用的方法是将 Excel 中的数据写入到数据表，在数据表中进行筛选等步骤，通过写入筛选条件建立关联，筛选出需要的数据，将这些数据写入新工作表中即可。

最后，处理利润表数据，利润表的字段名和数据量较大，要分析和采用的数据较多，需要对字段名行进行颜色填充，主要采用的是 Excel 自动化中的设置区域格式。

期间费用分析数据处理机器人开发的具体技术路线如表 13－5 所示。

表 13－5　　机器人开发技术路线

流程块名称	功能描述	使用的预制件
上市公司行业分类表数据处理	修改字段名	打开 Excel 工作簿
		写入单元格
		重命名工作表
		关闭 Excel 工作簿
公司基本信息表数据处理	打开待处理数据文件并读取区域	打开 Excel 工作簿
		读取区域
	将待处理文件放置数据表中	构建数据表
		数据表去重
		数据筛选
	将数据表转换为数组形式	转换为数组
	将数组写入新工作表	创建工作表
		写入区域
		关闭 Excel 工作簿
资产负债表数据处理	打开待处理数据文件并读取区域	打开 Excel 工作簿
		读取区域
	将待处理文件放置数据表中	构建数据表
		数据表去重
		数据筛选
	将数据表转换为数组形式	转换为数组
	将数组写入新工作表	创建工作表
		写入区域
		关闭 Excel 工作簿
利润表数据处理	打开待处理数据文件并读取区域	打开 Excel 工作簿
		读取区域
	将待处理文件放置数据表中	构建数据表
		数据表去重
		数据筛选
	将数据表转换为数组形式	转换为数组
	将数组写入新工作表	创建工作表
		写入区域
	设置工作表及数据格式	设置区域颜色
		选中区域
		点击目标
		关闭 Excel 工作簿

13.4　期间费用数据分析与展现自动化

期间费用数据分析与展现是商业数据分析的关键环节，也是中心环节，前面的数据采集与准备都是分析主题的预备环节。用不同的可视化工具展现出来的内容虽有差异，但是反映的结果都是一样的。将期间费用数据通过可视化软件进行聚合，其结果图像可以直接表示。

13.4.1 场景描述

“哇，涨知识了，太厉害了吧，我每次打开数据都会因为数据量太大卡电脑，数据表这个办法一点都不卡。”小汤睁大眼睛惊叹道。

“对啊，机器人处理多大的数据量都比手动处理快很多，当然，不同的数据清洗方法需用的机器人不一样，这里只是给你举个例子。我们可以拿着这些数据去找常吉了。”柳婷也欣然一笑。

但是常吉告诉她们，“你们的工作远不止于此，要知道我们的最后一步不是采集数据，而是将数据形成一个完整的分析报告，这个分析报告才是有价值的内容。”

“可以用 Tableau 这个软件来绘制图形，我读书的时候用过这些软件，只需要把数据导入，这些结果就会自动生成好看的图形。”晏露说道。

“而且这些图形多样化，有地图、图表等。”柳婷附和道。

“那么，我们现在需要确定好我们的分析方向，我们始终明确三个问题，就有助于我们去解决。2017 年的控费决定是否取得成效？期间费用中是否存在某项费用过高的问题？如果存在无法解决的问题，我们需不需要向其他公司进行战略学习，获取建议。”

13.4.2 数据分析模型

2017 年子公司开始实施控费相关的措施，目的是及时促成减税降费的成果，但是子公司和母公司都没有考察过这一措施的实施是否有效，所以针对期间费用的分析，主要分为企业内部分析、企业外部分析以及向其他公司学习的方向。企业内部分析主要是通过描述 2016—2018 年的期间费用情况，来观察期间费用变化趋势和占比情况；企业外部分析是通过和同行业其他公司的期间费用对比找到一个降费的标准，然后，通过学习其他同行业公司的措施来寻求降费思路，期间费用数据分析思维导图如图 13－12 所示。

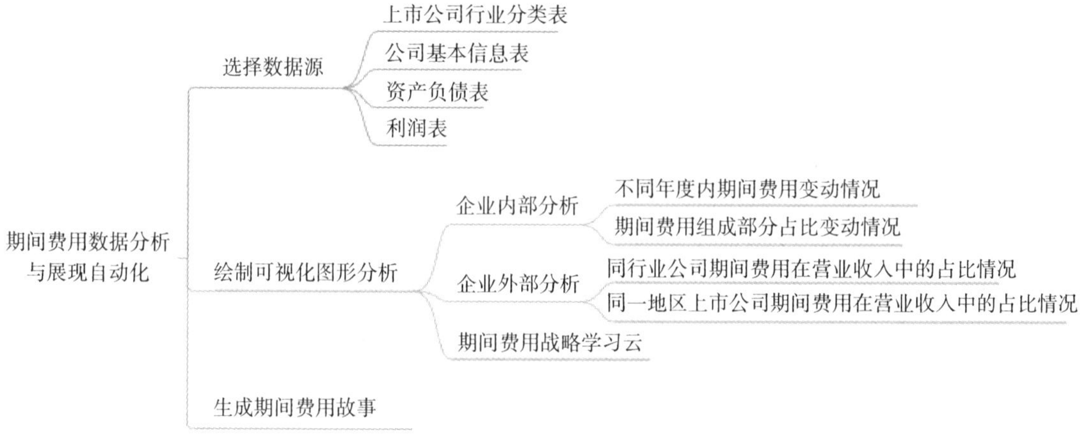

图 13－12 期间费用数据分析模型

13.4.3 数据展现设计

在进行期间费用数据展现时，需要经过创建视图、创建仪表板等步骤，最终生成期间费用分析可视化故事。

（1）创建视图

分析 2016—2018 年期间费用情况，可从两个方面进行分析以查看控费政策是否有效，以及对比同行业其他公司。一方面，通过不同年度的期间费用总额来查看 2017 年控费措施是否有效，根据各个年度内的组成部分（销售费用、管理费用、财务费用）的占比和变动进行分析，如图 13－13 所示。

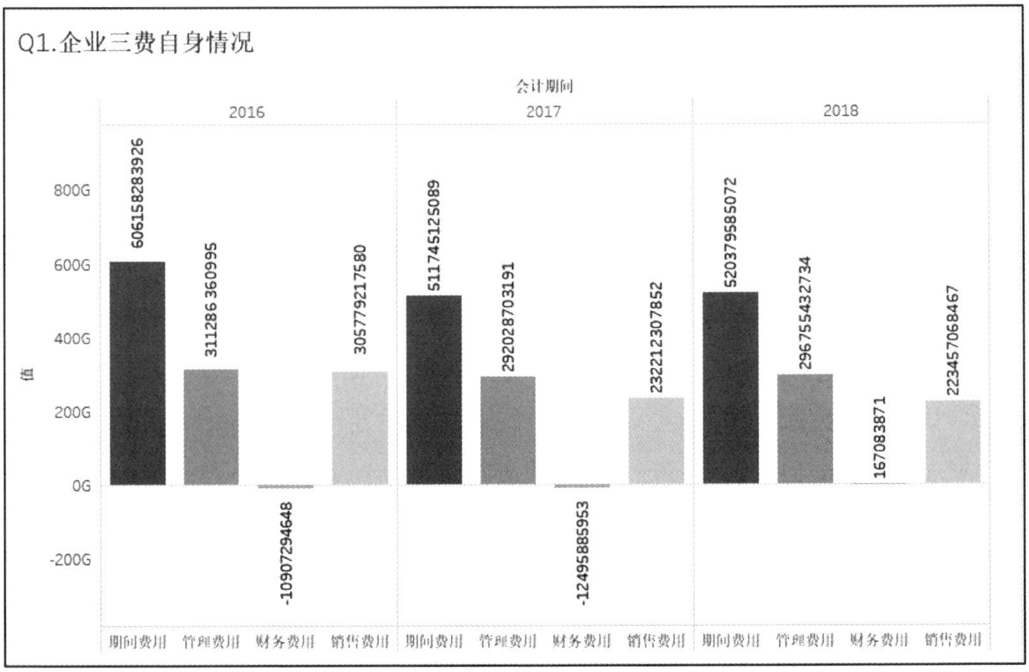

图 13－13　2016—2018 年期间费用变动情况

将股票代码作为筛选，以期间费用为列、时间为行形成“突出显示表”视图，将期间费用拖入颜色。

另一方面，通过同一行业的三费对比，从外部考察期间费用的变动和组成是否合理，如图 13－14 所示。

2016—2018年年末期间费用

	会计期间		
	2016	2017	2018
管理费用	180665357355	169933832978	169904105105
财务费用	－3853574928	－4186025702	1897773092
销售费用	175052204279	131487756570	122549948475

图 13－14　2016—2018 年期间费用各部分组成

将股票代码作为筛选，以期间费用为列、时间为行形成“条形”视图。

（2）创建仪表板

仪表板是多张视图的集合，其可以实现多视图交互联动，使可视化效果更好。在期间费用分析中一个主题形成一张仪表板，分别为企业内部分析与企业外部分析，如图 13－15 所示。

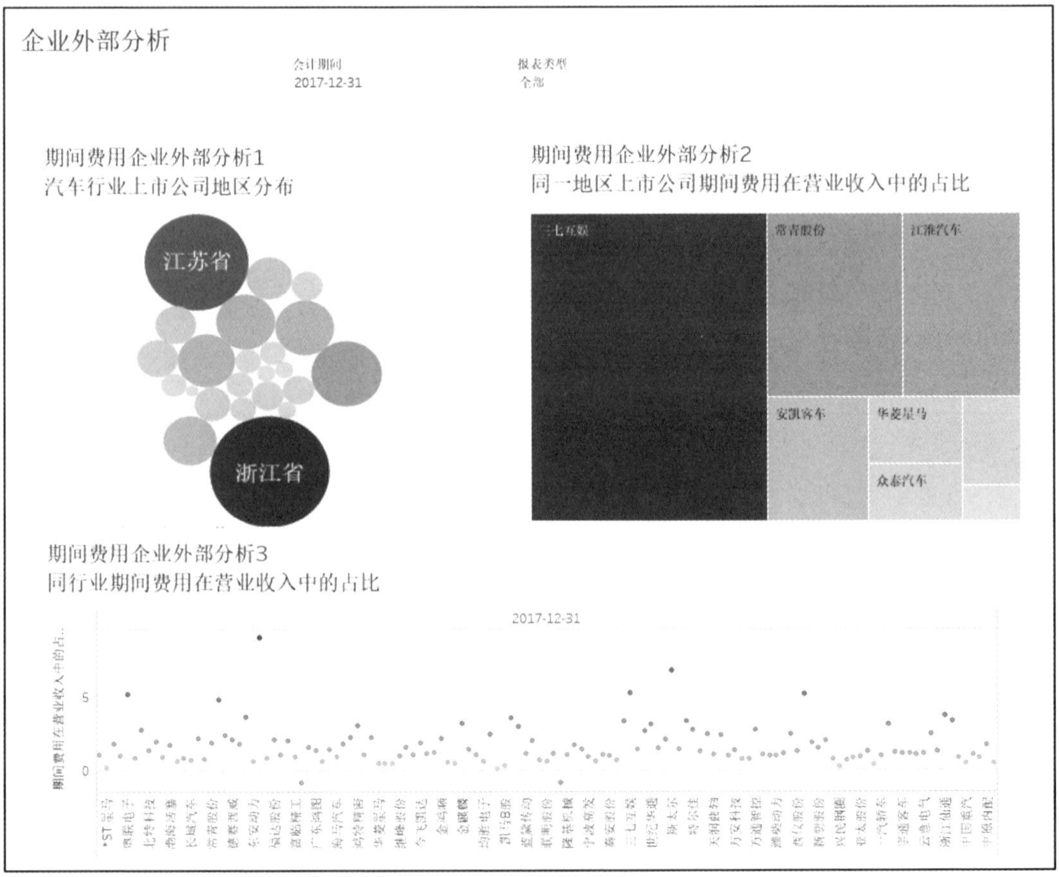

图 13－15　企业外部分析

（3）生成故事

在 Tableau 中，故事是一系列共同作用以传达信息的虚拟化项。通过创建故事来讲述数据，提供上下文，演示决策与结果的关系，或者只是创建一个极具吸引力的案例。期间费用分析由两个仪表板组成。供应商选择故事的生成，提供了直观的分析结果，决策者通过期间费用分析故事即可做出初步的决策。

将两个仪表板拖入故事中，故事名称命名为“期间费用数据分析”，将筛选器的格式调节为适用于此数据源的所有工作表，如图 13－16 所示。

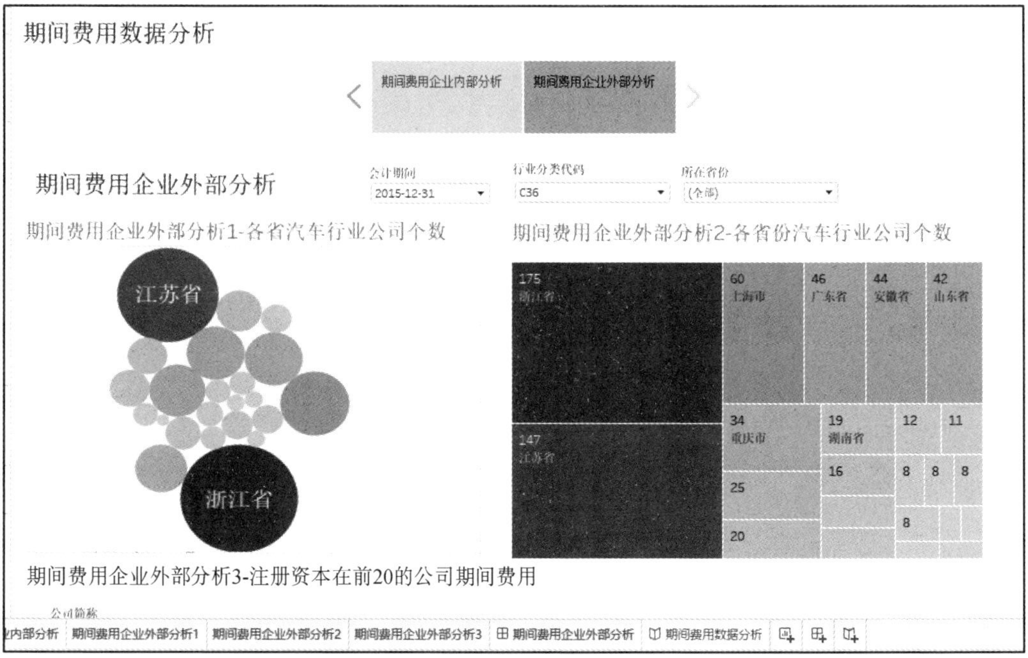

图 13－16　期间费用分析故事

13.4.4　Tableau 技术路线

期间费用数据分析与展现可视化主要通过连接数据并设计数据、在工作表中绘制图形、生成仪表板、生成故事等过程实现，具体的技术路线如表 13－6 所示。

表 13－6　Tableau 技术路线

实现目的	实现步骤	具体操作
连接数据并设计数据	连接数据	连接 Tableau 到本地文件
	建立数据联系	拖拽工作表
	添加其他表	连接 Tableau 到本地其他文件
	建立联系	拖拽并设置连接字段
	隐藏字段	鼠标点击隐藏重复字段
	修改字段名	双击首行字段名进行修改
在工作表中绘制图形	新建工作表	点击“新建工作表”
	创建计算字段	根据字段名输入计算公式
	选择筛选器	拖拽需要筛选的字段名到筛选器
	编辑筛选器	鼠标点击配置筛选器格式
	绘制图表	鼠标拖拽字段名到行、列、筛选器
	设置工作表格式	点击标题、阴影等设置格式
生成仪表板	新建仪表板	点击“新建仪表板”
	绘制仪表板	鼠标拖拽工作表到仪表板
	设置仪表板格式	点击编辑标题、阴影等格式

续表

实现目的	实现步骤	具体操作
生成故事	新建故事	点击“新建故事”
	绘制故事	鼠标拖拽仪表板到故事
	设置故事格式	点击编辑标题、阴影等格式

13.5 期间费用数据分析报告自动化

商业数据分析最后的输出即结论的载体，就是商业数据分析报告，同样，生成分析报告阶段也可以通过机器人来实现。

13.5.1 场景描述

小汤在办公室欢呼雀跃，整个楼层都是她的声音，可能是时间已经到了晚上九点，加班的同事寥寥，她才这么放飞自我。整个商业数据分析项目组都在加班，汤远萍的声音让大家一下子兴奋起来，连忙问她发生了什么。

“你们看一下我画的图，快来快来，嘻嘻嘻，是不是特别好看?”汤远萍忍不住向大家炫耀她刚刚画出的图。

“婷姐，图表已经绘制过了，这是不是就是我们的分析结果。”小汤转头对柳婷说，这对于小汤来说，当前的任务终于看到胜利的一刻了。

此时，常吉径直走过来，放下手中的咖啡。“目前我能看到你们的成果，但是你们还缺少一个结论，也就是分析报告，如果领导拿着这个图表，可能一头雾水，不知道在表达什么，所以，还需要一个分析报告来说明。”

“常姐，我们已经有分析报告了啊，就在故事里面，我加了文本框进行描述。”汤远萍说道。

“那你试着把文件发给我，你是不是还要发源文件？我是不是还要连接数据？不会连接数据的人难道不能看报告了吗?”常吉夺命三连问向汤远萍发出攻击。

“啊这。”汤远萍好像也感觉有点不对。

柳婷低下头思考片刻，突然就豁然开朗，她知道了该怎么做。

“小汤，我们先下班，一会儿路上我告诉你怎么做，我知道怎么回事了。”柳婷和常吉对视，那一秒，常吉就知道，柳婷明白她的意思了。

13.5.2 数据分析报告设计

数据分析报告由七部分组成，分别是标题页、目录、摘要、分析背景、分析目的、分析思路与分析内容。期间费用数据分析报告内容框架如下：

（1）标题页

该分析报告的标题页标题为：2016—2018 年期间费用商业数据分析报告，撰写人为常吉，日期为 2022 年 1 月。

（2）目录

2016—2018 年期间费用商业数据分析报告的目录由报告目录和图表目录组成，报告目录是报告的正文框架，图表目录是数据分析报告中可能出现的图表图注。

（3）摘要

期间费用是不能直接归属于某个特定产品成本的费用，是企业固定期间的主要支出，是影响企业当期利润的最主要因素，因此对期间费用的控制是企业重中之重的努力目标。本数据分析报告利用蛮先进公司2016—2018年的期间费用变动、占比情况进行企业自身分析和同行业分析，总结并分析数据得到。

（4）分析背景

蛮先进公司在汽车制造业的子公司运营备受关注，主要是在新能源的转型方面。不论是政策还是公司内部的耗费方面，子公司都是蛮先进集团发展的重点。自2008年该子公司进军乘用车领域以来，其三费（销售费用、管理费用、财务费用）开始大幅增加。2009年和2010年两年的三费同比增长率高达50%左右。2017年开始着手控费，2019年公司计划进一步费用控制，力争在行业增长趋缓的大背景下做好费用管控与节流工作，提高单车盈利能力。

（5）分析目的

①通过数据回答“2017年的控费决定是否有效“的问题。2017年，公司高层根据未来的战略，决定实施控费计划，控费对象是期间费用，原因：一是新能源转型需要大量资金；二是报表上的期间费用过高，不易融资。所以决定查看控费的措施是否到位，还有没有疏漏之处。

②和同行业相比期间费用的数值或者占比是否合理。公司所处省份有大量的同行业，控费不仅要对自身数据进行分析，还要向优秀的同行业公司学习，将同行业的三费情况作为参考，和公司自身的数据进行对比，看期间费用在结构上有无问题。

③安排财务部门向同行业公司的战略学习。在向同行业公司学习时，财务部门需要进行交流比较，通过关键词来启发公司下一步的政策改革方向。

（6）分析思路

企业内部分析：

①对比2016—2018年控费前后期间费用数值的变化；

②期间费用占比情况。

企业外部分析：

①同行业注册资本在前二十的公司期间费用情况；

②同省份其他同行业公司的期间费用情况。

战略学习：

战略学习交流文档的关键词提取。

（7）分析内容

列举了2016—2018年的期间费用及其组成部分，我们发现期间费用的总额排名：2016年>2018年>2017年，也就是说，2017年的期间费用总额最低，表明2017年的控费措施确实到位，但是2018年又呈现小幅度上升的趋势。说明控费措施可以取得成效但是难以保持，所以，公司应该采取一系列的措施来维持这一政策，不仅有利于企业接下来的发展，而且融资也能达到很好的效果。如图13-17所示。

对2017年后半年同区域上市公司的期间费用及其组成部分进行可视化，我们发现，虽然行业不同，但是蛮先进公司的期间费用在本区域排名第一，管理费用和销售费用更是位居前几名。2017年管理费用占营业收入的比例为6.75%左右，这个比例，相对同行业的其他公司来说处于一个相对较高的水平。总体来说，三费的控制措施应当积极落实，如图13-18所示。

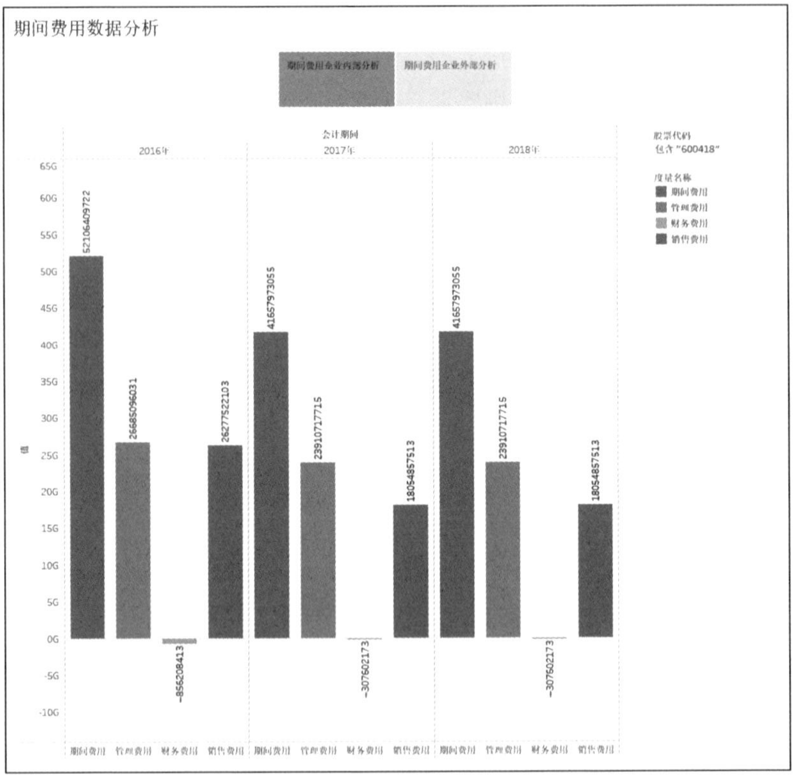

图 13－17　期间费用分析故事——企业内部分析

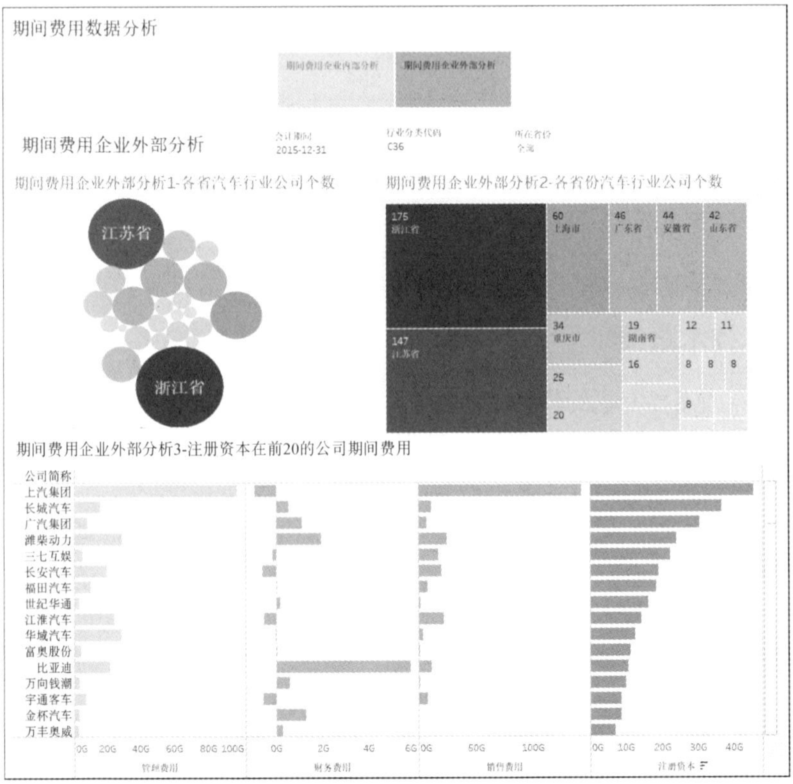

图 13－18　期间费用分析故事——企业外部分析

13.5.3 自动化流程设计

在商业数据分析报告生成阶段，机器人元小蛮负责读取模板文件，对模板文件进行写入，这些完成后需要将模板文件另存并发送至财务总监邮箱，自动化流程设计如图 13－19 所示。

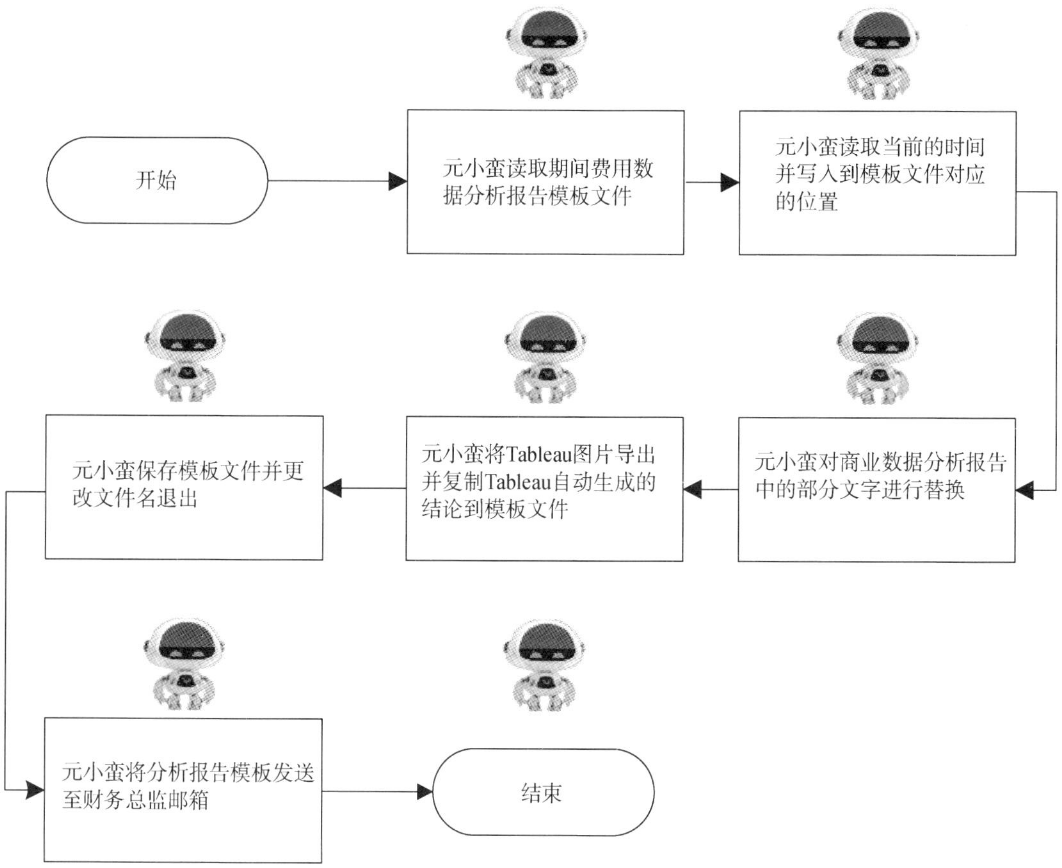

图 13－19 数据分析报告流程自动化

13.5.4 RPA 技术路线

报告生成机器人需要完成的任务主要是读取报告模板、写入报告内容和发送邮件。

首先，读取已经设计好的商业数据分析报告模板文件，这个文件是 Word 形式，除了标题页需要特定的撰写人填写之外，其他内容均由机器人来完成。

其次，写入报告内容，根据模板的设置，将特定的文字放入特定的区域，然后输出，完成整个写入报告的过程。

最后，发送邮件，收件人是财务总监，将上一步做好的商业数据分析报告发送至收件人邮箱即可。

期间费用分析报告生成机器人开发的具体技术路线如表 13－7 所示。

表 13-7　　机器人开发技术路线

流程块名称	功能描述	使用的预制件
自动写入报告	读取报告	打开文档
	写入报告内容	文字批量替换
	插入图片	查找文本后设置单元格位置
		插入图片
		写入文字
	输出报告	保存文档
		关闭文档
发送邮件	将报告发送至财务总监邮箱	发送邮件

第 14 章　财务凭证自动化分析

14.1　商业理解

财务凭证是按一定格式编制的据以登记会计账簿的书面证明。财务凭证用来记载经济业务的发生，明确经济责任。一般的财务凭证分收、付、转三种，财务凭证分为原始凭证和记账凭证，原始凭证是在经济业务最初发生之时即行填制的原始书面证明，如销货发票、款项收据等，是用以记录经济业务的主要内容和完成情况，明确经济责任的书面证明。记账凭证是以原始凭证为依据，作为记入账簿内各个分类账户的书面证明，如收款凭证、付款凭证、转账凭证等。通过对财务凭证进行有效的管理有利于检查每笔经济业务的合法性和合理性。对于企业的管理者而言，凭证的有效分析可以加强经营管理，落实岗位责任制以及准确及时地反映经济业务的发生和完成情况。

14.1.1　场景描述

重庆是一座非常有特色的山城，被人们称为“小香港”。山水是山城重庆最大的亮点。山和水不仅在白天使重庆变得立体，而且在夜晚成了这座城市不可或缺的背景。不需要 PS，随处可见美丽的景色。子轩在自己喜欢的城市过五关斩六将，通过严格的面试，从众多优秀毕业生中脱颖而出，成为了蛮有效公司的一名商业数据分析实习生。

蛮先进食品机械制造集团有限公司财务总监常吉把新来的实习生子轩转正后分到了商业数据分析团队二组，并且财务总监常吉对子轩寄予厚望。之前公司对财务数据的分析重心放在了财务报表上面，这次常吉希望把隐藏在一大批看似杂乱无章的凭证背后的信息集中和提炼出来，总结出所研究对象的内在规律，帮助公司管理层进行有效的判断和决策。

于是常吉把这个新任务交给了团队最新鲜的血液——子轩，由她担当项目主要负责人。常吉拍着子轩的肩膀说到：“我觉得财务凭证数据分析就好比是从矿山中挖金子，好好挖掘挖掘总能发现新大陆。”子轩知道常姐对自己的厚爱，欣然地接受了任务。

子轩虽然在上大学时学习过数据分析的课程，但是如果要做数据分析工作，她还真的有些不知如何下手。无数个问号涌到她的脑海中：数据分析到底要做什么呢？怎么才能来协助财务部对凭证进行自动化分析？领导想要看什么样的结果呢？

看到整个愁容都挂在脸上的子轩，财务部的出纳汤远萍上前安慰道：“怎么了？小可爱，才来没几天，怎么不见刚来那一天的活力了呢？”

子轩喃喃道：“嗨，萍儿姐，我之前在学校只学习过财务报表分析，第一次拿到凭证分析不知道从何下手，而且还要求自动化分析，我就更没有经验了。”

远萍看出子轩的心事，说道：“关于数据分析你不用太担心，如果遇到难题，你可以请教我们组的中级分析师柳婷，她在这方面可是大神级别的呀！”子轩一听有救星，立马兴奋起来，好像抓到救命稻草一样，想赶紧找到这位大神级人物，然后一股脑把疑问全倒出来。

"加油哦小可爱！终于又见到了活力满满的你！"汤远萍满是欣慰地说道。

14.1.2 财务凭证业务分析

随着公司规模的扩大以及经济业务的发展，公司总经理要求财务部对公司经营活动全流程涉及的业务活动凭证进行分析，在凭证管理上做出改进及优化，从而提高财务部的工作效率。若发现凭证中存在异常数据，需要进一步检查核对，为记账凭证以及财务报表的准确性提供保证。

14.1.3 业务与技术分析

（1）财务凭证自动化分析业务流程与痛点分析

大数据时代，企业对会计凭证的管理不再是简单的查阅与对账，会计的职能也不再是简单的核算与监督，而是参与拟订企业的经济计划和业务计划，考核、分析预算、财务计划的执行情况。传统财务会计向管理会计的转变，对企业财务人员的商业数据分析能力要求进一步提高。

蛮先进公司的财务凭证自动化分析流程主要包括收集和汇总各业务环节的财务凭证数据，根据原始凭证与凭证明细表进行核对，分析财务凭证基本信息情况，出具分析报告，发送分析报告等步骤。重庆蛮先进食品机械制造有限公司财务凭证数据分析业务流程如图 14－1 所示。

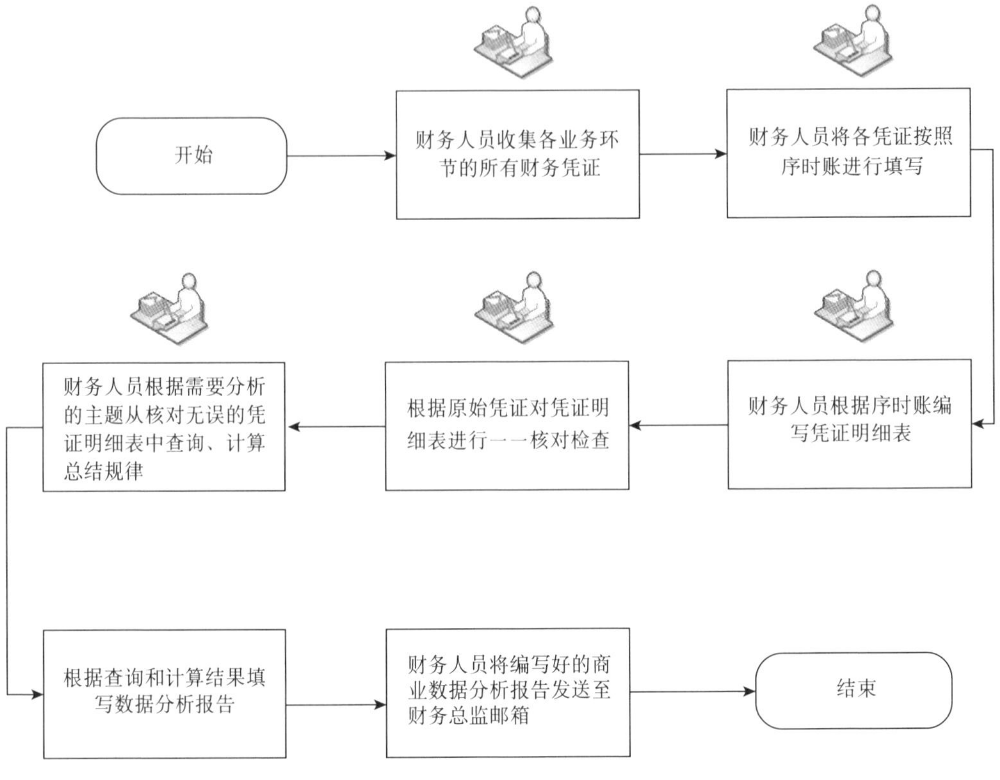

图 14－1 财务凭证自动化分析流程图

由业务流程图可以看出，在对财务凭证数据进行分析时，需要分析人员逐个查询凭证明细表与原始凭证进行核对，需要先查询相关数据，再进行计算分析，传统人工对财务凭证数据进行分析存在耗时长、过程烦琐、效率低、错误率较高的痛点。

（2）财务凭证自动化分析 RPA 流程与技术关系

蛮先进公司的信息化技术在整个行业走在前列，为了发挥信息化技术的作用，对财务凭证自动化进行分析时决定采用 RPA 技术，重点在于复杂繁琐的过程。比如，采集大量信息数据的过程，需要将数据复制粘贴到 Excel 表内、处理不合规的数据等。所以采用公司自己的 RPA 技术，助力整个数据分析过程。初始数据需要机器人对数据进行预处理，然后结合分析主题的模型进行图表的绘制，最后生成一个分析报告发送至财务总监的邮箱。如图 14－2 所示。

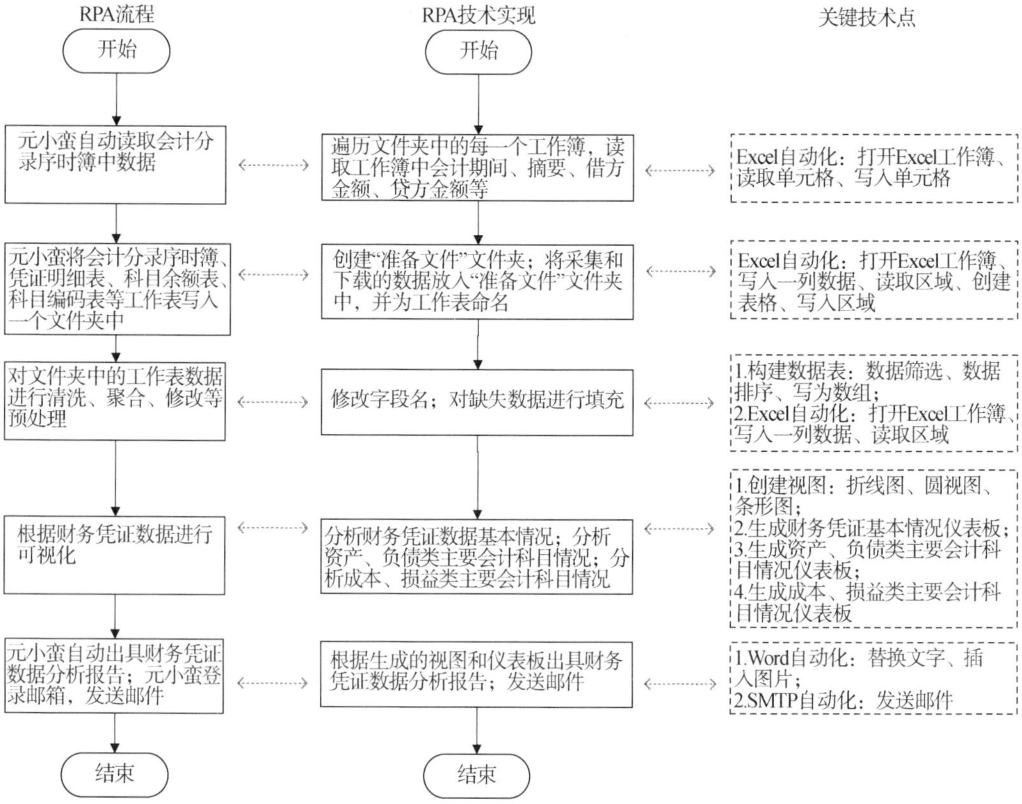

图 14－2　财务凭证自动化分析 RPA 流程与技术关系

14.2　财务凭证数据理解

财务凭证相关数据包括会计分录序时簿、凭证明细表、科目余额表、科目编码表。但是单纯财务凭证上的数据还不能直接或全面说明企业的经营管理情况，特别是不能说明企业经营状况的好坏和经营成果的高低，只有对财务凭证有关的数据进行分析才能说明企业具体情况，本节将介绍财务凭证自动化分析所涉及的数据和数据表结构。

14.2.1　场景描述

子轩兴高采烈地来到团队大神柳婷的办公桌前，拍了拍正在对着电脑屏幕专心研究的柳婷，“Hi，婷儿姐，忙吗?”

柳婷对突然“登门拜访”的子轩一点都不惊讶并说到：“不忙不忙，正等你呢!”

“咦? 难道婷儿姐已经知道了我来向你请教关于财务凭证数据自动化分析的事儿?”

“对呀，常姐早就给我交代了，说子轩第一次作为项目负责人，碰到问题要无条件给予帮助，所以我这不就在等你吗。”柳婷暖心地说道。

“对呀对呀，第一次负责项目，没有什么经验，婷儿姐，我要学习的东西还有很多很多！初入职场的我就这么幸运地遇到你们这些优秀的前辈，真不错！我可以拜你为师吗?”

柳婷谦虚地说到“哈哈哈，受宠若惊，大家都是同事，碰到问题可以相互探讨，相互帮助也是应该的。”

眼看这就到饭点了，子轩提议：“婷儿姐，中午我请你吃饭吧，我们边吃边聊。”

“哪有小朋友请大人的? 婷儿姐带你去一家我很喜欢的餐馆——食味，它们家的凉拌无刺鲫鱼和芋儿耙鸡脚我现在想着都在流口水。”柳婷咽着口水说道。

“好呀好呀，走吧，婷儿姐请客我买单!”

不一会就点好了菜。

“要不趁着还没有上菜，婷儿姐你再给我传授传授经验吧!”子轩撒着娇说道。

“没问题呀！简单来说，对凭证数据进行分析的话就是告诉你过去发生了什么。我们对财务凭证各项数据要敏感，我们是否能够从分析结果来判断企业现阶段的整体运营情况，通过各个经营指标的完成情况来衡量企业的运营状态，以说明企业整体运营是好还是坏，好的程度如何，坏又坏到什么程度。从凭证数据的摘要可以看出企业各项业务的构成，进一步分析还能挖掘出企业各项业务的发展及变动情况，从而对企业运营状况有更深入的了解。”

“哇，看来里面学问不少啊，我可要好好补补这方面的知识了!”

“别着急，经验是慢慢积累的，上菜了，先吃饭吧，好好补补身体!”柳婷一边说道一边往子轩碗里夹了一个耙鸡脚。

实习生子轩在接受出纳汤远萍的建议之后，终于赶在下班前将财务凭证按照经营过程的不同环节进行了分类。还在学校的时候就早有耳闻，蛮先进集团下的所有子公司的所有财务信息都是用 RPA 来进行自动化采集。

但是初来乍到的子轩从来没有见识过 RPA 到底有多厉害，眼看着大家都挨个下班了，这时难掩好奇心的子轩把目光投向了财务部热心的中级商业数据分析师柳婷。

看到求知欲满满的子轩，暖心的柳婷上前关心到：“怎么了，小萌新?”

子轩回答道，“我之前在学校的时候就听说咱们公司的财务信息都是用 RPA 采集，我进公司也好长一段时间了，还没有见识过 RPA 的厉害呢！我想……”

没等子轩说完，柳婷便明白了子轩的心思，一脸自豪地说到：“嗨，你早说嘛，你是不是想见识一下元小蛮的厉害?”

“元小蛮? 哈哈哈，这个名字真可爱!”子轩一脸惊喜地嘟囔到。

“子轩啊，在采集财务凭证信息之前，首先要明白采集到的这些财务凭证的用途，通过用途对财务凭证进行分类汇总之后，处理数据才是有效的。不过你才刚进公司，这些不知道也是很正常的，以后在工作中经验就慢慢积累起来了。”

14.2.2 数据模型

在设计表结构之前需要对现有的数据进行调研，比如，在蛮有效公司的系统中有哪些数据种类，这些数据对将要分析的主题起到什么作用，数据是结构化数据还是非结构化数据等，这些问题都是需要提前了解的，只有这样在后期的数据处理和采集上，才能逻辑清晰达到事半功倍的效果。

（1）财务凭证数据分析的 E—R 模型

财务凭证能够在一定程度上反映企业的财务状况、经营成果和现金流量情况，由公司财务部的报表分析人员出具。财务凭证分析的 E—R 模型由财务部、报表分析人员、财务报表和财务凭证实体集构成，每个实体集都有多个属性，它们之间还存在一定的联系，如图 14-4 所示。

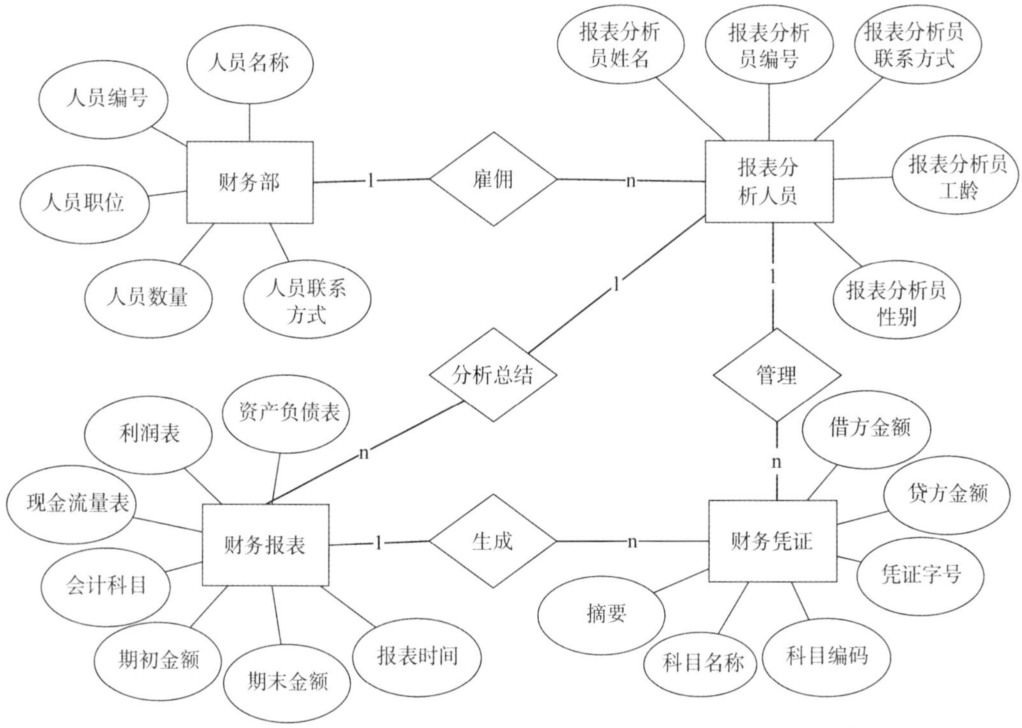

图 14-3　财务凭证分析 E—R 图

实体集

蛮先进公司的财务报表实体集包括财务部、报表分析人员、财务报表和财务凭证，下面详细介绍其属性。

①财务部实体集，属性有人员名称、人员编号、人员职位、人员联系方式、人员数量；

②报表分析人员实体集，属性有报表分析员姓名、报表分析员编号、报表分析员联系方式等；

③财务凭证实体集，属性有凭证字号、科目名称、科目编码、借方金额、贷方金额、摘要等；

④财务报表实体集，属性有会计科目、期初金额、期末金额、报表时间、资产负债表、利润表和现金流量表。

联系

蛮先进集团的财务凭证分析不同实体间存在着不同的联系，下面详细介绍其联系。

①财务部与报表分析人员之间存在一对多的雇佣关系，一个财务部可以雇佣多个报表分析人员，但一个报表分析人员只能在一家公司的财务部上班。

②报表分析人员与财务凭证之间存在一对多的关系。一个报表分析人员可以出具多个财务报告。

③财务凭证与财务报表之间存在一对多的关系。一张财务报表由多张财务凭证生成。

④报表分析人员与财务报表之间存在一对多的分析总结关系。一个报表分析人员可以分析总结多张财务报表。

（2）财务凭证数据分析的物理模型

财务凭证数据分析数据物理模型如图 14－4 所示。

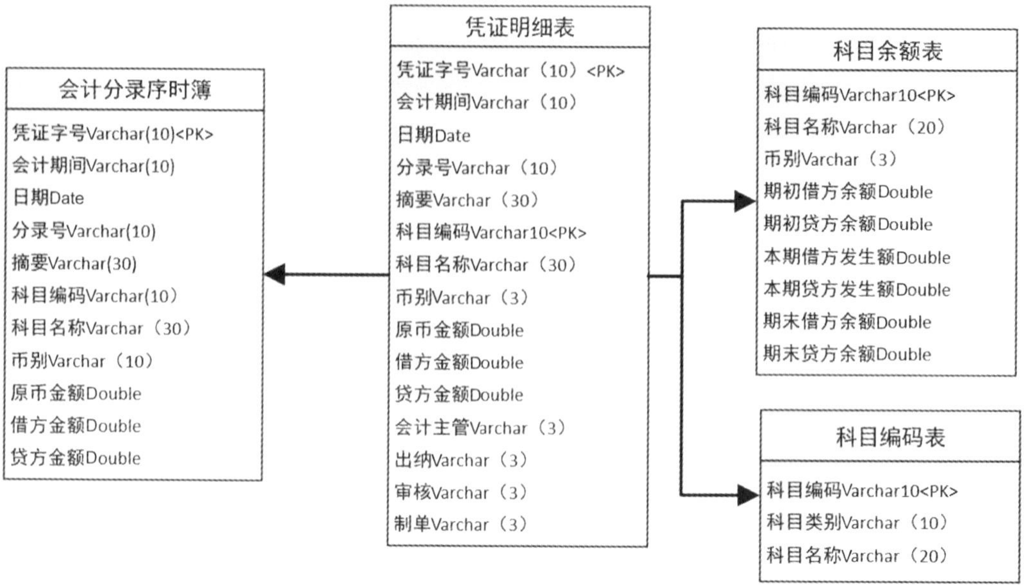

图 14－4　数据物理模型

14.2.3　数据表

以下是会计分录序时簿、凭证明细表、科目余额表和科目编码表的表结构和具体的数据示例。

（1）会计分录序时簿

会计分录序时簿设置凭证字号（pzzh）主键作为会计分录序时簿数据的唯一标识，以便查询指定记录。设置科目编码（kmbm）作为外键，表示与凭证明细表、科目余额表之间的联系，如表 14－1 所示。

表 14－1　会计分录序时簿数据表结构

序号	字段	数据类型	字段标题	字段大小	字段说明
1	pzzh	Varchar	凭证字号	10	主键
2	kjqj	Varchar	会计期间	10	会计期间
3	rq	Date	日期		日期

续表

序号	字段	数据类型	字段标题	字段大小	字段说明
4	flh	Varchar	分录号	10	分录号
5	zy	Varchar	摘要	30	摘要
6	kmbm	Varchar	科目编码	10	科目编码
7	kmmc	Varchar	科目名称	30	科目名称
8	bb	Varchar	币别	3	币别
9	ybje	Double	原币金额		原币金额
10	jfje	Double	借方金额		借方金额
11	dfje	Double	贷方金额		贷方金额

会计分录序时簿中含有会计期间、日期、凭证字号、分录号、摘要、科目编码、科目名称、币别、原币金额等信息。会计分录序时簿的部分数据示例如图 14－5 所示。

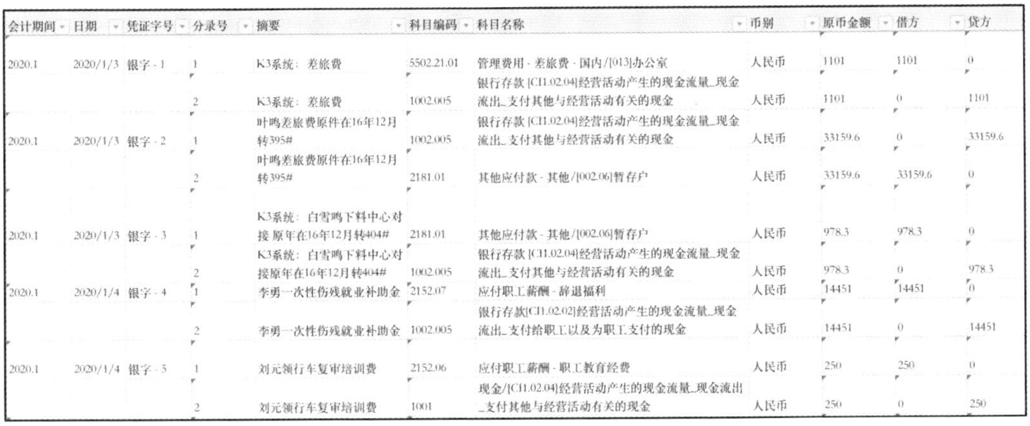

会计期间	日期	凭证字号	分录号	摘要	科目编码	科目名称	币别	原币金额	借方	贷方
2020.1	2020/1/3	银字-1	1	K3系统：差旅费	5502.21.01	管理费用-差旅费-国内/[013]办公室	人民币	1101	1101	0
			2	K3系统：差旅费	1002.005	银行存款 [CI1.02.04]经营活动产生的现金流量_现金流出_支付其他与经营活动有关的现金	人民币	1101	0	1101
2020.1	2020/1/3	银字-2	1	叶鸣差旅费原件在16年12月转395#	1002.005	银行存款 [CI1.02.04]经营活动产生的现金流量_现金流出_支付其他与经营活动有关的现金	人民币	33159.6	0	33159.6
			2	叶鸣差旅费原件在16年12月转395#	2181.01	其他应付款-其他/[002.06]暂存户	人民币	33159.6	33159.6	0
2020.1	2020/1/3	银字-3	1	K3系统：白雪鸣下料中心对接 原年在16年12月转404#	2181.01	其他应付款-其他/[002.06]暂存户	人民币	978.3	978.3	0
			2	K3系统：白雪鸣下料中心对接原年在16年12月转404#	1002.005	银行存款 [CI1.02.04]经营活动产生的现金流量_现金流出_支付其他与经营活动有关的现金	人民币	978.3	0	978.3
2020.1	2020/1/4	银字-4	1	李勇一次性伤残就业补助金	2152.07	应付职工薪酬-辞退福利	人民币	14451	14451	0
			2	李勇一次性伤残就业补助金	1002.005	银行存款[CI1.02.02]经营活动产生的现金流量_现金流出_支付给职工以及为职工支付的现金	人民币	14451	0	14451
2020.1	2020/1/4	银字-5	1	刘元领行车复审培训费	2152.06	应付职工薪酬-职工教育经费	人民币	250	250	0
			2	刘元领行车复审培训费	1001	现金/[CI1.02.04]经营活动产生的现金流量_现金流出_支付其他与经营活动有关的现金	人民币	250	0	250

图 14－5　会计分录序时簿数据表部分数据示例

（2）凭证明细表

凭证明细表设置凭证字号（pzzh）主键作为凭证明细表数据的唯一标识，以便查询指定记录。设置科目编码（kmbm）作为外键，表示与科目编码表之间的联系，如表 14－2 所示。

表 14－2　　凭证明细表数据表结构

序号	字段	数据类型	字段标题	字段大小	字段说明
1	pzzh	Varchar	凭证字号	10	主键
2	kjqj	Varchar	会计期间	10	会计期间
3	rq	Date	日期		日期
4	flh	Varchar	分录号	10	分录号
5	zy	Varchar	摘要	30	摘要
6	kmbm	Varchar	科目编码	10	科目编码

续表

序号	字段	数据类型	字段标题	字段大小	字段说明
7	kmmc	Varchar	科目名称	30	科目名称
8	bb	Varchar	币别	3	币别
9	ybje	Double	原币金额		原币金额
10	jfje	Double	借方金额		借方金额
11	dfje	Double	贷方金额		贷方金额
12	kjzg	Varchar	会计主管	3	会计主管
13	cn	Varchar	出纳	3	出纳
14	sh	Varchar	审核	3	审核
15	zd	Varchar	制单	3	制单

凭证明细表中含有会计期间、日期、凭证字号、分录号、摘要、科目编码、科目名称、币别、原币金额等信息。凭证明细表的部分数据示例如图 14－6 所示。

日期	凭证字	分录	摘要	科目编码	科目名称	币别	原币金额	借方	贷方	会计主管	出纳	审核	制单
2020/1/3	银字 - 2	1	叶鸣差旅费原件在16年12月转395#	1002.005	银行存款 [CI1.02.04]经营活动产生的现金流量_现	人民币	33159.6	0	33159.6	柳婷	汤远萍	赵洁	罗婷匀
		2	叶鸣差旅费原件在16年	2181.01	其他应付款 - 其他	人民币	33159.6	33159.6	0	柳婷	汤远萍	赵洁	罗婷匀
2020/1/3	银字 - 3	1	K3系统：白雪鸣下料中心对接 原年在16年12月	2181.01	其他应付款 - 其他/[002.06]暂存户	人民币	978.3	978.3	0	柳婷	汤远萍	赵洁	罗婷匀
		2	K3系统：白雪鸣下料中心对接原年在16年12月	1002.005	银行存款 [CI1.02.04]经营活动产生的现金流量_现	人民币	978.3	0	978.3	柳婷	汤远萍	赵洁	罗婷匀
2020/1/4	银字 - 4	1	李勇一次性伤残就业补	2152.07	应付职工薪酬 - 辞退福利	人民币	14451	14451	0	柳婷	汤远萍	赵洁	罗婷匀
		2	李勇一次性伤残就业补助金	1002.005	银行存款[CI1.02.02]经营活动产生的现金流量_现	人民币	14451	0	14451	柳婷	汤远萍	赵洁	罗婷匀
2020/1/4	银字 - 5	1	刘元领行车复审培训费	2152.06	应付职工薪酬 - 职工教育	人民币	250	250	0	柳婷	汤远萍	赵洁	罗婷匀
		2	刘元领行车复审培训费	1001	现金/[CI1.02.04]经营活动产生的现金流量_现金流	人民币	250	0	250	柳婷	汤远萍	赵洁	罗婷匀
2020/1/5	银字 - 6	1	付款	2121	应付账款/[28.01.03.008]四	人民币	3500	3500	0	柳婷	汤远萍	赵洁	罗婷匀
		2	柳梅:付款	1002.005	银行存款[CI1.02.01]经营活动产生的现金流量_现	人民币	3500	0	3500	柳婷	汤远萍	赵洁	罗婷匀
2020/1/5	银字 - 7	1	付款	2121	应付账款/[28.01.03.008]四	人民币	2940	2940	0	柳婷	汤远萍	赵洁	罗婷匀
		2	柳梅:付款	1002.005	银行存款[CI1.02.01]经营活动产生的现金流量_现	人民币	2940	0	2940	柳婷	汤远萍	赵洁	罗婷匀
2020/1/5	银字 - 8	1	2016.12转438#冲回应付	2121	应付账款/[99.01]集中户_	人民币	302909.49	302909.49	0	柳婷	汤远萍	赵洁	罗婷匀

图 14－6　凭证明细表数据表部分数据示例

（3）科目编码表

科目编码表数据表设置科目编码（kmbm）主键作为会计编码表数据的唯一标识，以便查询指定记录，如表 14－3 所示。

表 14－3　　科目编码表数据表结构

序号	字段	数据类型	字段标题	字段大小	字段说明
1	kmbm	Varchar	科目编码	10	主键
2	kmmc	Varchar	科目名称	20	科目名称
3	kmlb	Varchar	科目类别	10	科目类别

科目编码表中含有科目类别、科目编码、科目名称等信息。科目编码表的部分数据示例

如图 14－7 所示。

科目类别	科目编码	科目名称
	1001	现金
	1002	银行存款
	1002.001	中国银行三明分行
	1002.002	工商银行三明市列东支行(338)
	1002.003	建设银行三明市梅列支行(556)
	1002.004	农行三明市分行(696)
	1002.005	建设银行沙县支行(2197)
	1002.006	兴业银行三明市分行(321)
	1002.009	中国民生银行厦门分行(510)
	1002.010	厦门海翼集团财务有限公司（01-10-2600-1）
	1002.011	招商银行西安分行解放路支行
	1002.012	兴业银行三明列东支行（4854）
	1002.013	招商银行三明分行（0666）
	1002.090	工行住房基金162
	1002.099	华兴信托三明办(033)
	1002.13	工商银行厦门分行营业部（4100020419200184905）
	1002.135	建设银行梅列支行搬迁专户
	1002.160	农业银行梅列支行
	1002.168	市城市住房基金管理中心
	1002.190	沙县建行美元户
	1111	应收票据
	1131	应收账款
	1133	其他应收款

图 14－7　会计科目表数据表部分数据示例

（4）科目余额表

科目余额表设置科目编码（kmbm）主键作为科目余额表的唯一标识，以便查询指定记录。如表 14－4 所示。

表 14－4　科目余额表数据表结构

序号	字段	数据类型	字段标题	字段大小	字段说明
1	kmbm	Varchar	科目编码	10	科目编码
2	kmmc	Varchar	科目名称	20	科目名称
3	bb	Varchar	币别	3	币别
4	qcjfye	Double	期初借方余额		期初借方余额
5	qcdfye	Double	期初贷方余额		期初贷方余额
6	bqjffse	Double	期初借方发生额		期初借方发生额
7	bqdffse	Double	期初贷方发生额		期初贷方发生额
8	qmjfye	Double	期末借方余额		期末借方余额
9	qmdfye	Double	期末借方余额		期末贷方余额

科目余额表中含有科目编码、科目名称、币别、期初借方金额、期初贷方金额等信息。科目余额表的部分数据示例如图 14－8 所示。

科目编码	科目名称	币别	期初借方余额	期初贷方余额	本期借方发生额	本期贷方发生额	期末借方余额	期末贷方余额
1001	现金	人民币	7015.98	0	727067.74	730988	3095.72	0
1002	银行存款	人民币	3020892.37	0	800508350	799268911.3	4260331.06	0
1002.001	中国银行三明分行	人民币	0	0	4322686.9	4322686.9	0	0
1002.002	工商银行三明市列东支行(338)	人民币	49770.96	0	770125.43	757477.21	62419.18	0
1002.003	建设银行三明市梅列支行(556)	人民币	0	0	0	0	0	0
1002.004	农行三明市分行(696)	人民币	0	0	0	0	0	0
1002.005	建设银行沙县支行(2197)	人民币	840120.33	0	551040567.8	551207931.9	672756.21	0
1002.006	兴业银行三明市分行(321)	人民币	0	0	0	0	0	0
1002.009	中国民生银行厦门分行(510)	人民币	0	0	0	0	0	0
1002.010	厦门海翼集团财务有限公司（01-10-2600-1）	人民币	592969.9	0	239539740.7	238123259.1	2009451.46	0
1002.011	招商银行西安分行解放路支行	人民币	6.32	0	625.15	608	23.47	0
1002.012	兴业银行三明列东支行（4854）	人民币	53216.3	0	161.34	312	53065.64	0
1002.013	招商银行三明分行（0666）	人民币	0	0	0	0	0	0
1002.090	工行住房基金162	人民币	1484798.37	0	4452.3	26644	1462606.67	0
1002.099	华兴信托三明办(033)	人民币	0	0	0	0	0	0
1002.13	工商银行厦门分行营业部（41000204192001849O5）	人民币	0.04	0	300.02	300	0.06	0
1002.135	建设银行梅列支行搬迁专户	人民币	0	0	0	0	0	0
1002.160	农业银行梅列支行	人民币	0	0	0	0	0	0
1002.168	市城市住房基金管理中心	人民币	0	0	0	0	0	0
1002.190	沙县建行美元户	人民币	10.15	0	4829690.38	4829692.16	8.37	0

图 14-8　科目余额表部分数据示例

14.3　财务凭证数据采集与处理自动化

大数据环境下数据的特征是多且复杂，大量的数据对于人工手动采集来说是个难题，但是这个难题可以通过机器人来实现。在数据处理阶段，同样可以用机器人进行筛选、排序和聚合等操作。财务凭证数据分析涉及的凭证数据多且复杂，其中还有一些缺失值，数据处理时需要对缺失值进行填充，并将没有意义的字段删除。

14.3.1　场景描述

午休的办公室总是最安静的，经过早上紧张的通勤加上一大上午的头脑风暴，大家都在享受着午休带来的片刻宁静。唯独子轩一个人对着电脑屏幕发着愁，“这么多数据该从何下手呢？要不一会儿午休结束之后还是找婷儿姐请教请教吧！”

午休时间一结束，子轩端着一杯“拜师礼物”走向了柳婷的办公桌，“婷儿姐，财务凭证数据我还是有好多问题想向你请教。”

柳婷接过“拜师礼物”爽快地答应了：“没问题呀！不用说‘请教’，太客气了。我们就一起来聊聊数据吧！俗话说：‘巧妇难为无米之炊’，子轩，你应该听过这句谚语吧？”

子轩不解：“听过啊！怎么啦？这跟我们的数据分析有什么关系？”

柳婷回答说：“不仅有关系，而且它们的关系密切着呢！数据就好比谚语中的‘米’。做数据分析必须要有数据吧，从一开始我们就要进行数据收集，收集到的数据常常是杂乱无章的，要么残缺不全，要么有重复。这时候我们的主要工作就是把我们想要的数据弄的井井有条、干干净净。”

子轩继续问道：“婷儿姐，我们通常要对数据进行什么处理呢？”

这时，柳婷端起咖啡喝了一口，继续说道：“数据处理是根据数据分析的目的，将收集到的数据进行加工、整理，使数据保持准确性、一致性和有效性，以形成适合数据分析要求的样式，也就是经常提到的一维表。数据处理是数据分析前必不可少的工作，并且在整个数据分析工作量中占了很大比例。常用的数据处理方法主要包括数据清洗、数据合并、数据抽取、数据计算、数据转换几大类方法。每一大类方法下又包含几种方法，如数据清洗包含重复数据处理、缺失数据处理、空格数据处理等。数据分析都离不开数据；而做饭呢，同样先要买米、洗米、然后煮米饭，你看看数据和米在数据分析和做饭的流程中作用类似吧！”

“那面对这么庞大的数据我们有没有什么好的方法呢?”子轩迫不及待地追问道。

“那当然有啊，我们公司都是用 RPA 来对数据进行采集和处理。”柳婷自豪地说道。

“对哦，这个时候怎么能忘了元小蛮呢!”子轩兴奋地说道。

“这样吧，我们先设计一个自动化流程，看元小蛮能不能帮我们实现!”

“太好了，想到元小蛮突然感觉看到了希望!”子轩长舒了一口气。

14.3.2 自动化流程设计

(1) 数据采集与处理设计

①数据输入。财务凭证数据采集与处理自动化的数据输入均为本地 Excel 文件，从科目编码表中读取科目编码、科目名称；从科目余额表中读取科目编码、借方金额、贷方金额；从凭证明细表中读取凭证字号、科目编码、摘要、借方金额、贷方金额等，如表 14－5 所示。

表 14－5　数据输入

数据来源	文件名/网址	主要数据内容
本地 Excel 文件	会计分录序时簿 . xlsx	凭证字号
		日期
		分录号
		科目代码
	科目编码表 . xlsx	科目类别
		科目编码
		科目名称
	科目余额表 . xlsx	科目编码
		借方金额
		贷方金额
	凭证明细表 . xlsx	凭证字号
		科目编码
		摘要
		借方金额
		贷方金额

②数据处理。机器人读取数据后，使用转换、筛选、删除等方法进行数据处理，如表 14－6 所示。

表 14 -6　　数据处理

数据处理方法	主要内容
转换	将日期格式转换为“时间”
	将读取的科目编码转换为文本格式
筛选	从凭证明细表筛选出为空内容
删除	删除重复的值
	删除空值

③数据输出。对未清洗的数据进行清洗之后，得到的数据可以直接用来进行查询和分析，输出的数据直接保存在 Excel 工作簿中的其他工作表中，并将表重新命名为×××表，例如，凭证明细表、科目余额表等，如图 14 -9 和图 14 -10 所示。

日期	凭证字	分录	摘要	科目编码	科目名称	币别	原币金额	借方	贷方	会计主管	出纳	审核	制单
2020/1/3	银字 -2	1	叶鸣差旅费原件在16年12月转395#	1002.005	银行存款 [CI1.02.04]经营活动产生的现金流量_现	人民币	33159.6	0	33159.6	柳婷	汤远萍	赵洁	罗婷匀
		2	叶鸣差旅费原件在16年	2181.01	其他应付款 - 其他	人民币	33159.6	33159.6	0	柳婷	汤远萍	赵洁	罗婷匀
2020/1/3	银字 -3	1	K3系统：白雪鸣下料中心对接 原年在16年12月	2181.01	其他应付款 - 其他/[002.06]暂存户	人民币	978.3	978.3	0	柳婷	汤远萍	赵洁	罗婷匀
		2	K3系统：白雪鸣下料中心对接原年在16年12月	1002.005	银行存款 [CI1.02.04]经营活动产生的现金流量_现	人民币	978.3	0	978.3	柳婷	汤远萍	赵洁	罗婷匀
2020/1/4	银字 -4	1	李勇一次性伤残就业补	2152.07	应付职工薪酬 - 辞退福利	人民币	14451	14451	0	柳婷	汤远萍	赵洁	罗婷匀
		2	李勇一次性伤残就业补助金	1002.005	银行存款[CI1.02.02]经营活动产生的现金流量_现	人民币	14451	0	14451	柳婷	汤远萍	赵洁	罗婷匀
2020/1/4	银字 -5	1	刘元领行车复审培训费	2152.06	应付职工薪酬 - 职工教育	人民币	250	250	0	柳婷	汤远萍	赵洁	罗婷匀
		2	刘元领行车复审培训费	1001	现金/[CI1.02.04]经营活动产生的现金流量_现金流	人民币	250	0	250	柳婷	汤远萍	赵洁	罗婷匀
2020/1/5	银字 -6	1	付款	2121	应付账款/[28.01.03.008]四	人民币	3500	3500	0	柳婷	汤远萍	赵洁	罗婷匀
		2	柳梅:付款	1002.005	银行存款[CI1.02.01]经营活动产生的现金流量_现	人民币	3500	0	3500	柳婷	汤远萍	赵洁	罗婷匀
2020/1/5	银字 -7	1	付款	2121	应付账款/[28.01.03.008]四	人民币	2940	2940	0	柳婷	汤远萍	赵洁	罗婷匀
		2	柳梅:付款	1002.005	银行存款[CI1.02.01]经营活动产生的现金流量_现	人民币	2940	0	2940	柳婷	汤远萍	赵洁	罗婷匀
2020/1/5	银字 -8	1	2016.12转438#冲回应付	2121	应付账款/[99.01]集中户_	人民币	302909.49	302909.49	0	柳婷	汤远萍	赵洁	罗婷匀

图 14 -9　凭证明细表

科目编码	科目名称	币别	期初借方余额	期初贷方余额	本期借方发生额	本期贷方发生额	期末借方余额	期末贷方余额
1001	现金	人民币	7015.98	0	727067.74	730988	3095.72	0
1002	银行存款	人民币	3020892.37	0	800508350	799268911.3	4260331.06	0
1002.001	中国银行三明分行	人民币	0	0	4322686.9	4322686.9	0	0
1002.002	工商银行三明市列东支行(338)	人民币	49770.96	0	770125.43	757477.21	62419.18	0
1002.003	建设银行三明市梅列支行(556)	人民币	0	0	0	0	0	0
1002.004	农行三明市分行(696)	人民币	0	0	0	0	0	0
1002.005	建设银行沙县支行(2197)	人民币	840120.33	0	551040567.8	551207931.9	672756.21	0
1002.006	兴业银行三明市分行(321)	人民币	0	0	0	0	0	0
1002.009	中国民生银行厦门分行(510)	人民币	0	0	0	0	0	0
1002.010	厦门海翼集团财务有限公司(01-10-2600-1)	人民币	592969.9	0	239539740.7	238123259.1	2009451.46	0
1002.011	招商银行西安分行解放路支行	人民币	6.32	0	625.15	608	23.47	0
1002.012	兴业银行三明列东支行（4854)	人民币	53216.3	0	161.34	312	53065.64	0
1002.013	招商银行三明分行（0666)	人民币	0	0	0	0	0	0
1002.090	工行住房基金162	人民币	1484798.37	0	4452.3	26644	1462606.67	0
1002.099	华兴信托三明办(033)	人民币	0	0	0	0	0	0
1002.13	工商银行厦门分行营业部(4100020419200184905)	人民币	0.04	0	300.02	300	0.06	0
1002.135	建设银行梅列支行搬迁专户	人民币	0	0	0	0	0	0
1002.160	农业银行梅列支行	人民币	0	0	0	0	0	0
1002.168	市城市住房基金管理中心	人民币	0	0	0	0	0	0
1002.190	沙县建行美元户	人民币	10.15	0	4829690.38	4829692.16	8.37	0

图 14 -10　科目余额表

（2）自动化流程设计

根据财务凭证数据的分析需求，对会计分录序时簿、凭证明细表、科目余额表的数据进行自动化处理，将数据表中的分散、零乱、标准不统一的数据整合到一起，为企业的经营管理决策提供分析依据，财务凭证数据分析处理流程如图 14－11 所示。

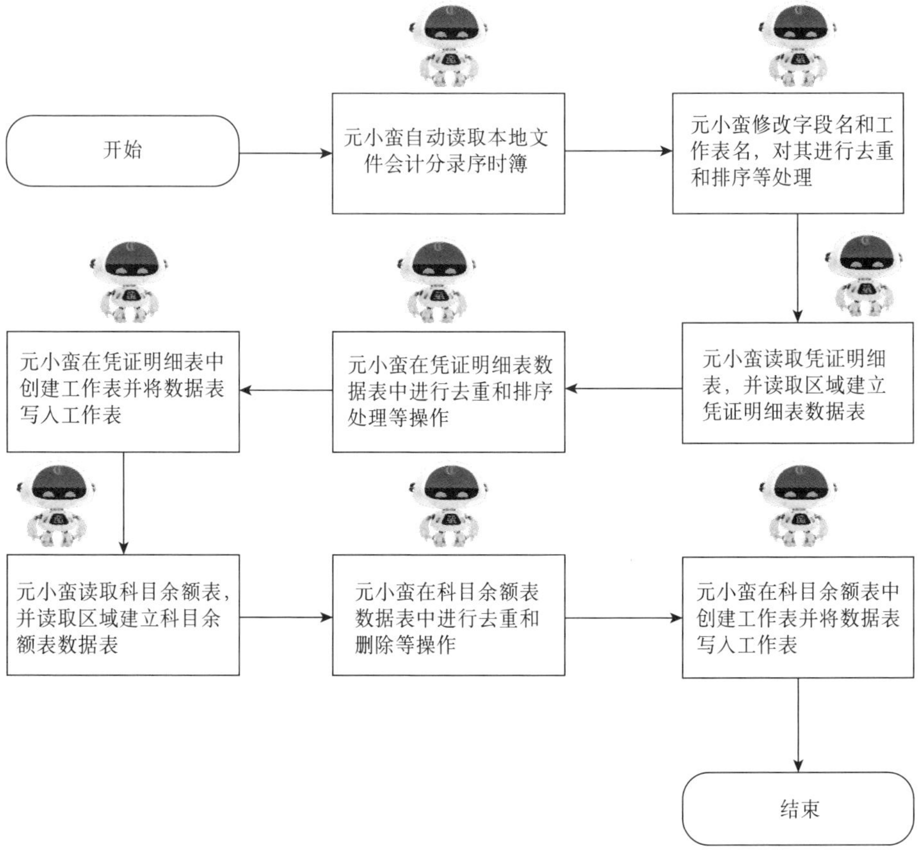

图 14－11　财务凭证数据采集与处理流程自动化

14.3.3　RPA 技术路线

对数据进行采集和处理的第一步是根据前面设计的表结构来采集数据，财务凭证数据一般保存在财务系统中，本章对财务凭证数据的分析主要针对会计分录序时簿，因此对采集信息环节得到的财务凭证数据只需要保存在本地即可。

根据采集的数据，在对保存在本地的数据进行处理时，对保存的数据表（会计分录序时簿）进行处理，处理采用的是数据清洗的思路，对一些无用的数据进行删除或者填充，对缺失值进行补充，为接下来的分析与可视化提供真实、完整和全面的数据信息，这是商业数据分析的基础。

首先，读取会计分录序时簿，使用打开 Excel 工作簿、获取行数、删除行，将“合计”行删除。

其次，对会计分录序时簿进行缺失值处理，选中区域、模拟按键、点击目标、输入文本，最后关闭 Excel 工作簿。通过 Excel 的定位功能查找空值，并填充为空值上方的数据。

财务凭证数据处理机器人开发的具体技术路线如表 14－7 所示。

表 14－7　　　　机器人开发技术路线

流程块名称	功能描述	使用的预制件
会计分录冗余数据删除	打开待处理文件，找到冗余数据“合计行”的位置，并删除	打开 Excel 工作簿
		获取行数
		删除行
会计分录缺失值处理	查找空白值区域	选中区域
	填充会计期间、日期和凭证字号三个字段的缺失值	模拟按键
		点击目标
		输入文本
		关闭 Excel 工作簿

14.4　财务凭证数据分析与展现自动化

通过对财务凭证数据进行采集和清洗处理，基于处理完成的数据，利用 Tableau 可以将规范的财务凭证数据进行数据展现，财务凭证数据分析与展现是整个商业数据分析环节的关键，也是中心环节，前面的数据采集与准备都是分析主题的预备环节。通过对财务凭证基本情况、资产负债类涉及的主要科目、成本损益类涉及的主要科目进行分析，可以清楚地了解企业财务数据相关情况，从而进一步反映企业经营管理情况。

14.4.1　场景描述

子轩在柳婷的悉心指导下，已经用元小蛮对财务凭证数据进行了采集与处理，接下来，按照财务总监常吉的要求，要为她提供一份分析报告，但是子轩不知道到底要做哪些数据分析工作，得到怎样的分析结果。眼看着就要到常吉限定的期限了，子轩急得像热锅上的蚂蚁一样团团转。

面对着一堆已经处理好的数据，子轩脑袋里一片空白，一时不知从何入手。正在愁肠百转之际，突然，子轩想到婷儿姐还没教她怎么进行数据分析。这么好的实践机会，何不找她进一步指导呀？于是子轩端着笔记本电脑来到婷儿姐的办公桌旁，可怜巴巴地说道：“婷儿姐，你一定要救救我！”

柳婷看着子轩垂头丧气的样子：“怎么了，子轩，不是已经教你怎么处理数据了吗？在哪一步遇到难题了？跟我说说。”

子轩：“数据处理工作我已经做完了，现在要对处理好的数据进行分析，但我一点思路都没有，不知道怎么弄，所以，只好找你求助啦！”

柳婷：“你已经完成数据处理的工作啦？效率真高啊，我原本预计你没这么快完成呢，所以我就没告诉你怎么做数据分析。”

子轩指着自己发黑的眼圈：“效率不得不高啊，常姐限定的期限快到了，我是晚上加班才把元小蛮提前完成的，我都成‘熊猫’了。”

柳婷：“子轩，多注意身体呀。数据分析不仅是指会用数据分析工具，你还必须懂得数据分析原理，没有理论的指导，就无法知晓该从哪方面入手？要分析哪些关键点？就算做出来了，得到的分析结果也可能无法完全解答你的问题，或者符合最初的数据分析目的。”

子轩：“我打算把凭证的基本情况作为一个主题进行分析。”

柳婷：“没错儿，我们要对凭证的基本情况进行分析。但是对凭证数据的分析要联系到业务层面才有真正的意义。”

子轩：“那采购业务和销售业务作为另外两个主题怎么样呢？”

柳婷：“年轻人开窍了啊，这两个主题你再去细分一下维度，用 Tableau 选择合适的图形应该可以出具一份不错的分析报告！”

14.4.2 数据分析模型

在进行财务凭证数据分析时，将借助 Tableau 软件进行数据可视化展现。本节将创建可视化图形，通过图形对财务凭证的各方面进行分析。本小节进行数据分析与展现的主要步骤分为选择合适的数据源、绘制可视化图形分析和生成财务凭证数据分析故事，思维导图如图 14－12 所示。

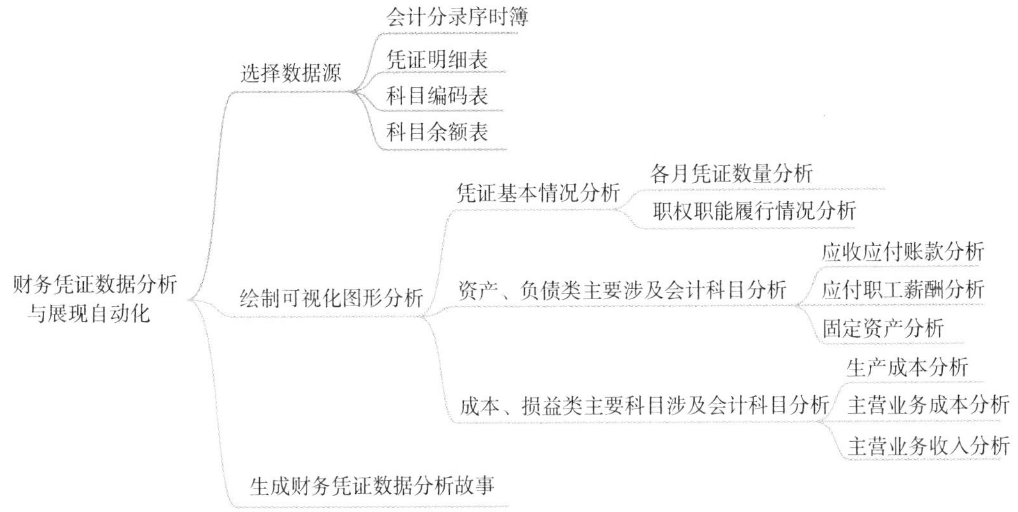

图 14－12　财务凭证数据与展现自动化思维导图

14.4.3 数据展现设计

在进行财务凭证数据分析时，常常会遇到数据量大、数据格式杂乱和数据内容不满足数据分析要求等问题，通过对财务凭证数据相关信息进行采集处理后，现已经得到规范的财务凭证数据。利用 Tableau 可以将规范的财务凭证数据进行展现，可以清楚地了解本公司的经营情况。

在进行财务数据展现时，需要进行数据连接、数据整合、创建视图、创建仪表板等步骤，最终生成财务凭证数据分析可视化故事。本小节将具体介绍各视图、仪表板和故事的设计方法。

（1）创建视图

通过对公司的销售数据、客户数据、商品数据和城市数据进行分析，可以将财务凭证自动化分析内容分为三个主题：一是根据公司财务凭证基本情况对业务发生交易的频繁程度及职权分离进行分析，二是对资产、负债类主要涉及的会计科目预期给企业带来的经济利益或者承担的现时义务进行分析，三是对成本、损益类主要涉及的会计科目对企业日常经营活动的影响进行分析。

绘制各财务凭证数量分析视图时，以月会计期间为列，以凭证字号为行，以凭证字号作为标签形成条形图，如图 14－13 所示。

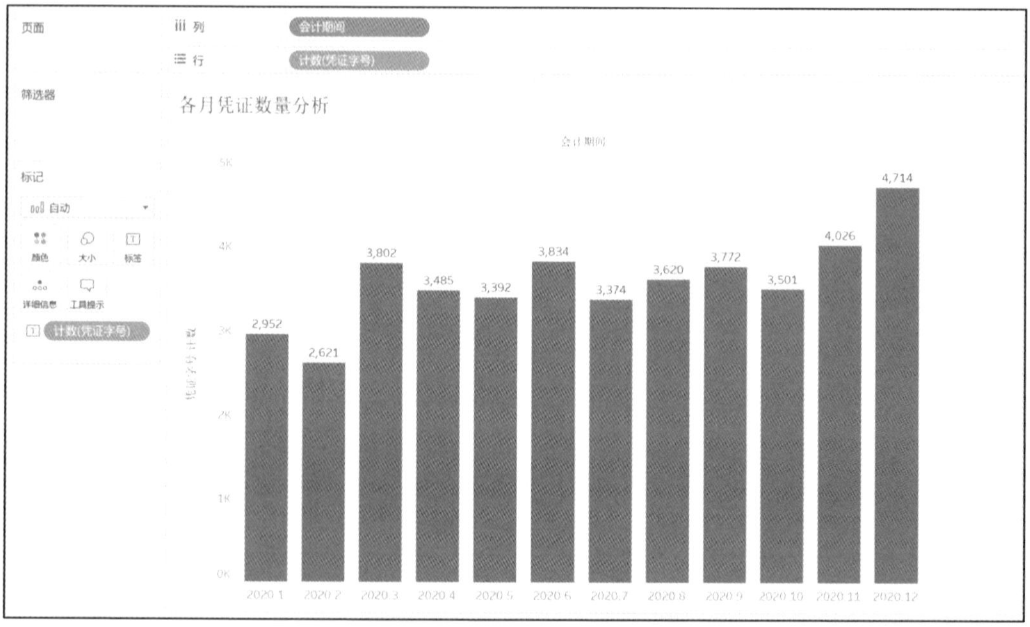

图 14－13　各月凭证数量分析

绘制职权职能履行情况分析视图时，以会计期间为列，凭证标记为行形成并排条，如图 14－14 所示。

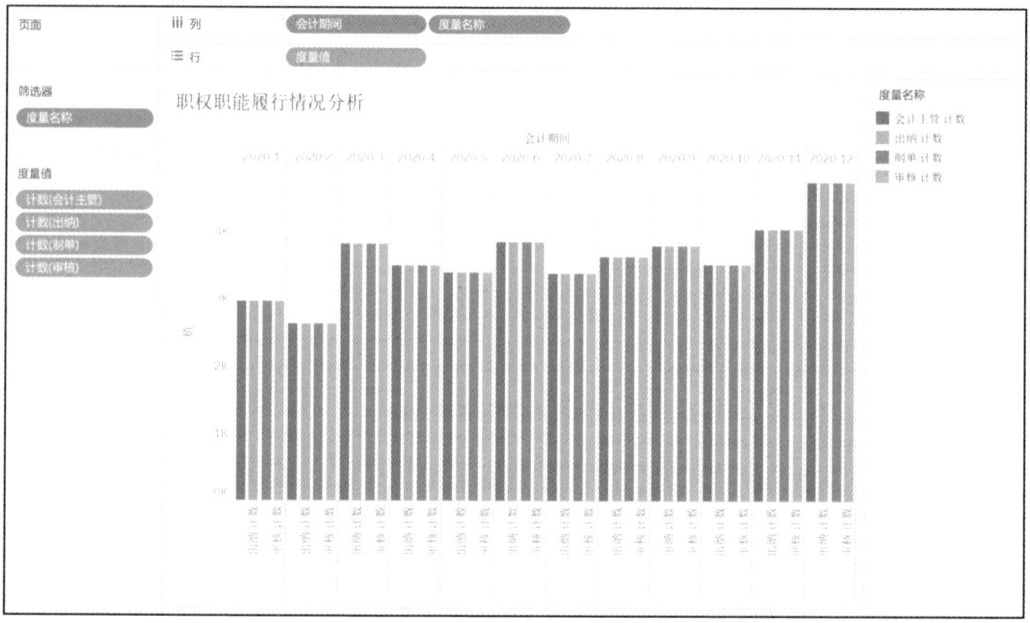

图 14－14　职权职能履行情况分析

绘制应收应付账款分析视图时，以会计期间、一级科目编码为列，借方金额为行，一级科目编码作为颜色，借方金额作为标签形成柱状图，如图 14－15 所示。

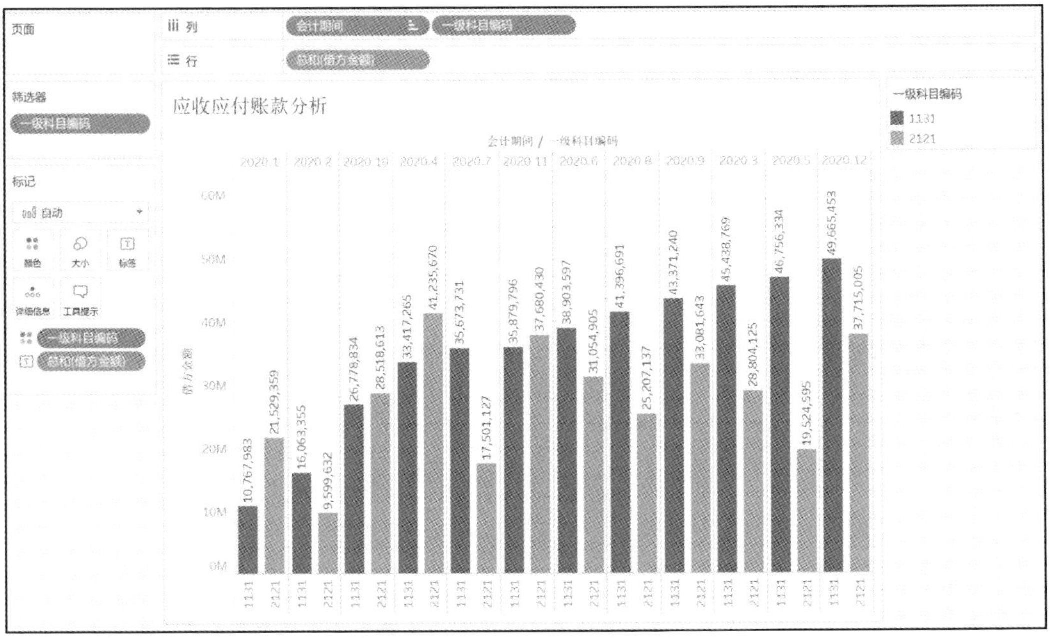

图 14－15　应收应付账款分析

绘制固定资产分析视图时，以借方金额为列，科目名称为行，原币金额（计数）作为颜色，借方金额作为标签，如图 14－16 所示。

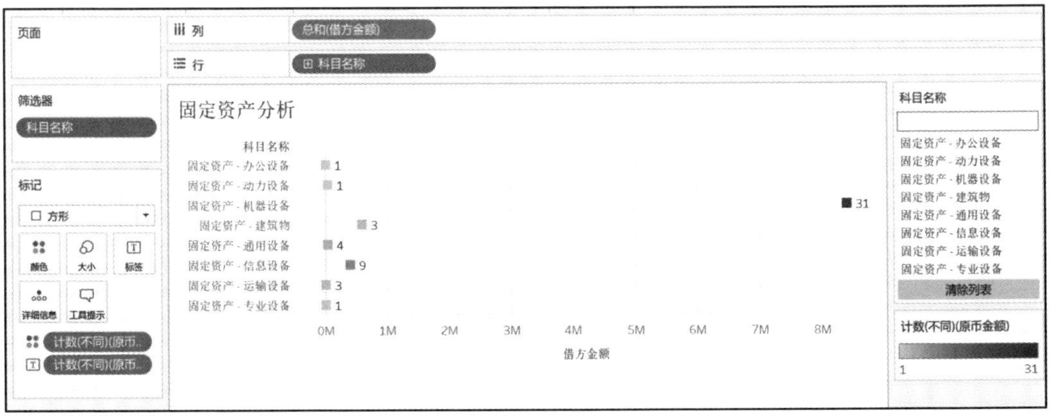

图 14－16　固定资产分析

绘制应付职工薪酬分析视图时，以借方金额为列，科目名称为行，原币金额（总和）作为颜色，原币金额（计数）作为大小，科目名称作为标签形成树状图，如图 14－17 所示。

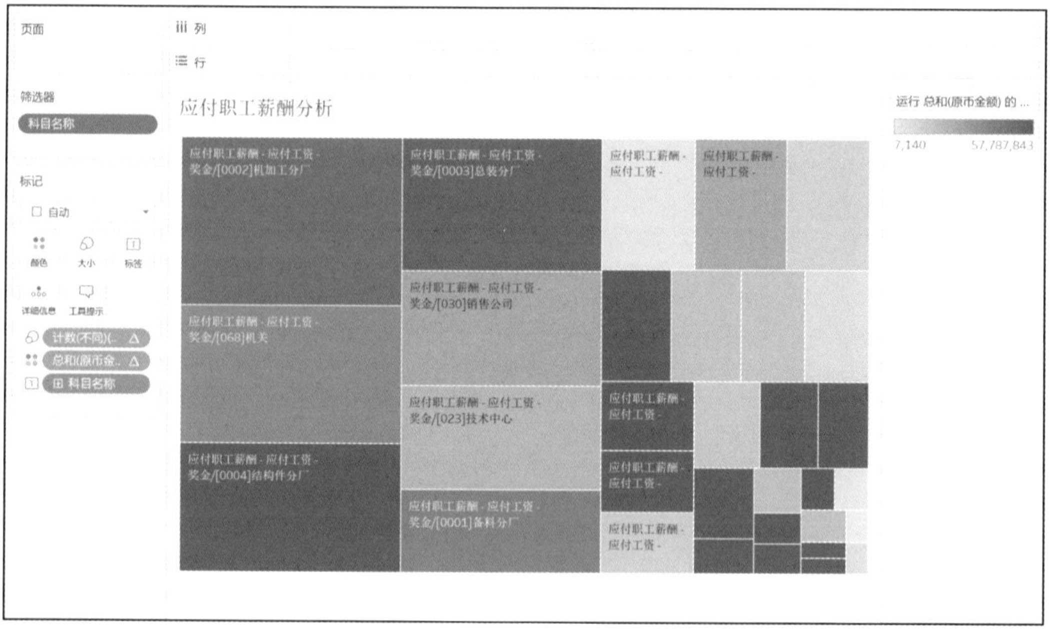

图 14－17　应付职工薪酬分析

绘制生产成本分析视图时，以会计期间为列，科目编码、借方金额为行，借方金额作为颜色和标签形成柱状图，如图 14－18 所示。

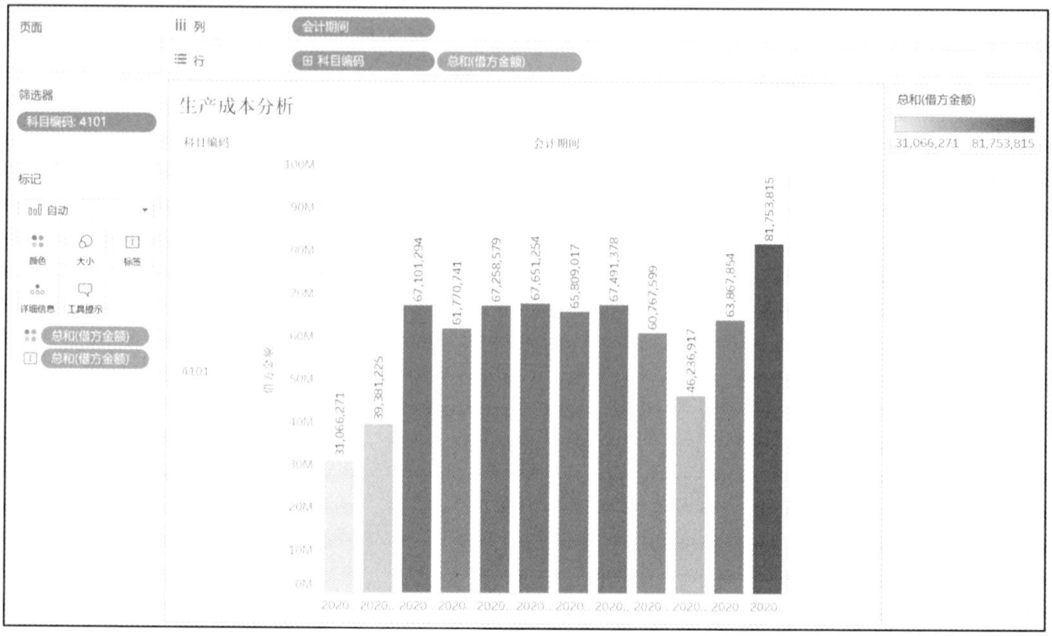

图 14－18　生产成本分析

绘制主营业务成本分析视图时，以会计期间为列，科目编码为行，会计期间作为颜色和标签，借方金额（总和）作为大小和标签形成饼图，如图 14－19 所示。

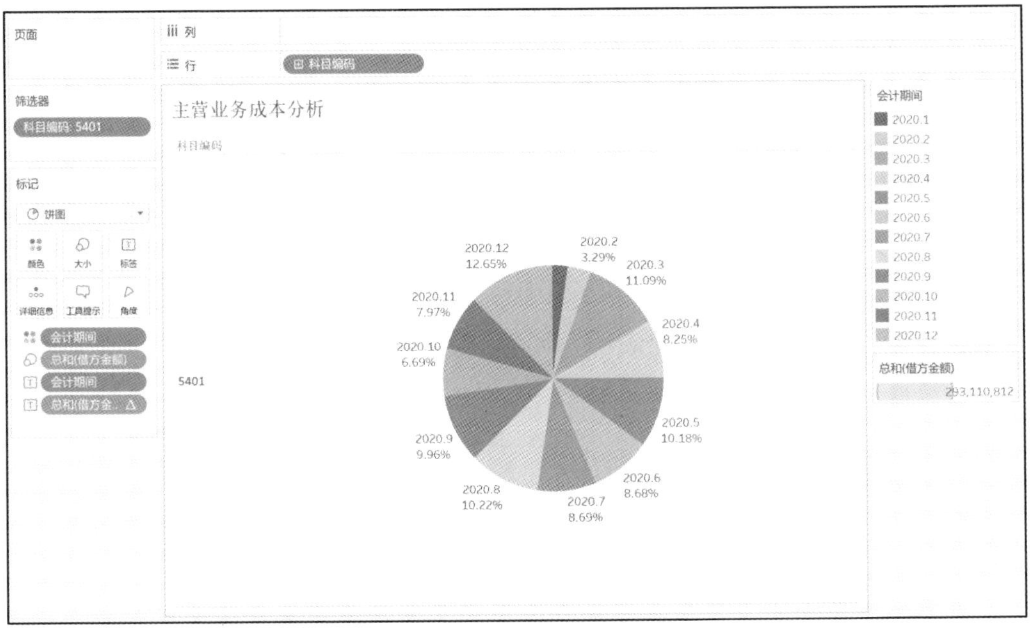

图 14－19　主营业务成本分析

绘制主营业务收入分析视图时，以会计期间为列，科目编码、借方金额（总和）为行，借方金额（总和）作为标签形成折线图，如图 14－20 所示。

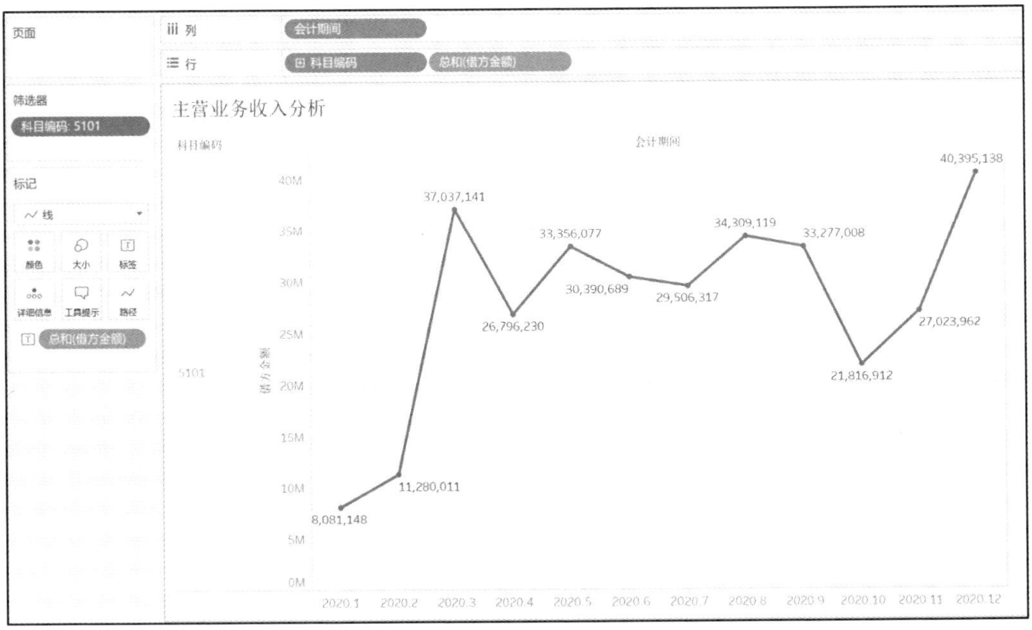

图 14－20　主营业务收入分析

（2）创建仪表板

仪表板是多张视图的集合，其可以实现多视图交互联动，使可视化效果更好。在财务凭证数据分析中一个主题形成一张仪表板，分别为财务凭证基本情况分析仪表板、资产、负债类主要科目涉及凭证分析仪表板和成本、损益类主要科目涉及凭证仪表板。主题一为财务凭证基本情况分析仪表板，由各月凭证数量分析和职权职能履行情况分析视图组成，如图14－21 所示。

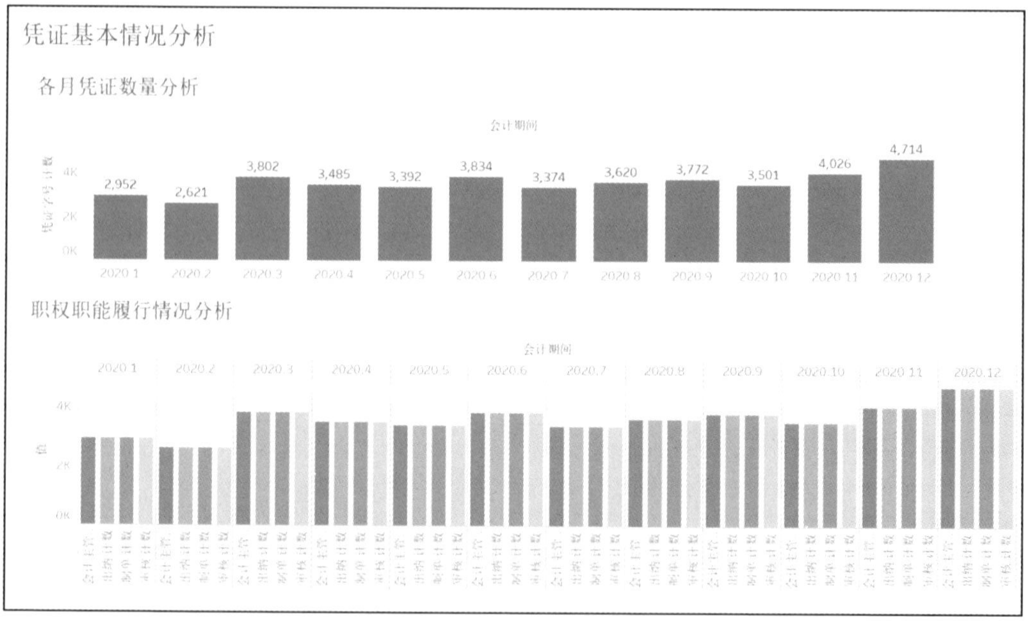

图 14－21　财务凭证基本情况分析仪表板

主题二为资产、负债类主要科目涉及凭证分析仪表板，由应付职工薪酬分析、应收账款分析和固定资产分析组成，如图 14－22 所示。

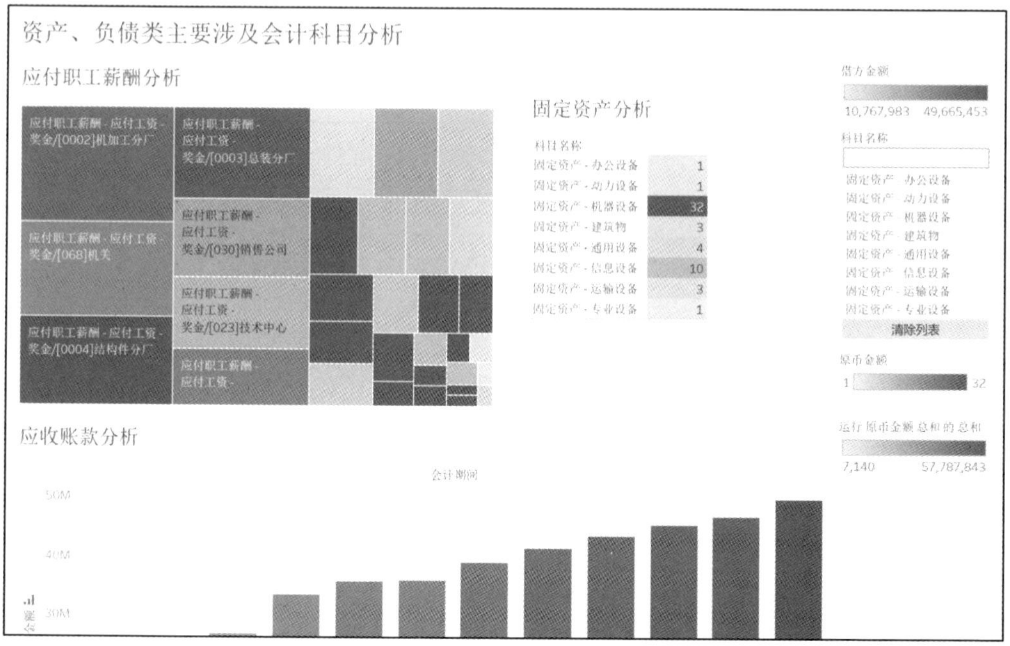

图 14－22　资产、负债类主要科目涉及凭证分析仪表板

主题三为成本、损益类主要涉及会计科目分析仪表板，由生产成本分析、主营业务成本分析和主营业务收入分析组成，如图 14－23 所示。

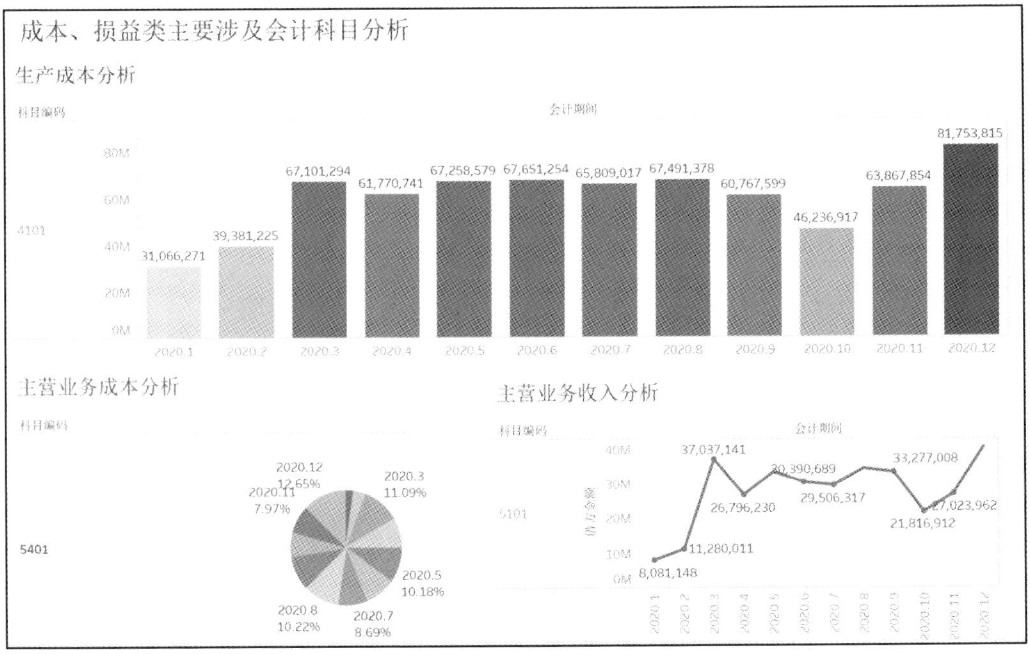

图 14－23　成本、损益类主要科目涉及凭证分析仪表板

（3）生成故事

在 Tableau 中，故事是一系列共同作用以传达信息的虚拟化项。通过创建故事来讲述数据，提供上下文，演示决策与结果的关系，或者只是创建一个极具吸引力的案例。财务凭证数据分析故事由三个仪表板组成。财务凭证数据分析故事的生成，提供了直观的分析结果，决策者通过财务凭证分析故事可为决策提供一定程度的建议，财务凭证数据分析故事如图 14－24、图 14－25 和图 14－26 所示。

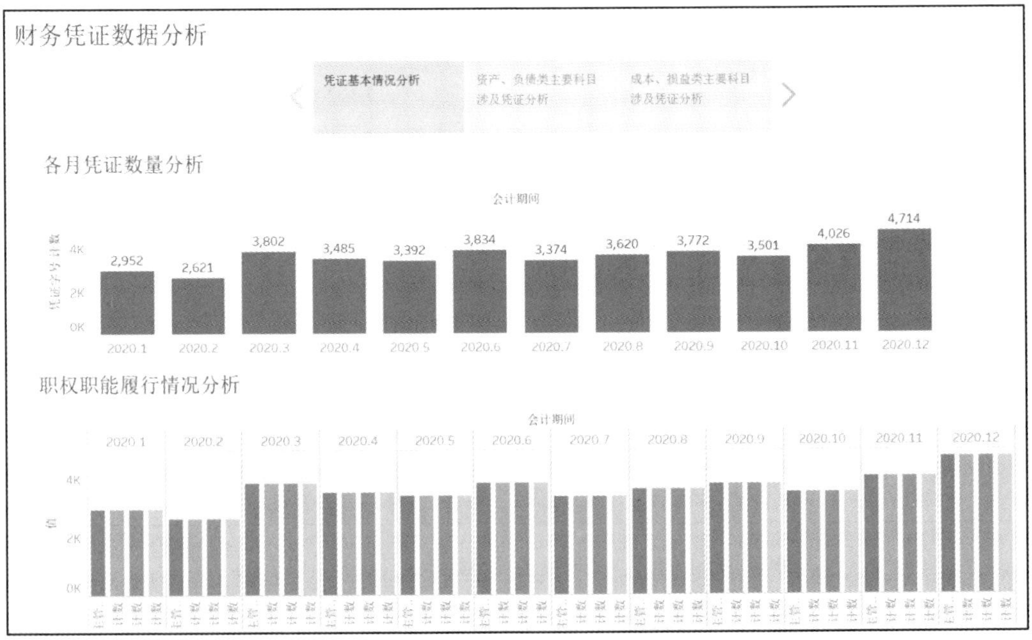

图 14－24　财务凭证数据分析故事

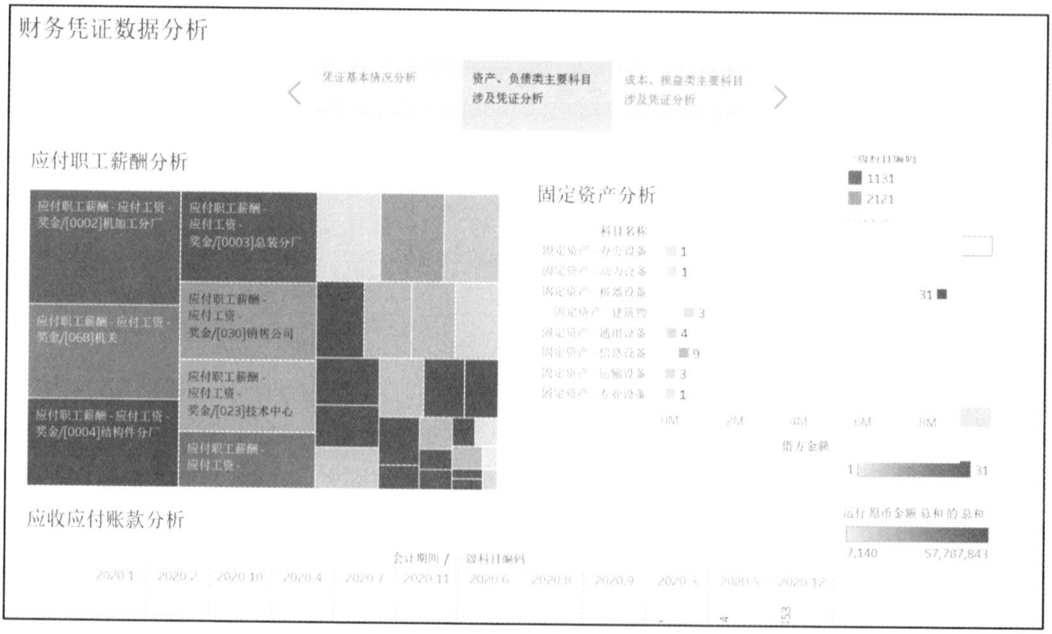

图 14－25　财务凭证数据分析故事

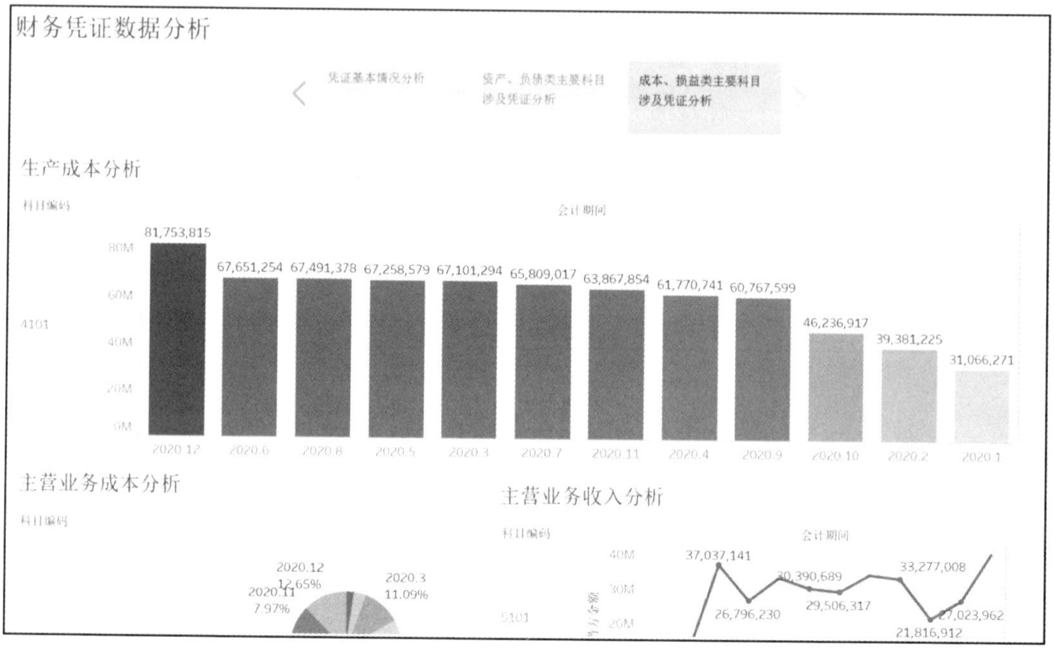

图 14－26　财务凭证数据分析故事

14.4.4　Tableau 技术路线

财务凭证自动化分析与展现可视化主要通过连接数据并设计数据、在工作表中绘制图形、生成仪表板、生成故事等过程实现，具体的技术路线如表 14－8 所示。

表 14-8　Tableau 技术路线

实现目的	实现步骤	具体操作
连接数据并设计数据	连接数据	连接 Tableau 到本地文件
	建立数据联系	拖拽工作表
	添加其他表	连接 Tableau 到本地其他文件
	建立联系	拖拽并设置连接字段
	隐藏字段	鼠标点击隐藏重复字段
	修改字段名	双击首行字段名进行修改
在工作表中绘制图形	新建工作表	点击“新建工作表”
	创建计算字段	根据字段名输入计算公式
	选择筛选器	拖拽需要筛选的字段名到筛选器
	编辑筛选器	鼠标点击配置筛选器格式
	绘制图表	鼠标拖拽字段名到行、列、筛选器
	设置工作表格式	点击标题、阴影等设置格式
生成仪表板	新建仪表板	点击“新建仪表板”
	绘制仪表板	鼠标拖拽工作表到仪表板
	设置仪表板格式	点击编辑标题、阴影等格式
生成故事	新建故事	点击“新建故事”
	绘制故事	鼠标拖拽仪表板到故事
	设置故事格式	点击编辑标题、阴影等格式

14.5　财务凭证数据分析报告自动化

14.5.1　场景描述

看着子轩的财务凭证数据分析，柳婷露出了满意的笑容。

柳婷：“子轩，你的分析做的不错，我们公司有数据分析报告模板，报告这一部分可以直接交给元小蛮了。在实际的学习、工作中，常常有数据分析人员陷入误区，在这里我要告诉你一下，提醒你注意。”

子轩：“好的，请婷儿姐指教，洗耳恭听！”

柳婷：“首先，我们要擅长模仿学习，在做数据分析时，有自己的想法固然重要，但是前车之鉴，也是非常有必要学习的，它能帮助数据分析师迅速成长。因此，模仿学习是快速提高学习成果的有效方法。这里说的模仿主要是指参考、借鉴他人优秀的分析思路和方法，而非直接照搬成功的，模仿需要领会他人方法的精髓，理解其分析原理，透过表面看到实质。万变不离其宗，要善于将这些精华转化为自己的知识。其次，我们也要勇于创新，通过模仿可以借鉴他人的成功经验，但模仿的时间不宜太长。并且建议每次模仿后都要进行总结，提出可以改进的地方，甚至要有所创新，不断总结分析方法、分析思路、分析流程，在总结中前行。创新是一名优秀数据分析师应具备的精神，只有不断创新，才能提高自己的分析水平，使自己站在更高的角度来分析问题，为整个研究领域乃至社会带来更大的价值。现在的分析方法和研究课题千变万化，墨守成规是无法很好地解决所面临的新问题的。"

听到这里，子轩掰着手指头算自己有几条符合优秀数据分析师的素质和能力。

柳婷继续说道："学习数据分析需要时间和经验的积累，这些素质与能力不是说有就有的，需要慢慢培养形成，不可能一蹴而就。在工作中运用不同的分析方法对数据进行分析，并与业务部门的同事积极沟通，加深自己对整个行业或研究内容的理解，相信在两到三年内，你就能成为一名合格的数据分析师。"

子轩："好的，我会努力学习的！这段时间老是来麻烦你，婷儿姐辛苦了！"

柳婷摆摆手笑着说道："子轩太客气了，大家一起共同学习共同进步吗！"

14.5.2 数据分析报告设计

数据分析报告由七部分组成，分别是标题页、目录、摘要、分析背景、分析目的、分析思路和分析内容。财务凭证数据分析报告内容框架如下：

（1）标题页

该分析报告的标题页标题为：××××年财务凭证商业数据分析报告，撰写人为子轩，日期为2020年1月。

（2）目录

财务凭证商业数据分析报告的目录由报告目录和图表目录组成，报告目录是报告的正文框架，图表目录是数据分析报告中可能出现的图表图注。

（3）摘要

财务凭证数据分析的总目标可规范会计和财务管理以及相应业务信息的操作、支持业务信息直接汇报给领导由领导直接决策的操作，提高公司的现代化水平，实现各部门信息的准确、及时处理和沟通共享，为其蛮先进集团公司决策的建立提供有效信息。

（4）分析背景

蛮有效公司是蛮先进集团的子公司，其运营备受关注，主要是在新能源的转型方面。不论是政策还是公司内部的耗费方面，该公司都是蛮先进集团发展的重点。同行业其他公司普遍存在一定的局限性，比如平台管理水平落后，供应链整合度低，行业服务无序化等问题。蛮有效公司从供应环节到生产再到销售环节，全环节整合，并以产业赋能为纽带，为众多优质的公司提供品牌、设计、系统、供应链等全方位支持。

（5）分析目的

通过对蛮有效公司财务凭证数据的基本分析，不仅要从财务凭证数据上面做一些数据分析，同时还要求能从数据中揭示经营中存在的问题，从而推动业务解决问题。从财务凭证数据分析到经营分析，透过财务凭证数据的表象，剖析业务实质，找出数字背后的故事，把定位问题变成解决问题，把推脱责任变成分派任务，实现财务凭证数据分析到企业经营活动分析的转变。

（6）分析思路

①从财务凭证基本情况出发，主要从两个方面分析该公司各月份的业务频繁程度，凭证单据上的标记是否正确、完整。

②从资产、负债类主要涉及的会计科目角度分析该类凭证所涉及的业务预期是否能给企业带来经济利益或者承担现时义务。

③从成本、损益类主要涉及的会计科目角度分析该类凭证所涉及的业务对企业日常经营活动是否有影响。

（7）分析内容

图表放置区和生成结论。

14.5.3 自动化流程设计

在商业数据分析报告生成阶段，机器人元小蛮需要读取模板文件，对模板文件进行写入，这些完成后需要将模板文件另存并发送至财务总监邮箱，自动化流程设计如图 14－27 所示。

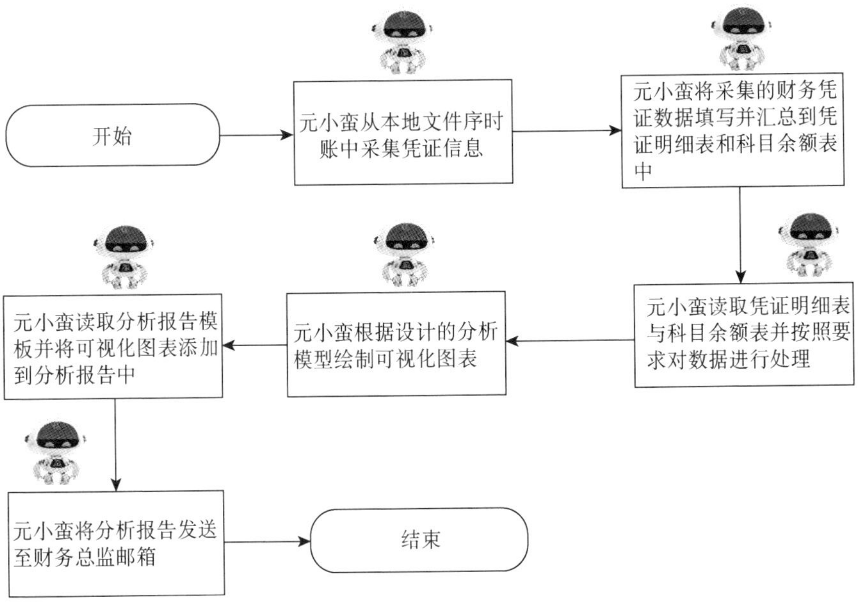

图 14－27　数据分析报告流程自动化

14.5.4 RPA 技术路线

报告生成机器人需要完成的任务主要是读取报告模板、写入报告内容和发送邮件。

首先，读取已经设计好的商业数据分析报告模板文件，这个文件是 Word 形式，除了标题页需要特定的撰写人填写之外，其他内容均由机器人来完成。

其次，写入报告内容，根据模板的设置，将特定的文字放入特定的区域，然后输出，完成整个写入报告的过程。

最后，发送邮件，收件人是财务总监，将上一步做好的商业数据分析报告发送至收件人邮箱即可。

财务凭证分析报告生成机器人开发的具体技术路线如表 14－9 所示。

表 14－9　　机器人开发技术路线

流程块名称	功能描述	使用的预制件
填写封面和目录	打开文档并查找光标位置	打开 Word 文档
		延时
		模拟滚动
		点击目标
		查找文本后设置光标位置
	获取时间并替换文字	文字批量替换
		获取时间
		格式化时间
		左侧裁剪
		模拟点击
写入摘要和分析背景	替换文字并插入图片	文字批量替换
		查找文本后设置光标位置
		退格键删除
		插入图片
填写分析内容与建议	写入内容并插入图片	查找文本后设置光标位置
		退格键删除
		插入图片
		移动光标位置
		写入文字
	写入指定内容	查找文本后设置光标位置
		退格键删除
		写入文字
	保存并关闭文档	文档另存为
		关闭文档
发送邮件给财务总监	发送邮件至财务总监邮箱	发送邮件

第 15 章　财务报表自动化分析

15.1　商业理解

财务报表分析是对企业财务报表所提供的数据进行加工、比较、评价和解释。如果说记账、编表属于会计的反映功能，那么，财务报表分析则属于会计的解释和评价功能。财务报表分析的目的在于判断企业财务状况的好坏和诊察企业经营管理的得失。通过分析，可以判断企业财务状况是否良好，企业的经营管理是否健全，企业业务前景是否光明，同时，通过分析，还可以找出企业经营管理的症结，提出解决问题的办法。

15.1.1　场景描述

这里，雾围着山，山含着雾，水绕着山，山护着水；这里，山衔着山，山连着山，山叠着山；这里，桥桥相连，桥桥相通，桥桥相延。这里便是“山城雾都桥都”，一座不得不来的城市——重庆。除了山水重庆之外，重庆更是智慧之城。作为西部大开发的重要战略支点，“一带一路”和长江经济带的联接点，重庆牢牢把握网络化、数字化、智能化带来的历史性机遇，积极推动人工智能、集成电路、云计算、大数据、物联网等产业向中高端迈进，抢占未来发展制高点。蛮有劲科技股份有限公司就在这一历史背景下搭上了重庆智能产业的快车。

周五下午 4 点。

忙碌一周的打工生活即将结束，工作完成后的职员们总算是松了一口气，办公室洋溢着欢快的气氛。商业数据分析实习生家桐结束了自己手上的工作就对着同为实习生的子轩说：“魔鬼一周终于结束了，好久没有好好双休过了。晚上去山城老堂口江湖菜走不走！我好久都没吃它们家的毛血旺和糖醋小排了。”

子轩：“走起，我特别喜欢它们家的歌乐山辣子鸡。但是我心里总是悬吊吊的，感觉有啥子事要发生！”

话音刚落，还没等家桐说话，办公桌上的电话就响起，子轩赶忙接起电话，并做了手势示意大家先别说话。

原来是头儿常吉的电话。电话那头：“子轩，我们公司近期准备收购一家食品机械零件制造公司，从而实现食品机械制造一体化。CEO 程总想看一下公司近五年的资产负债情况，然后与竞争企业进行对比，好清楚此次收购的优势和劣势。我们需要尽快分析我们蛮有劲公司上市之后三年的报表，这个任务交由你主要负责，有什么问题可以问我和高级商业数据分析师谢佳芯。”

只听见子轩说到：“常姐，我一个人分析三张报表是不是工作量有点大啊。能不能让家桐帮助我一下呢？”

常吉：“这次的报表分析还是需要依靠自动化软件辅助实现，上次我们团队一起进行的财务凭证自动化分析受到了程总的高度赞扬，这次是你第一次独当一面，一定要认真对待哦。

用自动化实现一个人足够了，顺带你也可以再练练手！”

虽然大家不知道电话那头在说些什么，但是大家能感受到子轩的表情逐渐凝重。挂掉电话后，子轩边摇头边叹气，刚才的好心情已经被这一通电话磨灭了。“刚才常姐安排新任务了，让我负责分析蛮有劲公司近三年的财务报表。”

家桐：“看来今晚的江湖菜泡汤咯！我还是回去泡面吧！”情绪归情绪，待家桐走后，子轩打开电脑找到常吉发来的财务报表开始进行流程梳理。

15.1.2 财务报表分析

企业财务报表分析的概念有狭义与广义之分。狭义的概念是指仅以企业对外提供的财务报表为主要依据，运用比率分析等手段，对企业的偿债能力、盈利能力与营运能力加以判断，并有重点、有针对性地对有关项目进行质量分析，从而对企业整体的财务状况质量进行评价，为报表使用者的经济决策提供财务信息支持的一种分析活动。广义的概念以此为基础，还强调依据企业财务报表之外的其他信息来源（包括公开和不公开的财务信息与非财务信息），进行更广泛的企业战略制定与实施情况分析、管理特征与质量分析、行业竞争格局与自身竞争优势分析（地域、资源、政策、行业、人才、管理等）、未来风险与挑战分析、发展前景与投资价值分析，等等。

（1）需求分析—业务与技术对应关系

本书从资产质量、负债质量、利润质量以及现金流质量四个主题进行分析，对蛮有劲科技股份有限公司的财务报表进行解读。财务报表需求分析—业务与技术对应关系模型如图15－1所示。

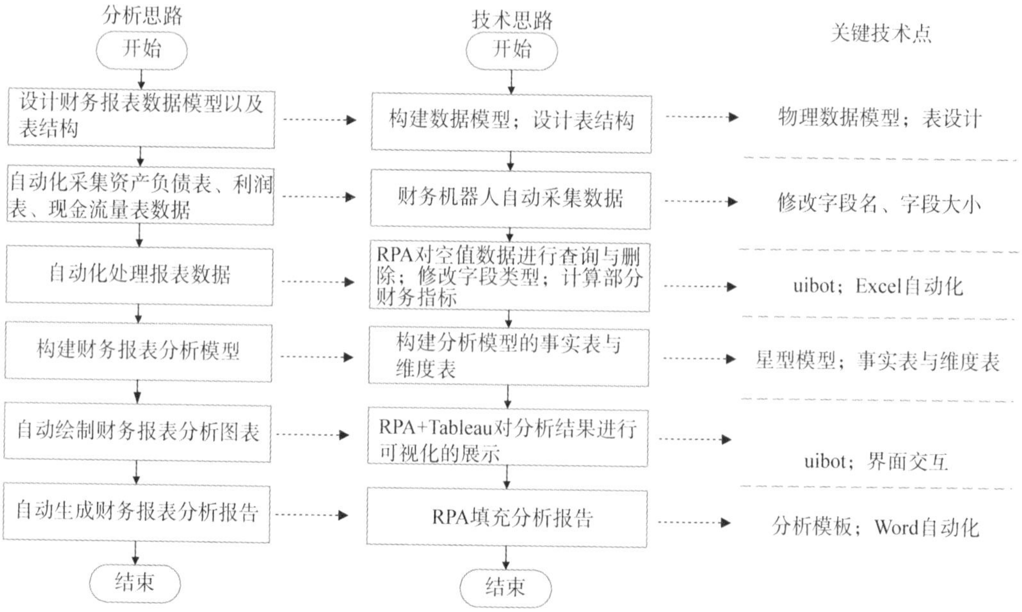

图15－1 财务报表需求分析—业务与技术对应关系模型

（2）机器人自动化流程

通过RPA可以自动实现处理财务报表数据，更新可视化软件Tableau的连接数据的步骤，在财务报表自动化分析中主要依靠Uibot自动化软件实现Excel与Word自动化操作，具体操作流程如图 15－2 所示。

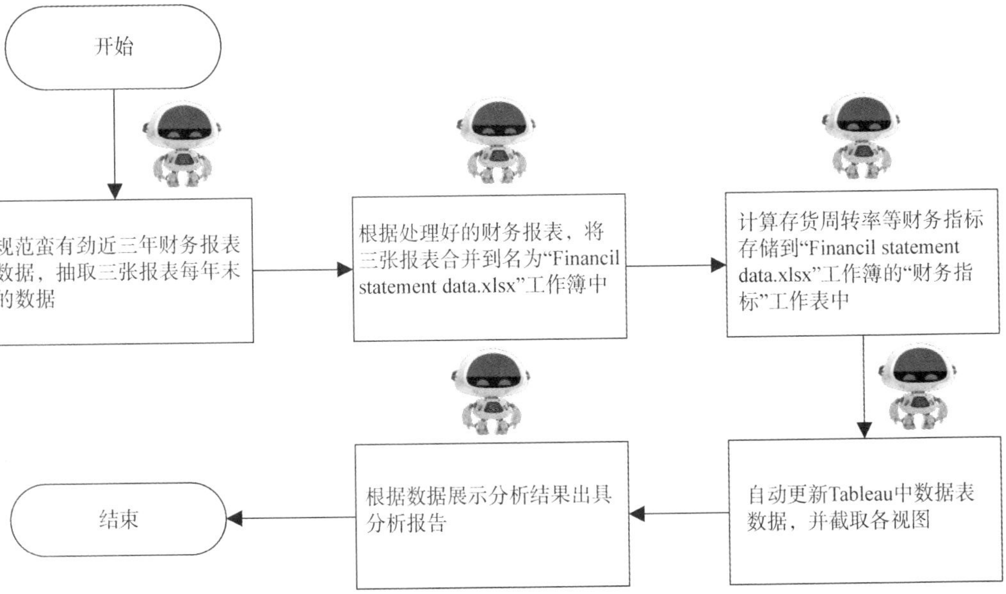

图 15－2　机器人自动化流程图

15.2　财务报表数据理解

财务报表包括资产负债表、利润表和现金流量表等。单纯的财务报表数据不能直接表明企业财务状况的好坏，只有将企业的财务报表与有关的数据进行比较才能说明企业在同行业中所处的地位，因此财务报表分析不仅包括三张报表数据，还应该包括财务指标数据。本节将介绍财务报表自动化分析所涉及的数据和数据表结构。

15.2.1　场景描述

子轩接到新任务后，感觉压力山大。第一次单独负责整个项目又事关集团收购，这个任务要是出了错，这份工作肯定就不保了。本着方法总比困难多的优良心态，子轩还是打开了常吉发送过来的公司近三年的财务报表。打开一看，子轩有些心理安慰，这财务报表幸好不是传统的报表模式，还是通过数据库下载后进行了转置。但是还需要进行数据清洗才能用作后面的可视化分析，虽然报表数据都具体到了每个会计科目，但是有些科目没有数据并且也有很多科目不会用作后续分析和指标计算。

子轩认真观察了各报表的字段和数据，找到了它们的连接字段。通过半个小时的研究，子轩理清了各报表数据的关系，决定还是按照之前的经验先把数据模型画出来方便后面进行可视化连接，并将数据表结构用表格形式呈现，做好这些准备后，子轩收拾好背包准备下班。

这时师傅谢佳芯给她打来电话："子轩，刚刚我接到常姐的任务，让我辅助你分析近三年的财务报表。我看了一下还是有一定的难度，我们还是按照之前的步骤先把需求和技术点画出来，再画一下机器人自动化流程图，可以帮助你理清分析步骤……"

还没等谢佳芯说完，子轩连忙打断："师傅，这些我早就想好了，您就放心吧！"

谢佳芯："我话都还没说完，你在着什么急呢！文档性的内容你是能够想到，那如何处理数据你想好了吗？我看几张报表里面都有一些多余数据，你通过自动化处理一下……"

子轩："不瞒您说，这些我都想好啦！"

谢佳芯："不错啊，进步挺大啊！这都掌握到精髓了，看来是我考虑太多咯！不过啊，你这打断人说话的毛病，还是要注意一下！"

财务报表分析业务流程如图 15－3 所示。

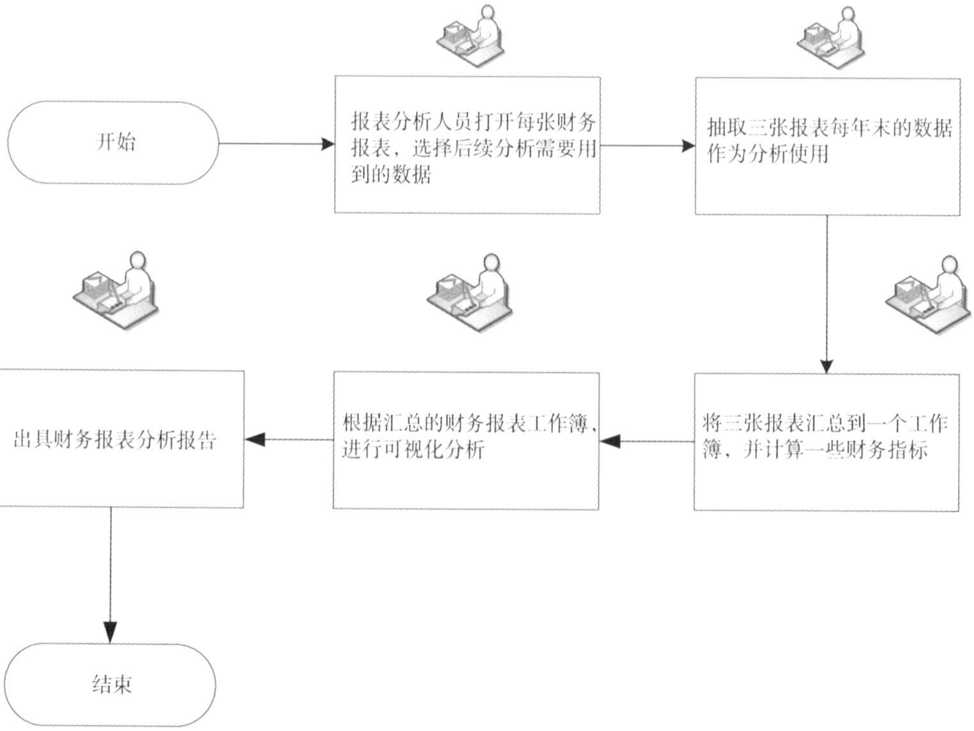

图 15－3　财务报表分析业务流程

15.2.2　数据模型

（1）财务报表数据表的概念模型

财务报表的 E—R 模型由财务部、报表分析人员、财务报表和财务报告实体集构成，每个实体集都有多个属性，它们之间存在一定的联系，如图 15－4 所示。

实体集

蛮先进公司的财务报表实体集包括财务部、报表分析人员、财务报告和财务报表，下面详细介绍其属性。

①财务部实体集，属性有人员名称、人员编号、人员职位、人员联系方式、人员数量；

②报表分析人员实体集，属性有报表分析员姓名、报表分析员编号、报表分析员联系方式等；

③财务报告实体集，属性有财务报告编号、财务报告时间；

④财务报表实体集，属性有会计科目、期初金额、期末金额、报表时间、资产负债表、

利润表和现金流量表；

联系

财务报表分析不同实体间存在着不同的联系，下面详细介绍其联系。

①财务部与报表分析人员之间存在一对多的雇佣关系，一个财务部可以雇佣多个报表分析人员，但一个报表分析人员只能在一家公司的财务部上班。

②报表分析人员与财务报告之间存在一对多的关系。一个报表分析人员可以出具多个财务报告。

③财务报告与财务报表之间存在一对多的包含关系。一个财务报告包含多张财务报表。

④报表分析人员与财务报表之间存在一对多的分析总结关系。一个报表分析人员可以分析总结多张财务报表。

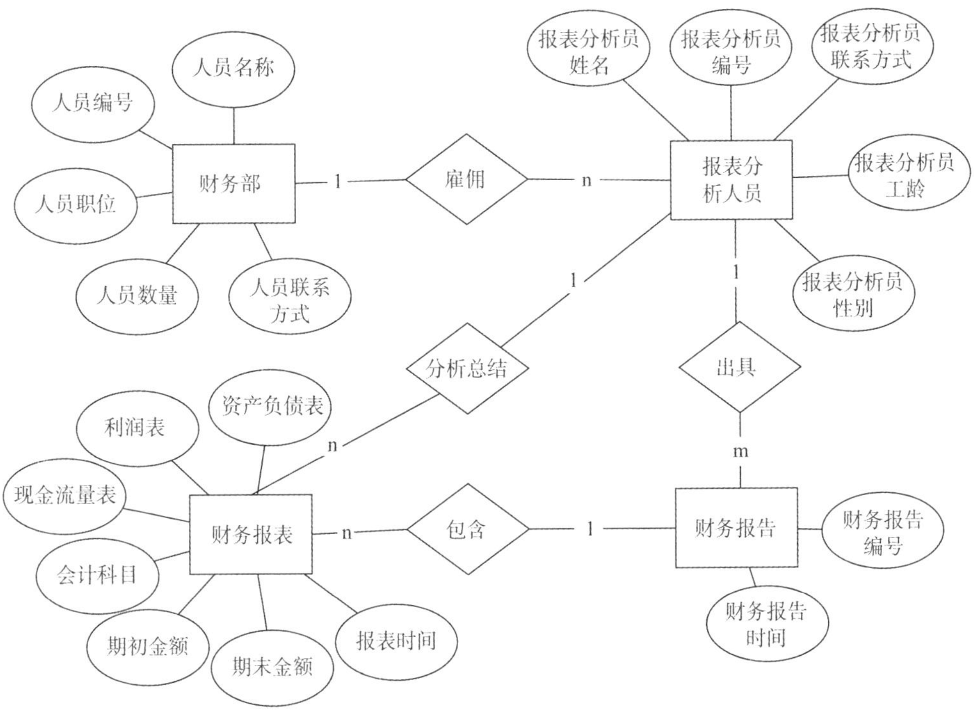

图 15－4　财务报表 E—R 图

（2）财务报表的物理模型

对财务报表进行自动化分析，需要采集资产负债表、利润表、现金流量表的数据，进行简单的清理后计算出财务指标，然后建立财务报表的物理模型，如图 15－5 所示。

15.2.3　数据表结构设计

本小节将具体介绍蛮有劲公司在进行财务报表分析时所使用的数据，通过部分数据示例和表结构展示能帮助读者更加清楚分析所涉及的数据内容。

（1）资产负债表

资产负债表用于展现企业特定时点资产、负债、所有者权益情况。资产负债表中含有证券代码、会计期间、报表类型、货币资金、交易性金融资产、应收票据净额等信息。资产负债表的部分数据示例如图 15－6 所示。

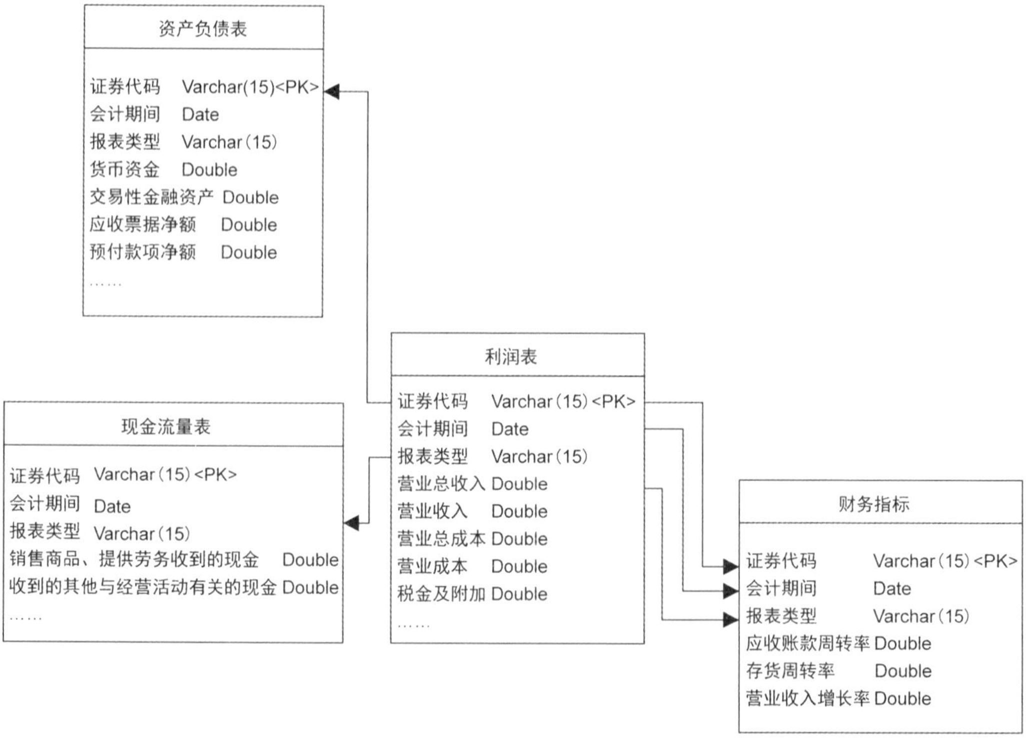

图 15 –5　财务报表物理模型

证券代码	会计期间	报表类型	货币资金	交易性金融资产	应收票据净额	应收账款净额	预付款项净额
999999	2018-12-31	B	549,246,885.07	743,833.55	153,303,526.73	390,367,593.33	3,348,351.19
999999	2018-12-31	A	562,813,428.44	743,833.55	153,503,526.73	369,886,076.11	3,865,496.28
999999	2019-12-31	A	878,829,707.39	1,931,863.00	83,666,146.01	704,773,201.23	9,583,362.82
999999	2019-12-31	B	852,500,578.83	1,931,863.00	83,666,146.01	727,819,305.94	19,619,126.30
999999	2020-12-31	B	811,364,783.15	2,654,060.00	206,238,863.83	764,774,822.93	64,263,314.65
999999	2020-12-31	A	856,746,092.77	2,654,060.00	206,238,863.83	743,067,393.42	56,706,454.00

图 15 –6　资产负债表部分数据示例

资产负债表设置证券代码主键作为资产负债表信息数据的唯一标识，以便查询指定记录。设置证券代码、会计期间、报表类型作为外键，表示与利润表、现金流量表和财务指标之间的联系，如表 15 –1 所示。

表 15 –1　　资产负债表结构

序号	列名	数据类型	字段标题	字段大小	字段说明
1	证券代码	Varchar	证券代码	15	主键，蛮有劲公司的证券代码
2	会计期间	Date	会计期间		外键，报表所属会计期间

续表

序号	列名	数据类型	字段标题	字段大小	字段说明
3	报表类型	Varchar	报表类型	5	外键，报表类型
4	货币资金	Double	货币资金	16，2	货币资金
5	应收票据净额	Double	应收票据净额	16，2	应收票据净额
6	应收账款净额	Double	应收账款净额	16，2	应收账款净额
7	预付款项净额	Double	预付款项净额	16，2	预付款项净额
8	……	……	……	……	……

（2）利润表

利润表用于反映企业某一段时间的经营状况。利润表中含有证券代码、会计期间、报表类型、营业收入、营业成本、税金及附加等信息。利润表的部分数据示例如图 15 –7 所示。

	A	B	C	D	E	F	G	H	I	J	K
1	证券代码	会计期间	报表类型	营业总收入	营业收入	营业总成本	营业成本	税金及附加	销售费用	管理费用	财务费用
2	999999	2018-12-31	B	1274624716	1274624716	1156262274	1001166023	6604124.5	22236318	37620137	26835464
3	999999	2018-12-31	A	1289339875	1289339875	1173798186	996681436.4	6918370.63	24907787	52841057	30502708
4	999999	2019-12-31	A	1696838476	1696838476	1517856116	1330740478	5897648.38	25408318	54869237	36632726
5	999999	2019-12-31	B	1690400770	1690400770	1499430276	1330248040	5757527.46	25110289	33545803	36131790
6	999999	2020-12-31	B	2417568015	2417568015	2126832627	1840892477	8650244.76	36431789	62512926	75524275
7	999999	2020-12-31	A	2419306741	2419306741	2146779544	1834941458	9138064.16	27038614	95156700	77329675
8											
9											
10											
11											
12											
13											
14											
15											
16											
17											
18											
19											
20											
21											

图 15 –7　利润表部分数据示例

利润表设置证券代码主键作为利润表信息数据的唯一标识，以便查询指定记录。设置证券代码、会计期间、报表类型作为外键，表示与资产负债表、现金流量表和财务指标之间的联系，如表 15 –2 所示。

表 15 –2　利润表结构

序号	列名	数据类型	字段标题	字段大小	字段说明
1	证券代码	Varchar	证券代码	15	主键，蛮有劲公司的证券代码
2	会计期间	Date	会计期间		外键，报表所属会计期间
3	报表类型	Varchar	报表类型	5	外键，报表类型
4	营业总收入	Double	营业总收入	16，2	营业收入总额
5	营业收入	Double	营业收入	16，2	主营业务收入
6	营业总成本	Double	营业总成本	16，2	营业成本总额
7	营业成本	Double	营业成本	16，2	主营业务成本
8	……	……	……	……	……

（3）现金流量表

现金流量表用于反映企业某一段时间的资金使用情况。现金流量表中含有证券代码，会计期间，报表类型，销售商品、提供劳务收到的现金，收到的其他与经营活动有关的现金，购买商品、接受劳务支付的现金等信息。现金流量表的部分数据示例如图 15－8 所示。

	A	B	C	D	E	F
1	证券代码	会计期间	报表类型	销售商品、提供劳务收到的现金	收到的其他与经营活动有关的现金	购买商品、接受劳务支付的现金
2	999999	2018-12-31	A	1,175,242,548.89	61,839,319.65	892,055,106.81
3	999999	2018-12-31	B	1,147,803,888.16	61,431,116.83	909,631,637.55
4	999999	2019-12-31	A	1,443,504,376.58	64,074,124.59	1,173,738,445.94
5	999999	2019-12-31	B	1,410,665,230.32	63,508,169.12	1,173,410,394.33
6	999999	2020-12-31	A	2,172,775,610.69	78,616,968.69	1,786,028,352.38
7	999999	2020-12-31	B	2,148,275,781.50	78,385,317.10	1,804,902,678.58

图 15－8　现金流量表部分数据示例

现金流量表设置证券代码主键作为现金流量表信息数据的唯一标识，以便查询指定记录。设置证券代码、会计期间、报表类型作为外键，表示与资产负债表、利润表和财务指标之间的联系，如表 15－3 所示。

表 15－3　现金流量表结构

序号	列名	数据类型	字段标题	字段大小	字段说明
1	证券代码	Varchar	证券代码	15	主键，蛮有劲公司的证券代码
2	会计期间	Date	会计期间		外键，报表所属会计期间
3	报表类型	Varchar	报表类型	5	外键，报表类型
4	销售商品、提供劳务收到的现金	Double	营业收入	16，2	营业收入总额
5	收到的其他与经营活动有关的现金	Double	收到的其他与经营活动有关的现金	16，2	收到的其他与经营活动有关的现金
6	购买商品、接受劳务支付的现金	Double	购买商品、接受劳务支付的现金	16，2	购买商品、接受劳务支付的现金
7	支付给职工以及为职工支付的现金	Double	支付给职工以及为职工支付的现金	16，2	支付给职工以及为职工支付的现金
8	……	……	……	……	……

（4）财务指标

财务指标是指总结和评价企业财务状况与经营成果的分析指标。财务指标中含有证券代码、会计期间、存货周转率、应收账款周转率、营业收入增长率等信息。财务指标的部分数据示例如图 15－9 所示。

证券代码	会计期间	报表类型	应收账款周转率	存货周转率	营业收入增长率
999999	2018-12-31	B	null	null	null
999999	2019-12-31	B	3.02	2.61	32.62%
999999	2020-12-31	B	3.24	2.74	43.02%

图 15－9　财务指标数据示例

财务指标设置证券代码主键作为财务指标信息数据的唯一标识，以便查询指定记录。设置证券代码、会计期间、报表类型作为外键，表示与资产负债表、利润表和现金流量表之间的联系，如表 15－4 所示。

表 15－4　　财务指标表结构

序号	列名	数据类型	字段标题	字段大小	字段说明
1	证券代码	Varchar	证券代码	15	主键，蛮有劲公司的证券代码
2	会计期间	Date	会计期间		外键，报表所属会计期间
3	报表类型	Varchar	报表类型	5	外键，报表类型
4	应收账款周转率	Double	应收账款周转率	16，2	销售收入/应收账款平均额
5	存货周转率	Double	存货周转率	16，2	销售成本/存货平均额
6	营业收入增长率	Double	营业收入增长率	16，2	本年营业收入增加额/上年营业收入总额

15.3　财务报表数据采集与处理自动化

财务报表分析时，一般需要分析少数重要指标和增减异常的会计科目。如何准确且快速计算出指标、找到异常项目将是本节需要解决的问题。本节将通过自动化程序对财务报表数据进行抽取，并将数据进行规范化处理。

15.3.1　场景描述

第二天早上，大家陆续来到公司，准备开启新的一天打工生活。8 点 30 分，常吉依旧保持着一贯早半小时到场的习惯，端着一杯加浓美式，踩着高跟鞋走进了办公区。一进门就看见子轩已经在办公桌前埋头苦干。

常吉："子轩，你怎么今天来这么早，以往不是都踩点到吗？"

子轩："常姐，这不是我第一次负责整个项目吗。我昨晚做了很多功课，现在已经把财务报表数据的结构，E—R 图等都已经处理完毕了。接下来就是我们的重头戏自动化处理数据了。不过常姐我有个问题，你看这数据是分季度的，而且还有 AB 两个报表类型，如何把每年的数据提取出来呢?”

常吉:“你看哈，UiBot 的 Excel 处理中有一个查找数据功能。你可以通过这个功能查找到每一年的数据，然后选取这一行的数据就行啦。AB 报表也是一个道理。”

子轩:“这个想法我怎么没想到，不愧是高级数据分析师啊！对了，常姐，这三张报表数据倒是有，但是仅依据报表数据进行增长率分析，这是不是分析的太浅表了。”

常吉:“肯定的啊，财务报表包括资产负债表、利润表和现金流量表等。单纯依据财务报表上的数据还不能直接或全面说明企业的财务状况，特别是不能说明企业经营状况的好坏和经营成果的高低，只有将企业的财务报表与有关的数据进行比较才能说明企业在同行业中所处的地位，因此财务报表分析不仅包括三张报表数据，还应该包括财务指标数据。我们分析财务报表时，一般需要分析少数重要指标和增减异常的会计科目。”

子轩:“那这指标不是要计算?”

常吉:“的确如此!”

15.3.2 自动化流程设计

本小节主要介绍财务报表数据采集与处理自动化程序设计思路，通过数据采集与处理设计，让读者清楚数据来源和数据如何处理、通过自动化流程设计让读者清楚采集与处理的思路。

(1) 数据采集与处理设计

①数据输入。财务报表分析数据采集与处理自动化的数据输入为本地 Excel 文件。本地 Excel 文件包含从资产负债表、利润表、现金流量表中读取的各个项目，如表 15 -5 所示。

表 15 -5　　数据输入

数据来源	文件名/网址	主要数据内容
本地 Excel 文件	资产负债表 . xlsx	证券代码
		会计期间
		报表类型
		货币资金
		应收票据净额
	利润表 . xlsx	证券代码
		会计期间
		报表类型
		营业总收入
		营业收入
		营业总成本
	现金流量表 . xlsx	证券代码
		会计期间
		报表类型
		销售商品、提供劳务收到的现金
		收到的其他与经营活动有关的现金
		购买商品、接受劳务支付的现金
		支付给职工以及为职工支付的现金

②数据处理。机器人读取数据后，使用筛选、计算、合并等方法进行数据处理，如表15－6所示。

表15－6　　数据处理

数据处理方法	主要内容
筛选	筛选出三张报表中每年末的数据
合并	将资产负债表、利润表和现金流量表每年末的数据进行合并
计算	计算存货周转率、应收账款周转率和营业收入增长率等财务指标

③数据输出。财务报表分析机器人的数据输出为三表合一的财务报表Excel文件。其中，包括资产负债表、利润表、现金流量表的每年末数据和财务指标，为报表分析提供最规范的数据支撑。

（2）自动化流程设计

根据财务报表的分析需求，对三张报表进行自动化处理，将企业中分散、零乱、标准不统一的财务报表数据整合到一起，为企业的决策提供分析依据，财务报表自动化流程如图15－10所示。

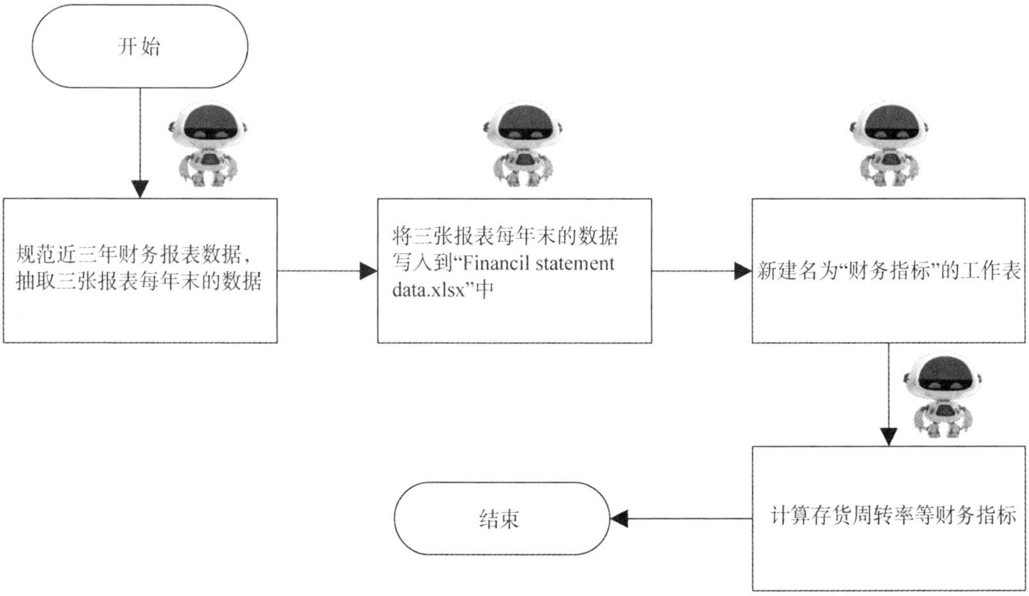

图15－10　机器人自动化流程设计

15.3.3　RPA技术路线

财务报表数据采集与处理机器人基于UiBot软件进行开发，其主要任务是下载近三年财务报表，抽取三张报表每年末数据并简单计算财务指标。

财务报表数据采集与处理机器人的具体技术路线如表15－7所示：

表 15-7 技术路线

流程模块名称	功能描述	使用的预制件
抽取财务报表每年末数据	打开 Excel 文件	打开 Excel 工作簿
	抽取财务报表数据	查找数据
		读取行
		写入行
		写入单元格
		获取行总数
		自动填充区域
		保存 Excel 工作簿
		关闭 Excel 工作簿
计算财务指标	打开 Excel 文件	打开 Excel 工作簿
	创建工作表	创建工作表
	配置新工作表的标头	读取单元格
		写入列
		写入行
	读取三张报表数据写入新工作表	查找数据
		读取单元格
		写入列
	计算财务指标	获取行数
		从初始值开始按步长计数
		查找数据
		删除行
		写入单元格
		自动填充区域

15.4 财务报表数据分析与展现自动化

通过对报表数据进行采集和清洗处理，基于处理完成的数据，利用 Tableau 可以将规范的报表数据进行展现，数据可视化可以清晰展现蛮有劲科技股份有限公司 2018 年到 2020 年的财务状况。本节从资产质量、负债质量、利润质量以及现金流量质量四个主题进行分析，最终得到直观的分析结果。

15.4.1 场景描述

又到了每周学习交流时间，本次研讨会的主题是“你认识的财务指标分析”，本次研讨会由财务经理常吉主持。研讨会上，大家各抒己见，讨论的热火朝天。

子轩作为实习生也参加了本次讨论，她刚进入职场，对于财务分析的认识还是源于课本，但她毫不怯场，在前辈面前表达了自己的看法。“各位前辈，大家好！我是财务部新来的实习生子轩。关于今天研讨的主题，我的看法如下：财务分析是分析和评价企业的经营成果，财务状况及其变动的一种方法。财务分析即是财务指标分析。其主要财务指标包括偿债能力指标、盈利能力指标、运营能力指标和发展能力指标。当我们得到了这些财务指标数值，再与行业标准值做比较，就可以得到分析结论了。”

听完子轩的发言，柳婷有些急了。她说道：“对于子轩的发言，我只赞成部分内容。在我看来，财务分析与财务指标分析是包含关系。财务指标分析仅仅是财务分析的一部分，并且传统财务指标分析得到的分析结果并不一定正确。一方面因为财务报表是由企业的财务人员根据有关的法规、制度、准则等编制，不可避免地会出现一些人为的差错和失误，甚至恶意隐瞒，直接影响着分析的结果。另一方面，企业所处的行业不同，传统的财务指标分析可能会出现失灵的情况。因为资产负债是有结构的，资产负债率高、负债的占比高不代表就说坏事，要看所处的行业。比如，如果企业的预收账款占比大，导致资产负债率高，这种情况下企业高负债的背后是欠的存货，如果这个企业的毛利率又比较高，这时高的资产负债率对企业来讲就没有什么影响，酒类企业就是如此。因此简单的比率分析是不行的，我主张进行结构分析。”

研讨室响起了热烈的掌声，原来柳婷的发言得到了大家的认可。这时主持人常吉总结到：“我十分赞成柳婷的发言内容，作为一个财会人，我们不应过分依赖于指标分析，我们应该从传统的思想里面走出来，用新的视角看待财务分析。随着企业的不断发展，财务指标分析确实存在很多的局限性。一是财务指标体系不严密，二是财务指标的评价标准不统一，三是财务指标的计算口径不一致。”

会议结束后，子轩感叹：“这个研讨会真的给我好好地上了一课，这样的研讨会也太棒了！”

15.4.2 数据分析模型

基于清洗完成的资产负债表、利润表和现金流量表，本小节从资产质量、负债质量、利润质量以及现金流量质量四个维度对蛮有劲科技股份有限公司2018年到2020年的财务状况进行分析，具体分析内容如图15－11所示。

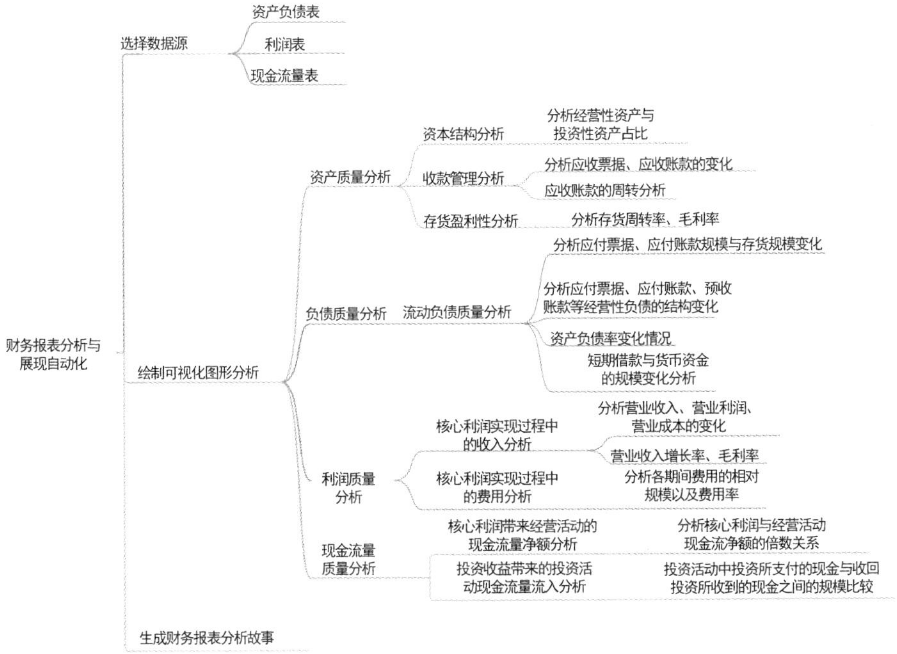

图15－11 数据分析模型

15.4.3 数据展现设计

在进行财务报表数据分析内容展现时，需要进行数据连接、数据整合、创建视图、创建仪表板等步骤，最终生成财务报表分析可视化故事。本小节将具体介绍各视图、仪表板和故事的设计方法，帮助读者进一步了解图形的展现形式。

（1）创建视图

通过蛮有劲科技股份有限公司提供的 2018 年到 2020 年年度报表的数据，可以将本次选择分为资产质量分析、负债质量分析、利润质量分析以及现金流量质量分析四个主题。

构建资本结构分析视图时，以会计期间、度量名称为列，度量值为行，度量名称作为颜色区分，最终形成以区域显示的“柱形图”视图，如图 15－12 所示。

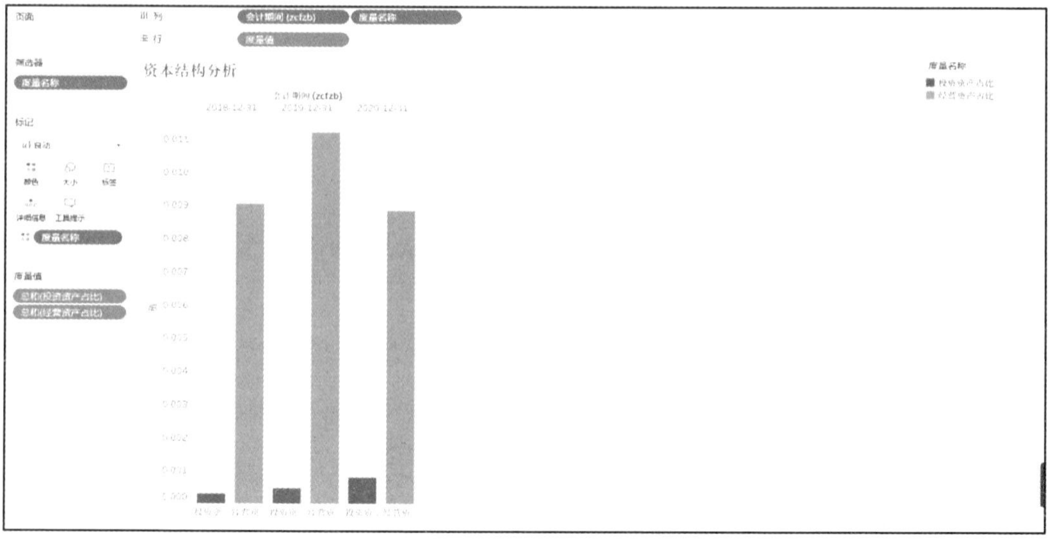

图 15－12　资本结构分析

（2）创建仪表板

仪表板是多张视图的集合，其可以实现多视图交互联动，使可视化效果更好。财务报表分析可视化展现一个主题形成一张仪表板，分别为资产质量分析、负债质量分析、利润质量分析以及现金流量质量分析。主题一为资产质量分析，该仪表板由资本结构分析、收款能力分析以及存货盈利性分析三个工作簿构成，如图 15－13 所示。

主题二为负债质量分析，该仪表板由企业议价能力分析，短期借款与货币资金的规模变化分析以及应付票据、应付账款规模与存货规模变化分析三个工作簿构成，如图 15－14 所示。

主题三为利润质量分析，该仪表板由期间费用率分析，营业收入增长率、毛利率对比分析以及营业收入、营业利润、营业成本的变化分析三个工作簿构成，如图 15－15 所示。

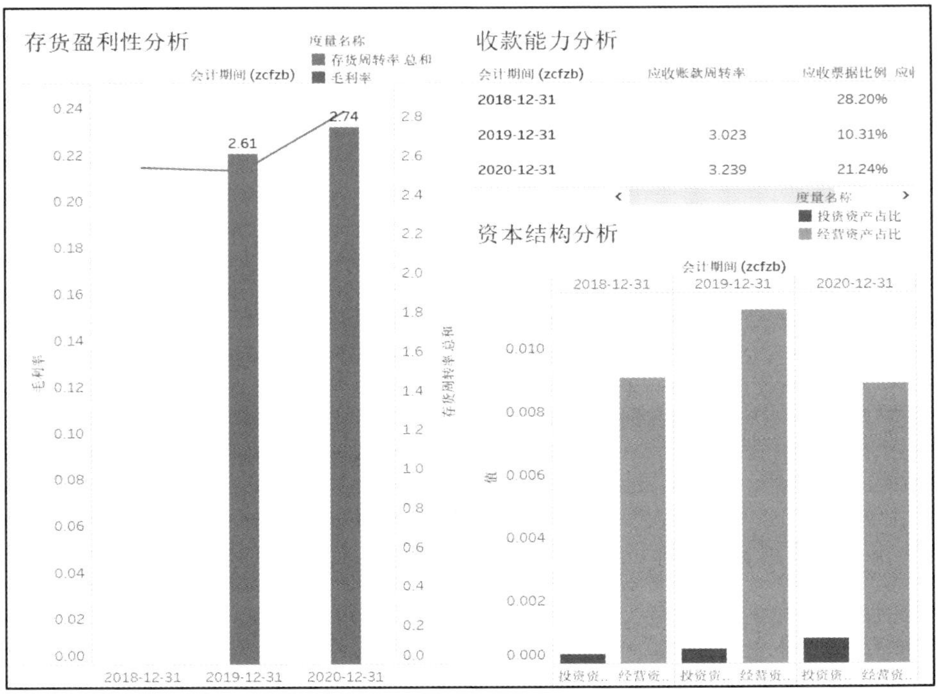

图 15－13　资产质量分析

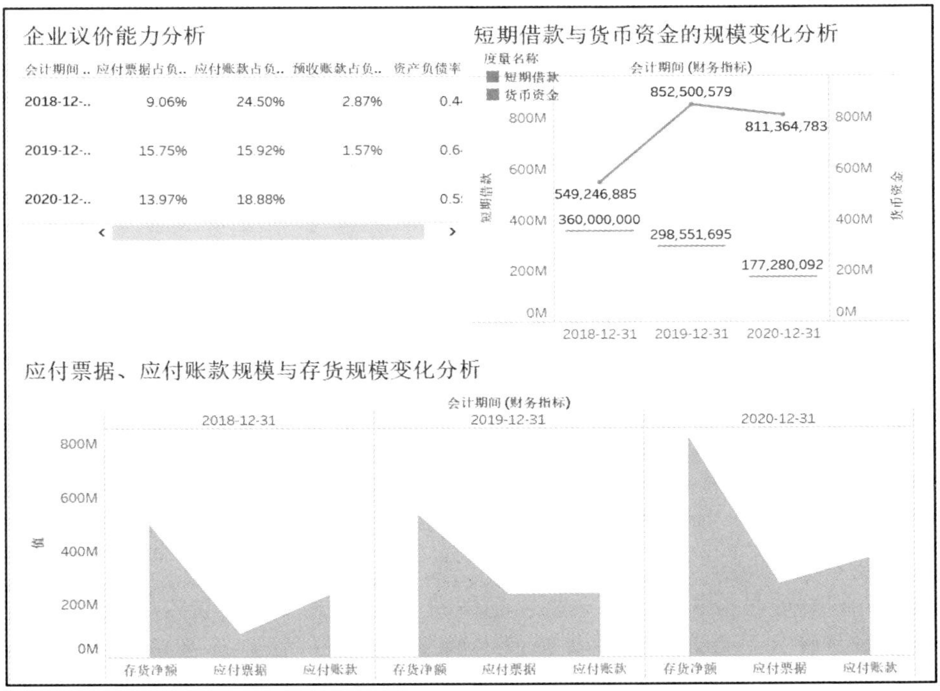

图 15－14　负债质量分析

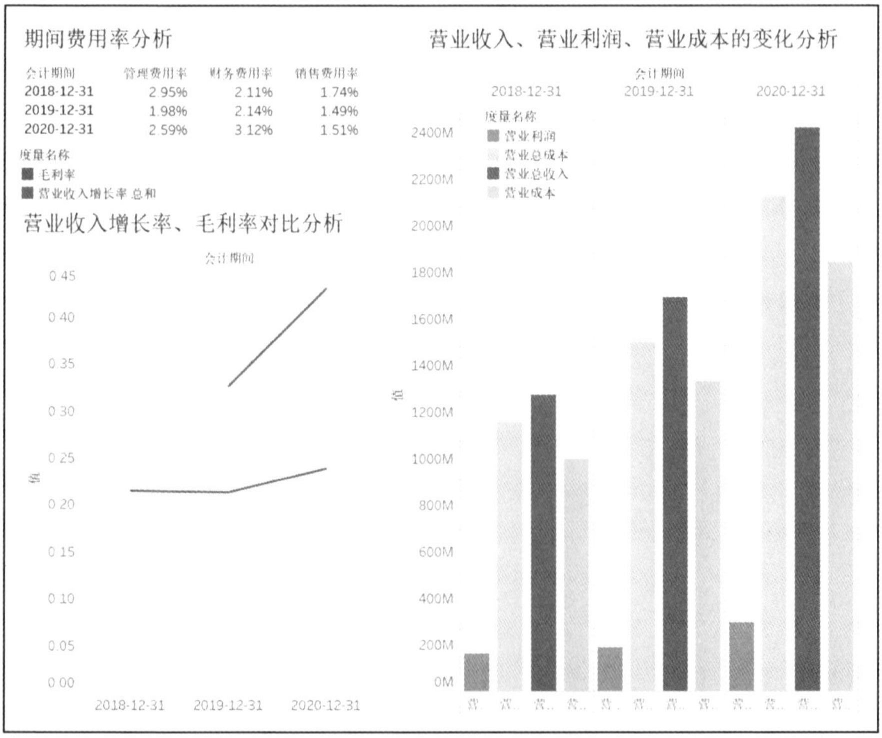

图 15－15　利润质量分析

主题四为现金流量质量分析，该仪表板由核心利润带来经营活动的现金流量净额分析、投资收益带来的投资活动现金流量流入分析两个工作簿构成，如图 15－16 所示。

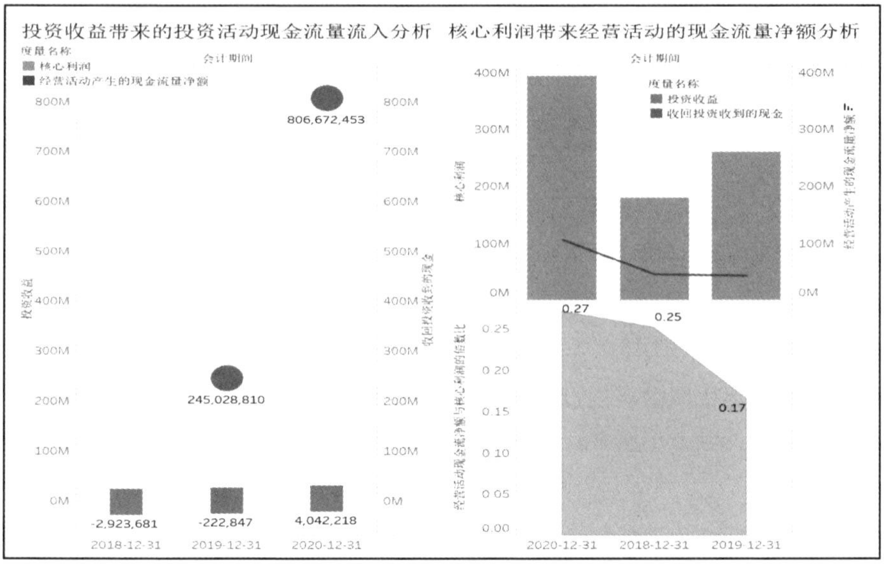

图 15－16　现金流量质量分析

（3）生成故事

在 Tableau 中，故事是一系列共同作用以传达信息的虚拟化项。通过创建故事来讲述数据，提供上下文，演示决策与结果的关系，或者只是创建一个极具吸引力的案例。财务报表分析故事由四个仪表板组成。该故事的生成让企业管理者对蛮有劲科技股份有限公司的财务现状更加了解，为后续的管理决策给予支撑。财务报表分析故事如图 15 – 17 所示。

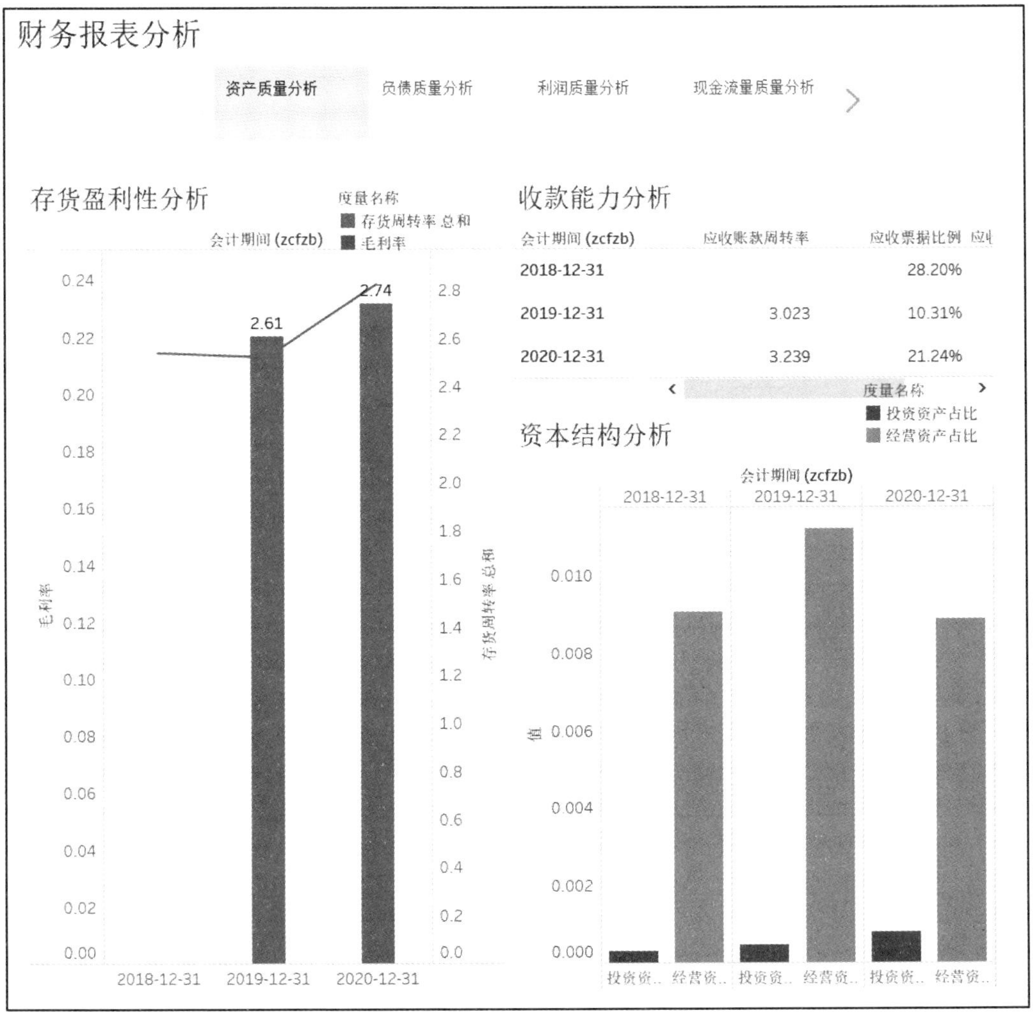

图 15 – 17　财务报表分析

15. 4. 4　Tableau 技术路线

本小节将对可视化视图的实现过程进行详细阐述，涵盖了数据源连接、每张图表的操作步骤以及图表导出全过程，如图 15 – 8 所示。

表 15 – 8　　技术路线

实现目的	实现步骤	具体操作
连接数据并设置数据格式	连接数据	连接 Tableau 到本地文件
	添加其他表	添加本地其他数据表
	隐藏字段	鼠标点击隐藏字段
	修改字段名	双击首行字段名进行修改

续表

实现目的	实现步骤	具体操作
图形绘制	新建工作表	点击“新建工作表”
	创建计算字段	根据字段名输入计算公式
	编辑筛选器	鼠标点击配置筛选器格式
	图表绘制	鼠标拖拽字段名到行、列筛选器
	设置工作表格式	点击标题、阴影等设置工作表格式
生成仪表板	新建仪表板	点击新建仪表板
	绘制仪表板	点击鼠标拖拽工作表到仪表板
	设置仪表板格式	点击编辑标题、阴影等格式
生成故事	新建故事	点击新建故事
	绘制故事	鼠标推拽仪表板到故事
	设置故事格式	点击编辑标题、阴影等格式

15.5 财务报表数据分析报告自动化

本节将依据前面的数据处理结果和可视化结果对蛮有劲科技股份有限公司的财务报表进行详细解读，并将财务报表分析结论以自动化手段形成报告。

15.5.1 场景描述

财务报表分析工作终于进入尾声啦，子轩和家桐都感到十分的高兴。他俩对于步入社会以来，完成的第一份工作还是感到很满意，虽然很累，但是确实学到了很多东西。

常吉：“子轩，工作进展怎么样呀?”

子轩：“基本内容已经大体完成，现在就差报告了”“对了，常姐，你看下家桐设计的这个报告模板怎么样？这是封面页，这是目录，这是详细的内容……”

常吉：“家桐这几周跟着你做事感觉进步挺大呀，值得表扬。但是我感觉这个色彩有一点点的单调，你俩可以讨论下怎么优化。”

子轩：“好的，好的，我们再讨论下。”

“对了，子轩，这个报告是用自动化的形式生成哦！就是你本科学习的东西，用 UiBot 实现。”

子轩：“常姐，这个我了解的啦。”

家桐仿佛惊呆了，“轩姐，你哪个学校毕业的，你怎么这么厉害呀。”

子轩：“某理工大学会计信息化专业毕业。”

家桐：“那我们应该怎么做呀，你有思路吗？轩姐。”

子轩：“当然啦，你看这个模板，这就是供报告自动化的准备文件使用。你看摘要这里，我们在下面写入一个（待写入摘要)，这就相当于一个索引符号，我们操作的时候只要将光标定位在这里，然后就可以写入相应的文字内容到这里。同理，其他部分也是同样的做法。”

家桐：“听着确实挺简单的，这个需要写代码？难不难学呀?”

子轩："放心，RPA 是低代码的编程，不需要太多计算机的知识，很适合非计算机人员学习，操作也非常的简单，你学会了就像操作 Office 一样简单。"

家桐："哇，这么简单，有没有什么学习教材供参考呀。"

子轩："那你可是赶上了好时候呀，我本科的毕业设计指导老师刚出了一本《审计机器人》，上面有很多的案例，都是基于 UiBot 完成的。非常推荐你去某宝购入一本，非常的实用。"

家桐："好的好的，我马上就下单。"

一小时过去。

子轩："大功告成，工作完成！"

家桐："轩姐，看见你操作 UiBot 的时候，我发现你整个人都在发光诶，以后还请多多指教。"

子轩："哈哈哈，没有啦，相互学习。"

15.5.2 数据分析报告设计

财务数据分析报告由摘要、分析背景及目的、分析思路、分析内容以及结论与建议五部分构成，本小节将详细介绍财务分析报告的具体内容：

（1）摘要

财务报表分析是对企业财务报表所提供的数据进行加工、比较、评价和解释。通过分析，可以判断企业财务状况是否良好，企业的经营管理是否健全，企业业务前景是否光明。本报告从资产质量分析、负债质量分析、利润质量分析以及现金流量质量四个方面进行分析，最终得到直观的分析结论。

（2）分析背景及目的

蛮有劲科技股份有限公司是集研发、生产和销售高性能钕铁硼永磁材料于一体的高新技术企业，是全球新能源和节能环保领域核心应用材料的领先供应商。公司产品被广泛应用于新能源汽车及汽车零部件、机器人及智能制造、轨道交通等领域，并与各领域国内外龙头企业建立了长期稳定的合作关系。公司近期准备收购一家食品机械零件制造公司，从而实现食品机械制造一体化。CEO 程总想看一下公司近五年的资产负债情况，然后与竞争企业进行对比，了解此次收购的优势和劣势。

（3）分析思路

①资产质量分析；②负债质量分析；③利润质量分析；④现金流量质量分析。

（4）分析内容

①资产质量分析。本报告从资本结构分析、收款能力分析以及存货盈利性分析三个维度对公司 2018—2020 年的资产质量进行分析，如图 15 - 18 所示。

由图 15 - 18 可知，从资本结构来看，公司近三年经营性资产占比远高于投资性资产，说明企业的经营战略是经营主导型战略，以经营为主。从收款能力来看，应收票据的比例远低于应收账款的比例。因应收票据多为商业承兑汇票，对于债权企业而言，风险较小。而应收账款受债务人企业的经营状况影响，风险较高，因此公司的收款能力不强。从存货盈利性来看，公司的毛利率较低，存货周转速度比较可观。

②负债质量分析。本报告从负债的构成以及企业的议价能力两个方面分析负债质量，具体内容如图 15 - 19 所示。

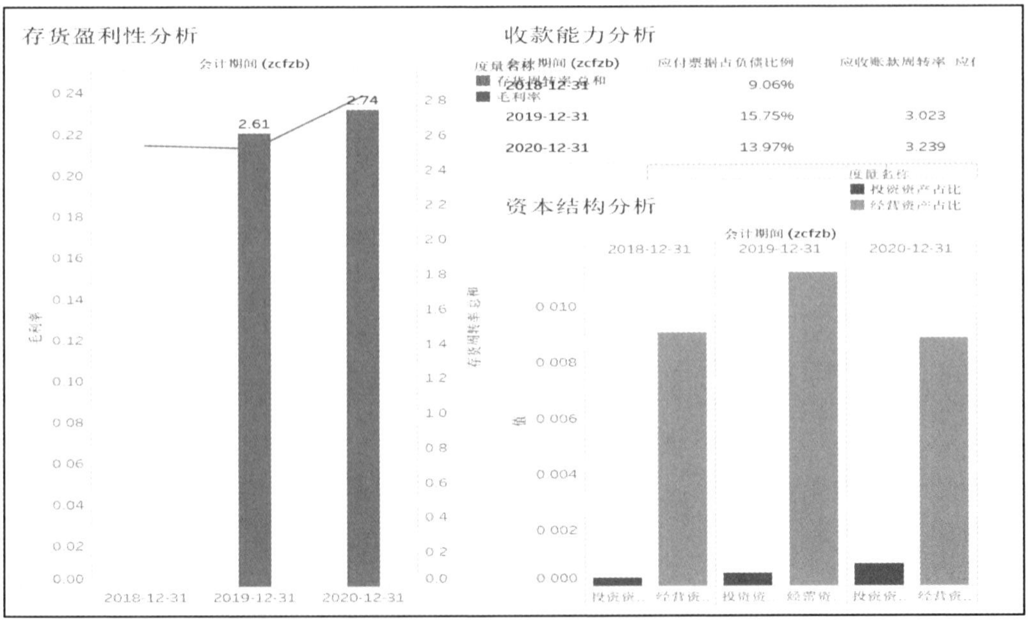

图 15－18　资产质量分析

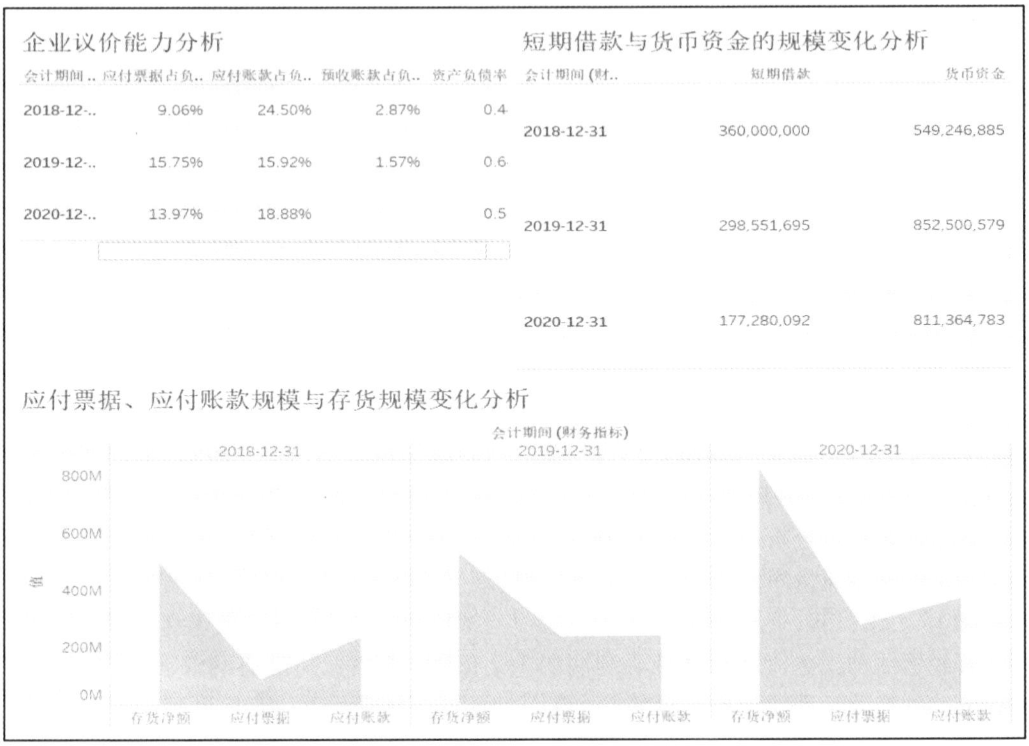

图 15－19　负债质量分析

由图 15－19 可知，企业的存货金额大致与应付账款和应付票据的总数持平，说明企业经营处于正常水平，且企业存货周转率较高，说明企业的存货属于优质存货。2018—2020 年企业的预收账款占负债总额比例分别为 2.87%、1.57% 和 0。应付账款的占比最高，说明企业与供应商的议价能力较弱。由货币资金与短期借款的相对规模可知，企业的货币资金量远大于短期借款，货币资金呈上升趋势，短期借款与之相反，说明企业在控制因借款导致的利息费用的增加，减少不必要的贷款，降低企业的财务风险。

③利润质量分析。本报告从核心利润实现过程中收入和费用变化两个方面分析企业的利润质量，如图 15 - 20 所示。

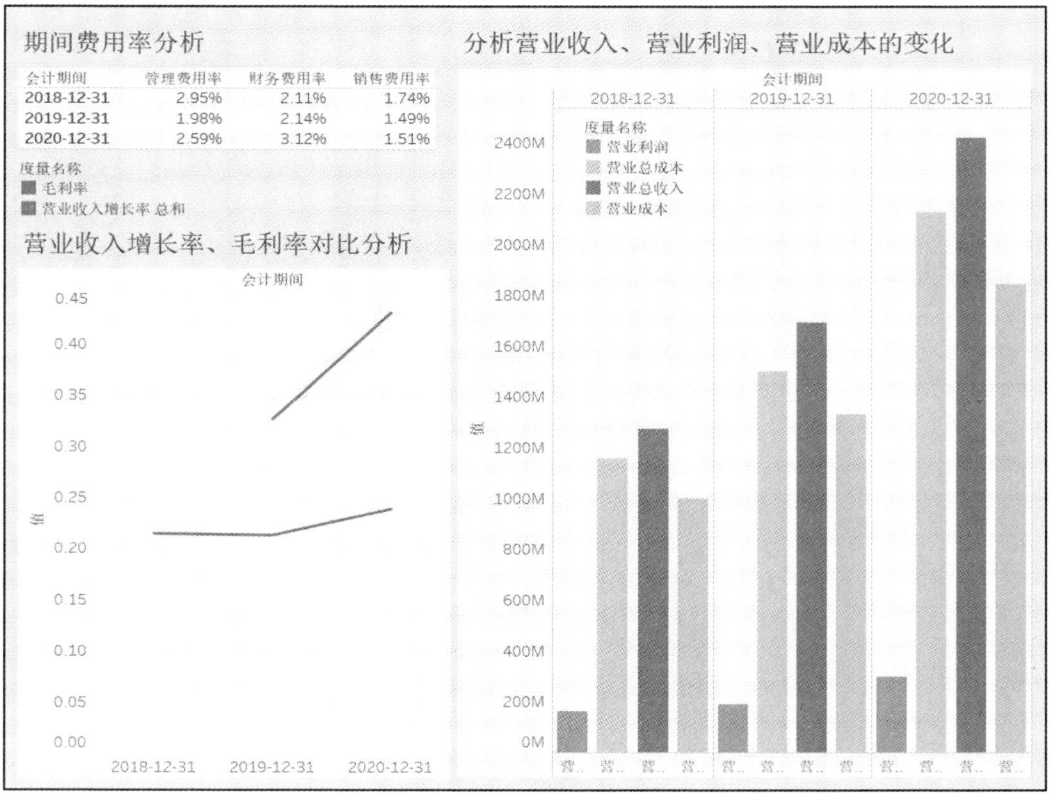

图 15 - 20　利润质量分析

由图 15 - 20 可知，企业 2018—2020 年的营业收入呈上升趋势，营业成本也随之变化，企业 2018—2020 年的毛利率较低，所以企业的利润变化并不是太大。同时，期间费用中管理费用占比较高，且财务费用近三年一直处于上身趋势，说明企业因借款、融资等利息支出较大。

④现金流量质量分析。本报告从投资收益带来的投资活动现金流量流入以及核心利润带来经营活动的现金流量净额两个方面分析企业的现金流状况，如图 15 - 21 所示。

由图 15 - 21 可知，经营活动带来的现金流与核心利润的倍数关系处于 0.2 左右。在此状况下，若经营活动现金流净额是核心利润的 1.2 倍 ~ 1.5 倍，则说明经营活动现金流充分。因此，公司的经营活动现金流不够充分。然而，企业在投资收益一直较低的状况下，收到投资活动的现金一直增长且远大于投资收益的金额，说明企业投资的效应较好。

（5）结论与建议

综上，企业的收款能力以及与供应商的议价能力都有待提高，同时企业产品的毛利率一直保持较低状态，产品创新以及成本控制是企业当下的紧要任务。提升企业的市场占有率是企业长远发展的关键。

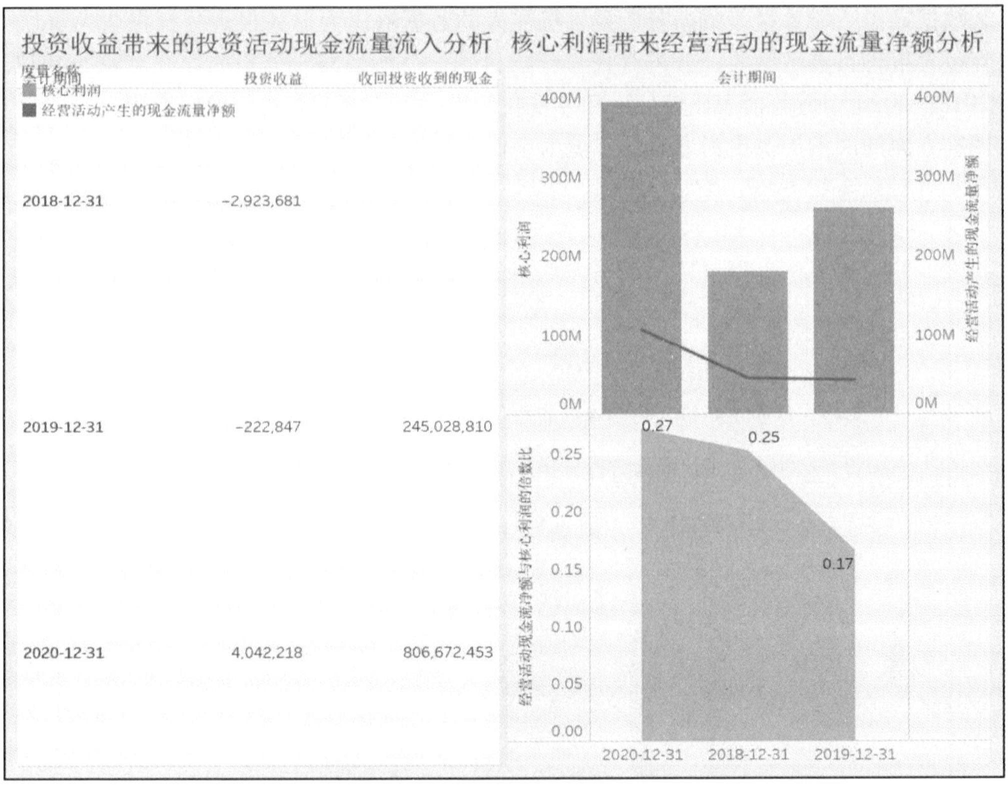

图 15－21　现金流质量分析

15.5.3　自动化流程设计

本小节将从数据的采集与处理以及构建机器人自动化流程设计图两个方面完成财务分析报告自动化流程设计全过程。

(1) 数据采集与处理标准规范

①数据输入。财务报表数据分析报告自动化的数据输入包括资产质量分析、负债质量分析、利润质量分析以及现金流量质量分析的 PNG 图片，如表 15－9 所示。

表 15－9　　数据输入

数据来源	图片名称	主要数据内容
PNG 图片	资产质量分析图	存货盈利性分析复合图
		资本结构分析柱状图
		收款能力分析文本表
	负债质量分析图	应付票据、应付账款规模与存货规模变化分析区域图
		企业议价能力分析文本表
		短期借款与货币资金的规模变化分析条形图
	利润质量分析图	营业收入、营业利润、营业成本的变化柱状图
		营业收入增长率、毛利率对比分析折线图
		期间费用率分析文本表
	现金流量质量分析图	核心利润带来经营活动的现金流量净额分析复合图
		投资收益带来的投资活动现金流量流入分析复合图

②数据输出。财务报表数据分析报告机器人的数据输出为财务报表分析报告 Word 文件，其内容包含报告目录、摘要、分析背景、分析目的、分析思路、分析内容和结论与建议。通过对 2018—2020 年财务报表比较分析和可视化的展示，为蛮有劲科技股份有限公司在企业经营管理等方面的决策提供更为准确的、更为全面的依据，如图 15－22 所示。

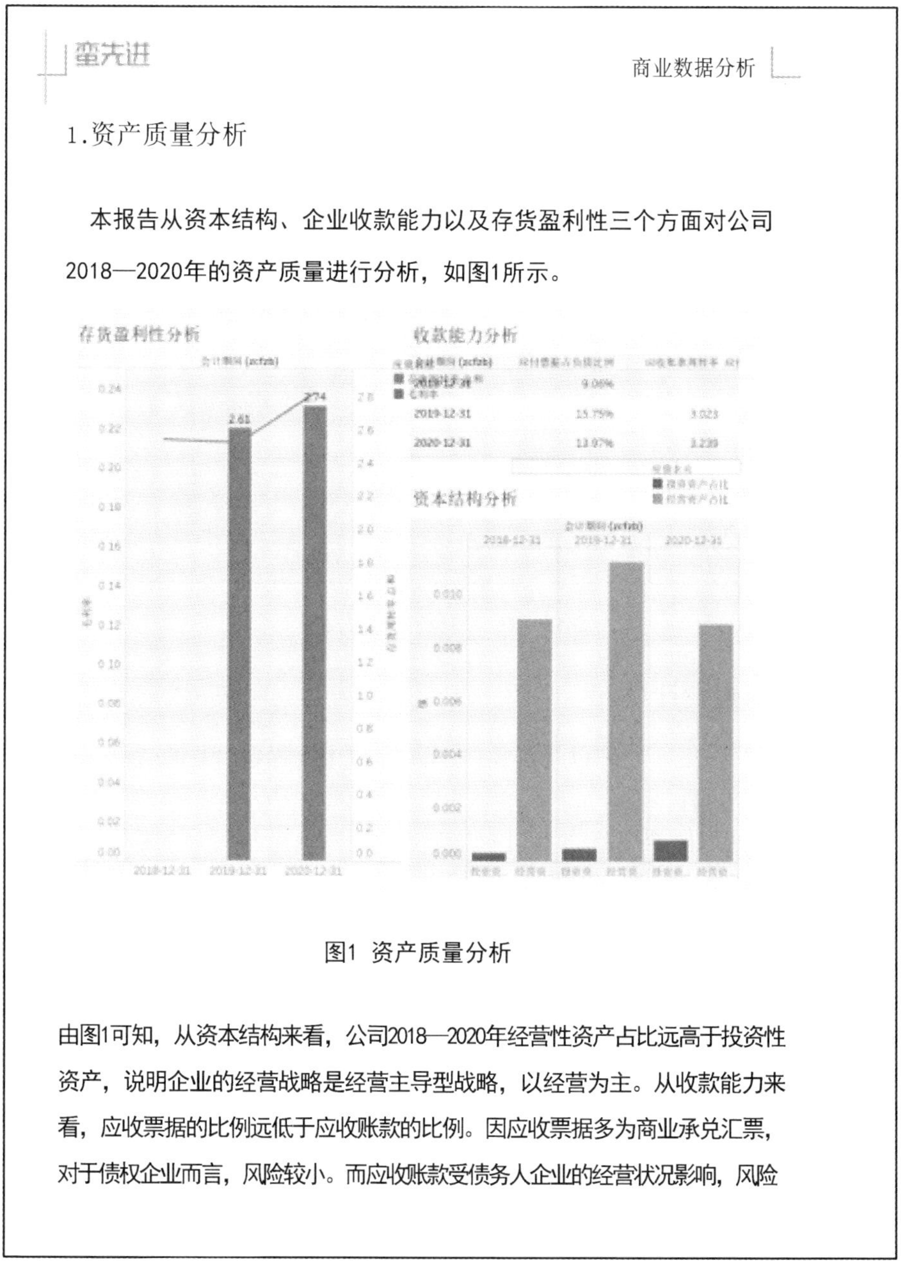
蛮先进

商业数据分析

1.资产质量分析

本报告从资本结构、企业收款能力以及存货盈利性三个方面对公司2018—2020年的资产质量进行分析，如图1所示。

图1 资产质量分析

由图1可知，从资本结构来看，公司2018—2020年经营性资产占比远高于投资性资产，说明企业的经营战略是经营主导型战略，以经营为主。从收款能力来看，应收票据的比例远低于应收账款的比例。因应收票据多为商业承兑汇票，对于债权企业而言，风险较小。而应收账款受债务人企业的经营状况影响，风险

图 15－22　财务报表分析报告部分内容

（2）自动化流程设计

在商业数据分析报告生成阶段，机器人负责读取模板文件，对模板文件进行写入，这些完成后需要将模板文件另存并发送至财务总监邮箱，自动化流程设计如图 15－23 所示。

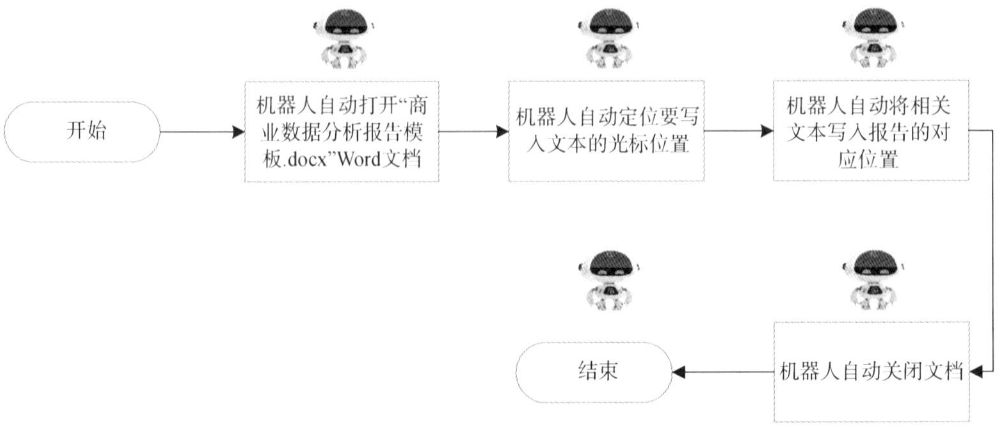

图 15 - 23　报告自动化机器人流程图

15.5.4　RPA 技术路线

财务报表分析报告生成机器人开发包括填写封面和目录、写入摘要和分析背景以及填写分析内容与建议三个模块。

首先，填写封面和目录，使用打开 Word 文档、添加延时以便文档出现，再模拟滚动、点击目标和查找文本后设置光标位置寻找光标位置，然后替换文字并处理获取的时间。

其次，写入摘要和分析背景、分析内容，对报告内容多处文字批量替换，并查找指定文字所在位置，用相应的图片替换文字，完成图片自动插入过程。

最后，保存并关闭文档。

财务报表分析报告生成机器人开发的具体技术路线如表 15 - 10 所示。

表 15 - 10　　机器人开发技术路线

流程块名称	功能描述	使用的预制件
填写封面和目录	打开文档并查找光标位置	打开 Word 文档
		点击目标
		查找文本后设置光标位置
	获取时间并替换文字	文字批量替换
		获取时间
		格式化时间
写入摘要和分析背景	替换文字	文字批量替换
		查找文本后设置光标位置
填写分析内容与建议	写入内容并插入图片	查找文本后设置光标位置
		插入图片
		写入文字
	保存并关闭文档	保存文档
		关闭文档